기본서 반영
최신 개정판

합격으로 가는 하이패스

토마토패스

매경 TEST

초단기완성

김동빈 · 유신 · 지한송 편저

예문에듀
EDU

토마토패스
매경 TEST 초단기완성

초 판 발 행	2019년 03월 20일
개정1판1쇄	2022년 10월 25일
저 자	김동빈 · 유신 · 지한송
발 행 인	정용수
발 행 처	(주)예문아카이브
주 소	서울시 마포구 동교로 18길 10 2층
T E L	02) 2038-7597
F A X	031) 955 - 0660
등 록 번 호	11 - 76호
정 가	26,000원

홈페이지 http://www.yeamoonedu.com

I S B N   979-11-6386-104-1   [13320]

경영파트 집필을 맡은 **지한송 회계사**입니다. 경영 부분 특징을 소개하면 다음과 같습니다.

첫째, 내용들 간의 관계 및 논리의 흐름을 확인하면서 공부할 수 있도록 구성하였습니다. 각 챕터가 끝날 때마다 문제를 수록하여 공부한 이론을 심도 있게 연습할 수 있도록 하였습니다.

둘째, 사례를 응용하는 문제도 다수 수록하였습니다. 최근 시험 추세는 단순암기뿐만이 아니라 암기한 사항을 응용하는 문제도 자주 출제되고 있어 이러한 최근 시험 추세를 반영하도록 노력하였습니다.

셋째, 많은 시험 준비생들이 회계와 재무관리를 소홀히 하는 경향이 있는데, 결코 작은 비중이 아니므로 고득점을 하기 위해서는 꼭 극복하셔야 하는 부분입니다. 따라서 해당 부분을 제 전공을 살려 최대한 자세하게 기술하려고 노력하였습니다.

끝으로 좋은 책을 만들기 위해 최선을 다해주신 예문사 임직원분들에게 감사의 마음을 전합니다. 또한 항상 곁에서 응원해주는 가족과 늘 버팀목이 되어주는 민지한테도 지면을 빌어 사랑의 마음을 전합니다.

한국공인회계사 지한송

경제파트 집필을 맡은 **김동빈 교수**입니다.

인간의 사회활동 대부분은 경제활동이라고 하여도 과언이 아닙니다. 소비생활, 여가활동, 직장생활과 학업 등 대부분의 사람의 행동은 경제적 원리에 의해 이루어지고 있습니다. 때문에 사회인으로서 경제와 경영에 대한 이해는 매우 중요하며, 이를 체계적으로 학습하는 방안에 대해 늘 고심하며 이 책을 집필하였습니다.

인간이 왜 경제활동을 하며 어떻게 하는지부터 시장의 작동원리와 국가경제의 운용 및 국제교역에 대한 이론적 분석까지 경제학의 전 영역에 걸쳐 상세한 이론 서술에 초점을 맞추었으며 또한 각 단원마다 매경테스트의 출제 경향에 맞춘 예제를 포함하여 이해와 실전연습을 함께 병행할 수 있도록 내용을 구성하였습니다. 매경테스트를 준비하는 수험생으로서 경제학에 대한 문제 해결능력을 배양함과 동시에 사회인으로서 필요한 경제에 대한 이해와 분석까지 아우를 수 있도록 하였습니다.

본서가 출간되기까지 많은 도움을 주신 토마토패스와 예문사 임직원분들께 감사를 드리며, 아무쪼록 독자분들이 본서를 통하여 매경테스트 합격과 함께 더 많은 성취를 이루기를 바랍니다.

김동빈 드림

자격 개요

경제경영이해력인증시험 매경TEST

· 자격 종류 : 국가공인민간자격(최우수 · 우수 등급) / 등록민간자격(보통 · 미흡 등급)
· 자격 발급 기관 : 매일경제신문사
· 응시제한 : 제한 없음

시험 정보

1. 시험 구성

· 출제 유형 : 5지선다형 / OMR카드 기입식

2. 문항 구성

구분	지식	사고력	시사
경제(40문항/500점)	15문항(150점)	15문항(250점)	10문항(100점)
경영(40문항/500점)	15문항(150점)	15문항(250점)	10문항(100점)
계(80문항/1,000점)	30문항(300점)	30문항(500점)	20문항(200점)

3. 영역별 문항 구성

영역	유형	주요 평가 내용
지식	경영 주요 개념	경제 현상을 이해하고 직무를 수행하는데 필요한 경영 · 경제 개념과 원리
	경제 주요 원리	
사고력	원리 응용력	경영 · 경제 원리를 직무 현장에서 응용하고 추론하는 등 사고력과 주어진 정보를 이용해 상황에 맞는 적절한 판단력을 보유했는지 종합적으로 측정
	상황 판단력	
	자료 해석력	
	수리 계산력	
	종합 사고력	
시사	경영 환경 이슈	최근 다양한 사회 현상을 이해하는 폭 넓은 관심과 현실감각을 평가
	경제 이슈	
	금융 이슈	

4. 출제 범위

영역	구분	분야	세부 출제내용
경제	경제 필수 개념의 이해	미시 경제	기초 경제개념(기회비용, 희소성 등), 합리적인 의사결정, 시장의 종류와 개념, 시장과 정부(공공경제, 시장실패) 등
	경제 안목 증진 및 정책의 이해	거시 경제	기초 거시변수(GDP, 물가, 금리), 고용과 실업, 화폐와 통화정책, 경기변동(경기안정화 정책, 경제성장 등)
	글로벌 경제감각 향상	국제 경제	국제 무역과 국제수지의 이해, 환율 변화와 효과
경영	기업과 조직의 이해	경영 일반, 인사 · 조직	기업에 대한 일반 지식과 인사조직의 필수 개념, 경영자료의 해석
	기업 경쟁우위의 이해	전략 · 마케팅	경영전략, 국제경영, 마케팅의 개념과 원리에 대한 사례 응용
	재무제표와 재무 지식의 이해	회계 · 재무 관리의 기초	기본적인 재무제표 해석, 기초 재무지식, 금융 · 환율 상식

5. 평가 방법

공인 구분	등급	점수	역량 평가
국가공인	최우수	900점 이상	비즈니스 지식과 사고력, 현실 감각이 출중해 문제 해결력이 높고 전략적 의사결정이 가능한 수준
		800점 이상 900점 미만	폭넓은 지식과 사고력을 바탕으로 직무와 비즈니스 환경을 선도할 수 있는 수준
	우수	700점 이상 800점 미만	평균 이상의 지식과 실무 능력을 가지고 비즈니스 업무 수행에 어려움이 없는 수준
		600점 이상 800점 미만	필수적인 비즈니스 지식을 함양하고 있고 기본 지식을 활용해 안정적으로 직무를 수행할 수 있는 수준
민간자격	보통	400점 이상 600점 미만	직무 수행에 필요한 기본적인 비즈니스 지식을 보유했지만, 이를 바탕으로 한 시사 감각과 전략적 사고력의 보완이 필요한 수준
	미흡	400점 미만	기업의 단순한 직무를 따라 하고 수행하는 데 필요한 지식을 갖췄지만 전략적 사고력은 미흡한 수준

시험 정보

1. 응시

접수안내 → 지원서 작성 → 응시료 결제 → 접수 확인 및 수험표 출력

2. 시험 유의사항

- 수험생은 시험 당일 수험표와 신분증, 컴퓨터용 사인펜을 소지해야 함
- 수험생은 시험 시작 30분 전까지 반드시 입실 완료해야 하며, 시험 시작 10분 전부터는 고사실에 입실할 수 없음
- 시험 진행 중 휴대폰이 울리거나 기타 전자통신 장비의 소지 사실이 발각되는 경우 시험 응시 무효처리 등의 불이익이 주어짐

※ 신분증 규정

대상	인정 가능 신분증
만 19세 이상 성인 (대학생)	주민등록증, 운전면허증, 공무원증, 여권(기간 만료 전), 장애인복지카드, 주민등록증 발급신청 확인서(기한 만료 전) ※ 대학생 이상은 학생증 인정 불가
만 19세 미만 청소년	주민등록증, 학생증(국내학교 한정), 청소년증, 여권(기간 만료 전), 학교생활기록부 사본(사진, 생년월일 포함되어야 함)
군인, 군무원, 사관생도	일반인 및 대학생 인정 신분증 외 군인신분확인증명서(소정양식), 사관생도증 추가 인정 ※ 나라사랑카드 인정 불가
외국인	외국인등록증, 여권(기간 만료 전), 국내거소신고증

활용현황

1. 반영기업

형태	회사명
채용 및 승진 시험	고려해운, 교보생명, 남양유업, 대명그룹, 동양메닉스, 매경미디어그룹, 세아그룹, 아세아시멘트, 아세아제지, 에이텍, 우신켐텍, 유니클로코리아, 아프로서비스그룹, 중소기업중앙회, 퍼시스, 한국남동발전, 한국후지제록스, 한일시멘트, 현대엔지니어링, 홈앤쇼핑, BNK저축은행, BNK캐피탈, JB우리캐피탈, ktis, KWE KOREA, MK전자, NH투자증권, SK해운 등
직장 교육	국민은행, 넥센타이어, 대신증권, 동서식품, 미래에셋대우, 신세계인터내셔널, 신한은행, 알리안츠생명, 우리은행, 자라리테일코리아, 크라운제과, 한국야쿠르트, 현대엘리베이터, BNK경남은행, BNK부산은행, CJ그룹, IBK기업은행, KEB하나은행, LG화학, LF, LS그룹, SK하이닉스, STX 등
채용 및 승진 가산점	대웅제약, 동부생명, 별정우체국연금관리단, 본아이에프, 블루버드, 생명보험협회, 아프로서비스그룹, 우체국금융개발원, 유안타증권, 이머니, 인천항만공사, 전국경제인연합회, 전기공사공제조합, 폴라리스쉬핑, 키움증권, 한국산업단지공단, 한국상장회사협의회, 한국IR협의회, BNK경남은행, BGF리테일, ktis 등

2. 대학활용

형태	대학명
졸업논문 (졸업시험) 대체	강원대(경제학), 건국대(경영학), 단국대(경영학), 대구가톨릭대(경영학), 대전대(경제학), 대진대(디지털경제학), 동국대(경제학), 방송대(경영학), 백석대(경상학부), 숭실대(경제통상대학, 금융학부), 창원대(경영학), 한국외국어대(경제학), 한남대(무역학), 홍익대(경제학) 등
정규강좌 개설	가천대, 덕성여대, 서울시립대, 세종대, 전남대, 한국외대(서울, 글로벌) 등 ※ 매경TEST 기반 커리큘럼. 중간(기말)고사를 매경TEST로 평가(2~3학점 정규과목)
단체응시 (교내 고사장)	건국대(서울), 경남대, 경상대, 계명대, 단국대, 덕성여대, 동국대(서울), 동아대, 배화여대, 상지대, 서울대, 서울시립대, 세종대, 숙명여대, 숭실대, 연세대(신촌), 원광대, 조선대, 중앙대(서울), 창원대, 청주대, 한국외대, 한양대(서울, ERICA) 등 ※ 해외대학 : 중국 푸단대, 닝보대, 난징재경대 / 이스라엘 히브리대

3. 학점은행제 자격학점인정

대분류	중분류	직무번호	종목	인정학점	표준교육과정 해당전공	
					전문학사	학사
경영/회계/사무	경영/경제	01	매경TEST(최우수)	20	경영	경영학, 경제학
			매경TEST(우수)	18		

CONTENTS
차례

합격으로 가는 하이패스

토마토패스

매경 TEST
초단기완성

국 가 공 인 경 영 · 경 제 이 해 력 인 증 시 험

경영편

합격으로 가는 하이패스

토마토패스

—

매경 TEST
초단기완성

PART 01
기업경영과 조직

tomato 패스

SECTION 1 경영이란?

(1) 정의

경영이란 개인이나 조직이 어떠한 재화 및 서비스를 생산하여 판매하면서 이윤을 창출할 때, 여러 가지 이론과 도구들을 이용하여 의사결정을 할 수 있도록 자원을 활용하는 과정을 의미한다.

일반적으로 경영은 기업경영을 한정해서 말하는 경우가 많다. 따라서 경영에서 다루는 대다수의 이론들은 기업을 대상으로 하고 있다. 경영학의 세부분류에는 전략, 인사조직, 마케팅, 재무관리, 회계, 생산관리, 경영정보 등의 분야들이 포함되어 있다.

(2) 기업경영의 목적

일반적으로 기업 및 경영의 목표는 주주가치의 극대화를 의미한다. 왜냐하면 기업의 주인은 주주이기 때문이다. 하지만 이해관계자 자본주의 관점에서 경영의 목표를 보면, 주주뿐만 아니라 고객, 채권자, 임직원 등 기업으로부터 영향을 받는 모든 이해관계자들의 선호를 총체적으로 고려하기도 한다. 기업 경영의 목표를 달성하기 위해서는 경영활동을 효과적인 동시에 효율적으로 수행해야 한다.

> **C/h/e/c/k** 효과성과 효율성
> • 효과성(Effectiveness) : 사전에 정한 목표를 달성할 수 있는 정도
> • 효율성(Efficiency) : 투입대비 산출이 높게 자원을 활용하는 정도

(3) 페이욜의 경영관리론

페이욜(H. Fayol)은 조직 전체 경영관리 측면에 관심을 바탕으로 경영관리 구성요소를 정립했다. 경영관리 구성요소는 계획(Planning), 조직(Organizing), 지휘(Directing), 조정(Coordinating), 통제(Controlling)로 구성되어 있다. 이후 다른 학자들에 의해 구성요소가 추가되고 보안되고 있다.

계획	미래에 대한 조사를 통해 전략과 계획을 수립한다.
조직	향후 전략 및 계획 실행을 위해 사회적 · 물질적 조직을 구성한다.
지휘	종업원에게 적절한 지시를 주어 효율적이고 효과적인 업무 수행을 돕는다.
조정	조직의 목표 달성을 위해 조직 전체가 유기적이고 조화롭게 운영될 수 있게 한다.
통제	조직의 규정이나 지휘에 따를 수 있도록 관리하고 감시한다.

(4) MBO – 목표에 의한 관리

드러커(Drucker)와 맥그리거(McGregor)가 확립한 이론으로서 측정가능한 목표를 상급자와 하급자가 협의를 통해 설정하고, 목표 달성 정도를 주기적으로 평가하는 관리 기법이다. 이때 목표 설정에 하급자를 참여시키고 상급자는 이를 적극 지지해야 하며, 상급자와 하급자의 주기적인 상호작용이 필수적이다. 이때 목표는 SMART 원칙에 따라 설정해야 한다.

S(Specific)	세밀하고 구체적이어야 한다.
M(Measurable)	측정가능성이 있어야 한다
A(Achievable)	달성할 수 있는 정도여야 한다.
R(Results-oriented)	결과 지향적이어야 한다.
T(Time-bounded)	목표 달성 기간이 정해져 있어야 한다.

(5) 경영자의 역량모델

카츠(R. Katz)는 계층에 따라 경영자가 가져야 할 능력이 다르다고 주장했다. 최고경영층은 기업의 장기적인 목표를 세우고 전략 및 계획을 수립해야 한다. 따라서 최고경영층은 종합판단능력(Conceptual skill)이 중요하다. 중간경영층은 기업의 목표와 계획을 실행하며, 최고경영층과 일선경영층 사이에서 조직을 조화롭게 운영되도록 한다. 그래서 중간경영층은 인간관계능력(Human skill)이 중요하다. 현장경영층은 업무와 가장 밀접한 관련된 경영층이다. 작업의 구체적인 현장 운영 의사 결정자이기 때문에 기술능력(Technical skill)이 필요하다.

(6) 경영혁신 기법

① 벤치마킹 : 선도기업의 전략이나 기술을 배워서 지속적인 혁신을 추구하는 방식이다. 이를 통해 비용을 절감하고 제품의 품질을 개선하여 기업의 경쟁력을 강화할 수 있다.

② 구조조정 : 기업이 외부 환경에 대응하고 경쟁력을 높이기 위해 기업의 사업 구조를 개편하는 것을 의미한다.

③ 리엔지니어링 : 기업의 혁신을 위해 기존의 제품과 서비스를 근본적으로 원점에서 재개발하거나 수정하는 것이다.

④ 아웃소싱 : 기업이 핵심적인 부분만 내부에서 담당하고, 비핵심적인 활동은 외부에 위탁하여 비용을 절감하고 유연하게 기업을 운영하는 전략이다.

⑤ 시간기반경쟁 : 제품과 서비스 개발 단계부터 소비자에게 제공되는 전 과정에서 '시간'이라는 측면에서 경쟁력을 확보하는 것을 의미한다.

⑥ 고객만족경영 : 기업이 단기적인 이윤 추구라는 목적에서 벗어나 고객만족이라는 궁극적인 목표 달성에 초점을 맞춰 경쟁력을 확보하는 전략을 말한다.

⑦ 블루오션 전략 : 기존의 경쟁이 치열한 시장(레드오션)에서 경쟁이 없는 신규 시장(블루오션)을 개척하는 것이다.

⑧ 지식경영 : 기업의 조직 내에서 지식을 창출하는 프로세스와 지식이 공유되며 조직원의 능력이 개발되는 것을 설명한 개념이다. 이때, 지식은 크게 암묵지(비공식)와 형식지(공식)로 구분된다.

⑨ 지원기반 관점 : 기업이 보유하고 있는 자원이 다르기 때문에 이를 바탕으로 경쟁력을 가지고 시장에서 경쟁우위를 가질 수 있다.

(1) 공공기관과 사기업

자본의 원천에 따라 공공기관과 사기업으로 분류할 수 있다. 공공기관의 자본의 원천은 정부의 출자 및 재정지원이고, 반면 사기업의 자본의 원천은 개인, 법인 등의 출자 및 투자로 이루어진다.

(2) 사기업의 종류별 특징

우리나라 기업형태는 개인회사, 합명회사, 합자회사, 유한회사, 유한책임회사, 주식회사, 외국회사 등으로 구분된다. 구분 기준은 출자의 형태와 구성원의 책임범위에 따라 다르다. 여기서 말하는 책임범위는 기업의 보유한 부채 등 의무에 대한 책임범위를 의미한다.

기업종류	출자의 형태	책임범위	설명
개인회사	1인	직접, 무한책임	개인이 소유와 경영을 동시에 하며, 이에 따른 책임을 모두 개인이 부담
합명회사	2인 이상	직접, 무한책임	2인 이상 출자자가 소유와 경영을 동시에 하며, 이에 따른 책임을 연대하여 부담
합자회사	2인 이상	1인 이상 : 무한책임 1인 이상 : 유한책임	무한책임사원은 소유와 경영을 동시에 하여 모든 책임을 부담하지만, 유한책임사원은 출자만 하므로 출자액에 따른 책임만 부담
유한회사	1인 이상 50인 이내	간접, 유한책임	전 사원이 출자액에 따른 책임만 부담하나, 폐쇄적 운영
주식회사	1인 이상	간접, 유한책임	주주가 출자액에 따른 책임만 부담하고, 공개적 운영

(3) 다양한 기업의 형태

① 민법상 조합 : 2인 이상의 조합원이 출자하고 공동사업을 경영할 것으로 약정하여 성립하며 법인격이 없다.

② 협동조합 : 경제적으로 영세한 중·소상인들이 경제적 연대를 위해 조직한 기업이다. 조합은 생산, 판매, 소비 등을 협동으로 진행한다.

③ 사회적 기업 : 사회적 목적과 경제적 이윤을 동시에 추가하는 기업이다. 주로 취약계층을 고용하거나 취약계층에게 서비스를 제공한다.

④ 블랙기업 : 노동자들을 가혹하게 대하는 기업이다. 주로 고용이 불안한 청년을 대상으로 임금을 체불하거나 고용을 빌미로 장기간 야근을 강요하는 형태를 보인다.

⑤ 좀비(한계)기업 : 영업적으로 기업이 회생할 가능성이 낮지만, 정부 및 채권단의 지원으로 파산하지 않고 연명하는 기업이다.

주식회사는 현대 기업의 대표적 형태로, 주주의 출자로 형성되는 기업이며, 그 출자가액을 한도로 유한책임을 부담한다. 주주가 출자한 자금은 주식이라는 유가증권의 형태로 발행되고, 그 증권의 양도를 자유롭게 하여 자본시장의 기틀을 마련하는 역할을 하고 있다.

(1) 주식회사의 특징

① 소유와 경영의 분리

주식회사는 자본을 출자와 기업 운영활동을 분리하고 있다. 물론, 주주들은 주주총회를 통해 주요 의사결정에 참여할 수 있다. 다만, 주요 경영활동은 주주들이 주주총회에서 선임한 전문경영자와 이사진들이 한다. 참고로 소유와 경영자 간의 이해관계가 달라질 수 있는 대리인 비용 문제가 발생하기도 한다.

> **C h e c k 대리인 비용**
>
> 대리인 비용 또는 대리인 문제란 이론에서 대리인은 의사결정자(경영자)를 말하고, 대리비용은 다른 이해관계자들은 대리인에게 의사결정을 위임하면서 발생하는 비용 또는 문제를 말한다. 정보의 비대칭하에서 대리인이 위임자에 비해 우월한 정보를 가지고 있고, 이를 이용하여 위임자에게 손해를 가져올 수 있는 의사결정을 할 수 있다. 이때 발생하는 비용을 보면 위임자가 대리인을 감시하는데 들어가는 감시비용, 대리인이 위임자에게 확신시키는데 들어가는 확증비용, 그 외의 비용인 잔여손실 등이 있다.

② 유한책임 제도

주식회사의 출자자 즉, 주주는 모두 유한책임을 지니고 있으므로, 출자액 범위 내에서 회사의 채무에 대한 책임을 진다. 이로써 주주의 개인재산과 주식회사의 재산이 명확히 구분된다.

③ 자본의 증권화제도

주식회사의 출자금은 균일한 주권으로 분할되고, 그것을 표시한 주식이 발행되어 시장에 유통한다. 따라서 많은 사람들이 쉽게 투자할 수 있는 시스템이 마련되어, 기업관점에서는 자금의 조달을 용이하게 하고, 투자자관점에서는 투자금에 대한 투자 및 회수를 자유롭게 할 수 있어 시장전체의 유동성을 상승시킨다.

(2) 주식회사의 구성요소(주요 의사결정기관)

① 주주총회(General Meeting)

주식회사의 주주가 모이는 회의로 주식회사의 최고 의결기구이다. 매년 1회 개최되는 정기총회와 수시로 소집되는 임시총회가 있다. 주요 의사결정사항으로는 이사와 감사의 선임 및 해임, 정관의 변경 및 업무운영, 주주이익 분배 등이 있다.

② 이사회(Board of Directors ; BOD)

주주총회의 결정요소들을 제외한 회사의 주요 업무집행에 관한 의사결정기구이다. 또한 주주를 대표하여 전문경영인이 주주의 이익에 반하는 일을 하지 않도록 견제와 감독을 한다. 이사회의 결의로 회사를 대표할 대표이사, 즉 경영자를 선정한다.

③ 감사(Auditor)

회사의 재산과 이사의 업무집행을 감독하는 역할을 한다. 회사의 업무에 대한 업무감사와 회계에 대한 회계감사로 분류하기도 한다. 특히 회계감사를 통해 출자자인 주주를 포함한 이해관계자들이 자신들이 출자한 자본이 제대로 운용되는지를 확인할 수 있다.

(3) 자본조달방법

① 직접조달

ㄱ (회)사채 : 주식회사가 자금을 조달하기 위해 발행한 채권이다. 일반적으로 만기를 정해 자금을 조달하고, 정해진 이자를 지급하며 만기에 원금을 상환하는 형태가 보편적이다. 물론 만기를 정하지 않고, 기업이 정해진 이자만 지급하는 영구채도 존재한다.

ㄴ 우선주와 보통주 : 기업이 주주에게 발행한 주권이다. 주주는 주권을 통해 기업의 의사결정과 배당금을 분배 받는다. 우선주는 배당금을 보통주주보다 먼저 지급받는 대신 주주로서의 의결권이 존재하지 않는 특징을 보인다. 만약 기업이 청산하게 된다면 우선주가 보통주주보다 먼저 변제권을 가진다.

② 간접조달 : 은행에게 차입하거나 기업이 가진 채권을 팩토링 등을 통해 자금을 조달하는 방식도 존재한다. 팩토링은 기업의 채권을 만기 전에 금융기관에 매도하여 자금을 조달하는 것이다.

기출유사문제

01 주식회사의 특징에 관한 설명으로 옳은 것은?

① 자본의 증권화로 소유권 이전이 불가능하다.

② 주주는 무한책임을 진다.

③ 소유와 경영의 분리가 불가능하다.

④ 인적결합 형태로 법적 규제가 약하다.

⑤ 자본조달이 용이하고, 과세대상 이익에 대해서는 법인세를 납부한다.

정답 | ⑤

해설 | 주식회사는 (회)사채, 주권 발행 등을 통해 쉽게 자본을 조달할 수 있으며, 주식회사는 법인으로서 법인세를 납부한다.

02 다음의 조건을 만족하는 기업의 종류는 무엇인가?

> ㉠ 2인 이상 출자
> ㉡ 경영 및 출자를 담당하는 무한책임사원이 존재
> ㉢ 출자만 담당하는 유한책임사원 존재

① 개인회사 　　　　　　　　　　　② 합명회사

③ 합자회사 　　　　　　　　　　　④ 유한회사

⑤ 주식회사

정답 | ③

해설 | 합자회사에 대한 설명이다. 합명회사는 무한책임사원만 존재하며, 유한회사와 주식회사는 전 사원이 출자액에 따른 책임을 지는 유한책임사원만 존재한다.

03 경영자에 대한 다음의 설명 중 가장 적절하지 않은 것은?

① 기업이 대규모화되면서 기업경영의 문제가 복잡해지고, 자본이 분산됨에 따라 전문경영자가 출현하게 된다.

② 소유경영자가 지배하는 기업에서 자본 출자와 관련성이 없으면서 최고경영층으로 활약하는 사람은 고용경영자이다.

③ 전문경영자는 단기적 기업이익을 추구하는 성향을 보인다.

④ 전문경영자는 자율적 경영과 경영관리의 합리화를 도모하는 성향을 보인다.

⑤ 수탁경영층은 최고경영층으로부터 경영기능을 위임받아 업무를 수행하는 중간경영층을 지칭한다.

정답 | ⑤

해설 | 수탁경영층 자체가 최고경영층을 의미하며, 이해관계 집단인 주주, 채권자 등으로부터 기업의 경영을 위탁받아 기업의 기본방침을 결정한다.

04 전문경영자와 소유경영자에 관한 설명으로 옳지 않은 것은?

① 소유경영자는 환경변화에 빠르게 대응할 수 있다는 장점이 있다.

② 전문경영자에 비해 소유경영자는 단기적 성과에 집착하는 경향이 강하다.

③ 전문경영자와 주주 사이에 이해관계가 상충될 수 있다.

④ 전문경영자에 비해 소유경영자는 상대적으로 전문성이 떨어질 수 있다.

⑤ 소유경영자는 전문경영자에 비해 상대적으로 강력한 리더십의 발휘가 가능하다는 장점이 있다.

정답 | ②

해설 | 전문경영자는 임기가 존재하므로 소유경영자에 비해 단기적 성과에 치중할 수 있다. 반대로 소유경영자는 단기적으로 보유 회사를 팔 목적이 아니라면 장기적인 성과에 치중하는 경향이 있다.

05 기업경영과 관련하여 윤리적 이슈에 해당하지 않는 것은?

① 기업의 내부 직원의 회사자금을 개인적으로 유용하였다.

② 특수관계자와의 거래를 통해 매출의 규모를 인위적으로 상승시켰다.

③ 제품의 수익성을 위해 오염물 여과장치를 사용하지 않았다.

④ 제품의 가격에 대한 할인 경쟁이 심해져서 산업 전체 이익률이 낮아졌다.

⑤ 건설현장에서 일하는 근로자에 대한 안전교육을 하지 않았다.

정답 | ④

해설 | 수익성과 관련된 부분은 기업의 윤리적 이슈에 해당하지 않는다.

06 유한회사의 특징으로 옳은 것은?

① 감사는 필요적 상설기관이다.

② 이사는 3인 이상을 두어야 한다.

③ 경영은 무한책임을 지는 출자자가 담당한다.

④ 최고의사결정기관은 사원총회이다.

⑤ 기관의 구성이 간단하고 개방적이다.

정답 | ④

해설 | 감사는 임의 기관으로 절대성이 없으며, 이사는 1인 이상으로 임명할 수 있다. 유한회사는 유한책임사원으로만 구성되어 있으며 기관의 운영이 폐쇄적. 폐쇄적 운영을 위한 규정들은 유한회사에 대한 각종 제한으로 작용하여 2011년에 유한책임회사를 신설하여 이를 개선하였다.
참고로 주식회사의 필수 의사결정기관은 이사회, 감사 또는 감사위원회, 주주총회이다.

07 효율성(efficiency)과 효과성(effectiveness)에 관한 설명으로 옳지 않은 것은?

① 효과성은 자원의 사용정도를, 효율성은 목표의 달성 정도를 평가대상으로 한다.

② 효율성은 일을 올바르게 함(do things right)을, 효과성은 옳은 일을 함(do right things)을 의미한다.

③ 성공적 조직이라면 효율성과 효과성이 모두 높다.

④ 효율성은 목표달성을 위한 수단이다.

⑤ 효율성은 최소한의 자원 투입으로 최대한의 산출을, 효과성은 목표의 최대한 달성을 지향한다.

정답 | ①

해설 | 효과성은 목표 달성 정도를 평가대상으로 하고 효율성은 자원의 사용정도를 나타낸다.

08 민쯔버그(Mintzberg)는 경영자의 역할을 다음과 같이 분류하였다. 보기를 참고로 다음 경영자의 역할 중 성격이 다른 하나는?

> ⊙ 의사결정역할 : 기업의 성과를 증진시키고 기업의 성장과 발전을 위하여 여러 가지 문제를 해결하는 역할을 수행한다.
> ⓒ 대인관계역할 : 기업을 지속적으로 원한하게 운영해 나가는데 다른 사람들과의 관계를 개선시키고 좋게 유지하는 역할을 수행한다.
> ⓒ 정보전달역할 : 정보를 전달, 교환, 가공하는 역할을 수행한다.

① 기업가(entrepreneur)　　　　　　② 협상가(negotiator)

③ 감시자(monitor)　　　　　　④ 문제 해결자(disturbance handler)

⑤ 자원의 배분자(resource allocation)

정답 | ③

해설 | 감시자는 기업 내부와 외부로부터 지속적으로 정보를 탐색하고 정보를 수집해야 하는데, 이는 정보전달역할로서 경영자 역할을 설명한 단어이다. 그 외에는 의사결정역할을 설명한 단어이다.
（참고) 대인관계역할의 범주에는 외형적 대표자(figurehead), 리더(leader), 교신자(liaison)가 있고, 정보전달역할의 범주에는 감시자(monitor), 전달자(disseminator), 대변인(spokesman)이 있다.

09 기업의 소유자와 경영자 사이에서 발생하는 대리인 비용(agency problem)과 관련이 가장 없는 것은? 고득점 문제

① 감시비용(monitoring cost)

② 지배원리(dominance principle)

③ 스톡옵션(stock option)

④ 정보의 비대칭성(information asymmetry)

⑤ 기업지배권(corporate governance)

정답 | ②

해설 | ② 지배원리란 위험회피자의 경우 기대수익률이 같다면 위험이 작은 자산을 선택하고, 위험이 같다면 기대수익률이 높은 자산을 선택한다는 효율적 자산선택과 관련된 내용이다. 대리인 비용과는 관련이 없다.
　　① 감시비용, 확증비용, 잔여손실 등을 대리인 비용이라 한다.
　　③ 스톡옵션은 경영자가 기업의 가치에 중점을 두도록 하는 유인책으로 대리인 비용을 감소시키기 위한 수단이다.
　　④ 기업의 소유자와 경영자 사이에서 정보가 불균형할 경우 대리인 비용이 발생한다.
　　⑤ 대리 이론에서는 경영자의 기업지배권이 강할수록(경영자의 지분비율이 높을수록) 대리인 비용이 감소한다.

10 페이욜의 경영관리론에서 경영관리 구성요소를 대표적으로 5가지 요소로 분류했다. 다음 항목 중 가장 관련 없는 것은?

① 계획　　　　　　　　　　　　② 조직

③ 지휘　　　　　　　　　　　　④ 조정

⑤ 협동

정답 | ⑤

해설 | 페이욜(H. Fayol)은 조직 전체 경영관리 측면에 관심을 바탕으로 경영관리 구성요소를 정립했다. 경영관리 구성요소는 계획(Planning), 조직(Organizing), 지휘(Directing), 조정(Coordinating), 통제(Controlling)로 구성되어 있다. 이후 다른 학자들에 의해 구성요소가 추가되고 보안되고 있다.

11 영업적으로 기업이 회생할 가능이 낮지만, 정부 및 채권단의 지원으로 파산하지 않고 연명하는 기업은 무엇인가?

① 한계기업   ② 협동조합

③ 블랙기업   ④ 사회적 기업

⑤ 스타트업

정답 | ①

해설 | • 좀비(한계)기업 : 영업적으로 기업이 회생 가능이 낮지만, 정부 및 채권단의 지원으로 파산하지 않고 연명하는 기업이다.
- 블랙기업 : 노동자들을 가혹하게 대하는 기업이다. 주로 고용이 불안한 청년을 대상으로 임금을 체불하거나 고용을 빌미로 장기간 야근을 강요하는 형태를 보인다.
- 협동조합 : 경제적으로 영세한 중·소상인들이 경제적 연대를 위해 조직한 기업이다. 조합은 생산, 판매, 소비 등을 협동으로 진행한다.
- 사회적 기업: 사회적 목적과 경제적 이윤을 동시에 추가하는 기업이다. 주로 취약계층을 고용하거나 취약계층에게 서비스를 제공한다.
- 스타트업 : 주로 혁신 기술과 아이디어를 이용하여 사업을 시작한 신생기업이다.

12 기업의 자금조달 방식에 대한 설명으로 옳지 않은 것은?

① 기업의 자금조달 방식은 직접조달 방식과 간접조달 방식으로 나눌 수 있다.

② 사채는 기업이 자금을 조달하기 위해 발행한 채권이다.

③ 보통주는 우선주보다 먼저 배당을 받는다.

④ 청산 시 우선주는 보통주보다 먼저 변제를 청구할 권리가 있다.

⑤ 간접 조달 방식에는 대표적으로 은행 차입, 팩토링이 존재한다.

정답 | ③

해설 | • 직접조달
  - (회)사채 : 주식회사가 자금을 조달하기 위해 발행한 채권이다. 일반적으로 만기를 정해 자금을 조달하고, 정해진 이자를 지급하며 만기에 원금을 상환하는 형태가 보편적이다. 물론 만기를 정하지 않고 기업이 정해진 이자만 지급하는 영구채도 존재한다.
  - 우선주와 보통주 : 기업이 주주에게 발행한 주권이다. 주주는 주권을 통해 기업의 의사결정과 배당금을 분배받는다. 우선주는 배당금을 보통주주보다 먼저 지급받는 대신 주주로서의 의결권이 존재하지 않는 특징을 보인다. 만약 기업이 청산하게 된다면 우선주가 보통주주보다 먼저 변제권을 가진다.
- 간접조달
  은행에게 차입하거나 기업이 가진 채권을 팩토링 등을 통해 자금을 조달하는 방식도 존재한다. 팩토링은 기업의 채권을 만기 전에 금융기관에 매도하여 자금을 조달하는 것이다.

13 선도기업의 전략이나 기술을 배워 지속적으로 혁신을 추구하여 비용을 절감하고 제품의 질을 개선하여 기업의 경쟁력을 강화할 수 있는 전략은?

① 벤치마킹   ② 구조조정

③ 리엔지니어링   ④ 아웃소싱

⑤ 고객만족경영

정답 | ①

해설 | ① 벤치마킹 : 선도기업의 전략이나 기술을 배워서 지속적인 혁신을 추구하는 방식이다. 이를 통해 비용을 절감하고 제품의 질을 개선하여 기업의 경쟁력을 강화할 수 있다.

② 구조조정 : 기업이 외부 환경에 대응하고 경쟁력을 높이기 위해 기업의 사업 구조를 개편하는 것을 의미한다.

③ 리엔지니어링 : 기업의 혁신을 위해 기존의 제품과 서비스를 근본적으로 원점에서 재개발하거나 수정하는 것이다.

④ 아웃소싱 : 기업이 핵심적인 부분만 내부에서 담당하고, 비핵심적인 활동은 외부에 위탁하여 비용을 절감하고 유연하게 기업을 운영하는 전략이다.

⑤ 고객만족경영 : 기업이 단기적인 이윤 추구라는 목적에서 벗어나 고객만족이라는 궁극적인 목표 달성에 초점을 맞춰 경쟁력을 확보하는 전략을 말한다.

MK Test of Economic & Strategic business Thinking **PART** 0 1

SECTION 1 | 조직관리 이론

(1) 베버의 관료제

독일의 사회학자 베버(Max Weber)는 관료제의 특성을 개인과 조직의 관점에서 해석하여 합리적이고 법적 권한에 근거한 이상적인 조직을 제시하였다.

① 베버의 이상적 관료제 특징

　㉠ 공식화(문서화) : 정해진 업무를 기록하여 문서화함으로써 조직 내 직무를 누가 맡더라도 매뉴얼대로 행할 수 있다. 따라서 언제든 조직원을 대체할 수 있어 불확실성을 줄이고, 조직의 지속성을 높여준다.

　㉡ 분업 : 직무는 단순하게 나누어져야 누구든지 그 일을 할 수 있다.

　㉢ 명확한 권한과 직무로 인한 뚜렷한 상하 계층제 : 계층별로 명확한 권한과 직무가 부여되어야 하며, 하위계층은 상위계층의 통제와 감독을 받아야 한다.

　㉣ 공식적 규칙과 규제 : 종업원들의 행동을 통일시키고 관리감독을 용이하게 하기 위해 공식적이고 누구나 따라야 하는 규칙과 규제를 만든다.

② 관료제의 부정적 측면

관료제하에서는 개인의 감정과 편견 등 인간적인 측면을 배제하고 공적 업무 관계만 중시함으로써 비인격적이고 유연하지 못한 조직으로 치부되는 경향이 있다. 또한 지나친 서류중심, 형식주의 등의 관료제 운용에서 오는 문제점들이 여전히 존재한다.

(2) 테일러의 과학적 관리법

프레드릭 테일러(Frederick Winslow Taylor)는 미국의 미드베일 철강회사에서 근무하면서 작업현장 곳곳에 비효율적인 요소가 산재해 있음을 발견하고 이를 해결하기 위해 '과학적 관리법'을 제시하였다. 테일러리즘이라고도 불리는 이 방식은 조직 내의 노동자들의 조직적 태업을 방지하고 생산성을 극대화하는 작업 표준을 찾고자 했다.

조직적 태업을 해결하기 위해 시간연구과 동작연구(Time and Motion Study)를 통해 표준작업량을 설정하였다. 표준작업량을 따랐을 때, 직원들은 작업 효율이 올라가서 생산성이 향상되며 이에 따른 성과급을 더 받을 수 있다. 이를 통해 테일러의 과업관리 목표인 '높은 임금, 낮은 노무비'를 실현할 수 있다고 보았다.

(3) 포드시스템

포드 시스템은 포드 자동차를 설립한 헨리 포드(Henry Ford)가 고안한 시스템이다. 테일러의 과학적 관리 기법을 바탕으로 컨베이어 시스템을 함께 도입하여 대량생산을 가능하게 만들었다. 이를 위해 장비를 전문화(Specialization)하고, 분업을 통해 작업을 단순화(simplification) 했으며, 부품을 표준화(Standardization)했다. 포드는 기업을 사회 봉사기관으로 생각하여 노동자에게 고임금 주고, 고객에게 저가격으로 제품을 제공하기 위해 노력했다.

(4) 메이요의 인간관계론

인간관계론을 설명하는 호손(Hawthorne)실험은 조직 내 개인과 집단 간의 관계를 분석한 실험으로 조직 내 구성원을 하나의 부품으로 보지 않고 인간으로 해석하는 데 그 의미를 가진다. 처음에는 과학적관리법에 입각해 작업표준을 발견하기 위한 목적으로 시작였으나, 실험을 진행하면서 인간의 동기, 감성, 상호작용 등의 요소들이 생산량에 영향을 미칠 수 있다는 것을 발견하였다.

실험에 참가한 메이요(George Elton Mayo)교수는 스스로 실험에 의한 평가를 받는다는 것을 인지하면서 더 열심히 일하게 된다고 보았다. 즉, 직원들이 특별한 주목을 받거나 관리자가 직원의 복지에 관심을 가진다고 느낄 때 종업원들이 업무를 더 잘 수행하는 현상이 발견되는데, 이를 호손효과라고 한다.

인간관계론은 전통적 관리에서 중시해온 경제학적, 물리학적 효율성보다 비공식적 조직의 존재, 즉 조직 내의 사람을 위한 제도를 고려하였다. 생산성을 좌우하는 것은 집단 내의 분위기, 동료와의 관계 등 인간관계라는 사실을 깨달으면서 경영학이 발전하였다.

SECTION 2 조직화의 원칙

경영자는 기업의 사업형태에 따라 조직을 어떻게 설계하고 구성할 것인지 의사결정을 해야 한다. 조직을 구조함에 있어서 다음과 같은 여러 가지 기준이 존재한다.

(1) 전문화

전문화(work specialization)는 분업과 같은 맥락을 지닌다. 전문화란 전체 직무를 여러개의 과업으로 분리하여, 조직의 구성원들이 단일의 전문화된 업무를 담당하도록 하는 것을 말한다. 한 사람이 한 개의 과업을 수행하면서 업무에 전문화되면 생산성을 극대화 할 수 있다.

다만, 전문화나 분업의 수준이 너무 높으면 지루함을 느끼고 업무의 연계성이 떨어져 오히려 생산성이 저하될 수도 있다.

(2) 부서화(부문화)

부서화 또는 부문화는 각각의 업무 프로세스를 어떤 단위로 묶을 것인지를 정하는 과정이다. 부문화는 다음과 같이 다양한 기준이 있다.

① 기능별 : 생산부, 인사부, 홍보부 등의 기능들을 단위로 분류

② 제품별 : 제품별로 분류

③ 지역별 : 영역이나 지리적인 기준에 따라 분류

④ 프로세스별 : 일이 진행되는 프로세스에 따라 분류

⑤ 고객별 : 고객 유형별로 분류

(3) 권한

개인이 가지는 권한에는 책임이 수반된다. 권한을 가지고 있는 사람은 명령을 내리고, 명령을 받는 사람을 이에 복종해야 한다는 것을 의미한다. 권한과 관련해서 고려해야 할 요소는 다음과 같다.

① 집권화와 분권화

집권화는 의사결정 권한이 조직의 한 부문에만 집중되어 있는 정도를 말하며, 분권화는 하위 종업원들이 의견을 제시하거나 실제로 의사결정하는 정도를 말한다.

② 명령일원화의 원칙

명령일원화는 권한 라인이 깨지지 않고 한 명의 조직구성원은 한 명의 상사에게만 보고하는 체계가 연결되어 있어야 함을 뜻한다. 여러 상사로부터 명령을 받고, 동시에 보고를 하게 되면 책임 소재가 분명하지 않게 되고, 어떤 일을 먼저 처리해야 할지 갈등을 겪으면서 비효율이 발생하게 된다.

③ 통제의 범위

통제의 범위는 한 명의 상사가 직접 감독할 수 있는 종업원 수에 대한 한계를 의미한다. 즉, 몇 명의 부하에게 업무를 지시하고, 보고받아야 가장 효율적인가를 의미한다. 통제의 범위가 너무 넓으면 효과적인 의사소통이 어려워지고, 통제의 범위가 너무 좁으면 중간관리층이 많아져서 비효율이 발생한다.

④ 공식화

공식화는 조직에서 업무가 표준화되어 있는 정도를 의미한다. 이는 조직의 규칙, 통제, 절차 등이 명문화된 문서형태로 존재하는 정도를 말한다. 구성원들은 업무를 수행할 때 이러한 문서를 바탕으로 표준화된 업무를 수행할 수 있다.

SECTION 3   **기계적 조직과 유기적 조직**

T.번스(T. Burns)와 G.M.스타커(G.M. Stalker)는 기업의 조직구조가 환경에 따라 어떻게 달라지는지를 연구했다. 안정적 환경구조를 가진 기업들에게서 공통적으로 발견된 조직구조를 기계적 조직으로, 역동적 환경구조를 가진 기업들에게서 공통적으로 발견되는 조직을 유기적 조직으로 구분하였다.

(1) 기계적 조직

기계적 조직 안에서는 조직 내 규율과 규칙으로 통제되며, 조직을 효율적인 기계화하는 경향을 보인다. 명확한 규범, 규칙과 과업의 표준화, 통제 등에 크게 의존하여, 통제의 범위가 좁은 것이 특징이다. 그로 인해 직무의 전문화 및 부문화 수준이 높아진다. 조직도가 피라미드 형태로 이루어져 있어 명령일원화 원칙 수행에 적합한 조직구조이다.

C/h/e/c/k   **기계적 조직 형태**

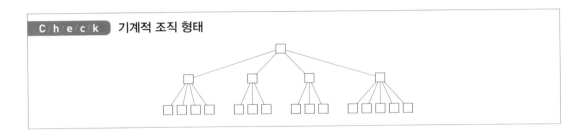

(2) 유기적 조직

유기적 조직 안에서는 조직 내 규율 및 규칙보다는 조직원들의 개인의 다양성을 통해 자율성을 추구한다. 따라서 외부로부터 새로운 자극이나 변화에 대한 적응성이 높고, 유연성이 높은 조직 형태를 가진다. 유기적 조직에서도 기계적 조직과 같이 직무의 전문화를 중요하게 생각하지만, 기계적 조직과는 다르게 직무의 표준화는 하지 않는다. 유기적 조직에서 업무수행은 프로젝트별, 팀단위로 수행하는 것이 일반적인 형태이다.

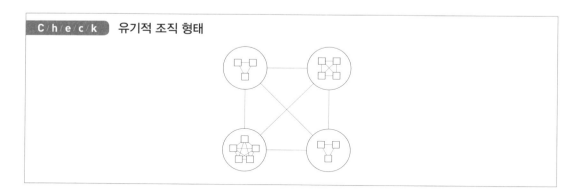

C/h/e/c/k 유기적 조직 형태

SECTION 4   다양한 조직 형태

(1) 단순 조직

단순 조직은 일반적으로 소규모 기업이 가지고 있는 형태로, 수직적 계층이 2개 또는 3개로 이루어진 단순한 형태이다. 따라서 의사결정 권한이 한 사람에게 집중되어 있어 의사결정 속도가 빠르고, 유지비용이 적게 들며, 책임소재도 명확하지만, 정보화시대에서 최고경영자에 대한 정보 과부하가 발생하여 업무의 효율이 떨어지는 문제점도 존재한다.

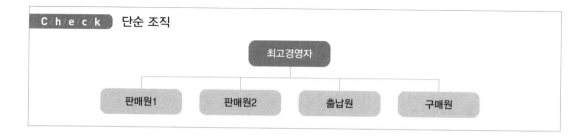

C/h/e/c/k 단순 조직

(2) 기능 조직

기능 조직은 유사한 업무와 기능에 따라 묶어 놓은 조직 형태이다. 기능의 종류에는 생산, 판매, 인사, 총무, 회계 등으로 나뉘고 각 기능들이 각각의 역할을 효율적으로 수행하여 각 부서의 전문성이 향상된다. 안정적인 환경에서 규모의 경제를 실현할 수 있는 장점이 있지만, 조직의 규모가 커지면 중앙에서 관리하기가 힘들어지고 부서 간 조정과 연결에도 어려움을 겪게 되는 단점도 존재한다.

(3) 사업부 조직

사업부 조직은 기능 조직의 단점을 보완한 형태로서 최고경영자 밑에 각 사업을 담당하는 사업부를 개설하고, 각 사업부에 권할을 분할하여, 각 사업부의 책임자는 사업부에 대한 대부분의 권한을 보유하고 행사하게 된다. 따라서 기능 조직보다 신속한 의사결정이 가능하여 비교적 시장의 요구에 빠르게 반응할 수 있다. 그리고 사업의 성패에 대한 책임소재도 명확하게 구분할 수 있다. 하지만 사업부마다 중복된 부서가 있을 수 있어 자원의 낭비가 발생 가능하며, 기능 조직에 비해 기능별 전문화가 떨어질 수 있는 단점도 존재한다.

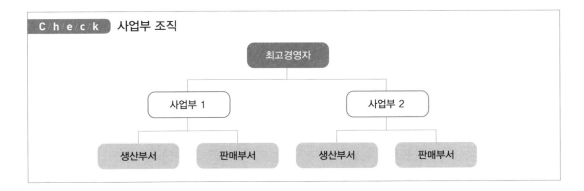

(4) 매트릭스 조직

매트릭스 조직은 프로젝트별로 필요한 인력을 기능부서로부터 배정하는 형태이다. 즉, 조직원들은 평
소에는 기능별 부서에 속해 있다가 프로젝트가 시작되면 해당 프로젝트에 속하게 된다. 메트릭스 조직
하에서는 인적자원을 효율적으로 사용할 수 있고, 시장의 변화에 유연하게 대처할 수 있는 장점이 있
으나, 명령체계가 기능 부서와 프로젝트로 이원화됨으로 인해 보고체계에서 혼란이 발생할 수 있는 단
점이 존재한다.

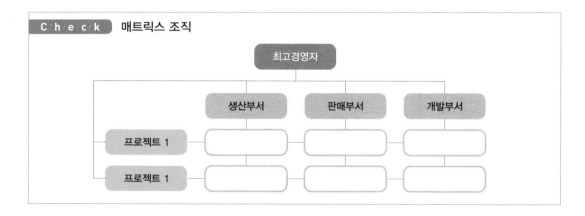

C/h/e/c/k 매트릭스 조직

(5) 네트워크 조직

네트워크 조직은 내부의 기능을 없애고 외주(아웃소싱) 방식을 이용한 조직형태이다. 집중해야 하는 핵
심역량만 보유하고, 나머지는 공급업체들과의 계약을 활용하여 필요에 따라 자원과 서비스를 활용함
으로써 기업의 무게를 줄이고 시장변화에 유연하게 대처할 수 있다. 하지만 조직원들의 소속감이 하락
할 수 있고, 기술 공유로 인한 기술 유출 가능성 등 단점이 존재한다.

가장 대표적인 네트워크 조직형태를 지닌 기업은 나이키(Nike)이다. 나이키 본사에서는 디자인과 마케
팅에만 집중하고 생산 및 판매는 각 나라의 계약자들과 외주계약을 통해 수행하고 있다.

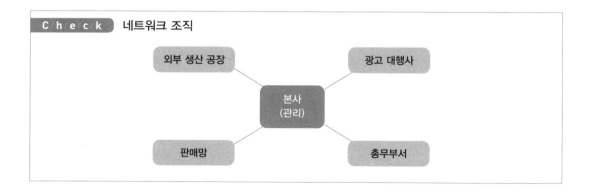

C/h/e/c/k 네트워크 조직

01 다음 중 유기적 조직(organic organization)의 특징에 해당하지 않는 것은?

① 낮은 공식화
② 높은 분권화
③ 높은 효율성
④ 낮은 전문화
⑤ 높은 유연성

정답 | ③

해설 | 효율성이란 적은 투입으로 높은 산출을 얻는 것을 말하는데, 유기적 조직은 업무의 표준화가 되어 있지 않기 때문에 기계적 조직에 비해 효율성이 높지 않다.

02 다음 중 베버(Weber)의 관료제의 주요 내용이 아닌 것은?

① 공식적 채용
② 공식적 규칙과 규제
③ 문서화
④ 시간연구와 동작연구
⑤ 분업

정답 | ④

해설 | 시간연구와 동작연구는 조직적 태업을 해결하기 위해 표준작업량을 설정하는 연구로 테일러의 과학적 관리법과 관련된 내용이다.

03 조직구조에 관한 설명 중 적절하지 않은 것만을 모두 선택한 것은?

> a. 기능별 구조(functional structure)에서는 기능부서 간 협력과 의사소통이 원활해지는 장점이 있다.
> b. 글로벌기업 한국지사의 영업담당 팀장이 한국지사장과 본사 영업담당 임원에게 동시에 보고하는 체계는 네트워크 조직(network organization)의 특징을 보여준다.
> c. 단순 구조(simple structure)에서는 수평적 분화와 수직적 분화는 낮으나, 공식화 정도는 높다.

① a
② c
③ a, c
④ a, b
⑤ a, b, c

정답 | ⑤

해설 | a. 기능별 구조에서는 기능부서가 분리되어 있으므로 기능부서 간의 조정과 연결에 어려움이 발생한다.
b. 네트워크 조직은 주요 사업 기능을 외주에 의존하는 조직으로, 한국지사와 본사와의 관계는 사업부 조직 또는 매트릭스 조직으로 이해할 수 있다.
c. 공식화란 직무가 표준화되어 있는 정도를 말하는데, 단순조직에서는 공식화 정도가 낮다.

04 생산, 판매, 회계, 인사, 총무 등의 부서를 만들고 관련 과업을 할당하는 조직설계 방식은?

① 사업부 조직

② 매트릭스 조직

③ 기능별 조직

④ 팀 조직

⑤ 네트워크 조직

정답 | ③

해설 | 부서별로 분류하는 것은 서로 다른 기능별로 분류하는 것으로 기능별 조직에 대한 설명이다.

05 테일러(Taylor)의 과학적 관리법과 포드(Ford)의 이동컨베이어 시스템에 관한 설명으로 가장 적절하지 않은 것은?

① 과학적 관리법은 전사적 품질경영(TQM)에서 시작된 것으로, 개별 과업뿐 아니라 전체 생산시스템의 능률 및 품질향상에 기여하였다

② 과학적 관리법은 방임관리를 지양하고 고임금 · 저노무비용의 실현을 시도하였다.

③ 과학적 관리법의 주요 내용인 과업관리의 방법으로는 작업의 표준화, 작업조건의 표준화, 차별적 성과급제 등이 있다.

④ 이동컨베이어 시스템은 컨베이어에 의해 작업자와 전체 생산시스템의 속도를 동시화함으로써 능률 향상을 시도하였다.

⑤ 이동컨베이어 시스템을 효율적으로 이용하기 위해 장비의 전문화, 작업의 단순화, 부품의 표준화 등이 제시되었다.

정답 | ①

해설 | 테일러의 과학적 관리법은 전사적 품질경영과 관계가 없다. 전사적 품질경영(Total quality management)은 기업 모든 구성원들이 품질향상과 고객만족을 달설하기 위해 지속적으로 노력하는 품질혁신 철학을 말한다.

06 다음은 (A)와 관련된 설명이다. 다음 설명에서 (A)와 밀접하게 관련있는 (B)와 같은 조직구조를 나타낸 것은?

> (A)는 기업이 필요한 재화나 서비스를 외부화하는 것을 의미하며, 일반적으로 외부화에 비해 내부화의 비용이 클 때 사용된다. (A)를 실시한 활동에 대한 통제력은 약화된다. (B) 조직은 필요할 활동을 (A)에서 의존한다.

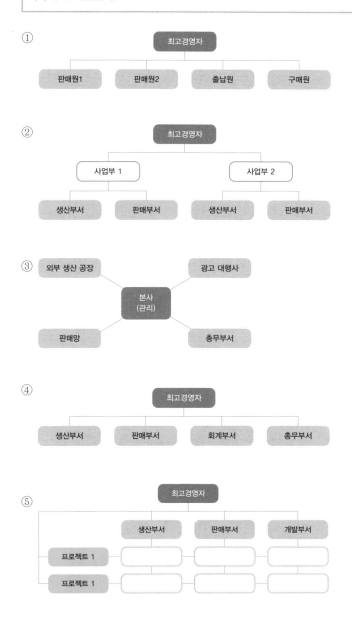

정답 | ③
해설 | (A)는 아웃소싱에 대한 설명이고 (B)는 네트워크 조직에 대한 설명이다.

07 테일러(F. Taylor)의 과학적 관리법의 내용으로 옳지 않은 것은?

① 차별적 성과급제 적용　　　　　　② 시간 및 동작연구를 통해 과업 결정

③ 조명 및 계전기조립실험 실시　　　④ 수행활동의 기능별 분업

⑤ 근로자를 과학적으로 선발하여 교육

정답 | ③

해설 | 조명 및 계전기조립실험은 메이요의 호손실험과 관련된 내용이다. 1차 실험은 조명실험으로 조명도가 생산성에 미치는 영향을 실험하였고, 2차 실험은 계전기조립실험으로 생산성과 여러 가지 작업조건 간의 관계를 실험하였다.

08 기계적 조직과 유기적 조직에 관한 다음의 설명 중 가장 적절하지 않은 것은?

① 기계적 조직은 일반적으로 공식화 정도가 높으며, 안정적이고 단순한 환경에 적합하다.

② 막스 베버(M. Weber)가 제시한 관료제 조직은 전문화와 공식화를 지향하므로 기계적 조직에 가깝다고 할 수 있다.

③ 기계적 조직과 유기적 조직 관점에서 볼 때, 현실의 조직들은 극단적인 기계적 조직과 극단적인 유기적 조직 사이의 연속선상에 위치할 수 있다.

④ 내용이 유사하고 관련성이 높은 업무를 우선 결합시키는 기능적 조직(functional organization)은 유기적 조직에 가깝다고 할 수 있다.

⑤ 네트워크 조직(network organization)은 환경변화에 신속하게 반응할 수 있으므로 유기적 조직에 가깝다고 할 수 있다.

정답 | ④

해설 | 기능적 조직(functional organization)은 유기적 조직보다는 기계적 조직에 가깝다고 할 수 있다.

10 호손(Hawthorne)실험의 주요 결론에 관한 설명으로 옳지 않은 것은?

① 노동환경과 생산성 사이에 반드시 비례관계가 존재하는 것은 아니다.

② 심리적 요인에 의해서 생산성이 좌우될 수 있다.

③ 작업자의 생산성은 임금, 작업시간, 노동환경의 함수이다.

④ 비공식 집단이 자연적으로 발생하여 공식조직에 영향을 미칠 수 있다.

⑤ 경영자와 작업자들 사이의 인간관계가 생산성에 영향을 미칠 수 있다.

정답 | ③

해설 | 호손실험에서의 결론은 물리적 요인 외에 인간의 정서적 또는 심리적 요인에 의해서도 영향을 받는다는 사실이다.

09 다음 중 아래와 같은 조직 형태에 대한 설명으로 가장 옳지 않은 것은?

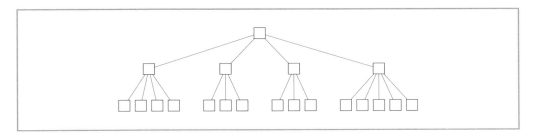

① 조직 내 규율과 규칙으로 통제된다.

② 표준화된 작업을 안정적으로 수행하기 위한 구조다.

③ 상사로부터의 일방향적 의사결정이 이루어진다.

④ 직무 전문화 및 부문화 수준이 높고 그에 따라 통제의 범위가 좁다.

⑤ 기업의 형태가 다양해지고 외부환경이 복잡해짐에 따라 발생하는 조직구조이다.

정답 | ⑤

해설 | 그림은 기계적 조직을 나타내고 있으며, 외부환경이 복잡해지는 현대에는 많은 조직들이 유기적 조직형태를 지닌다.

11 다음은 우드워드(Joan Woodward)의 연구에 관한 설명이다. 　고득점 문제

> 우드워드는 100여 개 제조기업을 대상으로 생산기술과 조직구조 그리고 성과 간의 관계를 연구하였다. 기업이 사용하는 기술은 복잡성에 따라 크게 단위소량생산(unit production), 대량생산(mass production), 연속생산(process production)으로 나누었다. 여기서 기술의 복잡성이란, 생산과정의 기계화 정도와 예측가능성 정도를 나타낸 것이다.

다음 중 기술복잡성이 가장 높은 것부터 순서대로 나열한 것은 무엇인가?

① 단위소량생산, 대량생산, 연속생산

② 연속생산, 대량생산, 단위소량생산

③ 단위소량생산, 연속생산, 대량생산

④ 대량생산, 연속생산, 단위소량생산

⑤ 연속생산, 단위소량생산, 대량생산

정답 | ②

해설 | 연속생산은 연속적으로 기계적인 변환과정을 거치므로 기술의 복잡성이 가장 높고, 단위소량생산기술은 사람의 수작업에 의존하는 기술유형으로 기계화정도가 낮아 기술복잡성이 가장 낮다. 대량생산기술은 중간 정도의 기술복잡성을 가지고 있다.

12 다음의 그래프는 테일러식 차별성과급(Taylor differential piece rate plan)을 나타낸 복률성과급 그래프이다. ㉠ 구간의 생산량당 임금은 100원이고, 표준과업 생산량은 1,000단위일 때 다음 설명 중 가장 옳지 않은 것은? 고득점 문제

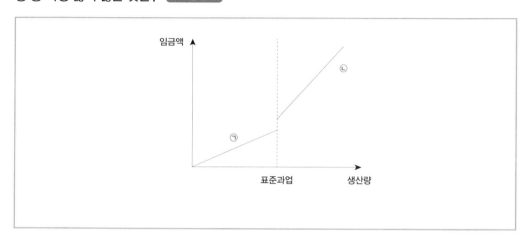

① 근로자는 표준과업을 달성하기 위해 노력할 것이라는 가정을 하고 있다.

② 근로자의 생산량이 500단위일 경우 50,000원의 임금을 얻는다.

③ 표준과업량을 초과하는 생산량 구간(㉡)의 생산량당 임금은 100원보다 높다.

④ 표준과업량을 초과하는 생산량 구간(㉡)의 생산량당 임금은 200원일 경우, 2,000단위를 생산한 근로자의 임금은 표준과업량까지 임금 100,000원에서 추가적인 생산량에 대한 임금 200,000원을 더해 300,000원이다.

⑤ 테일러식 차별성과급 하에서는 임금선은 일정한 기울기를 가지는 단순성과급(straight piecework plan)과 구별되고 단순성과급보다 인센티브 효과가 더 크다.

정답 | ④

해설 | 표준과업량을 달성했을 경우에는 전체 임률이 달라지므로 2,000단위에서 생산한 근로자의 임금은 생산량 2,000단위에서 생산량당 임금 200원을 곱한 400,000원이다.

PART 02
조직행동

SECTION 1 조직행동의 개념

메이요의 호손실험 이후로 조직을 이루는 구성원의 특성과 행동을 고려하는 것이 조직의 성과와 연계되어 있다는 관점이 생겼다. 조직행동은 조직 안에 있는 구성원들의 행동과 태도를 체계적으로 연구하는 학문 이며, 조직과 조직 내 인간행동의 관계를 연구하여 조직구성원의 행동과 태도를 설명·해석하여 미래를 예측하고 조직을 통제하는 것을 목적으로 한다.

(1) 조직몰입

조직몰입은 조직구성원이 조직 및 조직의 목표를 이해하고 조직의 일원으로 남아있고 싶은 것과 같은 조직에 대한 심리적 애착을 의미한다. 조직몰입 수준이 높으면 개인이 조직을 위해서 자발적으로 헌신 하는 정도가 높아진다. 마이어(Meyer)와 알렌(Allen)은 조직몰입을 다음과 같이 분류하였다.

① 정서적 몰입

조직에 대한 감정적인 밀착정도와 같은 심리적 애착감에 기반한 조직몰입을 의미한다. 정서적 몰입이 높 은 조직구성원은 소속감과 충성심이 높고, 조직을 위해 노력을 아끼지 않으려는 태도를 가진다. 이러한 요소들을 고려하여 조직 시스템을 설계하면 조직의 성과에 긍정적인 효과를 가져올 수 있다.

② 지속적 몰입

유지적 몰입이라고도 불리며, 조직을 떠나는 것과 남아있는 것을 경제적 가치에 기반하여 비교하는 데서 생기는 몰입의 형태를 말한다. 회사의 급여수준이 높아 직장을 그만 둘 경우에 경제적 타격을 크게 입는 다면 조직에 몰입할 수 밖에 없다. 즉, 조직에 남아있을 때의 이득이 조직을 떠났을 때로부터 얻는 손실 보다 크다고 생각되면 지속적 몰입이 발생한다. 조직은 시장균형임금보다 높은 임금을 제시하는 식으로 지속적 몰입을 유도할 수 있다.

③ 규범적 몰입

조직에 대한 책임감과 의무감 등으로 조직에 몰입하는 상태를 의미한다. 도덕적 또는 윤리적인 이유로 책 임감과 의무감이 생기게 되는 현상을 설명한다. 이를 정서적 몰입과 같이 조직에 남아있는 애착과는 다 른 형태로 구분해야 한다. 규범적 몰입이 높은 구성원은 자신이 조직을 떠나면 조직이 심각한 타격을 입 을 것으로 생각되어 조직에 남아 있으려고 한다.

(2) 직무만족

직무만족은 조직구성원이 자신에게 부여된 직무의 여러 요소를 평가하여, 그 직무에 대한 만족의 정도 를 의미한다. 일반적으로 개인수준의 연구에서 직무만족이 직무성과에 영향을 미치는 영향은 크지 않 지만, 조직 전체적으로 보면 만족도가 높은 조직구성원들의 성과가 만족도가 낮은 조직구성원들의 성 과보다 높게 나타난다. 직무성과 이외에도 직무만족도는 조직시민행동, 고객만족, 결근율, 이직률 등 과 관계를 가진다.

(1) 매슬로우의 욕구단계이론

매슬로(Abraham Maslow)의 욕구단계이론은 인간욕구가 단계별로 형성될 수 있으며, 하위욕구가 충족되어야 상위욕구가 나타날 수 있다고 설명하고 있다. 개인마다 다섯 가지 욕구가 저차원에서 고차원으로 순서대로 나타나므로 단계를 건너 뛰는 경우는 없다. 욕구와 출현은 결핍과 충족의 원리에 이루어지므로 개인의 행동에 동기를 부여하는 것은 결국 결핍이다. 5가지 욕구단계를 세부적으로 보면 다음과 같다.

① 생리적 욕구

　욕구계층의 최하위에 위치하고 있으며, 기본적인 요소들인 식욕, 수면욕, 공기, 음식, 배설, 성욕 등이 이에 포함된다. 이는 생활을 영위하는 데 가장 필수적인 요소들이므로 모든 욕구에 우선한다.

② 안전 욕구

　생리적 욕구가 충족된 후에 인지되는 다음 욕구로서 위험, 손실, 위협으로부터의 신체적, 정신적 보호와 관련된 것이다. 즉, 물리적인 안전 뿐만 아니라 경제적, 사회적 안전 상태도 포함한다. 특히 오늘날에는 근로자와 고용주 간에 발생하는 경제적 안정이 특히 중요해지고 있다.

③ 사회적 욕구

　애정과 공감의 욕구라고도 하며 생리적 및 안전 욕구가 만족된 이후 인지되는 다음 단계의 욕구이다. 사람들 간 애정을 주고 받고, 교제함으로써 자신을 사회집단의 일부분으로 받아들이는 것을 말한다. 근본적으로 개인은 다른 사람들 속에서 사회적 소속감을 얻기 원하며 그 안에서 동료들과 우의와 애정을 나누기를 원한다. 따라서 기업 등 조직을 구성하는데 있어서 구성원들이 필요로 하는 핵심적 욕구단계로 볼 수 있다. 이 욕구가 충족되지 않는다면 조직과 조직구성원 간의 갈등이 발생하여 구성원 간에 적대적이고 비협조적인 분위기가 조성될 수 있으며, 개인적으로는 폭력성, 우울증 등의 증상이 발현되기도 한다.

④ 존경 욕구

　대인관계에 있어서 스스로의 가치를 인정받고자 하는 욕구로서 성취, 능력, 자신감 및 지식에 관한 욕구들을 말한다. 이 욕구는 본인 스스로가 중요하다고 여기는 내적 존중감 또는 자기존중감과, 다른 사람들로부터 인정을 받아야 하는 외적 존중감으로 구성된다. 구체적으로 덕망, 존경, 성취, 승진 등이 포함되며 이러한 욕구가 충족되지 않는다면 무기력과 열등감이 생기게 된다.

⑤ 자아실현 욕구

　가장 최상위 욕구로 개인의 잠재력을 실현화하려는 욕구 단계이다. 결핍된 부분을 채워야 하는 필수욕구가 아니라 스스로 더 나은 단계로 가고자 하는 생산적 욕구단계이다. 매슬로우는 자아실현 욕구를 "인간이 될 수 있는 가능한 모든 것이 되어 보려는 욕망"이라고 정의하였다. 이러한 욕구는 개개인에 따라 매우 다양하게 나타난다.

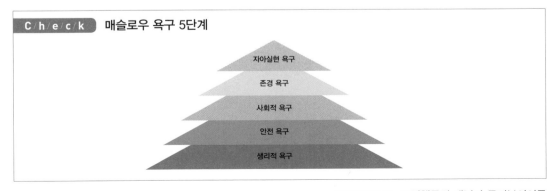

C/h/e/c/k　매슬로우 욕구 5단계

(2) 알더퍼의 ERG이론

알더퍼(C. P. Alderfer)는 매슬로의 욕구단계이론에서 직면한 문제점을 극복하고자 제시하였다. 알더퍼는 매슬로의 욕구단계이론에서 하나의 욕구가 충족되면 그 상위 욕구가 나타날 수 있다는 가정을 배제하였다. ERG이론에서는 상위욕구가 충족되지 않으면 하위욕구를 충족하기 위해서 퇴행된다는 욕구좌절(needs frustration), 하위욕구가 충족될수록 고차욕구에 대한 관심이 커지게 되는 욕구강도(desire strength), 각 수준의 욕구가 충족되지 않을수록 그 욕구에 대한 관심이 커지는 욕구만족(need satisfaction)을 제시한다.

알더퍼는 매슬로우의 5단계 욕구를 다음과 같이 3가지로 재분류하였다.

① 존재욕구(Existence needs = E)

매슬로의 욕구체계 중에서 생리적 욕구와 안전 욕구가 이에 해당한다.

② 관계욕구(Relatedness needs = R)

매슬로우의 욕구체계 중에서 사회적 욕구가 이에 해당한다.

③ 성장욕구(Growth needs = G)

매슬로우의 욕구체계 중에서 존경 욕구와 자아실현 욕구가 이에 해당한다.

(3) 맥그리거의 XY이론

맥그리거(Douglas Mcgregor)는 관리자가 인적자원을 통제함에 있어 근거로 인간의 동기를 바라보는 2가지 관점을 제시한다.

① X이론

X이론에서는 원래 인간은 일을 하기 싫어하고, 게으르며, 책임감이나 욕망이 없다고 가정한다. 매슬로우 욕구이론과 연결시키면 저차수준의 욕구, 즉 생리적 욕구와 안전 욕구의 수준에 머무르고 있다고 본다. 따라서 이러한 가정 하에서 조직구성원을 관리하기 위해서 조직은 조직 내 규범과 규제를 명확하게 하고 관리의 효율성을 높이는 방안을 강구해야 한다고 주장한다.

② Y이론

Y이론에서는 인간은 자신의 목표를 달성하기 위해 자발적으로 노력한다고 가정한다. 즉, 인간은 목표를 위해서 자기지향과 자기통제를 행한다. 따라서 이러한 가정 하에서 조직구성원을 관리하기 위해서 조직은 조직의 목표가 개인의 목표와 일치되도록 조직구조를 설계하고 개인의 자율성과 창의성에 초점을 맞추어서 조직 환경을 제공해야 한다고 주장한다.

(4) 허츠버그의 2요인이론

허즈버그(Frederick Herzberg)는 직무만족에 영향을 미치는 요인을 동기요인(motivation factor)과 위생요인(hygiene factor)으로 구분하였다. 전통적인 관점에서는 만족과 불만족을 양극의 개념으로 봤지만, 2요인이론에 따르면 직무에 만족하지 못한 사람이 꼭 불만족하다고 볼 수 없다는 것을 발견하였다. 따라서 만족과 불만족을 두 개의 독립된 개념으로 분류하였고, 만족에 영향을 미치는 요인을 동기요인, 불만족에 영향을 미치는 요인을 위생요인으로 명명하였다. 위생요인과 동기요인의 구체적인 요소들을 정리하면 다음과 같다.

동기요인(만족 증진요인)	위생요인(불만족 해소요인)
성취감 칭찬과 인정 직무의 특성(도전성) 조직의 성장가능성 책임감 개인의 발전	월급 회사 정책 및 지침 감독자(상사)와의 관계 직무환경 및 작업조건 직위 작업장의 안전 동료와의 인간관계

(5) 맥클레랜드의 성취동기이론

맥클리랜드(D. McClelland)는 인간의 욕구를 3개로 구분했다. 성취권력, 권력욕구, 친교욕구로 나눌 수 있으며, 이는 학습된 욕구이기 때문에 개인에 따라서 우선순위가 다를 수 있다.

성취욕구	성취욕구가 높은 사람은 성공에 대한 확신으로 최선의 노력을 한다.
권력욕구	권력욕구가 높은 사람은 사람들에게 영향력을 미치고 사람들을 통제하려 한다.
친교욕구	친교욕구가 높은 사람은 사람과의 관계를 우선하여 좋은 관계를 갖기를 원한다.

SECTION 3 동기부여의 과정이론

(1) 브룸의 기대이론

브룸(Victor. H. Vroom)의 기대이론은 기대와 보상이라는 결과물의 주관적 가치를 통해 개인의 동기부여 과정을 설명한다. 직무에서 경험하는 3가지 단계로, 노력하는 단계, 성과를 얻는 단계, 보상을 얻는 단계로 나눴고, 이 과정에서 얻는 기대감과 유의성을 분석하였다.

① 기대감(expectancy)

노력을 했을 때 성과를 얻을 수 있는가에 대한 주관적인 확률로 0부터 1의 값을 갖는다.

② 수단성(instrumentality)

성과를 얻으면 보상을 받을 수 있을 것에 대한 주관적 믿음으로 −1부터 1의 값을 갖는다. 즉, 노력에 대한 성과와 보상 간의 상관관계를 의미한다.

③ 유의성(valence)

개인이 성과를 달성함으로써 그에 따라 얻어지는 보상에 대한 각각의 욕구를 의미한다. 즉, 보상이 나에게 얼마나 의미가 있는지를 나타내는 것으로 부정적 가치(음수)부터 긍정적 가치(양수) 값을 가진다.

C/h/e/c/k 브룸의 기대이론

④ 동기부여의 강도측정

동기부여의 강도는 다음과 같은 공식을 통해 구한다.

> 동기부여(motivation) = 기대감 × 수단성 × 유의성

수단성과 유의성은 음수가 나올 수 있으므로 둘 중 하나만 음수가 나오면 동기부여는 음(−)의 값을 가진다.

(2) 애덤스의 공정성이론

애덤스(J. Stacy Adams)가 발표한 공정성이론은 교환과정에 있어서 자신의 투자 대비 수익 비율을 상대방과 비교하여 교환관계가 공정성을 유지하고 있는지를 판단한다. 즉, 조직구성원들은 자신의 직무에 대한 투입과 산출의 비율과 타인의 투입과 산출의 비율을 비교하여 불공정성을 해소하려고 노력한다는 이론이다.

만약 자신의 직무에 대한 투입과 산출의 비율이 타인에 비해 낮다고 판단된다면, 자신의 노력을 줄이거나 임금 인상을 요구하는 식으로 불공정성을 해결하려는 노력을 한다. 또는 비교대상을 바꾸어서 교환관계를 분석하거나 조직을 이탈하는 등 다양한 양상을 보인다.

본인 VS 타인	상태
$\dfrac{보상}{투입} = \dfrac{보상}{투입}$	공정한 상태(균형)
$\dfrac{보상}{투입} > \dfrac{보상}{투입}$	긍정적 불공정 상태(과대보상)
$\dfrac{보상}{투입} < \dfrac{보상}{투입}$	부정적 불공정 상태(과소보상)

(3) 로크의 목표설정이론

로크(E. Locke)는 목표설정이론을 통해 종업원이 업무를 수행할 때 종업원에게 달성해야 할 목표를 명확하게 준다면 종업원의 동기부여가 가능하다고 주장했다. 이때, 목표는 구체적이고 난이도가 달성 가능하며 수용가능해야 한다. 이때 종업원이 목표를 달성했을 때 적절하게 성과를 보상해야 한다.

01 허쯔버그(F. Herzberg)의 2요인 이론(dual factor theory)에 관한 설명으로 옳지 않은 것은?

① 만족에 영향을 미치는 요인과 불만족에 영향을 미치는 요인은 별도로 존재한다.

② 위생요인은 만족을 증가시킬지의 여부에 영향을 미치며, 불만족해소 여부에는 영향을 미치지 못한다.

③ 동기요인은 개인으로 하여금 열심히 일하게 되며 이에 따라 성과도를 높여주는 요인이다.

④ 구성원의 만족도를 높이기 위해서는 위생요인보다 동기요인을 사용해야 한다.

⑤ 2요인 이론에 의하면 불만족요인을 제거한다고 해서 반드시 만족수준이 높아지는 것은 아니다.

정답 | ②

해설 | 허쯔버그 2요인 이론에서 위생요인과 관련해서 위생요인이 충족되지 않는 경우 직무불만족 수준이 높아질 수 있으나, 위생요인이 충족된다고 하더라도 직무만족에는 영향을 미치지 못한다.

02 허쯔버그(Herzberg)의 2요인 이론(two factor theory)에서 다음 중 성격이 다른 하나는?

① 성취
② 인정
③ 직무
④ 동료와의 관계
⑤ 책임감

정답 | ④

해설 | 동료와의 관계는 위생요인이며, 나머지는 동기요인에 속한다.

03 다음은 A회계사의 이직에 대한 고민상담 글이다. A회계사가 가지고 있는 태도는 무엇인가?

> 안녕하세요? A회계사입니다. 최근 이직 제의를 받았습니다. 연봉도 지금 다니는 것보다 2배로 더 주고, 업무도 꽤 편할 것으로 예상됩니다. 현재 다니는 직장은 매일 야근에 업무에 대한 스트레스가 너무 큽니다.
> 다만, 고민이 되는 건 제가 여기서 나가게 되면 저희 상무님하고 모든 팀원들이 제가 나감으로 해서 업무가 가중될 것입니다. 제가 장기 프로젝트를 진행중인데 굉장히 중요한 위치에 있고, 팀원들고 상무님이 저만 바라보고 가고 있거든요. 어떻게 해야 할까요?

① 정서적 몰입
② 지속적 몰입
③ 규범적 몰입
④ 순응
⑤ 인지부조화

정답 | ③

해설 | 조직에 대해 가지는 도덕적 또는 윤리적 의무감으로 인한 조직몰입에 대한 글이다. 이러한 조직몰입을 규범적 몰입이라 한다.

04 동기부여이론에 관한 설명으로 옳지 않은 것은?

① 매슬로우(A. Maslow)의 욕구단계이론에 의하면 자아 실현이 최상위의 욕구이다.
② 허쯔버그(F. Herzberg)의 2요인이론에 의하면 금전적 보상은 위생요인에 속한다
③ 알더퍼(C. Alderfer)의 ERG이론은 존재욕구, 관계욕구, 성장욕구로 구분하여 설명하였다.
④ 아담스(J. Adams)의 공정성이론은 내용이론에 속한다.
⑤ 맥클레랜드(D. McClelland)는 성취욕구, 권력욕구, 친교욕구로 구분하여 설명하였다.

정답 | ④

해설 | 아담스(J. Adams)의 공정성이론은 과정이론에 속한다. 아담스에 따르면 사람들은 자신의 노력 대비 보상을 상대방과 비교하여 공정성 정도를 인지한 후 이에 따라 발생하는 긴장을 해결하기 위해 행동을 한다고 설명한다.

05 맥그리거(D.McGreger)의 X이론에서 인간에 대한 가정에 해당하는 것은?

① 대다수 사람들은 조직문제를 해결할 만한 능력이나 책임감이 없다.

② 일은 고통의 원천이 되기도 하지만 조건여하에 따라 만족의 근원이 된다.

③ 인간은 외적 강제나 처벌의 위협이 없더라도 조직목표를 위하여 자기관리와 자기통제를 행한다.

④ 현대조직에 있어 인간의 지적능력은 그 일부분밖에 활용되지 못하고 있다.

⑤ 일정조건하에서 인간은 스스로 책임질뿐만 아니라 오히려 그것을 추구한다.

정답 | ①

해설 | X이론에서 사람을 일하기 싫어하고, 게으르고, 책임감 및 능력이 없다고 가정한다.

06 동기부여적 직무설계 방법에 관한 설명으로 옳지 않은 것은?

① 직무 자체 내용은 그대로 둔 상태에서 구성원들로 하여금 여러 직무를 돌아가면서 번갈아 수행하도록 한다.

② 작업의 수를 증가시킴으로써 작업을 다양화한다.

③ 직무내용의 수직적 측면을 강화하여 직무의 중요성을 높이고 직무수행으로부터 보람을 증가시킨다.

④ 직무세분화, 전문화, 표준화를 통하여 직무의 능률을 향상시킨다.

⑤ 작업배정, 작업스케줄 결정, 능률향상 등에 대해 스스로 책임을 지는 자율적 작업집단을 운영한다.

정답 | ④

해설 | 동기부여(motivation)란 인간의 행동을 유발하고 행동의 방향을 설정하며, 그 행동을 유지하도록 하는 심리적인 힘을 의미한다. 따라서 직무세분화, 전문화, 표준화는 단순히 조직의 관점에서 본 직무설계이지 인간의 행동을 유발시키는 직무설계 방법이 아니다.

07 매슬로우(Maslow)의 욕구이론에 따른 욕구단계가 충족되는 순서로 올바르게 나열한 것은?

> a. 업무 중에 배가 고파서 식당에 가서 밥을 먹었다.
> b. 프로젝트에서 팀원들에게 인정받기 위해서 밤새서 일하였다.
> c. 대한민국의 경제구조를 바꿔야겠다는 일념으로 소신으로 업무를 처리하였다.
> d. 회사 동기에게 잘보이기 위해서 점심을 사줬다.
> e. 회사에서 해고를 당하지 않기 위해 튀는 행동을 삼갔다.

① a → b → c → d → e   ② a → e → b → c → d

③ a → e → d → b → c   ④ d → a → e → b → c

⑤ d → a → b → e → c

정답 | ③

해설 | 배고픔의 생리적 욕구(a) → 경제적인 안정 상태에 대한 욕구(e) → 동료들과의 관계를 중시하는 사회적 욕구(d) → 회사사람들에게 인정받고 싶어하는 존경욕구(b) → 자아실현의 최상위 욕구(c)

08 동기부여이론 중 과정이론에 해당하는 것은?

① 브룸(V. Vroom)의 기대이론

② 매슬로우(A. Maslow)의 욕구단계론

③ 아지리스(C. Argyris)의 성숙 · 미성숙이론

④ 허즈버그(F. Herzberg)의 2요인이론

⑤ 맥그리거(D. McGregor)의 X · Y이론

정답 | ①

해설 | 1번을 제외한 나머지는 내용이론에 해당한다. 내용이론은 what에 중점을 두고 행동에 영향을 미치는 특정 욕구 및 보상을 파악하는데 중점을 두었다면, 과정이론은 how에 중점을 두고 동기부여가 어떠한 과정을 통해 발생하는 것을 다루었다.

(참고) 아지리스의 성숙 · 미성숙이론은 개인의 정체성의 성숙과정을 설명하는 이론으로 미성숙상태에서 성숙한 상태로 발전하는 것이 성숙한 인간의 자아실현이라고 보았다. 조직은 조직구성원들에게 그들의 성숙한 욕구를 충족시키도록 노력해야 한다.

09 인간의 욕구는 계층을 형성하며, 고차원의 욕구는 저차원의 욕구가 충족될 때 동기부여 요인으로 작용한다는 욕구단계이론을 제시한 사람은?

① 맥그리거(D. McGregor)
② 매슬로우(A. Maslow)
③ 페욜(H. Fayol)
④ 버나드(C. Barnard)
⑤ 사이몬(H. Simon)

정답 | ②

해설 | 저차원의 욕구가 충족될 때 고차원의 욕구로 동기부여된다는 이론은 매슬로우의 욕구단계이론이다.

10 다음은 A사원, B사원, C사원의 근무시간과 월 급여를 나타낸 것이다. 애덤스 공정이론에 따를 때 다음 중 옳지 않은 설명은?(통상적으로 최저임금은 시간당 1만원으로 알려져 있다)

A사원	B사원	C사원
월급 : 200만원	월급 : 400만원	월급 : 400만원
월 근로시간 : 300시간	월 근로시간 : 200시간	월 근로시간 : 400시간

① A사원은 C사원을 통해 공정한 상태가 무엇인지 깨닫는다.
② A사원은 B사원을 통해 불공정한 상태를 느끼고 이직을 생각한다.
③ B사원은 A사원과 C사원을 통해 불공정한 상태를 느끼지만 곧 과다보상에 대해 인정한다.
④ C사원은 B사원을 통해 불공정한 상태를 느끼고 투입량을 늘려 더 인정받으려고 한다.
⑤ 불공정하다고 느낀 사원은 자신과 비교할 비교대상을 변경한다.

정답 | ④

해설 | 불공정한 상태를 느끼게 되면 투입량을 줄여 비교대상에 맞추는 노력을 할 것이다.

11 다음은 브룸(Vroom)의 기대이론의 동기부여과정을 나타낸 그림이다. C와 관련된 내용으로 적절한 것은? `고득점 문제`

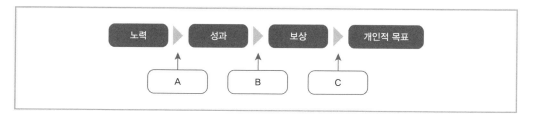

① 프로젝트를 열심히 하면 프로젝트를 완수할 수 있다는 기대가 생긴다.

② 계약을 시일 내로 성사시키면 휴가를 다녀올 수 있다.

③ 야근을 해도 팀의 목표달성에 도움이 되지 않을 것으로 생각한다.

④ 팀의 예산달성을 하면 임원으로 승진할 수 있다.

⑤ 성과급을 받아도 결혼생활에 필요한 집을 살 수 없다.

정답 | ⑤

해설 | C는 보상의 유의성과 관련된 내용으로 개인적인 목표인 집 구입과 성과급이라는 보상과의 관련성이 낮은 경우다.

12 종업원에게 달성해야 목표를 명확하게 주고, 달성했을 때 적절한 성과를 보상하면 종업원이 동기부여 가능하다고 주장한 이론은 무엇인가?

① 로크의 목표설정이론   ② 애덤스의 공정성이론

③ 허즈버그의 2요인이론   ④ 브룸의 기대이론

⑤ 앨더퍼의 ERG이론

정답 | ①

해설 | 로크(E. Locke)는 목표설정이론을 통해 종업원이 업무를 수행할 때 종업원에게 달성해야 할 목표를 명확하게 준다면 종업원의 동기부여가 가능하다고 주장했다. 이때, 목표는 구체적이고 난이도가 달성 가능하며 수용가능해야 한다. 이때 종업원이 목표를 달성했을 때 적절하게 성과를 보상해야 한다.

리더십이론과 유형

SECTION 1   권력

권력은 권력자가 다른 사람을 통제하고 다른 사람에게 자신이 원하는 것을 강제적으로 수행할 수 있게 하는 힘이다. 프렌치(J. French)와 레이븐(B. Raven)은 개인이 갖는 권력의 원천을 5가지로 분류했다.

권력의 구분	권력의 원천	내용
개인적 특성	준거적 권력 (Referent power)	권력자의 특성을 따르고 일체감을 느끼고자 할 때 발생하는 권력
	전문적 권력 (Expert power)	권력자가 높은 지식이나 경험을 가지고 있을 때 발생하는 권력
공식적 지위	보상적 권력 (Reward power)	권력자가 보상을 줄 수 있다는 기대가 있을 때 발생하는 권력
	강압적 권력 (Coercive power)	권력자가 부정적인 영향력을 행사할 수 있다고 발생하는 권력
	합법적 권력 (Legitimate power)	권력자가 공식적인 영향력을 행사할 수 있다고 생각할 때 발생하는 권력

SECTION 2   전통적 리더십의 유형

(1) 특성이론

특성이론은 리더십에 대한 전통적 관점으로, 리더의 특성을 측정하고 측정된 리더특성과 리더십의 유효성과의 관계를 살펴보는 이론이다. 즉, 리더 개개인의 자질이 우수한 사람이 더 우수한 리더가 된다는 것이다. 이러한 자질에는 신체적 또는 골격적 특성, 능력 또는 기술 특성, 교육수준 등의 사회적 요소, 판단력이나 설득력 등의 인지적 요소, 성격성 특성, 사회적 또는 대인관계 능력 등이 있다.

(2) 오하이오대학 연구

리더의 행동을 종업원에 대한 배려와 구조주도의 정도로 4가지 형태의 리더십 유형을 정의했다. 연구결과 배려와 구조주도가 모두 높은 수준의 리더가 그렇지 않은 리더보다 부하의 성과를 잘 내고, 부하들이 업무의 만족하는 경향이 있다.

C/h/e/c/k 오하이오(Ohio) 대학의 연구

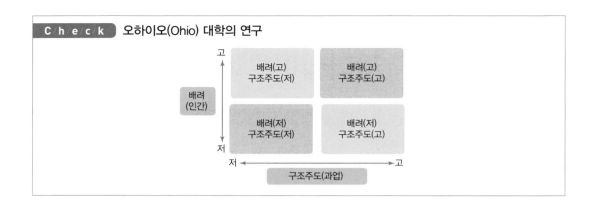

(3) 관리격자 모형

행동이론에서는 리더십을 리더가 하급자에게 보여주는 행동 스타일이라고 규정하였다. 특히 블레이크(R. R. Blake)와 머튼(J. S. Mouton)은 관리격자도 모형을 통해 리더의 유형을 분류하였다. 관리격자도 모형은 수평축을 과업에 대한 관심으로 두고, 수직축을 인간에 대한 관심으로 두고 1부터 9까지 계량하여 81개의 격자를 만들고 리더의 유형을 구분하였는데 크게 다음과 같이 5가지 유형으로 분류한다.

① 컨트리클럽형(1, 9) : 과업에는 관심이 없고, 인간관계에만 관심을 가지는 유형

② 무관심형(1, 1) : 과업과 인간 어디에도 정을 못붙이는 유형

③ 중간형(5, 5) : 과업과 인간에 적당히 관심을 가지는 유형

④ 과업형(9, 1) : 과업 중심의 유형

⑤ 팀형(9, 9) : 과업과 인간관계에 모두 관심을 가지는 유형

C/h/e/c/k 관리격자도 모형

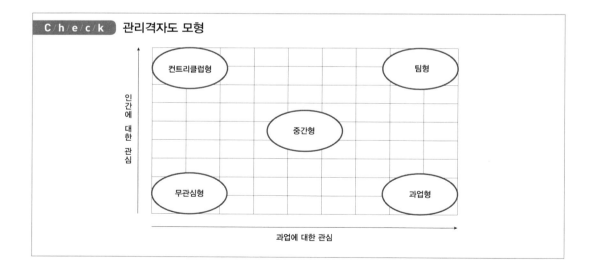

(1) 피들러의 상황모형

피들러(F. Fiedler)는 리더십의 유형과 상황 간의 상호작용을 연구하여 어떤 상황에서 어떤 리더십 유형이 가장 효과적인지를 분석하였다.

① 리더십 스타일 : 과업지향적, 관계지향적

② 상황에 대한 정의 : 리더와 구성원관계(리더에 대한 확신 정도), 과업구조(작업할당이 공식화된 정도), 직위권력(리더의 영향력)

※ 리더와 구성원관계, 과업구조, 직위권력이 높을수록 호의적인 상황이며, 낮을수록 비호의적인 상황으로 분류한다면, 호의적인 상황 또는 비호의적인 상황일수록 과업지향적 리더십이 효과적이고, 상황이 중간 수준인 경우 관계지향적 리더십이 효과적이라고 보았다.

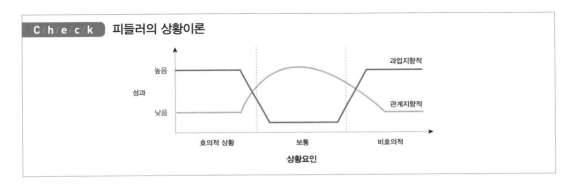

C/h/e/c/k 피들러의 상황이론

(2) 허쉬–블랜차드 모델

허쉬(Paul Hersey)와 블랜차드(Ken Blanchard) 역시 상황에 따른 효과적인 리더십의 유형을 정리하였다.

① 리더십 스타일

리더십 스타일	과업지향적 행위	관계지향적 행위
지시형	고	저
설득형	고	고
참여형	저	고
위임형	저	저

② 상황변수 : 하급자들의 성숙도(능력과 의욕)

관계행동은 부하의 성숙수준이 낮은 수준에서 중간수준으로 갈수록 더 많이 취해야 하며 부하의 성숙수준이 더 높아질 경우 줄여가야 한다. 과업행동은 부하의 성숙수준이 높을수록 줄여가야 한다. 이를 정리하면 다음 표와 같다.

리더십 유형 상황	능력	의욕
지시형	저	저
설득형	저	고
참여형	고	저
위임형	고	고

(3) 하우스의 경로 – 목표이론

하우스(R. House)의 경로 – 목표이론은 기존 브룸(Vroom)의 기대이론에 리더십 요소를 추가하여 이론을 전개했다. 리더십이 부하의 동기부여와 직무만족에 어떤 영향을 끼치는지 연구했다. 상황적 요인과 부하의 특성에 따라 리더십 유형을 달리해야 한다고 주장했다.

지시적 리더십	조직 형성 초기 및 과업이 비구조적인 경우 리더는 권위적이고 구체적 지시
지원적 리더십	조직의 안정기 및 과업이 구조적인 경우 리더는 부하에게 인간적 관심
참여적 리더십	부하들이 스스로 통제가 가능한 경우 리더는 능력 있는 부하들과 협업
성취지향적 리더십	도전이 필요하고 과업이 어려운 경우 리더는 부하들을 적극적으로 동기부여

SECTION 3   기타 리더십 이론

(1) 변혁적 리더십(transformational leadership)

변혁적 리더십은 번스(J. M. Burns)에 의해서 처음 제시되었고, 베스(B. M. Bass)가 구체화하였다. 이 이론은 역할과 과업의 요구조건을 명확히 하는 식의 거래적 리더십을 비판하였다. 변혁적 리더십의 특징은 다음과 같다.

① 이상화된 영향력(카리스마)

바람직한 가치관, 존경심, 자신감 등을 부하들에게 심어주고 조직의 비전을 제시한다.

② 영감에 대한 동기유발

높은 기대를 전달하고 주요 목표를 상징과 같은 형식으로 단순하게 표현한다.

③ 지적 자극

창의적인 관점을 개발하도록 격려한다.

④ 개인화된 배려

부하들에게 개인적인 관심을 보이고 개별적으로 지도, 조언한다.

(2) 서번트 리더십(servant leadership)

서번트 리더십은 그린리프(R. Greenleaf)에 의해 제시되었고, 훌륭한 리더는 하인처럼 행동하는 바로 그 자체라고 주장하였다. 즉, 리더는 자기중심적인 사고에서 벗어나서 조직원들의 요구에 응하고 조직원들에게 우선권을 두는 사람이어야 한다. 서번트 리더십의 특징은 다음과 같다.

① 경청과 감정이입 : 구성원에 대한 존중과 수용적 태도로 구성원들의 입장에서 고려하는 행위

② 치유 : 업무적 스트레스 등을 경감시켜 주는 행위

③ 설득 : 일방적 지시를 지양하고 쌍방향적 대화를 하는 행위

④ 자각 : 주변상황에 대해 잘 알고 주변상황을 반영해서 정확하게 판단하는 능력

⑤ 통찰 : 경험과 직관으로 미래를 예측할 수 있는 능력

⑥ 스튜어드십 : 어떤 의사결정의 결과가 구성원들에게 미치는 영향을 먼저 고려하는 행위

⑦ 기타 : 개념화, 성장에 대한 몰입, 공동체 구축 등

(3) 기타 리더십

① 카리스마적 리더십 : 리더가 강력한 매력(비범한 행동, 자신감, 확신 등)으로 구성원들의 생각과 행동을 바꾼다.

② 진정성 리더십 : 리더가 윤리적 행동을 하며 구성원에게 진실한 태도를 보이는 것을 의미한다.

③ 슈퍼리더십 : 리더가 구성원들에게 권한을 위임하여 구성원들이 스스로 동기부여 되어 적극적으로 판단하고 행동할 수 있게 한다. 이를 통해 구성원이 자신을 리더라고 인식하게 되어 과정과 결과를 책임지게 된다.

01 리더십 이론에 관한 설명으로 옳지 않은 것은?

① 리더십 이론은 특성론적 접근, 행위론적 접근, 상황론적 접근으로 구분할 수 있다.

② 블레이크(R. Blake)와 모우튼(J. Mouton)의 관리격자이론에 의하면 (9.9)형이 이상적인 리더십 유형이다.

③ 허쉬(R. Hersey)와 블랜차드(K. Blanchard)는 부하들의 성숙도에 따른 효과적인 리더십 행동을 분석하였다.

④ 피들러(F. Fiedler)는 상황변수로서 리더와 구성원의 관계, 과업구조, 리더의 지휘권한 정도를 고려하였다.

⑤ 하우스(R. House)의 경로−목표이론에 의하면 상황이 리더에게 아주 유리하거나 불리할 때는 과업지향적인 리더십이 효과적이다.

정답 | ⑤

해설 | 경로 − 목표이론은 리더의 직무는 부하들이 그들의 목표를 성취하도록 도와주며, 그 목표가 조직의 목표와 조화될 수 있도록 방향을 제시하는 것이라고 주장하는 리더십 이론이다.

02 다음 A과장과 B상무와의 대화에서 A과장이 생각하는 리더십이론과 관련있는 것은?

> A과장 : 상무님, 상무님은 머리가 너무 좋으셔서 팀원들이 하는 업무상의 문제점을 바로 잡아내는 것 같습니다.
> B상무 : 그렇게 아부를 해도 업무가 줄어들지는 않을 걸세.
> A과장 : 아부가 아닙니다. 역시 리더는 팀원들이 존경할만한 개인적인 능력을 가져야 되는 것 같습니다. 저도 상무님처럼 되겠습니다!
> B상무 : 하하..

① 특성이론   ② 상황이론

③ 행동이론   ④ 경로목표이론

⑤ PM이론

정답 | ①

해설 | A과장이 가지고 있는 리더 개념은 리더와 일반인을 구분하는 개인적인 특성이 존재한다는 생각에 근거한 특성이론에 근거하고 있다.

03 배스(B. M. Bass)의 변혁적 리더십에 포함되는 4가지 특성이 아닌 것은?

① 카리스마(이상적 영향력)
② 영감적 동기부여
③ 지적인 자극
④ 개인적 배려
⑤ 성과에 대한 보상

정답 ┃ ⑤

해설 ┃ 성과에 대한 보상은 거래적 리더십의 특성 중 하나다.

04 블레이크(R. R. Blake)와 머튼(J. S. Mouton)의 관리격자도 모형의 리더 유형에 관한 설명으로 옳지 않은 것은?

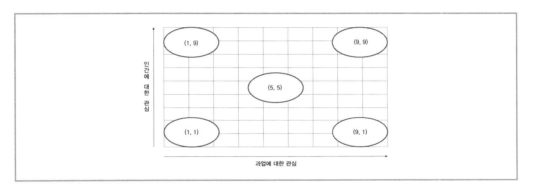

① (1,1) 유형은 조직구성원으로서 자리를 유지하는데 필요한 최소한의 노력만을 투입하는 리더이다.
② (1,9) 유형은 구조주도행동을 보이는 인기형 리더이다.
③ (9,1) 유형은 과업상의 능력을 우선적으로 생각하는 과업형 리더이다.
④ (9,9) 유형은 인간과 과업에 대한 관심이 모두 높은 팀형 리더이다.
⑤ (5,5) 유형은 과업과 능률과 인간적 요소를 절충한 타협형 리더이다.

정답 ┃ ②

해설 ┃ 구조주도란 과업환경의 구조화된 정도를 의미한다. 따라서 구조화 정도가 클수록 과업의 목표가 뚜렷하다. (1,9) 유형은 과업에 대한 관심이 가장 적으므로 구조화정도가 낮다.
참고로 구조주도의 반대말은 배려로 인간관계를 중시하는 정도를 말한다.

05 피들러(Fiedler)의 상황이론과 관련한 다음 그림에서 A와 관련된 리더십 유형과 B와 관련된 리더십 유형을 알맞게 정리한 것은 다음 중 무엇인가?

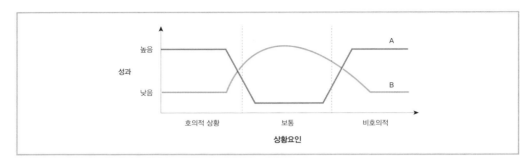

	A	B
①	지시적 리더형	과업지향적 리더
②	관계지향적 리더	지시적 리더형
③	관계지향적 리더	과업지향적 리더
④	참여적 리더	관계지향적 리더
⑤	과업지향적 리더	관계지향적 리더

정답 | ⑤

해설 | 과업의 구조가 잘 짜여져 있고, 리더와 부하의 관계가 긴밀하고, 부하에 대한 리더의 지위권력이 큰 상황은 상황요인이 호의적인 상황이다. 호의적이거나 비호의적인 경우에는 과업지향적 리더가 효과적이고 중간인 정도에는 관계지향적 리더가 효과적이다.

06 다음 그림은 허쉬(Hersey)와 블랜차드(Blanchard)의 상황이론 모델을 도시한 것이다. 다음 중 적절하지 않은 설명은?

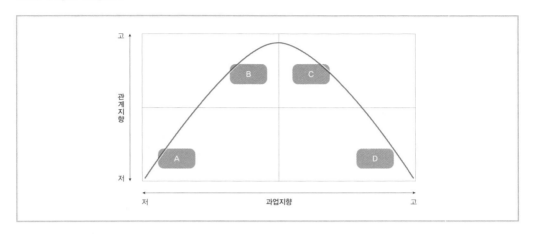

① A에서 D로 갈수록 부하직원의 성숙도가 낮아진다.

② B에 위치한 리더형은 참여형이다.

③ B에 위치한 부하직원은 교육수준은 높으나 업무몰입도가 낮다.

④ C에 위치한 리더형은 위임형이다.

⑤ C에 위치한 부하직원은 전문지식은 부족하지만 업무몰입도가 높은 사원이다.

정답 | ④

해설 | C에 위치한 리더형은 설득형이다.

07 리더십이론에 관한 설명으로 가장 적절한 것은? 고득점 문제

① 변혁적 리더십(transformational leadership)은 영감을 주는 동기부여, 지적인 자극, 상황에 따른 보상, 예외에 의한 관리, 이상적인 영향력의 행사로 구성된다.

② 피들러(Fiedler)는 과업의 구조가 잘 짜여져 있고, 리더와 부하의 관계가 긴밀하고, 부하에 대한 리더의 지위권력이 큰 상황에서 관계지향적 리더가 과업지향적 리더보다 성과가 높다고 주장하였다.

③ 하급자에게 분명한 업무를 부여하는 행위는 오하이오주립대학교(Ohio State University) 리더십 행동연구에서 배려(consideration) 측면에 해당한다.

④ 허쉬(Hersey)와 블랜차드(Blanchard)는 부하의 성숙도가 가장 낮을 때는 지시형 리더십(telling style)이 효과적이고 부하의 성숙도가 가장 높을 때는 위임형 리더십(delegating style)이 효과적이라고 주장하였다.

⑤ 서번트 리더십(servant leadership)은 리더와 부하의 역할교환, 명확한 비전의 제시, 경청, 적절한 보상과 벌, 자율과 공식화를 통하여 집단의 성장보다는 집단의 효율성과 생산성을 높이는 데 초점을 두고 있다.

정답 | ④

해설 | ① 상황에 대한 보상과 예외에 의산 관리는 변혁적 리더가 아닌 거래적 리더에 해당한다.
② 상황변수들이 호의적인 상황에서는 과업지향적 리더십이 관계지향적 리더십에 비해 효과적이다.
③ 하급자에 분명한 업무를 하달하는 것은 구조주도와 관련있다.
⑤ 서번트 리더십의 목표도 집단의 성장, 조직의 발전이다. 단지 리더가 자신을 희생해야 한다는 점을 강조하고 있다.

08 권력의 원천과 그 내용이 적절하게 연결되지 않은 것은?

> ㄱ. 합법적 권력 : 성과에 대한 보상   ㄴ. 강압적 권력 : 징계위협
>
> ㄷ. 보상적 권력 : 공식적 권한   ㄹ. 준거적 권력 : 리더의 매력
>
> ㅁ. 전문적 권력 : 리더의 능력

① ㄱ, ㄴ   ② ㄱ, ㄷ

③ ㄱ, ㅁ   ④ ㄴ, ㄷ

⑤ ㄴ, ㄹ

정답 | ②

해설 | 권력은 권력자가 다른 사람을 통제하고 다른 사람에게 자신이 원하는 것을 강제적으로 수행할 수 있게 하는 힘이다. 프렌치(J. French)와 레이븐(B. Raven)은 개인이 갖는 권력의 원천을 5가지로 분류했다.

권력의 구분	권력의 원천	내용
개인적 특성	준거적 권력 (Referent power)	권력자의 특성을 따르고 일체감을 느끼고자 할 때 발생하는 권력
	전문적 권력 (Expert power)	권력자가 높은 지식이나 경험을 가지고 있을 때 발생하는 권력
공식적 지위	보상적 권력 (Reward power)	권력자가 보상을 줄 수 있다는 기대가 있을 때 발생하는 권력
	강압적 권력 (Coercive power)	권력자가 부정적인 영향력을 행사할 수 있다고 발생하는 권력
	합법적 권력 (Legitimate power)	권력자가 공식적인 영향력을 행사할 수 있다고 생각할 때 발생하는 권력

MEMO

PART 03
인적자원관리와 경영전략

tomato 패스

CHAPTER **01** 인적자원관리의 이해

MK Test of Economic & Strategic business Thinking **PART 03**

SECTION 1 인적자원

(1) 인적자원관리의 개념

인적자원관리는 조직 내의 조직원에 대한 다양한 요소들을 고려하여 기업의 이익을 증진시킬 수 있는 능력 있는 조직 구성원을 선발하고, 선발된 조직구성원들에게 교육 또는 훈련 등을 통해 능력을 발전시키고, 적절히 관리하여 좋은 성과를 유지할 수 있도록 유지하는 일련의 과정을 말한다. 이러한 과정은 궁극적으로 개인과 조직의 방향성을 연결하여 기업의 성과를 향상시키는 데 목적을 둔다.

(2) 인적자원관리 프로세스

인적자원관리의 프로세스는 유기적으로 연결되어 있으며, 일반적으로 다음과 같은 순서로 이루어진다.

① 직무분석 : 직무에 필요한 직무요건을 정리하기 위해 직무에 대한 정보를 수집, 분석, 종합하는 과정
② 모집 및 선발 또는 인원감축 : 기업의 상태와 인적자원계획에 따라서 조직원을 충원하거나 감축
③ 배치 및 훈련 : 선발된 인원들의 능력에 맞게 부서에 배치하고 훈련을 통해 조직원의 능력을 향상
④ 평가 및 보상 : 성과목표를 설정하고 조직원의 업무 과정 또는 결과를 평가하여 높은 성과를 유지하도록 보상

바니(Barney)는 조직 내부의 자원으로 지속가능한 경쟁우위를 창출할 수 있는데, 이를 판단하는 기준으로 VRIO(Value, Rarity, Imitability, Organization) 모형을 제시하였다.

(1) 가치(Value)

기업이 보유한 자원은 가치를 창출할 수 있도록 해야 한다. 효과적인 인적자원관리를 통해 기업의 가치를 증진시킬 수 있는 조직 구성원을 발굴하고, 교육 및 훈련을 해야 한다.

(2) 희소성(Rarity)

기업이 보유한 자원은 희소성이 있어야 한다. 희소성이란 일반적이지 않고 드물고 적은 특성을 의미하는데, 희소성이 높을수록 가치가 높을 수 있다. 다수의 기업이 보유한 자원은 경쟁우위를 가질 수 없지만, 특정 기업만 보유하고 있는 자원의 경쟁사에 비해 경쟁우위를 가질 수 있다. 희소성이 높은 조직구성원은 희소성이 높은 제품과 서비스를 생산할 수 있으므로, 효과적인 인적자원관리를 통해 희소성이 높은 조직구성원을 양성해야 한다.

(3) 모방 가능성 정도(Imitability)

기업이 보유한 자원은 모방가능성이 낮아야 한다. 특정 자원을 획득, 개발하는데 또 다른 많은 자원이 낭비된다면 그 특정 자원은 모방가능성이 낮은 자원이다. 이는 희소성과 같은 맥락으로 이해할 수 있으며, 희소성이 높은 조직원일수록 모방가능성이 낮다. 참고로 동일한 조직구성원이라도 조직이 가지고 있는 형태, 특성, 구조가 다르다면 조직에 따라 조직구성원의 특성도 달라질 수 있으므로 조직에 맞게 인적자원관리를 하여 모방가능성이 낮은 희소한 자원으로 발전시켜야 한다.

(4) 조직(Organization)

기업이 보유한 자원은 조직과의 적합성이 높아야 한다. 아무리 훌륭한 자원이라도 조직에 맞지 않은 자원은 그 조직 내에서는 쓸모없는 자원일 수 있다. 따라서 인적자원관리를 통해 형성되는 조직 구성원은 조직의 여러 제도와 밀접하게 관련성이 있어야 조직 구성원의 성과가 조직의 성과와 연결될 수 있다.

전략적 인적자원관리란 조직구성원을 조직의 목적과 비전에 잘 통합시켜 조직의 전략목적을 효율적으로 달성할 수 있는 과정을 의미한다. 전략적 인적자원관리는 다양한 인사제도 간의 긴밀한 연결도 중요하지만, 인사제도가 전사적 단위에서의 전략적 목표와도 일치해야 함을 강조한다. 전사적 단위에서의 기업의 목표가 조직구성원들에게 잘 녹아든다면 조직성과를 달성하는데 긍정적인 역할을 할 것이다.

01 다음 인적지원관리 프로세스 중 A에 관한 설명으로 적절한 것은?

① 기업의 상태와 인적자원계획에 따라서 조직원을 충원하거나 감축

② 직무에 필요한 직무요건을 정리하기 위해 직무에 대한 정보를 수집, 분석, 종합하는 과정

③ 선발된 인원들의 능력에 맞게 부서에 배치하고 훈련을 통해 조직원의 능력을 향상

④ 성과목표를 설정하고 조직원의 업무 과정 또는 결과를 평가

⑤ 높은 성과를 유지하도록 보상

정답 | ①
해설 | A는 모집 및 선발과 관련된 내용이다.

02 다음 중 인적지원관리의 기능과 구성에 관련한 설명으로 옳지 않은 것은?

① 기업이 인적자원을 조달하는 이유는 인적자원을 활용하여 기업의 목적을 달성하기 위함이다.

② 인적자원을 교육 및 훈련 등을 통해 개발할 수 있다.

③ 불안정 고용상태에서 인적자원을 무분별하게 다루면 사회적인 혼란을 야기시킬 수 있다.

④ 조달한 인적자원을 기업 내에 존속시키는 것을 인적자원의 유지라고 하는데, 모집과 선발과 관련있다.

⑤ 인적자원의 이동은 조직 외로 이직하는 것뿐만 아니라 조직 내에서도 있을 수 있다.

정답 | ④
해설 | 모집과 선발은 인적자원의 조달과 관련있는 내용이다. 인적자원의 유지와 관련된 내용은 인사고과, 보상관리 등이 있다 .
(참고) 불안정 고용상태에서 인적자원을 무분별하게 다루면 사회적인 혼란을 야기시킬 수 있는데 이러한 기업을 블랙기업이라고 한다.

03 바니(Barney)는 조직 내부의 자원으로 지속가능한 경쟁우위를 창출할 수 있는데, 이를 판단하는 기준으로 VRIO(Value, Rarity, Imitability, Organization) 모형을 제시하였다. 다음 신문기사에서 A에 들어갈 말은 VRIO 중 무엇인가?

> 독일 카메라 제조사 라이카는 16일(현지시각) 디지털 RF(Range Finder, 거리계 연동) 카메라 M10의 한정판 모델인 '자가토 에디션(Zagato Edition)'을 선보였다. 자가토는 이탈리아 밀라노 소재 자동차 디자인 하우스로 라이카와 대등한 100년 이상의 역사를 가진 기업이다.
> 전 세계에서 수십~수백대만 판매되는 한정판 제품은 (A)이(가) 가장 큰 특징이다. 소비자 사이에서 명품 · 프리미엄 브랜드로 알려진 제품이라면 더욱 그렇다. 라이카는 (A)을(를) 부각하기 위해 전용 액세서리를 동봉하거나, 특별한 디자인이나 각인을 적용한다. 전 세계 250대 한정 판매되며 자가토 고유의 폰트로 브랜드를 각인한 이번 제품 역시 그렇다. 반면, 라이카 M10 자가토 에디션의 가격은 두배 가까이 비싼 2만1,600달러(2,400만원)다.
>
> 출처 : 2018년 6월 21일자 조선일보 기사

① Value
② Rarity
③ Imitability
④ Organization
⑤ 없음

정답 | ②

해설 | A에 들어갈 말은 희소성(Rarity)이다. 한정판매하여 희소성으로 인해 카메라의 가격이 두 배 가까이 비싸졌다는 내용이다.

SECTION 1 직무분석

직무분석이란 직무를 정의하고 연구하여 그 직무를 구성하는 업무내용을 파악하고, 직무를 수행하기 위한 조직원들이 갖춰야 할 요건과 기준을 정립하는 일련의 과정을 말한다. 여기서 직무란, 조직원들이 수행하는 일의 범위를 말한다.

(1) 직무분석 방법

① 면접법

직무와 관련 있는 관계자들(직무담당자, 감독관리자 등)의 면접을 통해 해당 직무에 대한 정보를 획득하는 방법이다. 면접자가 필요한 정보를 선별적으로 수집함으로써 효율적으로 직무를 분석할 수 있고, 발생 중인 문제를 개설하기에도 좋은 장점이 있다. 다만, 면접자의 주관이 개입될 위험성과 피면접자의 익명 보장이 어렵다는 단점이 있다.

② 설문지법 또는 질문지법

구조화된 설문지나 질문지를 개발, 직무와 관련 있는 관계자들에게 작성토록 하여 직무에 대한 정보를 획득하는 방법이다. 정해진 질문지가 있으므로 직무분석에 시간과 비용을 절약할 수 있고, 많은 양의 일관된 정보형태를 얻을 수 있는 장점이 있다. 다만, 예상치 못한 문제가 발생했을 경우 유연하게 대처하기 힘든 단점이 있다.

③ 관찰법

직무분석자가 직접 직무수행 장면을 관찰하여 관찰 결과를 기록함으로써 직무정보를 획득하는 방법이다. 직무와 관련되어 있는 내용뿐만 아니라 조직원들의 비공식적인 행동, 조직 내의 관계 등 넓은 범주의 정보를 얻을 수 있는 장점이 있다. 다만, 관찰자의 주관에 따라 관찰 결과가 편의(bias)를 가질 우려가 있다.

④ 중요사건법(Critical Incident Method ; CIM)

효과적인 직무수행과 비효과적인 직무수행 사례들을 모아서 분석함으로써 직무정보를 획득하는 방법이다. 직무성과에 영향을 미치는 중요한 요소와 피해야 할 직무수행 방법들을 파악할 수 있는 장점이 있다. 다만, 상대적으로 정보의 양이 적을 수 있고, 일반적인 직무행동들을 간과할 경향이 있다.

(2) 직무분석 결과물

① 직무기술서(job description)

직무에 관한 사실, 직무수행에 필요한 행위들을 자세하게 기술한 문서이다. 직무기술서에는 직무구분, 직무개요, 직무내용, 직무명세, 작업조건 등이 포함된다. 이를 통해 관리자는 직무가 어떤 업무를 수행하는지 이해하고 직무에 맞는 인원을 효과적으로 선발할 수 있다.

② 직무명세서(job specification)

직무기술서가 직무에 관한 내용을 설명한 문서라면, 직무명세서는 직무를 수행하기 위한 조직원의 능력 및 역량의 요건들을 기술한 문서이다. 따라서 직무명세서에는 해당 직무를 수행할 조직원의 요건, 예를 들어 성별, 전공, 자격 및 면허, 연령, 기초지식, 숙련기간, 등이 있다. 직무명세서는 직무기술서에 비해 주관적이고, 추상적인 인적자원에 대한 평가를 포함하고 있으므로, 면밀한 검토하여 직무명세서의 신뢰성을 확보하는 것이 필요하다.

(3) 직무 평가

직무평가란 앞에서 작성한 직무기술서와 직무명세서를 바탕으로 직무 간의 상대적 가치를 산정하는 체계적 과정이다. 즉, 직무의 난이도와 중요도를 정하고 그것에 따라 직급 체계 및 임금체계를 설계하여 조직원들에게 동기를 부여하고, 임금의 공정성을 확보한다. 양적평가 방법으로는 점수법, 요소비교법이 있고, 질적평가 방법으로는 분류법, 서열법이 있다. 이 중 가장 많이 사용되는 방법은 점수법이다.

(4) 직무설계

직무설계(Job design)는 직무분석의 결과로 구성원들이 성과를 내고 직무의 만족할 수 있도록 직무의 요소와 구성을 설계하는 것을 의미한다. 이를 통해 조직의 효율성을 향상시키고, 목표를 효과적으로 달성할 수 있게 한다. 직무설계의 종류는 크게 직무순환(Job rotation), 직무확대(Job enlargement), 직무충실화(Job enrichment) 3가지로 구분된다.

① 직무순환 : 구성원들이 직무를 돌아가면서 수행할 수 있게 한다. 구성원들의 직무에 대한 지루함을 줄이고, 부정을 방지할 수 있다.

② 직무확대 : 직무에서 수행하는 과업의 수를 증가시키는 것이다. 이를 통해 구성원들이 수행하는 업무를 다양화하고 직무를 수평적으로 확대한다.

③ 직무충실화 : 직무를 수행할 때 권한과 책임을 확대하는 것이다. 이를 통해 구성원들이 개인의 심리적 만족감을 향상시키고, 동기부여를 할 수 있다. 직무충실화는 허즈버그의 2요인이론에 이론적 근거를 가지고 있으며, 구성원들의 수직적 직무확대를 의미한다.

(5) 직무특성모형

해크만(J. Hackman)과 올드햄(G. Oldham)은 직무를 설계할 때, 핵심적인 직무 특성을 이해하고 상호 관계를 파악해서 직무를 설계하면 조직원의 심리와 태도에 영향을 미쳐 동기부여와 성과 향상이 가능하다고 주장한다.

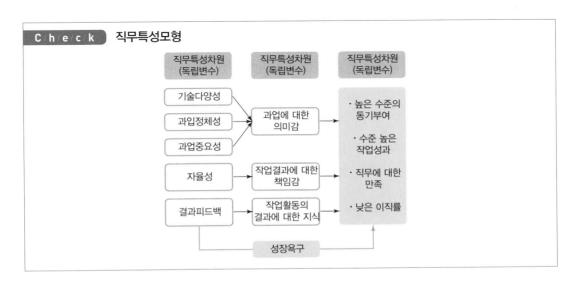

인적자원계획을 통해 부족한 인적자원을 충원하는 것을 모집이라고 한다. 그 인원을 내부에서 구하는 내부모집과 외부에서 구하는 외부모집으로 구분할 수 있다.

(1) 모집계획

직무기술서와 직무명세서를 바탕으로 필요한 인적자원 수와 정보를 파악하는 과정이다. 인적자원의 수요분석에는 인적자원의 수는 물론 해당 요건에 대한 분석도 들어간다. 그리고 인적자원의 공급에 대한 예측을 위해 조직의 현재상태, 예산, 노동시장 성격 등도 고려해야 한다.

(2) 모집원

모집계획에 따라 인적자원들에게 접근하는 방식에는 여러 가지가 있다. 내부모집을 하는 경우에는 사내공모, 사내 게시판, 출판물, 인트라넷 등을 통해 모집할 수 있고, 외부모집을 하는 경우에는 추천, 구인광고, 직업소개소, 대학, 홈페이지 등을 통해 모집할 수 있다.

(3) 모집평가

모집계획에 따라 모집이 잘 이루어졌는지 검증하는 과정이다. 총 지원자수, 시간과 비용, 면접참여율 등을 통해 현행 모집시스템을 평가하고 추후 진행할 모집시스템을 개선하는 바탕으로 삼을 수 있다.

모집된 인원 중에서 기업이 요구하는 특정 지위에 가장 적합한 지원자를 뽑아 구성원의 자격을 부여하는 것을 선발이라고 한다.

(1) 선발원칙

① 효율성 : 제공할 비용(보상)보다 높은 수익(공헌)을 가져올 인원 선발

② 형평성 : 모든 지원자에게 동등한 기회 부여

③ 적합성 : 조직의 목표와 분위기에 어울리는 인원 선발

(2) 선발 프로세스별 기법

① 초기 선발

실질적 선발을 하기 위한 기본적인 요소들을 평가하는 과정이다. 예를 들어 지원서나 이력서, 추천서 등 서면의 형식으로 선발하는 것을 말한다.

② 실질적 선발

초기 선발에서 기업이 제시한 최소한의 조건에 맞는 지원자들을 대상으로 직무에 대한 적합성을 보는 과정이다. 예를 들어 대화를 통해 지원자들의 정보를 얻는 면접이 가장 대표적인 방식이다.

③ 재량적 선발

실질적 선발을 한 후 최종 합격자를 발표하기 전의 점검을 의미한다. 예를 들어 신체검사나 정신적 상태에 대한 검사를 통해 최종적인 구성원 선발 여부를 결정하거나, 선발 후 향후 조직원 관리목적으로 활용할 수도 있다.

(3) 선발 도구

① 선발시험 : 필기시험, 인지능력검사 등 직무와 관련된 적성과 능력을 시험을 통해 알아보는 방법

② 면접 : 대화와 같은 구두의 상호작용을 통해 지원자들의 역량을 알아보는 방법

(4) 선발 도구의 평가

① 신뢰성 평가

신뢰성(reliability)이란 동일한 방법으로 평가할 때, 동일한 결과가 얼마나 일관성 있게 나오는지를 의미한다. 가장 많이 쓰이는 방법으로 시험을 다시 보게 하는 재시험방법이 있으나, 이는 지원자 본인이 시험을 다시 봐야 되는 불편함이 존재한다. 이를 해결하는 방법으로 복수양식법이 있는데, 시험을 보기 전에 사전적으로 두 개 이상의 유사한 표본을 설정한 후 동일한 시험을 치르게 하여 만약 유사한 성적 결과가 나오면 신뢰성 있는 선발도구로 보고 이를 실제 평가시에 사용하는 방법이다.

② 타당성 평가

타당성(validity)이란 초기 의도에 따라 얼마나 정확하게 측정되는지를 의미한다. 예를 들어 신뢰성이 높은 선발도구를 이용하여 구성원을 선발했음에도 불구하고, 시험을 통해 얻고자 구성원의 능력과 실제 구성원의 능력에 차이가 있다면 해당 선발도구는 타당성이 결여되어 있다고 말한다.

타당성에는 기준타당성, 내용타당성, 구성타당성이 있다. 이러한 타당성들을 검증하는 대표적인 방법으로, 선발에 사용한 시험결과와 선발 후 실제 인사고과 점수를 비교하여 상관관계를 분석하는 타당도 계수 측정방법이 있다. 둘 간의 상관계수가 1에 가까우면 타당성이 높은 것이고, 작을수록 타당성이 낮은 것이다.

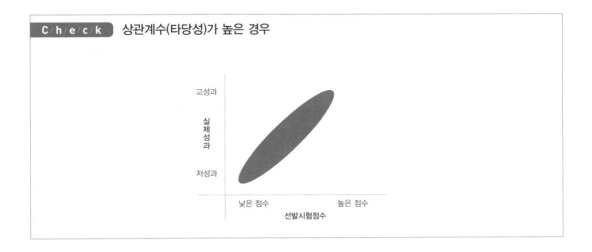

C/h/e/c/k **상관계수(타당성)가 높은 경우**

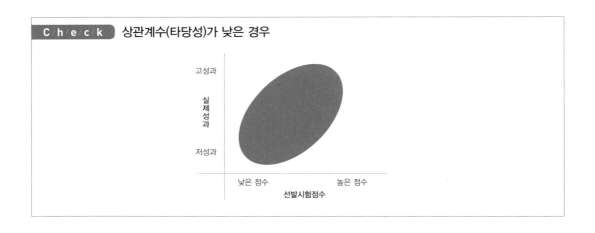

Check 상관계수(타당성)가 낮은 경우

고성과
실제성과
저성과

낮은 점수　　　　　높은 점수
선발시험점수

SECTION 4　훈련 및 개발

(1) 대상

훈련 및 개발을 관리하는 부서는 일반적으로 인사관리 부서이다. 훈련 및 개발의 대상은 크게 지식, 기술, 능력, 태도가 있다. 일반적으로 교육의 형태로 훈련 및 개발이 이루어지고 적절한 동기부여까지 결합이 되면 높은 성과로 이어진다.

(2) 기법

① 직무상 훈련(On-the-job Training ; OJT)

조직구성원이 실제 직무에 종사하면서 관련된 지식과 기술을 감독자 또는 상사의 지도하에 훈련받는 현장실무 중심의 훈련방법이다. 선임자가 훈련을 받는 조직구성원의 직무에 대한 피드백을 제공하는 방식으로 진행된다.

② 직무 외 훈련(Off-the-job Training)

종업원을 일정기간 직무로부터 분리시킨 후 별도의 교육팀의 주도하에 조직단위에서 실시되는 훈련방법이다. 일정장소에 집합하여 교육훈련에만 전념하게 함으로써 통일적, 보편적, 단체적 집단 훈련이 가능하다.

③ 멘토링(Mentoring)

조직 내의 선임자 혹은 전문가가 훈련을 받는 조직구성원과 파트너의 형태로 연결하여 훈련을 받는 방식이다. 멘토링을 통해서 직무와 관련된 교육뿐만 아니라 조직 내에서의 고충 등도 상담할 수 있다.

(3) 경력 닻 모형

샤인(Schein)은 각 개인이 추구하는 경력의 욕구에 따라 지향점이 다르다고 생각했다. 그래서 배가 항구에 내리는 닻처럼 개인은 자신의 추구하는 가치를 중심으로 지속적으로 자신의 경력을 개발한다고 주장했다. 현재 경력 닻은 자율·독립, 안전·안정, 기업가적 창의성, 서비스·봉사, 도전정신, 라이프 스타일, 일반적관리자, 기술·기능 8가지로 구분된다.

(1) 평가 목적 및 필요성

① 전략적 목적 : 조직의 사업목표를 달성하도록 돕는 것

② 관리적 목적 : 보상, 복리후생 등에 사용되는 것

③ 발전적 목적 : 종업원의 기술이나 능력을 발전시킬 목적으로 사용하는 것

(2) 평가 기법

① 강제할당법

사전에 일정한 성과등급과 비율을 결정해 놓고, 조직원을 평가 후 점수를 산정하고, 산정된 점수에 따라 성과등급을 자동적으로 분배하도록 하는 방법이다. 평가자의 주관에 따라 발생할 수 있는 여러 가지 오류를 방지할 수 있으나, 실제 종업원들의 성과와 할당된 성과의 비율이 일치하지 않을 가능성이 높다. 또한 특정 기업에서는 인사고과를 순차적으로 점수를 받아가는 관행도 존재한다.

② 목표관리법

사전에 목표와 기준을 설정하고, 세부 목표와 기준을 부서 또는 조직원들에게 부여하여, 이러한 기준을 달성한 조직원들에게 보상이 가도록 함으로써 모든 조직구성원들이 조직 목표에 기여하게 하는 방법이다. 최근에는 조직 단위뿐만 아니라 팀별로 목표관리법을 독립적으로 수행하는 기업들도 존재한다.

③ 다면평가제

특정 구성원을 평가할 때, 평가를 받는 구성원(피평가자) 주변의 사람이 평가하고, 평가 결과를 피평가자에게 피드백을 해주는 방법으로 360도 성과평가, 복수평가자 피드백으로도 불린다. 성과에 대한 다양한 관점을 종합할 수 있어 구성원의 성과를 입체적이고 다각적으로 평가할 수 있는 장점이 있으나, 평가를 하는데 시간이 많이 소요되고 자칫 부정적인 평가가 있을 경우 불이익의 발생가능성도 존재해 원할한 피드백이 안될 수 있는 문제점도 있다.

(3) 평가 오류

① 분포적 오류

평가자가 모든 조직원을 높게 평가하는 관대화 현상, 평가자가 모든 조직원을 낮게 평가하는 가혹화 현상, 평가자가 모든 조직원을 평균으로 평가하는 중심화 현상과 같은 오류가 발생할 수 있다. 피평가자에 대한 정보가 부족하거나, 호감을 얻고자 하는 평가자의 성향 등의 여러 가지 이유로 발생할 수 있다.

② 논리적 오류

상관관계적 오류 중 하나로 평가자가 항목 간 일반적인 논리적 상관관계가 있다고 생각하는 평가항목이 있으면 유사한 다른 항목도 높게 평가하는 경향을 말한다. 예를 들어 "이해력이 높은 사람이 사람 사이에 관계도 좋다"라는 식으로 평가하는 경향이 여기에 속한다.

③ 후광효과

상관관계적 오류 중 하나로 피평가자의 특정 요소에 의해 다른 요소에 대한 평가까지 왜곡되는 현상을 말한다. 예를 들어, 친절하게 답변도 잘하는 사람이 업무도 잘할 것으로 보는 경향이 여기에 속한다. 논리적 오류가 평가자가 평가항목 간의 주관적 논리에 따른 오류라면, 후광효과는 피평가자 개인의 특성에 따른 평가상의 오류이다.

보상은 조직구성원이 노동력을 투입하여 조직의 성과에 기여했을 경우, 조직이 이에 상응하는 금전적 보상, 서비스, 각종 복지혜택 등을 제공하는 것을 말한다.

(1) 보상의 종류

① 경제적 보상 : 기본급, 성과급 등의 직접임금과 복지서비스, 유급휴일, 휴게실 등 부대시설 등의 간접임금

② 비경제적 보상 : 성취감, 상사와의 관계 등의 심리적 요인

(2) 임금구조와 체계

임금구조와 체계는 제공되는 임금의 총액을 어떠한 기준으로 배분할 것인지를 다룬다.

① 연공급

종업원의 가치를 기준으로 한 임금체계로 개인의 근속연수에 따라 개인의 업적과 성과를 동일하게 보고 임금을 지급하는 체계이다. 조직 내에서 오래 근무할수록 보다 많은 기술과 능력을 지닌 것으로 판단하는 개념이다. 국내에서 가장 흔하게 사용되고 있는 임금체계이다.

② 직능급(역량급)

종업원의 가치를 기준으로 한 임금체계로 담당자의 능력을 기초로 임금을 책정하는 체계이다. 다양한 직무 기술 습득에 대한 유인을 제공하여 교육 훈련이 활성화되는 분위기로 만들 수 있다.

③ 직무급

직무가치를 기준으로 한 임금체계로 직무의 상대적 가치에 따라 임금을 책정하는 체계이다. 어려운 난이도의 직무에는 높은 임금이 지급되는 구조이므로 동일노동에 동일임금이라는 원칙에 부합한다. 상대적으로 상하관계가 약한 미국 등에서 많이 활용하고 있는 임금체계이다.

④ 성과급

결과를 기준으로 한 임금체계로, 정해진 기준을 초과했을 때 임금을 지급하는 체계이다. 조직구성원들에게 조직성과 달성을 위한 동기부여를 제공하지만, 직무별 개별적인 특성 차이로 인해 모든 조직구성원이 수용 가능한 성과지급 기준을 만들기가 어렵다는 단점이 있다.

(3) 집단성과급제

팀의 조직력과 능력을 향상시키기 위해 수행되며, 이를 통해 조직원들을 동기 부여하여 성과를 높일 수 있다.

스캔론 플랜	생산물의 판매가치(매출)을 기준으로 성과를 배분
럭커 플랜	부가가치(이익)를 기준으로 성과를 배분
카이저 플랜	재료비 및 인건비 절약 성과를 배분
임프로쉐어 플랜	기본 노동시간과 생산량을 정하고 절약 성과를 산업공학 기법을 통해 배분
커스토마이즈드 플랜	각 상황과 환경에 맞춰 기업 스스로 중요성을 설정하여 목표 초과분을 성과를 배분

(4) 복리후생

복리후생은 종원원의 복지 및 생활수준 향상을 위해 급여 및 상여 이외의 간접적인 급부로서 법정복리후생과 비법정복리후생으로 구분된다. 법정복리후생은 건강보험, 산재보험, 고용보험, 연금보험 등이 있으며, 비법정복리후생은 생활지원, 경제적 지원, 여가활동, 특별수당 등이 있다. 비법정복리후생 중 카페테리아식 복리후생 제도는 종업원의 만족을 위해 각 종업원이 기업이 제공하는 복리후생을 원하는 대로 선택할 수 있도록 하는 제도이다.

SECTION 7 내부 인력 관리 및 이직

(1) 내부 인력 관리

기업에서 인력이 필요한 경우 내부에서 적합한 인원을 찾을 수도 있다. 외부 선발에 비해 시간과 비용이 적게 들고, 구성원에 대한 충분한 정보로 인해 위험성도 적은 장점이 있다. 다만, 새로운 인원으로부터 오는 정보, 기술, 능력이 제한된다는 단점도 있다.

내부 충원 혹은 내부 배분과정에는 다음과 같은 방법이 있다.

① 전환배치 : 한 직무에서 다른 직무로 옮겨 배치하는 방식

② 승진 : 직원의 지위를 높여 예전 지위로는 활용할 수 없었던 능력을 발휘하게 하는 방식

(2) 이직

이직에는 크게 사퇴와 같은 자발적 이직과 정리해고, 퇴직과 같은 비자발적 이직이 있다. 일반적으로 이직은 조직의 성과를 떨어뜨리고, 추가적인 비용을 유발하므로 이직률을 낮추기 위한 다양한 노력을 한다.

SECTION 8 노사관계

노동조합은 노동자가 중심이 되어 근로환경 개선, 노동조건 향상을 위해 노력하는 조직이나 단체를 의미한다. 헌법 30조에 보장된 노동3권은 자주적인 단결권, 단체교섭권 및 단체행동권이다. 한편, 가입방식(숍제도)를 통해 노동조합 가입과 취업 자격을 연계하는 제도도 존재한다. 일반적으로 클로즈드 숍, 유니언 숍, 오픈 숍, 에어진시 숍, 메이테넌스 숍, 프리퍼런셜 숍 6가지 유형으로 나뉜다.

01 훈련의 방법을 직장 내 훈련(OJT)과 직장 외 훈련(Off-JT)으로 구분할 때 직장 외 훈련에 해당되지 않는 것은?

① 강의실 강의　　　　　　　　　② 영상과 비디오

③ 시뮬레이션　　　　　　　　　④ 직무순환

⑤ 연수원교육

정답 ｜ ④

해설 ｜ 직무순환은 직장 내 훈련인 OJT이다.

02 다음 중 직무분석과 직무평가에 대한 설명으로 가장 적절하지 않은 것은?

① 직무분석은 모집과 채용에서부터 평가, 보상, 이직관리까지 인사제도 전체를 설계하는 근거와 재료를 제공한다.

② 직무분석을 하는 방법에는 관찰, 면접, 설문지 등이 있다.

③ 직무분석의 결과를 직무기술서 또는 직무명세서로 나타낸다.

④ 직무평가를 통해서 성과급 등의 임금체계를 설계할 수 있으나, 직급체계를 구성하지는 않는다.

⑤ 직무평가는 직무분석에 의해 작성된 직무기술서 또는 직무명세서를 기초로 이루어진다.

정답 ｜ ④

해설 ｜ 직무평가를 통해서 직급체계를 구성하기도 한다.

03 직무분석의 방법에 해당되지 않는 것은?

① 면접법　　　　　　　　　　　② 중요사건법

③ 요소비교법　　　　　　　　　④ 관찰법

⑤ 질문지법

정답 ｜ ③

해설 ｜ 요소비교법은 기준직무(key job)를 선정하고 기준직무에 대해 지급되는 임금액을 평가요소에 배분하여 서열한 후 평가직무의 평가요소를 비교하여 직무의 상대적 가치를 수량적으로 평가하는 방법으로 직무에 대한 내용을 파악하기에 적절한 방법이 아니다.

04 직무기술서와 직무명세서에 대해 설명한 다음 보기들 중에서 옳지 않은 것은?

① 직무기술서는 직무분석의 결과 개선해야 할 점을 개선하고 정리한 후에 그 요점을 기술한 문서이다.

② 직무명세서는 직무분석의 결과를 정확하게 하기 위하여 직무담당자, 직무분석자, 감독자들의 개인적인 판단이 절대 개입되어서는 안 된다.

③ 직무명세서에는 직무수행에 요구되는 일반적 신체적 특성, 정서적 안정성 등 육체적 특성과 건강 등의 요소도 포함된다.

④ 직무명세서는 직무내용보다 직무요건에, 특히 인적요건에 큰 비중을 두고 있다.

⑤ 직무명세서는 직무기술서에서 유추할 수 있다.

정답 | ②

해설 | 직무명세서는 직무분석의 결과에 근거하여 직무담당자, 직무분석자, 감독자들의 개인적 판단에 의해 작성되기도 한다.

05 다음의 양식은 무엇을 말하는가?

인사채용 근무사원	
– 주요 업무 기술과 역량 ① 모집 면접참여 질의 내용 숙지 ② 모집자들의 문의사항 원활하게 응대	**– 최소 직무 수행 요건** 주말, 야간 및 공휴일 업무 가능 나이 18세 이상

① 직무명세서　　　　　　　　　② 직무기술서

③ 근무일지　　　　　　　　　　④ 마코프 분석

⑤ 직무평가서

정답 | ①

해설 | 위 양식은 직무에 대한 인적 요건까지 정리한 직무명세서이다.
(참고) 마코프 분석은 일정기간 동안 종업원들의 한 직위에서 다른 직위로 이동할 확률을 예측하는 모형이다.

06 내부모집과 외부모집에 대한 설명으로 적절하지 않은 것은?

① 내부모집의 장점으로는 광고비나 채용비와 같은 비용을 줄일 수 있다.

② 내부모집의 단점으로는 불합격한 사람들이 조직에 남아서 불만을 표출할 수 있다.

③ 외부모집의 장점으로는 조직의 분위기를 쇄신할 수 있다.

④ 외부모집의 장점으로는 내부모집에 비해 지원자에 대한 정확한 평가가 가능하다.

⑤ 외부모집의 단점으로는 많은 충원시간과 충원비용이 발생한다.

정답 | ④

해설 | 외부모집은 정보가 부족하므로 내부모집에 비해 지원자에 대한 정확한 평가가 힘들다. 따라서 지원자들의 정보를 제대로 파악하기 위해서는 많은 충원시간과 비용이 따른다.

07 다음 중 목표관리(MBO: Management By Objectives)에 관한 단점을 설명한 것으로 옳지 않은 것은?

① 단기목표를 강조하는 경향이 있다.

② 결과에 의한 평가가 이루어진다.

③ 사기와 같은 직무의 무형적인 측면을 중시한다.

④ 종업원들이 역량에 비해 더 쉬운 목표를 설정하려는 경향이 있다.

⑤ 평가와 관련하여 행정적인 서류 업무가 증가하는 경향이 있다.

정답 | ③

해설 | 목표관리는 목표의 명확성을 중시하고 모호한 목표를 좀 더 구체적으로 제시한다. 예를 들어 "비용을 현재보다 5% 줄인다", "매출을 20% 증가시킨다"와 같이 구체적인 측면을 제시한다.

08 기업 내 직무들 간의 상대적 가치를 기준으로 임금을 결정하는 유형은?

① 직무급(Job-based pay)

② 연공급(Seniority-based pay)

③ 역량위주의 임금(Cometency-based pay)

④ 스킬위주의 임금(Skill-based pay)

⑤ 개인별 인센티브(Individual incentive plan)

정답 | ①

해설 | 직무급은 직무에 따라서 임금을 달리하는 임금유형이다.

09 기업의 임금지급방법 중 성과급제에 관한 설명으로 옳지 않은 것은?

① 개인성과급제로는 단순성과급제, 차등성과급제, 할증성과급제 등이 있다.

② 성과급제의 성공을 위해서는 표준량과 성과급률이 잘 책정되어 보상 수준이 구성원의 동기를 유인할 수 있어야 한다.

③ 성과급제의 성공을 위해서는 성과급제를 설계하고 유지하는 데 있어 경영진의 적극적 참여와 협조가 필요하다.

④ 집단성과급제는 구성원들 사이에 능력과 성과에 큰 차이가 존재할 때에도 공동협조와 집단의 동기 부여가 장기적으로 지속될 수 있다는 장점이 있다.

⑤ 조직체성과급제로서 이윤분배제도는 경기침체기에 인건비부담을 완화함으로써 위기극복에 도움이 될 수 있다는 장점이 있다.

정답 | ④

해설 | 집단성과급제로는 집단성과배분(gain sharing), 집단인센티브(group incentives), 팀보상(team award) 등이 있다. 구성원들 사이에 능력과 성과에 큰 차이가 존재하면 불만은 갖는 조직원들이 발생하여 동기부여가 지속되기 어렵다.

10 신입사원의 입사시험 성적과 입사 이후 업무성과의 상관관계를 조사하는 방법은 다음 중 무엇과 가장 관련 있는가?

① 예측타당성(predictive validity)　　② 검사−재검사법(test−retest method)

③ 일관성(consistency)　　④ 신뢰성(reliability)

⑤ 비구조적 면접(unstructured interview)

정답 | ①

해설 | 예측타당성이란 선발 시에 지원자들로부터 얻은 선발도구들의 점수와 선발된 후의 직무성과를 측정하여 양자를 비교하는 방법이다. 이와 같은 예측타당성을 알아보기 위해서는 많은 시간과 비용이 소요된다.
(참고) 검사−재검사법(test−retest method)은 신뢰성 또는 일관성을 측정하기 위한 방법이다. 이 방법은 선발도구를 시간을 달리하여 두 번 측정하여 그 결과를 비교하는 것이다.

11 평가자와 사람에 대한 경직된 고정관념이 평가에 영향을 미치는 인사고과의 오류는?

① 관대화 경향(leniency tendency)　　　② 중심화 경향(central tendency)

③ 주관의 객관화(projection)　　　　　④ 최근효과(recency tendency)

⑤ 상동적 태도(stereotyping)

정답 | ⑤

해설 | 상동적 태도란 사람의 하나의 독특한 특징을 가지고 그 사람에 대해 평가하는 오류를 말한다. 즉, 피평가자의 전반적 지식 없이 고정관념에 따라서 그 사람의 전체를 평가하는 것이다.

상동적 태도가 어떤 사람의 하나의 특징을 그 사람의 전체라고 평가하는 것이라면, 후광효과는 어떤 사람의 하나의 특징이 다른 특징에도 영향을 준다고 평가하는 것으로 구분한다.

①, ② 관대화 경향, 중심화 경향은 분포의 오류에 해당한다.

③ 주관의 객관화는 어떤 사람을 평가할 때 자신의 감정이나 경향을 전가시키는 데서 오는 평가오류를 말한다.

④ 최근효과는 맨 나중에 제시된 내용을 그 앞에 제시된 내용보다 더 많이 기억하는 경향을 말한다.

12 A부장은 임원으로 승진을 앞두고 있다. 승진하기 위해서는 여러 가지 성과평가를 진행하는데, 이 중 A부장의 팀 직원들이 A부장에 대해 평가하기도 한다. 이러한 평가가 전체 성과평가 결과에 반영되기도 하는데, 해당 성과평가 방법은 다음 중 무엇인가?

① 강제할당법　　　　　　　　　　　② 균형평가법

③ 다면평가법　　　　　　　　　　　④ 목표관리법

⑤ 평가센터법

정답 | ③

해설 | 다면평가법은 피고과자를 관찰하고 있는 주변의 많은 사람들이 고과자가 되어 피고과자를 평가하는 방법으로 360도 고과피드백이라고도 한다.

(참고) 평가센터법은 다수의 피고과자를 특정 장소에 합숙시킨 후 평가하는 방법을 의미한다.

13 다음 중 비자발적 이직에 대한 설명이 아닌 것은?

① 비자발적 이직에는 정리해고도 포함된다.

② 자발적 이직보다 일반적으로 더 많은 비용을 유발한다.

③ 시장의 외부 변수에 의해서 발생하기도 한다.

④ 고용자의 주도로 고용관계가 종료되는 상황이다.

⑤ 개인보다 조직에게 유리하다.

정답 | ②

해설 | 자발적 이직은 조직구성원의 이직의사를 미리 알 수 없다. 따라서 비용을 예측할 수 없고, 추가적으로 공석으로 발생하는 추가 채용비용, 이직한 조직원의 역량 등 다양한 비용이 있어 비자발적 이직보다 일반적으로 더 많은 비용이 발생한다.

14 종업원 모집 및 선발에 관한 설명 중 가장 적절하지 않은 것은?

① 선발도구의 타당성(validity)이란 선발대상자의 특징을 측정한 결과가 일관성 있게 나타나는 것을 말한다.

② 사내공모제(job posting)는 지원자가 직무에 대한 잘못된 정보로 인해 회사를 이직할 가능성이 낮은 모집 방법이다.

③ 지원자의 특정 항목에 대한 평가가 다른 항목의 평가 또는 지원자에 대한 전반적 평가에 영향을 주는 것을 후광효과(halo effect)라고 한다.

④ 다수의 면접자가 한 명의 피면접자를 평가하는 방식을 패널면접(panel interview)이라고 한다.

⑤ 시험-재시험 방법(test-retest method), 내적 일관성(internal consistency) 측정방법, 양분법(split half method)은 선발도구의 신뢰도 측정에 사용되는 방법이다.

정답 | ①

해설 | 선발도구의 타당성(validity)이란 초기 의도에 따라 얼마나 정확하게 측정하는가의 여부를 알아보는 것이다. 선발대상자의 특징을 측정한 결과가 일관성 있게 나타나는 것은 신뢰성(reliability)에 대한 설명이다.

15 복리후생에 관한 설명으로 가장 적절하지 않은 것은? 고득점 문제

① 복리후생은 근로자의 노동에 대한 간접적 보상으로서, 임금은 이에 포함되지 않는다.

② 기업의 복리후생 제도와 국가, 지역사회에서 운영하는 복리후생과 중복되면 비용이 절감된다.

③ 우리나라에서 산전·후휴가 및 연차유급휴가는 법정 복리후생에 해당한다.

④ 우리나라에서 고용보험 보험료는 근로자가 일부 부담하지만, 산업재해보상보험 보험료는 회사가 전액 부담한다.

⑤ 카페테리아(cafeteria)식 복리후생제도는 여러 복리후생 프로그램 중 종업원 자신이 선호하는 것을 선택할 수 있도록 하는 제도를 말한다.

정답 | ②

해설 | 기업의 복리후생제도와 국가 또는 지방자치단체의 복리후생제도가 중복된다면 비용이 가중되기 때문에 효율적인 복리후생제도를 위해서는 중복되지 않게 복리후생제도를 운영해야 한다. 기업의 입장에서는 국가 차원에서 하는 복리후생제도를 꼼꼼히 검토하여 불필요한 비용이 지출되지 않게 해야 한다.

16 스캘론 플랜이란, 판매가치 대비 인건비비율로 보너스를 지급하는 것을 말한다. 스캘론 플랜의 분배방식은 다음과 같다. 고득점 문제

> Step1. 임금비율 = $\dfrac{\text{임금총액}}{\text{생산의 판매가치}}$
> Step2. 해당기간 생산의 판매가치에서 Step1에서 구한 임금비율을 곱해 총 임금예산을 구한다.
> Step3. Step2에서 구한 총임금예산에서 실제임금액을 차감하여 절약임금액을 구한다.
> Step4. 절약임금액 중 회사의 지급정책에 따라 회사에 유보할 금액 종업원에게 분배할 금액을 나눈다.

다음은 스캘론 플랜을 사용하는 A회사의 정보이다. 최종적으로 종업원에게 분배되는 몫은 얼마인가?

> ▶ 합의된 표준 인건비 비율 = 30%
> ▶ 절약임금액 중 10%를 내부 유보하고 나머지 90% 중 80%를 종업원에게 분배한다.
> ▶ 생산물의 판매가격 : 100만원
> ▶ 실제 인건비 : 25만원

① 9,000원
② 36,000원
③ 250,000원
④ 286,000원
⑤ 300,000원

정답 | ④
해설 | 실제인건비 + 초과이익 배분액 = 250,000 + 36,000(*) = 286,000원
　　　　(*) 초과이익 배분액 = 잔여배분액(**) × (1−유보율) × 배분율 = 5만(**) × (1−10%) × 80% = 36,000원
　　　　(**) 잔여배분액 = 생산물의 판매가격 × 표준비율 − 실제인건비 = 100만 × 30% − 25만 = 5만원

17 직무 설계 시 허즈버그의 2요인이론에 이론적 근거를 가지고 있으며, 구성원들의 수직적 직무확대로서 직무를 수행할 때 권한과 책임을 확대하는 것은?

① 직무순환　　　　　　　　　　② 직무확대

③ 직무충실화　　　　　　　　　④ 직무평가

⑤ 직무분석

정답 | ③

해설 |

직무순환	구성원들이 직무를 돌아가면서 수행할 수 있게 한다. 구성원들의 직무에 대한 지루함을 줄이고, 부정을 방지할 수 있다.
직무확대	직무에서 수행하는 과업의 수를 증가시키는 것이다. 이를 통해 구성원들이 수행하는 업무를 다양화하고 직무를 수평적으로 확대한다.
직무충실화	직무를 수행할 때 권한과 책임을 확대하는 것이다. 이를 통해 구성원들이 개인의 심리적 만족감을 향상시키고, 동기부여 할 수 있다. 직무충실화는 허즈버그의 2요인이론에 근거를 가지고 있으며, 구성원들의 수직적 직무확대를 의미한다.

18 집단 성과급 제도에서 생산물의 판매가치(매출)을 기준으로 성과를 배분하는 제도는?

① 커스토마이즈 플랜　　　　　　② 스캔론 플랜

③ 럭커 플랜　　　　　　　　　　④ 임프로쉐어 플랜

⑤ 카이저 플랜

정답 | ②

해설 |

스캔론 플랜	생산물의 판매가치(매출)을 기준으로 성과를 배분
럭커 플랜	부가가치(이익)를 기준으로 성과를 배분
카이저 플랜	재료비 및 인건비 절약 성과를 배분
임프로쉐어 플랜	기본 노동시간과 생산량을 정하고 절약 성과를 산업공학 기법을 통해 배분
커스토마이즈드 플랜	각 상황과 환경에 맞춰 기업 스스로 중요성을 설정하여 목표 초과분을 성과를 배분

SECTION 1 경영전략 프로세스

경영전략이란 기업의 내외부 환경을 고려하여 타 기업에 비해 경쟁우위를 확보하고자 하는 여러 가지 의사결정을 말한다. 기업의 규모가 확대되면서 사전에 수립된 전략이 없이는 효율적인 의사결정이 어렵게 되었다. 또한 미래의 불확실성이 증가하면서 기업들은 미리 환경 대응적 계획을 할 필요성이 생겼다. 그리고 거래와 고객관계가 더욱 복잡해짐에 따라 통상적인 업무는 정해진 매뉴얼에 따라 수행하고 새로운 거래가 발생했을 때 해당 거래에 집중하고 분석할 수 있기 위해서는 경영전략 수립이 필요하다.

C/h/e/c/k **경영전략 프로세스**

(1) **목표설정**

경영전략 수립의 첫 단계는 기업의 미션, 비전, 가치를 확인하는데서 출발한다. 기업이 장기적으로 목표를 이루기 위해서는 조직을 하나로 뭉치게 할 수 있는 기반이 필하다.

① 미션

기업의 존재 이유로서 기업의 목표와 향후 방향성을 의미한다. 이러한 방향성을 토대로 하여 여러 가지 의사결정과 행동의 기준이 된다.

② 비전

미션과 비슷한 의미로, 기업이 장기적으로 되고자 하는 바를 정한 것이다. 조직이 원하는 미래 모습이나 어떤 방향성으로 가고자 하는 바를 설정한다.

③ 가치

가치는 미션과 비전을 고려했을 때 조직의 구성원들이 어떻게 행동해야 하는 명확한 가이드라인을 제시한다.

(2) **환경분석**

환경분석의 대상은 크게 기업의 내부환경과 외부환경으로 나눈다. 외부환경 분석은 기업이 직면한 환경적인 기회와 위협에 초점이 맞춰져 있고, 내부환경 분석은 조직의 강점과 약점을 인식한다. 이러한 외부환경과 내부환경을 한꺼번에 분석하는 방법론은 SWOT이라고 한다. SWOT분석은 조직외부의 기회(opportunity)와 위협(threats)요인을 조직 내부의 강점(strength)과 약점(weakness)을 대응시켜 전략을 개발하는 방법이다. 외부환경과 내부환경을 적절하게 분석하여 각 상황에 맞는 전략을 도출할 수 있다.

(3) 전략수립

전략수립은 전략을 선택하는 과정이다. 환경분석을 통해 파악된 조직의 상황에 적합한 전략을 선택할 준비가 되어 있는 상태를 말한다. 기업이 가지고 있는 전략선택은 사업부 수준의 전략과 전사적 수준의 전략으로 나눈다. 사업부 수준의 전략은 하나의 산업 또는 시장에서 경쟁우위를 창출하려는 행동이며, 전사적 수준의 전략은 여러 다양한 산업을 동시에 추구함으로써 경쟁우위를 창출하려는 행동이다. 이러한 전략수립에는 다각화, 통합, 제휴, 원가우위를 통한 비용절감 등의 세부적인 전략을 포함한다.

(4) 실행 및 평가

기업이 선택한 전략과 일치하는 정책과 행동이 실현될 때, 수립한 전략이 의미가 있다. 초기에 목표단계에서 설정했던 미션, 비전, 가치에 맞게 수립한 전략을 실행해야 한다. 또한 실행한 전략이 성공적이었는지 객관적으로 평가를 하여 향후 전략수립을 할 때 참고해야 할 것이다. 평가지표에는 매출액 증가율, 시장점유율, 투자자본수익률 등 복합적으로 활용할 수 있다.

SECTION 2   외부환경 분석 – 산업구조 모형

마이클 포터(Michael E. Porter)의 산업구조 모형은 기업이 직면하는 다섯 가지 위협요인을 찾아내고 그 위협의 크기를 결정짓는 상황을 설명하는 모형이다. 기업의 외부환경을 적절하게 분석하여 기업에게 가장 적합한 환경을 찾아내야 한다. 기업 운영에 영향을 줄 수 있는 산업구조 요소에는 기존 산업 내 경쟁, 공급자 교섭력, 수요자 교섭력, 대체재 위협, 잠재적 경쟁자 위협이 있다.

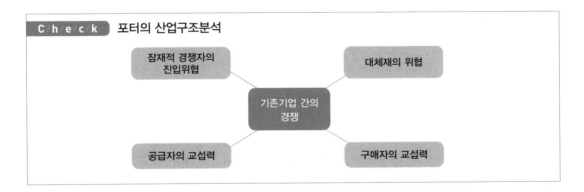

C/h/e/c/k **포터의 산업구조분석**

(1) 기존기업 간의 경쟁

기업이 새로운 시장에 진입하고자 할 때, 가장 기본적으로 살펴볼 수 있는 환경이다. 기존의 산업에 신규기업이 진입하게 되면 경쟁의 강도가 높아지고 기존 기업들의 성과는 상대적으로 낮아질 수 있다. 즉, 진입장벽(entry barriers)이 없다면 초과이익을 내는 기업들이 모두 없어질 때까지 신규진입은 계속 된다. 신규 진입자들이 기존 산업에 진입할 수 있는지는 진입에 필요한 원가의 크기에 달려있다. 진입원가는 진입장벽의 높이에 달려있는데 진입장벽의 종류에는 다음과 같은 것들이 있다.

① 규모의 경제

기업의 생산량이 많아지면 단위당 원가가 감소하는 것을 규모의 경제라고 한다. 규모의 경제가 기존 시장에 존재한다면 기존기업들이 신규로 진입하는 기업에 비해 원가 우위에 있게 되므로 신규진입의 진입원가는 높아지게 된다.

② 제품차별화

상표의 인지도나 고객의 충성도가 높다면 제품이 차별화되는데, 기존 기업의 제품이 차별화가 크다면 신규 진입자들은 차별화 우위를 극복하기 위해서 많은 비용을 지불해야 한다.

③ 기타 원가우위

독점적 기술, 경영 노하우 등이 있다.

(2) 공급자의 교섭력

공급자는 기업이 다루고 있는 제품이나 서비스 단계에서 이전 단계에 있는 이해관계자들을 말한다. 이러한 공급자들이 속한 산업을 후방산업이라고 한다. 예를 들어 조선업의 후방산업은 선박 건조에 상당 부분을 차지하는 재료인 후판(철강)을 제공하는 업체이다. 공급자의 교섭력은 공급자의 수, 공급자가 제공하는 제품 및 서비스의 공급량, 공급자의 전방 통합능력, 공급자의 정보량 등을 통해 측정할 수 있다.

(3) 구매자의 교섭력

구매자 또는 소비자는 기업이 다루고 있는 제품이나 서비스를 공급받아서 다음 단계를 수행하는 기업부터 최종소비자까지 포함하는 이해관계자들을 말한다. 이때, 공급받은 제품이나 서비스를 다음 단계에 사용하는 구매자가 속한 산업을 전방산업이라고 한다. 예를 들어 조선업의 전방산업은 선박을 필요로 하는 발주자(선주) 또는 해운업체 등이 있다. 구매자의 교섭력은 구매자의 수, 구매자의 후방 통합능력, 구매자 전환비용, 제품의 차별화 등을 통해 측정할 수 있다.

(4) 대체재의 위협

대체재는 산업 내의 제품을 대신할 수 있는 제품이다. 따라서 대체재의 위협은 산업 내의 구매고객들이 대체품을 사는 정도를 말한다. 대체재에 대한 구매자의 성향이나 대체재의 가격, 수량, 성능 등에 따라 위협 정도가 결정된다.

(5) 잠재적 경쟁자의 진입위협

잠재적 경쟁자의 진입위협은 산업 내 경쟁기업 간의 현재 경쟁 강도와 관련이 있다. 높은 경쟁자 위협에는 다수의 경쟁자들로 구성된 경우, 경쟁자들의 규모가 비슷한 경우, 성장률이 낮고 제품 차별화 정도가 낮은 산업의 특성 등을 가질 때 존재한다.

(6) 산업구조분석 모형의 한계점

기업의 정적인 상황을 분석할 수 있지만 동태적인 경쟁의 변화를 반영하지 못하는 단점이 있다. 또한 산업을 정확하게 분류할 수 없는 경우 산업 내의 실질적 경쟁자를 구분하기가 쉽지 않다.

(1) 가치사슬 분석

가치사슬 분석은 기업의 가치 창출 활동을 주요활동(또는 본원적 활동)과 보조활동(또는 지원활동)으로 나누어 기업이 창출하는 부가가치의 원천이 무엇인지 파악하는 것을 말한다.

① 주요활동

기업의 이윤을 직접적으로 창출하는 활동으로 원자재 구입 등 물류투입활동, 생산과 관련된 운영활동, 물류 산출 등의 활동, 마케팅과 판매활동, A/S와 같은 서비스 활동 등이 있다.

② 보조활동

기업의 이윤창출에 직접적 영향은 주지 않지만 이윤창출에 간접적으로 기여하는 활동으로 기업 인프라, 인적자원관리, 연구 및 개발(R&D) 등이 있다.

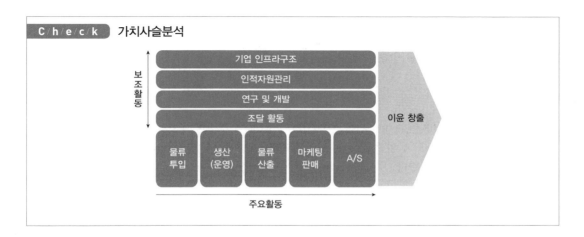

(2) SWOT 분석

SWOT분석은 조직외부의 기회(opportunity)와 위협(threats)요인을 조직 내부의 강점(strength)과 약점(weakness)을 대응시켜 전략을 개발하는 방법이다. 외부환경과 내부환경을 적절하게 분석하여 각 상황에 맞는 전략을 도출할 수 있다.

① 외부환경

　㉠ 기회 : 기업의 경쟁적 우위나 수익 가능성을 높여줄 기업외부상황

　㉡ 위협 : 기업의 경쟁적 열위나 손실 가능성을 높여줄 기업외부상황

② 내부환경

　㉠ 강점 : 산업 내에서 경쟁적 장점을 제공하는 기업내부 특성 및 자산

　㉡ 약점 : 산업 내에서 경쟁적 약점이 되는 기업내부 특성 및 자산

SWOT 분석

	기회 (Opportunities)	위협 (Threats)
강점 (Strength)	강점 – 기회 전략 기회를 활용하기 위해 강점을 활용하는 전략	강점 – 위협전략 위협을 회피하기 위해 강점을 사용하는 전략
약점 (Weakness)	약점 – 기회 전략 약점을 극복함으로써 기회를 활용하는 전략	약점 – 위협 전략 위협을 회피하고 약점을 최소화하려는 전략

SECTION 4 사업부 수준의 전략

(1) 본원적 전략

사업부 수준의 전략 중 본원적 전략은 포터(M. Porter)가 주장한 것으로, 기업이 특정한 시장이나 산업에서 경쟁우위를 얻기 위해 활용할 수 있는 전략이다. 경쟁우위의 원천과 공략 시장의 대상에 따라 3가지 전략으로 분류한다.

① 원가우위 전략

원가우위 전략의 목표는 경쟁기업보다 더 낮은 원가로 재화나 서비스를 생산함으로써 낮은 가격으로 시장을 공략하는 것이다. 국내외 저가항공사들이 이러한 원가우위전략을 이용하여 저렴하게 항공료를 책정한 것을 볼 수 있다. 이 전략은 낮은 원가로 동일한 제품을 더 낮은 가격에 공급할 수 있고, 성숙기에 낮은 원가를 통해 기업의 생존에 필요한 이익률을 지속해서 얻을 수 있다. 다만, 낮은 원가로 생산하기 때문에 제공하는 제품이나 서비스의 질이 낮아질 수 있는 위험도 존재한다.

② 차별화 전략

차별화 전략의 목표는 기업이 제공하는 제품이나 서비스를 경쟁기업의 제품과 서비스와 차별화하여 시장에 제공하여 고객의 충성도를 이끌어내는 것이다. 만약 차별화에 성공한다면 경쟁기업의 제품 및 서비스보다 높은 가격으로 시장에 제공해도 고객들이 구매하게 된다. 차별화 전략을 사용하기 위해서는 독특한 아이디어가 필요하므로 창의성이 높은 인재가 필요하다.

③ 집중화 전략

원가우위 전략과 차별화 전략은 시장 전체를 대상으로 하는 전략임에 반해 집중화 전략은 특정 시장 또는 특정 고객을 집중적으로 공략하는 것을 말한다. 영어교육 시장은 넓은 반면, 재무관리 교육시장은 시장의 크기가 상대적으로 작다. 하지만 영어교육 시장의 수요만큼 영어 교육을 공급하는 학원이나 강사도 넘쳐나지만, 재무관리 교육시장은 그만큼 공급도 작은 만큼 적절한 전략을 통해 시장을 선도하기 용이할 수도 있다. 일반적으로 집중화 전략은 특정 영역 안에서 원가우위 전략과 차별화 전략 중 선택하거나 아니면 차별화 전략에 집중한다. 왜냐하면 시장이 작기 때문에 원가우위 전략을 수행하기 어렵기 때문이다.

Check 본원적 전략

(2) BCG 매트릭스

기업들이 다각화 전략으로 많은 사업에 진출한 이후에 사업포트폴리오를 관리하는 방법이 중요해졌는데, BCG 매트릭스는 Boston Consulting Group에서 사업의 상태를 분석하기 위해서 고안한 방법이다. BCG 매트릭스는 상대적 시장점유율과 시장성장률을 두 축으로 활용하여 사업의 상황을 4가지로 분류한다. 해당 사업에 원을 표시하는데 원의 크기는 각 사업부의 매출액 규모를 나타낸다.

① 물음표(question mark)

고성장 사업이지만 상대적으로 시장점유율이 낮은 사업이다. 이는 시장성장률이 높은 시장에 들어간 초기 사업 단계이다. 따라서 현금유입보다 투자로 인한 현금유출이 많은 단계인데, 지속적으로 투자하여 시장점유율을 높이면 별(star)단계로 가지만, 시장점유율이 올라가지 않고 유지하는 수준에서 정체되면 개(dog)단계로 갈 수도 있다.

② 별(star)

고성장 사업이면서 시장점유율도 높은 사업이다. 현금유입과 현금유출이 가장 많아지는 단계로 반드시 현금을 창출하는 단계는 아니다. 다만, 현금유입이 유지되는 수준에서 성장이 둔화된다면 추가 성장에 필요한 투자금은 줄어들어 순 현금유입이 생기는 현금젖소(cash cow)단계로 간다.

③ 현금젖소(cash cow)

시장점유율은 높지만 시장의 성장률이 둔화되는 사업이다. 시장점유율을 유지하기 위한 현금유출입보다 높은 시장점유율에서 오는 현금유입이 더 많아 여유자금이 많이 생기게 된다. 이를 통해 물음표 사업에 추가로 투자하여 사업을 확장할 수도 있다.

④ 개(dog)

사업의 성장성이 없어지고 시장점유율도 낮은 사업의 상태다. 이때는 매몰비용을 무시하고 과감하게 사업을 철수 혹은 청산하는 대안을 고려해야 한다.

BCG 매트릭스

	상대적 시장점유율 높음	상대적 시장점유율 낮음
시장성장률 높음	스타(Star) : 성장사업 – 신제품 발매 성공 등으로 인한 높은 시장점유율 확보	문제아(?) : 개발사업 – 시장은 성장세나 점유율이 낮아 이윤이 저조한 상태
시장성장률 낮음	금송아지(Cash Cow) 수익수종사업 – 성숙기 시장으로 여유자금 창출	개(Dog) : 사양사업 – 경쟁관계가 심화되어 시장이 침체

(3) GE 매트릭스

GE 또는 매킨지 매트릭스는 산업의 장기매력도와 사업단위의 경쟁력이라는 두가지 축을 활용하여 사업의 상황을 9가지 상황으로 분류하였다. 해당 사업에 원을 표시하는데, 원의 크기는 산업 전체의 규모를 나타내고 이때 음영을 통해 그 산업에서 차지하고 있는 해당 사업의 시장점유율을 표시한다.

GE 매트릭스

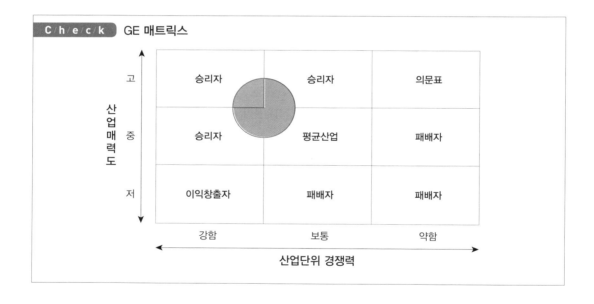

(1) 앤소프 매트릭스

러시아의 학자 앤소프(H. Ansoff)가 제시한 연구를 토대로 만든 기업의 확장 매트릭스로 향후 기업의 제품이나 시장의 방향성을 제시하는 기준이 되는 도표이다. 앤소프 매트릭스는 신시장 혹은 기존시장에 신제품 혹은 기존 제품으로 진출하는 4가지 전략을 다룬다.

① 시장침투전략(market penetration)

기존 시장에 기존 제품으로 활용하는 전략으로 기존 고객에게 기존 제품을 더 많이 판매하려는 전략이다. 통신사들이 기존고객을 계속 유치하기 위해 막대한 광고비와 서비스를 제공하는 것이 이에 해당한다.

② 시장개발전략(market develpoment)

기존의 제품으로 새로운 시장을 개척할 때 하는 전략이다. 기존의 시장이 포화상태인 경우 새로운 시장을 모색하는 것으로 1인가구 수요를 개척하여 인테리어시장이나 가구시장이 발달되는 것이 이에 해당한다.

③ 제품개발전략(product development)

기존 시장에 새로운 제품을 출시하는 전략으로, 휴대폰 제조업체가 매년 신제품을 개발해서 시장에 내놓는 것이 이에 해당한다.

④ 다각화(diversification)

새로운 제품을 새로운 시장에 판매하는 전략뿐만 아니라 새로운 사업영역에 진출하는 것을 포함한다. 가장 리스크가 높은 전략이지만 그만큼 성공하면 시장을 선점할 수 있는 장점이 있다. 스타벅스가 커피사업 이외에 레스토랑 사업으로 진출하는 것이 이에 해당한다.

C/h/e/c/k 앤소프 매트릭스

(2) 수직적 통합과 수평적 통합

① 수직적 통합

제품 또는 서비스를 공급하는 과정의 전후 단계에 있는 관련기업끼리 통합하는 것을 말한다. 수직적 통합은 전방 통합 후방 통합으로 구분할 수 있다.

ㄱ 전방 통합

기업이 생산한 제품 또는 서비스를 구매하는 기업 또는 최종구매자를 통합하는 것을 말한다. 예를 들어 철강업체가 철강을 수요하는 건설산업을 통합하는 것이 이에 해당한다.

ㄴ 제품 및 서비스를 생산하기 위한 원자재를 제공하는 공급자를 통합하는 것을 말한다. 예를 들어, 현대자동차가 엔진을 납품하는 1차벤더를 통합하는 것이 이에 해당한다.

② 수평적 통합

같은 산업 내의 기업을 통합하는 것을 말한다. 예를 들어, 현대차와 기아차 경쟁의 강도를 줄이거나 추가적인 시너지 효과를 얻을 목표로 통합하는 것이 이에 해당한다.

(3) 전략적 제휴

전략적 제휴는 둘 이상의 독립적인 기업이 제품이나 서비스를 생산 시, 일시적으로 협력할 때 성립한다. 전략적 제휴에는 지분거래나 독립적 기업의 성립없이 계약에 의해 직접적으로 관리되는 비지분 제휴, 지분투자를 통한 지분 제휴, 독립적인 기업을 만들어서 투자하는 형태인 조인트 벤처로 나눈다.

(4) 합병과 인수

합병(merger)은 두 개 이상의 기업이 하나로 합쳐지는 것을 말하며, 인수(acquisitions)는 다른 기업의 지분 등을 취득하면서 그 기업의 지배권을 획득하는 과정을 말한다. 합병에는 합병의 당사자 중 한 회사가 존속하여 소멸된 회사의 권리 및 의무를 인수하는 형태의 합병인 흡수합병과 새로운 회사를 설립하여 모든 합병 당사회사의 권리 및 의무를 새로운 회사로 인수시키는 형태의 합병인 신설합병으로 나눌 수 있다.

(5) 적대적 인수에 대항 방어전략

합병 또는 인수대상기업의 경영자와 주주는 합병 또는 인수를 시도하려는 회사로부터 경영지배권을 방어하기 위하여 다음과 같은 다양한 방법을 이용한다.

① 초다수의결규정 수정

정관 수정 또는 신규 규정을 만드는 방법 중 하나로, 합병승인에 대한 주주총회 의결요건을 강화하여 합병을 어렵게 만드는 방법이다.

② 이사진 임기규정 수정

이사진의 임기를 분산시켜 만약 기업이 인수되더라도 한동안 경영지배권이 기존 이사진에게 있도록 하는 방법이다. 단, 합병기업의 지배권 조기 확보를 불가능하게 할 뿐 합병을 완벽하게 막는 방법은 아니다.

③ 불가침 계약

합병을 시도하려는 기업 또는 투자자의 지분을 합병 방어기업이 시장가격보다 높은 가격으로 자사주로 매입하면서 합병 시도를 포기하도록 계약을 맺는 방법이다. 합병 방어기업 입장에서 높은 대가가 소요되므로 자금력이 충분하지 않으면 할 수 없는 방법이다. 이때, 합병시도기업 입장에서 지분을 매각하면서 이익을 챙기는 것을 녹색편지(Green Mail)라고 한다.

④ 왕관의 보석 매각(핵심자산 매각)

핵심적인 자산을 매각함으로써, 합병시도기업의 합병 목적을 달성하지 못하게 만들어 합병을 포기하게 하는 방법이다. 합병방어기업 입장에서도 핵심자산이 없으므로 향후 정상적인 영업이 어려워지는 위험이 존재한다.

⑤ 독약처방(Poision Pills)

합병이 성공할 경우, 합병기업에게 매우 불리한 결과를 가져다 주도록 규정을 만들어서 방어하는 방법이다. 이러한 예로 기존주주들에게 합병 후 기업의 주식을 낮은 가격으로 인수할 수 있는 권리(인수인수권)를 부여하는 방법, 채권자에게 합병 후 만기일 이전에 현금상환을 요청할 수 있는 권리(상환청구권)를 부여하는 방법 등이 있다.

⑥ 황금낙하산

합병 후 기존 경영진이 퇴진하게 될 경우 이들에게 정상적인 퇴지금 외에 추가적인 거액의 보상을 하도록 고용계약을 맺어 합병대가를 높이는 방법이다. 합병시도기업 입장에서는 합병대가(인수대가)를 산정할 때 고려해야 될 요소이다.

⑦ 백기사

우호적인 제 3자에게 지분을 사도록 하여 적대적 합병시도기업의 지분보다 높은 지분을 직접 또는 간접적으로 보유하는 방법이다. 단, 우호적인 제 3자와의 신뢰가 중요하다.

⑧ 황금주

소수 지분으로 회사의 주요의사결정을 할 수 있도록 권리가 부여된 특정 주식을 말한다.

⑨ 팩맨

합병시도기업이 적대적 합병을 시도할 때, 합병방어기업이 역으로 합병시도기업을 인수하겠다고 공표하고 공개매수를 하는 방법이다. 이를 역매수전략이라고도 한다.

(6) 적대적 인수를 위한 공격전략

① 주식공개 매수

기업의 주식을 시장에서 공개적으로 대량 매수하여 기업을 장악하는 전략이다

② 새벽의 기습

기업의 주식을 대상 기업이 모르게 매수해 놓은 상황에서 기업의 인수 결정을 통보하는 전략이다.

③ 파킹

우호적인 세력에게 지분을 매수하게 한 후 주주총회에서 갑자기 경영권을 확보하는 방식이다.

④ 백지위임장 대결

기업의 기존 경영진에 반대하는 주주들로부터 의결권 위임장을 받아 기존 경영진을 몰아내고 기업을 장악하는 것이다.

(7) 기업의 분할

기업분할은 기존 기업의 규모가 커져 비효율성이 야기될 때 기업을 분리하는 것을 의미한다. 분할은 인적분할과 물적분할로 구분된다. 인적분할은 기존 회사를 분리 후 신설 회사의 주식을 기존 회사의 주주들이 지분율대로 가진다. 반면, 물적분할은 기존 회사를 분리 후 신설 회사의 주식을 기존 회사가 100% 보유한다.

(1) 해외시장 진출방식

① 수출

수출은 국내에서 생산한 제품 또는 서비스를 해외시장에 판매하는 것을 말한다. 수출에는 국외에 있는 수출입업자 등과 직접 거래를 맺는 직접수출과 수출중개인을 통해서 수출입거래를 하는 간접수출로 나뉜다. 최근에는 정보통신기술의 발달로 수출입거래 상대방의 정보를 파악하기 용이함에 따라 직접수출이 늘어나고 있다.

② 라이선싱 계약

라이선싱(licensing)은 일정 수준의 유무형 자산을 해외기업에게 사용할 수 있는 권한을 주고, 그에 상당한 수수료를 지급받는 형태의 계약을 말한다. 이러한 자산에는 기술특허권이나 상표권과 같은 무형자산도 포함된다.

③ 프랜차이징 계약

프랜차이징은 사업모델이나 운영시스템을 사용하는 형태로 라이선싱보다 더 넓은 의미의 계약으로 볼 수 있다.

④ 해외 직접 투자

해외 직접 투자는 수출이나 계약방식과는 달리 해외 기업의 지분 등에 투자하여 해외 기업의 경영에 직접 참여하는 방식을 말한다. 해외 기업의 지배권을 획득하여 통제할 수 있다는 장점이 있으나, 상당한 투자금이 수반된다.

⑤ 계약생산

계약생산(OEM) 방식은 해외직접투자와 라이선싱 계약의 중간형태로서 제3국에서 주문자가 발주한 제품을 생산하지만, 제품에 주문자의 상표(브랜드)를 붙이는 방식이다.

⑥ 턴키방식

턴키방식(Turnkey) 방식은 주로 플랜트 및 건설공사에서 사용되는 수주방식으로서 설비나 공장을 지어주고 그 안에 모든 설비가 가동되는 상태로 인도하는 것을 의미한다.

(2) 국가경쟁우위 다이아몬드 모델

국가 간에도 경쟁우위를 차지하기 위한 다양한 조건이 필요하다. 국가경쟁우위 다이아몬드 모델은 주요한 4가지 조건은 다음과 같다.

① 소비자들의 특성인 수요조건

② 보유한 자본과 노동력과 같은 요소조건

③ 관련 및 지원산업의 집약정도

④ 기업의 전략 및 조직 구조와 경쟁자

01 다음 사업구조 분석에 대한 설명 중 옳지 않은 것은?

① BCG 매트릭스 분석은 사업을 절대적 시장점유율과 시장성장성으로 구분해 4가지로 분류한다.

② BCG 매트릭스 문제아(Question Marks) 그룹은 성장세나 점유율이 낮아 이윤이 저조한 상태의 신규 또는 개발 사업에 해당한다.

③ GE 매트릭스 분석은 사업을 시장매력도와 사업의 강점으로 구분한 3×3의 형태이다.

④ GE 매트릭스 상에서 원의 크기는 시장의 크기이며, 원 안의 음영처리된 부분은 해당 기업의 시장점유율을 나타낸다.

⑤ BCG 매트릭스 별(Star) 그룹은 시장점유율이 높은 사업에 해당한다.

정답 | ①

해설 | BCG 매트릭스 분석은 사업을 절대적 시장점유율이 아니라 상대적 시장점유율로 나눈다.

02 마이클 포터의 5 Force 분석방법론에서 항목별 요인 관계가 알맞지 않은 것은 무엇인가?

① 시장진입의 위협 : 시장의 성장성

② 기존 경쟁자 간의 경쟁강도 : 경쟁기업의 수와 규모

③ 대체재의 위협 : 대체품의 성능 · 가격

④ 구매자의 교섭력 : 제품의 차별성이나 브랜드력

⑤ 공급자의 교섭력 : 공급품의 대체비용

정답 | ①

해설 | 신규진입자의 위협을 진입장벽이라고도 하며 관련 요인으로는 초기투자, 정부규제, 기술장벽 등이 있다. 참고로 기존경쟁자 간의 경쟁강도는 경쟁기업의 수와 규모뿐만 아니라 산업의 성장률, 제품의 다양성, 차별성, 철수비용의 정도 등에 따라 영향을 받는다.

03 다음은 해상운송산업의 구조를 나타낸 그림이다. 마이클 포터의 산업구조모형(5 Force model)을 이용하여 분석한 것 중 가장 적절하지 않은 것은?

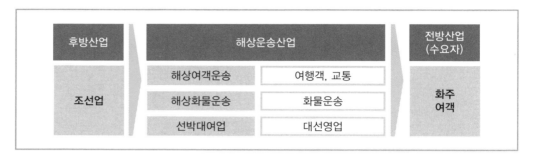

① 해상 여객운송사업은 차별화가 쉽지 않아 경쟁강도가 높은 수준이다.

② 서비스 차별화 제약으로 인해 구매자에 대한 교섭력이 낮을 수 있다.

③ 선박 확보에 대규모 자본의 선투자를 필요로 하는 자본집약적 산업으로 이는 높은 진입장벽으로 작용한다.

④ 컨테이너선 중국 조선업체가 대거 등장하면서 후방산업의 경쟁강도가 높아져서 공급자에 대한 교섭력이 낮아졌다.

⑤ 해상운송산업을 위협할만한 뚜렷한 대체재는 없다.

정답 | ④
해설 | 후방산업인 조선업체의 경쟁강도가 높아지면 공급자에 대한 교섭력이 높아진다.

04 다음 내부활동분석 중 가치사슬 분석과 관련된 설명으로 옳지 않은 것은?

① 기업의 내부활동은 각 업무단위별로 독립적으로 이루어진다.

② 가치사슬 분석상 재무부문은 지원활동에 해당된다.

③ 가치사슬 이론상 기업이 가치를 창출하는 활동은 주활동과 지원활동으로 구분이 된다.

④ 가치사슬 분석상 생산활동은 주로 주 활동에 해당된다.

⑤ 가치사슬 분석은 각 활동단계별 원가동인을 분석하는 도구이다.

정답 | ①
해설 | 가치사슬 분석에서는 각 내부활동별로 유기적인 연계를 중요시한다.

05 BCG 매트릭스에 관한 설명으로 옳지 않은 것은?

① 별(star)에 해당하는 사업은 성장전략을 추구하는 것이 바람직하다.

② 개(dog)에 해당하는 사업은 철수전략이나 회수전략이 바람직하다.

③ 현금젖소(cash cow)에 해당하는 사업은 현재의 시장 지위를 유지하고 강화하는 전략이 바람직하다.

④ 물음표(question mark)에 해당하는 사업이 경쟁우위를 가질 수 있다고 판단되면 성장전략과 과감한 투자가 바람직하다.

⑤ 사업 포트폴리오의 성공적인 순환경로는 현금젖소 → 별 → 물음표 → 개다.

정답 ┃ ⑤

해설 ┃ BCG 매트릭스에서 성공적인 순환경로는 물음표 → 별 → 현금젖소 → 물음표 → 별 → ··· 로 순환하는 것이 바람직하다. 물론 중간에 개로 향할 수도 있으나 개로 향한다면 과감히 철수하거나 새로운 사업을 모색해야 한다.

06 본원적 경쟁전략의 하나인 원가우위 전략에서 원가의 차이를 발생시키는 요인이 아닌 것은?

① 학습 및 경험곡선 효과
② 경비에 대한 엄격한 통제
③ 적정규모의 설비
④ 디자인의 차별화
⑤ 규모의 경제

정답 ┃ ④

해설 ┃ 디자인을 차별화하면 오히려 원가가 증가할 수 있다.

07 다음 SWOT분석에 관한 설명으로 옳지 않은 것은?

① SWOT분석은 외부 요인과 내부 요인을 결합하여 효과적인 전략수립을 세우기 위한 분석기법이다.

② SWOT분석을 통한 전략적 대안의 선택은 기업의 성장에 도움이 된다.

③ 위협을 회피하기 위해 강점을 사용하는 전략은 SO(Strength Opportunity) 전략이다.

④ 위협을 회피하고 약점을 최소화하는 전략은 WT(Weakness Threat) 전략이다.

⑤ 약점을 극복함으로써 기회를 활용하는 전략은 WO(Weakness Opportunity) 전략이다.

정답 ┃ ③

해설 ┃ 위협을 회피하기 위해 강점을 사용하는 전략은 ST(Strength Threat) 전략이다.

08 다음은 월마트의 창업 배경에 대한 설명이다.

> 미국 최대의 할인매장. 창립자는 샘 월튼(Sam Walton ; 1918~1992)으로 처음에 벤프랭클린 잡화점을 운영하였다. 그는 1962년 아칸소의 조그만 도시에 자신의 첫 할인점을 열었다. 당시 K마트, 울코, 타깃 등 할인점이 잇달아 문을 연 시기에 월마트는 후발주자로 1962년에 뛰어들어었다. 이때 월마트는 "우리는 매일 싸게 팝니다(Everyday Low Price)"와 "고객의 만족을 보증합니다"라는 슬로건을 내걸었다.

포터(M. Porter)의 본원적 전략 중 월마트(Wal-Mart)가 회사 창립 때부터 견지해 오고 있는 전략은 무엇인가?

① 원가우위전략   ② 차별화전략

③ 집중화전략   ④ 시장침투전략

⑤ 다각화전략

정답 | ①

해설 | 매일 싸게 판다는 것은 원가를 절감시켜 싸게 파는 만큼 수요를 증가시켜 대량판매하는 전략이다. 월마트는 유통업의 대명제라고 할 수 있는 저마진의 현실화 실현, 저가 전략과 저비용, 공급업체와의 제휴강화를 적절히 연계하여 지속적인 성장을 누려왔다. 그 후 1990년대 마침내 미국 최대의 소매업체이던 케이마트(Kmart Corporation), 시어스로벅앤드컴퍼니(Sears, Roebuck and Company) 등을 따돌리고 세계 최대의 소매유통업체가 되었다.

09 BCG(Boston Consulting Group) 매트릭스에 관한 설명으로 옳지 않은 것은?

① 원의 크기는 매출액 규모를 나타낸다.

② 수직축은 시장성장률, 수평축은 상대적 시장점유율을 나타낸다.

③ 기업의 자원을 집중적으로 투입하는 강화전략은 시장성장률과 시장점유율이 높은 사업에 적합하다.

④ 시장성장률은 낮지만 시장점유율이 높은 사업은 현상유지전략을 적용한다.

⑤ 시장성장률은 높지만 시장점유율이 낮은 사업의 경우, 안정적 현금 확보가 가능하다.

정답 | ⑤

해설 | 시장성장률이 높지만 시장점유율이 낮은 산업의 경우 초기 투자비용이 많이 투입되므로 안정적 현금확보가 어렵다. 안정적 현금확보가 가능한 사업은 시장점유율이 높고 시장성장률이 정체 사업군인 현금젖소(cash cow)이다.

10 포터(M. Porter)의 가치사슬(value chain) 분석에서 본원적 활동에 해당되지 않는 것은?

① 구매 ② 물류

③ 서비스 ④ 연구개발

⑤ 마케팅

정답 | ④

해설 | 포터의 가치사슬분석 이론에서는 연구개발은 지원활동으로 분류하였다. 다만, 최근에는 연구개발활동도 제품 매출에 직접적인 영향을 미치는 경우가 많아 본원적 활동으로 보기도 한다. 따라서 문맥에 따라 적절한 답을 고르도록 한다.

11 다음은 제품수명주기와 이익의 관계를 나타낸 그래프이다. BCG(Boston Consulting Group) 매트릭스에서의 사업구분과 제품수명주기를 올바르게 연결한 것은?

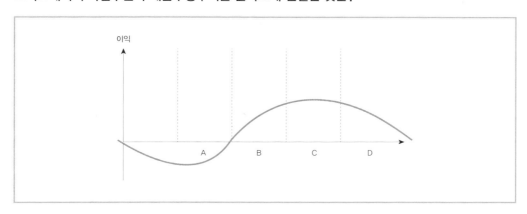

	A	B	C	D
①	현금젖소	개	물음표	별
②	물음표	현금젖소	개	별
③	물음표	별	현금젖소	개
④	물음표	별	개	현금젖소
⑤	별	물음표	현금젖소	개

정답 | ③

해설 | 제품수명주기와 BCG 매트릭스를 연계한 문제이다.

도입기(A) : 물음표 → 성장기(B) : 별 → 성숙기(C) : 현금젖소 → 쇠퇴기(D) : 개

12 특정 산업에서 활동하고 있는 기업이 산업매력도를 확인하기 위하여 산업경쟁구조분석을 하였다. 산업경쟁구조요인별로 산업매력도를 설명한 내용으로 옳지 않은 것은?

① 진입장벽이 높을수록 매력도는 떨어진다.

② 대체재가 나타날 가능성이 클수록 매력도는 떨어진다.

③ 기존 경쟁업체의 수가 많고, 경쟁이 치열할수록 매력도는 떨어진다.

④ 고객의 수가 적거나 고객이 단체를 구성하여 강한 협상력을 갖고 있는 경우 매력도는 떨어진다.

⑤ 원자재 혹은 부품을 독점하거나 특수한 기술을 지니고 있는 공급업체와 거래를 하여야 하는 상황이라면 매력도는 떨어진다.

정답 | ①

해설 | 해당 산업에 속해있는 기존기업의 입장에서 진입장벽이 높으면 신규시장진입자들이 들어오기 어렵기 때문에 경쟁강도가 약해져서 매력도는 높아진다.

13 수직적 통합에 관한 설명으로 옳지 않은 것은?

① 수직적 통합은 거래비용의 감소에 따른 원가상 이점이 있는 반면, 관련 활동 간의 생산능력의 불균형과 독점적 공급으로 인한 비효율성에 의해 오히려 원가열위로 작용하기도 한다.

② 전방통합을 통해 유통망을 확보하여 고객에게 차별적 서비스를 제공하는 것이 가능해진다.

③ 후방통합을 통해 양질의 원재료를 안정적으로 공급받아 고품질을 유지할 수 있다.

④ 수직적 통합은 기업활동의 유연성을 강화시키는 요인으로 작용해서 경쟁력을 강화시킬 수 있으며, 특히 기술변화가 심하고 수요가 불확실하거나 경쟁이 치열한 경우에 적합하다.

⑤ 기업 간 거래에는 제품사양이나 가격, 납기 등을 결정하는 데 비용이 수반되지만, 이런 활동을 내부화하여 비용절감 및 원료조달이나 제품의 판로확보가 가능해지고, 이를 통해 안정적 기업활동이 유지될 수 있다.

정답 | ④

해설 | 불확실성이란 환경변화의 예측불가능성을 말한다. 불확실한 환경에서 수직적 통합은 거래상대방에 대해 많은 통제력을 발휘하지만 유연성을 희생한다. 즉, 수직적 통합은 불확실한 상황에서 유연하게 대처하기 어렵다.

14 기업의 인수합병 목적으로 옳지 않은 것은?

① 시장지배력 확대

② 투자소요액 증대

③ 시장진입 속도 단축

④ 성숙된 시장으로 진입

⑤ 규모의 경제와 범위의 경제 활용

정답 | ②

해설 | 인수합병에는 막대한 자본이 소요될 수 있어 투자소요액이 증대되지만 이 점이 인수합병의 목적은 아니다.

15 적대적 M&A 위협에 대한 방어 전략에 포함될 수 있는 적절한 항목은 모두 몇 개인가?

a. 독약 조항(poison pill)	b. 이사진의 임기분산
c. 황금 낙하산(golden parachute)	d. 초다수결조항
e. 백기사(white knight)	

① 1개

② 2개

③ 3개

④ 4개

⑤ 5개

정답 | ⑤

해설 | 모두 적대적 M&A 위협에 대한 방어 전략이다.

16 엔소프(H. Ansoff)가 주창한 성장전략 중 신제품을 통해 신시장에 진출하는 전략은?

① 저원가전략

② 다각화전략

③ 시장개발전략

④ 제품개발전략

⑤ 시장침투전략

정답 | ②

해설 | 신제품을 신규시장에 진출하는 전략은 다각화전략이다. 다각화전략은 기존사업의 범주와 다른 새로운 사업에 진출할 때 쓰이는 용어이다.

17 적대적 M&A에 대응하기 위하여 기존 보통주 1주에 대해 저렴한 가격으로 한 개 또는 다수의 신주를 매입하거나 전환할 수 있는 권리를 부여하는 방어적 수단은?

① 독약조항(poison pill)　　　　　② 역매수전략

③ 황금주　　　　　　　　　　　　④ 그린메일(green mail)

⑤ 백지주 옵션

정답 | ①

해설 | 독약조항(poison pills)은 합병이 성공할 경우, 합병기업에게 매우 불리한 결과를 가져다 주도록 규정 등을 만들어서 방어하는 방법이다. 문제와 같이 기존 주주들에게 합병 후 기업의 주식을 낮은 가격으로 인수할 수 있는 권리(인수인수권)를 부여하는 방법 외에도 다양한 독약처방전략이 존재한다. 채권자에게 합병 후 만기일 이전에 현금 상환을 요청할 수 있는 권리(상환청구권)를 부여하는 것도 독약처방에 일종이다.

(참고) 백지주란 백기사와 유사하지만 기업이 신주발행을 우호적인 제 3자에게만 발행하여 주식 인수를 요청하는 것을 말한다. 이에 반해 백기사는 단순히 기존 유통주식을 인수 요청하는 것을 말한다.

18 다음 중 합병과 관련된 설명 중 가장 옳지 않은 것은?　고득점 문제

① M&A시장 활성화는 주주와 경영자간 대리인 문제를 완화시키는 역할을 한다.

② 적대적 M&A를 하면 피인수기업의 주주는 손해를 본다.

③ 주식교환비율은 주당순이익, 주가 등의 기준으로 정할 수 있다.

④ 배당금, 현재주가, PER, PBR 등은 합병 조건에 영향을 주는 재무요인이 될 수 있다.

⑤ 우리사주조합의 지분율을 높여 적대적 M&A를 방어할 수 있다.

정답 | ②

해설 | 만약 인수합병시도기업이 피합병기업의 주주들에게 높은 가격을 주고 인수를 한다고 하면 주주입장에서는 손해가 아니다. 피합병기업의 경영진들 입장에서 인수합병 후 교체될 위험이 있다고 볼 수 있다.

① M&A시장이 활성화가 되면 경영자는 인수당하지 않기 위해 특권적소비 등과 같은 대리비용이 발생하는 행동을 하지 않게 된다.

③ 주식교환비율 기준은 다양하게 정할 수 있는데, 일반적으로는 주가기준으로 정한다.

⑤ 우리사주조합을 통해 지분율을 높이면 유통주식수가 적고 가격이 높아져 적대적 M&A를 방어하는 수단이 될 수 있다.

PART 04
마케팅

SECTION 1 마케팅의 기본

마케팅은 고객 욕구를 충족시키는 과정이다. 마케팅은 현재 고객의 요구를 파악하는 것을 넘어서 고객이 향후 원하는 니즈를 예측하여 이를 반영한 제품이나 서비스를 창출하는 전반적인 활동이다.

(1) 마케팅 과정

① 첫 번째 단계는 시장과 고객 욕구를 이해하는 단계이다. 기업은 제품이나 서비스를 제공하기에 앞서 고객조사를 실시하고 수집된 고객자료를 분석한다.

② 두 번째 단계는 고객 중심의 마케팅 전략을 설계하는 단계이다. 목표고객을 설정하고 그들에게 어떤 가치를 제공할 것인지 결정한다. 목표고객을 설정하는 것을 시장세분화라고 하며, 어떤 가치를 제공할 것인지에 대한 분석은 포지셔닝이라고 한다.

③ 세 번째 단계는 목표고객에게 가치를 제공하기 위한 통합적 마케팅 프로그램을 개발하는 단계이다. 마케팅 프로그램은 마케팅 믹스(marketing mix)로 구성하며 주요 마케팅 믹스는 제품(product), 가격(price), 유통(place), 촉진(promotion)이다.

④ 네 번째 단계는 고객과의 수익성 있는 관계를 구축하는 단계이다. 고객만족을 이끌어내어 고객의 충성도를 높여 지속적인 제품과 서비스를 제공하여 수익을 창출해야 한다.

⑤ 다섯 번째 단계는 고객관계를 통해 소비자를 만족시켜 고객으로부터 기업가치를 보상받는 단계이다.

(2) 마케팅 개념 분류

① 생산 개념(production concept)

소비자들은 단순히 저렴하고 쉽게 구입할 수 있는 제품을 선호한다고 가정하는 것으로 소비자들이 가격에 민감할 경우 유용한 개념이다. 원가를 절감하여 낮은 가격으로 제품이나 서비스를 제공하여 판매가 증가한다면 기업은 생산 개념을 근간으로 마케팅을 할 것이다.

② 제품 개념(product concept)

소비자들은 제품의 품질, 성능, 특징을 보고 제품을 선택한다고 가정하는 개념이다. 따라서 제품 개념하에서는 기업은 품질이 우수한 서비스와 신제품을 개발하는 것이 중요하다. 다만, 제품 자체에만 초점이 맞춰지고 판매 촉진활동과 같은 마케팅이 등한시되면 제품이 판매되지 않을 위험이 존재한다.

③ 판매 개념(selling concept)

소비자들은 충분한 판매 촉진 활동이 이루어지지 않으면 제품에 관심을 가지지 않는다고 가정하는 개념이다. 기업은 판매 개념하에서 적극적인 촉진 활동을 통해 마케팅을 함으로써 소비자들에게 제품의 유용성과 특징을 알려야 한다.

④ 마케팅 개념(marketing concept)

기업은 경쟁사보다 소비자들의 욕구를 더 잘 파악해야 기업이 성장하고 경쟁에서 생존할 수 있다는 개념이다. 즉, 고객가치의 극대화가 기업가치의 극대화로 이루어질 수 있다고 본다는 점에서 고객 중심적인 개념이다. 실제 소비자들의 필요나 욕구를 정확히 파악하여 마케팅 활동을 해야 고객과 지속적인 관계를 유지할 수 있고, 이는 수익 창출로 이어진다.

⑤ 사회적 마케팅 개념(societal marketing concept)

마케팅 대상으로 소비자를 넘어 사회 구성원들까지 확장시키는 개념이다. 해당 개념하에서는 기업은 소비자의 욕구뿐만 아니라 사회의 복리를 모두 충족시키는 방향으로 마케팅을 해야 한다. 기업은 기업의 이익, 소비자의 욕구, 사회의 복리 사이에서 균형을 맞추어야 지속적으로 성장할 수 있다.

(3) 마케팅 구성요소

① Needs : 생리적인 욕구로 만족에 대한 결핍상태를 의미(예 배고픔)

② Wants : Needs를 해결할 수 있는 수단을 의미(예 김밥)

③ Demands : 주어진 구매 능력하에서 Wants를 소비하려는 욕구를 의미

(4) 생존과 성장을 위한 시장제공물

기업은 생존과 성장을 위해 소비자들에게 제품 또는 서비스를 제공하는데, 이러한 제품과 서비스를 시장제공물이라고 한다. 시장제공물은 소비자의 니즈를 충족시킬 수 있는 것이어야 한다.

(5) 교환과 시장

시장제공물이 교환되는 장소가 시장이다. 시장제공물을 공급하는 공급자와 수요하는 소비자(수요자)는 시장을 통해 교환을 하는데, 이 과정에서 공급자는 이윤을 창출하고 수요자는 만족을 얻는다. 최근에는 시장이 오프라인 매장보다 온라인 마켓과 같은 보이지 않는 시장도 존재한다.

(6) 마케팅 유형

마케팅 관리를 위한 8가지 마케팅 유형이 존재한다.

상황	과제	마케팅 유형
적은 수요	수요 창출	자극적 마케팅
부정적 수요	수요 전환	전환적 마케팅
감퇴적 수요	수요 부활	재마케팅
잠재적 수요	수요 개발	개발적 마케팅
초과 수요	수요 감소	역마케팅
불건전한 수요	수요 파괴	대항적 마케팅
불규칙적 수요	수요 및 공급 일치	동시화 마케팅
완전 수요	수요 유지	유지적 마케팅

① 옴니채널

인터넷, 모바일, 오프라인 등 다양한 유통채널을 이용하고 통합하여 고객 경험을 극대화 하는 전략이다.

② 공생 마케팅

기업 간 협력을 통한 전략적 제휴 전략을 말한다.

③ 틈새 마케팅

표준화 되고 대량적인 마케팅 개념과 반대로 작은 특정 시장을 겨냥한 전략을 말한다.

④ O2O(Online to Offline) 마케팅

온라인과 오프라인을 유기적으로 연결하여 새로운 가치를 창출하는 전략이다.

⑤ 코즈마케팅

사회적 이슈나 비영리 연계하여 기업의 사회적 가치와 수익 극대화를 동시에 추가하는 전략이다.

(7) 고객관계관리(CRM)

한 고객의 개별적 욕구를 파악하고 이를 극대화하기 위해 맞춤형 서비스를 제공하여 고객생애가치를 확대하는 전략이다. 이를 위해 기존 고객의 이탈을 방지하고, 유지관리에 중점을 두어야 한다. 또한, 단기적 이익보다는 장기적 고객 생애가치 극대화에 관심을 기울여야 한다. 이를 위해 RFM 분석(최근 빈도 금액 분석)을 통해 교차판매(보완관계 상품 구매 유도 전략), 업셀링(고급화된 제품 판매 전략) 등을 이용한다.

SECTION 2　　소비자의 구매 결정 과정

(1) 문제인식

소비자는 실제상태와 바람직한 이상적인 상태를 비교한 후 그 차이를 지각한다. 만약 문제의 중요성이 커져 소비자가 이를 해결하려는 욕구가 커지면 이를 해결하기 위한 행동을 하게 된다. 다만, 소비자가 가지고 있는 제약요인이 중요성보다 크면 구매의사결정으로 이어지지 않는다.

(2) 정보탐색

소비자의 욕구를 해결하기 위한 행동은 정보의 수집부터 시작한다. 정보의 수집은 크게 내적탐색과 외적탐색으로 나눈다.

① 내적탐색

소비자들은 자신들의 기억 속에 저장되어 있는 정보 중 의사결정에 필요한 정보를 찾아내는 과정을 말한다.

② 외적탐색

내적탐색에서 충분한 정보를 찾았다면 구매과정으로 넘어가지만, 충분한 정보를 찾아내지 못한다면 외적탐색을 하게 된다. 즉, 자신 이외의 원천으로부터 정보를 얻어내는 과정을 거치면서 탐색의 결과물을 찾아내는데 이러한 결과물을 고려상표군(consideration set)이라고 한다.

C/h/e/c/k　정보탐색

문제인식 → 내적탐색 ⇄ 만족 → 고려상표군
불만족 → 외적탐색 ↗

(3) 대안평가

대안평가는 정보탐색을 통해 얻은 대안들 중에서 소비자들은 대안들 간의 비교평가를 통해 구매하려는 최종 제품 및 서비스를 결정한다. 대안을 평가하는 방법은 크게 보완적 방식과 비보완적 방식이 있다.

방식	특징	종류
보완적 방식	제품이나 서비스의 모든 면을 전반적으로 평가하여 단점이 장점으로 보완되도록 하는 방식	다속성 태도 모형
비보완적 방식	제품이나 서비스의 한 가지 속성을 결정함으로써 한 평가기준에서의 약점이 다른 평가기준에서의 장점으로 보완되지 않도록 하는 방식	사전편집식
순차적 제거식	결합식	분리식 등

(4) 구매

최종적으로 결정한 상품을 실제 구매하는 단계이다. 그런데 대안평가를 통해 결정한 제품 및 서비스를 구매할 수도 있으나, 대안평가와 다른 상품을 구매할 수도 있다. 예기치 않은 상황요인들(대폭할인, 재고소진)이 발생하여 다른 상품을 구매하거나, 준거집단의 대안평가와 자신의 대안평가가 다를 때 준거집단의 구매행동에 따라가는 경우가 있을 수 있다.

(5) 구매 후 행동

소비자들의 구매로 인한 행동은 다양하게 나타날 수 있다.

① 만족/불만족

소비자는 제품이나 서비스를 구매한 후 만족 또는 불만족을 경험하게 된다. 일반적으로 소비자들이 제품이나 서비스를 구매하기 전의 기대와 실제 제품 및 서비스 사용에 따른 성과와 비교함으로써 만족과 불만족을 경험한다. 만족한다면 해당 기업에 대한 충성심이 높아져 재구매 같은 긍정적인 행동을 보이지만, 반대로 불만족한다면 소비자는 다양한 부정적인 행동을 취한다. 부정적인 행동의 예를 들면 다음과 같다.

㉠ 아무런 행동을 취하지 않는다.
㉡ 제품구매를 중단한다.
㉢ 교환 또는 환불을 한다.
㉣ 제 3자 또는 불특정 다수에게 부정적인 평을 한다.

② 인지부조화

소비자는 자신의 구매한 제품이나 서비스가 다른 대안들보다 더 나은 것인지 확신이 없을 경우, 인지부조화라는 심리적 갈등을 경험하게 된다. 인지부조화는 일종의 의구심으로 불만족과는 다른 개념이다.

③ 제품처분

수명이 다한 제품을 처분할 수도 있고 제품이 맘에 들지 않아 처분할 수도 있다. 마케팅 관리자는 소비자들이 제품을 처분하는 이유를 충분히 조사하여 향후 제품이나 서비스 생산과 마케팅에 반영해야 한다.

(1) 사회문화적 요인

① 문화

인간의 행동에 영향을 미치는 특정사회의 가치관이나 태도를 의미하며, 고유한 문화에 따른 마케팅도 달리해야 한다. 문화를 더 세분화한 인종, 종교, 국적 등과 같은 하위문화도 고려해야 한다.

② 사회계층

비슷한 가치관과 관심사를 공유하는 사람들의 무리를 의미한다. 같은 사회계층에 속한 사람들은 비슷한 태도와 가치관을 갖게 되므로 시장을 세부화할 때 기준이 되기도 한다.

③ 준거집단

구매행위에 영향을 주는 집단을 의미하며, 소비자들이 자신의 행동과 비교하는 기준이 된다. 준거집단은 소비자가 속한 내집단과 회피하고자 하는 외집단으로 구분할 수 있는데, 소비자는 내집단의 결정에 따라 움직이는 경우가 많으므로 마케팅 관리자는 내집단의 성향을 파악해서 마케팅을 하는 것이 중요하다.

④ 가족

사회에서 가장 중요한 소비자 구매조직으로 다양한 제품과 서비스의 구매에 있어서 가족구성원의 역할에 많은 관심을 두고 있다. 통신사들이 가족할인과 같은 프로모션을 하는 것이 가족을 고려한 마케팅으로 볼 수 있다.

(2) 개인적 요인

① 나이

소비자들은 나이에 따라 소비하는 패턴이 달라진다. 동일한 제품이라도 나이에 따라 취향이 달라지며, 나이에 따라 선호하는 제품의 종류도 달라진다.

② 직업

직업은 소비자들이 생활하는 패턴과 밀접한 관련이 있으므로 직업에 맞는 소비를 하는 경우가 많다. 예를 들어 사무직은 사무실에 일하는 복장에 대한 수요가 많은 반면, 공장에서 일하는 생산직은 작업복에 대한 수요가 많다.

③ 경제적 상황

소비가 가능한 수준에 따라 제품을 선택할 수 있는 대안의 폭이 달라진다. 소득이 클수록 고가의 상품을 구매할 수 있으므로 고가의 상품을 마케팅 할 때의 대상의 선정에도 주의를 기울어야 한다.

④ 라이프스타일

사람들이 살아가는 삶의 패턴으로 소비자들마다 다른 삶의 양식을 취한다. 마케팅 관리자는 라이프스타일의 종류가 비슷한 사람들을 분류하고, 기업의 제품과 라이프스타일 집단 사이에 어떤 관계가 있는지 분석해야 한다. 이때 사용하는 방법이 AIO 분석이다. 이는 라이프스타일을 분석하는 도구로서 A(Activity), I(Interest), O(Opinion) 3요소를 파악하는 것이다.

(3) 소비자의 정보처리과정

소비자의 정보처리 과정은 통상적으로 6단계로 구성되어 있다. 노출은 소비자가 감각기관으로 마케팅을 받아드리는 것이고, 주의는 마케팅의 자극을 주목하는 것이다. 지각은 마케팅 내용과 의미를 이해 하는 것이며, 반응과 태도는 소비자의 마케팅에 대한 생각과 느낌을 의미한다. 기억은 구매 전 마케팅을 통해 형성된 것으로 머리 속에 저장하는 과정이다. 이러한 과정을 통해 실제 구매로 이어지는 것이다.

SECTION 4 관여도

관여도란 특정 제품이나 서비스에 대한 개인의 관련성 또는 중요성의 지각정도를 말한다. 제품 및 서비스 대상은 크게 고관여도 대상과 저관여도 대상으로 분류한다. 고가의 제품이나 상대적으로 의사결정 과정이 긴 대상은 고관여도 대상으로, 저가의 제품이나 상대적으로 의사결정 과정이 짧은 대상은 저관여도 대상으로 분류한다.

(1) 관여도를 증가시키는 요인

① 개인 목표와의 연계

소비자들이 가지고 있는 목표를 달성하기 위해 제품 및 서비스를 이용할 수 있다. 또한 제품 및 서비스가 소비자들의 내면의 자아실현을 충족시킬 수 있는 수단이 된다. 이와 같이 개인의 목표와의 연계성이 높을 때는 관여도가 증가할 수 있다.

② 감성적 또는 정서적 반응

소비자들은 제품 및 서비스에서 단순한 편익만을 추구하지 않고, 제품 및 서비스에 감성적인 반응을 보이는 경우가 있다. 특정 제품에 대한 정서적인 유대관계를 가지는 집단이 있다면 이는 편익과 상관없이 제품을 구매하게 된다. 이와 같이 특정 제품이나 서비스와 소비자의 정서적 반응이 연계가 높을수록 관여도가 증가할 수 있다.

(2) 관여도의 구분

① 지속적 관여 : 특정 제품 및 서비스에 대해 지속적으로 관심을 갖는 경우

② 상황적 관여 : 특정 상황에서만 특정 제품 및 서비스에 대해 일시적으로 관심을 갖는 경우

(3) 관여도에 따른 문제해결 유형과 구매 결정 과정

① 일상적 문제해결(routinized problem solving)

소비자가 특정 제품이나 서비스에 대해 충성도를 가지고 깊은 의사결정 과정없이 구매하는 것을 말한다. 일반적으로 저관여 대상을 구매할 때 이러한 의사결정 과정을 보인다. 해당 제품이나 서비스에 대해 한 번 만족을 하면 이것이 반복적인 구매로 이어진다는 것이다.

② 포괄적 문제해결(extensive problem solving)

소비자가 특정 제품이나 서비스를 구매하기 전에 많은 시간과 노력을 투입하는 의사결정과정을 거친 후 구매하는 것을 말한다. 주로 고관여 대상을 구매할 때 나타난다. 소비자들은 특정 제품이나 서비스에 대해 내적탐색은 물론 충분한 외적탐색을 통해 충분한 정보를 얻은 후, 다수의 대안을 확보한다. 그리고 다수의 대안을 다양한 방법으로 비교 평가하여 최종적인 의사결정에 활용한다. 구매 후에도 자신이 구매 전의 기대와 비교하는 등 인지부조화를 줄이기 위한 노력을 지속적으로 한다.

③ 제한적 문제해결(limited problem solving)

소비자가 특정 제품이나 서비스를 구매하기 전에 생각하는 인지적 처리과정을 거치기는 하지만 포괄적 문제해결처럼 복잡한 의사결정과정을 거치지 않는다. 일상적 문제해결과 포괄적 문제해결의 중간수준으로 볼 수 있다. 적극적인 외적탐색을 하지 않으며 상대적으로 적은 대안을 통해 의사결정한다.

(4) 제품과 관여에 따른 행동 유형

구분	고관여 수준	저관여 수준
제품 간 차이가 큰 경우	복잡한 구매행동	다양성 추구 구매행동
제품 간 차이가 별로 없는 경우	부조화 감소 구매행동	습관적 구매행동

(1) 충성도의 의의와 효과

충성도는 상황이 변화함에도 불구하고 특정 제품이나 서비스를 구매고자 하는 정도를 의미하며, 로열티라고도 한다. 로열티가 높은 고객이 많을수록 기업이 이익이 증대된다.

(2) 충성도 유형

반복구매의 정도인 행동적 충성도와 심리적 애착정도를 가지는 태도적 충성도에 따라 다음과 같이 충성도의 유형을 분류할 수 있다.

SECTION 6   고객생애가치

고객생애가치(customer lifetime value)는 한 고객이 특정한 제품이나 서비스를 구매하면서 기업과 거래관계를 유지하는 동안 발생하는 누적이익의 합을 말한다.

(1) 고객생애가치 추정

예를 들어 A 고객이 B 기업의 치약 개당 1,000원을 매월 1개씩 구매하며, 5년동안 구매를 한다면 고객생애가치는 다음과 같이 구할 수 있다.

고객생애가치 = 1,000원 × 월 1개 × 60개월(5년) = 60,000원

〈고객생애가치 공식〉

고객생애가치 = 1회 거래 시 기업 수익 × 거래빈도 × 거래하는 기간

※ 단, 거래빈도와 거래하는 기간의 기준(연, 월, 일)은 같아야 한다.

(2) 고객생애가치 향상방법

① 고객획득 : 신규고객을 확보하는 방법

② 고객유지 : 기존고객을 유지하는 방법

③ 판매전략 : 기존고객에게 구매상품과 관련 상품을 추가적으로 판매하는 전략(크로스 셀링) 또는 기존 고객에게만 더 높은 가치의 상품을 구매할 수 있도록 하는 판매전략(업 셀링)

SECTION 7 | 조직 구매자(산업재) – B2B

산업재는 소비재와 다르게 기업 간에 주고 받는 상품 또는 제품을 말한다. 따라서 소비재 시장과 구분해야 한다.

(1) 산업재의 특징

① 소수 구매자, 대량 구매

소비자의 수보다 기업의 수가 더 적기 때문에 산업재의 구매자의 수는 적다. 대신에 하나의 구매자가 구매하는 규모가 크기 때문에 시장의 규모가 큰 편이다.

② 비탄력적 수요

산업재의 수요는 소비재에 비해 가격의 영향을 크게 받지 않는다. 왜냐하면 기업은 제품을 생산하는데 상당한 시간이 소요되기 때문에 가격변화에 민감하게 반응하여 생산 및 소비를 할 수 없으며, 구매 또한 필요 시마다 하지 않고 미리 대규모로 구매하는 경우가 많기 때문이다.

③ 파생 수요

일반적으로 산업재는 중간재인 경우가 많으므로, 중간재의 수요가 많아진다는 것은 최종재의 수요가 많다는 의미이다.

④ 변동성이 큰 수요

소비재의 수요의 변화는 산업재 수요의 큰 증가를 유발하는 경우가 많다. 소비재에 비해 산업재의 구매자들이 대량의 수요를 가지고 있기 때문이다.

⑤ 지리적 집중

유사한 산업은 유사한 지역에 집중되어 있는 경우가 많다. 조선소는 거제, 출판단지는 파주, 제철소는 포항, IT는 판교 등의 지역에 집중되어 있는 것이 예다.

(2) 산업재의 구매 의사결정 형태

① 산업재 구매자는 구매시 구매하는 규모가 크고 금액도 크기 때문에 소비재에 비해 상대적으로 더 복잡한 의사결정을 한다.

② 산업재 구매절차는 소비재에 비해 표준화되어 있는 경우가 많다. 최종소비재는 소비자들의 다양한 욕구를 충족시키기 위해 만들어지고, 최종소비자는 다양한 방법을 통해 자신들의 욕구에 맞는 최종소비재를 구매한다. 산업재 구매자도 최종적으로는 다양한 제품을 만들어야 하지만, 산업재의 종류에 따라서 제품의 종류가 달라지는 것이 아니라 제품공정에 따라 달라지므로, 특정 산업 내에서의 산업재의 종류는 그리 많지 않다. 따라서 산업재 구매자는 표준화된 구매절차에 의해 구매를 하는 경우가 많다.

③ 산업재를 구매하고 판매하는 기업끼리는 굉장히 밀접한 관계를 지닌다. 한번만 거래하고 끝나는 것이 아니라 지속적으로 거래하기 때문이다.

(3) 산업재의 구매 과정

산업재 구매는 로빈슨(Robinson)이 제시한 다음의 8가지 구매단계를 거친다.

C/h/e/c/k **산업재 구매 프로세스**

문제인식 ▶ 필요에 의한 기술서 작성 ▶ 제품 명세서 작성 ▶ 공급자 탐색 ▼ 공급계획서 요청 ◀ 공급자 선택 ◀ 계약 체결 (주문명세서) ◀ 공급자 평가

01 마케팅전략에 관한 설명으로 옳지 않은 것은?

① STP 전략이란 시장세분화, 목표시장선정, 제품포지셔닝을 의미한다.

② 시장세분화는 하나의 시장을 다양한 특성에 따라 구분하는 것이다.

③ 마케팅믹스전략은 제품, 가격, 유통경로, 촉진의 4P 전략으로 구성된다.

④ 유통경로는 직접유통경로와 간접유통경로로 구분하는 것이 가능하다.

⑤ 촉진수단에는 상표결정과 포장결정 등이 있다.

정답 | ⑤

해설 | 촉진수단에는 광고, 인적판매, PR 등이 있으며, 상표결정과 포장결정은 브랜드와 관련된 개념으로 볼 수 있다.

02 다음 광고를 보고 (A)에 들어갈 적절한 것은?

> 현재의 행복과 주거의 실용성을 중시하는 30대 안팎의 (A)을 위한 고급스러운 오피스텔이 부산 서면에 선보인다. 단지는 20~30대 1~2인 가구가 선호하는 전용면적 22~41㎡의 소형으로 모두 734실이다. 지하 6층~지상 29층으로 교통·편의시설이 우수하고 차별화된 설계와 특화서비스가 돋보인다. 단지 앞에 XX천 복원사업이 펼쳐질 예정이어서 주거가치도 높은 편이다.
> 데시앙 스튜디오는 자기 주도로 후회 없는 생활을 하는 (A)을 위한 오피스텔이다. 이들은 '인생은 한 번뿐이다'를 뜻하는 영어표현의 앞글자를 딴 용어를 사용하여 현재의 자신의 행복을 가장 중시하여 소비하고 투자하는 20~30대 성인남녀를 일컫는다.

① 욜로족   ② 소확행족

③ 올레족   ④ 원스족

⑤ 솔로족

정답 | ①

해설 | 욜로족에 대한 설명이다. "인생은 한번 뿐이다"의 영어표현은 'You Only Live Once'이며 이를 앞글자만 딴 것이 YOLO(욜로)다.

03 다음 중 마케팅 관리 과정을 올바르게 나열한 것은?

① 고객 욕구 파악 → 마케팅 전략 설계(STP) → 마케팅 프로그램 수립 → 고객관계 구축 → 기업가치 보상

② 고객 욕구 파악 → 마케팅 프로그램 수립 → 마케팅 전략 설계(STP) → 고객관계 구축 → 기업가치 보상

③ 고객 욕구 파악 → 고객관계 구축 → 마케팅 프로그램 수립 → 마케팅 전략 설계(STP) → 기업가치 보상

④ 고객관계 구축 → 고객 욕구 파악 → 마케팅 프로그램 수립 → 마케팅 전략 설계(STP) → 기업가치 보상

⑤ 고객관계 구축 → 고객 욕구 파악 → 마케팅 프로그램 수립 → 기업가치 보상 → 마케팅 전략 설계(STP)

정답 | ①
해설 | 마케팅 관리 과정은 (1) 고객 욕구 파악 → (2) 마케팅 전략 설계(STP) → (3) 마케팅 프로그램 수립 → (4) 고객관계 구축 → (5) 기업가치 보상 순으로 진행된다.

04 다음 중 소비자 관여도에 관한 설명으로 적절하지 않은 것은?

① 다양성을 추구하는 행태를 보인다면 저관여 구매행태이다.
② 복잡한 구매행태를 보인다면 고관여 구매행태이다.
③ 관여도가 높은 제품이나 서비스일수록 사회적 가시성이 높다.
④ 상황적 관여는 지속적인 관심을 갖는 경우이다.
⑤ 충동구매는 저관여 구매행태이다.

정답 | ④
해설 | 상황적 관여는 특정 상황에서 특정 제품이나 서비스에 대해 일시적으로 관심을 갖는 경우이다. 지속적인 관심을 갖는 것은 지속적 관여라고 한다.

05 다음과 같은 문제해결 과정을 거치는 제품 및 서비스로 가장 적절하지 않은 것은?

① 법률 서비스   ② 치약

③ 고가의 외제차   ④ 주택

⑤ 예식장

정답 | ②

해설 | 해당 그림은 포괄적 문제해결을 나타낸 것이다. 포괄적 문제해결은 많은 시간과 비용을 들여서 의사결정을 하는 경우인데, 대체로 가격이 높거나 개인의 목표를 달성하기 위한 제품 및 서비스를 구매할 때 하는 의사결정 과정이다. 치약은 저관여도 제품으로 일상적 문제해결 과정을 거친다.

06 관계마케팅의 등장 이유로 옳지 않은 것은?

① SNS 등 정보통신기술의 발전과 다양화

② 고객욕구의 다양화

③ 시장규제 강화에 따른 경쟁자의 감소

④ 표적고객들에게 차별화된 메시지 전달 필요

⑤ 판매자에서 소비자 중심시장으로 전환

정답 | ③

해설 | 최근의 소셜미디어의 등장으로 소비자 중심의 관계마케팅이 커지고 있다. 관계마케팅은 시장규제 강화에 따른 경쟁자의 감소와 관련이 없다.

07 다음의 설명에서 (A)와 (B)에 각각 들어갈 말은? [고득점 문제]

> 부유한 사람들은 타인과의 차별성을 추구하는 경향이 있다. 따라서 자신들이 즐겨 사용하던 상품이라도 많은 이들에게 대중화되면 일반 사람들은 잘 모르는 상품으로 소비 대상을 바꾸고 싶어 한다. 이러한 효과를 (A)라고 하는데 이는 (B)와 반대되는 개념이다. (A)는 마치 까마귀 떼 속에서 혼자 떨어져 고고하게 있는 백로의 모습과 같다고 해서 '백로 효과' 라고도 한다.

	(A)	(B)
①	파노플리 효과	베블렌 효과
②	스놉효과	밴드웨건 효과
③	넛지효과	플라시보 효과
④	베블렌 효과	스놉효과
⑤	플라시보 효과	파노플리 효과

정답 | ②

해설 | (A)는 스놉효과를 설명한 것이다. '스놉(Snob)'은 잘난 체하는 속물을 의미한다. 이와 반대되는 개념은 (B) 밴드웨건 효과로 대중의 소비를 따라하는 행태를 뜻한다.
(참고) 추가적으로 다음과 같은 효과를 살펴보자.
- 베블렌효과 : 고가일수록 수요가 증가
- 파노플리효과 : 특정제품을 소비하면 그 제품을 소비하는 집단과 동일시하는 착각
- 넛지효과 : 넛지(nudge)는 '옆구리를 슬쩍 찌른다.'는 뜻으로 강요에 의하지 않고 유연하게 개입함으로써 선택을 유도하는 방법

SECTION 1 | 시장세분화(Segmentation)

시장세분화는 비슷한 욕구, 태도, 구매패턴을 가지는 소비자들을 분류하여 묶어서 시장을 나누는 과정을 의미한다. 따라서 세분화된 시장 내에서는 소비자들의 선호가 동질적이어야 하며, 세분화된 시장 간에는 소비자의 선호가 이질적이어야 한다.

(1) 효과적인 시장세분화 조건

① 측정가능성

세분화할 시장의 크기, 구매력 등을 측정할 수 있어야 한다.

② 규모적정성

세분화할 시장의 규모가 너무 작아서는 안되고, 기업이 마케팅 활동을 할 수 있는 충분한 시장규모가 되어야 한다.

③ 접근가능성

세분화된 시장의 고객들에게 쉽게 접근할 수 있어야 한다. 즉, 고객들이 어떤 채널을 통해 제품이나 서비스에 대한 정보를 얻고 이용할 수 있는지 알아야 한다.

④ 차별성

세분화된 시장 간의 소비자들은 서로 최대한 달라야 한다.

(2) 변수

① 고객 행동변수 : 추구편익, 사용상황, 사용량, 상표애호도, 고객생애가치 등

② 고객 특성변수

㉠ 인구통계적 변수 : 연령, 성별, 가족상황, 교육수준, 생활 수준 등

㉡ 심리분석적 변수 : 라이프스타일, 성격 등

타기팅은 시장을 세분화한 후 세분시장의 전반적인 매력도와 기업의 목적과 맞는지 살펴보면서, 세분화된 시장을 평가하는 것을 말한다.

(1) 타깃 시장을 선정하는 전략

① 비차별적 마케팅(undifferentiated marketing)

대량 마케팅(mass marketing)이라고도 불리며, 세분시장의 차이를 무시하고 하나의 제품 및 서비스로 모든 시장을 공략하는 전략이다. 세분시장들의 공통점을 파악하여 공통된 특성을 공략한다. 비차별적 마케팅은 대량생산을 통해 규모의 경제를 확보하여 원가를 절감할 수 있으나, 세분시장들 간의 공통점이 없는 경우에는 적절하지 않을 수 있다.

② 차별적 마케팅(differentiated marketing)

세분화된 시장들 중에서 기업의 목표와 맞고 매력적인 세분시장을 표적시장으로 삼고, 각각의 세분시장에 각 세분시장에 맞는 제품 또는 서비스를 제공하는 전략이다. 세분시장별로 각기 다른 마케팅 전략을 수행하기 때문에 비용이 많이 들지만, 이러한 전략이 더 큰 매출상승으로 이어질 경우 기업의 전체적인 수익률이 상승할 수 있다.

③ 집중적 마케팅(concentrated marketing)

틈새 마케팅(niche marketing)이라고도 불리며, 자원이 제한된 상태에서 특정 세분시장에만 집중하여 높은 점유율을 확보하려는 전략이다. 하나의 세분화된 시장에만 집중하기 때문에 비용을 절감할 수 있어 소규모 기업에 효과적인 전략이다. 다만, 표적화된 시장이 특정 상황에 따라 변동될 경우, 포트폴리오 효과를 얻지 못해 큰 타격을 받을 위험이 존재한다.

C/h/e/c/k 집중적 마케팅

마케팅 전략 → 세분시장 1 / 세분시장 2 / 세분시장 3

(2) 타깃 시장 시 고려 요인

① 회사의 자원

회사의 자원이 제한적일 경우 집중적 마케팅이 적절하다.

② 제품의 가변성

표준화된 제품 또는 서비스는 비차별적 마케팅이 적절하고, 차별화된 제품은 차별적 마케팅 또는 집중적 마케팅이 적절하다.

③ 기업 목표

기업목표에 맞는 세분시장을 선택한다.

④ 수명주기

제품 및 서비스가 도입기일 경우는 비차별적 마케팅 또는 집중적 마케팅이 적절하고, 성숙기에 도달한 경우는 차별적 마케팅이 적절하다.

⑤ 그 외

시장규모, 시장성장률, 산업구조의 매력도 등을 고려하여 적절하게 타기팅 전략을 수행한다.

SECTION 3 포지셔닝(Positioning)

포지셔닝은 타기팅한 세분화된 시장에 속해 있는 소비자들에게 기업의 제품 및 서비스에 대해 관여도를 높여, 경쟁기업에 비해 차별적인 가치를 갖도록 하는 과정을 말한다.

(1) 포지셔닝의 절차

① 소비자분석 : 기존제품에서 어떤 불만을 가지고 있는지 원인을 분석

② 경쟁기업 확인 : 세분화된 시장에 진입하고자 하는 경쟁기업의 제품 및 서비스와 그 경쟁기업을 파악하는 과정

③ 경쟁제품의 포지션 분석 : 경쟁기업의 제품 및 서비스가 소비자들에게 어떻게 포지셔닝을 하고 있는지 파악

④ 자사 제품 및 서비스의 포지셔닝 개발 : 적합한 자사 제품 및 서비스의 포지션을 결정

Check 포지셔닝 절차

소비자분석 ▶ 경쟁사 확인 ▶ 경쟁사 포지션 분석 ▶ 자사 포지셔닝 개발

(2) 포지셔닝 전략

① 속성에 의한 포지셔닝

제품 및 서비스가 가지고 있는 고유의 속성 즉, 규모 또는 연한 등을 소비자에게 인식시키는 것이다.

예 100년 전통의 맛집, 세계 최대 규모의 놀이동산

② 혜택에 의한 포지셔닝

다른 제품 및 서비스에 비해 차별화된 혜택을 강조하는 방식이다.

예 비듬이 많은 사람들에게 적합한 샴푸, 기억력이 좋아지는 영양제

③ 가격에 의한 포지셔닝

저렴한 가격을 강조하는 방식이다.

예 저렴한 가격으로 많은 제품을 판매하는 다이소, Everyday low price 월마트

④ 사용상황에 의한 포지셔닝

제품 및 서비스가 사용될 수 있는 적절한 상황과 용도를 소비자에게 인식시키는 방법이다.

예 합격만 하면 취업이 보장되는 CPA 강의 오픈

⑤ 사용자에 의한 포지셔닝

소비자의 특성에 맞는 제품을 소개하여 "A사람은 B제품을 사용해야 한다" 등의 인식을 심어주는 방식이다.

예 성공하는 사람들은 BMW를 탄다. 웹디자이너들이 사용하는 맥북

(3) 포지셔닝 분석 방법

① 다차원척도법 : 제품의 특성에 대해 소비자들이 인지하고 있는 상태를 그래프로 나타낸 것이다. 이 그래프 공간 내 각 차원 설정은 소비자가 구매할 때 가장 중요하게 생각하는 기준이다. 이를 축으로 고객의 포지션을 시각으로 파악하는 방법이다.

② 컨조인트 분석 : 어떤 제품과 서비스에 대해 여러 대안이 있는 경우 그 대안에 대해서 소비자들의 선호도를 측정하여 소비자가 각 속성에 대해 부여하는 중요도(상대적 척도)와 각 속성의 효용을 측정하여 신제품 개발 시 활용하는 방법이다.

01 다음 중 마케팅 전략의 순서로 알맞은 것은?

① 표적시장 선정 → 시장세분화 → 포지셔닝

② 표적시장 선정 → 포지셔닝 → 시장세분화

③ 시장세분화 → 표적시장 선정 → 포지셔닝

④ 시장세분화 → 포지셔닝 → 표적시장 선정

⑤ 포지셔닝 → 표적시장 선정 → 시장세분화

정답 | ③

해설 | 마케팅 전략을 수립하는 순서는 STP로 시장세분화(segmentation), 표적시장 선정(targeting), 포지셔닝(positioning) 순이다.

02 차별적 마케팅의 일환으로 서로 다른 특성을 지닌 소비자집단을 다양한 기준으로 세분화할 필요가 있다. 그 한 가지 기준인 행동적 변수에 해당하지 않는 것은?

① 구매 또는 사용상황　　　　　　　　② 소비자가 추구하는 편익

③ 소비자의 라이프스타일　　　　　　　④ 상표충성도

⑤ 제품사용경험

정답 | ③

해설 | 소비자의 라이프스타일은 고객의 특성적 변수로 그 중 심리적 변수에 해당한다.

03 타기팅한 세분화된 시장에 속해 있는 소비자들에게 기업의 제품 및 서비스에 대해 관여도를 높여, 경쟁기업에 비해 차별적인 가치를 갖도록 하는 과정은 다음 중 무엇인가?

① 로열티　　　　　　　　　　　　　② 타기팅

③ 포지셔닝　　　　　　　　　　　　　④ 세분화

⑤ 집중화 마케팅

정답 | ③

해설 | 포지셔닝에 대한 설명이다. 집중화 마케팅은 타기팅과 관련된 내용이므로 포지셔닝과는 거리가 멀다.

04 시장을 세분화하는 데 사용하는 기준으로서 인구 통계적 변수가 아닌 것은?

① 가족규모 및 형태　　　　　　② 소득

③ 라이프스타일　　　　　　　　④ 교육수준

⑤ 종교

정답 | ③

해설 | 라이프스타일은 고객의 특성적 변수로 그 중 심리적 변수에 해당한다.

05 다음이 의미하는 표적시장 선정 전략은 무엇인가?

> 대량 마케팅(mass marketing)이라고도 불리며, 세분시장의 차이를 무시하고 하나의 제품 및 서비스로
> 모든 시장을 공략하는 전략으로 세분시장들의 공통점을 파악하여 공통된 특성을 공략한다. 이는 대량
> 생산을 통해 규모의 경제를 확보하여 원가를 절감할 수 있으나, 세분시장들 간의 공통점이 없는 경우
> 에는 적절하지 않을 수 있다.

① 차별적 마케팅　　　　　　　② 비차별적 마케팅

③ 집중적 마케팅　　　　　　　④ 지역 마케팅

⑤ 개인 마케팅

정답 | ②

해설 | 비차별적 마케팅은 세분시장의 차이를 무시하고 하나의 제품 또는 서비스로 전체시장을 공략하는 것을 말한다.
　　　(참고) 지역 마케팅과 개인 마케팅은 미시적 마케팅(micro marketing)의 일종으로 특정 지역이나 특정 개인의 기
　　　호를 만족시키기 위해 마케팅 프로그램을 맞추는 것을 말한다.

06 STP 전략에 관한 설명으로 옳지 않은 것은?

① 인구통계적 세분화는 나이, 성별, 가족규모, 소득, 직업, 교육수준 등을 바탕으로 시장을
　나누는 것이다.

② 행동적 세분화는 추구하는 편익, 사용량 등을 바탕으로 시장을 나누는 것이다.

③ 사회심리적 세분화는 제품사용경험, 제품에 대한 태도, 충성도, 종교 등을 바탕으로 시장을
　나누는 것이다.

④ 시장표적화는 세분화된 시장의 좋은 점을 분석한 후 진입할 세분시장을 선택하는 것이다.

⑤ 시장포지셔닝은 시장 내에서 우월한 위치를 차지하도록 고객을 위한 제품·서비스 및 마케
　팅 믹스를 개발하는 것이다.

정답 | ③

해설 | 사회심리적 세분화는 라이프스타일, 성격 등을 바탕으로 시장을 나누는 것이다.

07 세분시장의 요건으로 적절한 항목은 모두 몇 개인가?

> a. 측정가능성
> b. 규모의 실체성(충분한 시장규모)
> c. 접근가능성
> d. 세분시장 내 동질성과 세분시장 간 이질성(차별적 반응)

① 0개   ② 1개

③ 2개   ④ 3개

⑤ 4개

정답 | ④

해설 | 4개 모두 효과적인 시장세분화가 되기 위한 요건에 해당한다.

08 다음의 사례에서 사용되지 않은 시장 세분화 방법은? 고득점 문제

> A수프(soup) 회사는 남아메리카의 경제성과 편의성을 중시하는 중류층 젊은 인구가 성장하고 있고 전국적으로 도시마다 라틴계 커뮤니티가 증가하고 있다는 사실을 파악했다. 그래서 A수프 회사는 남미시장에서는 크레올수프를, 라틴계 시장에서는 레드 빈 수프를 소개했으며, 외향적이며 자극적인 음식을 즐기는 캘리포니아 주와 텍사스 주에서는 미국내 다른 지역보다 나초치즈 수프를 더 맵게 만들었다.

① 지역적 세분화   ② 인구통계학적 세분화

③ 심리적 세분화   ④ 편의 세분화

⑤ 사용량 세분화

정답 | ⑤

해설 | ① 지역적 세분화 : 캘리포니아주와 택사스 주에는 미국 내 다른 지약보다 수프를 맵게 만들었다.
② 인구통계학적 세분화 : 중류층 젊은 인구가 성장하고 있는 점을 파악했으며, 남미시장과 라틴계 시장을 분류하였다.
③ 심리적 세분화 : 남미 시장과 라틴 계시장의 라이프스타일에 맞는 수프를 만들었다.
④ 편의 세분화 : 편의성을 중시하는 중류층 젊은 인구를 파악했다.

09 제품과 관여에 따라 소비자의 행동은 달라진다. 제품 간 차이가 크게 존재하고, 이에 대한 관여 수준이 높을 때 고객의 행동은?

① 복잡한 구매행동   ② 부조화 감소 구매행동

③ 다양성 추구 구매행동   ④ 행복 추구 구매행동

⑤ 습관적 구매행동

정답 │ ①

해설 │

구분	고관여 수준	저관여 수준
제품 간 차이가 큰 경우	복잡한 구매행동	다양성 추구 구매행동
제품 간 차이가 별로 없는 경우	부조화 감소 구매행동	습관적 구매행동

SECTION 1 제품(Product)

---

(1) 제품의 유형

① 제품의 편익에 따른 종류

　㉠ 기능적 편익 : 직접적으로 제공해주는 만족감

　㉡ 심리적 편익 : 구입, 소유, 사용함으로써 얻는 심리적 만족감

　㉢ 사회적 편익 : 제품을 통하여 타인에게 자신을 알리면서 얻는 만족감

② 제품의 수준에 따른 분류

　㉠ 핵심 혜택(core benefit) : 제품 및 서비스의 근본적인 혜택으로 추상적인 개념

　㉡ 실제 제품(actual product) : 핵심혜택을 유형화 시킨 것

　㉢ 확장 제품(augmented product) : 핵심혜택과 실제제품을 지원하는 추가적인 혜택을 제품화 또는 서비스화 시킨 것

③ 품질평가의 시기에 따른 분류

　㉠ 탐색재 : 제품의 품질을 구매 이전에 평가할 수 있는 제품

　　예 컴퓨터, 스마트폰 등

　㉡ 경험재 : 소비자가 직접 경험하기 전에는 제품의 품질을 평가하기 어려운 제품

　　예 음식 등

　㉢ 신뢰재 : 제품을 사용해도 제품 품질을 정확하기 평가하기 어려운 제품

　　예 법률 또는 회계 서비스 등

④ 소비재의 분류

　㉠ 편의품 : 통상적이며 적은 노력으로 구매하는 제품

　　예 과자, 신문, 샴푸 등

　㉡ 선매품 : 비교적 가끔 구매하는 제품

　　예 가구, 호텔, 중고차 등

　㉢ 전문품 : 독특한 특성 혹은 브랜드 정체성이 있는 제품

　　예 의료 서비스, 법률 서비스, 고가의 제품 등

　㉣ 미탐색품 : 소비자가 인지하지 못하는 제품

　　예 생명보험, 연기감지기 등

⑤ 산업재의 분류

　㉠ 원자재 : 제품생산에 투입되는 재화로 원재료, 가공재, 부품 등

　㉡ 자본재 : 제품 생산에 도움을 주는 산업용품으로 기계장치 등

　㉢ 소모품 : 기업의 생산활동에서 일회성으로 사용되는 재화

(2) 서비스 특징

서비스는 유형의 제품과 달리 사람의 노력이나 제공되는 무형의 행위 등을 의미하는 것으로 통신, 여행, 교육, 수리 등과 같은 무형의 활동을 말한다.

① 무형성
물리적 형태가 없어서 소비자가 구매하기 전에는 감각을 통해서 파악할 수 없다. 따라서 서비스는 경험적 속성이 매우 강하다.

② 동시성 또는 비분리성
생산과 소비가 동시에 발생하는 성질이다. 즉, 생산이 발생할 때 소비자가 같이 있어야 서비스가 제공될 수 있다.

③ 변동성 또는 이질성
제공자의 심리상태, 제공하는 시간과 장소, 제공하는 방법에 따라서 품질이 달라진다. 일반적으로 서비스를 제공하는 주체가 사람이기 때문에 일관되고 표준화된 서비스를 제공하는 것이 어렵다.

④ 소멸성
서비스가 제공되는 시점에 소비자가 이를 소비하지 않으면 서비스는 사라진다. 또한 서비스는 보관이 불가능하여 나중에 판매하거나 사용할 수 없다. 이는 동시성과 관련이 있는 특성이다.

(3) 제품라인과 제품믹스

① 제품라인
서로 밀접하게 관련된 제품들의 집합을 의미한다. 비슷한 기능을 가지고 있거나, 동일한 세분시장에 판매되거나, 동일한 유통경로로 판매되는 제품들을 말한다. 제품라인의 길이는 제품라인에 포함된 품목 수이다. 제품라인의 확대는 고급시장에서 판매하던 제품에서 낮은 품질 및 가격의 품목을 추가하는 하향확대(downward stretch)와 높은 고급시장에 진입하여 고가의 제품을 추가하는 상향확대(upward stretch)가 있다.

② 제품믹스
한 기업이 생산하며 판매하는 모든 제품라인과 품목을 합한 것을 말한다. 제품라인이 추가되면 제품믹스의 폭은 넓어지고, 제품라인 내에서 품목이 추가되면 제품믹스의 길이는 길어진다. 또한 제품라인 중 하나의 품목에서 추가적으로 더 많은 변종제품을 생산하게 되면 제품믹스의 깊이가 깊어진다.

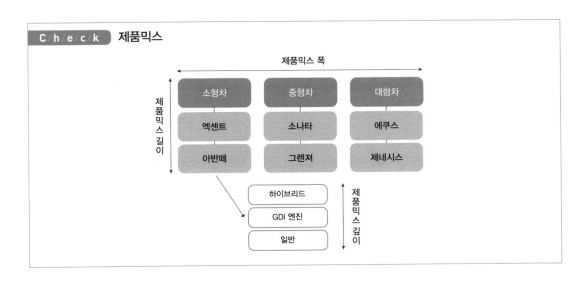

C/h/e/c/k 제품믹스

(4) 소비자의 신제품 수용과정

① 혁신자 : 모험적으로 위험을 감수하고 수용

② 조기수용자 : 여론을 주도하고 새로운 제품을 조기에 수용하지만 신중하게 선택

③ 조기다수자 : 리더는 아니지만 보통 사람에 비해 빠르고 신중하게 새로운 제품을 수용

④ 후기다수자 : 의심이 많고 대다수의 소비자가 사용한 이후에 새로운 제품 수용

⑤ 지각수용자 : 전통에 얽매여 있어, 혁신이 전통이 된 후에야 수용

(5) 제품수명주기

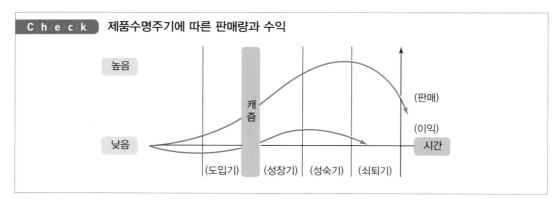

기업의 상황 즉 도입기, 성장기, 성숙기, 쇠퇴기에 따라 각기 다른 가격전략과 마케팅 전략 등을 수행해야 한다.

① 도입기

　신제품이 시장에 처음 진출하였거나, 시장이 형성된지 얼마 되지 않은 단계이다. 이 시기에는 대체로 제품에 대한 인지도가 낮아 수요가 낮다. 따라서 높은 홍보 비용과 유통비용이 발생하여 순이익이 나지 않는다.

② 성장기

　시장에서 제품의 판매가 증가하면서 순이익이 발생하는 단계이다. 매력적인 시장기회로 자리잡으면서 경쟁기업이 등장하기 시작한다. 도입기에 구매한 혁신자들이 조기수용자나 조기다수자에게 영향을 미치는 단계이다.

③ 성숙기

　매출이 둔화되는 단계이다. 경쟁이 심해져 마케팅 비용이 증가하면서 순이익이 감소한다. 성숙기의 마케팅 전략으로는 타깃시장을 수정하는 시장수정, 제품을 개선하는 제품수정, 마케팅 방법을 수정하는 마케팅믹스 수정 전략 등이 있다.

④ 쇠퇴기

　제품의 판매가 감소하는 단계이다. 공급이 과잉되어 가격이 인하되면서 순손실이 발생하면서 일부 기업들은 시장에서 철수한다.

　제품수명주기에 따른 전략을 정리하면 다음과 같다.

구분	도입기	성장기	성숙기	쇠퇴기
가격정책	고가전략 또는 저가전략	시장침투전략	경쟁사 대응가격	저가 전략
광고	인지도 구축	차별성 중점	상품편익 강조	최소한의 광고
제품	기본 형태	제품 확대	브랜드 다양화	경쟁력 없는 제품 철수
판매촉진	사용 강조	판촉 감소	자사브랜드 전환 위한 판촉 증대	최소한의 판촉
마케팅 경로	선택적 유통	집약적 유통	집약적 유통	선택적 유통

(6) 제품 유형

① NB(National brand)

제조업체가 상표명을 가지고 있으며, 제품에 대한 마케팅 전략을 직접 계획하고 수행한다.

② PB(Private brand)

제조업체가 제조를 담당하지만, 마케팅 전략을 유통업체가 통제하는 브랜드로서 가격이 저렴하다는 특징이 있다.

SECTION 2 가격(Price)

(1) 가격산정 시 고려요인

① 소비자의 심리와 행동

소비자가 받아들이는 가격은 그 가격의 객관적인 크기에 의해서만 좌우되는 것이 아니라 그 가격이 어떻게 제시되었는가에 의해서도 영향을 받는다. 소비자들은 제품 가격을 평가할 때 비교기준으로 삼는 준거가격(reference price)을 기준으로 평가한다. 어떤 제품의 시장가격이 준거가격보다 낮으면 싸다고 지각할 것이므로, 마케팅 담당자는 소비자들의 준거가격을 파악할 필요가 있다. 또한 제품의 가격이 소비자들이 최대한 지불할 의사가 있는 유보가격(reservation price)보다 높으면 구매를 유보하게 되며, 최저수용가격(lowest acceptable price)보다 낮으면 제품의 품질을 의심하여 구매를 하지 않을 수도 있다.

② 제품의 원가

제품을 생산하는데 투입된 비용을 고려하여 가격을 책정한다. 제품의 가격을 원가 이하로 책정하면 기업의 이익이 낮아지므로 제품의 원가를 제대로 측정해야 한다.

③ 기업의 목표이익

기업이 설정한 목표이익을 달성하기 위해 가격을 설정할 수도 있다. 다만, 설정한 가격에 따라서 수요와 공급이 달라질 수 있으므로 정확한 추정이 뒷받침 되어야 올바른 가격을 형성할 수 있다.

④ 산업구조요인

잠재진입자의 위협, 대체재의 위협, 구매자의 교섭력이 크다면 가격을 높은 수준에서 유지하기 어렵다. 즉, 산업의 구조요인을 파악하여 제품이 판매될 수 있는 적절한 수준의 가격을 설정해야 한다.

⑤ 기타 요인

정부의 규제와 세금, 소비자들의 경제적 여건 등이 있다.

(2) 가격산정 방식

① 원가기준법

제품의 원가에 일정 이익을 추가하여 가격을 책정하는 방법이다. 수익을 내기 위한 가장 간단한 방법이지만, 고객의 관점을 무시할 수 있으며 정확한 제품 단위당 원가를 측정하는 것이 어렵다.

② 목표수익률법

기업이 목표로 하고 있는 투자수익률 또는 목표수익률을 정해놓고 예상 판매량을 통해 가격을 설정하는 방법이다. 목표수익률법은 원가−조업도−이익(CVP)분석을 통해 산정한다.

③ 경쟁기준법

경쟁자의 가격을 기준으로 자사 제품의 가격을 설정하는 방법이다.

④ 소비자 기대가격 기준법

지각된 가치기준법이라고도 불리며, 고객의 지각한 가치를 기준으로 가격을 결정하는 방법이다. 비교기준이 될 준거제품을 선정하고 소비자들이 준거제품 대신 자사제품을 사용함으로써 얻게 될 편익을 화폐단위로 계산하여 자사제품의 가격을 설정한다.

(3) 가격전략

① 단일가격전략

모든 소비자들이 동일 제품에 동일한 가격을 책정하여 판매하는 전략이다. 편의점에서 판매하는 담배가격이 대표적인 사례다.

② 가격차별 전략

세분시장별로 가격을 달리 설정하는 방법이다. 동일한 제품이나 서비스라도 둘 이상의 서로 다른 가격으로 판매하는 전략이다. 가격민감도가 높은 집단에는 낮은가격을 가격민감도가 낮은 집단에는 높은 가격을 받는 식으로 조정할 수 있다. 다만, 소비자들이 가격차별에 대한 나쁜 감정을 갖거나, 고객들이 이를 이용하여 싼 가격에 사서 비싼 가격에 파는 거래를 하게 되면 해당 전략은 유효하지 않을 수 있다.

③ 캡티브 프로덕트 가격전략(captive product pricing)

주제품에 적용되는 가격과 주제품과 함께 사용되는 종속제품의 가격을 동시에 고려하여 설정하는 전략이다. 통신사의 기본통화료는 낮게 책정하면서 이를 초과하는 경우에는 시간에 비례하여 통화수수료를 부과하는 것이 대표적인 사례다.

④ 묶음가격전략

여러 개의 제품이나 서비스를 묶어서 개별제품으로 살 때보다 할인된 가격으로 판매하는 전략이다. 토익강의와 관련하여 Reading과 Listening을 묶어서 구매하는 것이 개별로 구매하는 것보다 저렴한 것이 대표적인 사례다.

⑤ 단수가격전략

현재의 화폐단위보다 조금 낮춘 가격으로 설정하여 소비자들이 훨씬 더 낮은 가격으로 인식하게 하는 방법이다. 1,000원의 제품을 990원에 판매하는 방식이 대표적인 사례다.

⑥ 스키밍 가격전략(market−skimming pricing)

신제품을 개발초기에 높은 가격으로 책정하여 판매량이 낮더라도 혁신소비자나 조기 수용자에게 판매하여 이익을 얻으려는 전략이다. 이 후 이들의 구매가 감소하면 가격에 민감한 소비자들을 겨냥하여 가격을 단계적으로 인하하여 이익을 지속적으로 확보한다.

⑦ 시장침투 가격전략(market-penetration pricing)

스키밍 가격전략과 반대되는 전략으로 신제품 초기에는 매우 낮은 가격을 매긴 다음, 시간이 지나면서 가격을 점차 높여나가는 전략이다. 단기적으로는 이익을 희생하는 대신 시장점유율을 높여 장기적으로 이익을 지속적으로 확보한다.

⑧ 유인가격전략

특정 상품의 가격을 낮게 책정하여 소비자들이 저렴하다고 느끼게 한 후 다른 상품들도 구매하도록 유도하는 가격전략이다. 특가상품, 미끼상품 등이 대표적인 사례.

⑨ 2부 가격전략

서비스 제공 가격을 기본 요금과 추가 요금으로 나누어 받는 전략이다. 대표적으로 택시 요금, 지하철 요금 등 사례가 있다.

SECTION 3 유통(Place)

(1) 마케팅 경로의 역할

① 유통경로가 존재하는 근본적인 이유는 생산자와 소비자 간의 시간, 장소의 불일치가 있기 때문이다.

② 유통경로의 구성원은 거래촉진, 보관, 정보교환, 금융, 관계유지와 같은 거래가 완성되도록 도움을 준다.

③ 유통경로에서 중간상이 존재하면 총 거래수가 최소화된다.

(2) 유통경로 구조에 따른 유형

① 경로 1 : 중간상이 없는 형태로 직접 마케팅 경로

② 경로 2 : 백화점과 같은 큰 규모의 소매상이 상품을 매입하여 판매하는 유형

③ 경로 3 : 도매상을 통해 소매상에게 상품을 전달하는 형태

④ 경로 4 : 제조업자가 도매상과 소매상 사이에 중간도매상을 추가하는 형태

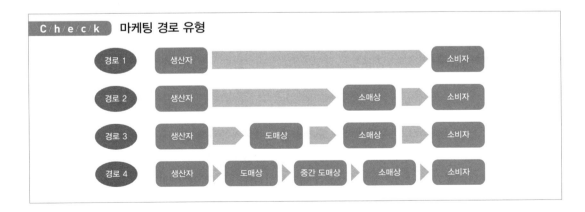

C/h/e/c/k 마케팅 경로 유형

경로 1	생산자	→	소비자
경로 2	생산자	→ 소매상	소비자
경로 3	생산자	도매상 → 소매상	소비자
경로 4	생산자	도매상 → 중간 도매상 → 소매상	소비자

(3) 유통 경로 전략

① 집약적 유통

가능한 많은 판매점에서 제품이나 서비스를 판매하는 전략이다. 일정 지역 내에서 가능한 많은 중간상들을 확보하여 제품을 공급한다. 생활필수품과 같은 소비자들이 쉽게 구매할 수 있는 품목들에 대해 이용된다.

② 선택적 유통

특정 제품을 취급하고자 하는 중간상들 중에서 일부를 선별적으로 선택하여 판매하는 전략이다. 집약적 유통에 비해 더 많은 통제력을 갖고 낮은 비용으로 중간상을 확보한다. 선매품인 가구, 의류 등에 많이 활용된다.

③ 전속적 유통

중간상의 수를 매우 제한적으로 두고 판매하는 전략이다. 하나 또는 소수의 중간상에게 자사 제품 및 서비스를 독점 취급하게 함으로써 중간상에 대한 통제가 용이하다. 전문품, 고가의 상품일 때 효과적이다.

(4) 유통경로 갈등

경로 구성원들은 각자 목표가 다를 수 있기 때문에 갈등이 발생 가능하다. 이를 적절하게 관리하고 통합하는 것이 중요하다. 유통경로 갈등은 수평적 갈등과 수직적 갈등으로 구분된다. 수평적 갈등은 동일한 단계에 있는 중간상들 간 발생하고, 수직적 갈등은 서로 다른 단계에 있는 중간상들 간 발생한다.

(5) 유통경로시스템

① 수직적 마케팅시스템(VMS)

통제 정도에 따라 관리형, 계약형, 기업형 VMS로 구성되어 있다. 관리형 VMS는 상호 독립적인 구성원들 중에 리더가 소유권이나 계약을 하지 않고 마케팅시스템을 관리하는 것을 말한다. 계약형 VMS는 상호 계약을 바탕으로 유통경로를 관리하는 것을 말한다. 대표적으로 프랜차이즈가 있다. 기업형 VMS는 한 구성원이 다른 구성원을 법적으로 소유하고 있는 마케팅 시스템이다. 이를 통해 기업은 전방통합과 후방통합을 수행할 수 있다.

② 수평적 마케팅시스템(HMS)

마케팅 전략을 다양화하기 위해서 동일한 단계에 있는 개별 기업들이 서로 협업하는 마케팅시스템을 의미한다.

SECTION 4 촉진(Promotion)

(1) 촉진수단의 유형

① 광고 : 기업 등이 소비자들에게 정보를 제공하는 유료커뮤니케이션

② PR(public relations) : 기업이나 제품 이미지를 증진하는 활동

③ 판매촉진 : 주요 제품 및 서비스 사용을 촉진하기 위한 단기적인 인센티브

④ 인적판매 : 영업사원과 소비자가 직접 대면하는 형태

⑤ 구전(viral marketing) : 사용자 간의 커뮤니케이션을 통해 정보를 제공하는 형태

(2) 광고매체의 선정기준

① 도달범위

잠재고객이 적어도 1회 이상 광고에 접촉한 비율이다. 예를 들어 고객이 1,000명 중에 500명이 광고를 봤다면 도달률은 50%이다.

② 노출빈도

소비자가 제품과 서비스에 반응을 보이기 위해 필요한 광고 횟수를 의미한다. 예를 들어 1,000명 고객 중 1회 노출은 500명, 2회 노출은 300명, 3회 노출은 200명이라면 노출범위는 이를 가중평균하여 1.7로 볼 수 있다.

(3) 촉진수단 결정 시 고려요인

① 예산

예산이 적은 경우에는 판매촉진, 저렴한 지방신문 광고 등이 효과적이다.

② 상품의 유형

기술이 복잡한 제품의 경우 많은 정보를 소비자들에게 제공해야 하므로 인적판매, 전문잡지 등을 활용해야 효과적이다.

③ 가격

고가의 전문품 등의 경우 소비자들이 제품 구매의사결정에 상당한 노력을 기울이므로 인적판매가 효과적이다.

④ 시장의 크기

시장의 크기가 커서 구매자가 많은 경우 또는 지역적으로 넓은 시장일 경우에는 TV 광고가 효과적이다.

(4) 푸쉬(Push)전략과 풀(Pull)전략

① 푸쉬전략

제조업체는 도매상에게, 도매상은 소매상에게, 소매상은 최종소비자에게 제품을 적극적으로 판매하는 형태이다. 따라서 중간상을 대상으로 하는 중간상 촉진의 비중이 커지게 된다. 해당 전략은 소비자들이 상품에 대한 충성도가 낮은 경우, 상품의 선택이 구매현장에서 결정되는 상황, 충동구매가 자주 나타나는 상품일 때 효과적이다.

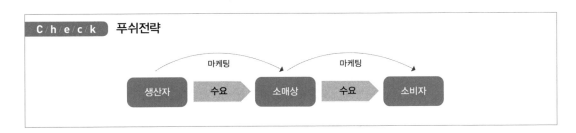

② 풀전략

제조업체가 최종소비자들을 상대로 적극적인 촉진활동을 하여 상품을 구매하도록 끌어당기는 전략이다. 이러한 최종소비자들의 수요로 인해 중간상들이 자발적으로 제조업체의 제품을 취급하게 한다. 해당 전략은 소비자들이 해당 상품에 대한 충성도가 높은 경우, 상품의 선택이 구매현장 이전 단계에서 이미 결정되는 상황, 관여도가 높은 상황일 때 효과적이다.

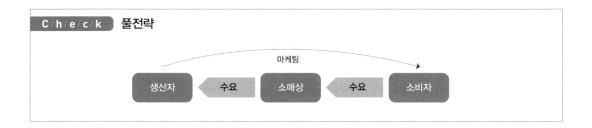

C/h/e/c/k 풀전략

마케팅

생산자 ← 수요 ← 소매상 ← 수요 ← 소비자

SECTION 5 브랜드(Brand)

(1) 브랜드 이점

① 소비자들이 기업의 제품이나 서비스를 쉽게 식별할 수 있게 한다.

② 강력한 브랜드는 더 높은 가격 설정을 가능하게 하며, 시장의 높은 진입장벽이 될 수 있다.

③ 브랜드 자체가 품질을 알려주는 기능을 하므로 소비자들이 구매의사결정에 대한 시간을 아낄 수 있다.

(2) 브랜드 구성요소

① 구성요소 : 브랜드명, 로고, 심벌, 캐릭터, 슬로건

② 평가요소 : 기억용이성, 의미전달력, 확장 또는 전환가능성, 적용가능성, 법적 보호가능성

(3) 브랜드 유형

① 무 브랜드(generic brand)

특정 상품에 부여하는 구체적인 브랜드명이 아닌 상품 자체를 나타내는 명칭을 말한다. 초코파이, 카카오톡과 같이 상품을 나타내는 명칭이 대표적인 사례다.

② 제조업자 브랜드(manufacturer brand)

제조업자가 브랜드명을 소유하고, 제조업자의 통제아래 소비자들에게 판매되는 형태이다. 국내에서는 대부분의 브랜드가 제조업자 브랜드이다.

③ 유통업자 브랜드(private brand)

중간상 브랜드라고도 하며, 도 · 소매업자가 하청 생산된 제품에 유통업체의 브랜드를 붙여서 판매하는 것으로 PB라고 불린다. 이마트 브랜드가 대표적인 사례다.

(4) 브랜드 계층구조

브랜드 계층구조란 한 기업이 제공하는 여러 제품들 간에 적용되는 브랜드 간의 서열을 말한다. 브랜드 계층구조는 다음의 순서와 같다.

① 기업브랜드 : **예** 도요타 자동차

② 공동브랜드 : **예** 렉서스

③ 개별브랜드 : **예** 도요타 캠리

④ 브랜드 수식어 : **예** 도요타 캠리 하이브리드

(5) 브랜드 확장 전략

① 라인 확장

기존의 제품 범주 내에서 새로운 세분시장을 목표로 하는 신제품에 기존 브랜드명을 함께 사용하는 것이다. 라인확장은 가격대를 달리하면서 확장하는 형태인 수직적 라인확장과 비슷한 가격대의 신제품으로 확장하는 수평적 확장으로 구분한다.

② 카테고리 확장

기존의 제품과는 다른 새로운 제품 범주의 신제품으로 확장할 때, 기존 브랜드명을 활용하는 전략이다. 의류를 제작하던 나이키에서 골프용품에도 나이키 브랜드를 활용하는 것이 대표적인 사례이다.

③ 복수브랜드

동일한 제품범주 내에서 여러 개의 브랜드를 사용하는 전략을 말한다.

④ 신규브랜드

새로운 제품범주에 새로운 브랜드를 출시하는 전략을 말한다.

01 제품수명주기에 관한 설명으로 옳은 것은?

① 도입기는 신제품이 시장에 처음 나타나는 시기로 이때 매출은 적고 상표를 강조하는 광고를 하며 경쟁자가 진입한다.

② 성장기는 시장에서 어느 정도 알려져서 매출이 급상승하는 시기이며, 이때 본원적 수요를 자극하기 위한 광고를 하며 상품을 알리는데 주력해야 한다.

③ 안정기는 매출도 많지만 안정에 접어든 시기로 이때 이익도 가장 많이 난다.

④ 성숙기는 매출이 최고조에 달하는 시기이며 이때 경쟁이 심하고 상표의 차별성을 강조하며 마케팅전략의 수정이 필요하다.

⑤ 쇠퇴기에는 새로운 신상품이 나타나지만 매출이 줄지 않고 이익이 계속 발생하므로 이를 유지하는 전략을 구사하는 것이 필요하다.

정답 | ④

해설 | ① 도입기는 신제품이 시장에 처음 나타나는 시기로 이때 매출은 적은 것은 맞다. 다만, 상표에 대한 인지도가 없으므로 상표광고는 효과적이지 못하며 경쟁자가 진입하는 단계가 아니다.

② 성장기는 시장에서 어느 정도 알려져서 매출이 급상승하는 시기는 맞다. 다만, 본원적 수요를 자극하기 위한 광고를 하며 상품을 알리는데 주력하는 단계는 도입기 단계다.

③ 안정기는 매출도 많지만 안정에 접어든 시기지만 이익이 정체되는 구간이다.

⑤ 쇠퇴기에는 새로운 신상품이 나타날 수도 있지만 매출과 이익이 가장 낮은 구간이다.

02 이 가격설정방법은 가격을 십진수 단위체계보다 통상 1~2단위 낮춘 체계로 책정하는 것으로써, 예를 들어 100만원 대신에 99만원으로 가격을 정한다. 소비자로 하여금 기업이 제품가격을 정확하게 계산하여 최대한 낮추었다는 인상을 주는 심리적 가격설정방법은?

① 초기저가가격   ② 위신가격(긍지가격)
③ 단수가격   ④ 관습가격
⑤ 준거가격

정답 | ③

해설 | 단수가격에 대한 설명이다.

03 마케팅 믹스 중 촉진 활동이 아닌 것은?

① 광고(Advertisement)

② 포지셔닝(Positioning)

③ 인적판매(Personal sale)

④ 판매촉진(Promotion)

⑤ PR(Public relations)

정답 ┃ ②

해설 ┃ 포지셔닝은 STP 전략 중 하나이다.

04 유통경로전략을 수립할 때 일반적으로 직접유통경로(또는 유통단계의 축소)를 선택하는 경우가 아닌 것은?

① 제품의 기술적 복잡성이 클수록

② 경쟁의 차별화를 시도할수록

③ 제품이 표준화되어 있을수록

④ 소비자의 지리적 분산정도가 낮을수록

⑤ 제품의 부패가능성이 높을수록

정답 ┃ ③

해설 ┃ 제품이 표준화되어 있을수록 제품에 대한 설명이 어렵지 않으므로 중간상을 두고 최대한 판매망을 넓히는 것이 효과적이다.

05 다음은 제품수명주기에 따른 이익의 형태를 나타낸 그래프이다. B 단계의 특성에 관한 설명으로 옳지 않은 것은?

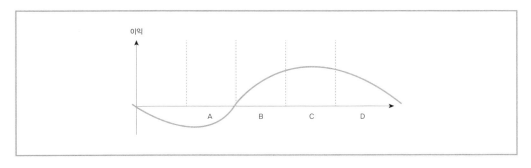

① 수요가 급증하기 시작한다.

② 새로운 경쟁자들이 증가한다.

③ 유통경로가 확대되고 시장규모가 커진다.

④ 제품인지도를 높여 새로운 구매수요를 발굴한다.

⑤ 제조원가가 급속히 감소함에 따라 이윤이 증가한다.

정답 ┃ ④

해설 ┃ B단계는 성장기에 해당한다. 제품인지도를 높여 새로운 구매수요를 발굴하는 단계는 도입기인 A단계에 해당한다.

06 소비자들로 하여금 온라인을 통해 다른 사람에게 오디오, 비디오, 문서로 된 정보 또는 기업이 개발한 제품이나 서비스를 전달하도록 고무시키는 방법은?

① 소문마케팅(buzz marketing)　　② PPL(product placement)광고

③ 팟캐스팅(podcasting)　　④ 바이럴 마케팅(viral marketing)

⑤ 홍보(publicity)

정답 ┃ ④

해설 ┃ 소비자들로 하여금 홍보하는 형태로 촉진전략으로 구전이라고도 한다. 최근에 쇼셜미디어의 활성화로 인해 이런 형태의 마케팅이 증가하고 있다.

팟캐스팅(podcasting)은 단순히 인터넷을 통한 사용자들이 원하는 미디어를 얻는 것을 의미하므로 마케팅 전략으로 보기는 어렵다. 다만, 마케팅을 하기 위한 하나의 수단으로 활용할 수 있다.

07 중간상 브랜드라고도 하며, 도소매업자가 하청 생산된 제품에 유통업체의 브랜드를 붙여서 판매하는 마케팅 전략은?

① 제조업자 브랜드(manufacturer brand)

② 유통업자 브랜드(private brand)

③ 무 브랜드(generic brand)

④ 복합브랜드(co-branding)

⑤ 개별브랜드(individual brand)

정답 ┃ ②

해설 ┃ 잉여생산능력을 가진 기업이나 마케팅 자원이 제한된 중소제조업자를 통해 하청 생산된 제품에 자신의 브랜드명을 부착하는 전략은 유통업자 브랜드이다. 이마트 브랜드가 대표적인 사례다.

08 가격관리에 관한 설명으로 가장 적절하지 않은 것은?

① 최저수용가격(lowest acceptable price)은 구매자가 품질을 의심하지 않으면서 구매할 수 있는 가장 낮은 가격을 의미한다.

② 빈번한 세일로 인해 구매자의 준거가격(reference price)이 낮아질 가능성이 있다.

③ 가격결정방법에서 원가기준법(cost-plus pricing)은 경쟁자의 가격과 원가를 고려하지 않는다는 단점을 가지고 있다.

④ 신제품 도입 초기에 가격을 낮게 책정하는 전략은 시장침투가격(market-penetration pricing)과 관련이 있다.

⑤ 순수 묶음가격(pure bundling)은 여러 가지 제품들을 묶음으로도 판매하고 개별적으로도 판매하는 가격정책이다.

정답 | ⑤
해설 | 순수 묶음가격은 개별적으로 판매하는 가격정책이 아니다.

09 촉진 믹스(promotion mix) 중 판매촉진(sales promotion) 활동에 해당하지 않은 것은?

① 적극적인 광고 및 홍보   ② 샘플 제공

③ 가격 할인   ④ 상품 전시회 개최

⑤ 할인권 제공

정답 | ①
해설 | 적극적인 광고 및 홍보는 단기적인 인센티브를 제공하는 것이 아니므로 판매촉진의 범주에 속하지 않는다.

10 제조업자가 중간상들로 하여금 제품을 최종사용자에게 전달, 촉진 및 판매하도록 권유하기 위해 자사의 판매원을 이용하는 유통경로(channel)전략은?

① 집중적 경로전략   ② 전속적 경로전략

③ 선택적 경로전략   ④ 풀(pull) 전략

⑤ 푸쉬(push) 전략

정답 | ⑤
해설 | 푸쉬 전략은 중간상을 이용하여 적극적으로 최종소비자에게 판매하는 전략이다.

11 유통과정에서 중간상의 역할로 옳지 않은 것은?

① 정보탐색비용 등 거래비용을 줄이는 역할을 한다.

② 생산자에게 적정 이윤을 보장하는 역할을 한다.

③ 생산자와 소비자 사이의 접촉횟수를 줄이는 역할을 한다.

④ 생산자와 소비자 사이의 교환과정을 촉진하는 역할을 한다.

⑤ 생산자와 소비자 사이에서 수요와 공급을 조절하는 역할을 한다.

정답 | ②

해설 | 시장상황, 수요공급에 따라 이윤이 달라지는 것이지 중간상이 이윤을 보장하지는 않는다.

12 호텔의 고객에게 호텔 식당을 이용하게 유도하는 촉진전략은 다음 중 무엇인가?

① 인적판매(personal selling) ② 내부판매(inside selling)

③ PR(public relations) ④ 샘플제공(sample service)

⑤ 진열 공제(display allowances)

정답 | ②

해설 | 내부판매에 대한 설명이다.

(참고) 진열공제란 소매업자가 점포 내에 어떤 상품을 일정기간 동안 노출해주는 대가로 제조업자가 상품대금의 일부를 공제해 주는 것을 말한다.

13 "브랜드와 관련된 이미지(연상)가 (A), (B), (C) 할수록 브랜드 자산이 커진다."에서 (A), (B), (C)에 각각 들어갈 말로 적절한 것은?

	(A)	(B)	(C)
①	호의적이고	평범하고	강력할수록
②	호의적이고	독특하고	무난할수록
③	호의적이고	독특하고	강력할수록
④	비호의적이고	평범하고	강력할수록
⑤	비호의적이고	독특하고	무난할수록

정답 | ③

해설 | 브랜드와 관련된 이미지(연상)가 호의적이고(유리하고), 독특하고, 강력할수록 브랜드 자산이 커진다.

14 아래의 사례를 가장 적절하게 설명할 수 있는 가격결정방법은?

> • 프린터를 싸게 판매한 이후에 토너는 비싼 가격에 판매함.
> • 면도기를 싸게 판매한 다음에 면도날은 비싸게 판매함.

① 순수 묶음제품 가격결정(pure bundling pricing)
② 혼합 묶음제품 가격결정(mixed bundling pricing)
③ 스키밍 가격결정(market-skimming pricing)
④ 시장침투 가격결정(market-penetration pricing)
⑤ 종속제품 가격결정(captive product pricing)

정답 | ⑤
해설 | 주제품에 적용되는 가격과 주제품과 함께 사용되어지는 종속제품에 가격을 동시에 고려하여 설정하는 전략이다. 통신사의 기본통화료는 낮게 책정하면서 이를 초과하는 경우에는 시간에 비례하여 통화수수료를 부과하는 것이 대표적인 사례다.

15 제품관리에 관한 설명으로 가장 적절하지 않은 것은?

① 제품은 핵심제품(core product/benefit), 실제제품(actual/tangible product), 확장제품 (augmented product)과 같은 세 가지 수준의 개념으로 분류될 수 있다.
② 선매품(shopping goods)은 브랜드 충성도가 강하며 브랜드 대안 간 비교가 이루어지지 않는 제품이다.
③ 제품라인(product line)은 상호 밀접하게 관련되어 있는 제품들의 집합이다.
④ 하향 확장(downward line extension)의 경우 확장된 신제품이 기존 브랜드의 이미지를 약화시킬 수 있는 위험이 있다.
⑤ 우리 회사의 브랜드와 다른 회사의 브랜드를 결합해서 사용하는 것은 공동브랜딩(co-branding)의 일종이다.

정답 | ②
해설 | 선매품은 비교적 가끔 구매하는 제품으로 브랜드 대안간 비교를 통해 의사결정을 한다. 선매품으로는 가구, 의류 등이 있다.

17 브랜드 자산의 전략적 활용 방법인 브랜드확장(brand extension)에 관한 설명으로 가장 적절하지 않은 것은?

① 라인확장(line extension)은 동일한 상품범주에 추가된 신상품에 기존 브랜드를 이용하는 것으로 기존 브랜드가 신상품의 특성을 잘 나타내지 못할 위험이 있다.

② 수직적 라인확장(vertical line extension)은 라인확장된 신상품이 기존 상품보다 가격이 낮거나 높은 경우를 가리키며, 수평적 라인확장(horizontal line extension)은 라인확장된 신상품이 기존 상품과 가격대는 비슷하지만 다른 세분시장을 표적으로 삼는 경우를 말한다.

③ 카테고리확장(category extension)은 기존 브랜드와 다른 범주에 속하는 신상품에 기존 브랜드를 사용하는 것이다.

④ 기존 브랜드가 특정 상품 범주와 밀접하게 연결되어 있는 경우 카테고리 확장이 실패할 가능성이 있다.

⑤ 두 상품 범주 간에 유사성이 높을수록 카테고리확장이 성공할 가능성이 높으며, 여기서 유사성이란 '상품과 상품 사이의 유사성'을 의미하는 것이고 '브랜드 이미지와 상품 사이의 유사성'은 포함되지 않는다.

정답 | ⑤

해설 | 카테고리확장은 브랜드와 상품사이의 유사성이 있어야 효과적일 수 있다. 카테고리확장은 새로운 제품 범주로 확장시키는 것이기 때문에 상품과 상품 사이의 유사성을 의미하지는 않는다.

18 유통경로(distribution channel)에 관한 설명으로 가장 적절하지 않은 것은? `고득점 문제`

① 유통경로가 존재하는 근본적인 이유는 생산자와 소비자 사이에 시간, 장소, 형태상의 불일치가 있기 때문이다.

② 통합적 유통경로(integrated distribution channel)는 독립적 유통경로(independent distribution channel)에 비해 통제가능성은 높은 반면 많은 투자비가 요구된다.

③ 복수경로 마케팅 시스템(multichannel marketing system)은 통합적 유통경로와 독립적 유통경로가 함께 존재하는 유통경로이다.

④ 계약형 수직적 마케팅 시스템(contractual VMS)은 상호 독립적인 경로구성원들이 계약에 의해서 서로의 활동을 통제하고 조정하는 것을 가리키며, 프랜차이즈 조직, 소매상 협동조합, 도매상이 후원하는 자발적 체인이 이에 해당된다.

⑤ 경로 커버리지와 관련하여 선택적 유통(selective distribution)은 특정 지역 내에서 단 한 개의 중간상에게만 상품을 공급하는 것이며, 집약적 유통(intensive distribution)은 특정 지역 내에서 가능한 많은 수의 중간상들에게 상품을 공급하는 것이다.

정답 | ⑤

해설 | 단 하나의 중간상에게만 상품을 공급하는 것을 전속적 유통(exclusive distribution)라 한다. 선택적 유통은 몇 개의 중간상에게 공급하는 것이고, 집약적 유통은 가능한 많은 수의 중간상들을 두는 형태이다.
(참고) 통합적 유통경로는 제조업자가 직접 수행하는 것이고, 독립적 유통경로는 독립적인 유통업자에게 맡기는 것을 말한다. 수직적 마케팅시스템은 통합적 유통경로와 독립적 유통경로를 절충한 것으로 생산자, 도매상 및 소매상이 하나의 단일 시스템으로 활동하는 것을 말한다. 수직적 마케팅시스템(VMS)에는 프랜차이즈, 소매상협동조합, 도매상이 후원하는 자발적 체인 등이 있다.

19 웨버의 법칙(Weber's law)의 공식은 다음과 같다. 고득점 문제

$$K = \frac{\Delta I}{I}$$

단, K는 웨버상수로 변화가 감지될 수 있는 증가율 또는 감소율을 의미
I는 원래 자극 수준이며 ΔI는 알아차릴 수 있는 변화의 양을 의미

또한 이와 비슷한 개념이 JND(just noticeable difference)로, 가격변화를 느끼게 만드는 최소의 가격변화폭을 의미한다. 위 두 가지 개념(웨버의 법칙, JND)으로 다음 설명 중 가장 적절하지 않은 것은?

① K가 0.3인 경우 100만원 하던 가방이 20만원 상승하게 되면 소비자는 가격인상을 느끼지 못한다.

② K가 일정할 경우 가격이 높아져도 느낄 수 있는 가격 인상 또는 인하 폭은 일정하다.

③ K가 0.2인 경우 1,000원의 동일한 가격에서 JND는 200원이다.

④ JND가 150원이라면 1,000원짜리 제품에서 150원 미만의 가격인상은 느끼지 못하지만, 150원 이상의 가격인상은 알아차린다.

⑤ 현재 가격이 5,000원이고 특정 소비자의 JND가 1,000원인 경우, 제품의 가격이 4,001원이 되도 5,000원으로 인식한다.

정답 │ ②

해설 │ K가 일정할 경우 가격이 높아지면 높아진 가격에 K를 곱한 값은 커지게 된다. 따라서 가격이 높아질수록 느낄 수 있는 가격 인상 또는 인하 폭은 커진다.

PART 05
회계 및 기업재무분석

tomato 패스

SECTION 1   회계의 정의

회계란 기업의 거래 및 사건을 정리 · 기록하여 정보이용자에게 제공하는 일련의 과정을 말한다. 즉, 정보이용자들에게 의사결정에 필요한 유용한 정보를 일반적으로 약속된 표시로 전달하는 정보체계이다.

① 회계거래 발생 근원 : 기업

② 수단(일반적으로 약속된 표시방법) : 재무정보(재무제표) 등 보고서

③ 재무정보 이용자

   ㉠ 내부정보 이용자 : 기업경영자, 임직원 등

   ㉡ 외부정보 이용자 : 주주, 채권자, 정부, 외부감사인, 신용평가기관 등

기업 활동 (회계거래 발생)	➡	회계시스템 (정보의 생성)	➡	정보이용자 (의사결정)

SECTION 2   회계의 분류

회계정보는 보고목적과 정보이용자에 따라 재무회계, 원가회계, 관리회계, 세무회계로 나뉜다.

① 재무회계 : 주주나 채권자와 같은 외부 이용자에게 의사결정에 유용한 정보를 제공하기 위한 목적으로 하는 회계

② 원가회계 : 기업의 내부 이해관계자인 경영자가 제품의 가격산정, 원가 절감, 수익성 개선 등과 같은 목적으로 제품의 원가구조를 파악하기 위한 목적으로 하는 회계

③ 관리회계 : 기업의 내부 이해관계자인 경영자가 신규사업의 투자의사결정, 성과평가 등을 목적으로 사업에 대한 전반적인 의사결정을 위한 목적으로 하는 회계

④ 세무회계 : 기업이 각 사업연도마다 과세소득을 신고하여 법인세를 납부하기 위해 과세소득을 계산하기 위한 회계

구분	재무회계	원가 및 관리회계	세무회계
목적	외부 정보이용자의 경제적 의사결정에 유용한 정보 제공	내부 정보이용자에게 경제적 의사결정에 유용한 정보 제공	세법규정에 따라 과세소득을 계산
보고대상	주주, 채권자 등 투자자	경영자	세무당국
준거기준	기업회계기준 (IFRS, K-GAAP)	특별한 기준 없음	세법
보고수단	재무제표	일정한 형식 없음	세무조정계산서 등

(1) 국제회계기준

국제회계기준(International Financial Reporting Standard ; IFRS)은 국제적으로 통일된 회계기준으로, 우리나라 기업의 경우 「주식회사의 외부감사에 관한 법률」의 적용대상기업 중 한국채택국제회계기준(K-IFRS)을 채택하고 있다. 다만, 중소기업의 경우 일반기업회계기준(K-GAAP)을 적용하기도 한다. 국제회계기준은 국가 간 회계정보의 비교가능성을 높여 올바른 투자의사결정을 돕는다.

(2) 재무제표 작성에 필요한 기본가정

① 계속기업(going concern)

재무제표는 기업이 지속적으로 영업을 할 것이라는 가정하에 작성한다. 투자자는 기업이 지속될 것으로 생각하고 투자하기 때문에 재무제표도 계속기업 가정에 따라 작성되어야 한다.

이와 반대되는 개념이 청산이다. 청산은 기업이 소멸하기 위해 자산 등을 처분하는 것을 말하는데 만약 청산기준으로 재무제표를 작성하게 되면 처분가액 등을 재무제표로 인식해야 할 것이다.

② 발생주의(accrual-basis) 회계처리

수익과 비용을 인식할 때 적용되는 개념이다. 발생주의와 반대되는 개념은 현금주의(Cash-basis)인데, 현금주의란 현금의 유입을 수입으로 현금의 유출을 비용으로 인식하는 회계처리방법이다. GAAP에 따르면 현금주의로 회계처리하지 않고 발생주의에 따라 회계처리를 하고 있다.

발생주의란 현금의 유입과 유출과 관계없이 일정한 요건이 만족하면 수익과 비용을 인식하는 회계처리방법이다. 다음의 예시를 살펴보자.

ⓒ 예시 1 - 100만원 상당의 핸드폰을 외상판매한 경우

현금주의 관점에서는 100만원을 수익으로 인식하지 않지만, 발생주의 관점에서는 일정한 요건이 만족하면 100만원을 수익으로 인식할 수 있다.

ⓒ 예시 2 - 100만원 상당의 핸드폰을 판매하기 전에 미리 돈을 수령한 경우

현금주의 관점에서는 100만원을 수익으로 인식하지만, 발생주의 관점에서는 일정한 요건이 만족하지 않았으면 수익으로 인식할 수 없다

C/h/e/c/k 수익인식요건 – 판매기준

수익인식요건은 회계기준마다 다를 수 있다. 하지만 일반적으로 수익을 인식하는 요건은 다음의 두 가지를 만족한 경우라고 할 수 있다.

① 판매하는 제품 및 서비스 제공을 완료했다.

② 제공한 제품 및 서비스에 상당하는 금액을 알 수 있다.

세부적인 수익인식기준은 정기적으로 개정되고 있으므로 수익인식기준에 대한 회계처리기준을 명확하게 숙지하고 회계처리해야 한다.

---

③ 수익과 비용의 대응원칙(matching Principle)

일반적으로 비용은 수익인식시점에 같이 인식하는 것을 원칙으로 한다. 비용을 수익을 얻기 위하여 희생된 자원이라고 보는 관점이다. 예를 들어, 제품을 판매하기 위해 100만개의 제품을 생한할 때 들어간 비용 10억원이라고 하자. 상당한 기간이 지난 후에 50만개의 제품을 판매해서 8억원의 수익이 발생했다. 수익과 비용의 대응원칙에 따르면 수익으로 8억원을 인식할 때, 인식할 비용은 생산한 100만개 중 판매한 50만개에 해당하는 5억원이다.

다만, 제품의 수와 같이 정확하게 대응이 되는 경우도 있지만 정확하게 대응이 되지 않는 경우(광고선전비, 감가상각비 등)도 분명 존재한다. 이러한 경우에는 GAAP에 맞는 합리적인 가정에 따라 적절하게 대응시킨다.

(3) 유용한 재무제표가 되기 위한 질적 특성

① 이해가능성

재무제표 정보를 정보 이용자가 쉽게 이해할 수 있도록 작성되어야 한다.

② 목적적합성

재무제표는 재무제표를 이용하는 정보이용자의 목적에 적합한 정보를 제공하도록 작성해야 한다.

③ 신뢰성

재무제표의 정보는 거짓이 없어야 하며 추후 검증 가능해야 한다.

④ 비교가능성

재무제표는 기업 간 정보 또는 기간별 정보를 서로 비교할 수 있도록 작성되어야 한다.

(4) 인식과 측정

① 인식

기업의 어려 활동 중에서 회계 기록의 대상이 되는 거래 활동을 식별하는 것을 말한다. 회계기록은 재무상태가 달라질 수 있을 만한 거래를 기록하는 것으로, 단순한 계약의 성립은 회계기록의 대상이 아니다.

② 측정

회계거래 활동에 대해 구체적인 화폐금액을 부여하는 것을 말한다. 따라서 어떠한 거래에 대한 금액을 객관적으로 측정가능해야 기록할 수 있다.

C/h/e/c/k **회계감사 의견**

기업의 재무제표는 경영자가 회계기준에 따라 작성한다. 다만, 외부이용자에게 전달하기 위해서는 객관적인 제 3자의 검증이 필요한데 이를 회계감사라고 한다. 재무제표가 회계기준에 따라 적절하게 작성됐는지 감사하는 사람을 외부감사인이라고 부른다. 감사 의견에는 다음과 같은 종류가 있다.

① 적정의견 : 기업의 재무제표가 회계기준에 따라 위배됨이 없이 적정하게 작성되었을 때의 감사의견

② 한정의견 : 기업의 재무제표가 회계기준에 따라 위배된 사항이 있으나 재무제표 전반에 중대한 영향을 미치지 않았을 때 등 감사의견

③ 부적정의견 : 기업의 재무제표가 회계기준에 따라 중대한 위배사항이 있어 재무제표가 잘못 작성되었다고 판단했을 때 등 감사의견

④ 의결거절 : 외부감사인이 감사과정에서 합리적인 증거를 얻지 못하여 재무제표 전체에 대한 의견을 표명할 수 있는 경우가 아닐 경우 등 감사의견

(1) 재무상태표의 기본 요소

재무상태표는 특정시점의 재무상태를 나타내는 표로, 재무상태표에 표시되는 항목은 크게 자산, 부채, 자본으로 구성된다.

① 자산 : 기업이 소유하고 있는 미래의 경제적 가치를 지닌 자원(재고자산, 공장, 건물)

② 부채 : 기업이 미래에 자원을 제공해야 할 의무(차입금, 미지급금)

③ 자본 : 기업의 자산에서 부채를 차감한 소유주의 지분 또는 순자산

재무상태표(B/S)	
자산	부채
	자본

(2) 재무상태표 일반적 형태

재무상태표(B/S)	
유동자산 　현금 및 현금성자산 　매출채권 　재고자산 　기타유동자산 **비유동자산** 　투자자산 　토지 　건물 　기계장치 　무형자산 　기타비유동자산	**유동부채** 　매입채무 　선수금 　단기차입금 　기타유동부채 **비유동부채** 　장기차입금 　사채 　장기미지급금 　기타비유동부채 **자본금** **자본잉여금** **이익잉여금**

(3) 재무상태표의 구성항목

① 유동자산 세부내역

　㉠ 현금 및 현금성자산

　　현금과 같은 지불수단을 의미한다. 예를 들어 지폐, 입출금이 자유로운 당좌예금 및 보통예금, 취득일로부터 만기가 3개월 이내 도래하는 채권 등을 포함한다. 다시 말해 현금화가 가능하여 3개월 이내로 대금을 지불할 수 있는 수단을 말한다.

　㉡ 매출채권

　　수취채권이라고도 하며, 외상판매를 한 후 아직 회수하지 못한 대금을 말한다. 만약 외상대금 중 향후에도 못 받을 가능성이 높다고 판단되면 적절한 회계정책에 따라 매출채권을 감소시킨다. 이를 대손처리라고 한다.

  ⓒ 재고자산

   판매를 목적으로 생산이 완료되어 보유하고 있는 제품, 아직 완성되지 않고 공정에 남아있는 재공품, 제품을 생산하기 위해 구입한 원재료 등을 말한다.

  ⓔ 기타유동자산

   선급비용, 선급금, 미수수익 등이 있다. 〈다음 페이지 '발생주의와 수익비용대응원칙으로 인한 계정과목 비교'〉 참조

② 비유동자산 세부내역

  ㉠ 투자자산

   영업활동 목적이 아닌 투자목적으로 보유하고 있는 채권 및 주식과 같은 금융자산 등을 말한다. 일시적으로 여유자금의 운영목적, 타기업에 대해 중대한 영향력을 행사할 목적으로 투자한다.

  ⓛ 토지, 건물, 기계장치

   유형자산이라고도 하며 영업활동을 목적으로 공장을 건설하기 위해 매입한 토지 및 건물, 제품을 생산하기 위해 매입한 기계장치를 말한다. 공장과 기계장치와 같은 유형자산은 수명이 존재하기 때문에 감가상각(가치 또는 가격이 감소되는 현상)이 발생하며, 기업의 영속성을 위해서는 정기적으로 재투자를 해야 한다. 단, 토지는 수명이 무한하기 때문에 감가상각이 발생하지 않는다.

  ⓒ 무형자산

   형체를 가지고 있지 않은 자산으로 특허권, 상표권, 저작권, 영업권 등을 말한다. 유형자산과 유사하게 권리의 수명이 존재한다면 감가상각이 발생하며, 수명이 없거나 무한한 경우에는 감가상각이 발생하지 않는다.

③ 유동부채 세부내역

  ㉠ 매입채무

   기업의 제품 및 서비스를 생산하는 것과 관련하여, 원재료 등을 구매할 때 외상으로 구매함으로써 향후에 대금을 지불한 의무를 의미한다. 유형자산과 같은 비유동자산을 외상으로 구매하면서 발생하는 것과 구별하기로 한다.

  ⓛ 선수금

   기업의 제품 및 서비스를 판매하는 것과 관련하여, 제품 및 서비스를 제공하기 전에 받은 대금을 의미한다. 이 역시 향후에 제품 및 서비스를 제공해야 할 의무로 볼 수 있다.

  ⓒ 단기차입금

   1년 이내 단기로 조달한 자금을 말한다. 만기가 1년 이내로 만기가 도래하면 대금을 상환해야 할 의무가 있다.

  ⓔ 기타유동부채

   선수수익, 미지급금, 미지급비용 등이 있다. 〈다음 페이지 '발생주의와 수익비용대응원칙으로 인한 계정과목 비교'〉 참조

④ 비유동부채 세부내역

  ㉠ 장기차입금 및 사채

   1년 이후에 상환할 목적(장기)으로 조달한 자금을 말한다. 장기차입금은 금융기관으로부터 조달한 자금이며, 사채는 금융기관을 포함한 일반투자자로부터 조달한 자금을 말한다. 장기차입금과 사채는 조달시장과 차입조건 등이 다르지만, 상환해야 할 의무가 있다는 점은 동일하다.

  ⓛ 장기미지급금

   유형자산과 같은 비유동자산을 외상으로 구매하면서 발생한 의무를 말한다. 단, 그 의무의 기간이 1년이 넘을 때 장기미지급금으로 분류한다.

⑤ 자본 세부내역
　㉠ 자본금

최초의 조달한 자금을 말하며, 주주의 입장에서는 최초로 납입한 현금이나 자산의 총액을 의미한다. 기업 설립 시에 정한 주당 가격(액면가)를 바탕으로 한다. 만약 기업이 설립한 후에 자금을 조달한 경우(유상증자 등) 액면가까지만 자본금으로 인식한다.

　㉡ 자본잉여금

주당 액면가를 초과하여 조달된 자금을 말한다. 기업이 설립된 후에 추가로 자금을 조달하는 경우(유상증자 등) 액면가까지만 자본금으로 인식하고 그 초과분은 자본잉여금으로 인식한다.

　㉢ 이익잉여금

기업이 영업활동을 통해 벌어들인 순이익의 누적액으로 실질적으로 기업이 번 돈에서 쓰고 남은 돈이라고 할 수 있다. 이익잉여금은 주주의 몫으로 향후 배당금의 재원으로 활용한다.

〈참고 : 발생주의와 수익비용대응원칙으로 인한 계정과목 비교〉

① 현금을 수령하지 않고 손익계산서에 매출을 인식한 경우
　→ 매출채권(자산) 인식

② 현금을 수령하지 않고 손익계산서에 영업외수익을 인식한 경우
　→ 미수수익(자산) 인식

③ 매출을 하기 전에 미리 현금을 수령한 경우
　→ 선수금(부채) 인식

④ 영업외수익을 인식하기 전에 미리 현금을 수령한 경우
　→ 선수수익(부채) 인식

⑤ 현금을 지급하지 않고 손익계산서에 비용을 인식한 경우
　→ 미지급비용(부채) 인식

⑥ 현금을 지급하지 않고 원자재 등을 구입한 경우
　→ 매입채무(부채) 인식

⑦ 현금을 지급하지 않고 유형자산 등을 구입한 경우
　→ 미지급금(부채) 인식

⑧ 현금을 미리 지급하고, 손익계산서에 비용을 나중에 인식하는 경우
　→ 선급비용(자산) 인식

⑨ 현금을 미리 지급하고, 자산을 나중에 인식하는 경우
　→ 선급금(자산) 인식

(1) 손익계산서의 기본요소

손익계산서는 일정기간의 경영성과를 나타내는 재무정보로, 수익과 비용으로 나누어서 기록한다.

① 수익 : 기업이 일정기간 동안 얻은 수입액 → 순자산의 증가분

② 비용 : 기업이 일정기간 동안 수익을 얻기 위해 발생하는 지출액 → 순자산의 감소분

손익계산서(I/S)
수익 비용
순이익

(2) 손익계산서 일반적 형태

손익계산서(I/S)
매출액 매출원가
매출총이익 판매비와관리비
영업이익 영업외수익 영업외비용
세전이익 법인세비용
당기순이익

(3) 손익계산서 세부내역 설명

① 매출액

일정기간 동안 제품 및 서비스를 판매하면서 발생한 수익의 총합이다.

② 매출원가

일정기간 동안 제품 및 서비스를 생산하기 위해 발생한 비용의 총합이다. 생산과 관련이 있는 비용으로 주로 제품생산, 생산직 인건비, 공장의 감가상각비 등이 이에 해당한다.

③ 매출총이익

매출액에서 매출원가를 차감한 값이다. 생산과 관련된 이익을 나타낸 값이다.

④ 판매비와관리비

일정기간 동안 제품 및 서비스를 판매하기 위해서 부수적으로 발생한 비용의 총합이다. 생산과 직접적인 연관이 없는 마케팅비용, 광고선전비, 사무직 인건비 등이 이에 해당한다.

⑤ 영업이익

매출총이익에서 판매비와관리비를 차감한 값이다. 영업과 관련된 이익을 나타낸 값이다.

⑥ 영업외수익 및 영업외비용

일정기간동안 영업 이외의 활동으로부터 발생한 수익과 비용의 총합이다. 영업외수익에는 유형자산처분이익, 이자수익 등이 있고, 영업외비용에는 유형자산처분손실, 이자비용 등이 있다.

⑦ 세전이익

영업이익에서 영업외손익을 차감한 값이다. 법인세를 지출하기 전의 이익이다.

⑧ 법인세비용

일정기간동안 발생한 법인세비용의 총합이다. 실제로 과세당국에 내는 세금액과는 차이가 있다.

⑨ 당기순이익

세전이익에서 법인세비용을 차감한 값이다. 기업이 순수하게 벌어들인 이익의 최종값으로 주주가 가져가는 몫이다. 기업의 배분정책에 따라 당기순이익 중에서 일부는 주주에게 배당으로, 일부는 재투자재원인 유보금으로 나뉜다.

SECTION 6 **자본변동표(Statement of Changes in owner's equity)**

일정기간 동안 소유주(주주)의 지분의 변동에 대한 정보를 나타내는 재무제표이다. 회사가 최초로 설립될 때 주식을 발행하여 돈을 조달하면 자본금으로 기록된다. 이후 추가적으로 유상증자를 하여 자본은 조달하면 자본금과 액면가 초과분인 자본잉여금으로 기록한다. 기업이 영업, 투자, 재무활동을 통해 순이익을 창출하면 이익잉여금으로 기록된다. 이후 주주들에게 배당을 지급하면 이익잉여금이 감소한다. 기타 여러 가지 자본거래가 자본을 변화시킨다.

(1) 현금흐름표의 기본 요소

현금흐름표는 일정기간의 현금의 유출입을 나타내는 표로, 크게 영업활동현금흐름, 투자활동현금흐름, 재무활동현금흐름으로 구분한다.

① 영업활동현금흐름 : 기업의 영업활동(생산, 판매 등)을 통해 발생한 현금의 유출입액

② 투자활동현금흐름 : 기업의 영업활동을 하기 위해 영업자산을 매입하거나 유지하기 위해 발생하는 현금의 유출액, 기업의 영업자산을 매각하면서 발생하는 현금 유입액 등

③ 재무활동현금흐름 : 기업이 영업활동 및 투자활동에 필요한 자금을 조달하기 위해 발생하는 현금의 유입액, 조달된 자금에 대한 대가를 지급할 때 발생하는 현금 유출액 등

현금흐름표(C/F)
영업활동현금흐름
투자활동현금흐름
재무활동현금흐름
현금유출입액
기초현금
기말현금

(2) 현금흐름표의 유용성

① 손익계산서에 나타나지 않는 영업성과를 파악할 수 있다. 손익계산서는 발생기준에 따라 작성되므로 현금의 유출입과는 다르다. 따라서 손익계산서는 회계정책에 따라 달라질 수 있으나 현금흐름표는 현금의 유출입만 기록하므로 손익계산서에 비해 객관적인 자료가 될 수 있다.

② 이익의 질을 평가할 수 있다. 만약 기업의 외상매출만 한다면 손익계산서에는 매출액이 높게 기록이 되지만 기업 내부의 현금은 부족할 수 있다. 따라서 영업활동현금흐름과 손익계산서의 손익을 같이 분석함으로써 손익계산서의 이익의 질을 평가할 수 있다.

③ 채무상환능력과 미래현금흐름에 대한 유용한 정보를 제공한다. 기업의 가치를 평가할 때 미래현금흐름을 현재가치로 할인하여 구하는데, 이때 손익이 아닌 현금흐름을 기준으로 한다. 또한 활동별로 현금흐름을 분석할 수 있으므로 영업활동으로부터 창출된 현금흐름으로 실제 채무를 상환할 수 있는지 여부도 파악할 수 있다.

주석은 재무제표 본문에 표시하기 어려우나 이해관계자들의 의사결정이 필요한 추가적인 정보를 제공한다. 주석을 통해 중요한 회계처리 정책, 지급보증 내용, 특수관계자와의 거래 등 그 밖의 설명을 한다.

01 다음 중 회계상 회계처리 할 수 있는 거래가 아닌 것은?

① 거래처의 부도로 인하여 매출채권 회수할 수 없게 되었다.

② 제품을 판매하여 매출이 발생했으나 현금으로 수취하지는 못하였다.

③ 재료를 매입하기 전에 미리 매입대금을 지불하였다.

④ 주주로부터 추가적으로 유상증자를 하여 돈을 조달하였다.

⑤ 기존 차입금에 대해 보유하고 있는 기계장치를 담보로 제공하였다.

정답 | ⑤

해설 | 회계거래의 결과는 재무상태표에 표시할 수 있어야 한다. 그러기 위해서는 금액으로 측정할 수 있는 어떤 사건으로 인해 재무상태가 달라져야 한다. 그런데 부동산 또는 동산의 담보제공은 재무상태를 변동시키는 거래가 아니므로 회계거래라고 볼 수 없다. 다만, 이러한 담보제공 여부는 차입금에 대한 세무사항으로 주석공시사항이 될 수 있다.

02 다음 중 유동자산에 대항하지 않은 계정 항목은?

① 재고자산　　　　　　　　② 단기금융상품

③ 매출채권　　　　　　　　④ 현금 및 현금성자산

⑤ 매입채무

정답 | ⑤

해설 | 매입채무는 유동부채로 분류한다.

03 다음의 제시된 기업의 활동의 분류 중에서 잘못된 것은?

① 유형자산의 취득 → 투자활동

② 거래 기업에 현금을 단기대여 → 투자활동

③ 자기주식 취득 → 재무활동

④ 종업원에게 퇴직금 지급 → 영업활동

⑤ 매출처에 제품을 매출하고 관련 부가세 지급 → 재무활동

정답 | ⑤

해설 | 매출처에 제품을 매출하고 관련된 부가세를 지급한 활동은 영업활동으로 분류한다.

04 다음 중 비유동자산에 해당하는 것은?

① 개발비

② 매입채무

③ 현금 및 현금성자산

④ 매출채권

⑤ 선급비용

정답 | ①

해설 | 개발비는 무형자산으로 비유동자산에 속한다.

05 발생주의는 수익과 비용을 회계기준에 따라 인식할 때 적용되는 개념이다. 발생주의와 반대되는 개념은 현금주의(Cash-basis)인데, 현금주의란 현금의 유입을 수입으로 현금의 유출을 비용으로 인식하는 회계처리방법이다. 다음 중 발생주의 때문에 나타나는 재무상태표 계정과목이 아닌 것은?

① 선급비용

② 매출채권

③ 미수금

④ 자본금

⑤ 미지급금

정답 | ④

해설 | 사고력을 요하는 문제이다. 자본금은 현금주의에서도 나올 수 있는 계정과목이다. 나머지는 현금주의에서는 발생할 수 없는 계정과목이다.

06 다음 중 회계감사인이 표명하는 감사의견의 종류가 아닌 것은?

① 적정

② 부적정

③ 의견거절

④ 한정

⑤ 부정

정답 | ⑤

해설 | 부정이라는 감사의견은 없다.

07 A기업의 현금흐름표를 살펴본 결과, 영업현금흐름과 투자현금흐름이 음수(−)이고 재무현금흐름이 양수(+)였다. 해당 기업의 현 상황을 가장 잘 설명한 것은?

① 회사는 우량 성숙기업의 형태다.

② 회사는 부채 축소 및 일부사업을 구조조정하고 있는 형태다.

③ 회사는 저수익사업을 매각하고 있다.

④ 회사는 신생기업 또는 급성장하고 있는 형태다.

⑤ 회사는 보유현금을 소진하고 쇠퇴하고 있다.

정답 | ④

해설 | 회사의 현금흐름[영업현금흐름 (−), 투자현금흐름(−), 재무현금흐름(+)]은 신생기업이나 급성장기업에서 나타나는 형태로 미래의 대규모 매출증가를 기대하면서 최대한 외부자금을 통해 설비투자를 계속할 때 나타난다.

08 흑자도산이란 손익계산서상 당기순이익은 흑자지만, 차입금을 상환하지 못해 부도가 난 경우를 말한다. 흑자도산이 나타날 수 있는 징후로 가장 적절한 것은?

① 제품의 판매는 증가하나 해당 채권을 회수하지 못하고 있다.

② 유상증자를 통해 자본을 조달하였다.

③ 공장과 건물을 매각하였다.

④ 외상매입대금의 지급을 지연시켰다.

⑤ 담보를 통해 차입금을 연장하였다.

정답 | ①

해설 | 제품의 판매가 증가하면 매출액이 증가하여 이익이 증가하지만, 판매대금을 회수하지 못한다면 자금사정이 악화되어 만기도래하는 차입금을 상환하지 못할 위험이 있다.

09 다음 중 주식의 수가 증가하는 자본거래가 아닌 것은?

① 액면분할(주식분할)　　　　　　　　② 주식배당

③ 유상증자　　　　　　　　　　　　　④ 무상증자

⑤ 자사주매입

정답 | ⑤

해설 | ① 액면분할(주식분할)이란 주식의 액면가를 낮추어서 주식의 수를 증가시키는 자본거래이다. 전체 자본 총액은 영향이 없으며, 정관만 수정하기 때문에 회계처리도 없다.

② 이익잉여금을 줄이고 자본금을 늘려 액면가가 동일한 상태에서 주식의 수를 증가시키는 자본거래이다. 이 또한 전체 자본총액에는 영향이 없으나 이익잉여금이 줄고 자본금이 늘어나므로 회계처리는 존재한다.

③ 주식을 발행하여 돈을 조달하는 거래로 주식의 수가 증가한다.

④ 자본잉여금 등을 줄이고 자본금을 늘려 액면가가 동일한 상태에서 주식의 수를 증가시키는 자본거래이다. 주식배당과 마찬가지로 자본총액에는 영향이 없으나 회계처리가 다르다.

⑤ 시장에 유통되고 있는 주식을 기업이 매입하는 거래이다. 시장에 유통주식수가 줄어드는 효과가 있다.

10 다음은 BIS비율과 관련된 설명이다. 　고득점 문제

- Basel Ⅰ : 1988년 국제적 자기자본비율을 제시하였다. 단 거래주체별로 각각 동일한 위험 가중치를 적용하여 신용등급과 상관없이 동일한 자기자본비율을 적용하였다.
- Basel Ⅱ(신BIS협약) : Basel Ⅰ에 비해 평가기준을 높여 안전성과 신뢰성을 향상시켰고, 필요 자본 산정을 위한 기업의 신용평가는 외부 신용평가기관의 평가등급과 내부 자체평가 등급을 모두 이용 가능하게 하였다. 단, 경기순환과정에 대응하여 선제적으로 BIS비율을 조정하기 어려운 측면이 있다.
- Basel Ⅲ : 경기대응적인 자본 규제, 시스템적인 자본 부과 등의 거시건전성 규제를 추가하면서 Basel Ⅱ를 강화하였다. 또한 경기순응성 완화를 위해 자기자본규제를 경기대응적으로 조정할 수 있게 하였다.

　　　　　　　　　　　　　　　　※ BIS비율(자기자본비율 = 자기자본 ÷ 위험가중자산)

다음 중 BIS비율이 낮아져 금융기관의 건전성을 악화시키는 거래는 무엇인가?

① 분기별로 보유한 부실채권을 NPL투자자들에게 매각한다.

② 유상증자를 실시한다.

③ 신용등급이 높은 기업의 대출을 늘린다.

④ 담보부대출보다 신용대출을 늘린다.

⑤ 보유한 주식을 매각하여 현금을 보유한다.

정답 | ④

해설 | 은행의 입장에서는 담보부대출보다 신용대출이 위험한 자산이다. 따라서 위험자산이 증가하면 BIS비율이 낮아진다.

11 A상사는 20X1년도에 10억원의 경상연구개발비가 발생하였다. 손익계산서상 판매관리비로 계상하지 않고 무형자산 (개발비)로 계상하여 분식하였다. 정상적으로 처리하였을 경우에 비하여 20X1년 손익계산서상 당기순이익과 20X1년 현금흐름표상 영업활동으로 인한 현금흐름은 어떠한 영향을 받게 되는가? 고득점 문제

① 당기순이익 증가, 영업활동현금흐름 불변

② 당기순이익 증가, 영업활동현금흐름 증가

③ 당기순이익 증가, 영업활동현금흐름 감소

④ 당기순이익 불변, 영업활동현금흐름 증가

⑤ 당기순이익 감소, 영업활동현금흐름 불변

정답 | ②

해설 | 개발비로 처리할 경우 계상해야할 판관비가 없으므로 당기순이익 증가한다. 판관비 지출은 영업활동현금흐름으로, 개발비 지출은 투자활동현금흐름으로 계상되므로 개발비로 처리될 경우 영업현금흐름이 과대 계상된다.

SECTION 1 | **원가의 개념**

원가(Cost)는 비용과 유사하지만 엄연히 다른 개념이다. 원가는 특정 자원을 얻기 위해 포기하는 자원의 가치를 의미하는데 일반적으로 제품을 생산하기 위해 들어가는 투입비용을 말한다. 제품을 만들기 위해 들어가는 원가를 제조원가라고 하는데 재료비는 물론이고, 제품을 만드는 직원의 급여도 제조원가에 포함된다. 그 외에 생산공장의 감가상각비, 재료운송비, 재고 취득과 관련된 관세 및 취득세 등이 제조원가에 포함된다.

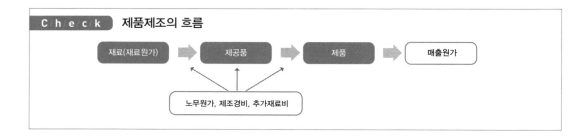

(1) 제조원가와 판매관리비의 구분

일반적으로 기업은 제조기업과 서비스기업으로 나뉜다. 제조기업은 제품을 생산하는 기업으로 제품을 생산하는데 들어가는 비용과 제품을 판매하면서 들어가는 비용을 구분해서 재무제표에 표시한다. 제품을 생산하는데 들어가는 비용을 매출원가, 제품을 판매 또는 관리하면서 들어가는 제반비용을 판매비와 관리비라고 한다.

제조원가	판매비와 관리비
재료원가	광고선전비
노무원가	제품운반비
제조경비 등	제품보증비용 등

(2) 제조원가의 세부구분

제조원가를 다음과 같이 여러 가지 기준에 따라 분류할 수 있다.

① 원가요소에 따라 분류
　　㉠ 재료원가 : 제품의 제조와 관련하여 투입된 원재료 사용액
　　㉡ 노무원가 : 제품의 제조와 관련하여 투입된 인건비 등
　　㉢ 제조경비 : 재료원가와 노무원가를 제외한 제조원가 사용액

② 추적가능성 따라 분류
　　㉠ 직접원가 : 특정 제품과 직접적인 연관이 있는 원가
　　㉡ 간접원가 : 어느 제품에 관련되어 있는지 파악하기 어려운 원가

③ 행태에 따라 분류
　　㉠ 변동원가 : 매출액 등의 조업도가 변동될 때 그에 비례하여 변동하는 원가
　　㉡ 고정원가 : 매출액 등의 조업도가 변동되더라도 변하지 않는 원가
　　㉢ 혼합원가(준변동원가) : 변동원가와 고정원가가 더해진 행태

C/h/e/c/k　원가 행태에 따른 분류

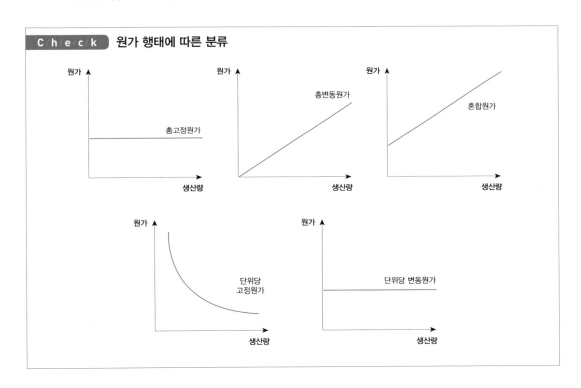

(1) 레버리지효과

재무관리에서 레버리지 효과는 고정비로 인해서 이익의 변동성이 커지는 현상을 말한다. 다음 예시를 살펴보자. 예를 들어 A 투자자가 100만원을 투자한 후 미래 상황에 따라 1년 후 120만원이 되거나 80만원이 되는 경우를 가정하자. 그리고 조달자금을 전부 자기자금으로 조달한 경우와 일부(50만원)를 차입금으로 조달한 경우로 나누어서 A 투자자의 수익률을 어떻게 되는가? 단, A 투자자가 차입금으로 조달한 부분은 1년 후 미래 상황에 상관없이 무조건 55 만원을 고정적으로 상환하는 조건이다.

① 예시 1 : 자기자본으로만 조달한 경우 투자수익률 비교

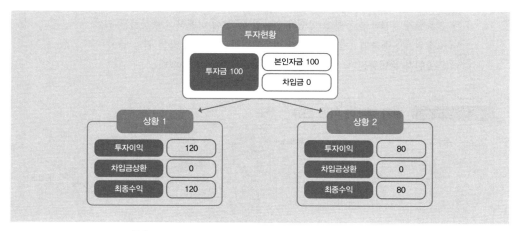

㉠ 상황1 투자수익률 = $\dfrac{120}{100} - 1 = 20\%$, ㉡ 상황2 투자수익률 = $\dfrac{80}{100} - 1 = -20\%$

자기자본으로만 조달한 경우 투자수익률의 차이를 계산하면 40%가 나온다.

② 예시 2 : 조달자금 중 일부를 부채로 조달한 경우 투자수익률 비교

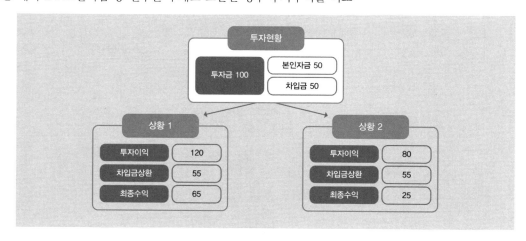

$\bigcirc$ 상황1 투자수익률 = $\dfrac{65}{50}$ − 1 = 30%, $\bigcirc$ 상황2 투자수익률 = $\dfrac{25}{50}$ − 1 = −50%

조달자금 중 일부를 부채로 조달한 경우 투자수익률의 차이를 계산하면 80%가 나온다.

이와 같이 자기자본으로만 조달해서 투자한 경우의 수익률 변동보다 타인자본(부채)를 일부 조달해서 투자한 경우의 수익률의 변동이 더 큰 것을 볼 수 있다. 이렇게 미래 상황과 상관없이 고정적으로 발생하는 고정성 지출액 때문에 수익률의 변동성이 더 커지는 현상을 레버리지효과라고 한다.

(2) 레버리지효과 측정

① 영업레버리지도(Degree of Operating Leverage ; DOL)

매출액의 변화에 따라 영업이익의 변동성이 커질 위험을 영업위험이라 한다. 이렇게 매출액의 변화율에 대한 영업이익의 변화율의 비율을 영업레버리지도로 나타낼 수 있다.

② 재무레버리지도(Degree of Financial Leverage ; DFL)

영업이익의 변화에 따라 당기순이익(주당순이익)의 변동성이 커질 위험을 재무위험이라 한다. 이렇게 영업이익의 변화율에 대한 당기순이익(주당순이익)의 변화율의 비율을 재무레버리지도로 나타낼 수 있다.

③ 결합레버리지도(Degree of Combined Leverage ; DCL)

결합레버리지도는 영업위험과 재무위험을 동시에 고려한 개념이다. 즉, 매출액의 변화에 따른 당기순이익(주당순이익)의 변동성을 나타내는 지표이다.

C/h/e/c/k 레버리지도

영업레버리지도(DOL) = $\dfrac{\text{영업이익변화율(\%)}}{\text{매출액변화율(\%)}}$

재무레버리지도(DFL) = $\dfrac{\text{당기순이익변화율(\%)}}{\text{영업이익변화율(\%)}}$ = $\dfrac{\text{EPS변화율(\%)}}{\text{영업이익변화율(\%)}}$

결합레버리지도(DLC) = $\dfrac{\text{당기순이익변화율(\%)}}{\text{매출액변화율(\%)}}$ = $\dfrac{\text{EPS변화율(\%)}}{\text{매출액변화율(\%)}}$ = DOL × DFL

C/h/e/c/k 회계목적 손익계산서와 관리목적 손익계산서의 차이

회계에서 영업비용은 크게 생산과 관련된 비용인 매출원가, 생산 이외의 영업비용인 판매비와 관리비로 구분한다. 그런데 내부목적으로는 변동비와 고정비로 구분하여 고정비를 커버하는 손익구조를 만드는 것을 목표로 한다. 그래서 기업에서 제품 및 서비스를 많이 판매하는 전략도 수립하지만 고정비를 줄이는 노력도 같이 한다.

회계목적 손익계산서와 관리목적 손익계산서를 비교하면 다음과 같다.

회계기준 손익계산서	관리목적 손익계산서
매출액 매출원가	매출액 변동비
매출총이익 판매비와 관리비	공헌이익 고정비
영업이익	영업이익

(3) 손익분기점(Break-Even Point ; BEP)

매출액 등과 같은 조업도, 원가, 이익의 관계를 분석하는 것을 CVP분석이라고 한다. 순익분기점(Break Even Point ; BEP)은 총수익과 총비용이 일치하여 이익 또는 손실이 발생하지 않은 매출 수준 또는 조업도 수준을 의미하고, 일반적으로 영업이익이 0이 되는 매출 수준을 의미한다. 여기서 매출수준은 매출액이 될 수도 있고, 매출수량이 될 수도 있다. 영업비용은 영업변동비와 영업고정비로 분류되는데, 매출액에서 변동비를 차감한 공헌이익이 고정비가 같아지면 영업이익이 0이 된다.

① BEP 매출수량 산정 예시

판매단가(P)가 1,000원, 단위당 변동비(V)가 600원, 고정비가 10,000원일 경우 BEP 판매수량을 구해보자.

판매단가(P) × 판매수량(Q*) = 단위당 변동비(V) × 판매수량(Q*) + 고정비(FC)

1,000 × 판매수량(Q*) = 600 × 판매수량(Q*) + 10,000

∴ BEP 판매수량(Q*) = 25개

② BEP 매출액 산정 예시

판매단가(P)가 1,000원, 단위당 변동비(V)가 600원, 고정비가 10,000원일 경우 BEP 매출액을 구해보자.

매출액(sales) = 변동비(VC) + 고정비(FC)

매출액(sales) = 매출액(sales)×변동비율 + 고정비(FC)

매출액(Sales*) = 매출액(Sales*) × 60% + 10,000

∴ BEP 매출액(Sales*) = 25,000원

품질이 낮으면 제품의 수요도 줄어들 뿐만 아니라 낮은 품질을 보완하기 위한 추가적인 원가도 발생한다. 낮은 품질 때문에 발생하는 원가와 좋은 품질의 제품이나 서비스를 만들기 위한 원가를 비교한 후, 좋은 품질로 인한 수요의 증가에 따른 이익의 상승분도 종합적으로 고려하여 전략적 원가관리를 하는 것이 필요하다.

(1) 예방원가

제품의 불량 또는 서비스의 질 하락을 방지하기 위해 소요되는 원가를 예방원가(prevention cost)라고 한다.

(2) 평가원가

예방조치에도 불구하고 불량품이 생산될 수 있다. 생산된 불량품이 소비자에게 가지 않게 해야 하는데 제품을 검사하면서 불량품을 찾아내는데 소요되는 원가를 평가원가(appraisal cost)라고 한다.

(3) 실패원가

실패원가는 불량품으로 인해서 기업이 부담해야 하는 원가를 말한다.

① 내부실패원가(internal failure cost) : 불량품을 처분할 때 발생하는 비용

② 외부실패원가(external failure cost) : 불량품이 소비자에게 전달된 후에 발생하는 보증수리 같은 A/S 비용

01 손익분기점(BEP) 분석과 관련한 설명으로 옳지 않은 것은?

① BEP 분석은 단위당 판매가격과 단위당 변동비가 일정하다고 가정한다.

② BEP는 영업레버리지를 이용한 분석기법이다.

③ BEP는 일반적으로 영업이익이 0이 되는 매출수준이다.

④ BEP 분석에서 고정비는 매출의 변화에도 일정하다고 가정한다.

⑤ BEP 수준이 높다는 것은 영업성과의 마진율이 크다는 것을 의미한다.

정답 | ⑤

해설 | 손익분기점은 영업이익이 0이 되는 매출수준으로 손익분기점이 높을수록 영업이익을 0으로 만들기 위해 더 많은 판매를 해야 된다는 것을 의미한다. 따라서 손익분기점(BEP) 수준이 많은 제품을 판매해야 하므로 마진율이 낮은 상태로 볼 수 있다.

02 다음 중 레버리지가 발생하는 원인과 가장 밀접한 관계가 있는 것은?

① 변동비율   ② 변동영업비용

③ 영업외비용   ④ 고정비

⑤ 법인세

정답 | ④

해설 | 레버리지는 고정비 때문에 발생하는 효과이다.

03 판매단가가 100원, 단위당 변동비가 60원, 고정비가 8,000원일 때, BEP 매출액은 얼마인가?

① 10,000원   ② 12,000원

③ 15,000원   ④ 18,000원

⑤ 20,000원

정답 | ⑤

해설 | BEP 매출액 × 공헌비율 = 고정비

BEP 매출액 × (1 − 60%(*)) = 8,000

→ BEP 매출액 = 20,000원

$$(*) \ 변동비율 = \frac{단위당\ 변동비}{판매단가} = \frac{60}{100} = 60\%$$

04 ㈜잔송은 단일제품을 생산하여 판매하고 있다. 작년에는 1,000개의 제품을 생산하여 단가 1,000원에 모두 판매하였다. 제품 단위당 변동영업비용은 500원이고, 고정영업비용은 300,000원이다. 올해에 1,600개를 판매하였을 때 전년대비 올해의 수치 변화를 가장 잘 설명한 것은?

	영업이익	변동영업비용	영업레버리지도(DOL)
①	증가	불변	불변
②	감소	감소	증가
③	증가	증가	불변
④	증가	감소	증가
⑤	증가	증가	감소

정답 | ⑤

해설 | 판매량이 증가한다면 영업이익이 증가하며, 동일한 원가구조하에서 변동영업비가 증가한다. 일정한 고정비하에서 매출액이 증가하면 상대적으로 작아지는 고정비 때문에 레버리지효과는 감소하므로 DOL은 감소한다. 숫자를 대입해서도 풀 수 있으나 개념을 정확하게 알고 있으면 직접 구하지 않고도 풀 수 있다.

05 다음 중 원가흐름에 관한 설명으로 옳지 않은 것은?

① 직접재료원가는 재료원가 중에서 추적가능한 원가를 의미한다.

② 제품별로 추적가능하지 않는 간접노무원가는 제조원가에 포함되지 않는다.

③ 제조간접원가에도 재료원가와 노무원가가 포함될 수 있다.

④ 공장에서 근무하는 생산직 근로자의 급여는 제조원가에 포함한다.

⑤ 당기총제조원가와 당기제품제조원가의 차이는 기초재공품과 기말재공품의 차액만큼 차이가 난다.

정답 | ②

해설 | 추적가능하지 않은 재료원가, 노무원가 역시 제조원가의 범주에 속한다.

06 원가-조업도-이익(CVP) 분석모형에서 판매수량이 증가한 경우에 관한 설명으로 옳은 것은?

① 공헌이익률의 증가 ② 손익분기점의 하락

③ 공헌이익의 증가 ④ 고정원가의 증가

⑤ 손익분기점의 상승

정답 | ③

해설 | 판매수량이 증가하면 공헌이익률은 변하지 않지만 절대적인 금액인 공헌이익은 증가한다. 손익분기점은 영업이익이 0이 되는 판매수량 자체를 의미하므로 판매량의 변화와는 무관하다.

07 한국기업은 다음과 같은 3가지 제품을 생산, 판매하고 있다. 이 기업의 고정비는 연간 200,000원이라고 할 때, 현재 제품구성이 변하지 않는다는 가정하에 A제품 매출 BEP와 가장 가까운 값은?

제품	매출	변동비	매출구성비율
A	200,000원	120,000원	20%
B	200,000원	150,000원	20%
C	600,000원	480,000원	60%

① 129,000원   ② 160,000원

③ 193,500원   ④ 200,000원

⑤ 387,000원

정답 | ②

해설 | (1) 공헌이익률과 매출구성비율을 가중평균한 가중평균공헌이익률을 구한다.
가중평균공헌이익률 = (40% × 20%) + (25% × 20%) + (20% × 60%) = 25%
(2) 전체 BEP 매출액 = 200,000원(고정비) ÷ 25%(가중평균공헌이익률) = 800,000원
→ A제품 BEP 매출액 = 800,000원 × 20% = 160,000

08 원가의 개념에 관한 설명으로 옳지 않은 것은?

① 직접원가는 특정 원가대상에 직접 추적할 수 있는 원가를 말한다.

② 변동원가는 관련범위 내에서 조업도가 증가할수록 발생원가 총액이 증가하고 조업도가 감소할수록 발생원가 총액이 감소한다.

③ 준변동원가는 관련범위 내에서 조업도와 관계없이 총원가가 일정한 부분과 조업도에 따라 총원가가 비례하여 변동하는 부분으로 혼합되어 있다.

④ 매몰원가란 이미 발생된 원가로 특정 의사결정과 직접적으로 관련이 없는 원가이다.

⑤ 제품생산량이 증가함에 따라 관련범위 내에서 제품단위당 고정원가는 증가한다.

정답 | ⑤

해설 | 고정비는 일정하므로 제품생산량이 증가하면 제품단위당 고정원가는 감소한다.

09 ㈜윈드는 풍력 발전에 사용되는 터빈을 생산하는 기업이며 생산된 터빈은 모두 판매되고 있다. ㈜윈드의 손익분기점은 터빈을 2,500개 판매할 때이다. ㈜윈드가 터빈을 3,400개 판매할 때의 영업레버리지도(degree of operational leverage; DOL)로 가장 적절한 것은? [고득점 문제]

① DOL ≤ 1.5

② 1.5 < DOL ≤ 2.5

③ 2.5 < DOL ≤ 3.5

④ 3.5 < DOL ≤ 4.5

⑤ DOL > 4.5

정답 | ④

해설 | 손익분기점은 영업이익이 0일 때의 판매개수이다. 즉 2,500개를 판매할 경우의 영업이익은 0이다. 3,400개를 판매할 경우, 즉 900개 증가분을 영업이익에 반영한 DOL을 구하면 다음과 같다.

$$DOL = \frac{3{,}400개 \times 단위당\ 공헌이익}{900개 \times 단위당\ 공헌이익} \fallingdotseq 3.78$$

10 비용분해(고정비와 변동비로 분류하는 방법)에 관한 설명으로 옳지 않은 것은? [고득점 문제]

① 올해와 내년도 매출액이 10억원, 12억원이고 각각 비용이 9억원, 10억원일 때, 비례율법에 의해 고정비를 구하면 4억원이다.

② 비례율법은 연속된 2개 연도의 생산시설의 변화가 없어야 의미가 있다.

③ 회귀분석법이란 과거 몇 년 동안의 매출액과 영업비용을 관찰하여 평균적인 관계식을 구하는 방법이다.

④ 회귀분석을 통해 구한 회귀식이 '총 영업비용 = 매출액 × 0.65 + 100억원'으로 나왔다면 0.65는 공헌이익률을 의미한다.

⑤ 회귀분석을 통해 구한 회귀식이 '총 영업비용 = 매출액 × 0.8 + 20억원'으로 나왔고, 실제 매출액이 200억원이면 손익분기점률은 50%이다.

정답 | ④

해설 | 회귀분석을 통해 구한 회귀식이 '총 영업비용 = 매출액 × 0.65 + 100억원'으로 나왔다면 변동비율은 0.65, 고정비용은 100억원으로 구분한다는 의미한다.

SECTION 1 안정성 분석

(1) 유동성 비율

유동성 비율은 기업의 단기채무 지급능력을 측정하기 위한 비율을 의미한다. 기업이 단기부채를 상환하기 위해서는 현금 또는 당장 현금화가 용이한 자산을 충분히 보유하고 있어야 한다. 따라서 유동성 비율은 단기성 자산과 부채를 비교하여 산정한다.

① 유동비율

$$유동비율 = \frac{유동자산}{유동부채}$$

단기채무인 유동부채를 갚을 수 있는 능력을 현금화가 용이한 유동자산으로 측정하며, 유동성 부족은 기업의 부도로 이어질 수 있으므로 충분한 유동성 확보가 필요하다. 다만, 유동비율이 지나치게 높으면 적절한 투자를 하지 못하고 있는 것으로 판단할 수도 있다.

② 당좌비율

$$당좌비율 = \frac{당좌자산}{유동부채} = \frac{유동자산 - 재고자산}{유동부채}$$

일반적으로 재고자산은 현금화가 떨어져 당좌자산으로 유동성을 측정하는 것이 보다 합리적이다. 만약, 유동비율이 높은데 당좌비율이 낮다면 재고자산을 과다 보유하고 있다고 볼 수 있다.

③ 현금비율

$$현금비율 = \frac{현금 및 현금성 자산}{유동부채}$$

당좌자산 중 매출채권 등도 현금화가 상대적으로 떨어지므로 현금 및 현금성 자산으로만 유동부채를 충당한다고 보는 비율로, 가장 보수적인 유동성 비율로 볼 수 있다.

④ 순운전자본비율

$$순운전자본비율 = \frac{순운전자본}{총자본}$$

여기서 순운전자본은 유동자산에서 유동부채를 차감한 값이다.

(2) 안정성 비율

안정성 비율 또는 레버리지비율은 기업이 어느 정도 타인자본(부채)에 의존하고 있는지 측정하는 비율을 말한다.

① 부채비율

$$부채비율 = \frac{타인자본}{자기자본} \quad or \quad 부채비율 = \frac{타인자본}{총자본}$$

부채비율의 정의는 위와 같이 다양하다. 다만, 우리나라에서는 Debt to Equity Ratio(부채비율 = $\frac{타인자본}{자기자본}$)를 부채비율로 많이 사용한다. 타인자본(부채)가 많다면 부채비율은 높게 나타난다. 부채비율이 높으면 손익확대효과가 커지지만, 재무안정성은 낮아진다.

② 자기자본비율

$$자기자본비율 = \frac{자기자본}{총자본}$$

자기자본비율은 총자본에서 자기자본이 차지하는 비중을 의미한다.

③ 이자보상비율

$$이자보상비율 = \frac{영업이익}{이자비용}$$

이자보상비율은 정상적인 영업활동으로부터 얻은 영업이익으로 이자비용을 충당할 수 있는지 알려주는 비율로, 일반적으로 이자보상비율이 1 미만이면 상환능력에 문제가 있는 것으로 본다. 특히 이자보상비율이 3년 연속 1 미만이면 한계기업(좀비기업)으로 분류한다.

SECTION 2   성장성 분석

성장성 분석은 여러 재무지표의 증감률을 사용하여 분석한다.

① 총자산증가율

$$총자산증가율 = \frac{(당기말총자산 - 전기말총자산)}{전기말총자산} \times 100$$

② 매출액증가율

$$매출액증가율 = \frac{(당기매출액 - 전기매출액)}{전기매출액} \times 100$$

③ 자기자본증가율

$$자기자본증가율 = \frac{(당기말자기자본 - 전기말자기자본)}{전기말자기자본} \times 100$$

④ 이익증가율

매출액이익증가율, 영업이익증가율, 순이익증가율, 주당순이익증가율 등 다양한 이익증가율을 나타낼 수 있다.

기업이 보유하고 있는 자산, 부채, 자본을 얼마나 효율적으로 활용하고 있는지 나타내는 지표이다. 단 활동성 비율을 계산할 때, 특정시점을 나타내는 B/S항목과 특정기간을 나타내는 I/S항목을 비교하게 되는데, 분모와 분자를 맞춰주기 위해 B/S항목은 연평균치를 계산하여 고려한다.

(1) 매출채권회전율과 매출채권회수기간

① 매출채권회전율 $= \dfrac{\text{매출액}}{\text{평균매출채권}}$

매출채권이 1년 동안 몇 번 회전해서 매출액을 창출했는지를 나타내는 지표로 매출채권의 활용도를 나타낸다. 매출채권회전율이 높다는 것은 외상매출의 현금화 속도가 빠르다는 것을 의미하지만, 반대로 물건을 상대적으로 싸게 팔아서 회전율이 높아 보일 수도 있으니 유의해야 한다.

② 매출채권회수기간(일) $= \dfrac{365\text{일}}{\text{매출채권회전율}}$

매출채권회수기간은 매출채권을 회수하는데 걸리는 기간을 대략적으로 계산한 값이다. 매출채권회수기간이 낮으면 매출채권을 빨리 회수한다는 의미로 해석할 수 있다.

예를 들어 매출채권회전율이 5회라면 매출채권이 1년 동안 5번 회수되어 매출액을 실현했다는 의미로 해석하며, 매출채권평균회수기간은 73일로, 73일에 한 번 매출채권이 회수된다는 뜻으로 해석한다.

(2) 재고자산회전율과 재고자산회전기간

① 재고자산회전율 $= \dfrac{\text{매출원가}}{\text{평균 재고자산}}$ or 재고자산회전율 $= \dfrac{\text{매출액}}{\text{평균 재고자산}}$

재고자산이 1년 동안 몇 번 회전해서 매출원가를 창출했는지를 나타내는 지표로 재고자산 대비 판매활동의 효율성을 나타낸다. 일반적으로 매출원가를 기준으로 산정하지만, 때에 따라서는 단순하게 매출액으로 계산하기도 한다. 재고자산회전율이 높다면 재고자산이 창고에 오래 남아 있지 않고 바로 매출로 이어졌다는 것을 의미한다.

② 재고자산회전기간(일) $= \dfrac{365\text{일}}{\text{재고자산회전율}}$

재고자산회전기간은 재고자산이 입고되어 판매하는데까지 걸리는 기간을 계산한 값이다. 재고자산회전기간이 높으면 재고자산이 팔리지 않다는 것으로 해석할 수 있어, 재고자산의 진부화여부를 의심해봐야 한다.

(3) 영업순환주기(Operating Cycle)

영업순환주기는 재고자산이 입고되어 판매된 후 현금을 회수하는데까지 걸리는 기간을 계산한 값이다. 따라서 영업순환주기는 재고자산회전기간과 매출채권회수기간을 더한 값이다.

→ 영업순환주기 = 재고자산회전기간 + 매출채권회수기간

(4) 기타회전율

총자산회전율 $= \dfrac{\text{매출액}}{\text{평균 총자산}}$, 매입채무회전율 $= \dfrac{\text{매출원가 or 매출액}}{\text{평균매입채무}}$

기업의 수익을 절대적인 금액이 아닌 상대적인 비율로 나타낸 지표이다.

(1) 매출액 대비 이익률

$$매출액총이익률 = \frac{매출총이익}{매출액} \,, \quad 매출액영업이익률 = \frac{영업이익}{매출액} \,, \quad 매출액순이익률 = \frac{순이익}{매출액}$$

여기서 이익을 어떻게 정의하느냐에 따라 달라진다. 이익을 매출총이익이라고 하면 매출액총이익률이 되고, 영업이익이라고 정의하면 매출액영업이익률. 당기순이익으로 정의하면 매출액순이익률이 된다. 매출액을 생략하고 매출총이익률, 영업이익률, 순이익률이라고 한다고 해도 암묵적으로 매출액 대비로 보면 된다.

(2) 자기자본순이익률(ROE)

$$자기자본순이익률(\text{ROE}) = \frac{당기순이익}{자기자본}$$

주주와 관련된 이익을 비율로 나타낸 지표이다. 주주의 입장에서 보면 투자한 금액 대비 얻은 투자수익의 개념으로 볼 수 있다. 유보금액에 대한 재투자수익률로도 활용한다. 자기자본순이익률(ROE)을 다음과 같이 확장할 수도 있다.

$$
\begin{aligned}
자기자본순이익률(\text{ROE}) &= \frac{당기순이익}{매출액} \times \frac{매출액}{총자산} \times \frac{총자산}{자기자본} \\
&= \frac{당기순이익}{매출액} \times \frac{매출액}{총자산} \times \left(1 + \frac{타인자본}{자기자본}\right) \\
&= 매출액순이익률 \times 총자산회전율 \times (1 + 부채비율)
\end{aligned}
$$

즉 자기자본순이익률 수익성, 활동성, 안정성 모두에 영향을 받는다.

(3) 총자본이익률(ROA)

$$총자본순이익률(\text{ROA}) = \frac{당기순이익}{평균총자본}$$

$$총자본영업이익률(\text{ROA}) = \frac{영업이익}{평균총자본}$$

총자본에서 얻은 이익을 비율로 나타낸 지표이다. 분모와 분자가 대응되는 개념이 아니다. 총자본순이익률(ROA)도 다음과 같이 확장할 수도 있다.

$$총자본순이익률(\text{ROA}) = \frac{당기순이익}{매출액} \times \frac{매출액}{총자산}$$

$$총자본영업이익률(\text{ROA}) = \frac{영업이익}{매출액} \times \frac{매출액}{총자산}$$

(1) 주가수익비율(PER)

주가수익비율(Price Earnings Ratio ; PER)은 현재의 주식가격(P_0)을 기대주당이익(EPS_1)로 나눈 값이다. 주가수익비율(PER)은 두 가지 의미를 가지고 있다. 첫째는 기업의 향후 주당이익(EPS)이 일정하다면 몇 년이 지나야 현재 매입주가가 되는지 회수기간의 의미를 갖는다. 즉, 내가 투자한 주가의 금액을 EPS로 회수하는데 걸리는 기간을 의미한다. 둘째는 주가의 매입가치를 기업의 순이익 대비 얼마인지 보는 개념이다. 주가수익비율(PER)을 구하는 공식은 다음과 같다.

C/h/e/c/k **PER 공식**

$$주가순익비율(PER) = \frac{현재주가(P_0)}{기대주당순이익(EPS_1)} = \frac{자기자본시장가치^{(*1)}}{기대당기순이익^{(*2)}}$$

(*1) 자기자본가치 = 현재주가×주식수 , (*2) 기대당기순이익 = EPS×주식수

---

(2) 주가순자산비율(PBR)

주가순자산비율(Price Book Value Ratio ; PBR)은 현재의 주식가격(P_0)을 주당자기자본(주당순자산)의 장부가치(BPS_0)로 나눈 값이다. 주당자기자본의 장부가치(BPS_0)는 현재 총자기자본을 주식수로 나누어 구한다.

주가순자산비율(PBR)은 현재 자기자본의 장부가치 대비 자기자본의 시장가치가 어느정도 수준인지 확인할 수 있는 값이다. 예를 들어 주가순자산비율(PBR)이 1.2일 경우 자기자본의 장부가치 대비 시장가치가 1.2배 높다는 의미로 볼 수 있다. 주가순자산비율(PBR)을 구하는 공식은 다음과 같다.

C/h/e/c/k **PBR 공식**

$$주가순자산비율(PBR) = \frac{현재주가(P_0)}{주당자기자본장부가치(BPS_0)} = \frac{자기자본시장가치^{(*1)}}{자기자본장부가치^{(*2)}}$$

(*1) 자기자본가치 = 현재주가×주식수 , (*2) 자기자본장부가치 = BPS×주식수

---

(3) EV/EBITDA

EV/EBITDA비율은 기업의 현금흐름(영업과 관련된 현금흐름)을 기준으로 주가평가 정도를 파악하는 재무정보이다. 영업활동으로 창출한 현금흐름으로 해당 기업을 인수했을 때 몇 년 만에 회수할 수 있는지 회수기간의 의미를 갖는다. 따라서 EV/EBITDA가 낮다는 것은 투자자금의 회수가 짧다는 의미로 그만큼 주가가 저평가되어 있다고 판단할 수 있다.

C/h/e/c/k **EV(Enterprise Value) 공식**

EV = 시가총액 + 순부채

= 시가총액 + (부채 − 현금성 자산)

여기서 EBITDA(Earnings Before Interests, Taxes, Depreciation and Amirtizatioin)는 세전순이익에서 이자비용과 감가상각비와 무형자산상각비를 더한 값으로 현금유출이 없는 비용을 제외하여 영업과 관련된 현금흐름을 의미한다. 따라서 EBITDA는 기업의 현금창출능력을 보여주는 값이다.

C/h/e/c/k EBITDA 공식

EBITDA = 영업이익 + 감가상각비
        = 당기순이익 + 법인세 + 이자 + 감가상각비

SECTION 6 경제적 부가가치와 시장 부가가치

(1) 경제적 부가가치의 의미

경제적 부가가치(Economic Value Added ; EVA)는 당기순이익(NI)에서 자기자본에 대한 자본비용까지 고려한 개념이다. 당기순이익은 타인자본에 대한 자본비용만 고려하여 구한 주주의 잔여이익 개념인 반면, 경제적 부가가치는 주주에게 지급하는 대가까지 고려하여 기업이 창출한 순부가가치를 나타낸 개념이다.

C/h/e/c/k 당기순이익 VS 경제적 부가가치

당기순이익 산출 과정		경제적 부가가치 산출 과정
매출(+)		매출(+)
매출원가(−)		매출원가(−)
영업이익	VS	**영업이익**
이자비용(−)		영업이익에 대한 법인세(−)
세전이익		세후이자비용(−)
세전이익에 대한 법인세(−)		자기자본에 대한 대가(−)
당기순이익(NI)		경제적 부가가치(EVA))

(2) 경제적 부가가치의 공식

경제적 부가가치(Economic Value Added ; EVA)는 당기순이익(NI)에서 자기자본에 대한 자본비용까지 고려한 개념이다. 당기순이익은 타인자본에 대한 자본비용만 고려하여 구한 주주의 잔여이익 개념인 반면, 경제적 부가가치는 주주에게 지급하는 대가까지 고려하여 기업이 창출한 순부가가치를 나타낸 개념이다.

> **C/h/e/c/k 경제적 부가가치**
>
> 경제적 부가가치(EVA) = 세후영업이익(NOPLAT) − 총자본비용
>
> $\qquad$ = EBIT×(1−t) − 투자자본×가중평균자본비용
>
> $\qquad$ = 투자자본 × (투자자본이익률(*) − 가중평균자본비용)
>
> (*) 투자자본이익률(ROIC) = $\dfrac{\text{세후영업이익}}{\text{투자자본}}$

(3) 시장 부가가치

시장 부가가치(Market Value Added ; MVA)는 총자본의 시장가치에서 총자본의 장부가치를 차감한 값이다. 이는 앞에서 배운 순현재가치(NPV)와 동일한 개념이다. 경제적 부가가치(EVA)가 기업이 매년 벌어들이는 순부가가치를 나타내는 것이라면 시장 부가가치(MVA)는 순부가가치의 현재가치를 나타낸다. 따라서 시장 부가가치(MVA)는 경제적 부가가치(EVA)를 적절한 할인율로 할인한 현재가치 값이다. 여기서 적용되는 할인율은 가중평균자본비용(WACC)이다.

> **C/h/e/c/k 시장 부가가치**
>
> 시장 부가가치(EVA) = 총자본의 시장가치 − 총자본의 장부가치
>
> $\qquad$ = 자기자본 시장가치 − 자기자본 장부가치
>
> $\qquad$ = 경제적 부가가치의 현재가치
>
> $\qquad$ = $\sum \dfrac{EVA_t}{(1+WACC)^t}$

01 재무비율에 관한 설명으로 가장 적절하지 않은 것은?

① 회계적 이익을 가능한 한 적게 계상하는 회계처리방법을 사용하는 기업의 경우 주가수익비율(PER)은 상대적으로 높게 나타날 수 있다.

② 자산의 시장가치가 그 자산의 대체원가보다 작은 경우 토빈의 q는 1보다 작다.

③ 매출액순이익률이 2%, 총자산회전율이 3.0, 자기자본비율이 50%일 경우 자기자본순이익률(ROE)은 3%이다.

④ 유동비율이 높은 기업은 유동성이 양호한 상태라고 판단될 수 있으나, 과도하게 높은 유동비율은 수익성 측면에서 비효율적일 수 있다.

⑤ 주가장부가치비율(PBR)은 일반적으로 수익전망이 높은 기업일수록 높게 나타난다.

정답 | ③
해설 | ① PER은 주가를 주당이익으로 나눈 값인데, 회계적 이익을 적게 계상하는 회계처리방법에서 주당이익이 적어지면 PER은 높아질 수 있다.
② 토빈의 q는 시장가치를 대체원가로 나눈 값으로 시장가치가 대체원가보다 작은 경우 토빈의 q는 1보다 작다.
③ ROE = 매출액순이익률×총자산회전율×자기자본비율의 역수 = 2%×3.0×2 = 12%
④ 유동비율의 장단점을 설명한 내용이다.
⑤ PBR은 주가를 주당장부가치로 나눈 값인데 PBR이 높다면 주가가 장부가 대비 높다는 것을 의미하므로 수익전망이 높은 기업으로 해석할 수 있다.

02 재무비율의 이름과 경제적 의미를 짝 지운 내용이 가장 적절하지 않은 것은?

① 주가수익비율 – 수익성 ② 매입채무회전율 – 활동성
③ 이자보상비율 – 레버리지 ④ 당좌비율 – 유동성
⑤ 총자본투자효율 – 생산성

정답 | ①
해설 | 주가수익비율(PER)은 주가순장부가치비율(PBR), 주가매출액비율(PSR)과 같이 시장가치비율의 범주에 속한다.

03 자기자본비율이 25%이면 부채비율(부채/자기자본)은 얼마인가?

① 75%　　　　　　　　　　　　② 100%

③ 150%　　　　　　　　　　　　④ 200%

⑤ 300%

정답 | ⑤

해설 | 부채기업 MV B/S(비율)

1	A
	0.25

위와 같이 자기자본비율을 보고 간단하게 재무상태표를 비율로 그린 후 부채에 해당하는 비율을 역산하여 구한다.

$$부채비율 = \frac{부채}{자기자본} = \frac{1 - 0.25}{0.25} = 300\%$$

04 ㈜창조의 기초 자본구조는 부채 1,200억원, 자기자본 800억원으로 구성되어 있었다. 기말 결산을 해보니 영업이익은 244억원이고 이자비용은 84억원이다. 주주의 기대수익률이 15%이고 법인세율이 25%일 때, 경제적 부가가치(EVA)를 계산하면 얼마인가?(단, 장부가치와 시장가치는 동일하며, 아래 선택지의 단위는 억원이다.)

① EVA ≤ −20　　　　　　　　　② −20 < EVA ≤ 40

③ 40 < EVA ≤ 100　　　　　　　④ 100 < EVA ≤ 160

⑤ EVA > 160

정답 | ②

해설 | 문제에서 장부가치와 시장가치가 동일하다고 하였으므로 시장 부가가치(MVA)는 0이고, 이는 곧 EVA가 0이 됨을 의미한다. 다음과 같이 EVA 공식을 통해서도 구할 수 있다.

$$EVA = EBIT(1-t) - C_0 \times WACC = 244억 \times (1-25\%) - 2,000 \times 9.15\%^{(*)} = 0$$

$$(*) \ WACC = (15\% \times \frac{800}{2,000}) + (7\%^{(**)} \times (1-25\%) \times \frac{1,200}{2,000}) = 9.15\%$$

$$(**) \ 타인자본비용 = \frac{이자비용}{부채} = \frac{84억}{1,200억} = 7\%$$

05 현재 유동자산은 10억원, 재고자산은 3억원, 총자산 20억원, 현금은 1억원, 유동부채는 4억원이다. 유동비율은 얼마인가?

① 175%

② 200%

③ 250%

④ 300%

⑤ 400%

정답 | ③

해설 | 유동비율 $= \dfrac{\text{유동자산}}{\text{유동부채}} = \dfrac{10억}{4억} = 2.5(250\%)$

06 다음 중 재무분석의 주체별 주요 목적과 관련된 설명으로 가장 적절하지 않은 것은?

① 경영자는 경영계획 수립을 위한 기초자료를 획득하기 위해 재무분석을 활용한다.

② 금융기관은 자금차입자의 원리금 및 이자상환능력을 판단하기 위해 내부적인 재무분석 프로세스를 보유하고 있다.

③ 기업인수 관련자는 탈세여부를 검사하기 위해 재무분석을 한다.

④ 주주입장에서 재무분석의 초점은 기업의 위험과 수익성에 맞춰진다.

⑤ 회계감사인은 이해관계자에게 기업에 대한 정보를 제공하기 위해 재무분석을 실시한다.

정답 | ③

해설 | 기업인수 관련자는 인수하고자 하는 대상 회사의 상태, 인수대금, 합병시너지, 합병 후 구조 등을 확인하고자 재무분석을 이용한다. 탈세여부 검사는 세무당국의 재무 분석 주요 목적으로 볼 수 있다.

07 기업이 자산을 얼마나 효율적으로 활용하고 있는가를 평가하는 재무비율은?

① 수익성 비율

② 레버리지비율

③ 성장성 비율

④ 유동성 비율

⑤ 활동성 비율

정답 | ⑤

해설 | 자산의 효율적 사용과 관련되어 있는 비율은 회전율 또는 회전기간과 같은 활동성 비율이다.

08 현재 당좌자산이 7억원, 유동부채가 4억원, 당좌비율이 175%로 계산되었다. 만약 2억원의 재고 자산이 감모되어 가치가 하락한다면, 변화된 당좌비율의 값과 가장 가까운 것은?

① 80% ② 117%

③ 175% ④ 200%

⑤ 220%

정답 ┃ ③

해설 ┃ 당좌자산은 재고자산을 포함하지 않은 자산이므로 재고자산의 변화는 당좌자산의 변화를 가져오지 않는다. 또한 재고자산의 감모는 이익잉여금의 감소(비용)이므로 유동부채에도 영향을 주지 않는다. 따라서 당좌비율은 변하지 않는다.

09 유동성을 보여주는 재무비율이 아닌 것은?

① 유동비율 ② 당좌비율

③ 현금비율 ④ 자기자본비율

⑤ 순운전자본비율

정답 ┃ ④

해설 ┃ 자기자본비율은 안정성 또는 레버리지를 나타내는 비율이다.

10 매출총이익률은 양호하지만 영업이익률이 산업평균보다 낮은 수준일 때 다음 설명 중 가장 옳은 것은?

① 재료비 비중이 상대적으로 많다.

② 차입금이 많아 이자비용이 과다한 상태이다.

③ 사무직 근로자에 대한 급여가 과다하게 지출되고 있다.

④ 신규 거래처로 인해 매출이 증가하였다.

⑤ 외주가공비의 비중이 상대적으로 높은 수준이다.

정답 ┃ ③

해설 ┃ 매출총이익률이 높은데 영업이익률이 낮다면 판매관리비가 높은 상태를 말한다. 사무직 근로자에 대한 급여는 판관비로 계상되므로 사무직 근로자에 대한 급여가 과다하다면 판관비가 상대적으로 높은 상태로 볼 수 있다.

11 다음 자료에서 당좌비율(quick ratio; Q)을 계산했을 때 가장 적절한 것은?(단, 1년은 365일이 고 회전율은 매출액에 대하여 계산한다.) 고득점 문제

> ▶ 매출채권 120억원   ▶ 재고자산회전율 10회
> ▶ 유동부채 140억원   ▶ 매출채권회수기간 60일
> ▶ 유동비율 150

① Q ≤ 50%   ② 50% < Q ≤ 75%

③ 75% < Q ≤ 100%   ④ 100% < Q ≤ 125%

⑤ Q > 125%

정답 | ③

해설 | 당좌비율 $= \dfrac{\text{유동자산} - \text{재고자산}}{\text{유동부채}} = \dfrac{210억(*1) - 73억(*2)}{140억} ≒ 97.86\%$

(*1) 유동자산 산정

$\quad$ 유동비율 $= \dfrac{\text{유동자산}}{\text{유동부채}}$, $150\% = \dfrac{\text{유동자산}}{140억} \to$ 유동자산 $= 210억원$

(*2) 평균재고자산의 개념이 없으므로 단순 재고자산 금액 산정

$\quad$ 재고자산회전율 $= \dfrac{\text{매출액 또는 매출원가}}{\text{평균재고자산}}$

$\quad$ $10회 = \dfrac{730억(**)}{\text{평균재고자산}} \to$ 평균재고자산 $= 73억원$

(**) 매출원가와 관련된 자료가 없으므로 매출액을 구한다.

$\quad$ 매출채권회수기간 $= \dfrac{\text{평균매출채권}}{\text{매출액}} \times 365일$, $60억 = \dfrac{120억}{\text{매출액}} \times 365일 \to$ 매출액 $= 730억원$

12 다음은 A기업의 재무재표를 나타낸 것이다. 고득점 문제

A기업 재무상태표의 일부

(단위: 원)

구분	2017년말	2018년말	구분	2017년말	2018년말
자산	–	–	부채와 자본	–	–
현금	4,000	2,500	유동부채	2,000	2,200
매출채권	1,000	3,000	비유동부채	20,000	26,000
비유동자산	25,000	30,000	자본	8,000	7,300

A기업 2018년도 포괄손익계산서의 일부

(단위: 원)

매출액	150,000
매출원가	80,000
영업이익	70,000
이자비용	2,000

다음은 A기업이 속해 있는 산업의 평균 재무정보이다.

동종산업의 산업평균 재무정보

유동비율	1.8
매출채권회전율	10회
이자보상비율	10

다음 A기업의 재무상태 분석 중 가장 적절하지 않은 것은?

① A기업의 2개년(17~18년) 유동비율은 변하지 않았다.

② A기업의 유동성은 산업평균에 비해 높다고 볼 수 있다.

③ A기업의 매출채권회전기간은 산업평균에 비해 높다.

④ A기업의 이자보상비율은 산업평균에 비해 높다.

⑤ 전반적으로 산업평균에 비해 재무구조가 안정적이라고 판단된다.

정답 | ③

해설 | A기업의 매출채권회전율은 75회로 산업평균에 비해 높으므로 매출채권회전기간은 낮다.

PART 06
기업 재무관리

SECTION 1 화폐 시간가치의 기본 개념

누군가가 여러분에게 현재 100억원과 1년 후 100억원 중 선택하라고 한다면, 여러분은 둘 중 어느 것을 선택할 것인가? 합리적인 사람이라면 현재 100억원을 선택한다. 왜 사람들은 1년 후 100억원보다 현재 100억원을 더 선호하는가?

(1) 유동성 선호현상

위와 같이, 같은 금액이라면 미래의 현금보다 현재의 현금을 선호하는 현상을 유동성 선호 현상이라고 한다. 유동성 선호의 이유는 아래와 같이 크게 4가지이다.

① 사람들은 미래의 소비보다 현재의 소비를 좋아하는 경향이 있다. → 시차선호

② 현재 현금이 있다면, 수익을 창출할 수 있는 기회가 주어진다. → 투자기회

③ 물가가 상승한다면 동일한 현금이라도 그 가치가 하락한다. → 물가상승

④ 1년 후 실제로 현금을 받을 수 있을지 불확실하고, 일반적으로 사람들은 불확실성을 싫어한다. → 미래의 불확실성

(2) 이자율

사람들은 현재의 현금을 더 선호하기 때문에 현재의 현금을 포기하는 경우에는 그에 상응하는 대가를 요구하게 된다. 이를 비율로 표현할 수 있는데, 이 비율이 이자율이다.

다음의 예시는 현재 현금과 1년후 현금에 대해 사람들이 느끼는 효용(만족도)의 선호를 나타낸 것이다. 사람들에게 현재 100억원과 1년 후 100억원 중 선택하라고 한다면 유동성 선호 현상에 따라 현재 100억원을 선호할 것이다. 한편 사람들에게 현재 100억원과 1년 후 110억원 중에서 선택하라고 했을 경우 모든 사람들이 1년 후 110억원을 선호한다고 한다고 한다. 그런데 만약 사람들에게 현재 100억원과 1년 후 105억원 중에서 선택하라고 했을 경우 모든 사람들이 동일한 효용을 느껴 둘 중 아무거나 선택한다고 한다. 그렇다면, 현재 100억원과 1년후 105억원은 동일한 가치를 가진다고 볼 수 있는데, 여기서 100억원과 105억원의 차이 5억원에 대한 비율 5%(5억원/100억원)가 바로 1년 이자율의 개념이다.

Check 유동선선호와 이자율의 개념

(3) 화폐 시간가치의 목적

서로 다른 시점의 현금흐름이나 가치를 비교하기 위해서는 동일한 시점으로 환산한 금액으로 비교하여야 올바른 의사결정을 할 수 있다. 재무관리에서는 현재시점에서 의사결정을 하는 경우가 많기 때문에 일반적으로 현재 시점에서 가치를 비교한다. 따라서 미래의 현금흐름을 현재가치(Present Value)로 금액을 환산한 후 그 크기를 비교한다.

현재가치로 환산할 때에는 앞에서 배운 이자율을 이용한다. 앞의 예시와 같이 현재 100억원과 1년 후 105억원의 가치가 동일하다고 할 때, 1년 후 105억원을 현재가치로 환산하면 100억원이 나와야 될 것이다. 현재가치로 환산하는 방법은 1년 후 가치 105억원을 (1+이자율(5%))로 나누어서 산정한다.

한편, 1년 후 시점에서 비교하는 방법도 있다. 현재 금액 100억원을 (1+이자율(5%))로 곱한 미래가치(Future Value) 금액을 산정하여 비교하기도 한다. 어느 시점에서 비교해도 동일한 값이 나오므로 현재 100억원과 1년 후 105억원은 동일한 가치를 가지게 된다는 결론을 도출할 수 있다.

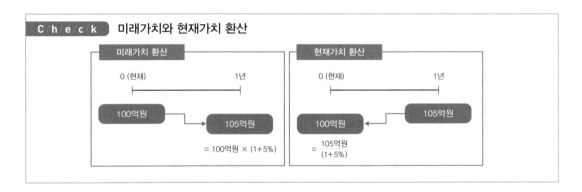

(4) 복리(Compounding)의 개념

복리란 원금뿐만 아니라 이자에 대해서도 매기간 이자를 지급하는 방식을 말한다. 즉 이자의 이자가 붙는 개념으로 복리는 원금뿐만 아니라 이자에 대해서도 매기간 재투자하는 것을 가정한다. 회계와 재무관리에서는 일반적으로 복리계산으로 가치를 산정한다.

예를 들어, 현재 100억원을 은행에 이자율 5%, 3년 만기로 예금을 할 경우 3년 후 수령하는 금액은 115.76억원이다.

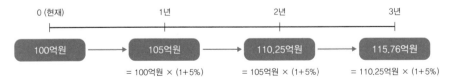

따라서 3년 후 금액 115.76억원은 100억원에서 $(1+5\%)^3$ 을 곱하여 구할 수 있다.

반대로 3년 후에 115.76억원이 필요하다면, 현재 100억원을 이자율 5%, 만기가 3년인 예금을 하면 된다. 즉, 3년 후 115.76억원과 현재 100억원은 동일한 가치를 가진다. 이를 통해 아래와 같은 공식을 도출해 낼 수 있다.

(5) 할인(Discounting)

미래의 금액을 현재가치로 환산하는 것을 할인(Discounting)이라고 한다. 이때 적용하는 이자율을 할인율(Discount rate)이라고 한다. 재무관리에서는 현재시점에서 의사결정 하는 경우가 많아 현재가치로 환산하는 할인 개념을 많이 사용한다.

SECTION 2 시장과 재무관리

시장은 크게 실물투자시장과 금융시장으로 나뉜다. 기업은 금융시장으로부터 조달된 자금으로 실물시장에 투자하여 재화나 용역을 생산 및 판매하는 활동을 한다. 재무관리는 이 일련의 과정을 연구하는 학문이다.

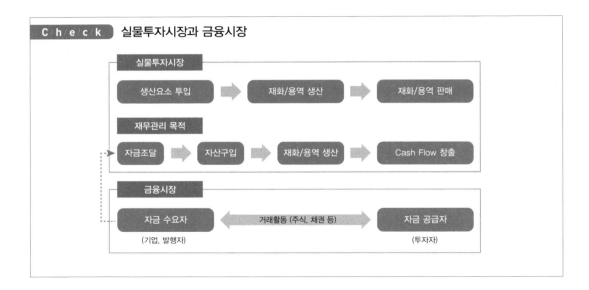

실물투자의 주체는 기업이고, 금융시장에서 투자의 주체는 채권자 및 주주이다. 기업은 금융시장에서 자금공급자의 역할을 하는 채권자 및 주주로부터 자금을 공급받아 실물에 투자하여 영업활동을 통해 수익을 창출한다. 그리고 창출된 수익은 채권자 및 주주에게 배분한다.

(1) 자본조달

기업은 투자에 필요한 재원을 마련하기 위해 금융시장에서 자금 공급자로부터 자금을 조달한다. 이러한 경제활동을 자본의 조달이라고 한다. 자본의 조달의 예로는 금융기관으로부터의 차입, 주식발행을 통한 조달 등이 있다.

(2) 운용

기업은 조달된 자금으로 재화나 용역을 판매하기 위해 필요한 자산을 구입(투자)한다. 이러한 경제활동을 자금의 운용이라고 한다.

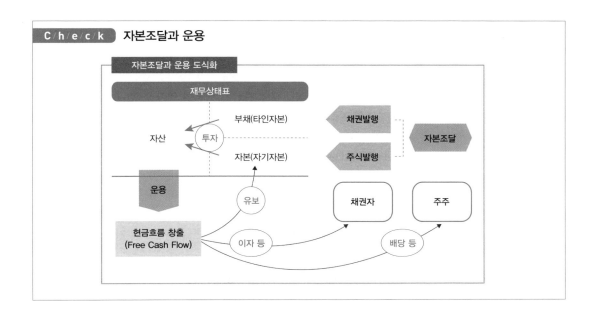

기업이 창출한 현금흐름(이익)에서 우선적으로 채권자가 이자 형식으로 가져간다. 이자 지급 후 잔여 현금흐름(이익)에 대해서 기업의 배당정책에 따라 주주에게 배당금 또는 유보금(재투자금)으로 나눈다. 주주의 입장에서 배당금과 유보금은 모두 주주에게 귀속되는 현금흐름이다. 단, 배당금은 지금 당장 얻는 현금흐름임에 반해, 유보금은 향후 더 높은 수익을 기대하고 투자하는 현금흐름으로 미래에 귀속되는 것으로 이해할 수 있다.

기업은 채권자와 주주 등 투자자로부터 조달한 자본에 대한 대가로 투자자에게 자본비용을 지불한다. 기업의 입장에서 자본비용은 투자자 입장에서는 투자금에 대한 수익률이다.

(3) 재무관리 목표와 기업가치 평가

기업의 목표는 회계적 이익을 극대화하는 것이 목표가 아니라 기업의 가치를 극대화하는 것을 목표로 한다. 기업가치는 기업으로부터 발생한 현금흐름을 현재가치로 할인하여 계산한다.

회계적 이익은 현금흐름과는 다르게 회계처리방법에 따라 달라질 수 있고, 화폐의 시간가치를 고려하지 않고 있기 때문에 회계적 이익을 기반으로 의사결정을 하면 객관성이 떨어지는 문제가 있다. 따라서 재무관리는 기업이 얻게 될 현금흐름을 기반으로 기업으로부터 발생되는 미래의 현금흐름을 현재가치로 할인한 값이 극대화 되는 것을 목표로 한다.

C/h/e/c/k **기업의 가치 산정**

$$기업의\ 가치 = \sum_{k=1}^{n} \frac{기업이\ t시점에\ 얻게\ 될\ 현금흐름}{(1+할인율)^t}$$

자산을 투자할 때 위험은 크게 두가지 의미가 있다. 첫번째는 손실정도이다. 예를 들어 100억원 상당의 자산에 투자했는데 1년뒤 90억원으로 감소한다면, 해당 자산은 위험이 있다고 할 수 있다. 두번째는 변동성이다. 예를 들어 100억원 상당의 자산을 투자했는데 1년뒤 불황으로 인해 0원이 될 가능성과 호황으로 인해 200억원이 될 가능성이 동시에 존재한다면, 1년 뒤 무조건 100억원이 되는 경우보다 변동성이 크다고 볼 수 있다. 재무관리에서 별다른 언급이 없는 한 예상한 결과와 다르게 될 가능성 즉, 변동성의 정도를 위험으로 정의한다.

(1) 변동성으로서의 위험의 의미

100만원을 투자하면 1년 후 무조건 110만원을 주는 자산 A와, 1년 후 0원이 될 가능성 50%, 220만원이 될 가능성이 50%인 자산 B가 있다고 한다.

미래상황	확률	A자산 가격	B자산 가격
불황	50%	110만원	0원
호황	50%	110만원	220만원

위의 표를 수익률로 나타내면 다음과 같다.

미래상황	확률	A자산 수익률	B자산 수익률
불황	50%	$\dfrac{110만}{100만} - 1 = 10\%$	$\dfrac{0}{100만} - 1 = -100\%$
호황	50%	$\dfrac{110만}{100만} - 1 = 10\%$	$\dfrac{220만}{100만} - 1 = 120\%$

두 자산의 기댓값은 110만원으로 같고 수익률의 기댓값도 10%로 같다.

A자산 기댓값 = (110만×50%) + (110만×50%) = 110만

A자산 기대수익률 = (10%×50%) + (10%×50%) = 10%

B자산 기댓값 = (0×50%) + (220만×50%) = 110만

B자산 기대수익률 = (−100%×50%) + (120%×50%) = 10%

재무관리에서 합리적인 투자자는 위험을 싫어하는 투자자(위험회피자)를 가정하므로, 두 자산 모두 동일한 기댓값과 기대수익률을 가지고 있더라도 위험이 없는 자산 A를 선택할 것이다. 따라서 사람들은 100만원으로 위험이 없는 자산 A에만 투자하고, 자산 B에는 아무도 투자하지 않을 것이다. 그렇게 되면 자산 A의 수요가 증가하고, 자산 B의 수요는 감소하므로, 수요공급원리에 따라 자산 A의 가격이 상승하고 자산 B의 가격은 하락한다. 위의 내용을 그림으로 나타내면 다음과 같다.

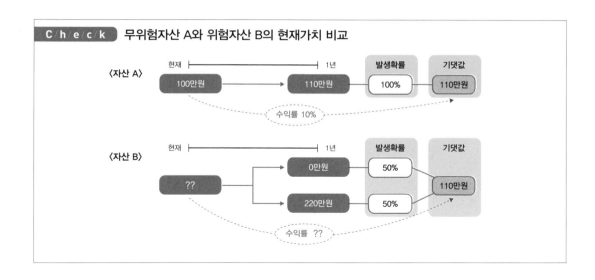

만약 위 예시에서 자산 B 의 가격이 80만원이라면 사람들은 두 자산에 대해 느끼는 만족도가 동일하다고 가정해보자. 그러면 다음 그림과 같이 자산 B의 수익률이 자산 A의 수익률보다 높게 형성될 것이다.

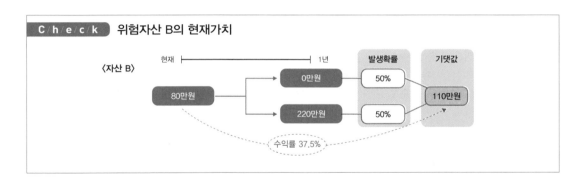

위의 예시에서 보는 바와 같이 위험이 없는 자산 A의 수익률은 10%이고, 위험이 있는 자산 B의 수익률은 37.5%이다. 위험이 있는 자산은 위험이 없는 자산에 비해 수익률이 높게 형성되는 것을 볼 수 있다. 여기서 수익률의 차이 27.5%(=37.5% − 10%)를 위험을 부담함에 따라 요구하는 위험프리미엄(Risk Premium ; RP)이라고 정의한다. 한마디로 위험프리미엄은 위험에 대한 보상의 성격을 가진다.

(2) 위험의 측정

앞서 기대 현금흐름의 변동성이 크면 기대수익률도 커진다는 것을 배웠다. 변동성을 측정하는 지표는 여러 가지가 있지만 일반적으로 변동성의 측정지표로 분산이나 표준편차를 이용한다. 예상되는 수익률의 분포가 기대수익률을 중심으로 퍼지는 정도가 크면 분산 및 표준편차(위험)가 크고, 기대수익률을 중심으로 퍼지는 정도가 작으면 분산 및 표준편차(위험)가 작다.

앞의 예시의 자산 A의 분산과 표준편차를 구하면 0이다. 왜냐하면 기대수익률 또는 기대현금흐름을 중심으로 퍼지는 정도가 없기 때문이다.

반면 자산 B의 경우에는 기대수익률 또는 기대현금흐름을 중심으로 어느 정도 퍼져 있으므로 분산 및 표준편차가 특정값을 지닌다. 위험자산인 B의 분산 및 표준편차를 수익률 기준과 금액기준으로 각각 구해보자.

① 수익률기준 분산 및 표준편차

　㉠ 분산 = Σ(상황별 수익률 − 기대수익률)^2 × 상황별확률

　　　　 = $(-100\% - 37.5\%)^2 \times 50\% + (175\% - 37.5\%)^2 \times 50\%$

　　　　 = 1.89

　㉡ 표준편차 = $\sqrt{분산}$ = 1.375(=137.5%)

② 금액기준

　㉠ 분산 = Σ(상황별 수익률 − 기대금액)^2 × 상황별확률

　　　　 = $(0 - 110)^2 \times 50\% + (220 - 110)^2 \times 50\%$

　　　　 = 12,100

　㉡ 표준편차 = $\sqrt{분산}$ = 110

(3) 포트폴리오 구성

"계란을 한 바구니에 담지 마라" 투자자들의 오랜 격언이다. 이 말의 의미는 투자를 할 때 하나의 자산에만 투자하지 말고 여러 자산에 분산해서 투자를 하면 위험을 줄일 수 있다는 뜻이다. 이렇게 분산투자를 하는 것을 포트폴리오를 구성한다고도 말하며, 합리적인 투자자 즉, 위험회피자라면 포트폴리오를 구성해서 위험을 줄이려고 할 것이다. 그렇다면 포트폴리오를 구성하면 왜 위험이 감소하는지 살펴보자.

① 포트폴리오의 분산(예시)

투자금액 100만원으로 자산 A와 B에 분산투자하는 경우, 자산 A와 B로 구성된 포트폴리오의 분산을 구해보자. 100만원 중 60만원은 자산 A에 투자하고 나머지 40만원은 자산 B에 투자한다고 가정한다. 즉, 자산 A의 투자비중(w_A)은 60%, 자산 B의 투자비중(w_B)은 40%이다. 자산 A와 B의 수익률의 분포 및 자산 A와 B로 구성된 포트폴리오의 수익률의 분포는 다음과 같다.

〈개별자산(A와 B)의 수익률 분포〉

미래상황	확률	자산 A 수익률	자산 B 수익률
불황	50%	6%	15%
호황	50%	10%	5%

〈포트폴리오의 수익률 분포〉

미래상황	확률	포트폴리오 수익률 ($RP = w_A \times R_A + w_B \times R_B$)
불황	50%	9.6% = 60%×6% + 40%×15%
호황	50%	8% = 60%×10% + 40%×5%

(참고) 개별자산의 기대수익률과 표준편차를 정리하면 다음과 같다.

구분	자산 A	자산 B
기대수익률	8%	10%
표준편차	2%	5%

② 포트폴리오의 기대수익률

앞의 포트폴리오의 수익률 분포를 통해 포트폴리오의 기대수익률을 구할 수 있다.

∴ $E(R_p) = (9.6\% \times 50\%) + (8\% \times 50\%) = 8.8\%$

아니면 위의 과정을 정리하여 포트폴리오의 기대수익률을 자산 A와 자산 B의 기대수익률에서 6 : 4로 가중평균하여 구할 수도 있다.

∴ $E(R_p) = (8\% \times 60\%) + (10\% \times 40\%) = 8.8\%$

이를 일반식으로 정리한 공식은 다음과 같다.

C/h/e/c/k **포트폴리오 기대수익률**

포트폴리오기대수익률 = Σ(자산별투자비중 × 자산별기대수익률)

SECTION 4 체계적 위험과 비체계적 위험

자산의 수가 두 개일 때보다 많은 자산의 수로 포트폴리오를 구성할 경우 포트폴리오 효과, 즉 위험분산 효과는 증가하면서 위험이 감소한다. 하지만 자산의 수를 무한히 증가시킨다고 해도 위험을 전부 제거할 수는 없다. 관련 증명과정은 본서에서 생략하기로 한다.

(1) 체계적 위험(Systematic Risk)

체계적 위험은 분산투자를 통해서도 제거되지 않는 위험을 말한다. 거시적인 관점에서 시장의 상황이 변하는 것은 분산투자를 통해서도 막을 수는 없는 것처럼 사람이 통제할 수 없는 부분이 있다. 예를 들어, 이자율의 변화, 인플레이션의 변화처럼 모든 자산에 공통적으로 영향을 미칠 수 있는 요인들이다. 그래서 체계적 위험을 시장위험 또는 통제불가능한 위험이라고도 한다.

(2) 비체계적 위험(Unsystematic Risk)

비체계적 위험은 분산투자를 통해서 제거가 가능한 위험을 말한다. 개별기업만이 가지고 있는 기업고유 위험은 다른 자산과 분산투자하게 되면 서로 상쇄되는 부분으로 인해 회피할 수 있는 위험이다. 자산간의 상관계수가 1보다 작다면 포트폴리오를 구성할 때 미래 상황마다 서로 다른 방향으로 움직임으로 인해 특정 위험(변동성)이 줄어드는데 이러한 위험을 비체계적 위험이라 한다. 그래서 비체계적위험을 기업고유 위험, 제거가능한 위험이라고도 한다.

증권시장선(Security Market Line ; SML)은 특정자산의 체계적 위험(베타 ; β)와 기대수익률 간의 관계를 나타내는 직선을 의미한다. 증권시장선을 이용하면 다수의 자산으로 구성된 포트폴리오뿐만 아니라 개별자산까지 포함한 모든 자산의 위험과 기대수익률 간의 관계를 설명할 수 있다. 여기서 위험은 자산의 체계적 위험만 의미한다.

예를 들어 베타(β) 1.2의 의미는 과거 시장포트폴리오의 수익률과 개별자산의 수익률의 표본을 추출하여 둘 사이의 관계를 분석한 결과, 평균적으로 시장포트폴리오의 수익률이 1% 변동할 때, 개별자산의 수익률이 1.2% 변동함을 의미한다.

체계적 위험(β)과 자산의 기대수익률의 관계는 다음과 같다. 예를 들어 시장포트폴리오의 기대수익률이 10%이고, 무위험자산의 수익률이 5%, 자산 A의 체계적 위험(β)이 1.5일 경우, 증권시장선을 통해 자산 A 의 기대수익률(할인율)을 구할 수 있다.

C/h/e/c/k   **증권시장선(SML)**

$$개별자산의\ 기대수익률(E(R_i)) = R_f + [E(R_M) - R_f] \times \beta_i^{(*)}$$

$$(*)\beta_i = \frac{Cov(R_i,\ R_M)}{Var(R_M)} = \frac{\rho_{iM} \times \sigma_i}{\sigma_M}$$

C/h/e/c/k   **예시 – 증권시장선**

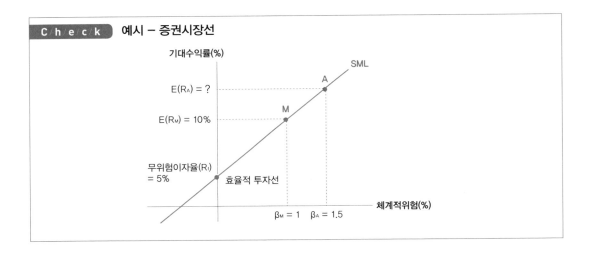

∴ $E(R_i) = 5\% + (10\% - 5\%) \times 1.5 = 12.5\%$

증권시장선(SML)을 통해 구한 기대수익률은 시장이 균형인 상태에서 구한 수익률이므로 균형수익률 또는 적정수익률을 의미한다.

01 재무관리의 목표에 관한 설명으로 가장 적절한 것은?

① 배당수익률 극대화   ② 고객가치 극대화

③ 주당순이익 극대화   ④ 내부수익률 극대화

⑤ 자기자본가치 극대화

정답 | ⑤

해설 | 재무관리는 투자를 통한 투자가치의 극대화하는 것을 주된 목표로 한다. 투자의 순현재가치(NPV)는 주주의 가치에 포함된다. 따라서 재무관리의 목표는 주주의 가치 즉, 자기자본가치의 극대화로 볼 수 있다.

02 현금흐름이 아닌 회계적 이익을 기준으로 의사결정을 할 경우 문제점과 가장 거리가 먼 것은?

① 경영자의 판단이 개입될 여지가 적다.

② 회계처리방법에 따라 이익이 달라질 수 있다.

③ 화폐의 시간가치를 고려하기가 어렵다.

④ 불확실성을 반영하기가 어렵다.

⑤ 회계적 이익에 대한 개념이 모호하다.

정답 | ①

해설 | 경영자의 회계처리 방식에 따라서 회계적 이익은 달라질 수 있으나, 현금흐름은 상대적으로 객관적이다. 따라서 회계적 이익으로 의사결정을 할 경우 경영자의 판단이 개입될 여지가 많다.

03 다음 세 가지 경품의 현재가치를 할인율 10%를 적용하여 계산하였더니 모두 100원으로 동일하게 나타났다.

경품 1: 현재부터 W원을 매년 영구히 받는다.

경품 2: 1년 후에 상금 X원을 받는다.

경품 3: 1년 후에 상금 Y원, 2년 후에 상금 X원을 받는다.

변수 W, X, Y에 관한 다음 관계식 중 옳지 않은 것은?

① $100 < X+Y$

② $X > Y$

③ $W < 10$

④ $Y < 10$

⑤ $Y > W$

정답 | ④

해설 | 경품 1 PV $= 100 = W + \dfrac{W}{10\%} \rightarrow W = 9.09$

경품 2 PV $= 100 = \dfrac{X}{(1+10\%)} \rightarrow X = 110$

경품 3 PV $= 100 = \dfrac{Y}{(1+10\%)} + \dfrac{X}{(1+10\%)^2} \rightarrow Y = 10$

04 장그래 사원은 다음과 같이 포트폴리오를 구성하였다.

포트폴리오 구성 자산	A	B	C
기대수익률	30%	10%	20%
투자비중	50%	20%	30%

장그래 사원이 구성한 위 포트폴리오의 기대수익률은 얼마인가?

① 15%

② 17%

③ 20%

④ 23%

⑤ 28%

정답 | ④

해설 | 포트폴리오 기대수익률 $= (30\% \times 50\%) + (10\% \times 20\%) + (20\% \times 30\%) = 23\%$

05 동일한 횟수의 연금을 기초에 받는 선불연금(annuity due)은 다음과 같다.

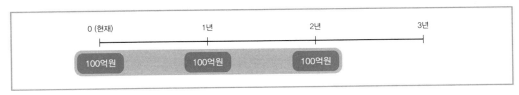

그리고 기말에 받는 경우인 일반연금(ordinary annuity)의 현금흐름은 다음과 같다.

다음 중 선불연금과 일반연금에 대한 설명으로 가장 적절한 것은? (단, 이자율은 0보다 크고 일정하며, 복리계산은 연 단위로 이루어진다고 가정한다.)

① 현재가치와 미래가치 모두 선불연금은 일반연금에 (1+이자율)을 곱해서 얻을 수 있다.

② 현재가치와 미래가치 모두 일반연금은 선불연금에 (1+이자율)을 곱해서 얻을 수 있다.

③ 현재가치의 경우 선불연금은 일반연금에 (1+이자율)을 곱해서, 미래가치의 경우 일반연금은 선불연금에 (1+이자율)을 곱해서 얻을 수 있다.

④ 현재가치의 경우 일반연금은 선불연금에 (1+이자율)을 곱해서, 미래가치의 경우 선불연금은 일반연금에 (1+이자율)을 곱해서 얻을 수 있다.

⑤ 현재가치와 미래가치 계산에 있어 선불연금과 일반연금 중 어느 연금이 클 것인가는 이자율에 따라 달라진다.

정답 | ①

해설 | 선불연금의 가치는 미래가치, 현재가치 상관없이 일반연금의 가치보다 크다. 왜냐하면 선불연금의 현금흐름은 일반연금의 현금흐름보다 앞에 위치하고 있기 때문이다. 일반연금에서 (1+r)을 곱하면 선불연금의 가치가 나온다.

06 무위험자산 수익률이 5%, 개별자산 A의 체계적 위험(베타)가 2, 시장포트폴리오의 기대수익률이 10%일 때, 개별자산 A의 균형수익률은?

① 5%

② 7%

③ 10%

④ 13%

⑤ 15%

정답 | ⑤

해설 | 개별자산 A 균형수익률 = 무위험이자율 + 시장위험프리미엄 × 베타
　　　　　　　　　　　　　　= 5% + (10% − 5%) × 2 = 15%

07 지한송 회계사는 주식을 투자하고 있다. 주식에 대한 <u>위험</u>을 줄이기 위해 최대한 많은 주식으로 포트폴리오를 구성하였다. 위에서 밑줄 친 위험을 정의한 것은 다음 중 무엇인가?

① 표준편차　　　　　　　　　　　② 체계적 위험

③ 비체계적 위험　　　　　　　　　④ 베타

⑤ Value at Risk

정답 | ③

해설 | 포트폴리오를 구성하여 줄일 수 있는 위험은 제거 가능한 위험인 비체계적 위험이다.

08 다음은 KOSPI 수익률과 개별주식 간의 베타를 나타낸 표이다. 다음 중 KOSPI 수익률이 10% 상승할 때, 10%보다 적게 상승하는 주식은 무엇인가?

주식	A	B	C	D	E
베타	1.5	0.50	0	−0.5	2.5

① A　　　　　　　　　　　　　　② B

③ C　　　　　　　　　　　　　　④ D

⑤ E

정답 | ②

해설 | 베타는 시장수익률이 1% 움직일 때, 개별자산이 얼마나 움직이는지 민감도를 나타낸 값이다. 베타가 0과 1사이일 경우에는 시장수익률이 1% 움직일 때 개별자산의 수익률이 0%에서 1%사이에서 움직인다는 것을 의미한다.

09 다음 중 자산, 자기자본, 타인자본에 적용되는 자본비용의 일반적인 크기를 순서대로 나타낸 것은?

① 자기자본 > 타인자본 > 자산　　② 자산 > 타인자본 > 자기자본

③ 자기자본 > 자산 > 타인자본　　④ 타인자본 > 자기자본 > 자산

⑤ 자산 > 자기자본 > 타인자본

정답 | ③

해설 | 일반적으로 주식의 위험이 채권의 위험보다 높으므로 자기자본비용(주주의 요구수익률)이 타인자본비용(채권자의 요구수익률)에 비해 높다. 그리고 자기자본비용과 타인자본비용을 가중평균한 것이 전체 자산에 대한 자본비용인 가중평균자본비용이므로 그 사이 값을 가진다.

10 올해 초 자기자본은 80억원이고, 올해 순이익은 30억원이다. 순자산부채비율을 25%로 유지하는 정책을 하고 있으며, 올해 순이익 중 30억원 중 18억원은 배당으로 지급하고 12억원은 유보하려고 한다. 올해 말 자기자본의금액과 부채의 금액은 얼마인가?

	올해 말 자기자본	올해 말 부채
①	92억원	23억원
②	92억원	20억원
③	80억원	25억원
④	110억원	27.5억원
⑤	110억원	30억원

정답 | ①

해설 | (1) 올해 말 자기자본 = 올해 초 자기자본 + 당기순이익 − 배당
= 80억 + 30억 − 18억 = 92억원

(2) 부채는 자기자본에서 순자산부채비율을 곱한 값과 같다. 따라서 올해 말 부채는 위에서 구한 올해 말 자기자본에서 순자산부채비율을 곱해서 구한다.
올해 말 부채 = 92억 × 25% = 23억

11 미래는 예상되는 수많은 상황들이 존재한다. 각 상황이 발생될 확률도 다르고 각 상황마다 결과 값도 다르다. 다음 예시는 미래 상황이 5가지만 있다고 가정했을 때 A자산의 미래 상황별 수익률을 나타낸 표이다. A자산의 기대수익률은 얼마인가?

미래 상황	수익률	확률
매우 호황	20%	10%
호황	15%	20%
보통	10%	40%
불황	8%	20%
매우 불황	3%	10%

① 10.9% ② 12%

③ 13.5% ④ 15%

⑤ 20%

정답 | ①

해설 | 기대수익률 = (20%×10%) + (15%×20%) + (10%×40%) + (8%×20%) + (3%×10%) = 10.9%

12 펀드K를 운용하고 있는 펀드매니저는 펀드의 위험을 표준편차로 추정하고 월간 수익률자료를 이용해 분석한다. 과거 5년간 펀드 K와 KOSPI(주가지수)의 평균수익률은 각각 3.0%, 2.0%이다. 또한 KOSPI 수익률의 표준편차는 3.0%, 펀드 K 수익률과 KOSPI 수익률의 상관계수는 0.80이다. 펀드 K 수익률을 종속변수로, KOSPI 수익률을 독립변수로 한 단순회귀분석의 결과를 통해 KOSPI 수익률의 추정계수인 베타를 추정할 수 있다. 고득점 문제

변수	추정계수	표준오차	t-통계량	p-값
상수	0.15	0.50	0.26	0.75
KOSPI 수익률	1.60	0.08	15.4	0.0001

과거의 수익률의 분포가 미래에도 유지가 된다고 가정한다면 향후 KOSPI 수익률이 5% 움직였을 때, 펀드 K의 수익률은 얼마로 예상되는가?

① 5.2%   ② 5.8%

③ 6.0%   ④ 7.5%

⑤ 8.0%

정답 | ⑤

해설 | 베타는 시장수익률이 1% 움직일 때, 개별자산이 얼마나 움직이는지 민감도를 나타낸 값이다. 따라서 베타가 1.6인 상황에서 KOSPI가 5% 상승하면 펀드 K는 8%(=5% × 1.6) 상승할 것으로 예상할 수 있다.

13 주식 A의 수익률의 평균(=기댓값)과 표준편차는 각각 9%와 20%이고, 주식 B의 수익률의 평균과 표준편차는 각각 5%와 10%이다. 이 두 주식에 분산투자하는 포트폴리오 C의 수익률의 평균에 관한 주장 중 맞는 것을 모두 골라라.(단, 공매가 가능하다고 한다.) 고득점 문제

> a. 포트폴리오 C의 수익률의 평균이 29%가 될 수 있다
> b. 포트폴리오 C의 수익률의 평균이 0%가 될 수 있다
> c. 포트폴리오 C의 수익률의 평균이 −5%가 될 수 있다

① a, b   ② a, b, c

③ b, c   ④ a, c

⑤ b

정답 | ②

해설 | 두 주식의 수익률이 서로 다르고, 공매가 가능하다면 모든 수익률을 구성할 수 있다. 만약 두 주식의 수익률이 같다면 포트폴리오를 구성해도 다른 수익률을 구성할 수 없다.

SECTION 1 투자 의사결정(자본예산)

기업은 투자를 통해 기업의 영속성을 유지한다. 투자대상에는 공장, 건물, 기계장치 등 내용연수가 존재하는 경우가 대부분이므로 내용연수 동안의 수익창출을 고려하여 투자의사결정을 해야 한다. 만약 어떤 투자안에 투자를 해서 현재 기업 상황보다 전보다 나아진다면 투자의사결정을 채택할 것이고, 반대로 투자하는 것이 오히려 기업의 손해를 가져온다면 투자의사결정을 기각할 것이다. 이때, 기업은 해당 투자가 기업에게 이익이 되는지 손해가 되는지 평가를 해야 할 필요가 있다. 어떤 투자안(자산)에 투자를 하는 것이 기업에게 이익이 될 때, 재무관리에서는 "투자안(자산)의 경제성이 있다"고 표현한다.

투자안은 크게 독립적 투자안과, 상호배타적인 투자안으로 나뉜다. 독립적 투자안은 특정 투자안의 채택 여부가 다른 투자안에 영향을 미치지 않는 투자안을 말한다. 투자안 A와 투자안 B가 서로 독립적인 투자안이라고 할 때 있다고 가정할 때, 두 투자안 모두 의사결정기준을 만족한다면 투자안 A와 투자안 B 모두 선택할 수 있다. 즉, 투자안 별로 독립적으로 의사결정을 할 수 있다는 뜻이다.

반대로 투자안 A와 투자안 B가 상호배타적인 투자안인 경우에는 투자안 A를 선택하면 투자안 B를 포기해야 하고 투자안 B를 선택하면 투자안 A를 포기해야 한다. 즉, 상호배타적인 투자안에서는 투자안을 서로 비교하여 가장 좋은 투자안을 선택하는 의사결정을 한다. 따라서, 경제성 평가를 할 때 독립적인 투자안인지, 상호배타적인 투자안인지 구분하여 의사결정을 할 필요가 있다.

SECTION 2 경제성 평가 방법

경제성을 평가하는 방법에는 회수기간법, 회계적 이익률법(ARR 법), 순현재가치법(NPV법), 내부수익률법(IRR 법), 수익성지수법(PI 법) 등이 있다. 좋은 경제성 평가방법의 조건은 다음과 같다.

> **C/h/e/c/k 좋은 경제성평가 방법의 조건**
> ① 회계적 이익보다 현금흐름을 고려해야 한다.
> ② 투자안의 내용연수 기간의 모든 현금흐름을 고려해야 한다.
> ③ 화폐의 시간가치를 고려해야 한다.
> ④ 재무관리의 목표인 기업가치의 극대화를 이룰 수 있어야 한다.
> ⑤ 의사결정기준이 자의적이지 않고, 객관적이어야 한다.
> ⑥ 2개 이상의 투자안을 동시에 고려할 때, 가치가산의 원리가 성립해야 한다.
> ♣ 순현재가치(NPV)법은 위의 조건을 모두 만족시키므로 우월한 경제성 평가기법이라고 할 수 있다.

(1) 순현재가치(Net Present Value ; NPV)법

① 개념

순현재가치는 투자기간 동안의 현금유입액의 현재가치에서 현금유출액의 현재가치를 차감한 값을 말한다. 투자기간 동안의 모든 현금흐름을 이용하여 적절한 할인율(자본비용)로 현재가치로 환산한 값을 비교하는 개념이다.

> **C/h/e/c/k 순현재가치(NPV)**
>
> 순현재가치(NPV) = PV(현금유입액) − PV(현금유출액)

② 의사결정기준

㉠ 독립적 투자안 평가 : 투자안 별로 NPV가 0보다 크면 투자안을 채택한다.

㉡ 상호배타적인 투자안의 평가 : NPV가 가장 큰 투자안을 선택한다.

③ 장점 및 단점

㉠ 장점 : 투자기간 동안의 모든 현금흐름을 화폐의 시간가치를 고려하여 계산하며 의사결정기준이 객관적이다. 기업가치의 극대화 목표에 적합한 평가방법이다.

㉡ 단점 : 할인율을 구하기가 쉽지 않으며, 절댓값으로 평가하므로 투자금액이 크면 클수록 유리한 측면이 있을 수 있다.

(2) 내부수익률(Interest Rate of Return ; IRR)법

① 개념

내부수익률은 투자기간 동안의 현금유입액의 현재가치와 현금유출액의 현재가치를 같게 만들어 주는 할인율을 의미한다. 투자금액 대비 연평균수익이 얼마인지를 나타내는 연평균 투자수익률의 개념으로 볼 수 있다. 현금흐름을 이용하고 화폐의 시간가치를 반영하며 단순평균을 하지 않는다는 점에서 회계적 이익률(ARR)과 차이가 있다.

> **C/h/e/c/k 내부수익률(IRR)〉**
>
> [PV(현금유입액) = PV(현금유출액)]을 만족하는 할인율(R)
>
> $$\left[\sum_{k=1}^{n} \frac{\text{현금유입액}_t}{(1+R)^t} = PV(\text{현금유출액})\right]$$ 을 만족하는 할인율(R)

② 의사결정기준(대출형 투자안 기준)

㉠ 독립적 투자안 평가 : 투자안 별로 자본비용으로 할인한 NPV가 0보다 크면 IRR이 자본비용보다 크다. 따라서 자본비용보다 IRR이 크면 투자안을 채택한다.

㉡ 상호배타적인 투자안의 평가 : IRR이 가장 큰 투자안을 선택한다.

③ 장점 및 단점

    ㉠ 장점 : 투자기간 동안의 모든 현금흐름을 화폐의 시간가치를 고려하여 계산한다. 일반적인 투자수익률의 개념이므로 이해하기도 쉽다.

    ㉡ 단점 : 수학적으로 계산이 쉽지 않고, 투자기간동안 자본비용이 변하거나, 차입형 투자안 등 투자안의 현금흐름 형태에 따라 IRR의 의사결정기준이 달라진다.

C/h/e/c/k   자본조달과 가중평균자본비용(WACC)

가중평균자본비용(Weighted Average Cost of Capital ; WACC)은 타인자본비용(k_d)과 자기자본비용(k_e)을 가중평균한 비용이다. 다음 예시를 통해 세금이 없는 경우 가중평균자본비용(WACC)을 계산해보자.

A기업 시장가치 B/S					
V = 1,000	B = 600	➡	K_d = 8%	➡	600 × 8% = 48
	S' = 400	➡	K_e = 10%	➡	400 × 10% = 40

➡ 총자본비용 = 88

$$WACC = \frac{총비용}{V} = \frac{88}{1,000} = 8.8\%$$

다음과 같은 식으로도 구할 수 있다.

$$WACC = K_d \times \frac{B}{V} + K_e \times \frac{S}{V} = 8\% \times \frac{600}{1,000} + 10\% \times \frac{400}{1,000} = 8.8\%$$

만약, 세금이 존재한다면 실제로 기업이 지출한 타인자본비용은 절세효과로 인해 줄어든다. 만약 세율이 40%일 경우 가중평균자본비용(WACC)을 계산하면 다음과 같다.

A기업 시장가치 B/S					
V = 1,000	B = 600	➡	K_d = 8%	➡	600×8%×(1−40%) = 28.8
	S' = 400	➡	K_e = 10%	➡	400 × 10% = 40

➡ 총자본비용 = 68.8

$$WACC = \frac{총비용}{V} = \frac{68.8}{1,000} = 6.88\%$$

다음과 같은 식으로도 구할 수 있다.

$$WACC = K_d \times (1-t) \times \frac{B}{V} + K_e \times \frac{S}{V} = 8\% \times (1-40\%) \times \frac{600}{1,000} + 10\% \times \frac{400}{1,000} = 6.88\%$$

재무제표는 회계적 이익을 바탕으로 만든 성과 및 상태를 보여주는 자료이다. 재무관리에서는 회계적 이익보다는 현금흐름을 바탕으로 가치를 산정한다. 재무제표 상 계정과목을 통해 현금흐름을 활동별로 분류하면 다음과 같다.

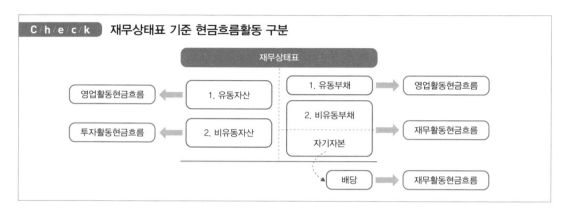

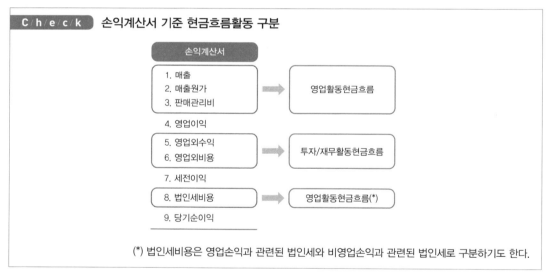

(*) 법인세비용은 영업손익과 관련된 법인세와 비영업손익과 관련된 법인세로 구분하기도 한다.

(1) 투자안의 경제성평가와 NPV

기업은 투자를 통해 기업의 영속성을 유지한다. 투자대상에는 공장, 건물, 기계장치 등 내용연수가 존재하는 경우가 대부분이므로 내용연수 동안의 수익창출을 고려하여 투자의사결정을 해야 한다. 만약 어떤 투자안에 투자를 해서 현재 기업 상황보다 전보다 나아진다면 투자의사결정을 채택할 것이고, 반대로 투자하는 것이 오히려 기업의 손해를 가져온다면 투자의사결정을 기각할 것이다. 이때, 기업은 해당 투자가 기업에게 이익이 되는지 손해가 되는지 평가를 해야 할 필요가 있다. 어떤 투자안(자산)에 투자를 하는 것이 기업에게 이익이 될 때, 재무관리에서는 "투자안(자산)의 경제성이 있다"고 표현한다.

앞의 예시에서 할인율이 10%일 경우, 기계장치에 대한 매입여부를 의사결정해본다.

① 기간별 현금흐름

구분	다음연도	1차연도	2차연도	3차연도	4차연도	5차연도
기계장치 구입	(100억)					
자산현금흐름		32억	32억	32억	32억	32억
합계	(100억)	32억	32억	32억	32억	32억

② 기계장치의 가치

$\quad$ V= 32억 × PVIFA$_{(10\% \ 5년)}$ = 32억 × 3.7908 = 121.3억원

③ 경제성평가

$\quad$ 121.3억(기계장치 가치) > 100억원(투자액) → 투자안 채택

$\quad$ 이때, 기계장치의 가치와 투자액의 차이를 구하면 21.3억원이다. 이와 같이 자산으로부터 발생하는 현금흐름의 현재가치에서 투자안의 가치를 차감한 값을 순현재가치(Net Present Value ; NPV)라고 한다.

(2) 투자안 평가 시 고려요소

신규투자가 기존사업에 영향을 미친다면, 투자의사결정을 할 때 이를 고려해야 한다. 예를 들어, 다른 건 동일한 상태에서 신규투자로 발생하는 현금흐름을 현재가치로 할인한 신규투자의 가치가 110억원이고 최초 신규투자액인 100억원이라면 투자안을 채택해야 한다. 그런데 신규투자를 함으로써 기존사업의 매출이 일부 감소하게 된다면 이를 고려해서 투자안의 채택 여부를 정해야 한다. 기존사업부의 매출 감소분까지 고려한 신규투자안의 가치가 90억원이라면 투자안을 기각해야 하는 의사결정을 할 수도 있다.

신규투자에 대한 의사결정을 할 때, 신규투자로 인해 영향을 받는 현금흐름까지 고려한 증분현금흐름으로 의사결정을 할 필요가 있다. 신규투자가 영향을 미칠 수 있는 요소는 다음과 같다.

① 긍정적 요인 – 부수적 효과

$\quad$ 신규투자가 기존사업에 긍정적 영향을 미친다면 기존사업의 현금흐름 증가분도 고려하여 의사결정을 해야 한다. 예를 들어 휴대폰을 제조 및 판매하는 회사가 이어폰 사업에 투자를 한다고 할 때, 이어폰 제조에 따른 휴대폰 사업의 공통비용 감소분, 이어폰 판매의 보완효과로 휴대폰 사업의 매출 증가분 등은 신규사업 투자안을 평가할 때 고려되어야 할 부분이다. 이를 부수적 효과라고도 한다. 이러한 부수적 효과는 신규투자안을 평가할 때 가산해야 할 부분이다.

② 부정적 요인 – 잠식비용

$\quad$ 신규투자가 기존사업에 부정적 영향을 미친다면 기존사업의 현금흐름 감소분도 고려하여 의사결정을 해야 한다. 예를 들어 데스크탑 컴퓨터를 판매하는 회사가 노트북 판매사업에 투자를 한다고 할 때, 노트북을 판매함으로써 감소하는 데스크탑 컴퓨터 매출 감소분은 신규사업 현금흐름에서 고려되어야 할 부분이다. 이를 잠식비용이라고하는데 이러한 잠식비용은 신규투자안을 평가할 때 차감해야 할 부분이다.

③ 기회비용

$\quad$ 상호배타적인 투자일 경우 투자안 중 선택을 해야 될 경우가 있다. A 투자안과 B 투자안 각각의 현금흐름의 순현재가치(NPV)가 20억원, 10억원일 경우 A 투자안을 채택한다. 이때 증분현금흐름 관점에서 접근할 수도 있다. 이를 기회비용을 고려한 의사결정이라고 한다. 예를 들어 A 투자안의 현금흐름에서 B 투자안의 현금흐름을 차감한 증분현금흐름을 이용하여 순현재가치(NPV)가 0보다 크다면 A 투자안을 채택하고, 0보다 작다면 A 투자안을 기각하는 관점이다. 여기서 투자안 A를 채택하면서 포기해야 될 투자

안 B의 가치를 기회비용이라 한다.

(3) 매몰비용(Sunk Cost)

매몰비용은 신규투자와 상관없이 과거에 발생한 비용을 말한다. 신규투자 여부와 상관없이 지출한 비용은 신규투자 의사결정에 아무런 영향을 미치지 않는다. 예를 들어 휴대폰 제조 사업을 하는데 과거에 매입한 토지는 휴대폰 제조사업을 하지 않았어도 발생했을 지출이므로 이러한 매몰비용은 투자의사결정 시 고려해서는 안된다.

SECTION 4 파생상품

---

(1) 선도와 선물

① 선도거래와 선물거래의 개념

선도와 선물계약은 미래의 가격변동의 위험에서 벗어나기 위해 현재시점에 일정한 가격으로 특정 미래시점에 사고팔기로 계약하는 것을 말한다. 다음 예시를 살펴보자.

갑(甲)은 1년 뒤에 급식업체를 만들 목적으로 쌀 1,000kg을 필요로 한다. 갑은 굳이 지금 쌀을 살 필요가 없다. 만약 지금 쌀을 사서 1년 동안 보관하게 되면 보관비용 등을 발생하므로 1년 뒤 급식업체를 시작하는 시점에서 쌀을 사는 것이 이로울 것이다. 현재 쌀의 가격은 kg당 1,000원이며, 1년 뒤 쌀의 가격은 알 수 없다.

갑은 1년 뒤 쌀가격을 알 수 없기 때문에 미래 급식사업 예산계획에 어려움을 겪고 있다. 갑은 1년 뒤 쌀가격을 정하고 싶어 쌀 선도시장(선물시장)을 찾아간다. 선도시장에서 갑은 1년 뒤 갑이 원하는 가격에 쌀을 팔고자 하는 을(乙)을 만날 수 있었다. 두 당사자 사이에서 맺은 계약 조건은 다음과 같다.

〈쌀 선물계약 내용〉
(1) 기초자산 : 쌀 1,000kg
(2) 선물계약의 만기 : 현재로부터 1년 뒤
(3) 선물가격 : kg당 1,100원

갑은 계약서에 적힌 1년 뒤 쌀의 가격이 현재보다 비싸지만, 여러가지 시장상황에 비추어 합리적인 가격이라고 생각하였다. 위 계약을 매입한 선물매입자는 갑이고, 위 계약을 매도한 선물매도자는 을이라고 할 때, 현재 계약시 거래구조를 도식화 하면 다음과 같다.

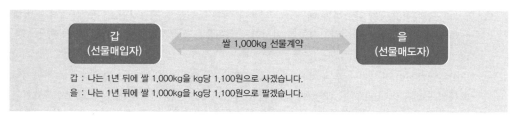

선물매입자의 경우 만기일의 기초자산 실제가격이 선물가격(계약가격)보다 높으면 이익이고, 만기일의 기초자산 실제가격이 선물가격보다 낮으면 손해다. 반대로 선물매도자는 만기일의 기초자산 실제가격이

선물가격보다 높으면 손해고, 만기일의 기초자산 실제가격이 선물가격보다 낮으면 이익이다. 이와 같이 파생거래는 한사람이 이익을 얻으면 상대방은 그만큼 손실이 발행하는 zero-sum game이다.

② 선물거래와 선도거래의 비교

금융시장에는 장내시장과 장외시장이 존재한다. 장내시장은 증권이나 상품 등이 구체적인 거래장소에서 거래가 이루어지는 시장을 의미하고, 장외시장은 구체적인 거래장소 없이 거래상대방끼리 정한 임의의 장소에서 거래가 이루어지는 시장을 말한다.

일반적으로 선물거래를 장내시장거래, 선도거래를 장외시장거래로 분류한다. 선물거래와 선도거래의 차이를 표로 정리하면 다음과 같다.

구분	선물시장	선도시장
시장형태	표준화된 시장	비표준화된 시장
거래방법	공개호가방식	당사자 간 직접 거래
실물인도	일반적으로 실물인도 없이 일일정산 및 차액결제	만기일에 실물 인도
거래조건	표준화	당사자 간 합의에 따른 조건
이행보증	거래소 이행보증	당사자 간의 신용

③ 증거금 제도

파생상품거래는 현재 시점에 파생계약을 하고 만기일에 그 계약 내용을 이행한다. 이때 만기일의 손익에 따라 거래 상대방이 계약을 이행하지 않을 가능성이 있다. 선물매입자 또는 선물매도자는 이러한 계약불이행 위험에 노출되어 있는데 선물시장에서는 이러한 계약불이행을 방지하고자 증거금제도를 두고 있다. 최초 계약시점에 일정한 금액의 증거금을 두고 매일 선물가격만큼의 손익을 정산하는 일일정산하는 방식으로 계약불이행을 방지하고 있다.

증거금에는 최초에 일정금액을 예치하는 개시증거금, 일정 수준을 유지해야 하는 유지증거금, 증거금이 유지증거금 이하로 떨어지면 개시증거금 수준으로 추가로 불입해야 하는 추가증거금, 개시증거금을 초과하는 금액인 초과증거금이 있다.

(2) 옵션

옵션계약(Option Contract)은 선물계약과 다른 계약 형태다. 옵션도 기초자산을 대상으로 미래가격을 현재 정한다는 점은 선물과 동일하지만, 그 계약의 내용이 선물과 다르다. 옵션상품은 크게 콜옵션(Call Option)과 풋옵션(Put Option)으로 나뉜다.

① 콜옵션

콜옵션은 미래에 정해진 가격으로 살 수 있는 권리를 말한다. 다음 예시를 통해 콜옵션의 의미를 이해해 보자.

갑(甲)은 1년 뒤에 A주식 가격이 크게 변동할 것으로 예상하고 있다. 현재 A주식 가격은 10,000이고, 갑은 A주식 가격이 1년 뒤 5,000원으로 크게 하락하거나 15,000원으로 크게 상승할 것으로 예상하고 있다. 다만, 상승할 가능성에 무게를 더 두고 있다. 만약 갑이 현재 시점에 주식을 살 경우, 주가가 15,000원으로 크게 상승하면 많은 이익을 얻는 반면 주가가 5,000원으로 크게 하락하면 많은 손해를 볼 것이다. 갑은 주가 하락 시 손해를 최소화하고 주가 상승 시 이익을 크게 얻고 싶다. 갑은 콜옵션시장을 이용하면 갑의 고민을 해결할 수 있다고 해서 A주식 관련 콜옵션시장을 찾아간다.

을(乙)이라는 사람도 고민이 있다. 을은 1년 뒤에 A주식 가격이 크게 변동하지 않으며 주식가격은 상승하지 않으며 오히려 작게 하락할 것으로 예상하고 있다. 즉, 갑과 정확히 반대의 상황을 예상하고 있다. 을은 선물시장을 이용하여 A주식에 대한 선물매도계약도 고려해 보았으나, 선물매도계약은 주식가격의 변동성이 적은 경우 높은 수익을 얻지 못한다는 것을 깨달았다. 을은 콜옵션시장을 이용하면 을의 고민을 해결할 수 있다고 해서 A주식 관련 콜옵션시장을 찾아간다.

콜옵션시장은 주식을 살(buy) 수 있는 권리인 콜옵션을 사고파는 시장이다. 마침 A주식 100주에 대한 1년 뒤 A주식을 12,000원에 살 수 있는 권리를 사고 파는 계약이 있어, 갑과 을은 해당 콜옵션시장에서 서로 만나서 계약을 하기로 했다. 두 당사자 사이에서 맺은 콜옵션계약의 내용은 다음과 같다.

<A주식 콜옵션계약 내용>

(1) 기초자산 : A주식 100주

(2) 옵션계약의 만기 : 현재로부터 1년 뒤

(3) 행사가격 : 1주당 12,000원

(4) 옵션가격 : 1주당 1,000원

(5) 콜옵션이란, 위 기초자산을 산 수 있는 권리를 말한다.

갑과 을이 현재시점(t=0)에서 맺은 콜옵션 계약 거래구조를 도시화 하면 다음과 같다.

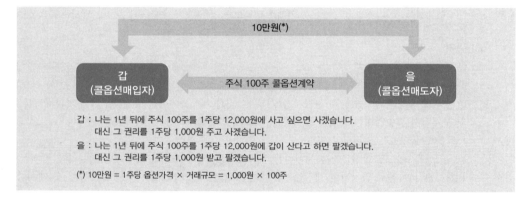

② 풋옵션

풋옵션은 미래에 정해진 가격으로 팔 수 있는 권리를 말한다. 다음 예시를 통해 풋옵션의 의미를 이해해 보자.

병(丙)은 년 뒤에 A주식 가격이 크게 변동할 것으로 예상하고 있다. 현재 A주식 가격은 10,000이고, 병은 A주식 가격이 1년 뒤 5,000원으로 크게 하락하거나 15,000원으로 크게 상승할 것으로 예상하고 있다. 다만, 하락할 가능성에 무게를 더 두고 있다. 만약 병이 현재 시점에 주식을 공매하거나 주식선물을 매도할 경우, 주가가 5,000원으로 크게 하락하면 많은 이익을 얻는 반면 주가가 15,000원으로 크게 상승하면 많은 손해를 볼 것이다. 병은 주가 상승 시 손해를 최소화하고 주가 하락시 이익을 크게 얻고 싶다. 병은 풋옵션시장을 이용하면 갑의 고민을 해결할 수 있다고 해서 A주식 관련 풋옵션시장을 찾아간다.

정(丁)이라는 사람도 고민이 있다. 정은 1년 뒤에 A주식 가격이 크게 변동하지 않으며 주식가격은 하락하지 않으며 오히려 작게 상승할 것으로 예상하고 있다. 즉, 병과 정확히 반대의 상황을 예상하고 있다. 정은 A주식을 매입하거나 선물매입계약도 고려해 보았으나, 주식가격의 변동성이 적은 경우 높은 수익을 얻지 못한다는 것을 깨달았다. 정은 풋옵션시장을 이용하면 을의 고민을 해결할 수 있다고 해서 A주식 관련 풋옵션시장을 찾아간다.

풋옵션시장은 주식을 팔(sell) 수 있는 권리인 풋옵션을 사고파는 시장이다. 마침 A주식 100주에 대한 1년 뒤 A주식을 12,000원에 팔 수 있는 권리를 사고 파는 계약이 있어, 병과 정은 해당 풋옵션시장에서 서로 만나서 계약을 하기로 했다. 두 당사자 사이에서 맺은 풋옵션계약의 내용은 다음과 같다.

〈A주식 풋옵션계약 내용〉

(1) 기초자산 : A주식 100주

(2) 옵션계약의 만기 : 현재로부터 1년 뒤

(3) 행사가격 : 1주당 12,000원

(4) 옵션가격 : 1주당 1,000원

(5) 콜옵션이란, 위 기초자산을 산 수 있는 권리를 말한다.

병과 정이 현재시점(t=0)에서 맺은 풋옵션 계약 거래구조를 도식화 하면 다음과 같다.

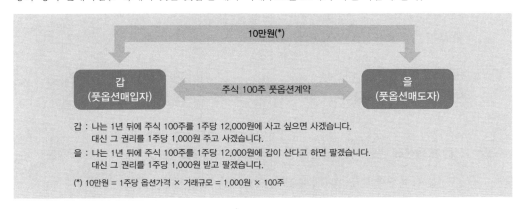

갑 : 나는 1년 뒤에 주식 100주를 1주당 12,000원에 사고 싶으면 사겠습니다.
대신 그 권리를 1주당 1,000원 주고 사겠습니다.

을 : 나는 1년 뒤에 주식 100주를 1주당 12,000원에 갑이 산다고 하면 팔겠습니다.
대신 그 권리를 1주당 1,000원 받고 팔겠습니다.

(*) 10만원 = 1주당 옵션가격 × 거래규모 = 1,000원 × 100주

01 일반적으로 경제성평가 방법 중 순현재가치(NPV)법이 가장 우월하다. 그 이유가 아닌 것은?

① 투자안의 모든 현금흐름을 반영한다.

② 자본비용이 기간별로 다르더라도 비교적 용이하게 반영할 수 있다.

③ 투자안 중 발생하는 현금흐름을 자본비용으로 재투자한다고 가정한다.

④ 평가결과 값이 절대적인 수치이므로 가치가산의 원리가 성립한다.

⑤ 투자안의 효율성을 중시한다.

정답 | ⑤

해설 | 순현재가치는 절댓값을 나타내므로 효율성을 나타내는 상대적 지표와는 다르다.

02 선물과 옵션에 관한 다음의 설명 중 가장 옳지 않은 것은?

① 선물과 옵션매입자는 계약에 대한 이행 의무가 존재한다.

② 선물과 옵션은 계약만기 이전에도 거래를 청산할 수 있다.

③ 선물과 옵션거래는 모두 제로섬(zero-sum)게임에 해당한다.

④ 선물과 옵션을 이용하여 보유자산에 대한 가격변동을 헷지할 수 있다.

⑤ 선물과 옵션가격을 통해 기초자산, 즉 현물에 대한 가격을 예측할 수 있다.

정답 | ①

해설 | 옵션매입자는 권리자이므로 의무가 존재하지 않는다. 옵션매입자는 행사하고 싶을 때만 행사하면 된다. 반대로 옵션매도자는 옵션매입자가 행사하면 이행해야 할 의무가 있다.

03 (주)유림은 내서로 독립적인 다음의 다섯 개 투자안들을 고려하고 있다. 이들 투자안들은 모두 (주)유림의 영업위험과 동일한 위험도를 갖고 있으며, 자본비용은 11.25%이다. 이때, (주)유림은 투자금액은 얼마인가?

투자안	투자금액	내부수익률
A	10억원	12.0%
B	12억원	11.5%
C	12억원	11.0%
D	12억원	10.5%
E	10억원	10.0%

① 10억원

② 20억원

③ 22억원

④ 36억원

⑤ 56억원

정답 | ③

해설 | 자본비용인 11.25%보다 높은 투자수익률을 가지는 투자안인 A와 B를 선택한다. 투자안 A와 B의 투자금액을 합한 금액이 (주)유림의 총 투자금액이다.

04 공매(short selling)란 자산을 빌린다는 의미로 공매 만기 시에는 빌린 자산을 갚아야 할 의무가 있다. 공매 전략을 단계별로 살펴보면 다음과 같다.

> Step1. 현재 100원에 거래되고 있는 자산을 빌려서 시장에 바로 판다.
> Step2. 공매 만기에 50원에 거래되고 있는 자산을 사서 갚는다.

위와 같은 단계를 거치게 되면 Step1에서 100원의 현금흐름이 유입되고, Step2에서 50원의 현금흐름이 유출되므로 최종적으로 50원의 순이익을 얻게 된다. 이와 같이 자산의 가격이 하락할 때, 이익을 얻는 거래는 다음 중 무엇인가?

① 선물매입

② 풋옵션매도

③ 주식매입

④ 콜옵션매입

⑤ 풋옵션매입

정답 | ⑤

해설 | 풋옵션매입은 자산의 가격이 하락할 때 정해진 가격으로 팔 수 있으므로, 자산의 가격이 하락할 때 행사하여 이익을 얻을 수 있다.

05 선물거래와 관련된 다음의 설명 중 옳지 않은 것은?

① 선물거래를 하기 위해서는 선물가격에 일정 비율 개시증거금을 납입해야 한다.

② 선물매입자의 경우 선물가격이 하락하면 증거금이 감소한다.

③ 증거금이 유지증거금 이하로 떨어지면 투자자는 추가증거금을 납입하거나, 선물거래를 청산해야 한다.

④ 1거래일에 A투자자는 B투자자와 선물 3계약을 하였고, 2거래일에 A투자자는 기존의 선물 1계약을 C투자자와 거래를 하면서 반대매매를 통한 청산하였을 때, 2거래일 종로 후 미결제약정수량은 2개이다.

⑤ 증거금이 유지증거금 이하로 떨어져 추가증거금을 납부해야 하는 경우, 개시증거금까지 납입한다.

정답 | ④

해설 | 미결제약정수량은 아직 청산되지 않은 계약수를 의미한다. 1거래일에 3거래가 있었고, 2거래일에 1거래가 있었으나, 1거래일의 A투자자는 반대매매로 청산한 거래이다. 따라서 2거래일의 미결제약정수량은 3계약이다. 이를 정리하면 다음과 같다.

구분	1거래일	2거래일
선물매수자	A 3계약	A 2계약, C 1계약
선물매도자	B 3계약	B 3계약
총 계약수	3계약	3계약

06 기업의 세후 타인자본비용 5%, 자기자본비용 10%, 타인자본의 시장가치 40억원, 자기자본의 시장가치 60억원인 경우 가중평균자본비용은?

① 5%   ② 6%

③ 7%   ④ 8%

⑤ 10%

정답 | ④

해설 | 타인자본비용과 자기자본비용을 가중평균하여 구한다.

$$\text{가중평균자본비용} = (5\% \times \frac{40억}{100억}) + (10\% \times \frac{60억}{100억}) = 8\%$$

07 선물거래와 선도거래의 차이점에 대한 다음의 설명 중 가장 적절하지 않은 것은?

① 선도거래는 거래 상대방을 알 수 없다.

② 선물거래는 선물거래소에서 거래되며, 증거금 제도로 인해 계약불이행 위험이 작다.

③ 선도거래는 만기에 결제되며 주로 실물인수도 방식으로 거래가 청산된다.

④ 선물거래는 대부분 만기일 이전에 반대매매로 거래가 청산된다.

⑤ 선도거래는 표준화되지 않은 어떠한 자산도 거래가 가능하다.

정답 | ①

해설 | 선도거래는 비표준화된 거래로 거래상대방을 알고 거래하는 경우가 많다.

08 재무의사 결정의 기초적 원리에 관한 설명으로 옳지 않은 것은?

① 오늘의 1원은 내일의 1원보다 가치가 크다.

② 위험이 높아지면 기대수익률은 낮아진다.

③ 투자안 평가는 회계상의 이익이 아닌 현금흐름을 기초로 이루어진다.

④ 자본시장에서 모든 정보는 신속히 반영되며, 주가는 기업의 진정한 가치를 반영한 적정가격이다.

⑤ 재무적 의사결정의 궁극적 목표는 기업 가치 극대화에 있다.

정답 | ②

해설 | 재무관리에서는 위험회피자를 가정하고 있으므로 위험이 높아지면 그에 상응하는 요구수익률도 높아져서 기대수익률은 높아진다.

09 순현가법과 내부수익률법에 관한 설명으로 옳지 않은 것은? <u>고득점 문제</u>

① 대출형 단일투자안일 경우에는 항상 동일한 결론을 가져다 준다.

② 복수의 상호배타적인 투자안일 경우에는 항상 상반된 결과를 가져온다.

③ 순현가법은 한계수익률을 고려한 분석기법이고, 내부수익률법은 평균수익률을 고려한 분석기법이다.

④ 순현가법은 가치가법성이 성립하지만, 내부수익률법은 가치가법성이 성립하지 않는다.

⑤ 순현가법은 재무관리의 목표인 기업가치의 극대화하는 접근방법이지만, 내부수익률법은 그렇지 않다.

정답 | ②

해설 | 규모가 서로 다른 복수의 상호배타적인 투자안일 경우에는 순현가법과 내부수익률법이 서로 상반된 의사결정을 가져올 수 있다. 다만, 항상 다른 의사결정을 가져오는 것은 아니다.

10 동해기업이 남해기업을 흡수합병하려고 한다. 두 기업은 모두 100% 자기자본으로만 구성되어 있는 기업이며 합병 전 재무자료는 다음과 같다. <u>고득점 문제</u>

구 분	동해기업	남해기업
1주당 주가	10,000원	8,000원
발행주식수	50만주	35만주

합병 후의 기업가치는 100억원으로 예상된다. 만약 동해기업이 남해기업 주주에게 45억원의 현금을 지불하고 합병한다면, 동해기업 입장에서 합병의 순현가(NPV)는 얼마인가?

① 5.0억원   ② 7.0억원

③ 9.2억원   ④ 12.1억원

⑤ 13.2억원

정답 | ①

해설 | 합병기업 NPV = 인수대상 합병 후 가치 − 인수대가 = 50억(*) − 45억 = 5억

     (*) 인수대상 합병 후 가치 = 합병 후 총 기업가치 − 합병 전 합병기업가치

                   = 100억 − 50억 = 50억원

국 가 공 인 경 영 · 경 제 이 해 력 인 증 시 험

경제편

매경 TEST
초단기완성

PART 01
미시경제학

tomato 패스

미시경제학 개관

1. 경제학이란?

경제학의 기본 목표를 학습한다.

– 경제행위와 경제활동의 정의와 구분
– 3가지 경제주체와 경제활동 범위
– 생산요소와 임금, 이자, 지대의 개념
– 경제학에서의 비용의 개념

(1) 경제행위와 경제활동

① 경제학이란 경제주체의 경제활동을 연구하는 학문이다. 경제주체는 경제활동을 수행하는 개인이나 단체를 말한다.

② 경제활동이란 지속적이고 반복적인 경제행위를 의미한다.

③ 경제행위란 만족을 얻기 위해 댓가를 지불하는 행위를 말한다. 여기서 만족을 화폐단위로 환산한 값을 편익(Benefit)이라고 하며 댓가를 화폐단위로 환산한 값을 비용(Cost)이라 한다.

※ 경제학에서 말하는 댓가(비용)란 실제 지불된 금전적 지출만을 의미하는 것이 아니다. 금전적 지출이외에도 무언가 만족을 얻기 위해 포기한 비금전적 지불, 즉 시간, 노동, 수고 등의 가치도 화폐단위로 측정하여 경제학적 비용에 포함시킨다. 경제학에서는 금전적 지출을 명시적 비용, 비금전적 대가를 암묵적 비용이라고 부른다. 즉 경제학에서의 '비용 = 명시적 비용 + 암묵적 비용'이다. 이는 '기회비용' 파트에서 다시 학습하기로 한다.

④ 지구상에 존재하는 무수히 많은 경제활동 중 경제학에서 주로 분석하는 경제활동은 아래 6가지의 대표적 경제활동들이다.

ⅰ. 소비 : 재화와 서비스를 소모함으로써 만족을 얻는 경제활동

ⅱ. 생산 : 판매를 목적으로 재화와 서비스를 창출하는 경제활동

ⅲ. 생산요소 공급 : 소득을 얻기 위해 노동, 자본, 토지를 기업에게 임대하는 경제활동

ⅳ. 생산요소 고용 : 생산을 위해 노동, 자본, 토지를 고용(또는 임차)하는 경제활동

ⅴ. 공공재 공급 : 시장경제의 원활한 유지를 위하여 정부가 민간경제주체에게 공공재를 제공하는 경제활동

ⅵ. 조세징수 : 정부의 경제활동을 위한 비용충당

(2) 경제주체와 생산요소

① 경제주체란 경제주체는 경제활동을 수행하는 개인이나 단체로 크게 가계, 기업, 정부로 구분된다.

    ⅰ. 가계(Households) : 소비와 생산요소 공급을 담당

    ⅱ. 기업(Firm) : 생산과 생산요소 고용을 담당

    ⅲ. 정부(Government) : 공공재 공급과 조세징수를 담당

② 생산요소란 생산을 위해 필요한 것을 말한다. 무수히 많은 생산요소의 종류를 그 특성에 따라 노동, 자본, 토지로 나눌 수 있다.

    ⅰ. 노동(Labor) : 사람의 인력서비스

    ⅱ. 자본(Capital) : 협의의 자본은 물적 자본(Physical Capital)을 말한다. 기계, 설비, 부품 등 유형의 자산

    ⅲ. 토지(Land) : 토지, 부동산, 천연자원 등

※ 현대적 의미에서 토지는 (물적)자본의 하위범주로 통합시키는 것이 일반적이다.

※ 물적 자본과 금융자본의 구분

> 경제학에서 흔히 '자본'이라함은 기계, 설비, 부품 등의 유형 자산 등을 지칭한다. 보다 넓게는 부동산, 건물, 토지까지 포함하기도 한다. 즉 물리적 실체가 있는 유형의 생산요소이다.
>
> 금융자본이라 함은 금융시장에서 투자의 목적으로 오고가는 화폐적 성격의 자산을 말한다. 금융자본은 기업이 물적 자본을 축적하는 데 가장 강력한 조달 원천이다. 예를 들어 A라는 기업이 사업 확장을 위해 신규 공장 증축, 즉 물적 자본 투자를 시행한다고 하자. 이를 위해 기업은 금융시장에서 대규모 금융자본을 조달(차입)하여 토지를 구입하고 공장부지를 증축하고 기계와 설비를 구축하는데 이를 사용하게 될 것이다.
>
> 따라서 기업이 물적 자본을 늘리는 경제행위의 물리적 원천은 다른 기업에 의해 조달되는 철강, 콘크리트, 기계, 부품 등의 생산재이지만 경제적 원척은 금융시장에서 거래되는 축적된 금융자본에 의한 것이다. 그러므로 경제적 관점에서 자본의 확충의 경제적 근원은 바로 가계의 저축이라고 볼 수 있다.

③ 이러한 생산요소를 필요로 하는 기업에게 제공하는 경제주체는 가계이다. 가계는 기업에게 자신이 보유한 노동, (금융)자본, 토지를 빌려주고 이에 대한 대가로 임금(Wage), 이자(Interest), 지대(Rent)를 얻는다. 이러한 임금, 이자, 지대가 가계소득의 원천이 된다.

※ 광의의 자본 = 물적 자본 + 금융자본 + 인적 자본을 통칭한다. 여기서 인적 자본이란 교육, 훈련, 경험 등에 의하여 노동에 부가되어 축적되는 기술, 숙련도, 노하우 등을 의미한다.

(3) 기회비용

① 경제학에서 말하는 비용이란 기회비용(Opportunity Cost)이다. 기회비용이란 경제적 선택을 위해 포기한 여러 대안 중 가장 높은 가치를 지니는 대안의 가치를 말한다.

② 사례를 들어보자.

톰은 상영시간이 2시간인 영화를 보려 한다. 영화관이 바로 집 앞이라 톰은 영화티켓 9,000원만 결제하면 그 외 교통비 등 따로 지출은 발생하지 않는다. 이때 톰이 영화를 보기 위해 지불해야하는 경제적 비용은 얼마일까?

톰은 일단 영화티켓값 9,000원을 지불한다. 하지만 톰은 자신의 소중한 시간 2시간도 지불해야 한다. 따라서 이 2시간의 가치도 톰이 지불해야 하는 경제적 비용에 포함시켜야 한다. 여기서 톰이 실제 지출한 금전적 지출을 명시적 비용이라 한다. 그리고 톰의 지갑에서 실제로 빠져나가지는 않지만 톰이 포기한 2시간의 가치가 암묵적 비용이 된다.

그렇다면 톰의 2시간의 가치, 즉 암묵적 비용은 어떻게 환산해야 할까?

톰이 2시간을 영화에 투입하지 않고 다른 데 사용하였더라면 얻을 수 있는 순편익 중 가장 높은 순편익으로 환산하면 된다. 톰은 영화를 보지 않는다면 남는 이 2시간 동안 집에서 온라인 게임을 즐기거나, 그냥 낮잠을 자거나, 혹은 치킨을 시켜 먹었을 것이다. 이때 각 대안의 순편익이 아래와 같다고 하자.

온라인 게임 2시간 : 편익 20,000원 − 비용 0원 = 순편익 20,000원
낮잠 2시간 : 편익 18,000원 − 비용 0원 = 순편익 18,000원
치킨 (먹는데 2시간 소요됨) : 편익 35,000원 − 비용 14,000원 = 순편익 21,000원

따라서 톰은 영화를 보지 않는다면 분명 그 시간동안 집에서 치킨을 시켜먹고 21,000원의 순편익을 얻을 것이다. 그런데 톰이 영화 보는데 이 2시간을 쓴다면 치킨에서 얻는 순편익 21,000원을 포기하는 것이다. 따라서 톰이 영화를 보기 위해 소비하는 2시간의 암묵적 비용은 21,000원으로 환산할 수 있다.

정리하면 톰은 2시간짜리 영화를 보기 위해 명시적 비용 9,000원과 암묵적 비용 21,000원을 지불하는 것이다. 따라서 톰의 영화에 대한 총비용(= 기회비용)은 30,000원이다.

(4) 국민경제순환도

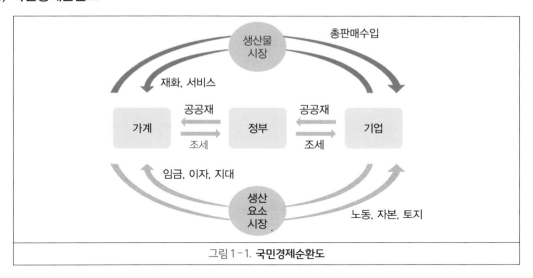

그림 1-1. **국민경제순환도**

앞서 설명한 3개의 경제주체의 6가지 경제활동을 한눈에 알아볼 수 있는 그림

※ 매몰비용(Sunk Cost)

매몰비용이란 이미 지불되어 회수불가능한 비용을 말한다. 경제학에서 매몰비용은 비용으로 취급하지 않는다. 즉 매몰비용의 기회비용은 0이다. 따라서 경제적 선택을 할 때, 매몰비용은 절대 고려하지 않는다.

예를 들어 제리는 라면을 끓일까 말까 고민중이다. 이때 제리의 라면 1그릇에 대한 편익은 3,000원이고 라면을 끓이는데 기회비용은 라면값 1,000원(명시적 비용) + 라면끓이는 수고 800원(암묵적 비용) = 1,800원이다. 따라서 제리는 라면 1그릇을 끓여먹기로 결정했다.

라면을 사서 다 끓여내었다. (이때 라면을 끓이기 위해 지불한 라면값과 수고는 이제 매몰비용이 된다). 그런데 라면을 먹으려 냄비를 집어드는 순간 그만 라면을 엎지르고 말았다. 제리가 라면을 끓여 얻는 편익이 0이 된 것이다.

이때 여전히 배가 고픈 제리는 두 번째 라면을 끓여야 할까? 여기서 두 번째 라면을 끓여 먹는다면, 결국 제리는 라면 두 개를 끓여 한 그릇만 먹게 되는 셈이니, 총편익은 3,000원, 총비용은 3,600원이 되는 것일까 그러니 두 번째 라면은 끓여먹지 말아야 하나?

합리적인 선택은 두 번째 라면도 끓여 먹는 것이다. 첫 번째 라면을 끓여낸 순간 기회비용 1,800원은 매몰비용으로 전환된 것이다. 그러니 두 번째 라면을 끓일까 말까를 고민할 때는 이 첫 번째 라면에 대한 매몰비용은 전혀 고려해서는 안 된다. 두 번째 라면에 대한 결정에는 오직 두 번째 라면의 편익과 두 번째 라면에 대한 기회비용만을 고려해야 한다.

2. 순편익 극대화

경제활동의 기본 원리를 학습한다.

- 총편익과 한계편익
- 총비용과 한계비용
- 순편익 극대화 원리
- 소비에서 순편익 극대화
- 생산에서 순편익 극대화

(1) 총편익과 한계편익

① 편익(Benefit)이란 경제활동을 통해 얻는 만족을 화폐단위로 환산한 값을 말한다. 그리고 보통 이러한 편익은 경제활동량이 늘어남에 따라 함께 증가한다.

② 이러한 편익의 증가는 보통 한계편익(Marginal Benefit : MB)라는 개념을 사용하여 이해하는 것이 매우 유익하다. 한계편익이란 경제활동을 1단위 증가시킬 때마다 추가되는 편익, 즉 편익의 증가분을 말한다.

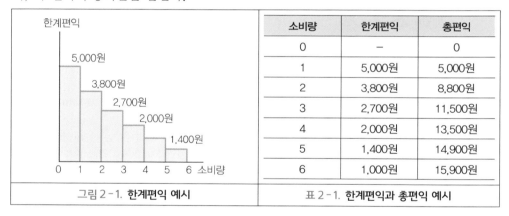

소비량	한계편익	총편익
0	–	0
1	5,000원	5,000원
2	3,800원	8,800원
3	2,700원	11,500원
4	2,000원	13,500원
5	1,400원	14,900원
6	1,000원	15,900원

그림 2-1. **한계편익 예시**	표 2-1. **한계편익과 총편익 예시**

예를 들어 제리의 캔커피 소비에 대한 한계편익이 위 그림과 같다고 하자. 첫 번째 커피의 한계편익이 5,000원이란 것은 캔커피 소비가 0에서 1로 증가 시, 편익도 0원에서 5,000원으로 증가한다는 것이다. 그리고 커피를 1에서 2로 한 캔 더 마시면 제리의 편익도 3,800원 증가한다는 것이다(이때 제리의 총편익이 8,800원이 된다).

(2) 소비에서 순편익극대화

① 이제 제리의 캔커피 소비량이 과연 얼마가 될 것인지 분석해보자. 캔커피는 편의점에서 1캔당 1,500원의 가격으로 판매되고 있다고 하자.

제리는 우선 캔커피 1캔을 구매해 마셨다. 이때 제리가 얻는 편익의 증가분은 5,000원. 제리가 지불한 비용은 1,500원이다(여기서 암묵적 비용은 일단 고려하지 않기로 하자). 따라서 첫 번째 캔커피로부터 제리가 얻는 순편익은 3,500원이다. 즉 남는 장사했다는 것이다. 제리는 여기서 또 한 캔을 더 구입해 마신다. 이때 두 번째 캔커피로부터 제리가 얻는 편익의 증가분은 3,800원이다. 그런데 두 번째 캔커피 구입을 위해 지불한 비용은 여전히 1,500원이다. 즉 제리는 두 번째 캔커피로부터 2,300원의 순편익을 추가시킬 수 있었다.

즉, 제리는 캔커피로부터 얻는 한계편익이 캔커피 가격보다 높다면 계속 캔커피 소비를 늘려나갈 것이다. 이를 그림으로 요약하면 아래와 같다.

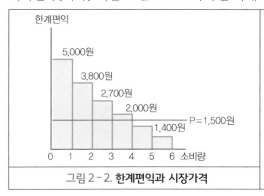

그림 2-2. **한계편익과 시장가격**

좌측 그림에서 캔커피 4개까지 한계편익>시장가격이다. 즉 제리는 캔커피 4개까지 소비를 늘려감에 따라 순편익이 증가한다. 하지만 제리가 5번째 캔커피를 구입하여 마시면, 제리는 1,500원을 주고 1,400원의 편익을 얻는 것이다. 즉 순편익이 100원만큼 감소하게 된다. 따라서 제리는 5번째 캔커피를 구입하면 안 된다.

② 소비에서 순편익 극대화 지점을 그림으로 나타내면 아래와 같다.

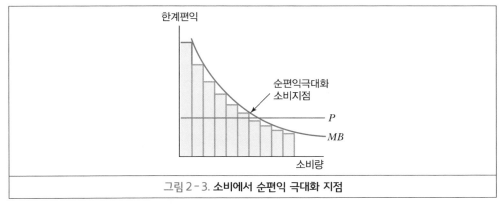

그림 2-3. **소비에서 순편익 극대화 지점**

※ 소비를 늘릴 때마다 한계편익은 보통 점차 감소하는 경향을 보인다. 이를 '한계편익이 체감한다'라고 표현한다. 한계편익이 체감하는 것은 경제학의 두 번째 원칙에 따른 것이다.
즉 '흔하면 싸지고 귀하면 비싸진다.'는 것이다(경제학의 첫 번째 원칙은 '세상에 공짜는 없다.'이다).

(3) 지불용의금액과 소비자잉여

① 한계편익은 소비량을 1개 늘릴 때 그로 인해 증가하는 만족의 크기(화폐단위로 환산)을 말한다. 앞서 제리의 사례에서 제리는 첫 번째 캔커피를 마시면 5,000원의 만족을 얻게 된다. 이는 만일 제리가 이 첫 번째 캔커피를 5,000원보다 싼 가격에 구입하면 (+)의 순편익을 얻는다는 것이다. 극단적이 예로 캔커피가 4,999원이라고 해도 제리는 이 가격으로 캔커피를 구입하고 1원의 순편익을 얻게 된다는 것이다. 조금 과장섞어 캔커피 가격이 4,999.999

원이라도 제리는 이 커피를 구입하고 (물론 1개만 구입하겠지만) 어쨌든 0.0001원 순편익을 얻는다(구입을 안하면 제리의 순편익은 0이다).

즉 제리의 한계편익은 그 제품을 구매하기 위해 지불할 수 있는 가격의 최대한도라고 볼 수 있다. 그래서 한계편익은 다른 말로 최대지불용의금액(Maximum Willingness to Pay)이라고도 표현한다.

② 즉 제리는 첫 번째 캔커피를 구입하기 위해 5,000원까지 낼 용의가 있었지만, 다행스럽게도 캔커피의 가격은 1,500원이었다. 그래서 제리는 첫 번째 캔커피를 구입하여 3,500원의 순편익을 얻은 것이다. 이를 소비자잉여(Consumer' surplus)라고 한다.

제리는 캔커피를 4캔까지 구입하여 총 7,500원(=3,500+2,300+1,200+500)의 순편익을 얻었다. 즉 제리의 소비자잉여 총액은 7,500원이다.

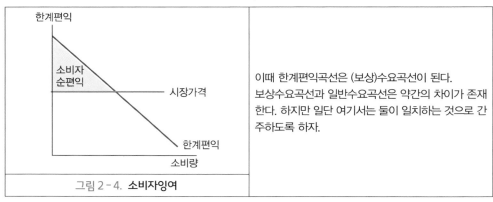

이때 한계편익곡선은 (보상)수요곡선이 된다.
보상수요곡선과 일반수요곡선은 약간의 차이가 존재한다. 하지만 일단 여기서는 둘이 일치하는 것으로 간주하도록 하자.

그림 2 - 4. **소비자잉여**

(4) 기업의 이윤

① 기업의 경영활동의 목적은 이윤극대화이다. 여기서 이윤은 매출액－총비용이다.

경제학에서 매출액은 총수입(Total Revenue)라고 부른다. 그리고 총수입은 기업이 판매하는 제품의 시장가격에 기업의 판매량을 곱한 크기이다. $TR_i = P_i \times Q_i$

※ 현대경제학에서는 기업의 판매량＝기업의 생산량이라고 본다.
※ 기업의 총비용은 임금＋이자＋지대이다(물론 여기에서도 기업의 총비용은 명시적 비용과 암묵적 비용의 합으로 이루어진다).

(5) 총수입과 한계수입, 총비용과 한계비용

① 한계수입(Marginal Revenue : MR)이란 기업의 생산량(＝판매량)을 1단위씩 늘릴 때 추가되는 총수입의 증가분을 의미한다. 만일 기업의 가격경쟁시장에서 영업 중이라면 기업의 제품가격은 기업의 생산량과 무관하게 일정할 것이다.

예를 들어 터피는 가격경쟁시장에서 아이스커피를 판매 중이다. 그리고 이 아이스커피의 가격은 한 잔당 5,000원으로 형성되어 있다. 그럼 터피가 아이스커피를 생산량이 1개씩 생산하여 판매할 때마다 터피의 총수입은 5,000원씩 증가할 것이다. 즉 가격경쟁시장에서 기업의 한계수입은 시장가격과 일치한다. $P = MR$

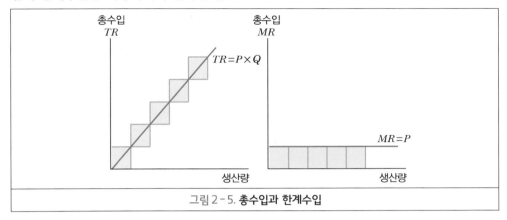

그림 2 - 5. 총수입과 한계수입

② 한계비용(Marginal cost : MC)이란 기업이 생산량을 1단위 늘리기 위해 추가해야 하는 총비용의 증가분을 말한다.

※ 한계비용은 생산량을 늘려감에 따라 처음에는 감소하는 경향을 보이다가 어느 생산량을 넘어가면서부터는 점차 상승하기 시작한다. 이는 한계생산성 체감의 법칙에 따른 결과이다.

(6) 기업의 이윤극대화, 생산자잉여

① 예시 : 터피의 아이스커피 생산에 따른 총비용은 아래 표와 같다고 하자.

(이때 장사 시작을 위해 투입해야 하는 초기비용은 0원이라고 가정하자)

(단위 : 원)

생산량	총비용	한계비용	한계수입	총수입	이윤
0	0	–	–	0	0
1	4,000	4,000	5,000	5,000	1,000
2	7,000	3,000	5,000	10,000	3,000
3	9,500	2,500	5,000	15,000	5,500
4	13,400	3,900	5,000	20,000	6,600
5	18,200	4,800	5,000	25,000	6,800
6	23,700	5,500	5,000	30,000	6,300
7	30,300	6,600	5,000	35,000	4,700
8	37,500	7,200	5,000	40,000	2,500

표 2 - 2. 한계비용과 한계수입 예시

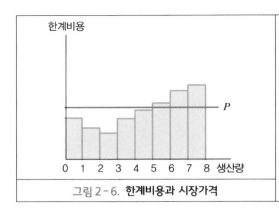

좌측 그림에서 생산량 5까지는 한계수입(＝시장 가격)이 한계비용보다 높다. 이는 생산량을 늘릴 때마다 순편익(이윤)이 쌓여감을 의미한다. 하지만 생산량이 6이 되면서부터 한계수입<한계비용이 된다. 즉 생산량 6이 넘어가면서부터 이윤이 감소하기 시작한다.

결국 한계수입＝한계비용이 지점이 이윤을 극대화는 지점이 됨을 알 수 있다.
(이를 이윤극대화 1계 조건이라 한다)

그림 2-6. **한계비용과 시장가격**

② 위 조건에서 터피는 첫 번째 아이스커피 생산을 위해 4,000원의 비용을 지불하였다. 따라서 터피는 이 첫 번째 아이스커피를 최소한 4,000원 이상은 받아야만 한다. 그런데 다행스럽게도 아이스커피의 시장가격은 5,000원이다. 때문에 터피는 첫 번째 커피를 판매하여 1,000원의 이득을 얻은 셈이다. 이를 생산자잉여라 한다.

그리고 터피는 아이스커피를 5잔 생산(하고 판매)하여 총 이윤을 6,800원을 얻는 것이 가장 바람직하다(5잔보다 적게 만들거나 더 만들면 이윤이 6,800원보다 줄어든다).
이때 터피가 얻은 이윤 6,800원은 각 커피를 팔 때마다 얻는 순편익 1,000＋2,000＋2,500＋1,100＋200을 합산한 값이다. 이를 생산자잉여라고 한다.
※ 장사 시작을 위해 투입해야 하는 초기비용이 0이라면 기업의 이윤(순편익)의 크기는 생산자잉여와 일치한다.

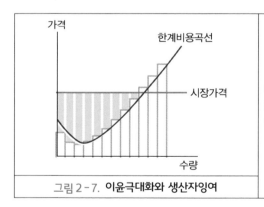

이때 기업의 한계비용곡선이 기업의 공급곡선이 된다. 보다 엄밀하게는 좀 더 명확한 개념이 추가되어야 하지만 이는 추후 시장이론에서 다시 다루기로 한다.

그림 2-7. **이윤극대화와 생산자잉여**

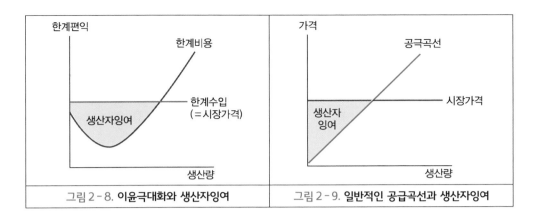

| 그림 2 - 8. **이윤극대화와 생산자잉여** | 그림 2 - 9. **일반적인 공급곡선과 생산자잉여** |

3. 희소성의 원칙과 생산가능곡선

순편익을 극대화해야하는 당위성에 대해 학습한다.

– 희소성
– 희소성의 원칙과 순편익극대화
– 생산가능곡선
– 기회비용 체증의 원칙

(1) 희소성

① 희소성(Scarcity)이란 인간의 욕구나 필요에 비하여 자원이 부족한 상태를 말한다. 예를 들어 인간이 필요로 하는 석유의 양이 지구상의 석유 부존량을 초과한다. 따라서 석유는 희소한 자원이라고 한다.

※ 절대적인 부족 상태를 의미하는 희귀성과 구분 해야 한다. 희소성은 상대적으로 부족한 상태를 말한다.

② 반면 산소(O_2)는 인간이 필요로 하는 양보다 부존량이 많기 때문에 산소는 매우 필수적이고 중요한 자원이지만 희소한 자원이라고 하지는 않는다.

(2) 무상재와 경제재

① 산소, 바닷물 등 희소하지 않은 자원을 무상재(자유재 : free goods)라고 한다. 반면 희소한 자원을 경제재(Economic goods)라고 한다. 경제재는 시장에서 합당한 가격을 주고 구입해야 하는 자원(혹은 재화)이다.

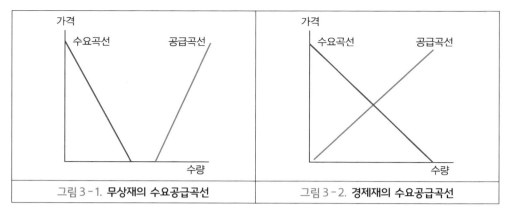

그림 3 - 1. **무상재의 수요공급곡선**	그림 3 - 2. **경제재의 수요공급곡선**

※ 무상재는 효용을 가져다주지만 부존량이 넘쳐 굳이 돈을 주고 구매할 필요가 없는 재화이다. 무상재라
고 인간에게 효용을 주지 않는 재화가 아니다.

(3) 생산가능곡선

① 지구 전체적으로 보면 인간의 욕망은 무한하지만 지구 내 자원의 총량은 한정적이다. 때문
에 인간은 이 한정된 자원을 바탕으로 최대한의 욕망을 달성해야 한다. 그러므로 이 자원을
적재적소의 잘 배분해야만 한다. 다시 말해 희소성에 직면하였기 때문에 우리는 자원배분
(경제적 선택)의 문제에 직면하게 되는 것이다. 이를 희소성의 원칙이라고 한다.

② 그렇다면 어떤 자원을 어느 재화(혹은 서비스)에 투입해야 하는가? 그리고 또 어떠한 방식
으로 투입해야 하는가. 등의 여러 가지 선택의 문제를 해결해야 한다. 이는 다음 장에서 다
루도록 한다. 먼저 경제전체적인 관점에서 주어진 자원을 바탕으로 얼마큼의 생산이 가능
한지를 그림으로 나타내보자.

③ 생산가능곡선(Production Possibility Curve : PPC)이란 경제내 주어진 자원을 최대한
효율적으로 사용하여 얻을 수 있는 X재와 Y재의 조합을 연결한 곡선이다.
일반적인 생산가능곡선의 형태는 아래 그림과 같다(원점에 대해 오목한 모양).

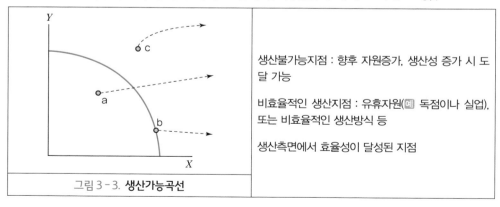

생산불가능지점 : 향후 자원증가, 생산성 증가 시 도
달 가능

비효율적인 생산지점 : 유휴자원(예 독점이나 실업),
또는 비효율적인 생산방식 등

생산측면에서 효율성이 달성된 지점

그림 3 - 3. **생산가능곡선**

④ 생산가능곡선 상의 모든 점들은 생산에서는 효율적인 지점이다. 즉 주어진 자원을 남김없이 투입하였고, 여기에 더해 가장 효율적인 방식으로 생산이 이루어졌을 때 도달가능한 지점들이다(실제 생산가능곡선상의 어느 지점에서 생산이 이루어지는지는 그 경제의 의사결정방식에 따라 달라진다).

⑤ 경제 내 부존자원이 증가하거나, 생산성이 증대된다면 이 경제의 생산가능곡선은 바깥 쪽으로 확장하게 된다. 이를 경제성장이라고 한다.

※ 생산성이란 $\frac{생산량}{투입량}$ 을 의미한다. 따라서 생산성이 높다는 것은 동일한 생산량을 더 적은 비용으로 생산하거나, 혹은 같은 비용으로 더 많은 생산량을 얻는 것을 말한다. 이러한 생산성에 영향을 미치는 요인으로는 기술수준, 시스템의 효율성, 문화와 규범, 신뢰의 정도, 기후 등 다양한 요인들이 있다.

※ 생산가능곡선의 우하향 : 생산가능곡선은 당연히 우하향하는 형태이다. 즉 자원을 남김없이 투입한 상태에서 X재를 더 많이 만들기 위해서는 필연적으로 Y재에 투입한 자원을 빼와야만 한다. 생산가능곡선이 우상향하는 것은 마법이 아니고서는 불가능하다.

(4) 한계변환율과 기회비용 체증의 법칙

① 생산가능곡선은 보통 원점에 대해 오목한 형태이다. 이는 생산가능곡선의 기울기가 점차 가팔라짐을 말한다.

② 예를 들어 100명의 노동력만을 보유한 어느 경제가 생선(X재)과 과일(Y재)만을 생산할 수 있다고 하자. 첫날 100명의 노동자가 모두 과일 생산에 투입되어 과일 100kg을 생산하였다(아래 그림 점 a). 둘째 날 이제 생선을 잡기위해 노동자 10명을 선발하여 바다로 보냈고 남은 90명은 여전히 과일 생산에 투입되어 과일 90kg을 수확하였다. 이때 바다로 보낸 노동자들은 생선을 무려 30kg 잡아왔다(점 b).

셋째 날 다시 추가로 노동자 10명을 더 바다로 보내 생선을 잡게 하였다. 이제 과일 수확노동자는 80명이고 이때 과일 수확량은 80kg이다. 그리고 추가로 바다로 보낸 노동자 10명이 생선을 15kg 잡아 생선 총어획량은 45kg이다(점 c).

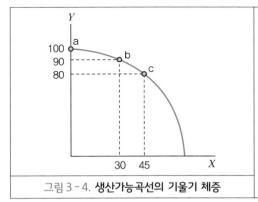

그림 3 - 4. 생산가능곡선의 기울기 체증

여기서 둘째 날 10명의 노동자들이 30kg의 생선을 잡았는데, 셋째 날 추가된 10명의 노동자들은 15kg 밖에 잡지 못했을까?
이는 한계생산성이 체감하기 때문이다.

(이에 대한 구체적 논의는 추후 생산자이론에서 다룬다)

③ X재 생산의 기회비용 : 기회비용은 무언가를 얻기 위해 포기한 것 들 중 최선의 가치를 의미한다. 여기서는 X재를 추가하기 위해 포기한 것은 오직 Y재밖에 없다. 따라서 X재 생산의 기회비용은 이를 위해 포기한 Y재의 수량이다.

생산가능곡선의 기울기는 바로 X재 생산의 기회비용(X재 생산 1단위 증가를 위해 포기해야 하는 Y재 수량)이다. 아래 그림에서 점 a에서 X재를 1개 증가시키기 위해 생산지점을 점 b로 옮겼다고 하자. 이때 포기한 Y재의 수량(즉 X재 생산의 기회비용)은 바로 점 a와 점 b의 수직의 격차(그림상 검은색 화살표의 길이)이다. 그런데 이 격차는 바로 점 a와 점 b를 연결한 선분의 기울기와 같다. 따라서 X재 생산의 기회비용은 곧 생산가능곡선의 기울기이다.

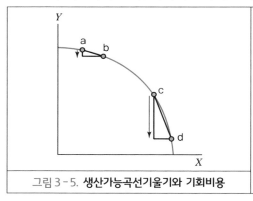

점 a와 점 b를 연결한 선분(빗변)의 기울기는 $\frac{\Delta y}{\Delta x}$ 인데 여기서 $\Delta x = 1$이다. 따라서 점 a와 점 b를 연결한 선분의 기울기는 Δy이다.

그림 3 - 5. **생산가능곡선기울기와 기회비용**

④ 그리고 생산가능곡선이 원점에 대해 오목하다는 것은 X재 생산을 증가시킬 때 X재 생산의 기회비용도 점차 증가하는 것을 의미한다.

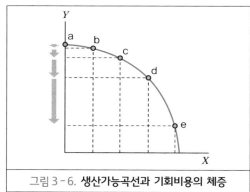

좌측그림에서 X재를 한 단위 씩 늘려나갈 때 포기해야 하는 Y재의 수량이 점차 늘어남을 볼 수 있다. 즉 생산가능곡선이 원점에 대해 오목하다면(기울기가 점차 가팔라진다면) X재 생산을 늘려나갈 때마다 X재 생산의 기회비용도 체증함을 알 수 있다.

그림 3 - 6. **생산가능곡선과 기회비용의 체증**

⑤ 생산가능곡선의 기울기를 한계변환율(Marginal Rate of Transfomation : MRT)이라고 한다. X재 생산의 한계비용을 Y재 생산의 한계비용으로 나눈 값, 즉 $MRT_{XY} = -\frac{MC_X}{MC_Y}$

4. 경제체제

경제적 선택을 채택하는 경제체제에 대해 학습한다.

- 세 가지 경제선택의 문제
- 사회후생
- 시장경제체제와 계획경제체제
- 시장실패와 혼합경제체제

(1) 세 가지 선택의 문제, 시장가격과 균형가격

① 희소성의 원칙에 따라 인간은 주어진 자원으로 무엇을 할지, 어떻게 해야 할지 등 여러 가지 자원배분의 문제를 해결해야 한다. 사무엘슨은 이러한 문제를 크게 3가지 범주로 구분지었다. 이를 세 가지 경제선택의 문제라고 한다.

② 세 가지 선택의 문제는 다음과 같다.
- 무엇을 얼마나 생산할 것인가?
  : 생산물의 종류와 수량을 결정하는 문제이다.
- 어떻게 생산할 것인가?
  : 위에서 생산물의 종류와 수량이 결정되었다면, 이제 이를 어떠한 방식으로, 어떠한 자원을 투입하여 생산할지를 선택해야 한다.
- 누구를 위해 생산할 것인가?
  : 이제 생산물의 생산이 완료되었다면 이를 어떻게 배분할지를 결정해야 한다.

③ 이 세 가지 선택의 문제를 해결하는 방식은 경제체제 별로 매우 상이하다. 경제체제는 크게 시장경제체제, 계획경제체제, 혼합경제체제로 나뉜다. 시장경제체제는 말 그대로 위 3가지 문제를 주로 시장의 가격기능에 의해 해결하는 방식의 경제체제이다.

④ 여기서 시장가격(Market Price)이란 시장에서 거래하는 거래당사자 모두 동일한 제품을 누구도 차별없이 동일한 수준에서 거래하는 가격을 말한다.
반면 균형가격(Equilibrium Price)이란 수요량과 공급량이 일치되도록 하는 가격을 의미한다. 시장가격은 경우에 따라 균형가격과 어긋날 수도, 일치할 수도 있다.

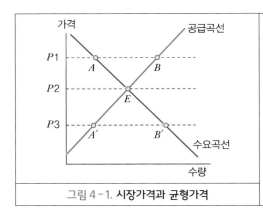

좌측 그림에서 균형가격은 P2이다. 이때 시장가격도 P2라면 소비자의 구매량(수요량)은 E지점이며 또한 기업의 생산량도 E점이다.

반면 시장가격이 P1이라면 소비자의 구매지점은 A, 기업의 생산지점은 B가 되어 시장에서 초과공급이 발생한다.

시장가격이 P3이라면 소비자의 구매지점은 B, 기업의 생산지점은 A가 되어 시장에서 초과수요가 발생한다.

그림 4 - 1. **시장가격과 균형가격**

(2) 사회후생

① 시장가격 = 균형가격일 때

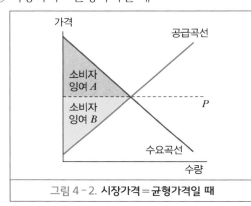

시장가격 = 균형가격일 때 소비자잉여는 회색 삼각형 A, 생산자잉여는 붉은색 삼각형 B가 된다. 그리고 이 둘을 합친 면적을 사회총잉여(Social Total Surplus), 혹은 사회후생(Social Welfare)이라고 한다.

그림 4 - 2. **시장가격 = 균형가격일 때**

② 시장가격 > 균형가격일 때

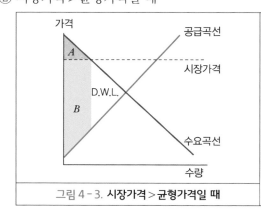

시장가격 > 균형가격이라면 좌측그림에서 소비자잉여의 크기는 회색 삼각형 A가 된다. 그리고 생산자잉여의 크기는 붉은색 사다리꼴 다각형 B가 된다. 시장가격 = 균형가격일 때보다 사회후생은 흰색 삼각형 만큼 감소하는 것이다.
이때 흰 삼각형의 면적을 사회후생손실(Dead. Weight. Loss.)이라고 한다.

③ 시장가격 < 균형가격일 때

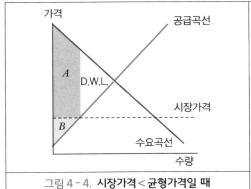

시장가격<균형가격이라면 좌측그림에서 소비자잉여의 크기는 회색 사다리꼴 A 가 된다. 그리고 생산자잉여의 크기는 붉은 삼각형 B 가 된다. 시장가격＝균형가격일 때보다 사회후생은 흰색 삼각형만큼 감소하는 것이다. 이때 흰 삼각형의 면적을 사회후생손실(Dead. Weight. Loss.)이라고 한다.

그림 4 - 4. **시장가격 < 균형가격일 때**

(3) 시장경제체제와 자본주의

① 공리주의(Utilitarianism)에 따르면 사회후생이 극대화되는 것이 가장 바람직하다고 본다. 따라서 시장가격이 균형가격과 일치하는 것을 가장 이상적인 시장조건으로 여긴다.

② 그렇다면 시장가격과 균형가격의 괴리가 발생할 때 이를 재조정하는 가장 바람직한 수단은 무엇일까? 시장경제주의자들은 바로 시장 참여자를의 가격경쟁이라고 보았다. 이를 보이지 않는 손의 원리라고 한다. 즉 초과공급이 발생하면 공급자들이 이윤극대화를 위해 가격을 낮추고, 초과수요가 발생하면 시장가격을 올리게 된다는 논리이다. 이러한 가격경쟁의 원리가 제대로 작동한다면 시장은 언제나 사회후생을 극대화하는 방식을 즉각 균형을 이룰 것이라고 본다.

③ 이러한 가격경쟁을 통해 결정된 시장가격에 의해 3가지 선택의 문제를 해결하는 방식의 경제체제를 시장경제체제라고 한다. 이러한 시장경제체제는 자본과 토지의 민간소유만을 허용하는 자본주의체제와 궁합이 잘 맞는다.

(4) 계획경제체제와 공산주의

① 시장경제체제의 의해, 이와 더불어 가격경쟁이 원활히 작동한다면 시장가격＝균형가격이 성립하고 사회후생이 극대화되는데, 하지만 빈부격차는 경쟁의 원리에 의해 해결될 수 없다. 또한 경쟁이 원활치 못하게 되는 상황이 발생하게 되면 역시 사회후생이 극대화되지 않을 수 있다. 즉 시장경제체제는 완벽한 경제체제는 아니다. 이에 대응하기 위해 등장한 경제체제가 바로 계획경제체제이다.

② 계획경제체제는 3가지 경제선택의 문제를 주로 정부의 계획과 통제에 의해 해결한다. 만일 정부의 목적이 효율성의 극대화가 아니거나, 혹은 의도치 않게 비효율적 선택을 하게 된다면 경제활동의 비효율성이 발생하게 된다. 다만 형평성을 고려하는 정부의 정책에는 강력한 효과를 발휘할 수 있다. 이러한 계획경제체제는 자본과 토지의 국가소유만을 인정하는 공산주의와 궁합이 잘 맞는다.

(5) 시장실패, 혼합경제체제와 수정자본주의

① 20세기 벌어진 체제경쟁에서 결국 계획경제체제는 실패하게 되었다. 하지만 시장경제체제도 완벽한 것은 아니어서 빈부격차, 불완전경쟁, 공공재의 부족, 외부효과, 정보비대칭, 경기불안정이라는 문제는 해결하는데 한계를 보였다. 이렇게 시장경제체제가 완벽히 해결하지 못한 6가지 계열의 문제를 통칭하여 시장실패(Market Failure)라 한다. 이를 해결하기 위해 혼합경제체제가 탄생하였다.

② 혼합경제체제에는 기본적인 경제활동은 시장경제시스템에 맡기되 심한 시장실패가 발생하면 정부가 시장에 개입하여 적극 해결하는 시스템이다. 때문에 정부가 자본과 토지 등 주요 생산요소를 일부 소유하는 방식의 수정자본주의와 궁합이 잘 맞는다.

(6) 정부실패와 작은 정부, 신자유주의

① 20세기 경제대공황 이후 수정자본주의가 널리 보급되며 대부분의 국가들은 혼합경제체제를 지향하고 있다. 하지만 이는 과도한 정부의 권한과 예산 등 비대한 정부를 야기하였고 이에 따라 관료제의 폐해, 부정부패, 무사안일, 정부의 비전문성, 근시안적 규제 등 다양한 정부실패 사례를 발생시켰다. 특히 1970년대 오일쇼크 이후 정부의 비효율성이 대두되자 1980년대부터 서방 선진국을 중심으로 다시 작은 정부, 시장경제체제의 강화로 회귀하는 움직임이 일어났는데, 이를 신자유주의라 한다.

② 신자유주의는 규제철폐, 법인세 및 소득세 인하, 복지축소 등 기본적인 시장경제체제의 주요 방침을 따르며, 특히 자유무역 활성화와 관세철폐 등을 주요 골자로 하였다. 이러한 신자유주의 확산은 2008년 세계 금융위기 이후 다시 수그러든 상태이다.

5. 수요곡선

수요와 수요량에 대해 학습한다.

−수요의 의미
−수요와 수요량의 관계
−수요에 영향을 미치는 요인
−수요의 법칙과 대체효과, 소득효과의 구분

(1) 수요의 정의

① 수요(Demand)란 지불능력을 지닌 구매자의 구매의사를 말한다. 그리고 이를 수량−가격 평면에 나타낸 것을 수요곡선이라 한다.

② 수요가 발생하기 위해서는 두 가지 요소가 필수적이다. 첫째는 지불능력, 즉 소득이 있어야 한다. 그리고 구매의사, 즉 실제 구매하려는 마음이 일어나야 한다.

③ 수요곡선(Demand Curve : D)은 이러한 구매자(보통 소비자)의 구매의사를 곡선으로 표시한 것인데, 엄밀한 정의는 다음과 같다.

　−수요곡선 : 주어진 소득 수준에서 특정가격과 그 가격수준에서 구매하고자 하는 수량의 조합점을 연결한 곡선

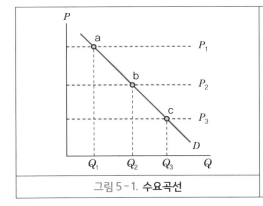

그림 5 - 1. 수요곡선

좌측 그림에서 어느 소비자가 P_1의 (시장)가격에서 Q_1만큼 구매하고자 하고, P_2의 가격에서는 Q_2만큼 구매하고자 하고, P_3의 가격에서는 Q_3만큼 구매하고자 한다면, 이 조합 점 a, b, c를 연결한 곡선이 바로 수요곡선이 되는 것이다.

※ 고등학교 수준의 경제과목이라면 위에 설명한 수요곡선은 한계편익곡선과 같은 것으로 봐도 무방하다. 하지만 대학교 수준의 경제원론 이상에서는 한계편익곡선과 수요곡선이 정확히 일치하지는 않고 매우 근접한 근사치이다. 둘 사이의 미세한 차이는 소득효과에서 기인하게 되는데 이는 추후 상세히 설명하기로 한다.

(2) 수요와 수요량

① 수요는 바로 구매자의 구매의사이자 구매 스케줄이라고 봐도 된다. 예를 들어 톰의 어머니가 톰에게 삼겹살을 사오라는 심부름을 시켰다. 하지만 어머니는 삼겹살의 오늘 마트 시장 가격을 모르신다. 그래서 종이에 다음과 같은 표를 하나 적어 톰에게 건네주신다.

100g 당 가격	구매량
1,000원	900g
1,500원	800g
2,000원	700g
2,500원	600g
3,000원	500g
3,500원	400g
4,000원	300g

표 5-1. **구매의향표** / 그림 5-2. **수요곡선2**

② 이 구매의향표에 좌표를 연결한 곡선이 바로 수요곡선이 되는 것이다. 그리고 각각의 시장 가격에 대응대회는 구매량을 수요량(Quantity of Demanded)이라 한다.

※ 수요와 수요량은 다른 개념이다. 시장가격이 상승하면 수요가 줄어드는 것이 아니다. 수요량이 감소하게 된다. 시장가격이 변화해도 수요는 그대로이다.

※ 가격이 하락할 때 수요량은 증가하는데, (반대로 가격이 상승하면 수요량은 줄어든다) 이를 수요의 법칙 (The Law of Demand)이라 한다. 수요의 법칙이 성립하면 수요곡선은 우하향하는 형태를 띈다.

(3) 수요의 변화요인

① 시장가격의 변화는 수요에 영향을 미치지 못한다. 오직 수요량에만 영향을 미칠 수 있다. 그렇다면 수요 자체에 영향을 미치는 요인은 어떤 것들이 있을까?

② 먼저 소득이다. 소득의 변화는 수요에 바로 영향을 준다. 보통의 경우 소득의 증가는 수요를 증가시킨다. 즉 소득이 증가하면 수요곡선은 우측으로 이동한다(위로 이동했다고도 볼 수 있지만 관례상 우측이동이라고 표현한다).

③ 하지만 몇몇 특이한 재화나 서비스는 소비자의 소득이 증가한 경우 오히려 감소하기도 하는데 이런 특이한 재화나 서비스를 열등재(Inferior goods)라고 한다. 이와 구분하기 위해 소득과 수요가 정(+)의 관계를 나타내는 보통의 재화, 서비스를 정상재(Normal goods)라고 한다.

명목소득(Nominal Income)이란 말그대로 눈에 보이는 소득을 말한다. 월급통장에 찍힌 입금액이 바로 명목소득이다. 반면 실질소득(Real Income)은 물가를 고려한 소득으로 실질소득 $= \dfrac{\text{명목소득}}{\text{물가}}$ 의 공식이 성립한다.

따라서 명목소득이 5% 상승해도 물가가 이보다 더 많이 상승해서 7% 상승한 것이라면, 이 노동자의 실질소득은 오히려 전에 비해 하락한 것이다. 반대로 명목소득은 그대로인데 물가가 하락하였다면 이 노동자의 실질소득은 증가한 것이다.

④ 소득 외에도 소비자의 선호의 변화, 취향의 변화가 수요에 영향을 줄 수 있다.

⑤ 현재의 시장가격은 소비자의 수요에 영향을 주지 못하지만, 향후 미래예상 가격의 변화는 소비자의 현재 수요에 영향을 준다. 예를 들어 조만간 어느 제품의 가격의 인상이 예견된다면 소비자들은 당장의 수요를 늘려 사재기에 나설 것이다. 반대로 제품의 가격이 곧 하락할 것 같으면 당장의 수요는 좀 줄이고 가격이 인하되고 나면 그때 구입을 시작할 것이다.

※ 유량과 저량

유량(Flow)이란, 일정 기간 동안 측정이 가능한 수량을 말한다. 즉 시작시점과 종료시점이 서로 다른 시간의 흐름 동안 발생하는 수량이다.

한편 저량(Stock)이란 일정 시각, 일정 시점에서 측정하는 수량이다.

유량의 대표적 예는 바로 소득이다. 예를 들어 "너 소득 얼마야?" 라고 물었을 때 정확한 대답을 얻기 위해서는 기간을 반드시 명시해줘야 한다. 즉 월급인지, 연봉인지, 주급인지, 일당인지 얼마의 기간 동안의 소득을 말하는 것인지를 확실히 해줘야 한다.

반면 저량의 대표적인 예는 재산, 인구 등이다. "너 예금잔액 얼마야?" 라고 물으면 이는 기간을 명시하지 않아도 대답이 나온다. 위 질문은 지금 이 시각 현재 예금잔액은 의미하기 때문이다.

수요량, 그리고 수요도 유량이다. 즉 "너 커피 몇 잔 마셔?"라는 물음에 답하기 위해서는 하루 동안의 커피 수요량인지 한 달 동안인지 일 년 동안인지를 먼저 명확히 해야 한다.

⑥ 대체재(Substitute)의 가격 변화 : 대체재란 소비에서 특성이 유사하여 대체가 용이한 재화관계를 말한다. 예를 들면 콜라와 사이다, 삼겹살과 목살 등이 대체관계가 있다고 볼 수 있다. 삼겹살과 목살이 대체관계라면, 목살의 가격 상승은 목살의 수요량을 줄이는 요인이다. 하지만 여전히 목살이 먹고 싶다면? 비싼 목살 대신 삼겹살로 갈아타면 된다. 즉 목살 가격의 상승이 삼겹살의 수요 증가요인이 되는 것이다.

⑦ 보완재(Complement)의 가격 변화 : 보완재란 소비에서 궁합이 맞는 관계를 의미한다. 따라서 각자 소비할 때보다 함께 곁들여 소비할 때 훨씬 더 큰 효용을 가져다주는 재화관계이다. 예를 들면 삼겹살과 상추, 피자와 콜라, PC와 키보드 등이다. 삼겹살과 상추가 보완관계라면, 상추의 가격 하락은 삼겹살의 수요증가를 가져온다. 즉 상추 가격하락으로 상추에 대한 수요량이 증가하고 이에 따라 삼겹살에 대한 구매의사가 증가하여 수요도 증가하게 되는 것이다.

Ceteris Paribus : 다른 조건이 일정하다면

경제학에서 이론적 논의를 할 때의 기본가정이다.

예를 들어 '소비자의 소득이 감소하였는데 콜라에 대한 수요는 증가하였다. 따라서 이 소비자에게 콜라는 열등재이다.' 라고 문장의 참/거짓 여부를 가려보자. 당연히 이 문장은 참이다. 그런데 갑이 이에 대한 반론을 제기한다. '아니. 콜라가 열등재라고 어떻게 단언하지? 콜라는 정상재이고 소득은 감소하였지만 콜라에 대한 선호가 더욱 증가하였기에 이런 결과가 나온 것일 수도 있잖아. 고로 위 문장은 참/거짓을 판단할 수 없어.' 갑의 반론은 타당한가? 현실에서 실증적 결과에 대한 해석을 논할 때는 갑의 반론은 타당하다. 하지만 이론적 문제를 풀 때에는 출제자가 언급한 내용만으로 문제의 참/거짓 여부를 추론해야 하며 문제에서 언급되지 않는 기타 변수들(갑의 사례에서는 콜라에 대한 선호)은 불변이라는 것을 기본 전제로 삼아야만 한다(그러지 않는다면 실로 다양한 소설 같은 시나리오가 등장하고 어떠한 이론적 명제도 참/거짓 여부를 판단할 수 없게 된다).

또 다른 예로써 기출문제에서 '휘발유 가격이 상승하자 톰은 자신의 초콜렛에 대한 수요를 증가시켰다. 따라서 톰에게 휘발유와 초콜렛은 서로 대체관계에 있다.'라는 문장의 참/거짓 여부를 묻는다. 정답은 '참'이다. Ceteris Paribus의 가정에 의해 위 명제에서 휘발유 가격과 톰의 초콜렛 수요 이외에는 아무것도 변하게 없는 것이다. 따라서 톰에게 휘발유와 초콜렛은 대체관계에 있다고 봐야하는 것이다(물론 현실에서 이런 상황이 벌어졌다면, 현명한 경제학도라면 우리가 미처 발견하지 못한 다른 변수들을 조사할 것이다. 예를 들면 초콜렛에 선호에 영향을 미치는 새로운 연구결과의 발표 등).

(4) 개별수요와 시장수요

① 지금까지 개인의 수요곡선에 영향을 주는 요인을 살펴보았다. 개인들의 수요가 모이면 시장전체 수요가 형성되는데, 당연히 개인들의 수요가 증가하면 시장전체 수요도 증가하게 된다. 그리고 개인들의 수요가 불변이라도 시장에 참여하는 개인들의 수가 증가하면 시장전체 수요는 증가한다.

② 개인의 수요들을 서로 합산하는 것은 개인수요곡선을 수평으로 합산하는 방식으로 이루어진다. 아래 그림에서 좌측 수요곡선을 소비자A의 수요, 가운데 수요곡선을 소비자B의 수요곡선이라고 하자. 시장가격이 P_1 일 때, A의 수요량은 Q_{a1}, B의 수요량은 Q_{b1} 이다. 그리고 시장가격이 P_2 일 때, A의 수요량은 Q_{a2}, B의 수요량은 Q_{b2} 이다.

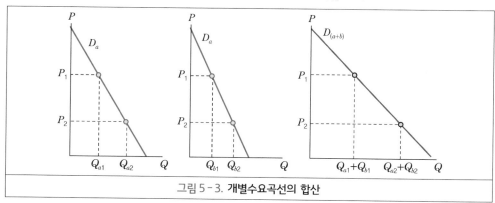

그림 5 - 3. 개별수요곡선의 합산

따라서 시장가격이 P_1일 때 A와 B의 수요량 총량은 $Q_{a1} + Q_{b1}$ 시장가격이 P_2일 때 A와 B의 수요량 총량은 $Q_{a2} + Q_{b2}$가 된다. 이를 나타낸 합산 수요곡선은 위 그림의 가장 우측 수요곡선 $D(a+b)$이다.

6. 공급곡선

공급과 공급곡선에 대해 학습한다.

– 공급곡선과 한계비용
– 공급에 영향을 미치는 요인
– 개별공급곡선의 합산

(1) 공급과 공급량

① 공급(Supply)이란 판매를 목적으로 재화, 서비스, 요소 등을 제공하는 것을 의미한다. 그리고 이를 수량 – 가격 평면에 곡선으로 표시한 것을 공급곡선(Supply Curve)라고 한다.

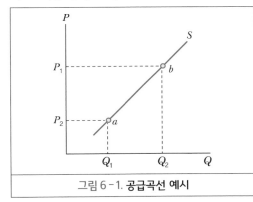

좌측 그림에서 시장가격이 P_1일 때 기업의 생산량이 Q_1이고, 시장가격이 P_2로 상승하면 기업의 생산량이 Q_2로 증가한다.

이러한 일반적인 재화나 서비스의 공급 외에도 각 생산요소의 공급자들의 요소공급도 이와 같은 방식의 공급곡선으로 표현할 수 있다.

그림 6 – 1. 공급곡선 예시

② 수요와 수요량을 구분해야 하듯 공급과 공급량도 구분해야 한다. 상기 그림에서 시장가격 P_1일 때 공급량은 Q_1이 되고 시장가격이 P_2일 때 공급량은 Q_2가 된다.

(2) 공급의 변화요인

① 개별기업의 공급곡선에서 살펴본 바와 같이 개별기업의 한계비용곡선과 일치한다(완벽히 일치하는 것은 아니지만 일단은 같은 곡선이라고 보자.

② 따라서 개별기업의 한계비용곡선의 변화는 개별기업의 공급을 변화시키는 요인이 된다. 한계비용의 상승＝공급곡선의 좌측이동(공급의 감소)을 야기한다. 이때 공급의 감소요인은 다음과 같다. 반대로 공급이 증가하면 공급곡선은 우측으로 이동한다.

③ 생산에서 대체관계란 서로 다른 두 재화를 동일한 생산요소와 생산라인을 사용하여 제조할 수 있는 관계를 말한다. 단 주어진 생산요소를 동시에 두 재화 생산에 투입할 수는 없다. 예를 들어 농부가 100평의 밭에서 옥수수를 생산할 수도 있고 감자를 생산할 수도 있다면 이때 옥수수와 감자는 서로 생산에서 대체관계이다.

(50평은 옥수수, 50평은 감자를 심어도 되는 거 아니냐고 반문할 수도 있지만 여기서 옥수수를 심은 자리에 동시에 감자를 심을 수는 없는 것이다. 즉 옥수수를 심은 딱 그 자리에는 옥수수를 뽑지 않고는 감자를 심지 못한다)

따라서 옥수수의 시장가격은 그대로인데 감자가격이 상승하면 농부 입장에서는 다음번에는 옥수수 생산을 줄이고 감자 생산을 늘릴 것이다. 따라서 생산에서 대체재인 감자 가격의 상승은 곧 옥수수 생산의 감소를 야기하는 것이다.

※ 다른 예로는 가수와 연기자를 겸업하는 연예인. 가수로서의 소득이 좀 줄어들면 이 연예인은 가수활동을 줄이고 연기자 활동을 늘려나갈 것이다.

④ 생산에서 보완관계란 어느 재화를 생산하다 보니 다른 재화의 생산에 소요되는 비용이 절감되는 효과가 발생하는 생산관계를 말한다. 예를 들어 가죽구두를 만드는 기업은 생산 부속물로 짜투리 가죽이 많이 남는데, 이를 이용하여 가죽지갑을 만드는데 비용절감이 발생할 수 있다. 갈비집에서 냉면육수가 나와 냉면도 저렴하게 만들 수 있게 되는 것, 순대를 팔다보니 머릿고기도 저렴하게 만들 수 있는 것, 이러한 것들이 모두 생산에서 보완관계를 나타내는 것이다.

예를 들어 갈비의 시장가격이 상승하자 사장은 갈비 생산을 늘린다. 그러다 보니 갈비뼈도 많이 나오고 육수도 보다 더 많이 생산 가능해졌다. 그래서 냉면 생산도 늘어나는 것이다.

※ 범위의 경제

> 범위의 경제란 A라는 제품, B라는 제품을 각각 단독 생산할 때보다 A와 B를 함께 생산하였더니 단독생산할 때보다 평균비용이 하락하는 현상을 말한다.
>
> 예를 들어 어느 전자회사가 에어컨만 100대 생산할 때는 대당 생산비용이 80만 원, 총비용 8천만 원이 소요되었고, 이 전자회사가 냉장고만 100대 생산할 때는 대당 생산비용이 100만 원, 총비용이 1억 원이 소요되었다고 하자. 그런데 이제 이 회사가 에어컨과 냉장고를 모두 100대씩 생산하기로 하였더니 총비용이 1억 5천만 원이 되었다. 이때 이 회사의 냉장고와 에어컨 생산에 범위의 경제가 발생하였다고 한다.
>
> 범위의 경제의 발생원인은 가장 대표적 요인이 바로 생산에서의 보완관계이다.

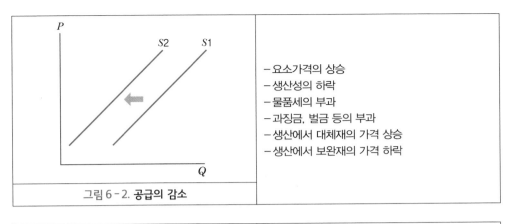

그림 6 - 2. **공급의 감소**

- 요소가격의 상승
- 생산성의 하락
- 물품세의 부과
- 과징금, 벌금 등의 부과
- 생산에서 대체재의 가격 상승
- 생산에서 보완재의 가격 하락

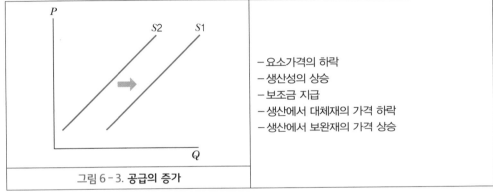

그림 6 - 3. **공급의 증가**

- 요소가격의 하락
- 생산성의 상승
- 보조금 지급
- 생산에서 대체재의 가격 하락
- 생산에서 보완재의 가격 상승

⑤ 생산성의 상승은 기업에게 비용을 절감시키는 요인이고 반대로 생산성의 하락은 기업의 비용 상승요인이다. 이에 대한 자세한 설명은 생산자이론에서 다룬다.

※ 상기 언급한 요인 이외에도 다양한 요인이 기업의 공급에 영향을 미친다. 기후의 변화, 자연재해 등도 기업의 공급에 큰 영향을 미친다.

(3) 개별공급곡선과 시장전체공급곡선

① 개별기업의 공급곡선의 합산도 개별수요곡선의 합산과 마찬가지로 수평방향으로 합한다. 즉 예를 들어 기업 a와 기업 b의 공급곡선이 아래 그림과 같을 때, 이 둘의 공급을 합산하면 다음 우측 그림처럼 그려지게 된다.

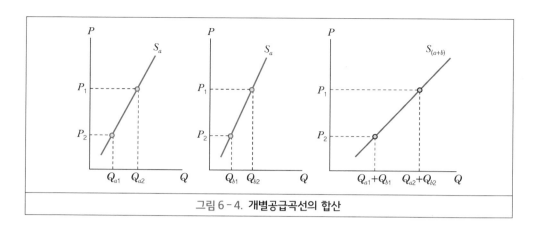

그림 6 - 4. 개별공급곡선의 합산

7. 탄력성

탄력성의 개념과 적용에 대해 학습한다.

– 탄력성의 의미
– 수요의 가격탄력성
– 수요곡선의 기울기와 탄력성
– 가격탄력성과 지출액 간의 관계
– 소득탄력성과 교차탄력성
– 공급탄력성

(1) 수요의 가격탄력성

① 탄력성(Elasticity)이란 충격을 가했을 때 반응의 정도를 나타내는 민감도를 의미한다. 정확한 탄력성의 정의는 $E = \dfrac{결과의\ 변화율}{원인의\ 변화율}$이다.

② 예를 들어 가열온도를 2% 올렸더니 반응속도가 3% 상승하였다면 가열온도에 대한 반응속도의 탄력성은 +1.5가 되는 것이다.

> ※ 여기서 변화율의 정확한 정의는 변화율 $= \dfrac{변화량}{초기수량} \times 100\%$이다. 예를 들어 톰의 중간고사 성적이 50점이었는데, 기말고사 성적이 63점이 되었다면 톰의 점수 상승률(변화율)은 +26%이다.
>
> ※ 반면 제리의 중간고사 점수는 80점이었는데 기말고사에서 94점을 받았다. 이때 제리의 점수 상승률은 +17.5%이다. 그러면 톰이 제리보다 더 높은 성과를 얻었다고 할 수 있는가? 즉 이러한 변화율의 수치는 출발선이 서로 다른 주체의 성과를 측정하기엔 매우 부적합한 지표이다.

③ 앞서 수요부분에서 학습하였듯, 시장가격의 변화는 수요량에 영향을 준다. 따라서 시장가격의 변화를 원인이라고 한다면 이에 대한 변화는 수요량의 증감일 것이다. 따라서 $\varepsilon_p = \dfrac{수요량의\ 변화율}{가격의\ 변화율}$의 수치를 계산할 수 있는데 이를 수요의 가격탄력성(Price

Elasticity)라 한다. 즉 수요의 가격탄력성이란 가격이 1% 변화할 때, 수요량이 몇 % 변화하는지를 나타내는 척도가 된다.

④ 그런데 여기서 수요의 법칙에 의해 수요량의 변화율과 가격의 변화율은 항상 반대부호이다. 때문에 수요의 가격탄력성은 언제나 음수($-$)가 나온다. 그래서 관례적으로 수요의 가격탄력성은 절댓값으로 표기한다(혹은 -1을 한 번 더 곱해 양수로 변환하여 나타낸다).

※ 보통 수학에서 변화분을 의미하는 수학기호는 Δ : 델타를 많이 사용한다. 그래서 ΔP 는 가격의 변화분을 칭하는 일종의 약어이다. 마찬가지로 ΔQ는 수량의 변화분을 의미한다. 즉 $\dfrac{\Delta P}{P}$, $\dfrac{\Delta Q}{Q}$는 각각 가격의 변화율, 수량의 변화율을 칭하는 암묵적 약어가 될 것이다.

※ $\varepsilon_p = \left| \dfrac{\text{수요량의 변화율}}{\text{가격의 변화율}} \right|$ 을 축약해서 수식으로 표현하면 $\varepsilon_p = \left| \dfrac{\frac{\Delta Q}{Q}}{\frac{\Delta P}{P}} \right|$ 이 되고

정리하면 $\varepsilon_p = \left| \dfrac{\Delta Q}{\Delta P} \dfrac{P}{Q} \right| = -\dfrac{\Delta Q}{\Delta P} \dfrac{P}{Q}$ 가 된다.

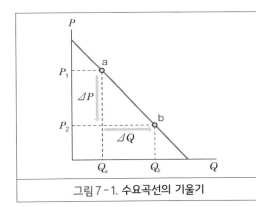

좌측 그림에서 시장가격이 P_a에서 P_b로 하락하면 수요량은 Q_a에서 Q_b로 상승한다.
그리고 이 수요곡선의 기울기, 즉 점 a와 b 사이의 기울기는 $-\dfrac{\Delta P}{\Delta Q}$ 이다(기울기가 음수이므로 앞에 마이너스가 붙는다).
따라서 수요의 가격탄력성은 수요곡선 기울기와 반대방향으로 움직이는 것을 알 수 있다.

그림 7-1. 수요곡선의 기울기

(2) 탄력성에 영향을 미치는 요인

① 수요곡선이 가파른 경우

수요의 가격탄력성의 수식 표현은 $\varepsilon_p = -\dfrac{\Delta Q}{\Delta P} \dfrac{P}{Q}$ 이므로 특정 지점이 아닌 전반적인 수요의 가격탄력성을 표현하자면 오직 수요곡선의 기울기만으로 판단한다. 따라서 가파른 수요곡선이라면 그렇지 않는 경우보다 가격탄력성이 작을 것이다.

② 반대로 수요곡선이 완만해질수록 그렇지 않은 경우보다 탄력성은 커질 것이다.
※ 만약 수요곡선의 특정 지점이 명시된다면 이때는 수요곡선의 기울기만으로 가격탄력성을 판단해서는 안 된다. 측정지점에서의 P/Q의 값도 가격탄력성에 영향을 주기 때문이다.

③ 수요곡선이 수평선이라면 수요곡선의 기울기가 0이므로 측정지점과 무관하게 수요의 가격탄력성은 무한대가 된다. 반대로 수요곡선이 수직선이라면 측정지점과 무관하게 수요의 가격탄력성은 0이 된다.

※ 탄력성이 1보다 크면 탄력적(Elastic)이라고 하고 1보다 작으면 비탄력적(Inelastic)이라고 한다.
탄력성이 무한대인 경우 완전탄력적(Perfect Elastic)이라고 한다.
탄력성이 0인 경우 완전비탄력적(Perfect Inelastic)이라고 한다.
탄력성이 1인 경우 단위탄력적(Unit Elastic)이라고 한다.

④ 보통 생필품 등의 필수재는 비탄력적인 경향을 띤다. 반대로 사치재들은 탄력적인 경향을 지닌다(필수재와 사치재를 구분하는 기준은 소득탄력성이다. 그런데 이 소득탄력성과 가격탄력성은 느슨하지만 간접적인 영향을 주고받는다).

⑤ 대체재가 많을수록 탄력성은 커지게 된다.

⑥ 사과의 대체재는 제법 많다. 하지만 과일의 대체재는 그리 많다고 볼 수 없다. 식품의 대채재는 거의 없다. 즉 재화분류범위를 넓게 잡을수록 대체재가 줄고 점점 더 비탄력적이게 된다.

⑦ 소비에서 차지는 비중이 작은 재화일수록 비탄력적이다.

⑧ 수요는 유량이다. 측정기간을 길게 잡을수록 탄력적으로 변한다. 즉 단기보다 장기수요가 더 탄력적이다.

(3) 가격탄력성과 지출액

① 수요의 가격탄력성을 알면 수요와 관련된 다양한 응용지식을 추론할 수 있는데, 그중 하나가 가격변화에 따른 소비자의 지출액(판매자 입장에서는 매출액＝총수입) 증감여부이다.

② 수요곡선이 매우 가파른 경우, 즉 아주 비탄력적인 경우 소비자의 가격이 많이 하락하여도 수요량은 매우 적게 증가한다. 이때 소비자의 지출액은 TR_a에서 TR_b로 변한다. 즉 지출액은 감소한다(반대로 가격이 상승하면 지출액은 증가한다).

③ 반대로 수요곡선이 매우 완만한, 매우 탄력적인 경우 가격이 조금 하락하여도 수요량은 매우 크게 증가하고 소비자의 지출액은 TR_c에서 TR_d로 커지게 된다(반대로 가격이 상승하면 지출액은 감소한다).

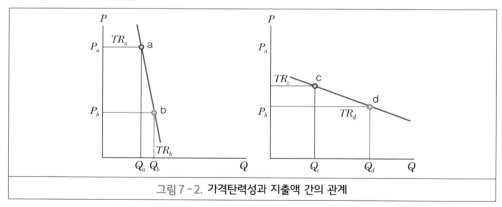

그림 7 - 2. 가격탄력성과 지출액 간의 관계

※ 가격탄력성과 지출액의 관계

– 탄력적인 경우 : 가격의 상승＝지출액의 감소
– 탄력적인 경우 : 가격의 하락＝지출액의 증가

– 비탄력적 경우 : 가격의 상승＝지출액의 증가
– 비탄력적 경우 : 가격의 하락＝지출액의 감소

– 단위 탄력적인 경우 : 가격변동에도 지출액은 불변

※ 보론 : 변화율 공식

직각사각형의 면적을 A라고 하고, 이 직각사각형의 밑변을 B, 높이를 C라고 한다면
A＝B×C가 된다. 예를 들어 밑변과 높이가 각각 100인 직각사각형의 면적은 10,000이다.

이때 밑변의 길이를 3%, 높이의 길이를 2%를 늘리면 면적은 얼마가 되나?
밑변은 103, 높이가 102가 되었으니 면적은 10,506이 되어 5.06% 증가한다.

로그미분을 사용하면 각 변수의 변화율을 알 때 최종종속변수의 변화율의 근사값을 쉽게 구할 수 있다.

$A = B \cdot C$의 공식이 성립한다면 $\dfrac{\Delta A}{A} = \dfrac{\Delta B}{B} + \dfrac{\Delta C}{C}$가 성립한다. 즉 A의 변화율은 B의 변화율＋C의 변화율이다. 위 직각사각형의 경우 밑변의 변화율 3%＋ 높이의 변화율 2%＝넓이의 변화율 5%(근사값)이 된다. (약간의 사소한 오차는 존재하지만 변화율 자체가 큰 값이 아닌 경우 이는 무시해도 될 수준이다)

소비자의 지출액을 TR이라고 한다면 $TR = P \cdot Q$가 되고 따라서 $\dfrac{\Delta TR}{TR} = \dfrac{\Delta P}{P} + \dfrac{\Delta Q}{Q}$가 된다. 즉 지출액의 변화율＝가격변화율＋수요량변화율이다.

만일 수요의 가격탄력성이 1.80이라고 해보자 (탄력적) 이때 시장가격이 1% 상승하면 수요량은 －1.8%가 된다. 그러므로 지출액은 －0.8%가 되어 지출액은 감소한다. 이는 앞서 탄력적인 경우 가격의 상승이 지출액을 감소시킨다는 결과와 맞아떨어진다.

반대로 수요의 가격탄력성이 0.60이라면 (비탄력적) 이때 시장가경이 1% 상승하면 수요량은 －0.6%가 되고 이는 지출액의 ＋0.4% 변화를 의미한다. 즉 비탄력적일 때 가격의 상승은 지출액을 증가시키는 것이다. 단위탄력적이라면 가격의 변화율과 수요량의 변화율이 (서로 부호는 반대이고) 절댓값은 같다. 따라서 가격이 변화하여도 지출액의 변화율은 0%이다.

$A = B \cdot C$의 공식이 성립한다면 $\dfrac{\Delta A}{A} = \dfrac{\Delta B}{B} + \dfrac{\Delta C}{C}$가 성립한다. 하지만 정확하게는
$A = B \cdot C$라면 $\dfrac{\Delta A}{A} = \dfrac{\Delta B}{B} + \dfrac{\Delta C}{C} + \left(\dfrac{\Delta B}{B} \cdot \dfrac{\Delta C}{C} \right)$이다. 이를 그림을 통해 설명하면 다음과 같다.

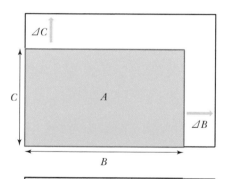

좌측 그림에서 최초의 직각사각형의 넓이는 A이다. 이때 밑변은 B, 높이는 C이다.

그런데 여기서 밑변과 높이를 각각 ΔB, ΔC만큼 늘렸다. 이때 새로운 사각형의 면적은 얼마나 늘어나는가?

이때 증가한 직각사각형의 면적 ΔA는
$\Delta C \cdot B + \Delta B \cdot C + \Delta B \cdot \Delta C$이다.

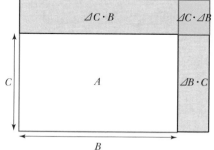

따라서 직각사각형 면적의 변화율은
$$\frac{\Delta A}{A} = \frac{\Delta C \cdot B + \Delta B \cdot C + \Delta B \cdot \Delta C}{BC}$$
이 되고, 이를 정리하면

$$\frac{\Delta A}{A} = \frac{\Delta B}{B} + \frac{\Delta C}{C} + \left(\frac{\Delta B}{B} \cdot \frac{\Delta C}{C} \right)$$
이 된다.

그런데 여기서 $\frac{\Delta B}{B}$, $\frac{\Delta C}{C}$ 가 작은 값이라면 $\frac{\Delta B}{B} \cdot \frac{\Delta C}{C}$ 는 더욱 더 작아진다(예를 들어 B변화율 3% = 0.03, C변화율 2% = 0.02이라면 이들의 $\frac{\Delta B}{B} \cdot \frac{\Delta C}{C}$ = 0.0006이다).

그러므로 매우 급격한 변화가 아닌 경우 $\frac{\Delta B}{B} \cdot \frac{\Delta C}{C} \approx 0$으로 가정해도 무방하다.

(4) 수요곡선이 우하향하는 직선인 경우

① 수요곡선이 우하향하는 직선의 형태인 경우 각 지점에서의 가격탄력성을 구하는 공식은 아래와 같다.

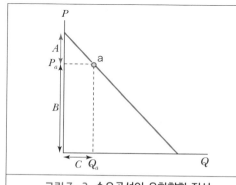

그림 7 - 3. 수요곡선이 우하향한 직선

좌측 수요곡선에서 점 a에서의 수요의 가격탄력성은
$\varepsilon_a = \frac{B}{A}$ 이다.

증명 : 수요곡선의 기울기는 $-\frac{A}{C}$이고 점 a에서 $\frac{P}{Q}$ 는 $\frac{B}{C}$이다.

수요의 가격탄력성은 $\varepsilon_p = -\frac{\Delta Q}{\Delta P} \frac{P}{Q}$이므로

$\varepsilon_P = \frac{C}{A} \frac{B}{C} = \frac{B}{A}$ 가 된다.

② 응용사례

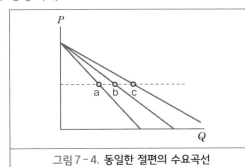

그림 7 - 4. **동일한 절편의 수요곡선**

좌측의 서로 다른 수요곡선이지만 Y절편이 모두 동일하고 기울기가 일정하다. 따라서 점 a, b, c 에서의 가격탄력성은 모두 동일하다.

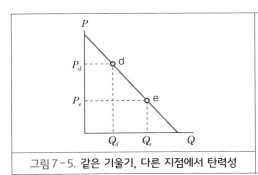

그림 7 - 5. **같은 기울기, 다른 지점에서 탄력성**

좌측 그림에서 점 d와 점 e에서 수요곡선의 기울기는 모두 같다. 하지만 $\dfrac{P_d}{Q_d} > \dfrac{P_e}{Q_e}$ 이다. 따라서 탄력성은 좌상방에 위치한 점 d가 점 e보다 크다.

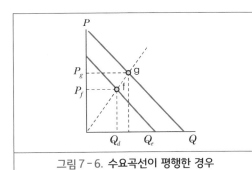

그림 7 - 6. **수요곡선이 평행한 경우**

좌측 그림에서 점 f와 점 g를 지난 수요곡선의 기울기는 모두 같다. 그리고 $\dfrac{P_f}{Q_f} = \dfrac{P_g}{Q_g}$ 이다. 따라서 점 f와 점 g에서의 가격탄력성은 같다.

③ 지출액과의 관계

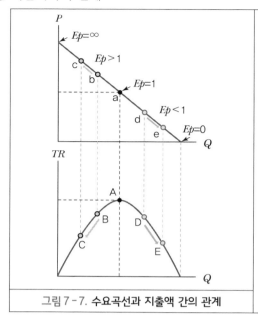

수요곡선이 우하향하는 직선이라면 소비자의 지출액 $TR = P \cdot Q$는 좌측 그림처럼 포물선의 형태가 된다. 예를 들어 (역)수요함수가 $P = 100 - Q$라면 이때 $TR = 100Q - Q^2$이 된다. 따라서 수요곡선의 중점일 때, (좌측 상단 그림 점 a) 소비자의 지출액도 최대가 된다(좌측 하단 그림 점 A).

그리고 탄력적 구간에서는 가격이 상승하면 지출액이 감소하고 (점 b에서 c로 이동 시, 지출액은 B에서 C로 이동) 비탄력적 구간에서 가격이 하락하면 지출액이 감소(점 d에서 e로 이동하면 지출액은 점 D에서 E로 이동)하는 것도 확인할 수 있다.

그림 7 - 7. **수요곡선과 지출액 간의 관계**

(5) 수요곡선이 직각쌍곡선인 경우

① 만일 수요함수가 $Q_d = \dfrac{K}{P}$ 의 형태라면 (여기서 K는 임의의 양의 상수) 수요곡선은 직각쌍곡선의 형태가 될 것이다. 예를 들어 수요함수가 $Q_d = \dfrac{100}{P}$ 라면 수요곡선은 아래 그림과 같다.

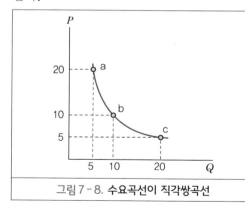

좌측 그림에서 점 a에서 가격은 20, 수요량은 50이고 지출액은 100이다. 점 b에서 가격은 10, 수요량은 10, 지출액은 100이다.
점 c에서 가격은 5, 수요량은 20, 지출액은 100이다.
즉 수요함수가 $Q_d = \dfrac{100}{P}$ 라면 수요곡선인 직각쌍곡선이 되며 이때 소비자의 지출액은 시장가격과 무관하게 100으로 일정하다.

그림 7 - 8. **수요곡선이 직각쌍곡선**

※ 가격이 변화하여도 지출액이 불변인 경우는 가격탄력성이 1인 경우이다. 따라서 수요곡선이 직각쌍곡선이라면 수요곡선 상의 모든 점에서 가격탄력성은 1이다.

(6) 소득탄력성과 교차탄력성

① 소득탄력성(Income Elasticity)란 소득이 1% 변화할 때 수요가 몇 % 변화하는지를 나타내는 지표이다.

② 즉 소득탄력성은 $\varepsilon_M = \dfrac{\text{수요(량)의 변화율}}{\text{소득의 변화율}} = \dfrac{\Delta Q}{\Delta M} \dfrac{M}{Q}$ 로 나타낼 수 있다. 소득탄력성은 절댓값으로 표시하지 않는다. 다시 말해 양수(+), 음수(−) 여부를 그대로 나타내어야 한다. 왜냐하면 소득탄력성의 부호가 주는 정보가 있기 때문이다.

③ 소득탄력성이 0보다 크면 이를 정상재라 한다. 반대로 소득탄력성이 0보다 작으면 열등재라 한다.

④ 정상재 중에서 소득탄력성이 1보다 크면 사치재(Luxury Goods)라 부른다. 반대로 소득탄력성이 0와 1 사이면 이를 필수재(Necessary Goods)라 한다.

　※ 소득의 변화는 수요의 변화를 야기한다. 그런데 시장가격이 불변일 때 수요의 변화는 고스란히 수요량의 변화를 발생시킨다. 따라서 소득의 변화로 인한 수요의 변화분은 이때의 수요량의 변화분과 동일한 것으로 봐도 무방하다.

　※ 사치재(소득탄력성>1)이라고 가격탄력성이 반드시 1보다 큰 것은 아니다. 하지만 일반적인 경우 사치재의 경우 가격탄력성도 탄력적일 가능성이 높다. 마찬가지로 필수재의 경우 가격탄력성이 비탄력적일 가능성이 높을 뿐, 필수재라고 반드시 가격탄력<1인 것은 아니다.

(7) 교차탄력성

① 교차탄력성(Cross−price Elasticity)란 Y재의 가격 1% 변화가 X재의 수요량 몇 %를 변화시키는지를 나타내는 척도이다. 즉 $\varepsilon_{XY} = \dfrac{\text{X재 수요량 변화율}}{\text{Y재 가격 변화율}} = \dfrac{\Delta Q_X}{\Delta P_Y} \dfrac{P_Y}{Q_X}$ 로 표현

② 교차탄력성도 양수, 음수 여부가 중요하다. 교차탄력이 양수(+)라면 이때 X재와 Y재는 서로 소비에서 대체관계이다. 반대로 교차탄력성이 음수(−)라면 X재와 Y재는 소비에서 보완관계이다.

　※ 만일 X재와 Y재의 교차탄력성이 0이라면 두 재화를 독립재라고 부른다.

(8) 공급탄력성

① 공급의 탄력성은 시장가격이 1% 변화할 때 공급량이 몇 % 변화하는지를 나타내는 척도이다. 즉 $\eta = \dfrac{\text{공급량의 변화율}}{\text{가격 변화율}} = \dfrac{\Delta Q_s}{\Delta P} \dfrac{P}{Q_s}$ 로 표현된다.

② 수요의 가격탄력성과 마찬가지로 공급곡선이 완만할수록 공급탄력성은 커지고 가팔라질수록 공급탄력성은 작아진다.

③ 농림수산업이 제조업보다 비탄력적이다. 또한 건설업도 매우 비탄력적이다. 하지만 기간이 길어질수록 탄력성은 점차 커지는 경향을 보인다.

④ 유휴설비가 많을수록 공급곡선이 완만하다. 즉 탄력적이다. 경공업보다는 거대장치산업의 공급곡선이 완만하다. 거대장치산업은 자동화 등의 의하여 생산성의 체감이 매우 더딘 특성을 보이기 때문에 이는 한계비용의 완만한 상승을 가져온다. 때문에 거대장치산업의 공급곡선이 경공업보다 완만하다.

8. 가격경쟁과 시장균형

가격경쟁의 원리와 최고 · 최저가격제 대해 학습한다.

– 경쟁의 원리
– 가격경쟁과 사회후생극대화
– 최고가격제
– 최저가격제

(1) 가격경쟁의 원리와 후생극대화

① 가격경쟁 (Price Competition)이란, 동질한 제품을 판매하는 기업들이 서로 보다 낮은 가격으로 소비자를 유치하려는 경쟁행위를 말한다. 완전경쟁시장은 대표적인 가격경쟁 시장이다.

② 가격경쟁이 원활하게 이루어지기 위해서는 수요자와 공급자가 다수여야 하며, 각 기업이 판매하는 하는 제품의 질적 차이가 거의 없어야 한다. 이때 소비자는 낮은 가격을 제시하는 기업으로 몰리게 되고 경쟁기업보다 조금이라고 비싼 가격을 부르는 기업은 도태되고 만다.

③ 가격경쟁이 원활하게, 그리고 치열하게 이루어진다면 시장가격은 균형가격에서 형성된다. 혹 시장 전체 수요나 공급이 변화하여 새로운 균형가격이 형성되어도 시장가격은 제법 빠른 시일 내로 새롭게 형성된 균형가격 수준으로 이동하게 된다.

④ 즉 경쟁시장에서 시장가격은 균형가격에서 형성되므로 수요량과 공급량이 일치한다. 소비자들의 소비자잉여는 아래 좌측 그림에서 음영의 크기가 되고 이때 기업들의 생산자 잉여는 아래 우측 그림에서 음영의 크기가 된다.

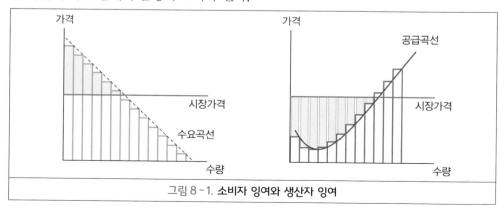

그림 8 - 1. 소비자 잉여와 생산자 잉여

⑤ 그리고 이때 사회총잉여(사회후생)의 크기는 아래 좌측 그림에서 음영 부분이다. 우측 그림
은 매끄러운 곡선으로 나타낸 것이다.

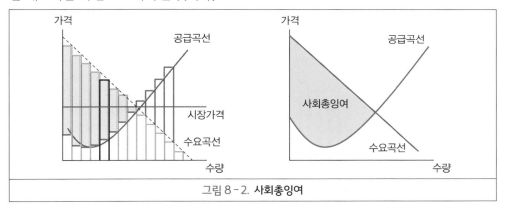

그림 8-2. **사회총잉여**

(2) 최고가격제

① 경쟁이 원활하지 못한 독과점이나 기타 요인에 의하여 시장가격이 균형가격 수준을 조정되
지 못하면 사회후생손실이 발생한다. 본 단원에서는 정부에 의해 시장가격이 강제적으로
형성되는 사례에 대해 분석한다.
② 최고가격제(Price Ceiling)란 정부가 시장가격을 특정가격 수준을 넘지 못하도록 가격의
상한을 책정하는 제도를 말한다. 이때 상한가격은 균형가격보다 낮은 수준에서 책정된다.

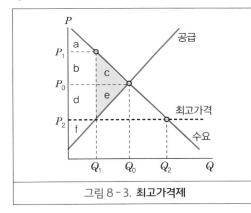

그림 8-3. **최고가격제**

좌측 그림에서 최초의 균형가격은 P_0, 최초의 거래량
은 Q_0이었다. 이때 소비자잉여는 (a+b+c), 생산자
잉여는 (d+e+f)이고 사회후생은 (a+b+c+d+e
+f)이다.
그런데 정부가 P_2 수준에서 가격상한을 책정하면 이
제 시장가격이 P_2가 된다. 이때 수요량은 Q_2, 공급량
은 Q_1이 되어 $Q_2 - Q_1$만큼의 초과수요가 발생한다.
소비자잉여는 a+b+d로 증가하고, 생산자잉여는 d
+e+f에서 f로 감소한다.
그리고 c+e는 최고가격제로 인한 사회후생손실의
크기(최솟값)이다.

③ 위 그림에서 d>c이므로 소비자의 잉여는 최고가격제로 인해 증가하였다(하지만 최고가격
제라고 항상 소비자잉여가 증가하는 것은 아니다. 공급곡선이 매우 완만한 경우 최고가격
제로 인해 소비자잉여가 오히려 감소할 수 있다).
④ 최고가격제로 인한 초과수요는 암시장(Black-Market)의 발생 원인이 된다. 이때 암시장
에서 형성된 재화가격의 이론적 최고치는 P_1 수준이다.
⑤ 최고가격제로 인한 초과수요 발생시 이제 더 이상 시장가격기능으로 자원을 분배할 수 없
다. 이때 사용하는 자원배분방식은 추첨, 선착순, 배급(n분의 1) 등이다.

※ 최고가격제는 다른 말로 가격상한제라고 불린다.
※ 최고가격제의 현실적 사례로는 임대료 상한제 등이 있다.

※ 내구재의 가격상한제

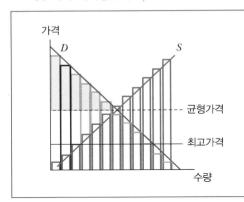

좌측 그림에서 최고가격제 시행 이전 균형거래량은 6개이며 이때 소비자잉여의 크기는 회색음영 처리된 부분이다. 그런데 최고가격제가 시행되면 공급량이 3으로 줄게 된다. 따라서 3명의 소비자는 물건을 구매할 수 없게 된다. 6명의 소비자 중 누가 이 불행한 3명이 될지는 알 수 없지만, 분명한 것은 그 세 명은 최고가격제로 인하여 후생이 악화된다는 것이다.

※ 공급곡선이 수직인 경우

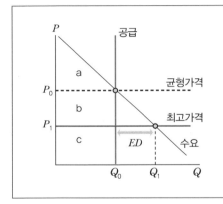

좌측 그림에서 공급곡선이 수직인 경우에 최고가격제가 시행되면 거래량은 Q_0에서 불변이다. 따라서 사회후생손실은 발생하지 않는다. 시장가격은 P_0에서 P_1으로 하락하고 생산자잉여가 b+c에서 c로 줄어든다. 대신 소비자잉여가 a에서 a+b로 증가한다. 이때 초과수요(ED)의 크기는 $Q_1 - Q_0$이다.
그래서 아파트 임대료 상한제가 실시되어도 단기적으로 후생손실은 없다. 하지만 장기가 되면 아파트의 공급곡선이 탄력적으로 변화고 이에 따라 후생손실이 발생하게 된다.

(3) 최저가격제

① 최고가격제와는 반대로 정부는 균형가격 위에 가격의 하한선을 설정하는 이른바 최저가격제를 시행할 수도 있다. 이러한 최저가격제의 대표적인 사례가 최저임금제이다.

② 최저가격제가 시행되면 보통 시행 이전에 비해 소비자잉여가 감소하고 생산자잉여가 증가한다. 노동시장에서의 최저임금제의 경우 일반적으로 노동의 공급자인 노동자들의 후생이 증가하게 된다.

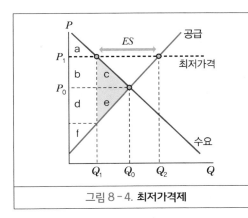

좌측 그림에서 최초의 균형가격은 P_0, 최초의 거래량은 Q_0이었다. 이때 소비자잉여는 (a+b+c), 생산자잉여는 (d+e+f)이고 사회후생은 (a+b+c+d+e+f)이다.

그런데 정부가 P_1 수준에서 가격하한을 책정하면 이제 시장가격이 P_1이 된다. 이때 수요량은 Q_1, 공급량은 Q_2이 되어 $Q_2 - Q_1$만큼의 초과공급(ES)이 발생하고, 소비자잉여는 a로 감소하며, 생산자잉여는 d+e+f에서 b+d+f로 변화한다.

그리고 c+e는 최고가격제로 인한 사회후생손실의 크기이다.

그림 8 - 4. **최저가격제**

※ 최저임금제

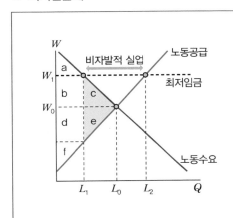

좌측 그림에서 최저임금제 시행이전 균형 고용량과 균형임금은 각각 L_0, W_0였다. 최저임금제 시행으로 고용량이 L_1으로 감소하며 $L_2 - L_1$만큼의 비자발적 실업이 발생한다. 노동자의 후생은 증가한다.

하지만 아래의 사례처럼 노동수요곡선이 매우 완만한 경우 오히려 노동자의 후생이 악화될 수 있다.

※ 노동수요곡선이 완만한 경우

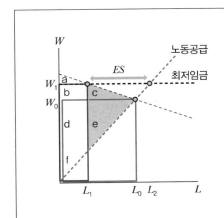

좌측 그림에서 최저임금제 시행으로 고용량이 L_1으로 급감하고, 이에 따라 노동자의 후생은 d+e+f에서 b+d+f가 된다. 그런데 e<b 이므로 노동자의 후생은 악화되었다. 그리고 총노동소득 역시 $W_0 \cdot L_0$에서 $W_1 \cdot L_1$으로 감소하였다.

즉 노동수요의 임금탄력성이 높은 경우에는 최저임금의 인상이 오히려 노동자의 후생을 악화시키게 된다.

9. 한계효용이론

효용극대화의 원리와 효용함수 및 수요함수에 관해 학습한다.

– 효용과 편익의 구분
– 한계효용과 효용극대화
– 콥–더글라스 효용함수 소개
– 수요함수의 도출

(1) 한계효용

① 효용(Utility)이란 만족을 숫자로 표현한 것이다. 편익(Benefit)은 이러한 효용을 화폐단위로 환산한 것이다. 좀 더 정확하게는 효용의 기회비용이 편익이다.

② 따라서 개인은 소비를 통해 효용을 얻게 되며, 기왕이면 효용을 크게 얻고 싶어 한다. 이때 소비량을 늘려감에 따라 소비자가 얻는 총효용(Total Utility)의 기본적은 패턴은 아래 그림처럼 나타난다.

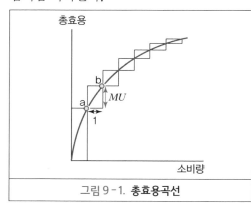

좌측 그림에서 소비량이 늘어남에 따라 총효용도 증가한다. 그런데 증가되는 속도는 점차 더뎌진다. 즉 소비량이 +1 될 때, 추가되는 효용은 (+)이지만 그 크기가 점차 감소하는 것이다. 때문에 총효용곡선은 우상향하지만 그 기울기는 점차 완만해진다.
이때 소비량이 +1 될 때마다 추가되는 효용의 크기를 한계효용(Marginal Utility : MU)라고 한다. 좌측 그림에서 계단의 높이가 곧 각 소비량에 대한 한계효용이다.

그림 9–1. **총효용곡선**

③ 한계효용은 소비량이 1단위 증가할 때 추가되는 총효용의 변화분을 말한다. 그리고 위 그림에서처럼 대개 소비량이 늘어남에 따라 한계효용은 점차 감소한다. 이를 '한계효용 체감의 법칙'이라고 한다. 이러한 한계효용 체감의 법칙은 대부분의 소비자들이 대부분의 재화와 서비스에서 경험한다.

※ 한계효용은 총효용곡선의 기울기이기도 한다. 위 그림에서 점 a와 b사이의 기울기는 MU임을 쉽게 확인할 수 있다. 따라서 만일 구체적인 형태의 효용함수 $U = f(c)$ (여기서 c는 소비량)가 주어진다면 이 효용함수를 소비량에 대해 미분하여 한계효용을 도출할 수 있다.

(2) 예산제약

① 우리는 희소성의 원칙에 직면하고 있으므로 주어진 자원을 최대한 효율적으로 배분하여 최대한의 효용을 달성해야 한다. 소비에서도 마찬가지이다. 우리가 사용할 수 있는 지출액은 결코 소득을 초과할 수 없다(물론 미래소득을 담보로 차입이 가능한 경우도 있지만 우선 본 단원에서는 현재소득과 현재소비만을 고려한다).

② 즉 우리가 소비할 수 있는 재화가 오직 X재만 존재한다면 우리가 직면한 예산제약은 $M \geq P_X Q_X$ 이다. 여기서 M은 (명목)소득의 크기, P_X는 X재의 시장가격, Q_X는 X재 구매량(수요량)이다. 당연히 $P_X Q_X$는 X재에 대한 지출액이자 (오직 X재만 소비가능하고 가정하였으므로) 소비자의 총지출액이다.

③ 우리가 소비할 수 있는 재화가 X재와 Y재 두 가지라면 우리의 예산제약식은 $M \geq P_X Q_X + P_Y Q_Y$가 될 것이다. 여기서 P_Y는 Y재의 시장가격, Q_Y는 Y재 구매량(수요량)이다.

(3) 한계효용균등의 원리

① 이제 우리가 소비할 수 있는 재화가 X재, Y재 두 종류이고 이들의 한계효용은 0보다 크다고 가정하자($MU_X > 0$, $MU_Y > 0$).

따라서 예산제약식 $M \geq P_X Q_X + P_Y Q_Y$ 은 $M = P_X Q_X + P_Y Q_Y$ 가 된다(한계효용 > 0 이면 돈을 남기지 않는다).

② 톰의 소득은 100이고 X재의 가격은 10, Y재의 가격은 5이라고 하자. 이제 톰이 소비할 수 있는 X재와 Y재의 조합(이를 소비묶음, 또는 소비조합이라고 한다)은 다음 표와 같다.

위치	Q_X	Q_Y
a	10	0
b	9	2
c	8	4
d	7	6
e	6	8
f	5	10
g	4	12
h	3	14
i	2	16
j	1	18
k	0	20

표 9-1. 소비묶음	그림 9-2. 예산선과 소비조합

③ 그리고 X재와 Y재에 대한 총효용곡선은 아래 그림과 같다.

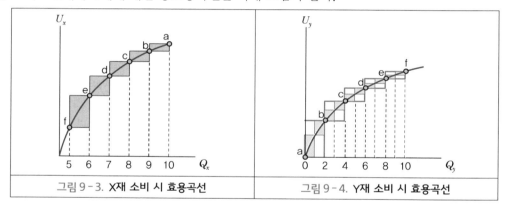

그림 9-3. X재 소비 시 효용곡선	그림 9-4. Y재 소비 시 효용곡선

이때 최초 소비점이 a라고 하자. 즉 톰은 현재 (X, Y) = (10, 0)에서 소비하고 있다. 그런데 톰이 X재 소비를 한 개 줄이고 대신 Y재 소비를 2개 늘렸다($P_X = 10$, $P_Y = 5$이다). 이에 따라 톰의 소비점은 이제 b가 된다.

즉 톰은 $MU_X \times 1$을 포기하고 대신 $MU_Y \times 2$ 만큼 효용을 얻게 된다(위 우측 그림 정리하면 소비점 a → b 로 이동하면 결과적으로 MU_X를 잃고 대신 $MU_Y \times \dfrac{P_X}{P_Y}$ 를 얻는 것이다). 그런데 위 그림에서 a → b 로 이동 시 $MU_X < MU_Y \times \dfrac{P_X}{P_Y}$이다. 즉 톰은 잃어버린 효용보다 얻는 효용이 더 크다. 따라서 점 a보다 점 b에서 효용이 더 크다.

④ 톰은 이제 점 b에 도착하였지만 다시 한번 점 c로 이동하려 한다. 즉 X재를 다시 1개 더 줄이고 대신 Y재를 2개 더 구입하려 한다. 이때 톰이 포기하는 효용 MU_X는 위 좌측 그림에서 점 b와 c사이의 회색 막대그래프 만큼이다. 대신 톰이 얻게 되는 효용 $MU_Y \times 2$은 위 우측 그림에서 점 b와 c사이의 붉은색 막대그래프 2개이다.

육안 상 여전히 $MU_X < MU_Y \times \dfrac{P_X}{P_Y}$이다. 따라서 톰은 점 b → c로 이동할 경우 효용이 증가한다.

⑤ 즉 톰은 X재 소비를 줄이고 그 돈만큼으로 Y재를 구매할 경우 $MU_X < MU_Y \times \dfrac{P_X}{P_Y}$이 성립한다면, 효용을 늘릴 수 있다는 것이다. 톰은 또다시 c에서 d로 이동하면 여전히 $MU_X < MU_Y \times \dfrac{P_X}{P_Y}$가 되어 효용은 한 번 더 증가한다.

⑥ 하지만 톰이 점 d에서 점e로 이동하면 오히려 효용이 감소한다. 점 d에서 e로 이동하면 톰은 좌측 그림 점 d와 c사이의 막대그래프만큼 MU_X 효용을 잃는데, 우측 그림의 붉은색 막대그래프 두 개만큼 $MU_Y \times 2$ 효용을 얻는다. 그런데 좌측 회색 막대그래프가 우측 붉은색 막대그래프 2개보다 보다 높이가 더 길다. 즉 $MU_X > MU_Y \times \dfrac{P_X}{P_Y}$이 되고 톰은 X재 소비를 줄이고 그 돈으로 Y재 소비를 늘리자 오히려 효용이 줄어든 것이다.

⑦ 정리하면, 소비자는 현재소비지점에서 $MU_X < MU_Y \times \dfrac{P_X}{P_Y}$가 성립하면 X재 소비를 줄이고 그 돈만큼 Y재 소비를 늘리는 것이 효용증대에 도움이 된다. 반대로 현재소비지점에서 $MU_X < MU_Y \times \dfrac{P_X}{P_Y}$가 성립한다면 Y재 소비를 줄이고 그 돈만큼 X재 소비를 늘리는 게 효용을 증가시키는 방법이 된다.

결과적으로 주어진 소득을 모두 지출하면서 $MU_X = MU_Y \times \dfrac{P_X}{P_Y}$가 이루어질 때 효용이 극대화되는 것이다.

⑧ 이런 식으로 각 재화의 한계효용과 각 재화의 상대가격비 $\dfrac{P_X}{P_Y}$를 고려하여 최적의 소비조합을 찾는 방식을 '한계효용 균등의 원칙'이라고 한다.

※ $MU_X = MU_Y \times \dfrac{P_X}{P_Y}$의 양변을 P_X로 나누면 $\dfrac{MU_X}{P_X} = \dfrac{MU_Y}{P_Y}$ 가 된다. 한계효용균등의 원칙은 이 식을 이용하여 암기하는 것이 좋다.

〈한계효용균등의 원칙〉

$$\frac{MU_X}{P_X} > \frac{MU_Y}{P_Y} \text{ 라면 } Q_X\uparrow, Q_Y\downarrow$$

$$\frac{MU_X}{P_X} < \frac{MU_Y}{P_Y} \text{ 라면 } Q_X\downarrow, Q_Y\uparrow$$

$$\frac{MU_X}{P_X} = \frac{MU_Y}{P_Y} \text{ 일 때 소비비율이 최적이다.}$$

※ $\frac{MU_X}{P_X} = \frac{MU_Y}{P_Y}$ 만 달성되었다고 효용극대화가 항상 이루어지는 것은 아니다.

$\frac{MU_X}{P_X} = \frac{MU_Y}{P_Y}$ 조건에 맞추어 주어진 예산을 모두 소진하였을 때만 효용극대화가 달성되는 것이다. 그래서 한계효용균등의 원칙을 효용극대화의 1계 조건이라고 부른다.

※ 한계효용균등의 원칙이 효용극대화의 1계 조건이려면 '한계대체율'이 체감하여야 한다. 이에 대한 자세한 설명은 무차별곡선 이론에서 다룬다.

※ $\frac{MU_X}{MU_Y}$ 는 한계대체율이라고 한다. 이에 대한 자세한 설명은 무차별곡선 이론에서 다룬다.

10. 선호공리

선호체계에 대한 기본적 공리에 대해 학습한다.

- 기수적 효용과 서수적 효용의 구분
- 완전성, 이행성, 연속성
- 볼록성과 단조성

(1) 기수적 효용과 서수적 효용

① 기수적 효용(Cardinal Utility)이란, 소비량의 크기를 알 때 효용의 정확한 값도 측정할 수 있는 효용체계를 말한다. 따라서 서로 다른 소비조합이 있어도 소비자들은 어느 소비조합이 다른 소비조합보다 정확히 몇 배 더 좋은지를 판단할 수 있다(매우 비현실적).

② 예를 들어 소비점 a는 (X, Y) = (16, 4)이고 소비점 b는 (X, Y) = (7, 7)이라고 하자. 이때 이 소비자는 소비점 a에서의 효용의 크기 $U_a = 8$, 소비점 b에서의 효용의 크기를 $U_b = 7$ 이라고 정확하게 표현할 수 있다. 당연히 두 소비점 중 하나를 택해야만 한다면 이 소비자는 소비점 a를 선택할 것이다.

③ 이렇게 기수적 효용체계가 확립되기 위해서는 각 소비자들이 자신의 명시적인 효용함수를 정확히 알고 있어야 한다. 하지만 효용함수의 구체적이고 명시적 형태를 파악하는 것은 불가능하다. 따라서 이러한 기수적 효용체계는 소비자 이론에 대한 이론적인 윤곽만을 제시하여 줄뿐 구체적이고 실증적인 분석을 행하는데 큰 약점을 지니게 된다.

④ 기수적 효용체계에 대한 대안으로 등장한 개념이 바로 서수적 효용(Ordinal Utility)이다. 서수적 효용체계에서는 소비자가 서로 다른 소비지점에서 얻는 효용의 정확한 크기는 모르지만 각 소비지점에서 얻는 효용의 순서정도는 구분할 수 있다고 본다.

예를 들어 소비점 a는 (X, Y) = (4, 16)이고 소비점 b는 (X, Y) = (7, 7)이라고 할 때, 소비자는 각 지점에서의 효용의 크기 U_a, U_b의 정확한 값은 모른다. 하지만 이 소비자는 U_a와 U_b 간의 대소 정도는 구분할 수 있다는 것이다. 즉 소비자는 임의의 두 소비지점 a와 b에 대하여 $U_a > U_b$인지, $U_a < U_b$인지, 아니면 $U_a = U_b$인지 판단할 수 있다는 것이다.

(2) 소비평면과 소비묶음

① 이러한 서수적 효용체계에서 소비자의 효용극대화 지점을 도출하는 대표적인 이론이 바로 무차별곡선이론이다.

② 무차별곡선이론에서는 명시적인 효용함수를 상정하지 않고 논의를 전개한다. 따라서 수식을 이용한 수리적 전개가 아닌 그래프와 곡선을 이용한 분석을 주로 이용한다. 이때 사용되는 것이 바로 소비평면이다. 소비평면은 X축과 Y축으로 구성된 좌표평면의 1사분면을 말한다. 그리고 이 소비평면에서 X재의 수요량과 Y재의 수요량의 조합을 점으로 나타낸 것을 소비조합, 소비묶음, 소비지점이라고 표현한다.

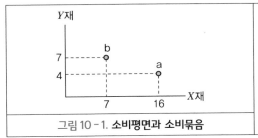

좌측 그림은 소비평면을 의미한다. 점 a는 X재 소비량이 16, Y재 소비량이 4인 소비묶음을 나타내고, 점 b는 X재 소비량이 7, Y재 소비량이 7인 소비묶음을 나타낸다.

그림 10 - 1. **소비평면과 소비묶음**

(3) 5가지 선호공리

① 소비자들은 자신이 선택 가능한 여러 소비지점 중에서 가장 바람직한 점을 선택해야 한다. 당연히 각 소비지점들 중 가장 효용이 높은 지점을 선택하게 되는데, 이때 각 지점 간의 효용의 대소 구분을 해야 한다. 이때 효용의 판단할 수 있도록 하는 일반적 대전제가 필요한데 이를 선호공리라 한다. 경제학에서 요구되는 선호공리는 크게 5가지이다.

② 완전성의 공리 (완비성의 공리) : Completeness
완전성의 공리란 소비평면 중 어떠한 지점이라도 소비자가 효용의 판단을 내릴 수 있어야 한다는 공리이다. 따라서 소비평면에서 그 어떠한 임의의 두 점 a, b가 주어지면 소비자는 반드시 두 소비지점 간 $U_a > U_b$인지, $U_a < U_b$인지, 아니면 $U_a = U_b$인지 판단할 수 있어야만 한다(특히 $U_a = U_b$일 때 우리는 두 지점이 서로 무차별하다고 한다).

③ 이행성의 공리 : Transitivity

임의의 소비지점 a,b,c가 주어졌다고 하자. 이때 만일 어느 소비자에게 $U_a > U_b$이고 $U_b > U_c$라면 이 소비자에게 반드시 $U_a > U_b$가 성립하여야 한다는 공리이다.

예를 들어 톰이 식당에서 음식을 주문하는데, 김밥과 라면 중 김밥을 더 선호하고, 라면과 우동 중엔 라면을 더 선호한다면, 톰은 반드시 김밥과 우동 중 고르라면 김밥을 골라야한다. 만일 여기서 톰이 "김밥과 우동 중 선택하라면 우동이지!"라고 하면 톰의 선호체계는 이행성에 위배되는 것이다.

당연한 이야기지만 완전성과 이행성이 성립하지 않으면 각 소비지점에 대한 효용을 나타내는 효용함수는 존재할 수 없다(수학적 모순이 발생한다). 하지만 효용함수가 존재하기 위해 필요조건 중엔 다른 공리가 하나 더 존재한다. 바로 연속성의 공리이다.

④ 연속성의 공리 : Continuity

연속성의 공리란 아주 미세한 소비량의 증가는 미세한 효용의 증가로 이어져야 한다는 것이다. 즉 아주 극소량의 소비량의 증가가 엄청난 효용의 점프를 발생시키면 안 된다는 것이다. 아래 좌측 그림은 연속성의 위배되는 효용곡선을 나타낸다.

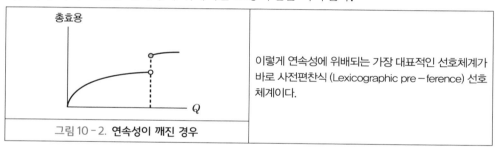

그림 10 - 2. **연속성이 깨진 경우**

이렇게 연속성에 위배되는 가장 대표적인 선호체계가 바로 사전편찬식 (Lexicographic pre-ference) 선호체계이다.

사전편찬의 경우 두 단어, Baaaaaaa....와 Azzzzzzz... 중 Azzzzzzz...이 앞에 위치한다. 다시 말해 Baaaaaaa....는 딱 첫글자를 제외하고는 그 외 나머지 글자는 Azzzzzzz...보다 월등히 앞서지만 소용이 없다. 첫글자에서 한발 밀렸기 때문에 나머지에서 무한히 앞선다고 하여도 절대 Azzzzzzz...앞에 배치될 수 없다.

이러한 사전편착식 선호의 현실적 사례는 바로 우리나라의 올림픽 메달 집계방식이다. 원래 올림픽 순위는 메달색과 무관하게 총 메달수를 합산하여 선정하지만 우리나라는 금메달과 은메달, 동메달을 차별하여 순위를 생각한다.

예를 들어 현재 우리나라와 일본의 메달 집계상황이 다음과 같다.

날짜	KOREA			JAPAN		
	금	은	동	금	은	동
D1	0	0	0	0	1	2
D2	0	0	0	0	5	12
D3	0	0	0	0	20	25
D4	1	0	0	0	30	50
D5	1	0	0	0	∞	∞

표 10 - 1. 메달 집계표

첫날부터 네 번째 날까지 우리나라 선수들은 아무 메달도 얻지 못하고 있지만 일본선수들은 은메달과 동메달을 대량을 획득하고 있다. 때문에 국민들의 원성이 자자해져가지만 다섯 번째 날 우리나라 선수가 드디어 금메달을 하나 따게 되었고 이제 순위가 한방에 역전이 되었다.

이후 일본이 무한대의 은메달과 무한대의 동메달을 추가하여도 금메달을 얻지 못하는 한은 순위는 결코 뒤집히지 않는다. 그런데 금메달, 은메달, 동메달의 한계효용은 유한하다. 물론 금메달의 한계효용이 은메달의 한계효용보다 크지만 결코 무한대의 은메달을 이길 수는 없다. 하지만 이러한 순위 집계방법에 따르면 유한한 금메달이 무한한 은메달을 이긴다. 이는 수학적인 모순을 야기한다.

그러므로 연속성이 충족되지 않는 선호체계는 효용함수를 지닐 수 없다. 반면 선호의 완전성, 이행성, 연속성이 충족되면 효용함수가 존재할 수 있다(물론 현실에서 그 효용함수의 구체적 형태를 파악하는 것은 여전히 불가능하다. 하지만 존재는 하는 것이다).

⑤ 효용함수가 존재하기 위한 필수공리는 완전성, 이행성, 연속성이다. 하지만 합리적인 소비자라면 선호의 볼록성과 단조성도 만족해야 한다. 그렇지 않다면 효용함수과 수요함수가 상당히 난해한 형태가 된다.

이중 선호의 볼록성 한쪽으로 치우친 소비묶음보다는 조화를 갖춘 소비묶음을 더 선호하게 된다. 예를 들어 제리는 a = (아이스크림10, 초콜렛1)와 b = (아이스크림2, 초콜렛5)를 동등하게 여기고 있다고 하자. 즉 $U_a = U_b$이다. 이때 아래 그림에서 소비지점 a와 b를 연결한선분을 S라고 할 때, 이 선분 S 상의 임의의 소비지점 s에서 $U_s \geq U_a = U_b$가 성립한다면 제리의 선호는 볼록성을 만족한다.

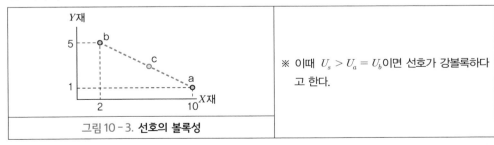

※ 이때 $U_s > U_a = U_b$이면 선호가 강볼록하다고 한다.

그림 10 - 3. 선호의 볼록성

※ 선호가 강볼록성을 만족하면 소비가 증가함에 따라 한계편익은 점차 감소한다. 선호의 강록성은 경제학의 두 번째 법칙 '귀하면 비싸지고 흔하면 싸진다.'의 소비자 버전이다. 이에 대한 자세한 논의는 무차별 곡선이론에서 다룬다.

⑥ 선호의 단조성이란 다다익선과 유사한 개념이다. 아래 그림에서 소비점 a와 소비점 b 중 b를 선호한다면 선호의 단조성을 만족한다.

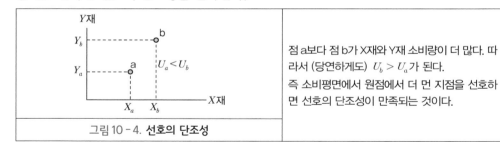

그림 10 - 4. 선호의 단조성

점 a보다 점 b가 X재와 Y재 소비량이 더 많다. 따라서 (당연하게도) $U_b > U_a$가 된다.

즉 소비평면에서 원점에서 더 먼 지점을 선호하면 선호의 단조성이 만족되는 것이다.

$MU_X > 0$ 이라면 X재를 재화라고 부른다. $MU_X < 0$ 이라면 X재를 비재화라고 한다.
$MU_X = 0$ 이라면 X재를 중립재라고 한다.

---

11. 무차별곡선이론

무차별곡선의 기본적 개념에 대해 학습한다.

– 무차별곡선의 의의
– 선호공리와 무차별곡선의 형태
– 무차별곡선을 이용한 효용극대화 원리 설명

(1) 무차별곡선

① 무차별곡선(indifferent Curve)이란 소비 평면에서 동일한 효용을 갖는 소비지점을 연결한 곡선을 말한다. 이러한 무차별곡선을 이용하여 효용극대화의 원리를 분석하는 무차별곡선 이론은 대표적인 서수적 효용체계 이론이다.

② 무차별곡선을 쉽게 이해하기 위해 일단 구체적인 효용함수 $U = \sqrt{XY}$ 를 상정하자. 물론 무차별곡선이론은 서수적 효용체계이론이지만 예시를 위해 기수적 효용함수를 통해 설명한다.

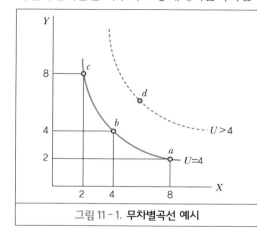

그림 11 - 1. 무차별곡선 예시

좌측 그림에서 점 a, b, c에서의 효용은 모두 4이다. 따라서 이 세 점은 모두 $U=4$를 나타내는 실선의 무차별곡선 상에 위치한다(더 정확하게는 $U=\sqrt{XY}=4$를 만족하는 지점을 모두 연결한 곡선이 $U=4$를 나타내는 무차별곡선이 되는 것이다).

그리고 점 d의 정확한 좌표는 그림상 알 수 없지만 확실한 것은 점 d에서의 X재와 Y재의 소비량은 점 b보다는 많다는 것이다. 때문에 점 d에서의 효용은 4보다 크고, 따라서 점 d를 지나는 무차별곡선 역시 4 이상의 효용을 의미한다.

③ 위 예시에서 알 수 있듯 효용함수를 명시적으로 알고 있다면 무차별곡선은 매우 쉽게 도출할 수 있다(사실 효용함수를 정확히 알고 있다면 무차별곡선을 그릴 필요도 없다). 하지만 현실에서는 효용함수는 존재하지만 그 형태를 정확히 알지는 못한다. 하지만 각 소비지점에서의 효용의 구체적인 크기는 몰라도, 각 지점 간 효용의 대소(순서)만 분별할 수 있다면 (매우 힘든 작업이 되겠지만) 무차별곡선은 그려낼 수 있다.

④ 예시를 통해 설명하면 다음과 같다. 제리의 어린 사촌동생 터피가 놀려왔다. 터피는 어린 아기라서 대화를 통한 의사소통이 어렵다. 맘에 들면 웃고 맘에 안 들면 운다(즉 효용이 증가하면 웃고, 효용이 감소하면 우는 것이다. 효용이 불변이라면 울지도 않고 웃지도 않는다). 제리는 터피에게 아이스크림 5개와 초콜렛 1조각을 선물로 주었다(이때 아이스크림을 X재로, 초콜렛을 Y재라고 하자) 따라서 터피의 소비지점은 아래 그림의 점 a가 된다. 그리고 터피는 물론 우리들도 점 a에서 터피의 효용의 크기를 알지 못한다.

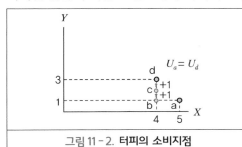
그림 11 - 2. **터피의 소비지점**

그런데 톰이 터피의 아이스크림을 1개 뺏어가는 바람에 터피의 소비지점이 점 b가 되었다. (당연히 $U_b < U_a$ 이므로) 터피는 울음을 터트렸고, 제리는 그런 터피를 달래기 위해 초콜렛을 하나 보상해주어 터피의 소비지점을 점 c로 만들어 주었다. 하지만 여전히 터피는 울음을 그치지 않았다. 즉 아직 최초의 소비지점 a만큼의 효용이 복구되지 않았다는 것이다.

여기서 우리는 $U_c < U_a$라는 것을 알 수 있다. 그래서 제리가 다시 초콜렛을 1조각 더해주어 소비지점이 점 d가 되자 터피는 비로소 울음을 그쳤다. 즉 이제야 원래의 효용인 U_a가 복구되었다는 뜻이다. 즉 우리는 $U_a = U_d$임을 알게 되었다. 겨우 터피의 울음을 그치게 했는데, 이때 또다시 톰이 터피의 아이스크림을 1개 또 뺏어갔다. 터피의 소비지점은 점 e가 되었고 다시 터피의 울음이 시작되었다. 제리는 한숨을 쉬며 다시 초콜렛으로 터피를 달래야한다(아이스크림의 여분이 없고 초콜렛의 여분은 매우 많은 상황이다).

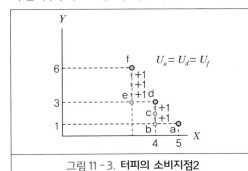
그림 11 - 3. **터피의 소비지점2**

다시 제리는 터피에게 초콜렛을 하나씩 주어가며 달랬는데 이번에는 초콜렛 3개를 주어 터피의 소비지점이 점 f가 돼서야 울음을 멈췄다. 즉 우리는 $U_a = U_d = U_f$임을 알 수 있다.
(처음 아이스크림을 1개 뺏겼을 때는 초콜렛 2개로 보상이 되었다. 그런데 두 번째 아이스크림에 대한 보상은 초콜렛 3개이다. 왜 보상해주어야 하는 초콜렛의 수량이 증가하였을까?)

⑤ 이렇게 톰과 터피의 희생을 통해, 제리는 최초의 소비지점 a와 동일한 효용을 갖는 터피의
소비지점들을 확인할 수 있다.

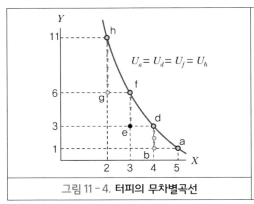

그림 11 - 4. **터피의 무차별곡선**

톰의 실험을 통해 터피는 점 a, d, f, h 에서 동일한 효용을 갖는다는 것을 확인하였다. 그러므로 우리는 U_a, U_d, U_f, U_h의 크기는 모르지만, 최소한 $U_a = U_d = U_f = U_h$라는 것은 알게 된 것이다.
그리고 U_b, U_e, U_g는 U_a보다는 작다는 것도 알 수 있다(하지만 U_b, U_e, U_g 간의 대소는 주어진 정보만으로는 구분할 수 없다).

⑥ 한 명의 경제주체는 하나의 무차별곡선을 지니는 것이 절대 아니다. 지금 얻어낸 저 하나의
무차별곡선은 점 a와 동일한 효용을 주는 점들을 연결한 하나의 무차별곡선이다. 따라서 점
a가 아닌 점 i에서의 효용과 동일한 효용의 점들을 연결한 또 다른 무차별곡선도 지나는 아
까와 동일한 방식으로 얻어낼 수 있다. 이렇게 서로 다른 점들을 지나는 무수히 많은 무차별
곡선을 (현실적으로는 매우 힘들지만 불가능하지는 않은 방법으로) 얻어낼 수 있는데, 이러
한 무차별곡선의 모둠을 무차별지도라고 한다.

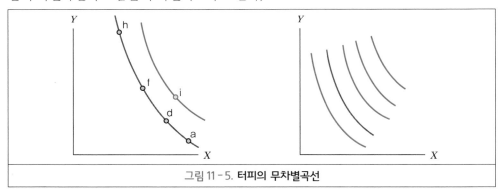

그림 11 - 5. **터피의 무차별곡선**

※ 터피가 아직 아기라서 의사표현을 하지 못해 이런 식을 터피를 울리고 달래주는 방식으로 터피의 (겨우
하나의) 무차별곡선을 얻어내었는데, 의사표현이 가능한 사람의 경우에는 각각의 소비지점에서의 효용
의 대소를 구분지라 하면 (터피에 방식보다는 비교적 수월하게, 하지만 여전히 어려운 방식으로) 무차
별곡선의 개략적인 형태를 그려낼 수 있다.

◆ 선호공리와 무차별곡선

- 완전성과 이행성이 충족된다면 서로 다른 무차별곡선은 결코 교차할 수 없다.
- 선호의 단조성이 만족이 된다면 무차별곡선은 우상향하지 않는다.

※ 보론 : 선호의 단조성이 깨진 경우와 무차별곡선

① $MU_X > 0$이고 $MU_Y < 0$인 경우

이때는 X재는 재화이고 Y재가 비재화인 경우이다(예를 들어 밀가루를 무척이나 싫어하는 톰에게 X재 소세지, Y재 오이인 상황).

따라서 톰은 식사반찬으로 소세지가 많을수록 빵은 적을수록 효용이 늘어난다. 이를 무차별곡선으로 나타내면 우측과 같다.

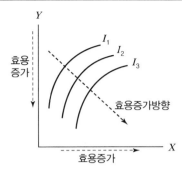

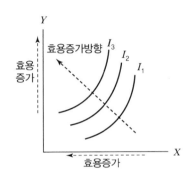

② $MU_X < 0$이고 $MU_Y > 0$인 경우

X재가 비재화이고 Y재가 재화인 경우 (예를 들어 채식주의자인 제리의 경우)

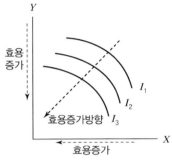

③ $MU_X < 0$이고 $MU_Y < 0$인 경우

둘 다 비재화인 경우 (다이어트 중인 터피) 이때 무차별곡선은 우하향한다.

(2) 한계대체율

① 한계대체율의 직관적 의미 : 한계대체율(Marginal Rate of Substitution : MRS)는 X재 1단위를 얻기 위해 기꺼이 포기할 수 있는 Y재의 수량을 의미한다. 이를 뒤집어서 해석하면, 한계대체율은 X재를 1단위 빼앗을 때, 원 효용을 회복하기 위해 보상해주어야 하는 Y재의 수량이다.

② 한계대체율의 수학적 해석 : 한계대체율은 다음과 같이 도출할 수 있다.

$MRS_{XY} = -\dfrac{MU_X}{MU_Y}$. 즉 한계대체율은 각 재화의 한계효용의 상대적 비율이다. 그리고 이 한계대체율은 바로 무차별곡선의 기울기가 된다.

③ 무차별곡선을 이용한 설명

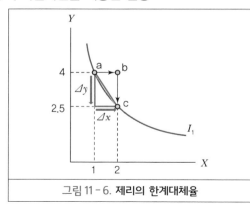

그림 11 - 6. 제리의 한계대체율

좌측 그림에서 제리는 a점에서 소비를 하고 있다. 그런데 제리가 X재를 1개 더 얻는다면 제리의 소비점은 b가 된다(당연히 효용도 증가한다).

하지만 세상에 공짜는 없다. X재를 1개 더 얻기 위해 제리는 Y를 적당히 포기해야 한다. 만일 X재 +1을 위해 Y재 −1.5를 하게 되면 제리는 c로 이동하게 되는데 이는 최초의 제리의 소비점 a와 동등한 효용 수준이기 때문에 제리는 X재 +1을 위해 Y재는 최대한 1.5까지 포기할 의향이 있다.

즉 위 그림에서 소비점 a에 위치한 제리의 한계대체율은 −1.5가 되는 것이다.

④ 무차별곡선의 기울기

제리가 점 a에 있을 경우, 이때 제리의 소비지점을 지나는 무차별곡선의 기울기는 점 a와 c를 연결한 선분의 기울기이다(약간의 오차는 발생한다).

즉 두 점 a와 c사이의 기울기는 $-\dfrac{\varDelta y}{\varDelta x}$ 인데, 이때 $\varDelta x = 1$이다. 그리고 위 사례에서 $\varDelta y = 1.5$이고 점 a와 c사이의 한계대체율 MRS_{XY} 이다. 결국 무차별곡선의 기울기는 해당지점에서의 한계대체율과 일치한다.

※ $\dfrac{MU_X}{MU_Y}$ 앞에 마이너스(−)가 붙은 이유는, 한계대체율의 정의가 X재를 증가(+)시키기 위해 포기(−)하는 Y재의 수량이기에 한계대체율은 부호가 항상 음수로 표현되기 때문이다.

(3) 한계대체율의 체감과 선호의 볼록성

① 한계대체율 : X재를 +1 얻기 위해 포기할 수 있는 Y재의 최대수량

X재를 −1 되면 이전 수준 효용 회복을 위해 보상해주어야 하는 Y의 수량

무차별곡선의 기울기

$$MRS_{XY} = -\frac{MU_X}{MU_Y}$$

② 그런데 일반적인 경우 X재 소비량이 증가함에 따라 한계대체율은 점차 감소하는 경향을 보인다. 이를 '한계대체율의 체감'이라고 한다. 한계대체율은 무차별곡선의 기울기이므로 한계대체율의 체감은 무차별곡선의 기울기가 점차 완만해지는 것을 의미한다.

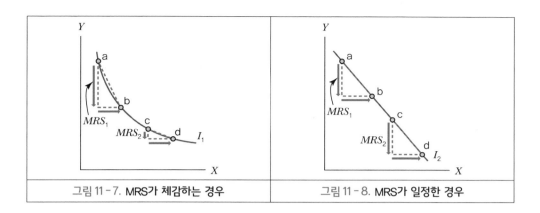

| 그림 11 - 7. MRS가 체감하는 경우 | 그림 11 - 8. MRS가 일정한 경우 |

(4) 예산제약식

① 일반적인 미시경제학의 범위에서 소비자의 선호체계는 완전성, 이행성, 연속성을 자동충
족하며 여기에 강볼록성과 강단조성까지 만족하는 것을 기본전제로 한다.
　　※ 예외적인 경우
　　　- 선형효용함수 : 강볼록성은 불성립, 볼록성과 강단조성만 성립
　　　- 레온티에프효용함수 : 강볼록성과 강단조성 모두 불성립, 볼록성과 단조성만 성립

② 따라서 소비평면에서 무차별지도는 아래 그림처럼 나타나고 당연히 효용극대화 지점은 우
상방 무한대의 지점이 될 것이다.

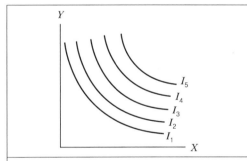

그림 11 - 9. 일반적인 무차별지도

하지만 희소성의 원칙에 의해 우리는 무한대의 소비
를 할 수 없다. 즉 자원의 제약에 직면하고 있다. 소비
자 이론에서 자원의 제약은 바로 예산제약이다.

$$M \geq P_X Q_X + P_Y Q_Y$$

그리고 단조성이 만족되면 돈 되는대로 모두 소비하는
것이 바람직하므로 예산제약은 $M = P_X Q_X + P_Y Q_Y$
가 된다.

③ 이러한 예산제약식을 소비평면에 나타낸 것을 예산선(Budget Line)이라 한다. 예산제약
식의 일반적 표현형은 $M = P_X X + P_Y Y$ 이므로 (여기서 $Q_X = X$, $Q_Y = Y$ 이다), 이를
Y 에 대해 정리하면 $Y = \dfrac{M}{P_Y} - \dfrac{P_X}{P_Y} X$ 가 된다. 그리고 X절편은 $\dfrac{M}{P_X}$, Y절편은 $\dfrac{M}{P_Y}$ 가
된다.

그리고 예산선의 기울기는 상대가격비인 $-\dfrac{P_X}{P_Y}$ 이다. 예를 들어 소득 $M = 100$, $P_X = 10$,
$P_Y = 20$ 이라면 이때의 예산선은 다음 그림과 같다.

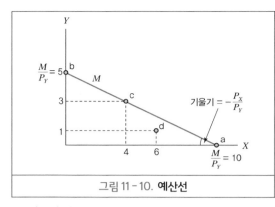

그림 11 - 10. 예산선

좌측 예산선에서 점 a는 모든 소득을 X재 구입에 지불한 경우로 좌표는 (10,0)이다. 점 b는 모든 소득을 Y재 구입에 지불한 경우로 좌표는 (0,5)이다. 예산선 상의 점은 모든 소득을 지출에 사용한 경우이다. 하지만 예산선 안의 점은 소득을 모두 지출하지 않은 경우이다.

※ 선호의 단조성이 만족되는 경우, 예산선안의 점은 효용극대화지점이 아니다. 위 그림의 점 d는 예산선 안의 점으로 지출액은 80이다. 즉 돈을 남기고 있다. (여기서 저축은 고려하지 않는다) 선호의 단조성이 만족되면 점 d에서 수평우측, 수직상방, 혹은 우상방 어디로 가든 효용이 증가한다. 즉 돈을 더 씀으로서 효용이 더욱 증가할 수 있으므로 점 d는 효용극대화지점이 아니다.

(5) 주어진 예산 제약하의 효용극대화

① 선호의 기본공리가 충족된다면, 예산선상의 어느 한 지점이 효용극대화 점이 될 것이다. 그렇다면 과연 어디가 효용극대화 지점인가?

② 효용함수를 안다면 계산을 통해 효용극대화 지점을 도출할 수 있지만, 우리는 효용함수는 모르고 무차별곡선의 형태(무차별지도)만 알고 있다. 이제 이 무차별곡선을 통해 예산선 중 효용이 가장 높은 지점을 찾아내야 한다.

③ 완전성의 공리에 의해 예산선의 각각의 서로 다른 지점들은 서로 다른 무차별곡선을 갖는다. 그리고 단조성의 공리에 의해 가장 바깥에 위치한 무차별곡선이 가장 높은 효용을 지닌다. 따라서 예산선을 지나는 무수히 많은 무차별곡선 중에 가장 바깥쪽에 위치한 무차별곡선을 찾으면 그 무차별곡선과 예산선이 만나는 점이 바로 주어진 예산제약하에 효용극대화 지점이다.

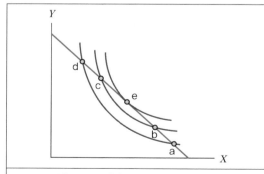

그림 11 - 11. 예산선상의 효용극대화 지점

좌측 그림에서 예산선을 지나는 무차별 곡선 중 점 e를 지나는 무차별곡선이 가장 바깥쪽에 위치한다. 따라서 점 e가 예산제약내 효용극대화지점이다.
무차별곡선이 원점에 대해 볼록한 경우라면 무차별곡선과 예산선이 접하는 지점이 효용극대화지점이 되는 것이다.

④ 앞서 한계효용이론에서 효용함수를 이용한 효용극대화 지점을 찾는 방법을 학습하였다. 먼저 한계효용균등의 원칙을 이용하여 $\dfrac{MU_X}{MU_Y} = \dfrac{P_X}{P_Y}$ 를 만족하는 소비조합을 찾아낸다. (효용극대화 1계 조건) 그리고 그 소비조합점 중 예산제약 $M = P_X X + P_Y Y$ 를 만족하는 지점을 찾으면 되었다.

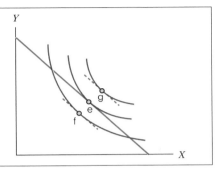

※ 우측 그림에서 점 e, f, g 모두 무차별곡선과 예산선의 기울기가 동일하다. 즉 점 e, f, g 모두 한계효용균등의 원칙을 충족한다.
하지만 이 세 점 중 예산제약식까지 충족하는 지점은 오직 e뿐이다. 따라서 유일한 효용극대화 지점은 점 e이다.

12. 무차별곡선이론의 응용

무차별곡선을 응용한 다양한 소비지선택을 분석한다.

– 소득효과와 대체효과
– 여러 효용함수의 무차별곡선
– 소득보조와 가격보조

(1) 소득효과와 소득소비곡선

① (5개의 선호공리를 모두 충족하는 경우) 무차별곡선과 예산선이 접하는 지점이 효용극대화 지점이다. 따라서 예선선의 변화하면 효용극대화 지점도 변한다. 이에 대해 자세히 논해보기로 한다.

② 먼저 명목소득 M 이 변화하는 경우, 예산선은 평행이동한다. 예를 들어 $M = 120$, $P_X = 12$, $P_Y = 24$ 인 경우 예산선은 아래 그림과 같다.

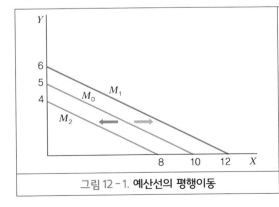

그림 12 - 1. **예산선의 평행이동**

최초의 예산선은 좌측그림에서 M_0이다. X절편과 Y절편은 각각 $\dfrac{M}{P_X} = 10$, $\dfrac{M}{P_Y} = 5$이다. 예산선의 기울기는 $-\dfrac{P_X}{P_Y} = -\dfrac{1}{2}$ 이다.

그런데 소득이 120에서 144로 증가하면 X절편과 Y절편은 각각 $\dfrac{M}{P_X} = 12$, $\dfrac{M}{P_Y} = 6$이 되어 예산선이 평행우측이동한다. 이때 상대가격비는 불변이므로 예산선의 기울기도 불변이다.

그리고 소득이 96으로 감소한다면 반대로 예산선은 평행좌측이동한다. 즉 (명목)소득의 변화는 예산선의 기울기에는 영향을 주지 않고 오직 예산선의 평행이동만을 발생시킨다.

③ 그런데 명목소득은 불변인데 P_X와 P_Y가 동일한 비율로 변화한다면? 즉 소득은 120으로 그대로인데 X재의 가격이 12에서 10으로, Y재 가격은 24에서 20으로, 각각 20%씩 인하되었다고 하자. 그러면 여전히 상대가격비는 $\frac{P_X}{P_Y} = \frac{1}{2}$로 예산선의 기울기는 변하지만, 예산선의 X절편과 Y절편이 $\frac{M}{P_X} = 12$, $\frac{M}{P_Y} = 6$이 된다. 이는 앞서 가격이 불변이고 소득만 20% 증가한 것과 동일한 예산선이다. 즉 명목소득(Nominal Income)이 불변이어도 물가가 하락하는 경우에도 예산선은 우측이동하게 된다. 이때 소비자의 실질소득(Real Income)이 증가하였다고 한다.

④ 소득의 변화로 예산선이 평행이동하면 이에 따라 소비자의 효용극대화 지점도 변화하는데 이때 발생하는 X재와 Y재의 소비량의 변화를 소득효과(Income Effect)라 한다.

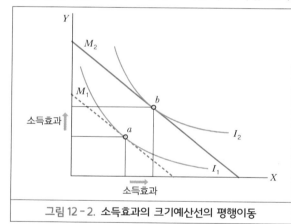

좌측 그림에서 최초의 예산선 M_1에서 효용극대화 지점은 점 a이다. 그런데 예산선이 M_2로 확장되자 새로운 효용극대화 지점은 점 b가 되었고 X재와 Y재의 소비량이 증가하였다. 이때 소득효과의 크기는 붉은색 화살표의 길이 만큼이다

그리고 가격의 변화 없이, 소득의 증가로 X, Y재 모두 소비가 늘었다. 즉 이 소비자에게 X재와 Y재는 둘 다 정상재이다.

그림 12 - 2. 소득효과의 크기예산선의 평행이동

⑤ 이처럼 소득이 변하면 효용극대화지점도 변화하는데, 이때 소득변화에 따라 움직이는 효용극대화지점의 궤적을 소득소비곡선(Income Consumption Curve : ICC)라고 한다.

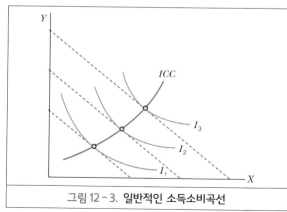

좌측 그림은 일반적인 소득소비곡선의 궤적이다. 이 소비자의 경우에도 소득이 증가함에 따라 X재와 Y재 모두 소비량이 증가하고 있다. 가격은 불변인데 소비량이 증가한 것은 수요의 증가이다. 따라서 이 소비자에게도 X, Y재 둘 다 정상재이다.

즉 소득소비곡선의 형태를 보면 소비자의 소득탄력성을 알 수 있는 것이다.

그림 12 - 3. 일반적인 소득소비곡선

⑥ 위와 같이 X재와 Y재가 둘 다 정상재라면 소득소비곡선은 양(+)의 기울기, 즉 우상향하는 형태를 보여야 한다(그리고 소득이 0이면 모든 재화의 소비량도 0이 되므로 소득소비곡선은 원점을 통과해야 한다).

⑦ 만일 X재가 사치재라면 즉 X재 소득탄력성이 1보다 큰 경우 $(\varepsilon_{MX} > 1)$의 소득소비곡선의 형태는 어떤 모습인가. 이를 보이기 위해 먼저 X재의 소득탄력성이 1인 경우부터 분석한다.

⑧ 소득탄력성이 1이라면 소득의 변화율＝수요(량)의 변화율이다. 아래 그림에서 예산선 M_1 은 $M = 100$, $P_X = 5$, $P_Y = 10$인 경우의 예산선을 나타낸다. 이때 X, Y의 소비량을 각각 10, 5였다. 그런데 이제 소득이 40% 증가하여 예산선이 $M_2 = 140$가 되었다. X재의 소득탄력성은 1이므로 수요(량)도 40% 증가하여야 한다. 따라서 새로운 예산선 M_2에서 X재의 소비량은 14가 된다. 그리고 예산제약에 의해 Y재의 소비량도 7이 된다.

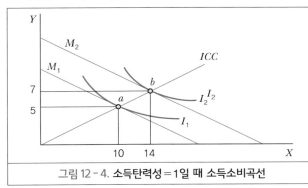

그런데 최초의 효용극대화 점 a와 새로운 효용극대화점 b를 연결한 소득소비곡선은 좌측 그림처럼 원점을 통과하는 직선이 된다.
그리고 X재의 소득탄력성이 1일 때, Y재의 소득탄력성도 덩달아 1이 될 수밖에 없다.

그림 12 - 4. 소득탄력성＝1일 때 소득소비곡선

⑨ 그런데 소득은 40% 증가하였는데, X재 수요가 60% 증가하여 X재 수요량이 16이 된다면? 이때 $\varepsilon_{MX} = 1.5$이다. 예산제약에 의해 이때 Y재 수요량은 6이 된다. 따라서 이때 소비점은 아래 그림c가 되고 소득소비곡선은 곡선처럼 휘어진다. 이때 $\varepsilon_{MY} = 0.5$이다.

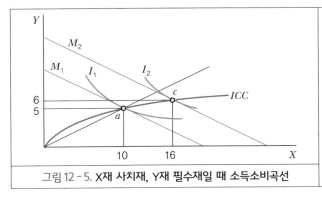

즉 소득소비곡선이 최초의 소비점 a와 원점을 연결한 직선보다 우하방으로 휘어지면 X재는 사치재이고 Y재는 필수재가 된다.

그림 12 - 5. X재 사치재, Y재 필수재일 때 소득소비곡선

⑩ 만일 소득이 40% 증가했는데, X재 수요가 80% 넘게 증가한다면? 즉 X재의 소득탄력성이 2를 초과하면? 예를 들어 X재의 수요가 100% 증가하여 X재 수요량이 20이 되면 예산제약에 의해 Y재 수요량은 4가 된다(이때 $\varepsilon_{MX} = 2.5$이고 $\varepsilon_{MY} = -0.5$이다).

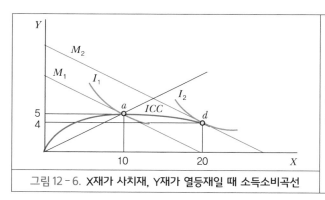

즉, X재의 소득탄력성이 2을 넘어서면 Y는 열등재가 되고, 이때부터 소득소비곡선이 우하향하게 된다.

그림 12 - 6. **X재가 사치재, Y재가 열등재일 때 소득소비곡선**

⑪ 아래 그림은 각각 i) X재가 필수재 + Y재가 사치재, ii) X재가 열등재 + Y재가 사치재인 경우의 소득소비곡선의 궤적이다.

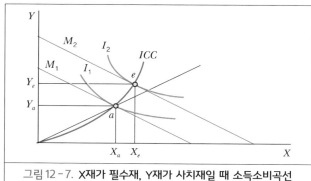

X재가 필수재이고 Y재가 사치재라면 소득소비곡선은 원점과 최초 소비점 a을 연결한 직선의 좌상방향으로 휘어진다 (하지만 기울기는 여전히 양(+)이다).

그림 12 - 7. **X재가 필수재, Y재가 사치재일 때 소득소비곡선**

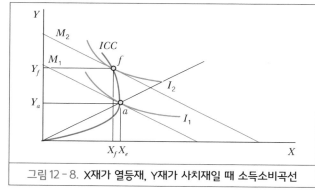

X재가 열등재이고 Y재가 사치재라면 소득소비곡선은 좌상방으로 꺾이며 기울기가 음(-)이 된다.

그림 12 - 8. **X재가 열등재, Y재가 사치재일 때 소득소비곡선**

※ 주의 : X재와 Y재의 소득탄력성의 합이 항상 $\varepsilon_{MX} + \varepsilon_{MY} = 2$ 가 되는 것은 아니다.

(2) 대체효과와 보상수요함수

① 대체효과란 효용이 불변인 상태에서 상대가격변화에 따르는 한계효용균등의 원칙을 위한 소비 재조정 효과를 말한다. 한계효용균등의 원칙은 $\dfrac{MU_X}{MU_Y} = \dfrac{P_X}{P_Y}$ 가 되도록 소비량을 조절하는 것을 말한다. 예를 들어 효용함수가 $U = XY$ 라고 하자. 그러면 이때 한계대체율은

$MRS_{XY} = \dfrac{Y}{X}$ 가 된다. 만일 $P_X = 1$, $P_Y = 1$이라면, 한계효용균등의 원칙은 $\dfrac{Y}{X} = \dfrac{1}{1}$, 즉 $Y = X$에서 이루어진다. 다시 말해 이 소비자는 소득이 얼마가 되든, X재와 Y재를 동등한 수량으로 구매해야 한다는 것이다.

이 소비자의 현재소득이 $M = 10$이라고 하자. 그러면 이 소비자의 효용극대화 수요량은 각각 $X^* = 5$, $Y^* = 5$가 된다(앞서 학습한 콥－더글라스 효용함수의 경우 수요함수는 각각 $X^* = \dfrac{\alpha}{\alpha + \beta} \dfrac{M}{P_X}$, $Y^* = \dfrac{\beta}{\alpha + \beta} \dfrac{M}{P_Y}$ 라는 것을 상기하자).

이를 무차별곡선 평면에 나타내면 다음과 같다.

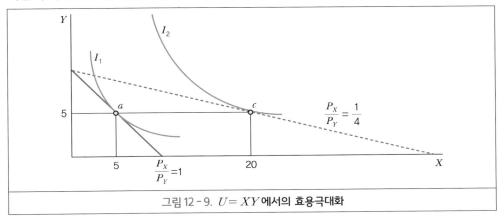

그림 12 - 9. $U = XY$에서의 효용극대화

② 위 그림에서 a점이 $U = XY$, $P_X = 1$, $P_Y = 1$, $M = 10$일 때의 효용극대화 점이다. 그런데 만일 $P_X = 0.25$로 인하된다면 효용극대화점은 c점이 된다. 그런데 한계효용균등의 원칙에 따르면 최초에 점 a에서는 $\dfrac{MU_X}{MU_Y} = \dfrac{P_X}{P_Y}$, 즉 $\dfrac{5}{5} = \dfrac{1}{1}$이 성립하고 있었다.

③ 그런데 여기서 $P_X = 0.25$로 인하되면, $\dfrac{MU_X}{MU_Y} > \dfrac{P_X}{P_Y}$, $\left(\dfrac{5}{5} > \dfrac{0.25}{1} \right)$이 된다. 따라서 한계효용균등의 원칙에 따라 X재 소비량을 늘리고, Y재 소비량을 줄여야 한다. 그런데 새로운 극대화점 c점에서는 Y재 소비량이 불변이다. 그렇다면 이는 모순인가?

아니다. 한계효용균등의 원칙의 적용은 가격하락에 따른 실질소득의 증가를 반영하지 않는다. 앞서 실질소득은 $\dfrac{명목소득}{물가}$ 라고 설명하였다. 따라서 위 사례에서 P_X가 하락하면 실질소득이 증가하게 된다. 그런데 실질소득의 증가는 바로 효용의 증가를 야기한다. 대체효과는 바로 이 실질소득의 증가를 반영하지 않은 상태에서의 한계효용균등의 원칙에 따른 소비재조정의 효과를 말한다.

④ 즉 대체효과란, P_X에 변화에 따라 한계효용균등을 위한 소비량을 재조정할 때, 원래 무차별곡선 상에서의 $\dfrac{MU_X}{MU_Y} = \dfrac{P_X}{P_Y}$ 을 만족하는 지점의 변화를 말하는 것이다. 따라서 이 소비자는 효용함수 $U = XY$라서 한계대체율은 항상 $\dfrac{Y}{X}$인데, 최초의 상대가격은 $\dfrac{P_{X1}}{P_Y} = \dfrac{1}{1}$ 이었고 이때 효용극대화는 $X^* = 5$, $Y^* = 5$에서 달성하였다. 따라서 최초의 효용은 $U_1 = 25$이다.

그런데 $P_{X2} = 0.25$가 되었다. 따라서 이제 이 소비자는 다시 $\dfrac{Y}{X} = \dfrac{P_{X2}}{P_Y}$, 즉 $\dfrac{Y}{X} = \dfrac{1}{4}$을 달성해야 하는데, 대체효과의 전제조건은 효용은 $U_1 = XY = 25$를 유지하면서 $\dfrac{Y}{X} = \dfrac{1}{4}$ 를 달성해야 하는 것이다. 따라서 $Y = \dfrac{25}{X}$를 유지하면서 $\dfrac{Y}{X} = \dfrac{1}{4}$가 달성되려면 $X_b = 10$, $Y_b = 2.5$가 되어야 한다. 정리하면 최초의 지점 $X^* = 5, Y^* = 5$에서 $P_X = 1 \rightarrow P_X = 0.25$ 가 되었을 때 대체효과는 $X^* \rightarrow X_b : 5 \rightarrow 10$, $Y^* \rightarrow Y_b : 5 \rightarrow 2.5$ 이다. 이를 그림으로 표현하면 다음와 같다.

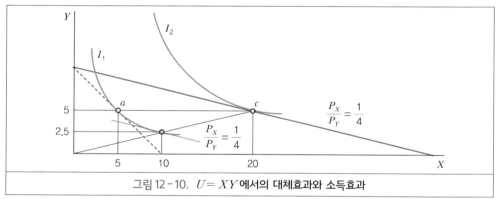

그림 12 - 10. $U = XY$에서의 대체효과와 소득효과

⑤ 정리하자면, 재화의 가격이 변화하였을 때, 대체효과란, 원 효용극대화 지점(점 a)에서 새로운 가격선과 원 무차별곡선이 접하는 점 b로의 이동효과를 말한다.

⑥ 이때 효용함수를 모르고 오직 무차별곡선만 알고 있다면 새로운 예산선을 평행이동시켜 원 무차별곡선과 접하는 지점을 찾으면 대체효과만이 반영된 점 b가 된다.

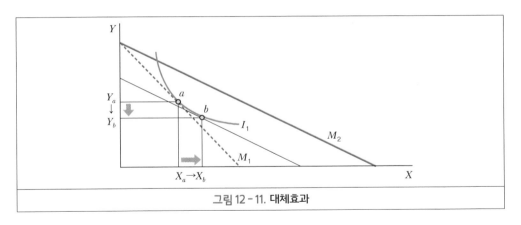

그림 12 - 11. 대체효과

⑦ 따라서 무차별곡선이 원점에 대해 볼록할 경우 P_X의 하락에 따른 대체효과는 항상 X재 소비량을 늘리고, Y재 소비량을 줄이는 방향으로 이루어진다. 그리고 이때 증가하는 X재의 대체효과만을 나타낸 것을 X재의 보상수요곡선이라 한다.

※ 보상수요곡선의 정확한 정의는 효용이 불변인 상태에서의 지출극소화의 해를 말한다.
※ 보상수요곡선은 한계편익곡선과 일치한다. 따라서 앞으로 한계편익곡선 = 보상수요곡선이라고 한다.

> 정리 : 대체효과란 원무차별곡선 상에서 MRS_{XY}와 새로운 $\dfrac{P_X}{P_Y}$가 일치하는 지점으로 변화효과를 말한다.
> 따라서 새로운 예산선을 평행조정하여 원무차별곡선과 접하도록 할 때, 바로 그 접점이 대체효과만이 반영된 지점이다.

(3) 가격효과와 가격소비곡선

① P_X의 하락으로 일단 이소비자는 대체효과에 의해 점 a에서 점 b로 이동하였다. 하지만 이곳이 이 소비자의 최종적인 효용극대화점이 아니다. 당연히 이 소비자는 아래 그림처럼 새로운 예산선 M_2상에서 효용극대화를 달성한다.

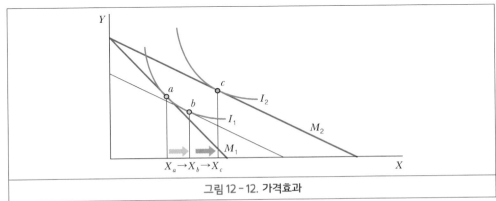

그림 12 - 12. 가격효과

② 이때 점 a에서 점 c까지 이동하는 효과를 가격효과(Price Effect)라 한다. 그런데 점 a에서 점 b까지의 이동효과를 대체효과라고 부른다는 것은 방금 학습하였다. 그러면 나머지 부분, 점 b에서 점 c까지의 이동효과는 무엇인가? 위 그림을 잘 보면 점 b와 점에서의 무차별곡선의 기울기가 동일함을 알 수 있다. 즉 점 b를 지나는 가상의 예산선(검은색 점선)과 점 c를 지나는 예산선 M_2이 서로 평행하다. 예산선의 평행이동에 따른 효용극대화 지점의 변화를 소득효과(Income Effect)라 한다. 따라서 점 b에서 점 c까지의 이동효과는 소득효과이다.

즉 가격효과는 대체효과와 소득효과의 합으로 이루어진다.

③ 물론 이전 장에서 학습한 소득효과는 명목소득 변화에 따른 예산선의 평행이동 시 발생하였다. 하지만 이처럼 재화가격 변화에 의해서도 실질소득이 변화하는데 이때에도 위와 같은 방식의 소득효과가 발생하는 것이다(따라서 점 b와 점 c를 연결한 곡선이 소득소비곡선이 된다).

④ 그리고 이때 최초의 효용극대화 지점 a와 새로운 최종적인 효용극대화 지점 c를 연결한 곡선을 가격소비곡선(Price Consumption Curve : PCC)라 부른다.

⑤ 아래 그림은 X재 가격변화에 따른 예산선의 변화이다.

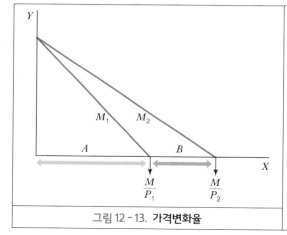

이때 X재 가격 변화율은 근삿값으로 $\dfrac{B}{A}$가 된다 (보다 엄밀하게는 구간탄력성을 사용해야 하며 이때 가격변화율은 $\dfrac{2B}{2A+B}$가 된다).

그림 12 - 13. **가격변화율**

⑥ 그런데 만약 가격소비곡선이 수평이라고 하자. 그러면 아래 그림에서처럼 X재 가격이 변할 때 X재의 수요량은 각각 X_1, X_2이다. 그리고 $X_1 = a$이고 $\Delta X = X_2 - X_1 = b$이라고 하자. 이때 X재 수요량의 변화율은 $\dfrac{b}{a}$이다. 그런데, 여기서 가격의 변화율은 $\dfrac{B}{A}$이다.

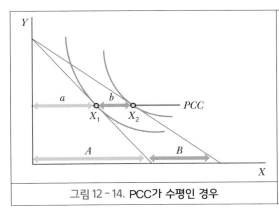

그런데 가격소비곡선이 수평선이면 $a : b = A : B$ 가 된다. 즉 $\dfrac{b}{a} = \dfrac{B}{A}$인 것이다.

다시 말해 가격소비곡선이 수평선이면 가격의 변화율 = 수요량의 변화율이 성립하는 것이다. 즉 X재의 가격탄력성이 1일 때, 가격소비곡선(PCC)은 수평선이 된다.

그림 12 - 14. PCC가 수평인 경우

※ 위 사례에서 엄밀하게는 수요량 변화율은 $\dfrac{2b}{2a+b}$ 이고 가격변화율은 $\dfrac{2B}{2A+B}$ 이다. 그런데 가격소비곡선이 수평이므로 $a : b = A : B$ 이고 따라서 $\dfrac{2b}{2a+b} = \dfrac{2B}{2A+B}$ 가 된다.

※ 점탄력성을 고려하면 $\dfrac{2b}{2a+b} \simeq \dfrac{b}{a}$ 이다.

⑦ 아래는 가격소비곡선이 우하향하는 경우를 나타낸 그림이다. 이때 가격의 변화율은 $\dfrac{b}{a}$ 이다.

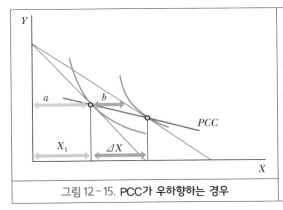

그런데 수요량의 변화율은 $\dfrac{\Delta X}{X_1}$ 이고 가격소비곡선이 우하향하므로 좌측 그림에서 $\dfrac{b}{a} < \dfrac{\Delta X}{X_1}$ 이 성립한다. 즉 가격변화율<수요량변화율이다. 그러므로 가격소비곡선이 우하향하는 경우에 X재의 가격탄력성은 1보다 크다.

그림 12 - 15. PCC가 우하향하는 경우

⑧ 반대로 가격소비곡선이 우상향하는 경우라면 X재의 가격탄력성이 1보다 작은 경우이다.

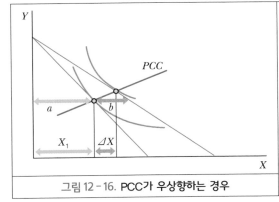

가격소비곡선이 우상향하므로 좌측 그림에서 $\dfrac{b}{a} > \dfrac{\Delta X}{X_1}$ 이 성립한다. 즉 가격변화율>수요량변화율이다. 그러므로 가격소비곡선이 우하향하는 경우에 X재의 가격탄력성은 1보다 작다.

그림 12 - 16. PCC가 우상향하는 경우

⑨ Y재의 가격이 변화하는 경우

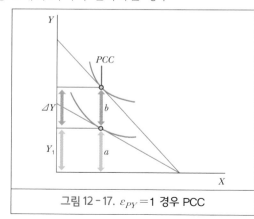

- Y재의 가격탄력성 = 1 : 가격소비곡선은 수직선
- Y재의 가격탄력성>1 : 가격소비곡선은 좌상향
- Y재의 가격탄력성<1 : 가격소비곡선은 우상향

그림 12 - 17. $\varepsilon_{PY} = 1$ 경우 PCC

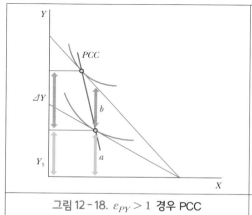

그림 12 - 18. $\varepsilon_{PY} > 1$ 경우 PCC

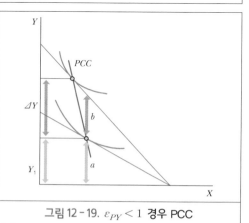

그림 12 - 19. $\varepsilon_{PY} < 1$ 경우 PCC

※ 여기서 주의할 점은 X재의 가격소비곡선과 Y재의 가격소비곡선 간에 직접적 관련이 없다는 것이다. 즉
 X재의 가격소비곡선이 우상향한다고 Y재의 가격소비곡선도 반드시 우상향하는 것은 아니다.
 아래 그림에서 X재의 가격만 인하되면 효용극대화점은 점 a에서 점 b로 이동한다. 이때 X재의 가격소비곡
 선은 점 a와 b를 연결한 곡선이다. 그리고 Y재의 가격만 인하되면 효용극대화점은 점 a에서 점 c가 된다.
 그런데 아래 두 그림에서 보듯 X재의 PCC는 우상향하지만 Y재의 PCC는 좌상향, 우상향 둘 다 가능하
 다. 즉 X재와 Y재의 가격소비곡선의 기울기 간에는 상호간 직접 관련은 없다.

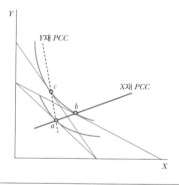

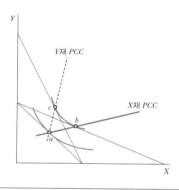

※ 기펜재(혹은 기픈재 : Giffen Goods)

기펜재란 소득효과가 대체효과를 압도하는 열등재를 말한다. 먼저 일반적인 열등재의 가격소비곡선을 나타
내면 아래와 같다.

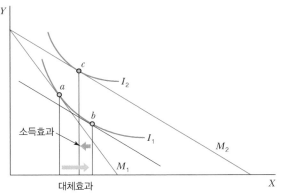

위 그림에서 최초의 효용극대화지점은 점 a이다. 그런데 X재 가격이 인하되어 최종효용극대화지점이 점 c
가 된다. 여기서 대체효과만 반영된 지점은 점 b이다. 그리고 대체효과가 제거되고 난 소득효과는 점 b에서
점 c로의 이동효과이다. 즉 실질소득 증가에 의해 X재 수요량이 감소한다. 이를 보면 이 소비자에게 X재는
열등재가 되는 것이다. 따라서 열등재의 경우 대체효과와 소득효과의 방향이 서로 반대가 됨을 알 수 있다.
(이때 소득소비곡선은 b와 c를 연결한 곡선이며, 가격소비곡선은 a와 c를 연결한곡선이다)
− 매우 희귀한 경우지만 가격소비곡선이 우하향하면서($\varepsilon_{PX} > 1$) 소득소비곡선이 좌상향하는($\varepsilon_{MX} < 0$) 경
  우도 발생할 수는 있다.

반면 소득효과가 대체효과를 압도하는 열등재인 기펜재의 경우는 아래 그림과 같다.

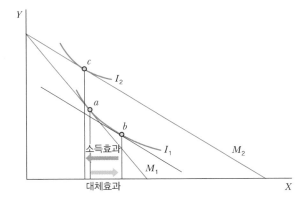

위 그림에서 X재 가격하락 시 대체효과는 점 a에서 점 b로의 이동이다. 그런데 소득효과는 점 b에서 점 c로
의 이동이다. 이때 소득효과가 대체효과를 압도하고 있다. 따라서 최종적인 X재의 수요량은 가격인하 전에
비해 오히려 감소하게 된다.
이때 소득소비곡선은 점 b와 c를 연결한 곡선이며, 가격소비곡선은 점 a와 c를 연결한 곡선이다. 즉 기펜재
의 가격소비곡선도 좌상향하게 된다.
이러한 기펜재는 19세기 아일랜드 감자 대기근 당시에 발생하였다. 그 당시 흉년이 지속되어 감자가격이 폭
등하였는데, 이 때문에 아일랜드 주민들의 실질소득이 급감하였다 때문에 채소, 빵, 고기 등을 사먹을 형편
이 못 되었다. 오히려 감자의 소비량을 늘릴 수밖에 없었던 것이다.

※ 정상재의 보상수요곡선과 통상수요곡선

수요곡선은 주어진 예산제약하에서 효용극대화 점을 곡선으로 표현한 것으로 가격효과를 온전히 반영하고 있다. 그런데 대체효과만을 반영한 수요곡선을 보상수요곡선(Compensa-tion Demand Curve)이라 부르며 이는 한계편익곡선과 일치한다. 보상수요곡선과 구분하기 위해 수요곡선을 보통수요곡선(Normal Demand Curve), 혹은 통상수요곡선이라고 부른다. 이때 보상수요곡선은 바로 한계대체율에 의존하므로 한계대체율이 체감하면 보상수요곡선은 우하향한다. 그리고 보통수요곡선은 보상수요곡선에 소득효과가 더해진 것이다.
 아래 그림은 각각 정상재의 보상수요곡선과 보통수요곡선을 나타낸 것이다.

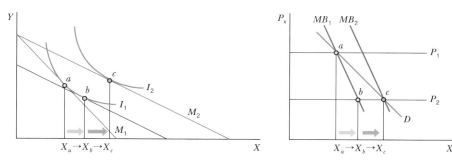

위 그림은 P_X 인하시 정상재의 보상수요곡선(MB)과 보통수요곡선을 나타낸다. 가격하락시 대체효과로 X재 수요량이 X_a에서 X_b로 증가하였고 보상수요곡선이 우측이동한 소득효과에 의해 X재 수요량이 X_b에서 X_c까지 증가하였다. 따라서 정상재는 보상수요곡선보다 보통수요곡선이 완만함을 알 수 있다.

※ 열등재와 기펜재의 보상수요곡선과 통상수요곡선

일반적인 열등재의 보상수요곡선과 보통수요곡선을 나타낸 것이다.

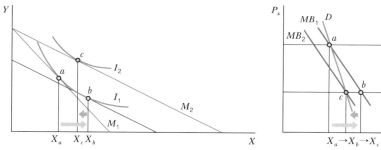

위 그림은 P_X 인하 시 열등재의 보상수요곡선(MB)과 보통수요곡선을 나타낸다. 가격하락시 대체효과로 X재 수요량이 X_a에서 X_b로 증가하였고 보상수요곡선이 좌측이동한 소득효과에 의해 X재 수요량이 X_b에서 X_c까지 감소하였다(X재가 열등재이므로 가격하락에 의한 실질소득의 증가는 X재에 대한 보상수요곡선을 좌측으로 이동시킨다). 따라서 정상재는 보상수요곡선보다 보통수요곡선이 가파르게 됨을 알 수 있다.
아래 그림은 기펜재의 보상수요곡선과 보통수요곡선이다. 가격하락 시 대체효과로 X재 수요량이 X_a에서 X_b로 증가하였고 보상수요곡선이 좌측이동한 소득효과에 의해 X재 수요량이 X_b에서 X_c까지 감소하였다. 이때 소득효과의 크기가 대체효과를 압도하므로 가격하락 시 오히려 X재 수요량이 감소하여 보통수요곡선은 우상향하게 된다.

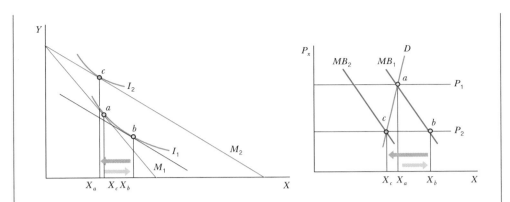

여기서 명목소득의 변화가 없다. 따라서 보통수요곡선은 움직이지 않고 실질소득에 의해 보상수요곡선만 움직인다.

(4) 소득보조와 가격보조

① 무차별곡선을 이용한 응용 중 소득보조(현금보조), 가격보조, 현물보조 분석 등이 있다. 먼저 소득보조부터 분석해보자.

② 소득보조란 정부가 저소득층에게 현금으로 지급하여 소비자의 예산선을 평행 확장시켜주는 정책이다. 따라서 소득보조의 혜택을 입는 소비자는 상대가격의 변화는 경험하지 않고 오직 소득효과만을 얻게 된다.

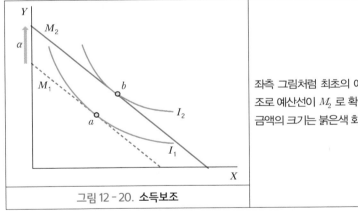

좌측 그림처럼 최초의 예산선 M_1에서 정부의 소득보조로 예산선이 M_2로 확장하게 된자. 이때 정부의 지원 금액의 크기는 붉은색 화살표 α에 P_Y를 곱한 값이다.

그림 12 - 20. **소득보조**

③ 예를 들어 최초의 소비자의 소득이 $M = 60$, $P_X = 4$, $P_Y = 3$라고 하자. 이때 소비자의 예산선은 아래 그림에서 안쪽의 점선 M_1인데, 정부가 소득을 +30만큼 보조해주면 예산선이 실선의 M_2가 된다.

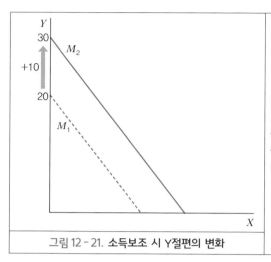

따라서 소비자는 정부지원으로 Y재를 최대 10개 더 구매할 수 있게 된 것이다. 즉 예산선의 Y절편의 증가폭이 +10가 된 것이다. 이 예산선의 Y절편의 증가분에 P_Y 를 곱하면 정부의 예산지원액 30이 나오는 것이다.

그림 12 - 21. **소득보조 시 Y절편의 변화**

④ 가격보조는 소득보조와 달리 저소득층에게 X재를 할인된 가격으로 구매할 수 있도록 해주는 정책이다. 예를 들면 등록금 할인, 기차요금할인 정책 등이 대표적인 가격보조정책이다. 예를 들어 소비자의 소득이 $M = 60$, $P_X = 4$, $P_Y = 3$ 라고 하자. 그런데 정부가 이 소비자에게 X재를 40% 할인된 가격인 $P_X = 2.4$ 에 구입할 수 있도록 혜택을 주기로 했다. 정부정책에 의해 이 소비자는 이제 X재를 2의 가격으로 X^* 만큼 구입하고 X재를 판매하는 판매자는 이를 증빙하여 개당 할인가격 곱하기 소비자의 소비량, 즉 $X^* \times P_X \times$ 할인율 $= X^* \times 1.6$ 만큼 정부에 요구한다. 이에 정부는 $X^* \times 1.6$ 만큼 판매자에게 지급해준다. 이를 그림으로 표현하면 다음과 같다.

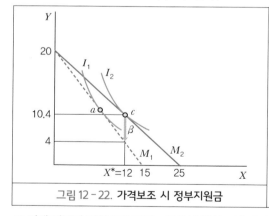

좌측 그림에서 가격보조 이전 소비자의 예산선은 M_1 이다. 그런데 X재에 대해 40%의 가격보조로 $P_X = 2.4$ 가 되어 예산선이 M_2 가 되자 소비자의 효용극대화점은 점 c 가 되었고 이때 소비자의 X재 구매량은 $X^* = 12$ 이 되었다. 이때 정부가 지출하는 지원금의 크기는 $12 \times 1.6 = 19.20$ 이다.

그림 12 - 22. **가격보조 시 정부지원금**

※ 이때 정부의 지원금의 크기는 붉은색 화살표의 길이 β 에 P_Y 를 곱한 값과도 일치한다. 위 예시의 경우 $X^* = 12$ 일 때 구예산제약에서 $Y = 4$ 이고 신예산제약에서 $Y = 10.4$ 이다. 따라서 가격보조를 위한 정부의 예산집행금의 크기는 $\beta \times P_Y = 6.4 \times 3 = 19.20$ 이다.

⑤ 가격보조와 소득보조의 비교

만일 정부가 가격보조 대신 가격보조를 위해 지불한 예산금을 소득보조로 해주면 효과의 차이가 발생하는가? 이를 무차별곡선을 사용하여 분석하면 다음과 같다. 계산을 편하게 하기 위해 위 사례의 각 수치들을 조금 수정해보자.

⑥ 소비자의 소득이 $M = 100$, $P_X = 4$, $P_Y = 4$였다. 그런데 정부가 X재에 대한 50%의 가격보조를 시행하였다. 이에 소비자의 예산선이 M_1에서 M_2로 변하였고

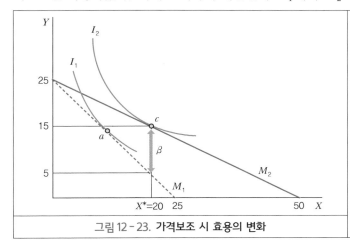

이에 소비자는 X재를 $X_1(=10)$에서 $X_2(=20)$만큼 +10더 구입하였다.
이때 정부의 예산지원금의 크기는 $X_2 \times 2(=40)$이다. 이때 정부지원금의 크기를 Y재의 수량으로 표시하면 붉은색 화살표 β가 된다.

그림 12 - 23. 가격보조 시 효용의 변화

⑦ 그런데 정부가 이제 가격보조를 폐지하고 가격보조 시 예산금 40을 고스란히 이 소비자에게 현금으로 지급하였다. 따라서 이제 이 소비자가 직면하는 예산선의 기울기는 M_1과 동일하지만 β의 길이만큼 예산선은 위로 평행이동하게 되어 예산선 M_3를 얻게 된다.

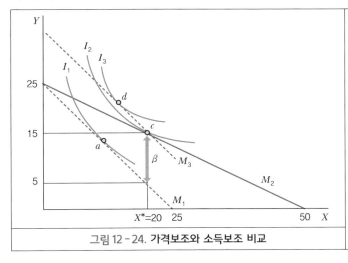

따라서 이 소비자는 가격보조시의 효용극대화 점 c가 아닌 점 d에서 효용극대화를 추구할 수 있게 된다. 결과적으로 동일 금액의 가격보조보다 소득보조 시 더 많은 효용을 얻게 되는 것이다(이때 소득보조가 효용측면에서 더 우월한 것은 대체효과의 작용 때문이다).

그림 12 - 24. 가격보조와 소득보조 비교

⑧ 하지만 대체효과가 발생하지 않는 완전보완재, 레온티에프형 효용함수의 경우에는 동일 예산의 소득보조와 가격보조의 효과는 동일하다.

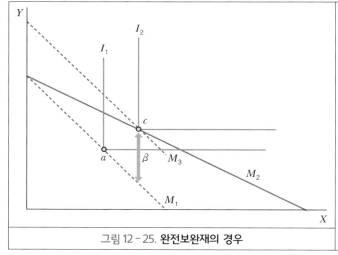

완전보완재의 경우 가격보조시 효용극대화는 점 c이고 동일 예산을 소득보조받은 경우에도 효용극대화는 점 c에서 이루어진다.

(대체효과가 발생하지 않아 추가적인 효용의 증가는 이루어지지 않는다)

그림 12 - 25. **완전보완재의 경우**

⑨ 소득보조와 현물보조의 비교

소득보조와 달리 현물보조는 일정수량의 X재를 직접 지원해주는 보조정책이다. 이때 소비자가 지원받은 X재를 중고시장 등에 되팔지 못한다면 현물보조에 따른 소비자의 예산선은 아래그림처럼 사다리꼴 모양으로 나타난다.

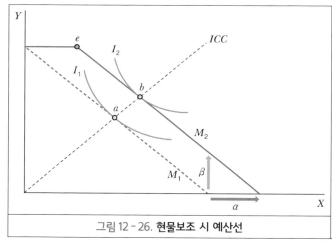

이때 정부의 X재 지원량은 회색 화살표 α가 되고, 지원금의 크기는 $\alpha \times P_X$이다. 이는 현물보조에 따른 예산선의 수직의 격차, 붉은색 화살표의 길이 β에 P_Y를 곱한 것과 동일하다.

그리고 이 소비자의 소득소비곡선이 새로운 예산선의 변곡점 점 e보다 우측을 지난다면, 이 소비자에게 동일한 금액의 현물보조나 소득보조나 효용에는 차이가 발생하지 않는다.

그림 12 - 26. **현물보조 시 예산선**

⑩ 하지만 이 소비자의 Y재 대한 선호의 상대적 가중치가 높아 소득소비곡선이 변곡점 e 좌측을 지난다면 같은 지원금액의 경우 소득보조 시의 효용이 현물보조 시의 효용보다 높게 나타난다.

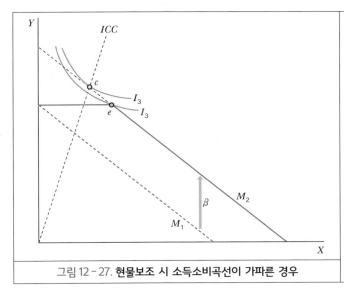

그림 12 - 27. **현물보조 시 소득소비곡선이 가파른 경우**

소득소비곡선이 변곡점 e의 좌측을 통과하는 경우, 현물 보조 시 최대효용은 점 e에서 달성된다.
하지만 동일한 예산의 소득보조를 받은 경우라면 예산선은 점선의 영역까지 확장되고 이때 소비자는 점 c에서 효용을 극대화할 수 있다.
그리고 이때 점 c에서의 효용은 현물보조 시의 최대효용보다 크다.

※ 만일 현물을 보조받은 소비자가 이를 시세대로 되팔수 있다면 현물보조와 소득보조의 예산선을 동일하다. 하지만 보통 중고로 판매를 하게 되어 현물을 되팔 때 판매가격이 시세보다 낮게 책정될 수 있는데, 이때 점 e에서의 한계대체율보다 판매가격이 높다면 이 경우에도 소비자의 효용은 증가한다. 반대로 중고시세가 점 e에서 한계대체율보다 낮다면 현물을 되팔아도 이 소비자의 효용은 증가하지 않는다.

※ 한계편익과 소비에서의 기회비용

소비자의 한계편익곡선과 시장가격선이 만나는 점이 소비자의 순편익극대화 지점, 즉 (총편 – 총비용)의 극대지점이라는 경제학 개관단원에서 학습하였다. 그런데 소비자는 X재를 1단위 구입하기 위해 소비자는 시장가격 P_X 만큼 화폐비용을 지불한다. 그런데 여기서 소비자가 지불한 P_X는 명시적 비용이다. 그렇다면 소비자가 지불하는 암묵적 비용은 고려하지 않는가?

아니다. 소비자가 X재를 구입하기 위해 포기한 암묵적 비용은 이미 소비자의 한계편익에 고려되어 있다(오직 X재와 Y재만이 존재할 때). 한계편익은 한계대체율에 Y재의 가격을 곱한 것이다. 즉 $MB_X = \dfrac{MU_X}{MU_Y} \times P_Y$

이며 여기서 한계대체율 $\dfrac{MU_X}{MU_Y}$ 가 X재를 구입하기 위해 포기한 Y재의 가치를 반영하고 있다.

따라서 소비자이론에서 한계편익(보상수요)이미 소비의 암묵적 비용이 내포되어 있으므로 수요곡선과 시장가격선이 만나는 지점이 소비지출에서의 명시적비용과 암묵적 비용을 모두 고려한 순편익 극대화 지점이 되는 것이다.

13. 기대효용이론

소득의 불확실성이 발생하는 경우의 효용극대화에 대해 학습한다.

- 기대소득과 기대효용
- 상트페테르부르크의 역설
- 위험기피성향
- 기대효용이론
- 공정한 도박과 공정한 보험료
- 확실성 등가와 위험프리미엄

(1) 기대소득과 상트페테르부르크의 역설

① 지금까지 우리는 주어진 소득 수준에서 효용극대화의 원리와 이에 대한 다양한 응용을 분석하였다. 그런데 지금까지의 분석에서 소득 수준은 외생변수, 즉 주어진 것으로 가정하였다. 따라서 소득이 일단 주어지면 이 소득은 모형 내에서 변화하지 않는 것으로 간주되었다.

하지만 현실에서는 미래에 대한 변수 및 사회적 요인들에 의해 소득의 불확실성이 발생한다. 따라서 일정 기간 동안 소득의 변동성은 크던 작던 늘 존재하기 마련이다. 그러므로 소득의 변동성, 혹은 불확실성이 존재하는 경우에 소비자의 효용극대화에 대한 원리도 학습할 필요가 있다.

② 이를 위해 몇 가지 용어를 정의한다. 예를 들어 농부인 톰의 올해 수확에 따른 소득이 풍년에는 1억 원, 흉년에는 6천만 원이 된다고 하자. 그리고 풍년이 될 확률이 60%, 흉년이 될 확률이 40%라고 하자(기대효용이론에서 미래에 어떤 상황이 발생하게 될 확률은 미리 예측할 수 있다고 가정한다).

이때 톰이 직면하는 소득의 확률평균값을 기대소득(Expected Income)이라고 한다. 이 경우의 톰의 기대소득은 (1억×0.6)+(6천만×0.4)=8,400만 원이다.

즉 기대소득은 각 상황이 발생할 확률에 각 상황에서의 소득을 곱하여 도출한다.

$EI = \sum_{i=1}^{n} p_i \cdot I_i$ 여기서 p_i는 i상황이 발생할 확률, I_i는 i상황 시의 얻게 되는 소득.

그리고 $p_1 + p_2 + \cdots + p_n = 1$, 즉 각 상황이 발생할 확률을 모두 더하면 1.

※ 실제 중급 난이도의 계산문제에서는 상황의 개수는 2개로 설정한다. 위 농부 톰의 사례와 같이 풍년 or 흉년, 또 다른 사례로는 투자성공 or 투자실패, 보험시장분석에서는 사고발생 or 사고 없이 안전 등과 같은 단 2가지 상황만을 분석한다.

③ 이렇듯 소득의 불확실성이 발생하게 되면 위의 톰은 어떤 선택을 하는 것이 바람직할까. 당연히 톰은 풍년이 들어 소득이 1억 원이 되길 바라겠지만, 풍흉년은 농부의 노력만으로는 어찌할 수 있는 게 아니므로 그저 하늘에 기원하는 수밖에 없다. 그런데 제리가 톰을 찾아와 톰에게 이런 제안을 한다.

"톰. 아직 수확하기 전인 너의 밀을 지금 미리 살게, 가격은 8천만 원. 풍년이 되던, 흉년이 되던 무조건 너의 밀을 8천만 원에 살게."

이때 톰은 제리의 제안을 받아들일까? 제리의 제안을 받아들이면 풍흉과 관계없이 톰의 소득은 무조건 8천만 원으로 안정되어 소득의 불확실성은 사라진다. 하지만 이 8천만 원은 톰이 얻게 될 소득의 확률평균값, 즉 기대소득보다 작다. 톰은 고민에 빠진다.

> ※ 톰이 제리의 제안을 받아들이면 톰의 소득은 이제 불확실성이 제거된 확실한 소득 8천만 원이 된다. 그리고 이때 톰의 기대소득은 8천만 원이 된다.
> 제리의 제안을 받는 경우 톰의 기대소득 = (풍년이 들 확률×8천만 원) + (흉년이 들 확률×8천만 원) = 8천만 원. 즉 기대소득은 항상 불확실성을 내포한 소득이라는 뜻이 아니다. 기대소득은 소득이 확실하던 불확실하던 어쨌든 향후 발생하게 될 소득의 확률평균값일 뿐이다.
> ※ 만일 톰이 제리의 제안을 받아들였다고 하자. 그러면 풍년이 들 경우 결과적으로 톰은 2,000만 원의 손해를 입는 것이다. 이때 제리의 이득은 톰의 손해액인 2,000만 원이다. 반대로 흉년이 들면 제리는 2,000만 원의 이득을 보고, 제리가 2,000만 원의 손해를 본다. 이처럼 톰과 제리의 이익과 손해의 합은 항상 0이 되는데, 이러한 거래나 게임(도박)를 제로섬(Zero-Sum), 즉 영합게임이라 한다(고스톱은 대표적인 영합게임이다).
> ※ 제리가 제안한 이러한 거래를 선도거래(Forward Contract)라 한다. 선도거래 중 청산소의 의해 규격과 규약, 지불보증 등이 강제된 거래가 선물거래(Futures Contract)이다. 선물거래는 대표적인 파생상품거래이다.

④ 제리의 제안을 따르면 톰이 얻게 되는 확실한 기대소득 8천만 원이 톰의 불확실한 기대소득 8,400만 원보다 작게 되니 톰은 이 제안을 거절할까? 이를 추론해보기 전에 먼저 상트페테르부르크의 역설을 소개한다.

러시아의 유명한 도시 상트페테르부르크는 특히 도박의 성지이다. 이 도시의 어느 도박장에 다음과 같은 도박이 하나 개설되었다. 참가비 100만 루블(한화로 약 2천만 원)을 내면 동전을 던질 기회를 얻는다. 동전을 던져 뒷면이 나오면 꽝, 앞면이 나오면 한 번 더 동전을 던질 기회를 얻는다. 이렇게 운이 억세게 좋아 연속해서 앞면이 n번 나오면 2^n 루블의 상금을 받는다. 하지만 첫판에서 뒷면이 나오면 그냥 꽝, 참가비 100만 루블만 날리는 셈이다. 이 게임의 기대소득은 ∞, 무한대이다(앞면이 무한번 나올 확률이 0이 아니기 때문). 하지만 아무도 이 게임에 참가하지 않았다. 즉 사람들은 선택지 중 기대소득이 높은 쪽을 고르는 것은 아니라는 것이다. 그렇다면 불확실한 상황에 직면한 사람들은 무엇을 보고 선택을 할까?

위 사례가 너무 극단적이라면 다음의 상상을 해보자. 어느 석유재벌이 우리나라의 놀러왔는데, 수행원 없이 혼자 여행하다 길을 잃었다. 그래서 당신이 친절히 길을 알려주었다. 그랬더니 그 석유재벌이 감사의 인사로 당신에게 100억 원의 현찰을 선물로 주었다. 자. 이제 당신의 재산 100억이 생겼다. 그래서 감사인사를 하고 돌아서는데, 이 석유재벌이 당신을 다시 불러 세우더니 동전던지기 게임을 제안한다.

"이 동전을 던져서 앞면이 나오면 제가 당신께 추가로 125억을 더 드리겠습니다. 대신 뒷면이 나오면 방금 제가 드린 100억을 다시 돌려주세요. 물론 이 게임을 원치 않으시면 그 100억 가지고 그대로 가시면 됩니다."

석유재벌이 제안한 이 게임은 분명 확률 계산상 당신에게 유리한 게임이다(즉 석유재벌에 겐 불리한 게임이다). 왜냐면 이 게임의 참가비는 100억인 셈이지만 게임 참가 시의 기대소득은 112.5억이기 때문이다. 하지만 당신은 이 게임에 감히 참가할 수 있겠는가?

아마 대부분의 사람들은 이 게임에 참가하지 않을 것이다. 50%의 확률로 재산을 순식간에 +125억, 즉 두 배 넘게 불릴 수 있지만, 50%의 확률로 모든 재산 100억을 날릴 수도 있다. 즉 +125억의 기쁨과 −100억의 슬픔 중 −100억의 슬픔이 훨씬 더 클 것이기 때문이다.

(2) 기대효용

① 위 사례를 통해 불확실한 상황에서 개인들은 기대소득이 높은 선택을 하는 것이 아님을 알 수 있다. 불확실한 상황에서 개인의 선택은 바로 기대효용이 높은 쪽을 선택한다고 많은 경제학자들이 생각한다. 이를 기대효용이론(Expected Utility Theory)라고 한다.

② 기대효용(Expected Utility)이란 소득이 불확실한 상황에서 기대되는 효용의 확률평균값이다. 다시 톰의 사례로 돌아가 톰이 소득 1억 원을 얻을 때, 효용이 80이고, 소득이 6천만 원일 때 60의 효용을 얻는다고 하자. 그러면 톰의 기대효용=(풍년이 들 확률×1억 원의 효용)+(흉년이 들 확률×6천만 원의 효용)=72가 된다.

③ 즉 기대효용은 각 상황이 발생할 확률에 각 상황에서의 효용을 곱하여 산출한다.

$$EU = \sum_{i=1}^{n} p_i \cdot u_i$$ 여기서 p_i는 i상황이 발생할 확률, u_i는 i상황 시의 얻게 되는 효용.

그런데 톰이 8천만 원의 소득을 얻을 때의 효용은 75라고 하자. 그렇다면 톰은 제리의 제약을 받아들일 것이다. 제안을 받게 되면 톰의 기대효용은 75가 되는데 제안을 거절하면 톰의 기대효용은 72이기 때문이다.

④ 이처럼 기대효용이론을 사용하여 불확실한 소득 상황에서 소비자의 선택을 분석하기 위해서는 구체적인 형태의 효용함수를 알고 있어야 한다. 그래서 기대효용이론은 기수적 효용이다. 보통 수험문제에서 자주 쓰이는 효용함수는 $U = \sqrt{W}$, $U = \sqrt{I}$ 이다. 여기서 W, I는 각각 재산(Wealth), 소득(Income)의 크기이다.

⑤ 앞서 석유재벌의 동전던지기 게임을 $U = \sqrt{W}$ 가정하여 분석해보자. 일단 당신은 100억을 받았으니 당신의 현재 효용(이며 확실히 얻는 효용)은 10이다(계산 편의를 위해 억 단위는 생략하자). 즉, 당신의 현재 위치는 아래 그림의 점a이다. 여기서 동전던지기 게임에 참가하지 않는다면 당신은 100억과 효용10을 지키고 당신의 위치도 점 a에 머물 것이다.

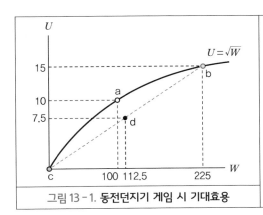

그림 13 - 1. **동전던지기 게임 시 기대효용**

그런데 동전던지기에 참가하여 하늘이 도와 앞면이 나온다면 좌측 그림 점 b에서 15의 효용을 얻는다. 하지만 운이 나빠 뒷면이 나오면 점 c가 되고 효용은 0이 된다.

이때 동전던지기 참가 시의 기대효용은

$\left(\dfrac{1}{2} \times 15\right) + \left(\dfrac{1}{2} \times 0\right) = 7.5$가 되는데, 이는 공교롭게도 동전던지기 참가 시에 각 상황 발생지점 점b, c를 연결한 점선.

그리고 기대소득 112.5에서 수직으로 올라간 선이 만나는 지점 d의 높이이다(사실 공교로운 건 아니다. 기대효용은 점 b와 점 c의 높이의 확률평균값이고 이는 점 d의 높이와 일치할 수밖에 없다).

위 그림을 토대로 정리하면 동전던지기에 불참할 경우 재산 100과 이때의 효용 10을 지키지만 동전던지기에 참가할 경우의 효용의 확률평균(기대효용)은 7.5밖에 되지 않는다. 따라서 효용함수가 $U = \sqrt{W}$라면 이 게임에 불참하는 것이 유리하다.

※ 여기서 동전던지기 게임 참가시 기대효용 7.5의 의미는 동전던지기에 참가하면 7.5의 효용을 얻는다는 것이 아니다. 동전던지기에 참가해서 얻는 효용은 정말로 동전을 던져봐서 결과를 봐야 (점 b가 될지, c가 될지) 알 수 있는 것이다. 여기서 기대효용 7.5의 의미는 동전 던지기에 참가해서 운이 좋으면 15, 운이 나쁘면 0의 효용을 얻는데 이들의 확률평균값이 7.5라는 것이다.

(3) 위험기피성향

① 앞서 석유재벌이 제안한 동전던지기 게임은 기대소득 측면에서는 확률적으로 참가자에게 유리한 게임이다(주최 측에는 불리한 게임). 하지만 왜 기대효용측면에서는 참가자에게 불리한 게임이 되었나?

왜냐하면 50%의 확률로 +125억의 기쁨을 얻고 50%의 확률로 -100억의 슬픔을 얻는데 중 -100억의 슬픔 > +125억의 기쁨이기 때문이다.

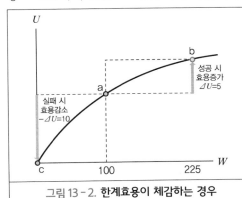

그림 13 - 2. **한계효용이 체감하는 경우**

즉 재산에 대한 한계효용이 체감하기 때문이다. 좌측 그림처럼 재산, 소득에 대한 한계효용이 체감하면 효용함수가 오목한 형태가 되는데, 이 경우 재산이 증가할 경우의 효용증가분보다 같은 크기의 재산이 감소할 경우의 효용감소분이 더 크다.

따라서 한계효용이 체감하는 경우에는 확률적으로 유리한게임이라도 참가하지 않을 수 있다.

이때 재산, 소득에 대한 한계효용이 체감한다고 확률적으로 유리한 게임도 무조건 불참한다는 것은 아니다. 확률적으로 참가자에게 매우 유리해지면 한계효용이 체감하더라도 참가할 수 있다.

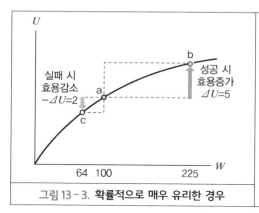

실패 시
효용감소
$-\Delta U=2$

성공 시
효용증가
$\Delta U=5$

64 100   225 W

그림 13 - 3. 확률적으로 매우 유리한 경우

예를 들어 동전던지기 게임을 참가자에게 더욱 유리하게 바꾸어 성공시 +125억이지만 실패 시 -100억이 아닌 -36으로 바꾼다면 이때는 이 게임에 참가할 수 있게 된다.
즉 한계효용이 체감하는 경우도 확률적으로 매우 유리한 게임에는 참가할 수 있다.
하지만 확률적으로 균등한 게임에는 절대 참가하지 않는다.

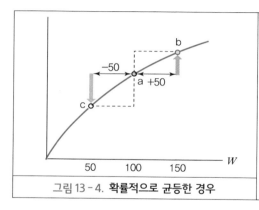

-50
a $+50$

50   100   150 W

그림 13 - 4. 확률적으로 균등한 경우

좌측처럼 최초지점 a에서 b가 되면 +50이 되고, c가 되면 -50이 되며 b가 될 확률과 c가 될 확률이 50 : 50으로 동일하다면 이 게임은 확률적으로 균등한 게임이다. 이러한 게임을 '공정한 도박'이라고 한다.
이처럼 공정한 도박이라면 한계효용이 체감하는 경우 성공 시 효용증가분보다 언제나 실패 시 효용감소분이 더 크다. 따라서 이 게임에는 불참한다.

※ 공정한 도박

앞서 한계효용이 체감하는 경우 성공 시 효용증가분<실패 시 효용감소분인 경우 이 게임에 참가하지 않는다고 설명하였다. 하지만 이 설명은 성공확률과 실패확률이 동일한 경우를 가정한 설명이다.
보다 엄밀하게는 (성공 시 효용증가분×성공확률)<(실패 시 효용감소분×실패확률)인 경우 이 게임에 불참한다는 것이다.

그리고 공정한 도박이란 (성공 시 이득×성공확률)=(실패 시 손실×실패확률)인 도박을 말한다. 따라서 공정한 도박은 도박불참 시의 기대소득=도박참가 시의 기대소득이 된다.

② 위험기피자(Risk-Averter)란 효용함수의 곡률이 음(-)인, 즉 한계효용이 체감하는 자이다. 위험기피자는 공정한 도박에는 절대 참가하지 않는다. 왜냐하면 아래 그림과 같이 한계효용이 체감하는 효용곡선이라면 공정한 도박에 참가하였을 때의 기대소득과 도박에 참가하지 않았을 때의 기대소득이 동일하다. 하지만 도박에 참가하지 않는 경우 소득의 불확실성이 없으므로 효용의 위치는 효용곡선 상에 점 a에 위치한다. 하지만 도박에 참가하면

소득의 불확실성이 생기므로 효용의 위치는 점 b와 c를 연결한 선 위 점 d에 위치한다. 효용 함수가 오목하므로 점 d는 점 a의 하방에 위치한다.

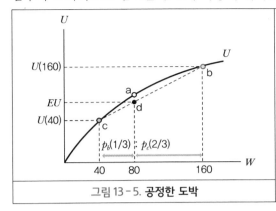

그림 13 - 5. **공정한 도박**

예를 들어 현재 재산이 80인데 전재산을 주식에 투자할 경우 $\frac{1}{3}$의 확률로 재산이 160이 되고 $\frac{2}{3}$의 확률로 재산이 40이 된다고 하자. 주식투자의 기대소득은 80이다. 주식의 투자하지 않을 경우의 기대소득도 80이다.
따라서 이 주식투자는 공정한 도박이다. 이때 주식투자를 하지 않을 경우의 효용은 점 a이다.

주식투자를 하여 성공 시 점 b에 위치하고 실패 시 점 c에 위치한다. 따라서 주식투자의 기대 효용과 기대소득의 좌표는 점 d가 된다. 공정한 도박의 경우 주식투자를 할 경우와 안할 경우의 기대소득이 동일하므로 점 a는 항상 점 d의 상방에 위치한다. 즉 한계효용이 체감하여 효용함수의 기울기가 점차 완만해지는 위험기피자는 공정한 도박은 절대 참가하지 않는다.

③ 하지만 위험기피자라도 성공확률이 높아지거나 아니면 성공확률은 동일해도 성공 시 소득의 크기가 커지면, 즉 참가자에게 유리한 도박이 되어 투자시의 기대효용이 불참 시의 기대 효용보다 커진다면 도박에 참여하게 된다.

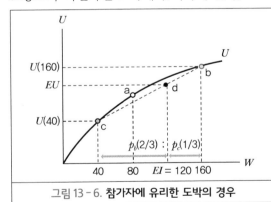

그림 13 - 6. **참가자에 유리한 도박의 경우**

주식투자 성공확률이 $\frac{2}{3}$으로 상승한 경우, 주식 투자의 기대소득이 120이 된다. 주식투자를 안할 경우의 기대소득은 여전히 80이므로 이 주식투자는 공정한 도박이 아니라 참가자에게 유리한 도박이다. 이때 점 d가 점 a보다 위에 위치하므로 주식투자 참가시의 기대효용이 주식을 하지 않을 경우보다 더 크다. 따라서 위험기피자임에도 이 주식투자는 하는 것이 유리하다.

④ 그렇다고 참가자에게 확률적으로 유리한 도박이 되었다고 위험기피자가 모두 도박에 참가하는 것은 아니다. 유리한 도박이라도 참가시의 기대효용이 불참시의 기대효용보다 클 경우에만 도박에 참가한다.

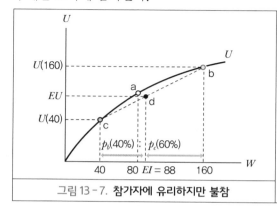

주식투자 성공확률이 40%인 경우, 주식투자의 기대소득이 88이 된다. 주식투자를 안할 경우의 기대소득은 여전히 80이므로 이 주식투자는 공정한 도박이 아니라 참가자에게 유리한 도박이다. 하지만 점 d가 점 a보다 아래에 위치하므로 주식투자 참가시의 기대효용이 주식을 하지 않을 경우보다는 작다. 따라서 이 주식투자는 참가자에게 확률적으로 유리한 도박이지만 이 효용함수를 지는 위험기피자는 불참한다.

그림 13 - 7. **참가자에 유리하지만 불참**

⑤ 하지만 재산이나 소득에 대한 한계효용이 체감하지 않고 체증하는 경우도 존재한다. 이러한 소비자를 위험선호자(Risk-Lover)라 한다.

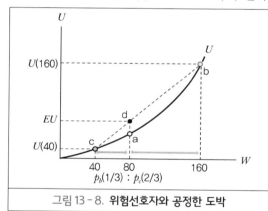

위험선호자는 공정한 도박은 반드시 참가한다. 위험선호자의 경우 도박참가 시의 기대효용이 불참 시의 기대효용보다 항상 높기 때문이다. 주식투자 시 기대소득 80과 주식투자를 하지 않을 경우 기대소득이 80으로 동일하다. 즉 공정한 도박이다. 하지만 위험기피자와 달리 효용곡선이 점차 가팔라지므로 점 d가 점 a보다 위에 위치한다. 따라서 공정한 도박인 이 주식투자에 참여하는 것이 유리하다.

그림 13 - 8. **위험선호자와 공정한 도박**

따라서 위험선호자는 자신에게 확률적으로 다소 불리한 도박이라도 도박참가 시의 기대효용이 불참 시의 기대효용보다만 높으면 그 도박에 참가한다.

※ 공정한 도박의 경우 주최 측의 기대소득이 0이다. 따라서 현실에서 존재하는 일반적인 도박은 공정한 도박이 아니다. 참가자에게 확률적으로 불리한 도박이다. 로또의 경우 1,000원짜리 한 장을 구입하였을 때의 기대소득은 500원이 채 되지 않는다.

⑥ 위험선호자는 확률적으로 불리한 불공정한 도박이라도 도박의 기대소득이 도박을 하지 않을 경우의 기대소득보다 높다면 이 도박에 참여한다.

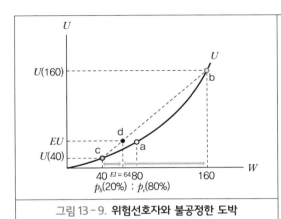

그림 13 - 9. **위험선호자와 불공정한 도박**

좌측 그림처럼 주식투자 성공확률이 20%로 하락하면 주식투자의 기대소득은 64이다. 하지만 이 때의 기대효용은 점 d의 높이인데 주식투자를 하지 않을 경우의기대효용 점 a보다 높다.
따라서 위험선호자는 불공정한 도박이라도 도박의 기대효용이 도박불참 시의 기대효용보다 높다면 이 도박에 참가한다. 물론 매우 불리한 도박이 되어 도박의 기대효용이 불참 시의 기대효용보다도 낮아지면 도박에 불참한다.

⑦ 위험 중립자(Risk−Neutral)는 재산, 소득에 대한 효용곡선이 일정한 기울기의 직선이다. 따라서 기대효용과 기대소득의 좌표가 정확하게 정비례한다. 즉 기대소득이 높으면 기대효용도 높은 것이다. 따라서 도박 시의 기대소득 > 불참시의 기대소득은 곧 도박 시의 기대효용 > 불참 시의 기대효용이다. 이 경우 위험중립자는 도박에 참가한다(아래 좌측 그림). 반대로 불공정한 도박은 도박 시의 기대소득 < 불참 시의 기대소득이므로 절대 참가하지 않는다(아래 우측 그림). 공정한 도박의 경우에는 참가하나 불참하나 무차별하다.

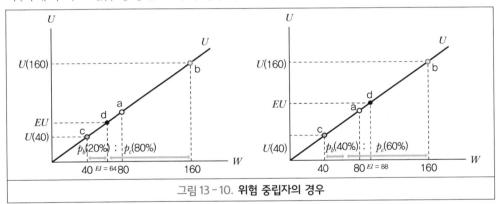

그림 13 - 10. **위험 중립자의 경우**

※ 효용곡선이 반드시 원점을 지날 필요는 없다. 효용곡선의 곡률이 위험기피성향에 영향을 주는 것이다.
※ 효용함수가 $U = W^{\alpha}$ 라면, $\alpha > 1$이면 위험선호자, $\alpha < 1$이면 위험기피자, $\alpha = 1$이면 위험중립자이다.

(4) 보험시장분석

① 위험기피자 톰이 있다고 하자. 그리고 톰의 재산에 대한 효용함수가 $U = \sqrt{W}$ 라고 하자. 톰의 현재 재산은 100이다. 톰은 화재위험에 직면하고 있다. 화재발생확률은 $\frac{1}{3}$ 이며 화재 시 재산의 손실액은 84이다.

② 이러한 불확실성에 직면한 톰의 현재 기대소득은 72이다. 그리고 불확실성에 직면한 톰의 기대효용은 8이다.

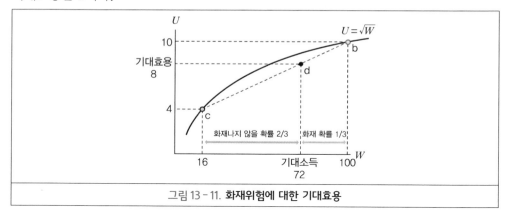

그림 13 - 11. **화재위험에 대한 기대효용**

③ 위 상황에서 위험중립자인 보험회사가 톰에게 다음과 같은 제안을 한다. "톰 님이 저희에게 보험료 30을 납입하시면 화재발생 시 손실액 84을 전액 보상해드리겠습니다."

톰이 보험회사의 제안을 받아들이고 보험료 30을 납입하면 화재미발생시 톰의 재산은 70이 되고, 화재가 발생하여도 톰의 재산은 70이 된다. 따라서 보험에 가입하여 어떠한 상황에서도 70의 재산을 유지하다면 이때 톰의 기대효용은 $\sqrt{70} \fallingdotseq 8.37$이 된다. 즉 보험에 가입하지 않은 경우의 기대효용 8보다 높다. 그러므로 톰은 해당 보험에 가입할 것이다.

④ 보험회사는 해당 보험을 제공하고 화재미발생 시 30의 이익을, 화재발생 시 54의 손실을 입는다. 이때 보험회사의 기대소득은 $\left(\dfrac{2}{3} \times 30\right) - \left(\dfrac{1}{3} \times 54\right) = 2$가 되어 양(+)의 기대소득을 얻는다.

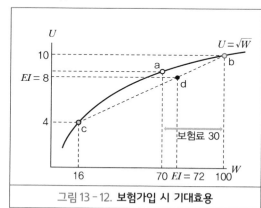

그림 13 - 12. **보험가입 시 기대효용**

좌측 그림에서 30의 보험료를 내고 보험에 가입하면 화재미발생 시 재산은 70, 화재가 발생해도 재산은 70을 보장받는다. 따라서 보험 가입 시 톰의 기대효용과 기대소득의 좌표는 점 a가 된다. 이는 보험에 가입하지 않은 경우의 기대효용과 기대소득의 좌표점 d보다 높다.

따라서 보험료 30에 전액보장의 경우 톰은 해당 보험에 가입한다.

⑤ 위 상황에서 보험회사는 톰에게 얼마까지 보험료를 받아낼 수 있을까? 이를 최대한의 보험료라 한다.

톰이 보험에 가입하지 않을 경우 기대효용이 8이므로 톰이 보험에 가입하여 8 이상의 기대효용만 보장이 된다면 톰은 해당 보험상품에 가입할 의사를 지닐 것이다. 즉 톰에게 화재가 발생하든, 발생하지 않든 확실한 소득 64 이상만 보장해 주면 톰은 보험에 가입한다. 다시 말해 보험회사는 톰에게 최대 36만큼 보험료를 받아낼 수 있다(물론 보험시장이 경쟁적이지 않은 경우에 해당).

⑥ 이때 보험 미가입 시와 동일한 효용을 가져다주는 보장소득액 64를 확실성 등가(CE)라 한다. 그리고 확실성 등가와 보험 미가입 시의 기대소득의 차액을 위험 프리미엄이라고 한다.

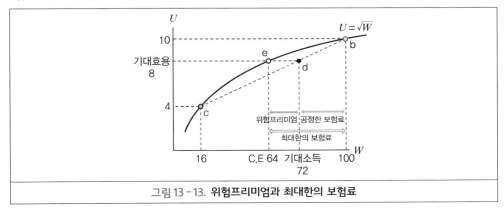

그림 13 - 13. **위험프리미엄과 최대한의 보험료**

※ 효용함수가 $U = \sqrt{W}$ 라면, 확실성 등가 $C.E. = (기대효용)^2$
※ 공정한 보험료는 pl 이다. 여기서 p는 사고확률, l은 사고 시 손실액이다.

14. 단기생산함수

기업의 단기 생산과 생산요소 간의 관계에 대해 학습한다.

– 미시경제학에서 단기와 장기의 구분
– 가변생산요소의 한계생산물
– 한계생산성의 체감
– 단기 생산과 단기 비용의 관계

(1) 단기와 장기의 구분

① 우리는 소비자이론을 통해 수요곡선에 대한 엄밀한 도출과정과 세부적 원리를 학습하였다. 이제 생산자이론에서 기업의 공급곡선에 대한 모든 것을 낱낱이 밝히고자 한다. 수요와 공급 대단원에서 학습한 바와 같이 개별기업의 공급곡선은 그 기업의 한계비용 곡선과 일치한다. 이제 이 한계비용의 도출 및 그 응용에 대한 것을 학습할 차례이다.

② 한계비용을 도출하기 위해서는 생산에 따른 기업의 총비용함수가 필요하다. 그리고 총비용은 생산을 위해 기업이 고용한 각 생산요소의 고용비용이다. 따라서 비용함수는 생산함수의 형태에 의해 결정된다. 그러므로 우리는 먼저 기업의 생산함수를 학습해야 한다.

③ 기업이 생산을 하기 위해서는 당연히 생산요소를 고용하여 이를 생산과정에 투입해야 한다. 이러한 일련의 과정을 함수로 표현한 것을 생산함수라 한다.
$Q_i = F(L_i, K_i, A)$ Q_i는 개별기업의 생산량, L_i는 이 기업의 노동투입량, K_i는 이 기업의 자본투입량, A는 이 기업의 생산성 수준(여기서 생산요소는 노동과 자본 두 종류만 존재한다고 가정).

④ 미시경제학에서는 기업의 생산과정을 분석할 때, 단기(Short – Run)과 장기(Long – Run)으로 구분하여 분석한다. 왜냐하면 단기와 장기에서 기업의 생산요소 고용조건이 판이하게 달라지는데 이는 결국 장, 단기의 생산함수의 기본 가정도 달라지기 때문이다.

⑤ 미시경제학에서 단기는 하나 이상의 생산요소의 고용량이 고정되어 가변적으로 조정하기 거의 불가능한 기간을 지칭한다. 반면 모든 생산요소의 투입량을 가변적으로 조절할 수 있을 정도의 기간부터는 장기라고 부른다.

⑥ 예를 들어 톰이 15평 규모의 커피하우스 매장을 차리고 고가의 에스프레소머신을 임대하여 커피장사를 시작하였다. 이제 톰은 장사가 잘되든 장사가 안되든 이 15평의 가게와 에스프레소머신은 당분간은 계속 안고 가야만 한다. 즉 장사가 매우 잘되어 손님들이 가게안에 빼곡이 차고 에스프레소머신 한 대 만으로는 밀려드는 손님이 벅찰 정도라고 하더라도 당장은 가게의 평수를 늘리고 에스프레소 머신을 더 들여놓을 수가 없다. 당분간은 말이다.

이때 이 가게공간과 에스프레소 머신을 고정생산요소(Fixed Factor)라 한다. 즉 고정생산 요소란 기업의 생산량과 무관하게 단기에는 일정량 고용되어, 당분간은 매출증감과 상관없이 그 고용량을 늘리거나 줄이지 못하는 생산요소를 칭한다. 때문에 톰은 당분간은 밀려드는 주문을 소화하기 위해 아쉬운 대로 아르바이트생을 대거 고용하여 벅차지만 주문을 감당해야만 한다. 이때 이 아르바이트생의 노동은 주문에 맞춰 증가된 고용이므로 이를 가변 생산요소(Variable Factor)라 한다. 즉 생산량을 늘리기 위해 함께 고용도 늘려야 하는 생산요소를 가변생산요소라 한다. 물론 톰이 들여오는 종이컵, 원두, 시럽 등도 당연히 가변 생산요소가 될 것이다.

하지만 이처럼 손님들 가게에 빼곡히 들어찰 정도를 넘어 가게 밖에까지 줄을 설 정도가 몇 달 이상 지속된다면, 톰은 바로 옆 가게를 인수하여, 혹은 바로 길 건너 매장을 새로 임대하여 2호점을 차릴 계획을 갖게 된다. 물론 이 계획이 실제 실행되어 2호점이 오픈될 때까지는 제법 긴 시간이 소요될 것이다. 이 기간이 지나 2호점이 오픈되면 비로소 톰의 고용하는 가게공간과 에스프레소머신은 2배로 늘어나게 되는 것이다.

이처럼 밀려드는 손님을 맞이하기 위해 즉각즉가 고용을 늘릴 수 있는 생산요소(노동, 재료 등)은 가변생산요소이지만 고정생산요소인 가게매장과 붙박이 형태의 설비 등은 그 고용을 늘리는데 매우 긴 시간이 소요된다. 주문이 밀려들려도 이처럼 어느 하나 이상의 생산요소를 늘리지 못하고 당분간 그 고용량을 유지해야 하는 기간을 단기라고 칭하는 것이다.

※ 반대로 톰이 야심차게 2호점을 오픈하였지만, 다시 손님이 줄어 2호점에는 파리만 날리게 되었다고 하자. 그럼 톰은 즉각 2호점을 폐점하고 2호점에 투입되는 비용을 환수할 수 있을까? 당분간은 어려울 것이다 가게임대 계약도 체결했고 2호점에 들여놓은 에스프레소머신 임대계약서에 잉크도 아직 안 말랐다. 따라서 이 계약이 종료될 때까지는 안타깝지만 톰은 2호점을 계속 운영할 수밖에 없다. 2호점의 매출이 영 아니면 2호점의 셔터를 내릴 순 있지만, 계약이 끝날 때까지 폐점은 현실적으로 어려운 것이다. 이처럼 고정생산요소는 장사가 매우 잘된다고 단기에 고용량을 즉각 늘리기도, 장사가 안 된다고 단기에 고용량을 즉각 줄이기도 매우 힘든 요소인 것이다. 따라서 기업가는 이러한 고정생산요소를 적절한 타이밍에 적절한 수량으로 늘리고 줄이는 결단을 잘 내려야만 한다.

⑦ 반면 미시경제학에서 장기란, 단기에 즉각 즉각 늘리거나 줄이기 버거운 고정생산요소 마저도 유연하게 늘리거나 줄일 수 있을 정도의 넉넉한 기간을 말한다. 미시경제학에서 단기와 장기의 명확한 시간적 기준점은 따로 존재하지 않는다. 산업별로, 시기별로 고정생산요소의 종류와 그 고용의 증감시기가 천차만별이기 때문이다. 하지만 분명한 것은 기업이 직면하는 생산함수와 비용함수는 단기와 장기에 큰 차이가 발생한다는 것이다.

※ 생산요소를 크게 노동과 자본, 두 가지로 구분하는 경우 대개 노동이 단기에 가변생산요소가 된다. 반면 자본은 단기에 고정생산요소 취급을 받는다. 물론 장기에는 노동과 자본 둘 다 가변생산요소가 된다.

(2) 단기생산함수와 한계생산물

① 먼저 단기에서의 기업의 생산과 비용조건을 분석한다. 이때 노동을 가변생산요소로, 자본을 고정생산요소로 가정한다. 즉 생산함수는 $Q_i = F(L_i, \overline{K_i}, \overline{A}) = f(L_i)$가 된다(즉 자본과 생산성을 외생변수로 하는 1변수 함수가 된다).

② 기업이 노동고용량을 늘려감에 따라 기업이 얻게 되는 생산량은 아래그림처럼 나타난다.

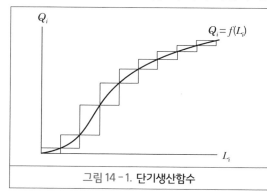

그림 14 - 1. 단기생산함수

좌측 그림에서 노동투입량이 늘어남에 따라 생산량도 함께 증가한다. 그런데 초기에는 생산량 증가 속도가 빨라지지만, 중간부터는 생산량 증가속도가 느려진다.
막대그래프의 높이는 노동량 1단위 증가 시 추가되는 생산량의 증분을 의미한다. 이를 노동의 한계생산물(Marginal Product of Labor : MP_L)이라 한다.

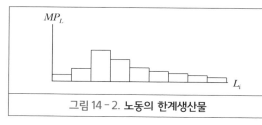

그림 14 - 2. 노동의 한계생산물

즉 노동의 한계생산물은 노동투입 초기에는 점차 증가하지만 어느 순간부터는 노동의 한계생산물이 점차 감소하게 되는 것이 보통이다. 이를 한계생산성 체감의 법칙, 또는 수확체감의 법칙이라 한다.

※ 노동의 한계생산물은 노동의 한계생산성이라고도 한다. $MP_L = \dfrac{\Delta Q_i}{\Delta L_i}$가 된다.

※ 생산성(Productivity)이란 산출량을 투입량으로 나눈 값이다. 이를 평균생산성(Average Pro – duct)라 한다. 한계생산성은 산출량의 증가분을 투입량의 증가분으로 나눈 값이다.

※ 한계생산성의 체감은 일반적인 산업에서 관찰되는 보편적인 현상이다. 하지만 거대장치산업, 완전자동화 산업, 제약이나 출판 미디어 산업의 경우 한계생산성이 체감하지 않고 일정하게 유지되는 구간이 매우 길게 존재하기도 한다. 이러한 산업은 추후 서술하게 될 규모의 경제에 직면하게 된다.

※ 노동의 한계생산성 체감의 원인

노동량	생산량	MP_L
0	0	–
1	5	5
2	11	6
3	18	7
4	24	6
5	29	5
6	33	4
7	36	3

좌측 표에서 첫 노동자의 한계생산성은 5, 두 번째 노동자의 한계생산성은 6이다. 그렇다면 첫 번째 노동자보다 두 번째 노동자가 더 성실하고 더 똑똑하다는 것인가? 아니다. (완전경쟁시장을 가정하면) 노동자들의 노동의 질은 모두 동일하다. 그런데 왜 이런 현상이 발생하는가?
이에 대한 가장 현실적인 해석은 바로 분업의 효과이다.

즉 한 명의 노동자보다 두 명의 노동자가 함께 협업을 하면 분업의 효과가 발생하여 일의 효율성이 증가하기 때문에 노동자 고용 증가 시에 초기에는 노동의 한계생산성이 증가한다고 볼 수 있다. 하지만 노동자의 고용이 점차 늘어나고, 네 번째 노동자부터는 노동의 한계생산성이 체감한다. 이는 네 번째 노동자부터 점점 불성실해지기 때문이 아니다.

노동의 한계생선이 초기 이후 체감하는 것은 바로 자본공유도가 하락하기 때문이다. 예를 들어 어느 사무실에 복합기가 1대 있고 이를 공유하는 직원이 3명 있다고 하자. 이때는 복합기 사용에 큰 지장은 없다. 하지만 노동고용이 증가하여 직원은 10명이 되었는데 복합기는 여전히 1대라고 하자. 그러면 이제 슬슬 복사가 중복되거나, 한창 바쁠 때는 여러 명이 함께 복사 대기를 걸어놓아 순번이 밀리는 등 업무의 효율성이 저하된다.
따라서 고정생산요소가 한정적일 때, 가변생산요소만 증가시키면 물론 생산량은 증가하지만 생산성은 점차 하락하며 생산량의 증가속도도 더뎌지게 되는 것이다.

물론 직원이 늘어남에 따라 복합기도 함께 늘린다면 이렇게 자본공유도 하락에 따른 한계생산성의 체감은 상당 부분 방지될 것이다(이는 장기생산이론에서 다룬다).

※ 한계생산성이 음(−)이 될 수 있는가? 물론 가능하다. 한정된 주방에 요리직원이 30명이라면? 매우 혼잡한 상황인데, 여기에 직원 1명을 더 들이면 오히려 이 직원 때문에 동선이 고이거나 조리 공간이 더욱 협소해지거나 하는 등의 심각한 혼잡을 야기하여 직원의 수가 30명일 때보다 오히려 생산량이 감소할 수도 있다. 따라서 일반적이라면 31번째 직원을 고용할 리가 없다. 즉 음(−)의 한계생산성은 가능하지만 실제로 벌어지지는 않을 것이다.

(3) 단기총비용함수의 도출

① 이제 기업의 총비용함수를 개략적으로 도출하여 보자. 이때 기본 가정은 기업의 고용하는 노동과 자본의 가격, 즉 임금과 자본임대료(=실질이자율)는 기업의 고용량과 무관하게 노동시장과 자본시장에서 결정되는 시장임금과 시장이자율 수준에서 일정하다는 것이다. 즉 예를 들어 커피하우스의 톰 사장이 바리스타 고용을 몇 명 더 늘려도 바리스타 시장에서 결정된 바리스타의 적정 임금 수준에는 아무런 영향을 미치지 않는다는 것이다(즉 요소시장은 완전경쟁이다).

② 톰 사장이 노동과 자본을 고용하기 위해 지불해야 하는 총비용은 $TC = wL_i + rK_i$이다. 여기서 w는 시장임금, r는 자본임대료인 시장이자율이다. 그리고 단기에 $K_i = 1$로 고정되어 있다고 하자. 계산을 편하게 하기 위해 $w = 2$, $r = 4$이라고 가정하자. 이제 톰 사장은 생산량을 늘리기 위해 L_i의 고용을 늘려야 하는데, 이 노동고용에 따른 생산량이 아래 표와 같다고 하자.

L_i	0	1	2	3	4	5	6	7	8	9
Q_i	0	2	7	14	20	25	29	32	34	35

표 14 - 1. **단기 생산표**

③ 그리고 $TC = wL_i + rK_i$에서 $w = 2$, $r = 4$, $K_i = 1$이므로 이 비용식은 $STC_i = 2L_i + 4$이 된다. 이를 표와 그림으로 나타내면 아래와 같다.

L_i	Q_i	MP_L	STC_i
0	0	–	4
1	2	2	6
2	7	5	8
3	14	7	10
4	20	6	12
5	25	5	14
6	29	4	16
7	32	3	18
8	34	2	20
9	35	1	22

표 14 - 2. **단기 비용표**

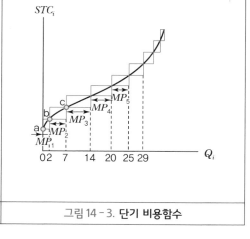

그림 14 - 3. **단기 비용함수**

위 우측 그림에서 단기비용곡선 STC_i는 Y축 4의 위치, 점 a에서 출발한다. 이는 생산량이 0이어도 일단 고정생산요소를 위한 초기비용 4을 지불해야 함을 의미한다(이를 고정비용 Fixed Cost라 한다). 그리고 노동 1단위를 2의 비용으로 고용하면 총비용은 6이 되고 생산량은 $MP_1 = 2$만큼 증가하여 점 b에 위치하고 다시 노동1단위를 추가고용하면 총비용은 8이 되고 생산량은 $MP_2 = 5$만큼 증가하여 점c에 위치한다.

이렇듯 $w = 2$만큼 비용이 증가하면 생산량은 MP_L만큼 우측으로 이동하는데, 이때 초기에 MP_L이 체증하자 총비용곡선이 점차 완만해지게 그려지는 것이다. 하지만 노동고용량 4부터 MP_L이 체감하자 총비용곡선이 점차 가팔라지는 것을 확인할 수 있다.

즉 단기에는 가변생산요소의 한계생산성의 체증, 체감여부가 단기총비용곡선의 기울기에
영향을 미치는 것이다.

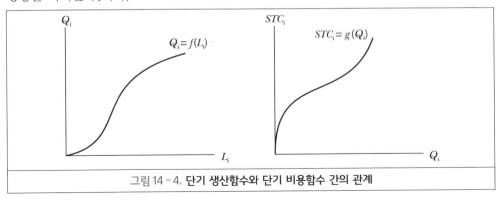

그림 14 - 4. 단기 생산함수와 단기 비용함수 간의 관계

더불어 단기 총비용함수는 단기 생산함수의 역함수 관계이기도 하다.

15. 단기총비용함수

단기에서 기업의 총비용과 평균비용, 한계비용 간의 관계에 대해 학습한다.

- 생산에서의 기회비용
- 고정비용과 가변비용
- 평균비용과 한계비용
- 다양한 생산함수의 단기비용함수 도출

(1) 명시적 비용과 암묵적 비용, 매몰비용

① 기업의 단기 비용에 대해 본격적으로 논의하기에 앞서 기업이 생산을 위해 지불하는 비용
을 기회비용 측면에서 살펴보고자 한다. 경제학에서의 비용은 당연히 기회비용이며 이는
명시적 비용과 암묵적 비용의 합으로 이루어짐을 앞서 이미 살펴보았다. 기업의 비용도 당
연히 기회비용으로 계산하여야 한다.

② 기업이 생산을 위해 요소를 고용할 때 지출하는 금전적 비용을 (생산에서의) 명시적 비용이
라 한다. 그리고 기업이 소요하고 있는 생산요소에 기회비용을 암묵적 비용이라고 한다. 예
를 들어 A기업은 X재화를 10단위 생산하기 위해 A기업이 소유하고 있는 기계와 노동자 10
명을 고용하였다. 이때 A기업은 노동자에게 총 3,000만 원의 임금을 지급하였지만 A기업
이 소유하고 있는 기계에 대한 임대료는 그 누구에게도 따라 지급할 필요가 없다. 그렇다면
이때 A기업이 X재 10단위를 위해 지불한 총비용은 3,000만 원인가?
아니다. 기업 A의 소유이지 하지만 기업 A의 기계도 생산요소로 투입되었으며 이에 대한
기회비용도 생산비용에 포함시켜야 한다. 따라서 기업 A가 소유한 기계를 만일 생산과정에
투입하지 않고 다른 기업에 임대해주었거나, 혹은 그 기계를 시세대로 처분하여 얻는 자산

을 다른 금융자산에 투입하였을 때 얻을 수 있는 이자소득 중 가장 높은 것을 이 기계 고용에 대한 기회비용으로 간주하여야 하는 것이다. 그리고 이때 이 기계의 기회비용은 (생산에서의) 암묵적 비용이 되는 것이다.

정리하면 기업이 외부에서 조달하여 고용한 생산요소에 대한 비용은 생산에서의 명시적 비용이며 기업이 자체적으로 소유하고 있는 생산요소에 대한 기회비용은 생산에서의 암묵적 비용이 되는 것이다. 그리고 이 둘을 합산한 것이 생산에서의 총비용이다.

※ 예시 : 톰은 현재 전자회사를 다니며 월급 500만 원을 받고 있다. 그리고 지금까지 모은 저축을 은행에 예금하여 이자 월 50만 원을 받고 있다. 즉 톰은 자신이 보유한 노동과 자본을 회사와 은행에 제공하여 월 550만 원의 요소소득을 얻고 있는 것이다. 그런데 톰은 자신의 꿈이었던 커피하우스를 차리기 위해 과감히 사표를 내고 정기예금도 해약하여 커피하우스를 차렸다.

첫 달 톰의 커피하우스 총매출은 1,200만 원이다. 이때 톰이 외부에서 조달(고용)한 생산요소는 알바생, 원두 및 재료, 수도 광열비, 임대한 가게매장 등이다. 그리고 이때의 명시적 지출은 인건비 300만, 원두 및 재료구입비 300만, 수도 광열비 50만, 가게임대료 150만 원. 총 800만 원이다(이 800만 원이 명시적 비용이다). 따라서 정산 후 톰의 주머니에는 400만 원의 현금이 남는다. 이때 이 400만 원을 톰의 회계적 이윤(Account Profit)이라 한다. 하지만 경제학에서는 명시적 비용 외 암묵적 비용도 총비용에 합산시켜야 한다. 위 사례에서 톰이 지불한 암묵적 비용은 바로 톰이 소유한 노동과 자본의 기회비용인 550만 원이다. 따라서 톰이 첫 달 커피하우스 운영을 위해 지불한 총비용은 1,350만 원이다. 즉 톰은 매출 1,200만 원에서 총비용 1,350만 원을 지불한 셈이고 결국 톰의 경제적 이윤(Economic Profit)은 −150만 원이다. 그럼 이제 톰은 이번 달에는 적자에 허덕이며 쫄쫄 굶어야 하나? 아니다. 톰의 주머니에는 400만 원의 회계적 이윤이 있다. 이걸로 이번 달에 먹고 살면 된다. 여기서 −150만 원의 경제적 이윤은 톰이 커피하우스를 차리지 않고 계속 회사다니면서 월급과 이자소득 500만 원을 벌 때보다 150만 원 덜 벌었다는 의미이다.

즉 경제적 이윤은 순수하게 지갑 안에 남아 있는 이윤이 아니라 회사의 오너가 소유하고 있는 생산요소를 다른 최선의 대안에 투입하였을 때보다 상대적으로 얼마나 더 벌었는지를 말하는 것이다.

만일 둘째 달에 장사가 매우 잘되어 매출이 1,400만 원이 되고, 명시적 비용이 850만 원이 된다면. 톰의 회계적 이윤은 550만 원이다. 그리고 이때 톰의 비용은 1,400만 원이 되는데, 이 때 톰의 총수입(매출)과 총비용이 일치한다. 그리고 경제적 이윤은 0이 된다.

역시 이때도 톰은 한 푼도 못 벌고 굶는다는 것이 아니다. 톰의 주머니에는 톰이 커피하우스를 차리지 않고 계속 회사 다녔을 때 벌 수 있던 소득 550만 원이 남는다. 즉 경제적 이윤이 0이라는 것은 이 사업 하나 이거 말고 다른 일하나 동일한 수준의 소득을 얻는다는 것을 의미한다. 이때의 이윤을 정상이윤(Normal Profit)이라고 한다. 이를 그림으로 정리하면 아래와 같다.

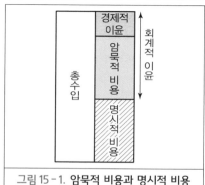

경제적 이윤＋암묵적 비용＝회계적 이윤

따라서 암묵적 비용＝회계적 이윤이라면 경제적 이윤＝0
암묵적 비용＞회계적 이윤이라면 경제적 이윤＜0
암묵적 비용＜회계적 이윤이라면 경제적 이윤＞0 이 된다.

그림 15 - 1. **암묵적 비용과 명시적 비용**

※ 소비에서의 매몰비용이 존재하듯 생산에서도 매몰비용이 존재한다. 매몰비용이란 이미 투입되어 회수가 불가능한 비용으로 일단 매몰비용이 발생하면 이는 경제적 선택 시 고려해서는 안 된다. 생산에서의 매몰비용은 이미 생산에 투입해 버린 재료. 일단 계약을 진행해서 다시 돌려받을 수 없는 임대료 등이 있다.

당연히 가변생산요소에 지급해버린 비용(물론 가변생산요소는 이미 생산과정에 투입되어 이제 생산공정 취소가 안되면)은 매몰비용이 된다. 그런데 생산에 투입하지 않고 구입당시 상태 그대로 환불한다면 이 가변비용은 환수가능하다. 따라서 아직 매몰비용은 아니다. 즉 가변생산요소에 지불하는 비용은 생산공정에 투입되기 전까지는 매몰비용이 아니다.

그런데 고정생산요소 중 내구재를 임대하기 위해 지불하는 고정비용은 어떠한가?

만일 톰이 단기에 고정생산요소인 가게매장 임대 계약을 체결하였다고 하자(월세 150만 원. 계약 기간은 1년으로 가정하자).

가게 계약을 체결하였고 가게를 첫날 오픈하였다면, 이 가게는 아직 새거나 다름없다. 하지만 톰이 갑자기 장사가 하기 싫어져 가게셔터를 내리고, 즉 가게매장을 생산공정에 투입하지 않았으니 가게를 사용한 게 아니니 다시 월세 계약을 무르자고 한다면, 건물주가 "아. 예 당연히 물러 드려야죠." 하며 계약을 취소시킬까?

그럴 리 없다. 즉 톰은 이제 이 가게를 생산 공정에 투입하던 안하던 상관없이 매달 꼬박꼬박 월세 150만 원을 납입하여야 한다. 가게 셔터를 내려 가게를 사용하지 않아도 말이다. 그러므로 이와 같이 내구재인 고정생산요소에 지불하는 비용은 생산과정 투입여부와 무관하게 계약이 존속되는 기간 동안은 일단은 매몰비용 취급해야 한다.

물론 가게임대료 150만 원도 정산 시 명시적 비용으로 넣어야 한다. 다시 말해 내구재의 고정비용은 매몰비용처럼 취급할 뿐, 엄격한 의미로 매몰비용이라고는 하지 않는다. 하지만 이 150만 원의 존재는 다른 여타의 진짜 매몰비용처럼 앞으로 1년간은 톰의 이윤극대화 문제에는 아무런 영향을 미치지 못한다.

(2) 고정비용과 가변비용

① 단기에 기업이 고용하는 생산요소는 고용의 유연화정도에 따라 고정생산요소와 가변생산요소로 구분할 수 있다고 했다. 이때 고정생산요소 고용을 위해 지불한 비용을 총고정비용(Total Fixed Cost : TFC)라 하고, 가변생산요소 고용을 위해 지불한 비용을 총가변비용(Total Variable Cost : TVC)라고 한다. 당연히 총고정비용과 총가변비용을 합산한 것을 총비용(Total Cost : TC)라 한다.

※ 총고정비용도 암묵적 비용과 명시적 비용의 합으로 구성될 수 있다. 예를 들어 제리가 세차장을 운영하는데, 세차장 부지와 건물은 자신의 명의로 된 땅이고 세차기계를 임대해서 스는 것이라면 세차장 땅과 건물의 (기회)임대료는 암묵적 비용, 세차기계 임대료는 명시적 비용이 되는 것이다.

② 만일 고정생산요소의 임대료가 일정하다고 한다면 기업의 생산량이 증감하여도 총고정비용은 불변일 것이다. 하지만 기업이 생산량을 늘리기 위해서는 가변생산요소의 고용은 당연히 늘어야 한다. 따라서 기업의 총가변비용은 기업에 생산량 증가와 함께 늘어나게 된다.

물론 단기 가변생산요소의 한계생산성이 일정하지 않는 한, 기업의 생산량과 총가변비용은 정비례하지는 않는다.

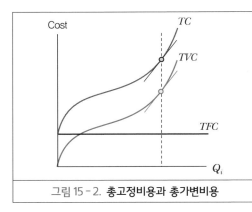

좌측그림에서 총고정비용은 기업의 생산량과 관계없이 수평선이다. 그리고 붉은색의 총가변비용은 생산량에 따라 함께 증가한다.

검은색의 총비용곡선은 총가변비용을 총고정비용만큼 수직으로 평행이동시킨 형태이다.

그림 15 - 2. **총고정비용과 총가변비용**

(3) 한계비용과 평균비용

① 한계비용(Marginal Cost : MC)이란 기업이 생산량을 1단위 증가시키기 위해 추가로 지불해야하는 총비용의 증가분을 말한다.

$$MC_i = \frac{\Delta TC}{\Delta Q_i}$$

② 예를 들어 같이 어느 기업의 생산량에 따른 총비용조건이 아래 표와 같다면, 한계비용은 다음 생산량에서의 총비용과 그 이전 생산량에서의 총비용의 차액이 될 것이다.

생산량	0	1	2	3	4	5	6	7	8	9	10
TFC	20	20	20	20	20	20	20	20	20	20	20
TVC	0	5	9	12	16	21	27	34	42	51	61
TC	20	25	29	32	36	41	47	54	62	71	81
MC	–	5	4	3	4	5	6	7	8	9	10

표 15 - 1. **총비용과 한계비용**

③ 위 표와 다음 그림에서 알 수 있듯 한계비용을 누적합산하면 총가변비용이 되는 것도 추론할 수 있다. 아래 그림에서 생산량이 8일 때의 총가변비용 TVC_8은 $MC_1 \sim MC_8$까지를 모두 더한 값이 된다. $TVC_n = MC_1 + MC_2 + \cdots + MC_n$, 즉 $TVC_n = \sum_{i=1}^{n} MC_i$ 이다.

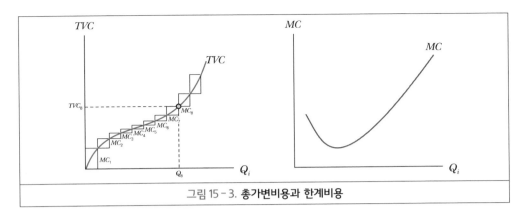

그림 15 - 3. **총가변비용과 한계비용**

또한 총가변비용곡선의 기울기가 한계비용이 된다. 그런데 총가변비용과 총비용곡선은 평행하므로 총비용곡선의 기울기도 한계비용이다. 즉, $MC_i = \dfrac{\Delta TVC}{\Delta Q_i} = \dfrac{\Delta TC}{\Delta Q_i}$ 이다.

④ 그리고 총비용을 바탕으로 여러 가지 파생적인 비용의 개념을 설정할 수 있다. 먼저 평균비용(Average Cost : AC)은 총비용을 생산량으로 나눈 값이다. 즉 $AC_i = \dfrac{TC_i}{Q_i}$ 이다.

⑤ 총고정비용을 생산량으로 나눈 값을 평균고정비용(Average Fixed Cost : AFC)이라 하고, 총가변비용을 생산량으로 나눈 값을 평균가변비용(Average Variable Cost : AVC)이라 한다.

⑥ 자연히 평균비용은 평균고정비용과 평균가변비용의 합이다.

$TC_i = TFC_i + TVC_i$ 이므로 $\dfrac{TC_i}{Q_i} = \dfrac{TFC_i}{Q_i} + \dfrac{TVC_i}{Q_i}$ 가 되고 이는 $AC_i = AFC_i + AVC_i$

⑦ 평균고정비용은 직각쌍곡선의 형태이다. 따라서 항상 체감하는 형태이다.

※ **한계비용과 평균가변비용 간의 관계**

앞서 한계비용의 누적합산은 총가변비용이 되는 것을 설명했다. 따라서 한계비용과 평균가변비용은 매우 밀접한 관련이 있을 것이다. 이를 예를 들어 설명하면 다음과 같다.

어느 신도시에 초등학교가 새로 개교하였다. 제리 선생님은 1학년 8반을 맡게 되었는데, 아직 학생이 한명도 없다. 그런데 이튿날 학생 한 명이 전학을 왔다. 그리고 이 학생의 수학 점수는 80점이다. 따라서 이 반의 수학 총점도 80, 반평균도 80이다. 그런데 다음날 2번째 학생이 전학을 왔는데, 이 학생의 수학 점수는 70점이다. 따라서 이제 반 수학총점은 150점이 되었고, 반평균은 80에서 75로 하락했다. 반평균보다 낮은 학생이 전학을 왔으므로 반평균이 낮아지는 거야 당연하다.

셋째 날 또 학생이 전학을 왔는데, 이 학생의 수학점수는 현재의 반평균 75보다 낮은 60점이다. 이에 반평균이 75에서 70으로 낮아졌다. 그 다음날 전학 온 학생은 다행히 어제 전학 온 학생의 점수 60보다는 높지만 여전히 반평균보다 낮은 66점이다. 이때 반평균은 당연히 70보다 낮아진 69점이 된다(하지만 반평균 하락폭은 다소 둔화되었다).

드디어! 이제 반평균보다 높은 학생이 전학을 왔다. 새로 전학 온 학생의 수학점수는 반평균인 69보다 높은 74이고, 이제 반평균은 69에서 70으로 올라간다. 이후 전학 온 학생의 수학점수는 계속 반평균보다 높다. 계속 반평균보다 높은 학생이 전학을 오면서 반 수학 평균도 계속 상승하게 된다.

전학생 점수	반 총점	반 평균
80	80	80
70	150	75
60	210	70
66	276	69
74	350	70
82	432	72
93	525	75

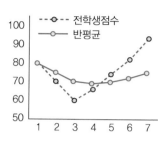

이들 전학생의 점수와 반평균점수를 곡선으로 나타내면 위 우측그림과 같은 모양이 도출된다.

즉, 전학생의 점수가 반평균 아래면 반평균은 하락추세를 그리고 전학생의 점수가 반평균을 상회하면 반평균은 상승추세를 그리는 것이다(그리고 학생 수 1명일 때 전학생의 점수와 반평균은 일치한다).

그런데 위 사례에서 전학생의 점수를 한계비용으로, 반 총점을 총가변비용으로, 반평균을 평균가변비용으로 치환하면, 한계비용과 평균가변비용 간의 관계와 일치한다. 즉, 한계비용이 평균가변비용보다 낮다면 평균가변비용곡선은 우하향하고, 한계비용이 평균가변비용보다 크다면 평균가변비용곡선은 우상향한다.

따라서 한계비용곡선이 아래처럼 J자 형태라면, 평균가변비용곡선은 U자 형태가 되는데, 이때 중요한 것은 평균가변비용곡선의 최저점을 반드시 한계비용곡선이 통과한다는 것이다.
만일 한계비용이 생산량과 무관하게 일정하다면 한계비용 = 평균가변비용이 되고 이들은 수평선이 될 것이다.

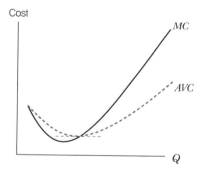

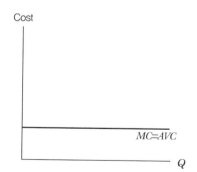

※ 이와 마찬가지의 원리로 평균비용곡선의 최저점도 한계비용곡선이 통과한다.

⑧ 평균비용과 평균가변비용은 총비용과 총가변비용에서 파생적으로 도출된 개념이고, 총가 변비용은 한계비용에서 얻을 수 있으므로 우리는 총고정비용과 한계비용만 안다면 나머지 우리가 학습한 비용, 총비용, 총가변비용, 평균비용, 평균고정비용, 평균가변비용도 모조 리 계산할 수 있다. 예를 들어 생산량에 따른 한계비용이 아래 표와 같다고 하자. 그리고 고 정비용은 20이라고 하자.

생산량	0	1	2	3	4	5	6	7	8	9	10
MC	–	5	4	3	4	5	6	7	8	9	10

⑨ 그렇다면 우리는 이 정보만 가지고도 총비용, 총가변비용, 평균비용, 평균고정비용, 평균 가변비용을 모두 계산할 수 있다. 이는 아래 표와 같다.

생산량	MC	TFC	TVC	TC	AC	AFC	AVC
0	–	20	0	20	–	–	–
1	5	20	5	25	25	20	5
2	4	20	9	29	14.5	10	4.5
3	3	20	12	32	10.67	6.67	4
4	4	20	16	36	9	5	4
5	5	20	21	41	8.2	4	4.2
6	6	20	27	47	7.83	3.33	4.5
7	7	20	34	54	7.71	2.86	4.86
8	8	20	42	62	7.75	2.5	5.25
9	9	20	51	71	7.89	2.22	5.67
10	10	20	61	81	8.1	2	6.1

표 15 – 2. 한계비용, 평균비용, 평균가변비용

이를 바탕으로 한계비용과 평균비용, 평균가변비용곡선을 그림으로 나타내면 다음과 같다.

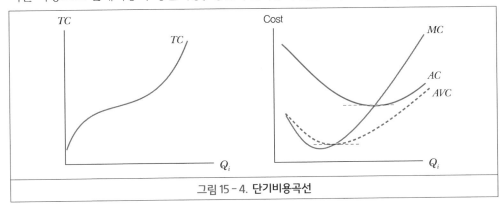

그림 15 – 4. 단기비용곡선

한계(Marginal)는 측정지점에서의 접선의 기울기이고 평균(Average)은 측정지점과 원점을 연결한 직선의 기울기이다. 이를 바탕으로 총비용곡선의 형태를 통해 한계비용곡선과 평균비용곡선의 형태도 유추할 수 있다.

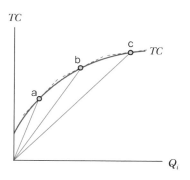 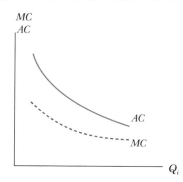

어느 기업의 총비용함수가 위 좌측과 같은 형태라고 하자. 위 그림에서 점 a에서의 한계비용은 점 a에서의 접선의 기울기이다. 그리고 점 a에서의 평균비용은 점 a와 원점을 연결한 붉은색 직선의 기울기이다. 이 그림에서 접선의 기울기보다 붉은색의 기울기가 더 크다. 따라서 평균비용이 한계비용보다 높은 것이다. 그런데 생산량이 늘어남에 따라 접선과 붉은색 직선 모두 완만해진다. 즉 생산량 증가 시 한계비용과 평균비용은 모두 하락하게 된다. 그러나 여전히 평균비용이 한계비용보다 높다.

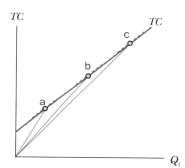 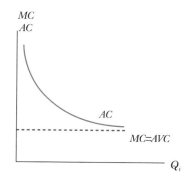

총비용곡선이 Y축을 통과하는 직선이라면 한계비용과 평균비용곡선의 궤적은 위와 같다.
총비용곡선의 기울기가 일정하므로 한계비용도 일정하고 이때 MC = AVC가 성립한다.
그러나 평균비용곡선은 계속 체감하며 이때는 평균비용이 언제나 한계비용보다 높게 위치한다.

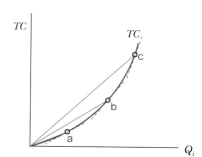 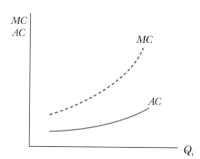

기업의 총비용함수가 위처럼 볼록한 경우라면 생산량이 증가함에 따라 평균비용과 한계비용 모두 체증한다. 그리고 이때는 한계비용이 평균비용보다 높게 위치한다.

(주의 : 이처럼 총비용함수가 볼록한 경우라도 총비용곡선이 원점이 아닌 Y축을 통과한다면 평균비용곡선은 초기에는 우하향한다. 아래 그림 참조)

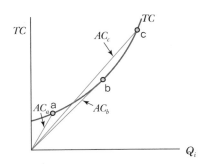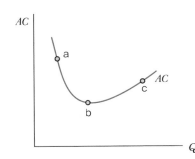

아래 그림에서 회색 점은 총비용곡선의 변곡점으로 한계비용이 최저인 지점이다. 점 b는 원점과 연결한 직선이 총비용곡선과 접하는 점으로 평균비용이 최저인 지점이다.

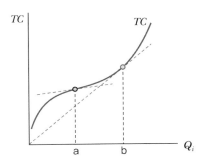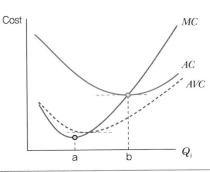

(1) 한계기술대체율과 한계생산성 균등의 원리

① 장기에는 노동과 자본의 유연한 고용과 해고가 가능하다. 이때 주어진 생산량을 가장 저렴한 비용으로 생산하기 위해 고용해야 하는 노동과 자본의 최적 고용량은 비용극소화 원리를 통해 도출한다.

$\dfrac{MP_L}{MP_K}$를 한계기술대체율(Marginla Rate of Technical Substiotution : $MRTS_{LK}$)이라 한다. 여기서 MP_L은 노동의 한계생산물, MP_K는 자본의 한계생산물이다.

이때 비용극소화는 $\dfrac{MP_L}{MP_K} = \dfrac{w}{r}$에서 달성되는데 이를 한계생산성 균등의 원리라 한다.

여기서 w, r은 각각 노동의 단위당 가격, 자본의 단위당 가격이다.

② 만일 현재 어느 기업이 주어진 주문량을 생산하기 위해 노동과 자본을 고용하고 있다. 그런데 만일 현재 생산지점에서 $\dfrac{MP_L}{MP_K} > \dfrac{w}{r}$ 라면 들어온 주문은 모두 생산하긴 하지만, 비용을 극소화되지 못하고 있다. 이 경우 기업은 자본을 해고하고 노동 고용을 늘림으로써 $\dfrac{MP_L}{MP_K} = \dfrac{w}{r}$을 맞추어 비용을 절감할 수 있다.

반대로 $\dfrac{MP_L}{MP_K} < \dfrac{w}{r}$ 라면 노동을 해고하고 자본 고용을 늘려 주어진 생산량을 유지하면서 비용을 절감시킬 수 있다.

※ 한계생산물 균등의 원리를 이용한 비용절감 예시

예를 들어 현재 노동 10명이고 시장임금 w가 20만 원이다. 현재 노동의 한계생산물 MP_L은 10그루이다. 반면 기계는 5대이고 기계임대료 r은 40만 원이다. 기계의 한계생산물 MP_K는 15그루이다. 즉 현재 $\dfrac{MP_L}{w} > \dfrac{MP_K}{r}$ 상황이다.

이 경우 기계를 해고하고 대신 노동고용을 늘리면 이전과 동일한 생산량을 더욱 저렴한 비용으로 맞출 수 있는 것이다. 즉 기계 2대를 해고하고 일단 80만 원을 절약한다. 물론 생산량은 30그루 감소하지만 노동자를 3명 고용하여 다시 생산량을 +30증대시켜 이전과 생산량을 일치시킨다. 그런데 이때 인건비는 60만 원 추가된다. 즉 이전과 동일 생산량을 유지하면서 20만 원을 절약하게 된 셈이다.

※ 이런 식으로 기계고용을 줄이면 MP_K가 상승하고 노동고용을 늘리면 MP_L이 하락한다. 따라서 자본고용감소＋노동고용증대를 점진적으로 하다보면 $\dfrac{MP_L}{w} = \dfrac{MP_K}{r}$ 가 성립하는 지점에 도달하게 된다. 이때가 비용극소화를 달성하는 지점이 된다.

(2) 규모의 경제

① 규모의 경제(Economies of Scale)란, 기업이 생산량이 증가할수록 평균비용이 하락하는 현상을 말한다.

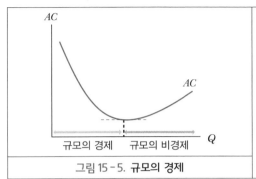

여기서 평균비용은 단기평균비용, 장기평균비용을 모두 포함한다. 즉 규모의 경제는 단기와 장기를 모두 아우르는 개념이다(하지만 보통은 장기에 생산량이 증가할 때 장기평균비용이 하락하는 현상을 칭하는 것이 보통이다).

그림 15 - 5. 규모의 경제

② 단기에 규모의 경제가 발생하는 요인은 고정비용의 존재이다. 더 정확하게는 고정비용을 수반하는 기계장치에 의한 생산성의 증대효과이다.

예를 들어 기계설비의 하루 임대비용이 20만 원이라고 하자. 이 기계에 1만 원 어치의 재료를 넣으면 자동으로 청바지 1벌이 생산된다고 하자. 그러면 기계임대료 20만 원은 고정비용이고, 재료값 1만 원은 평균가변비용이자 한계비용이 된다. 만일 기계를 임대하지 않는다면, 사장님은 재료값 1만 원에 노동자를 시급 3만 원을 주고 수작업으로 청바지를 1벌 생산한다(직관적 설명을 위해 한계비용이 일정하다고 가정).

이때 청바지 생산량에 따른 총비용과 평균비용을 표로 나타내면 다음과 같다.

Q		0	1	2	3	4	5	6	7	8	9
기계	TC	20	21	22	23	24	25	26	27	28	29
	AC	–	21	11	7.66	6	5	4.33	3.84	3.5	3.22
수작업	TC	0	4	8	12	16	20	24	28	32	36
	AC	–	4	4	4	4	4	4	4	4	4

표 15 - 3. 고정비용이 존재하는 경우

따라서 기계를 임대하여 하루에 청바지가 4벌 정도 팔린다면 이때 사장님의 청바지 생산의 평균비용은 6만 원이다. 이때는 기계를 임대하지 않고 수작업을 하는 편이 더 유리하다. 하지만 장사가 잘되어 하루에 8벌 정도 팔린다면 사장님의 평균비용은 3만 5천 원으로 하락한다. 이때는 기계를 임대하는 것이 더 유리하다.

즉 기계설비, 대규모 장치 등을 들여놓으면 이로 인하여 가변생산요소의 생산성이 증가하게 되는데 생산량(=판매량)이 작은 수준에서는 생산성 증가로 인한 비용절감의 크기가 초기 투자비용(고정비용)보다 작으므로 수작업이 더욱 유리하지만 어느 정도의 생산량(=판매량)을 넘어서는 수준에서는 고정비용을 감수하고 생산성 증대에 따른 비용절감을 꾀하는 것이 평균비용 측면에서 유리하다.

※ 위 사례는 단기에서의 규모의 경제를 예시를 든 것이다. 그런데 위 사례에서 수작업으로 청바지를 생산하는 경우에는 고정비용이 발생하지 않는 것으로 나온다. 물론 수작업으로 청바지를 작업하여도, 창고나 작업장 임대료와 같은 다른 고정비용이 존재한다. 하지만 여기서는 기계설비에 의한 생산성 증대 효과를 간단한 수치로 보이고자 할 목적으로 여타 고정비용은 생략하였다.

※ 기계설비가 더욱 크고 개량된 장비일수록, 당연히 더욱 고가(高價)의 장비이니 고정비용도 커진다. 하지만 그럴수록 가변생산요소의 생산성은 더욱 증대되어 평균가변비용과 한계비용이 더욱 절감된다. 이에 대한 분석은 장기평균비용 소단원에서 진행한다.

(3) 규모에 대한 수익

① 장기의 규모의 경제에 대한 논의를 위해 먼저 규모에 대한 수익(Returns to Scale)에 대해 논의한다. 규모에 대한 수익이란 각 생산요소를 n배 증대시켰을 때 산출량의 증대정도를 나타내는 개념으로 그 정도에 따라 규모에 대한 수익불변(Constant Return to Scale : CRS), 규모에 대한 수익체증(Increasing Return to Scale : IRS), 규모에 대한 수익체감(Decreasing Return to Scale : DRS)으로 구분된다.

② 규모에 대한 수익불변은 각 생산요소를 n배 했을 때, 생산량도 정확히 n배가 되는 것을 의미한다. 예를 들어 기업의 노동(L)과 자본(K) 고용량에 따른 산출량(Q)이 다음 표와 같다면

L	K	Q
1	1	1
2	2	2
3	3	3

이 기업은 규모에 대한 수익불변인 상황이다.

③ 규모에 대한 수익체증(IRS)은 각 생산요소를 n배 했을 때, 생산량이 n배보다 많아지는 것을 의미한다.

L	K	Q
1	1	1
2	2	4
3	3	9

④ 규모에 대한 수익체감(DRS)은 각 생산요소를 n배 했을 때, 생산량이 n배보다는 적게 늘어나는 것을 의미한다. 콥−더글라스 생산함수의 경우, $\alpha + \beta < 1$인 콥−더글라스 경우가 여기에 해당된다.

L	K	Q
1	1	1
2	2	1.59
3	3	2.08

※ 규모에 대한 수익체증과 한계생산성의 체감은 동시 양립 가능하다.

⑤ 만일 기업의 생산요소 고용량의 변화가 각 요소임금에 영향을 미치지 못한다면, (즉 요소시장이 완전경쟁이라면) 규모에 대하 수익이 기업의 장기비용곡선의 형태에 결정요소가 된다. $lTC = wL + rK$ 인데, 여기서 w, r이 각 요소 고용량과 무관하게 일정한 상수라고 한다면, 규모에 대한 수익불변의 경우 기업의 장기총비용은 아래 표와 같다.

($Q = \sqrt{LK}$, $w = r$ 가정)

Q	0	1	2	3
L	0	1	2	3
K	0	1	2	3
TC	0	$w+r$	$2(w+r)$	$3(w+r)$

표 15−4. **규모에 대한 수익 불변**

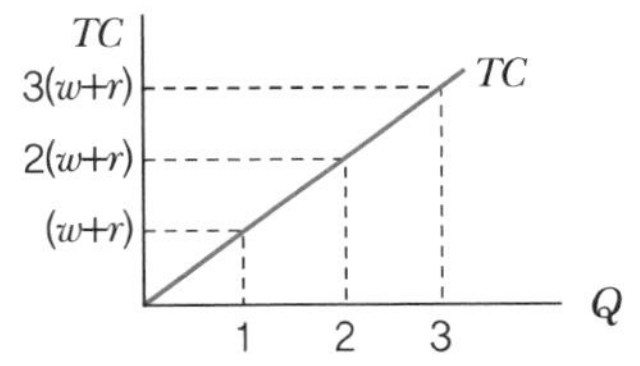

그림 15−6. **CRS 장기비용함수**

즉 규모에 대해 수익불변(+요소시장 완전경쟁)이라면 기업의 장기총비용곡선은 원점을 통과하는 직선이 된다. 따라서 장기한계비용과 장기평균비용도 일정하다.

⑥ 규모에 대한 수익이 체증하는 경우에는 총비용곡선은 오목한 형태가 된다. 예를 들어 생산함수는 $Q = LK$ 이고 $w = r$을 가정하자. 역시 한계생산물 균등의 원리에 의해 $\dfrac{K}{L} = \dfrac{w}{r}$ 에서 고용해야하므로 $L = K$가 비용극소화 고용조건이다. 이때 기업에 노동과 자본의 고용에 따른 비용과 생산량을 표와 그림으로 나타내면 다음과 같다.

($Q = \sqrt{LK}$, $w = r$ 가정)

Q	0	1	4	9
L	0	1	2	3
K	0	1	2	3
TC	0	$w+r$	$2(w+r)$	$3(w+r)$

표 15−5. **규모에 대한 수익 체증**

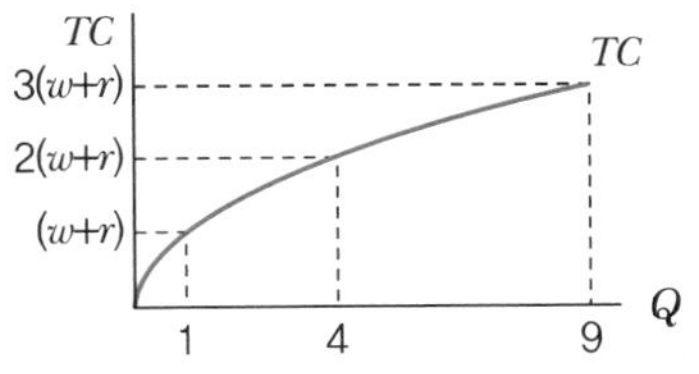

그림 15−7. **IRS 장기비용함수**

노동과 자본이 각각 (1 ,1) (2, 2) (3, 3)으로 늘어남에 따라 기업의 총비용도 $(w+r)$ $2(w+r)$ $3(w+r)$으로 늘어나는 것은 동일하지만 규모에 대한 수익이 체증하므로 생산량이 $1 \rightarrow 2 \rightarrow 3$으로 늘어나는 것이 아니라 $1 \rightarrow 4 \rightarrow 9$로 늘어나는 것이다. 때문에 총비용이 증가속도는 위 그림처럼 둔화된다.

⑦ 반면 규모에 대한 수익이 체감한다면 총비용함수는 볼록한 형태로 그려진다.

$(Q = L^{1/3}K^{1/3}$, $w=r$ 가정$)$			
Q	0	1	1.59	2.08
L	0	1	2	3
K	0	1	2	3
TC	0	$w+r$	$2(w+r)$	$3(w+r)$

표 15 - 6. 규모에 대한 수익 체감

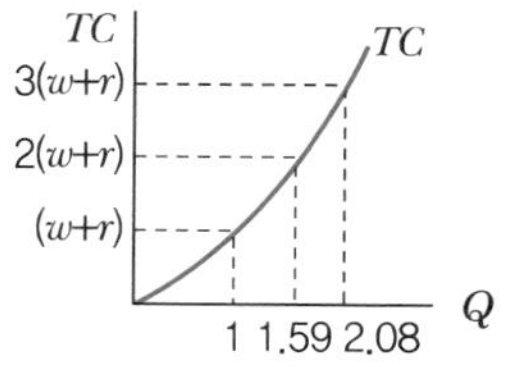

그림 15 - 8. DRS 장기비용함수

CHAPTER **05**

시장이론

16. 완전경쟁시장

> 경쟁이 완벽하게 이루어지는 조건과 이때 시장에서의 균형지점에 대해 학습한다.
>
> – 완전경쟁시장의 조건
> – 가격수용자
> – 단기 완전경쟁시장에서의 균형
> – 장기 완전경쟁시장에서의 균형

(1) 완전경쟁시장의 정의

① 완전경쟁시장(Perfect Competitive Market)이란, 다음의 4가지 조건을 만족하는 시장을 말한다.
  – 다수의 수요자와 공급자
  – 동질한 제품
  – 자유로운 진입과 퇴거(자원의 완전이동성)
  – 완전한 정보 공유

② 다수의 수요자와 공급자는 시장에서 거래에 참여하는 거래당사자가 매우 많음을 의미한다. 따라서 어느 한 개인의 수요량이나 한 기업의 공급량은 시장 전체의 거래량에서 극히 미미한 비중을 차지한다. 즉, 개인이 제아무리 자신의 수요나 공급을 엄청 늘린다고 하여도 시장 전체 거래량의 변화율은 거의 무시될 정도라는 것이다.

예를 들어 배추 시장이 완전경쟁시장이라고 하고 대한민국에서 거래되는 배추의 일일 거래량은 10만 포기라고 하자. 이때 식당을 운영하는 수요자 톰은 하루에 배추를 5포기씩 구매한다. 그런데 톰이 배추에 대한 자신의 수요를 무려 200% 증가시켜 하루 배추 수요량을 15포기로 늘렸다고 하자. 이에 시장 전체 배추 수요량은 10만 10포기가 되었다. 그리고 배추 거래량의 증가율은 0.01%이다. 이 정도면 시장 전체 수요량은 거의 불변이라고 봐야 한다. 때문에 완전경쟁시장에서는 개별 수요자와 개별 공급자의 수요와 공급 변화가 시장 전체 수요와 시장 전체 공급에 아무런 영향을 미치지 못한다. 따라서 시장균형가격도 불변이다. 하지만 개별 수요자가 아닌 대부분의 수요자가 동시에 수요를 늘린다면 시장 전체 수요가 증가하게 되고 이에 따라 시장균형가격은 상승한다. 마찬가지로 시장에 참여하는 공급자 대부분의 공급이 증가하면 이때는 시장 전체 공급도 증가하고 이에 따라 시장균형가격은 하락한다.

따라서 일개 개인의 수요와 개별 기업의 단독적인 수요나 공급의 변화는 시장균형가격에 아무런 영향을 미치지 못한다. 때문에 개별 수요자나 개별 공급자는 시장균형가격을 그냥 받아들여야 한다. 이를 가격수용자(Price-Taker)라 한다.

※ 톰의 커피에 대한 선호가 증가할 경우 커피 수요를 늘리고 따라서 커피 시장 전체 수요는 불변이다(혹은 거의 무시해도 될 정도로 아주 미미하게 증가했다). 하지만 대한민국 소비자 대부분의 커피에 대한 선호가 늘었다면, 이는 시장 전체 수요가 증가한 것이다.

③ 동질한 제품은 시장에 참여하는 서로 다른 공급자들이 제공하는 재화나 서비스가 모두 동질하다는 것을 말한다. 즉 커피 시장이 완전경쟁이라면 톰이 운영하는 가게의 아이스 아메리카노나 제리가 운영하는 가게의 아이스 아메리카노는 맛과 용량, 품질 등이 모두 다 일치한다는 것이다. 따라서 임의의 소비자에게 톰과 제리가 제조한 아이스 아메리카노에 대한 블라인드 테스트를 할 경우 소비자들은 이 둘을 구분하지 못할 것이다.

물론 현실에서는 각 커피하우스만의 레시피나 바리스타의 제조 능력에 따라 커피의 맛과 품질에 조금 이상은 차이가 발생할 수 있을 것이다. 그렇다면 커피시장은 완전경쟁시장이라고 말하기엔 부적절하다(커피시장은 후술할 독점적 경쟁시장에 가깝다고 할 수 있다). 하지만 휘발유는 어떨까? 시중에 여러 휘발유 브랜드 및 주요소가 존재하는데, 이때 브랜드별로 휘발유 품질의 차이가 눈에 띌 정도로 구분이 될까? (각 정유회사 관계자들은 동의하지 않겠지만) 휘발유는 브랜드 간 품질 차이가 유의할 정도로 존재하지는 않는다. 따라서 휘발유 시장은 동질한 제품이 거래된다고 할 수 있다. 하지만 휘발유 시장은 공급자가 다수가 아니라 소수의 정유회사가 분할하고 있어 역시 휘발유 시장은 완전경쟁이라고 할 수 없다.

※ 완전경쟁시장에서 '다수의 공급자'의 모호성

예를 들어 편의점 시장을 보자. 전국의 편의점 개수는 수천이 넘을 것이다. 이 정도면 편의점 시장에서 '다수의 공급자' 기준을 충족한다고 볼 수 있다. 하지만 편의점 브랜드는 G사, M사, 7사, F사, B사 등 소수의 유통 대기업이 시장을 장악하고 있다. 그렇다면 편의점 시장은 '소수의 공급자'에 의해 운영된다고 봐야 하나? 경제학 교과서에서는 이에 대한 명확한 기준을 제시하지 않지만, 우리는 여기서 같은 브랜드를 공유하는 프랜차이즈끼리 전략, 가격책정, 자원 등을 상당히 공유하는지, 아니면 같은 브랜드 내에서도 개별 점포 간 서로 경쟁을 하는지를 따져야 한다.

만일 같은 G사의 상호를 쓰고 있는 편의점이라도 각자 손님을 더 모으기 위해 차별화된 전략이나 경영권을 행사한다면 이들은 서로 다른 공급자로 봐야 한다. 그렇다면 편의점 시장은 '다수의 공급자'의 조건을 충족하는 것으로 봐야 할 것이다.

완전경쟁시장에서 각 공급자가 제공하는 재화나 서비스의 품질의 차이가 없다면, 소비자는 결국 보다 싼 제품을 구매할 것이다. 따라서 완전경쟁시장에서 각 공급자들은 매우 치열한 가격경쟁을 벌이게 된다. 이러한 가격경쟁에서 밀려나는 공급자는 바로 시장에서 도태된다. 그러므로 완전경쟁시장에서 비교적 오랫동안 생존하고 있는 공급자들은 이 가격경쟁의 공동승리자이며, 이때 이들이 책정한 가격이 바로 시장균형가격이다. 완전경쟁시장에서 비가격경쟁은 존재하지 않는다.

④ 자유로운 진입과 퇴거는 경쟁이 원활하게 유지되기 위한 또 다른 조건이다. 이는 자원의 완전이동성을 의미한다(자원이 원활하고 매끄럽게 이동하지 못하는 상황을 '마찰적'이라 한다. 마찰적 상황을 야기하는 요인으로는 거래비용의 존재, 제도적 제약, 문화적, 지리적 제약, 정보의 이동의 제약 등이 있다).

단기 개별 기업은 고정생산요소의 존재로 인하여 즉각적인 진입과 퇴거가 어렵다. 하지만 이는 개별 기업의 입장이며, 시장 전체적으로 보면 단기에도 많은 기업들의 진입과 퇴거가 쉴새없이 이루어지고 있다.

예를 들어 아래 그림에서 시점 t_0에 새로운 블루오션 C시장이 등장하였다.

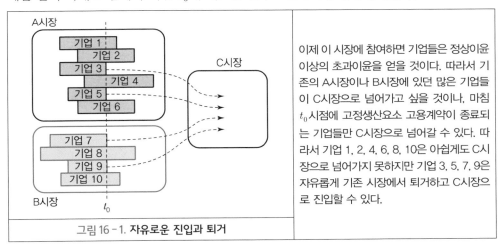

그림 16 - 1. **자유로운 진입과 퇴거**

이제 이 시장에 참여하면 기업들은 정상이윤 이상의 초과이윤을 얻을 것이다. 따라서 기존의 A시장이나 B시장에 있던 많은 기업들이 C시장으로 넘어가고 싶을 것이나, 마침 t_0시점에 고정생산요소 고용계약이 종료되는 기업들만 C시장으로 넘어갈 수 있다. 따라서 기업 1, 2, 4, 6, 8, 10은 아쉽게도 C시장으로 넘어가지 못하지만 기업 3, 5, 7, 9은 자유롭게 기존 시장에서 퇴거하고 C시장으로 진입할 수 있다.

즉 기업의 자유로운 진입과 퇴거는 개별 기업의 입장이 아닌 시장 전체적인 관점에서 늘 신규기업의 진입과 퇴거가 이루어지는지를 기준으로 판별한다.

⑤ 완전한 정보 공유란, 시장에 참여하고 있는 모든 수요자와 공급자가 시장거래에 필요한 모든 정보를 완벽하게 공유하고 있다는 것이다. 즉 완전경쟁시장에서는 모든 수요자는 공급자의 비용, 품질, 생산함수, 생산성에 대해 모두 알고 있으며, 자신은 물론 다른 수요자의 소득, 선호, 수요곡선 등에 대한 것도 다 알고 있다. 공급자도 경쟁기업의 생산함수와 기술력까지 모두 꿰뚫고 있으며, 모든 수요자의 수요에 대한 정보를 알고 있다.

그렇기 때문에 완전경쟁시장에서는 한 기업이 기술을 개발하여 신제품을 만들면 그 즉시 해당 기술이 시장 전체에 퍼져 공유된다(따라서 특허권의 존재는 자유로운 기술 공유를 억제하므로 특허권의 존재는 완전경쟁과 양립할 수 없다).

(2) 가격수용자와 가격경쟁의 원리

① 완전경쟁시장에서 개별수요자와 공급자는 균형가격에 아무런 영향을 미치지 못한다. 또한 완전경쟁시장에서 시장가격은 균형가격수준에서 형성되므로, 결국 개별수요자와 공급자는 시장가격(=균형가격)을 그대로 따라야 한다. 즉 가격수용자(Price taker)가 되는 것이다.

② 예를 들어 어느 완전경쟁시장에서 제품의 시장가격이 개당 5,000원일 때 기업 A가 5,000원의 가격에서 30개의 제품을 생산하고 있다고 하자(그림 16-2 점 a). 그런데 기업 A가 이 제품의 가격을 개당 5,001원으로 올린다면 모든 소비자들이 다른 회사 제품을 구매하게 되어 A의 판매량은 0이 될 것이다(점 b). 반면 A가 이 제품의 가격을 개당 4,999원으로 인하한다면, 모든 소비자들이 기업 A의 제품을 구매하기 위해 몰릴 것이다(점 c). 따라서 완전경쟁시장에서 개별기업이 직면한 수요곡선은 시장가격수준에서 수평선이 될 것이다.

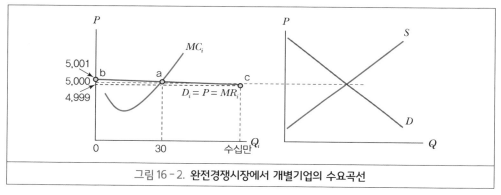

그림 16-2. 완전경쟁시장에서 개별기업의 수요곡선

개별기업이 직면하는 수요곡선 D_i는 아주 미세하게 우하향하는데, 이는 기업 A가 제품가격을 1원 단위로 조절할 때의 판매량 지점(점 a와 점 c)을 연결했기 때문이다. 만일 기업 A가 제품의 가격을 0.1원 단위, 혹은 0.01원 단위로 조절할 수 있다면 기업 A가 직면하는 수요곡선 D_i는 훨씬 더 수평에 가까워질 것이다.

※ 기업 A의 한계수입 : 한계수입(Marginal Revenue ; MR)이란 기업의 생산량(=판매량)을 1단위씩 늘릴 때 추가되는 총수입의 증가분을 의미한다.

수학적으로는 $MR_i = \dfrac{\Delta TR_i}{\Delta Q_i} = \dfrac{\Delta P \cdot Q_i}{\Delta Q_i}$ 인데, 이때 시장가격 P가 개별기업의 생산량 Q_i와 무관하게 일정하다면 결국 $MR_i = \dfrac{\Delta TR_i}{\Delta Q_i} = \dfrac{\Delta P \cdot Q_i}{\Delta Q_i} = P$가 될 것이다.

※ 완전경쟁에 직면한 기업 A는 위 사례에서 이윤극대화 산출량인 30개만을 생산해 시장가격 5,000원에 판매할 것이다. 매출액을 올리기 위해 제품가격을 4,999원으로 책정하면 판매량은 증가하겠지만 한계

수입＜한계비용이 되어 매출보다 비용이 훨씬 더 증가하게 될 것이다. 즉, 기업 A가 제품가격을 시장가격보다 낮추고 30개 이상 더 생산해서 판매하면 적자가 발생하는 것이다.

③ 따라서 완전경쟁시장에서 개별공급자들은 시장에서 결정된 시장가격을 그대로 따라야만 하며 이보다 더 비싸거나 더 싸게 제품을 판매하지 않는다. 그런데 이를 왜 가격경쟁의 원리라고 하는 것일까? 완전경쟁시장에서 개별공급자들이 제품을 균형가격보다 더 비싸게 팔 수 있는 방법은 모든 공급자들이 담합하여 시장가격을 균형가격보다 높게 책정하는 것 밖에 없다. 하지만 이는 거의 불가능하다. 왜냐하면 이러한 가격담합이 결코 발생할 수 없기 때문이다.

④ 수요자들 입장에서는 시장가격보다 비싸게 파는 제품은 구입하지 않을 것이며, 공급자들이 제품을 시장가격보다 싸게 팔지 않기 때문에 시장가격보다 싼 가격에 판매되는 제품을 구입하는 것도 불가능하다. 현실에서 단골들에게 가격할인을 해주거나 흥정을 통해 시장가격보다 조금 에누리하여 거래하는 것은 해당 시장이 완전경쟁시장이 아니기 때문에 가능한 사례들이다. 이에 대한 설명은 독점시장에서 다룰 것이다.

⑤ 완전경쟁시장에서는 이러한 가격경쟁의 원리에 의해 시장가격은 즉각 균형가격으로 조정되며(이를 '보이지 않는 손'이라고 한다) 이에 따라 항상 시장 전체 수요량과 공급량이 일치하게 된다. 이는 곧 자원배분의 효율성을 의미한다. 이와 함께 사회후생이 항상 극대화된다.

※ 사회후생의 극대화는 공리주의자들의 이상향이다. 따라서 공리주의적 관점을 따르는 영미권의 시장경제주의자들은 완전경쟁시장을 가장 이상적인 시장으로 받아들인다.

⑥ 그러나 현실에서는 완전경쟁시장의 4가지 조건을 완벽하게 충족하는 시장은 거의 존재하지 않는다. 특히 4번째 조건인 완전한 정보공유는 가장 충족되기 어려운 조건이다. 한편 완벽하지는 않아도 완전경쟁시장에 근접한 시장을 가격경쟁시장이라고 한다(순수경쟁시장은 완전한 정보 공유의 제약이 완화된 시장을 의미한다).

※ 현실에서 완전경쟁시장에 가장 근접한 시장은 주식시장, PC방, 노래방 등을 들 수 있다.
※ 완전경쟁시장에서는 개별기업의 비용조건이 모두 동일하다고 가정한다. 왜냐하면 모든 정보가 공유되므로 가장 효율적인 비용조건이 모든 기업에게 동일하게 적용되기 때문이다.

(3) 단기 균형점 분석

① 개별기업의 이윤극대화 생산량은 P＝MC를 만족하는 수준에서 달성된다. 이는 그림 16 - 3의 점 a에서 이루어진다. 즉, 점 a는 단기 완전경쟁에 직면한 개별기업의 이윤극대화 지점이다. 이때 기업의 총수입은 사각형 $aQ_i^*0P^*$의 면적이다. 그리고 이때 기업의 평균비용은 점 b의 높이(＝점 e의 높이)이다. 따라서 총비용은 사각형 bQ_i^*0e의 면적이다. 이는 총고정비용인 사각형 bcde와 총가변비용인 사각형 cQ_i^*0d를 합한 것과 같다.

따라서 이때 이 기업의 (초과)이윤은 사각형 $abeP^*$이다.

즉, 시장가격이 개별기업의 단기 평균비용곡선의 최저점이자 한계비용곡선과의 교점(점 f)보다 상방에서 형성되면 단기 완전경쟁에 직면한 기업은 초과이윤을 획득한다.

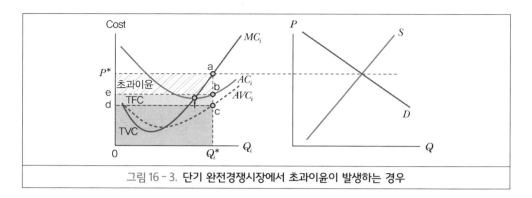

그림 16 - 3. 단기 완전경쟁시장에서 초과이윤이 발생하는 경우

② 그런데 시장가격이 개별기업의 단기 평균비용곡선의 최저점이자 한계비용곡선과의 교점 (점 f) 수준에서 형성되면 그림 16 − 4와 같이 개별기업은 단기에 정상이윤(Normal Profit =Zero Economic Profit)을 얻는다.

시장가격선이 평균비용곡선의 최저점인 점 f를 지나면 P＝MC 조건을 만족하는 생산량은 Q_i^*가 되고 이때 총수입은 사각형 fQ_i^*0P^*가 된다. 그런데 이때 P＝AC가 되고 총비용도 사각형 fQ_i^*0P^*으로 일치한다. 따라서 경제적 이윤은 0이 되어 해당기업은 정상이윤을 획득한다.

즉, 시장가격이 평균비용의 최저점(이자 한계비용곡선과의 교점)에서 형성되면 기업은 정상이윤을 얻고, 시장가격이 이보다 높으면 초과이윤, 이보다 낮으면 초과손실을 얻게 된다. 이때 평균비용의 최저점 f를 손익분기점(Break−even Point)이라 한다.

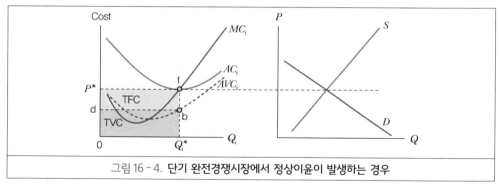

그림 16 − 4. 단기 완전경쟁시장에서 정상이윤이 발생하는 경우

③ 시장가격이 손익분기점 f보다 낮게 형성되었을 때 P＝MC 조건에서 생산하면 기업은 손실을 입게 된다. 하지만 시장가격이 평균가변비용곡선의 최저점 g보다 높다면 손실을 감당하고서라도 생산과 판매를 지속해야 한다.

생산을 지속하는 경우 기업의 총수입은 사각형 bQ_i^*0P^*의 면적이다. 이때 총비용은 사각형 aQ_i^*0e의 면적이다. 따라서 손실의 크기는 사각형 abP^*e의 면적이다.

그러나 만일 기업이 생산을 중단하면 총수입과 총가변비용은 모두 0이지만 총고정비용은 계속 지불하여야 한다. 따라서 생산 중단 시 손실의 크기는 총고정비용인 사각형 acde만큼 발생한다. 따라서 손실을 최소한으로 줄이기 위해서는 생산과 판매를 지속해야 하는 것이다.

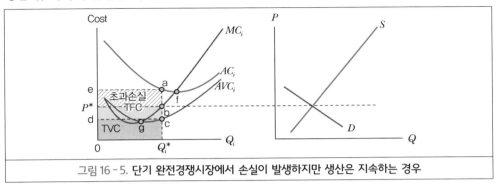

그림 16 - 5. 단기 완전경쟁시장에서 손실이 발생하지만 생산은 지속하는 경우

손실이 발생해도 판매를 지속하면 한계수입(시장가격)으로 평균가변비용은 온전히 회수가 되고 남은 마진으로 고정비용의 일부를 충당할 수 있다.

④ 하지만 시장가격이 평균가변비용곡선의 최저점(점 g)보다 낮아지는 때에는 기업은 생산을 중단해야 한다. 이때 생산을 지속하면 고정비용은 한푼도 회수하지 못할뿐더러 가변비용조차도 온전히 회수하지 못해, 기업 입장에서는 팔 때마다 손실이 쌓이게 된다. 따라서 이때는 생산을 완전히 중단해야 한다.

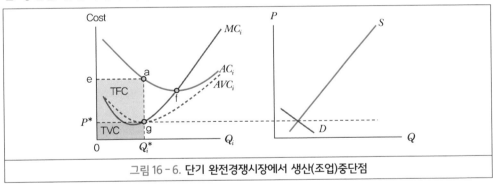

그림 16 - 6. 단기 완전경쟁시장에서 생산(조업)중단점

따라서 평균가변비용곡선의 최저점(이자 한계비용곡선과의 교점) 점 g를 생산중단점, 또는 조업중단점(Shut - Down Point)이라 한다.

(4) 장기 균형 분석

① 단기 완전경쟁시장에서는 P = MC조건(자원배분의 효율성 조건)은 항상 충족된다. 하지만 시장가격과 단기 평균비용의 차이에 의해 초과이윤, 정상이윤, 초과손실의 3가지 경우가 모두 발생할 수 있다.

② 하지만 완전경쟁시장의 장기 균형에서는 P＝LMC 조건은 당연히 만족되며, 또한 P＝LAC 조건도 만족되어, 항상 정상이윤을 획득한다. 이는 타 산업에서의 잠재적 기업의 진입이나 퇴거가 발생하기에 가능한 일이다.

③ 완전경쟁에 직면한 A시장에서 시장전체 공급곡선이 그림 16 − 7의 S_1이라고 하자. 이때 시장가격은 P_1이고 개별기업은 점 a에서 이윤극대화를 달성한다. 그리고 $P_1 > AC_i$이므로 초과이윤을 누리고 있다. 이는 타 산업에서보다 더 많은 수익을 얻는다는 것이다.

따라서 타 산업에서 고정생산요소 임대 계약이 종료된 기업부터 A시장으로 점차 진입하여 들어온다. 이는 시장 전체의 공급의 증가이며 이에 따라 시장 전체 공급곡선이 우측으로 이동한다. 이때 공급곡선이 S_2가 되어 시장가격이 장기 평균비용곡선의 최저점인 점 b에 도달하는 순간 타 산업으로부터의 잠재적 경쟁기업 진입이 중단된다(이때 타 산업의 기업이 A시장으로 진입하면 매우 미세하게나마 공급곡선이 더 우측으로 이동하여 시장가격이 장기 평균비용곡선의 최저점보다 낮아진다. 이는 초과손실이 시작됨을 의미한다).

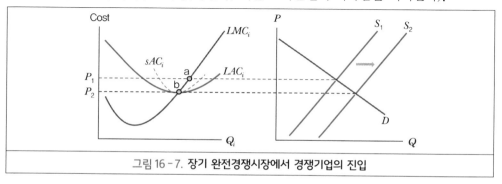

그림 16 − 7. 장기 완전경쟁시장에서 경쟁기업의 진입

④ 반대로 완전경쟁시장에서 가격이 장기 평균비용곡선의 최저점 b보다 낮게 형성되어 있다면 개별기업은 초과손실을 입고 있다. 그렇다면 고정생산요소 임대계약이 종료되는 기업부터 시장에서 퇴거하고 다른 정상이윤을 획득할 수 있는 시장으로 업종을 전환할 것이다. 이는 시장 전체 공급곡선의 좌측 이동을 의미한다.

그리고 시장공급곡선이 S_2가 되면 이 시장에서의 개별기업은 정상이윤을 획득하게 되어 이제 시장에서의 이탈은 중단된다.

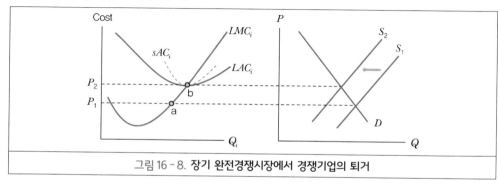

그림 16 − 8. 장기 완전경쟁시장에서 경쟁기업의 퇴거

⑤ 따라서 완전경쟁시장의 장기 균형은 항상 장기 평균비용곡선의 최저점에서 달성된다(완전
경쟁시장에서 개별기업의 장기 산출량은 최적생산규모와 일치한다).

※ 장기 완전경쟁시장에서의 기업의 수

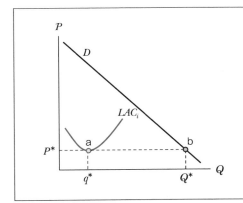

장기 완전경쟁시장에서 조업(경쟁)하는 기업은 장기
평균비용곡선의 최저점인 점 a에서 이윤을 극대화한
다. 따라서 시장가격은 P^*가 되고 이때 시장 전체 수
요량 Q^*은 점 b에서 결정된다.
즉 각각 q^*만큼 생산하는 동일한 기업들이 시장 전체
수요량 Q^*를 담당하는 것이므로 시장에서 조업(경쟁)
하는 기업의 수는 $\dfrac{Q^*}{q^*}$가 된다.

17. 독점시장

독점의 발생 원인과 독점시장에서의 균형 및 규제에 대해 학습한다.

– 진입장벽
– 가격설정자
– 규모의 경제와 자연독점
– 한계비용가격설정, 평균비용가격설정
– 가격차별과 묶어팔기, 이부가격제
– 독점적 경쟁시장

(1) 독점기업의 이윤극대화

① 독점(Monopoly)시장이란, 유일한 공급자만이 존재하는 시장을 말한다. 하지만 보통의 경
우 최상위기업이 시장매출의 70% 이상을 점유한다면 사실상 독점이라고 봐도 무방하다.
② 독점기업의 생산량이 시장 전체 생산량에 필적하기 때문에, 독점기업이 자신의 공급을 늘
리면 시장 전체 공급도 증가하게 된다. 따라서 완전경쟁시장에서의 개별기업과는 달리, 독
점기업은 자신의 생산량을 조절하여 시장가격을 움직일 수 있다. 그러므로 독점기업은 가
격수용자가 아니라 가격설정자(Price – Setter)가 된다.
③ 독점시장에서 독점기업은 자신의 공급곡선을 지니지 않는다. 한계비용곡선은 지니지만 이
한계비용곡선이 독점기업의 공급곡선의 역할을 하지 않는다. 공급곡선의 정의는 '주어진
시장가격수준에서 기업이 판매를 목적으로 생산하고자 하는 수량의 조합을 연결한 곡선'인
데 독점시장에서는 '주어진 시장가격'이 존재하지 않기 때문이다.

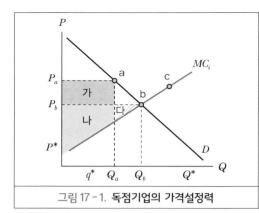

그림 16 – 1에서 독점기업이 Q_b만큼 생산하면 시장가격은 P_b가 된다. 즉, 독점기업은 자신의 한계비용선 상인 점 b에 위치한다. 이때 독점기업의 생산자잉여는 (나+다)의 면적이다.

하지만 독점기업은 자신의 생산량을 조절하여 시장 전체 수요곡선 상에서 자신이 원하는 지점을 선택할 수 있다. 예를 들어 독점기업이 Q_a만큼 생산하면 시장가격은 P_a가 되어 독점기업은 자신의 한계비용곡선 상에서 이탈한 점 a에 위치한다.

그림 17 – 1. **독점기업의 가격설정력**

그런데 이때 독점기업의 생산자잉여는 (가 + 나)가 되어 점 b에서 보다 더 커진다(수요곡선에 이탈한 점 c에는 도달 불가능). 이처럼 독점기업은 한계비용곡선 상에서 자신이 원하는 지점을 선택하지 않기 때문에 독점기업의 한계비용곡선이 독점기업의 공급곡선이 되지 않는 것이다.

④ 그렇다면 독점기업은 시장수요곡선 상의 어느 지점에서 시장가격과 생산량을 결정할까? 당연히 자신의 이윤을 극대화하는 지점을 선택할 것이다. 이는 한계수입＝한계비용을 만족하는 지점이다.

⑤ 독점기업의 한계수입

독점기업의 총수입은 $TR = P \times Q$이다. 그런데 이때 시장가격 P는 독점기업의 생산량 Q에 영향을 받는다. 즉 P는 일정한 상수가 아니고 Q에 의해 영향을 받는 변수이다.

그러므로 $MR = \dfrac{\Delta TR}{\Delta Q_i} = \dfrac{\Delta P \cdot Q_i}{\Delta Q_i} \neq P$이다.

예를 들어 어느 독점기업이 자동차를 생산하고 있는데, 이 자동차에 대한 시장 전체 (역)수요함수가 $P = 10 - Q$라고 하자. 이 기업이 자동차의 생산량을 늘릴 때마다, 자동차의 시장가격은 점점 하락하게 된다. 이때 독점기업의 생산량에 대한 시장가격, 그리고 그때의 총수입과 한계수입을 표와 그림으로 나타내면 다음과 같다.

Q	P	TR	MR
0	10	0	–
1	9	9	+9
2	8	16	+7
3	7	21	+5
4	6	24	+3
5	5	25	+1
6	4	24	–1
7	3	21	–3
8	2	16	–5
9	1	9	–7
10	0	0	–9

표 17 – 1. **독점기업의 총수입과 한계수입**	그림 17 – 2. **독점기업의 총수입, 한계수입**

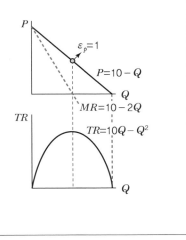

표 17 – 1에 따르면 독점기업의 생산량이 1일 때, 시장가격은 9, 총수입은 9이고 한계수입도 9이다. 최초에는 시장가격과 한계수입이 동일하다. 하지만 생산량이 2로 늘어나면 시장가격은 8로 하락하고 총수입은 16이 되어 한계수입은 7이 된다. 만일 독점기업이 첫 번째 제품은 여전히 9의 가격으로 판매하고, 두 번째 제품을 8의 가격으로 판매할 수 있다면, 독점기업의 총수입은 17이 되어 두 번째 제품에 대한 한계수입이 7이 아닌 8이 되겠지만, 이는 불가능하다(앞서 설명한 내용이 가능한 상황은 가격차별 상황이다. 이에 대해서는 다음 장에서 학습한다). 시장가격은 동일한 제품에 대해서는 동일하게 적용되어야 하기 때문이다. 따라서 독점기업은 생산량을 늘릴수록 한계수입이 시장가격보다 더 빠르게 하락하게 된다.

※ 위 사례에서 시장 전체 수요함수가 $P = 10 - Q$이므로 독점기업의 총수입함수는 $TR = P \cdot Q = (10 - Q)Q = 10Q - Q^2$이다. 한계수입은 $MR = \dfrac{\Delta TR}{\Delta Q} = 10 - 2Q$이다. 즉, (수요곡선이 우하향하는 직선인 경우) 한계수입함수는 수요함수와 Y절편은 동일하고 기울기는 2배이다.

⑥ 독점기업의 이윤극대화

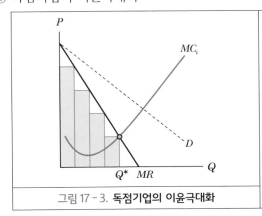

그림 17 – 3. **독점기업의 이윤극대화**

좌측 그림에서 독점기업은 한계수입>한계비용이면 생산량을 늘릴수록 이윤이 커진다. 반대로 한계수입<한계비용이라면 생산량을 늘릴수록 손실이 커진다. 따라서 한계수입곡선과 한계비용곡선이 만나는 지점에서 이윤을 극대화한다(이때 생산자잉여의 크기는 좌측 그림 막대 그래프 면적의 총합이다).

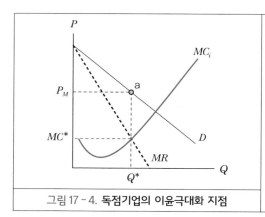

독점기업의 이윤극대화 지점을 일반화하면 좌측 그림과 같다. 한계수입곡선과 한계비용곡선이 만나는 지점에서 이윤극대화 생산량 Q^*이 결정된다.

그런데 생산량이 Q^*일 때 시장가격은 P_M이다. 따라서 독점기업의 이윤극대화 지점은 점 a이고 이때 $P_M > MC$가 성립한다.

그림 17 – 4. **독점기업의 이윤극대화 지점**

⑦ 독점과 사회후생

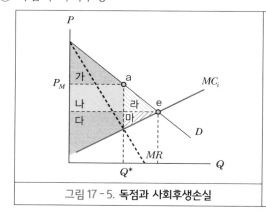

만일 독점기업이 여러 개의 기업으로 분할되어 완전경쟁시장이 된다면, 독점기업의 한계비용곡선 MC_i가 완전경쟁시장에서의 시장 전체 공급곡선이 될 것이다. 그러므로 완전경쟁시장이라면 시장의 균형점은 점 e가 될 것이다. 이때 생산자잉여는 (다＋마)이고 소비자잉여는 (가＋나＋라)이고 사회후생은 (가＋나＋다＋라＋마)가 된다.

그러나 독점시장에서의 균형점은 점 a이고 이때 소비자잉여는 (가), 생산자잉여는 (나＋다)이다. 그리고 (라＋마)는 독점으로 인한 사회후생손실이다.

그림 17 – 5. **독점과 사회후생손실**

(2) 독점기업의 발생원인

① 앞 장에서 독점기업은 완전경쟁시장에서 개별기업들이 얻을 수 있는 생산자잉여보다 많은 생산자잉여를 얻음을 학습하였다. 그렇다면 독점이 발생하는 원인은 무엇일까? 독점은 경쟁기업의 부재(不在)에 기인한다. 경쟁기업의 진입이 불가할 경우 독점기업이 되는 것이다. 즉, 독점의 발생원인은 진입장벽(Entry Barrier)이다.

② 진입장벽은 정부의 제도적 규제에 기인할 수 있다. 가장 대표적인 예가 특허권, 지적재산권 등에 의한 특정 제품에 대한 생산권한 독점권 부여이다. 특허권은 초기개발비가 한계비용에 비해 큰 수준이며, 생산량 증가 시 한계비용이 매우 저렴한 수준에서 일정하거나, 혹은 매우 천천히 체증하는 산업에서 필수적이다. 이러한 산업의 대표적인 예로는 제약, 소프트웨어, 음반 및 출판, 미디어 산업 등을 들 수 있다.

③ 예를 들어 드라마 산업의 경우, 드라마 제작에 제법 큰 (고정)비용이 소요된다. 하지만 온라인 플랫폼을 통해 공급될 때, 한계비용은 매우 저렴하다. 이를 그림으로 표현하면 다음과 같다.

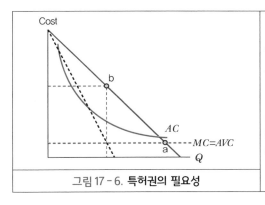

한계비용곡선이 수평이라면 이는 평균가변비용곡선과 일치한다. 따라서 여기에 직각쌍곡선인 평균고정비용을 더하면 좌측 붉은색의 평균비용곡선이 도출된다. 이때 평균비용은 항상 한계비용보다 크다.
따라서 완전경쟁시장에서의 이윤극대화 조건인 P = MC조건은 점 a에서 만족된다. 그런데 이때 시장가격(이자 한계비용)은 평균비용보다 낮다.

그림 17 - 6. **특허권의 필요성**

따라서 이와 같은 비용조건의 산업에서 완전경쟁 시 초기투자비용을 지불한 기업은 항상 적자를 볼 수밖에 없다. 그러므로 정부가 특허권, 지적재산권 등으로 개발성과에 대한 독점적 사용권한을 부여해주지 않는다면 어떤 기업이든 개발비를 지불하지 않고 누군가 개발한 것을 손쉽게 복제함으로써 무임승차하려 할 것이다.

때문에 이와 같은 산업의 유지와 발전을 위해서는 특허권 등의 제도적 장치가 필수적이다.

※ 또한 지하철, 전력공급 등 대부분 공공재의 영역에 속하는 산업도 초기 투자비용이 막대하여 진입장벽이 심한 산업이다(하지만 이런 산업은 특허권 등에 의해 보호할 필요는 없다).

④ 이외에도 정부는 중복과잉투자를 방지하기 위해 특정기업에게만 사업면허를 내어줄 수도 있다. 예를 들어 12개의 아파트 단지에 도시가스를 공급하고자 하는데, 가스시장이 경쟁시장이 되기 위해서는 가스회사가 다수 있어야 하며, 각 아파트 단지의 주민들은 한 가스회사의 서비스나 요금, 품질 등이 마음에 들지 않을 때 바로 다른 가스회사를 선택할 수 있어야 한다. 그러므로 수시로 다른 회사의 가스를 공급받을 수 있도록 각 단지는 각 회사와 상시로 파이프라인이 연결되어 있어야 한다. 그런데 하나의 가스회사와 하나의 아파트 단지 사이에 파이프라인을 구축하는 데에는 매우 큰 설치비용이 소요된다.

만일 한 회사와 한 아파트 단지 간의 파이프라인 구축에 대략 100억 원이 소요된다면 8개의 가스회사와 12개 아파트 단지가 완전경쟁시장을 이루기 위해서는 총 96개 파이프라인이 설치되어야 한다. 즉, 완전경쟁 유지를 위해 초기투자비용이 9,600억 원 소요된다는 것이다. 하지만 정부가 가스회사를 오직 하나만 허용한다면 이 가스회사는 독점이 된다. 하지만 파이프라인은 12개, 초기투자비용은 1,200억 원으로 대폭 절감된다.

때문에 중복과잉투자를 방지하려는 목적으로 정부가 특정기업에게만 사업허가를 내어줄 수 있다. 물론 이렇게 되면 이 독점가스회사는 높은 독점가격을 책정하여 소비자잉여를 감소시키고 사회후생손실을 야기할 수 있다. 때문에 일반적으로 정부는 독점가스회사를 공기업으로 지정하여 이러한 후생손실의 문제를 방지하고자 한다.

※ 이외에도 안전, 보안상의 이유로 특정기업에게만 사업 면허를 허가할 수 있다.

※ 생산수단의 독점적 소유도 독점의 발생 원인이다.

※ 작은 시장규모도 독점의 발생 원인이다. 이는 규모의 경제와 연관이 깊으므로 다음 장에서 상세히 설명한다.

(3) 규모의 경제와 자연독점

① 규모의 경제란 생산량이 증가할수록 평균비용이 하락하는 현상으로 앞 단원에서 이미 소개한 바 있다. 그런데 이 규모의 경제가 독점의 발생원인이 되기도 한다. 이렇게 규모의 경제로 인하여 발생한 독점을 자연독점(Natural Monoploy)이라 한다.

② 앞 장에서 예시로 든 드라마 산업의 경우도 규모의 경제가 적용된 것이다(하지만 드라마 산업의 경우 지적재산권에 의해 독점이 발생한 것으로 자연독점은 아니다).

   ※ 드라마 산업이 독점산업이라는 것은 지구상에 하나의 드라마 제작사만이 존재한다는 것이 아니라 특정 제작사가 만든 드라마는 해당 제작사에 의해서만 공급되므로 해당 드라마에 대한 독점이 나타난다는 것을 의미한다.

③ 규모의 경제의 엄밀한 정의 : 규모의 경제는 단기 또는 장기 평균비용곡선의 우하향을 의미한다. 하지만 희소성의 원칙에 따라 평균비용곡선은 언젠가는 우상향하게 된다.
   경제학에서 말하는 규모의 경제는 시장 전체 수요곡선의 범위 내에서 개별기업의 평균비용곡선이 우하향하는 것을 지칭하는 것이다.

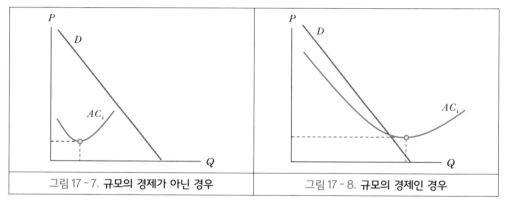

| 그림 17 - 7. 규모의 경제가 아닌 경우 | 그림 17 - 8. 규모의 경제인 경우 |

그림 17-7에서는 시장 전체 수요곡선 내에서 개별기업의 평균비용곡선이 우상향하기 시작한다. 즉, 개별기업의 최적생산규모가 수요곡선의 좌측 영역에 위치하므로 규모의 경제가 발생하지 않는 경우를 나타낸다. 하지만 그림 17-8에서는 수요곡선 내에서 개별기업의 평균비용곡선이 계속 우하향한다. 즉, 이 기업의 최적생산규모는 수요곡선의 우측에 위치하므로, 이 경우에는 규모의 경제가 발생한다.

④ 규모의 경제와 완전경쟁은 양립할 수 없다.

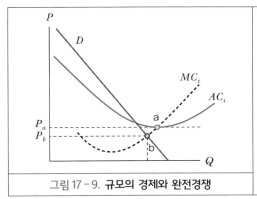

좌측 그림에서 규모의 경제가 발생하면 손익분기점은 점 a이다. 그리고 완전경쟁시장에서 개별기업의 이윤극대화 조건 P＝MC는 점 b에서 달성된다.[1] 그러므로 규모의 경제가 발생할 때 P＝MC조건에서 생산이 이루어지면 항상 P＜AC가 성립하게 되고 이 기업은 완전경쟁하에서 초과손실을 입게 된다. 따라서 장기에는 대부분의 기업은 퇴거하고 유일하게 남은 기업만이 독점기업이 된다.

그림 17 - 9. **규모의 경제와 완전경쟁**

※ 규모의 경제와 시장규모

완전경쟁시장에서 개별기업의 장기 평균비용곡선의 최소점(최적생산규모)이 개별기업의 장기 균형점이 된다는 것은 이미 학습하였다. 따라서 아래 그림에서 좌측의 경우 (개별기업의 비용조건이 동일하다면) 개별기업의 시장점유율은 10%이고 이때 시장에서 경쟁하는 기업의 수는 10개일 것이다. 하지만 아래 그림 우측의 경우에는 개별기업의 시장점유율은 50%이고 이때 시장 전체에 진입하여 경쟁하는 기업의 수는 2개밖에 되지 않는다. 이렇듯 장기 평균비용곡선의 최저점이 수요곡선에 가까이 붙을수록 경쟁할 수 있는 기업의 수가 줄어들게 된다.

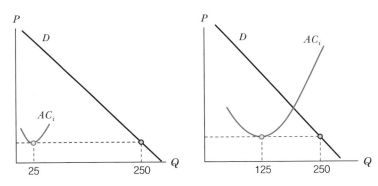

그리고 규모의 경제하에서는 한 기업이 최적생산규모를 생산해도 이미 시장 전체 수요량을 넘어서기 때문에 경쟁이 발생할 수 없다. 하지만 경제가 성장하여 개별기업의 비용조건이 개선됨과 동시에 시장 전체 수요가 증가한다면 예전에는 규모의 경제로 인해 자연독점이었던 시장도 점차 경쟁기업의 진입이 가능해지며 경쟁구도로 변하게 되는 것이다. 과거에 우리나라에서는 현대자동차가 거의 독점에 가까운 시장점유율을 가지고 있었던 반면, 미국의 자동차 시장은 과점 체제를 유지하고 있었다.

---

1) 엄밀하게는, 완전경쟁시장에서 시장 전체 공급곡선은 MC_i를 수평으로 합산한 곡선이므로 실제 균형점은 점 b보다 더 우하방에 위치한다. 하지만 이 경우에도 규모의 경제하에서 완전경쟁이 이루어지면 개별기업이 초과손실을 입는다는 점은 여전히 유효하다.

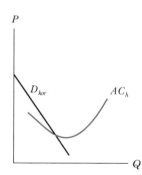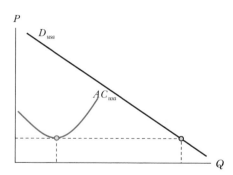

하지만 우리나라의 경제규모가 커지고 자동차 내수시장의 수요도 덩달아 증가함에 따라 (또한 기술진보에 의해 자동차 산업의 평균비용이 하락함에 따라) 우리나라의 자동차 시장에서 독점구도가 점차 허물어지기 시작했다.

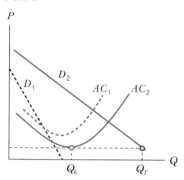

과거 우리나라 자동차 내수 수요는 D_1이고 선도자동차 기업의 평균비용곡선은 AC_1이다. 규모의 경제가 발생하는 상황에서 국내 자동차 시장은 거의 독점에 가까웠다. 하지만 기술진보에 따른 평균비용의 하락, 경제성장에 따른 자동차 내수 수요의 증가에 의해 현재의 수요와 평균비용곡선이 각각 D_2, AC_2로 변화하게 되자, 독점구도가 완화되었다. 이에 따라 시장 전체 자동차 수요량은 Q_T인데, 선도기업의 최적생산규모는 Q_h에 머물면서 잠재적 경쟁기업의 진입이 용이해졌다.

이처럼 과거에는 평균비용곡선의 최저점에 비해 시장규모가 작은 경우, 거의 독점시장의 형태를 띠게 되었던 산업도 경제가 성장함에 따라 점차 경쟁구도로 변화해 나가는 것이다.

※ 규모의 경제와 시장선점전략

어떤 산업이 규모의 경제에 직면하고 있을 때, 경쟁기업을 제치고 최종적으로 시장에서 유일한 승자가 되어 독점의 지위를 누리기 위해서는 아래 그림에서 점 a, 즉 최적생산규모까지 먼저 설비를 확충해야 한다.

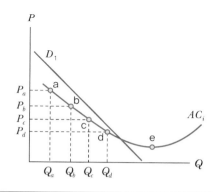

규모의 경제 상황에서 1번 기업이 Q_a만큼 생산하고 있다. 그러면 1번 기업은 (P<AC이면 손실을 입으므로) 제품가격을 P_a 이하로는 책정할 수 없다. 그런데 2번 기업이 시장에 진입하여 Q_b만큼 생산하면, 2번 기업은 제품가격을 P_a보다 낮게 책정해도 된다. 당연히 2번 기업은 제품가격을 1번 기업이 따라오지 못하도록 P_a 보다 낮은 수준에서 책정하여 1번 기업을 시장에서 퇴출시키려 할 것이다.

그렇다면 1번 기업은 설비를 확충하여 생산량을 Q_c로 늘리고 제품가격을 P_b보다 낮게 책정하는 방법으로 2번 기업에 역공을 가할 것이다. 그러면 2번 기업도 설비를 확충하여 생산량을 Q_d로 늘려 다시 가격을 낮추려 한다. 이렇게 규모의 경제 상황에서는 상대방보다 더 큰 설비를 갖추고 더 낮은 평균비용조건을 획득하여 상대방이 따라오지 못하는 수준으로 저가공세를 펼치는 전략이 흔히 사용된다.

이 게임의 최종승자는 장기 평균비용곡선의 최저점인 점 e까지 생산설비규모를 먼저 확충하는 쪽이다. 점 e에 먼저 도달한 기업은 미처 점 e에 도달하지 못해 가격경쟁에서 밀리는 경쟁기업에 저가공세를 퍼부어 시장에서 퇴출시킨 다음, 독점적 지위를 획득하여 종국에는 시장가격을 독점가격 수준으로 올릴 것이다.

하지만 모든 전략에는 명암이 있듯 이러한 방식의 과도한 덩치 키우기 전략을 성급히 사용할 경우, 경쟁기업을 몰아세우기도 전에 막대한 고정비용을 감당하지 못하고 도산할 가능성도 매우 크다. 또한 경쟁기업도 저가 출혈을 감수하고 끝까지 치킨 게임을 고수한다면 그 결과는 파국에 가까울 것이다.

(4) 독점의 규제

① 독점은 사회후생손실을 유발한다. 이는 시장실패의 한 유형이다. 따라서 시장실패 교정을 위해 독점에 대한 규제가 시행될 수 있다. 독점에 대한 규제는 수량규제, 가격규제, 과징금 부과, 기업 분할 등 여러 가지 방식으로 이루어질 수 있다.

② 먼저 독점의 정도를 나타내는 지표에 대해 학습한다. 먼저 독점도를 나타내는 대표적지수로 러너지수(Lerner Index)가 있다.

$$LI = \frac{P - MC}{P}$$

※ 그런데 $MR = P\left(1 - \dfrac{1}{\varepsilon_p}\right)$이므로 만일 MR＝MC 조건에서 생산이 이루어진다면 결국 러너지수는

$$\frac{P - MC}{P} = \frac{P - P\left(1 - \dfrac{1}{\varepsilon_p}\right)}{P} = 1 - \left(1 - \frac{1}{\varepsilon_p}\right) = \frac{1}{\varepsilon_p} \text{ 가 된다.}$$

③ 상위 k기업 집중률은 시장에서 매출액 기준 상위 k개 기업의 시장점유율을 합한 것이다. 예를 들어 각 기업의 시장점유율이 아래 표와 같을 때,

기업	a	b	c	d	e	f	g
시장점유율	25%	22%	20%	14%	8%	6%	5%

상위 3개 기업 집중률은 $25 + 22 + 20 = 67\%$이다. 그리고 상위 5개 기업 집중률은 $25 + 22 + 20 + 14 + 8 = 89\%$이다.

④ 허핀달－허쉬만 지수 : $HHI = \displaystyle\sum_{i=1}^{n} s_i^2$ 여기서 s_i는 각 기업의 시장점유율

예를 들어 어느 시장이 3개의 기업에 의해 분할되어 있고 각 기업의 시장점유율이 $s_1 = 50\%$, $s_2 = 30\%$, $s_3 = 20\%$라면 $HHI = 50^2 + 30^2 + 20^2 = 3,800$이다.

만일 기업이 3개지만 점유율이 $s_1 = 80\%$, $s_2 = 10\%$, $s_3 = 10\%$이라면 $HHI = 80^2 + 10^2 + 10^2 = 6,600$이 된다.

만일 완전한 독점이라면 $s_1 = 100$이고 $HHI = 100^2 = 10,000$이다. 즉 허핀달－허쉬만 지수의 최댓값은 10,000이다.

또한 기업의 수가 많아도 최상위 기업에 대한 집중도가 높으면 허핀달－허쉬만 지수상으로는 오히려 독점도가 높아진다. 예를 들어 $s_1 = 40\%$, $s_2 = 30\%$, $s_3 = 30\%$의 과점시장에서는 $HHI = 3,400$이지만 $s_1 = 90\%$, $s_2 = 2\%$, $s_3 = 2\%$, $s_4 = 2\%$, $s_5 = 2\%$, $s_6 = 2\%$로 기업의 수는 6개지만 1위 기업이 거의 시장을 장악하고 있는 경우에는 $HHI = 8,120$으로 독점도가 매우 크게 상승한다(경쟁기업의 수와 시장장악력을 모두 고려한 점에서 k기업 집중도보다 HHI가 더 우월한 지표라고 할 수 있다).

⑤ 독점의 규제를 위해 제품에 대한 물품세를 부과하는 경우, 독점기업의 한계비용이 상승하게 된다. 이 경우, 독점기업의 이윤극대화 생산량은 감소하고 사회후생손실은 더 커지게 된다.

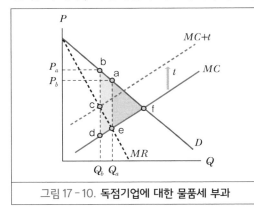

좌측 그림에서 물품세 부과 전 독점기업의 이윤극대화 지점은 점 a이다. 이때 사회후생손실은 삼각형 aef이다. 그런데 t만큼 물품세를 부과하면 독점기업의 한계비용은 점선 MC＋t가 되고 이때 독점기업의 이윤극대화 지점은 점 b가 된다.

따라서 물품세 부과로 인해 사회후생손실은 사다리꼴 bdea만큼 더 증가한다.

그림 17-10. **독점기업에 대한 물품세 부과**

※ 독점기업에 대해 정액세나 이윤세를 부과하는 경우에는 물품세 부과와 달리 후생손실에는 영향을 주지 않는다.

⑥ 독점기업에 대해 가격규제를 실시할 경우, 사회후생손실 제거를 위한 목적이라면 수요곡선과 독점기업의 한계비용곡선의 교점에서 최고가격제를 실시하는 것이 바람직하다.

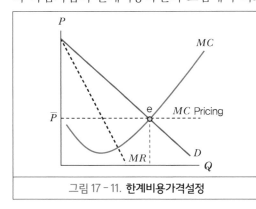

좌측 그림에서 독점기업의 한계비용곡선과 시장수요곡선이 만나는 점은 점 e고 정부가 점 e 수준의 가격 $\overline{P}$에서 최고가격을 설정한다면 이제 독점기업의 한계수입은 $\overline{P}$가 된다. 따라서 독점기업은 점 e에서 생산을 하게 된다. 결국 P＝MC 조건이 달성되고 사회후생손실은 제거된다.

이러한 방식의 독점기업에 대한 가격규제를 한계비용 가격설정(MC Pricing)이라 한다.

그림 17-11. **한계비용가격설정**

⑦ 그런데 규모의 경제로 인한 자연독점의 경우, 한계비용가격설정을 하면 독점기업이 초과손
실을 입고 시장에서 퇴거하게 된다.

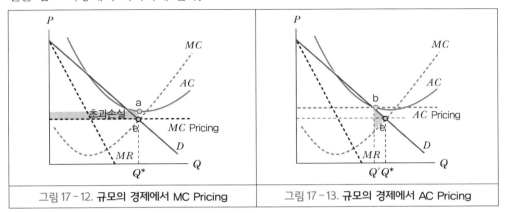

| 그림 17 - 12. **규모의 경제에서 MC Pricing** | 그림 17 - 13. **규모의 경제에서 AC Pricing** |

그림 17 - 12에서 한계비용가격설정 시 독점기업은 점 e에서 생산을 한다. 그런데 이때 규
제가격은 평균비용보다 낮다. 따라서 규모의 경제에서 한계비용가격설정을 시행한다면,
사회후생손실은 제거되지만 독점기업은 회색 직각사각형만큼 손실을 입는다.

만일 정부가 손실분을 보전해주지 않는다면 독점기업은 시장에서 퇴거하고 시장 자체가 사
라진다. 때문에 이 경우 정부의 재정지원이 필수적이다.

반면 그림 17 - 13처럼 정부가 수요곡선과 독점기업의 (장기)평균비용곡선의 교점인 점 b
수준에서 최고가격을 설정하면 독점기업은 점 b에서 생산하고 이때 P = AC가 성립하여 독
점기업은 정상이윤을 획득한다. 물론 독점기업의 생산량은 한계비용가격설정 시보다 줄고
이에 따라 사회후생손실은 완벽히 제거되지 못하고 회색 삼각형만큼 조금 남게 된다. 하지
만 독점기업이 손실을 입지 않으므로 정부 역시 보조금을 지급해줄 필요가 없다. 이러한 방
식의 가격규제를 평균비용가격설정(AC Pricing)이라고 한다.

※ 독점이 반드시 나쁘기만 할까? 독점은 후생손실뿐만 아니라 X − 비효율성이라 불리는 경쟁압력 부재에
서 기인한 방만한 운영 등의 폐해를 가져오기도 한다. 하지만 독점기업이 얻는 막대한 초과이윤이 대규
모의 과학기술투자 및 연구개발 투자에 투입될 경우, 사회 전체적인 생산성 증대에 기여할 수 있다. 이는
내생적 성장이론에서 소개한다.

(5) 가격차별

① 시장가격이란 시장참여자 누구나 차별 없이 동일한 제품을 동일한 가격으로 거래하는 수준
의 가격을 말한다. 독점기업이 생산량을 늘릴수록 시장가격이 하락하는 것은 어쩔 수 없는
수요의 원칙인데, 문제는 시장가격이 하락하면 이전에 비싸게 팔았던 판매량에 대해서도
그 차액만큼을 환불해주어야 한다. 이 때문에 독점기업이 생산량을 늘릴수록 독점기업의
한계수입은 시장가격보다 더 빠르게 하락한다.

그림 17-14에서 독점기업은 점 a에서 이윤을 극대화한다. 이때 독점기업의 총수입은 직각사각형 $P_m 0 Q_m a$이고, 독점기업의 생산자잉여는 회색 막대그래프의 총합이다.

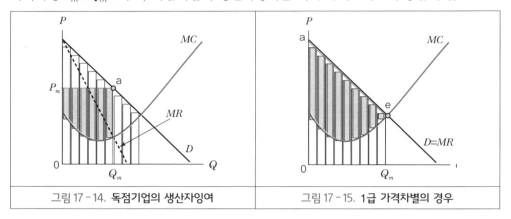

| 그림 17 - 14. **독점기업의 생산자잉여** | 그림 17 - 15. **1급 가격차별의 경우** |

② 그런데 만일 독점기업이 각 생산량에 대해 소비자의 최대지불용의금액만큼 가격을 차등적으로 부과할 수 있다면, 독점기업의 한계수입곡선은 시장 전체 수요곡선과 일치한다. 그림 17-15에서 독점기업이 각 소비자의 최대지불용의금액만큼 차등적으로 가격을 부과하면, 독점기업의 이윤극대화 생산량은 수요곡선과 한계비용곡선이 만나는 점 e가 된다. 이때 독점기업의 총수입은 사다리꼴 $a0Q_m e$이 되고 독점기업의 생산자 잉여는 회색 막대그래프의 총합이다. 즉, 그림 17-14의 경우에 비해 생산자잉여가 대폭 증가하게 된다.

③ 이렇게 각 소비자의 최대지불용의금액을 정확히 파악하여 각 소비자의 최대지불용의금액만큼 차등적으로 가격을 부과하는 방식을 완전가격차별, 혹은 1급 가격차별(Perfect Price Discrimination, 1st degre Price Discrimination)이라고 부른다.

1급 가격차별이 이루어지면 그림 17-15와 같이 사회후생손실은 사라지고 자원배분의 효율성은 달성된다. 하지만 완전경쟁과는 달리 모든 소비자잉여가 독점기업에 귀속된다.

④ 이러한 가격차별은 독점시장에서 소비자 간 제품의 재판매가 불가능할 때만 이루어질 수 있다. 예를 들어 독점기업이 지불용의금액이 높은 1번 소비자에게는 제품을 8,000원에 판매하고, 지불용의금액이 낮은 2번 소비자에게는 5,000원에 판매하려 하는데, 소비자 간 중고거래가 가능하다면, 2번 소비자는 자신이 5,000원에 구입한 제품을 1번 소비자에게 약간의 웃돈을 받고 되팔려 할 것이다. 따라서 가격차별이 독점기업의 의도대로 제대로 작동하기 위해서는 소비자 간 재판매가 불가능한 재화, 서비스 시장에서만 이루어져야 한다.

⑤ 1급 가격차별은 현실에서 발생하기에 매우 까다롭다. 독점기업이 소비자의 지불용의금액을 비교적 정확히 파악하고 있어야 하며, 재판매가 불가능하기 위해서는 여러 가지 제약조건도 있기 때문이다. 이보다 다소 완화된 조건에서 이루어지는 2급, 3급 가격차별도 있다.

⑥ 2급 가격차별(2nd degree Price Discrimination)은 개별 소비자의 소비량에 따라 추가적인 할인이 이루어지는 방식이다. 예를 들어 단체할인, 쿠폰 도장 모으기 등이 2급 가격차별의 (변형된) 사례이다.

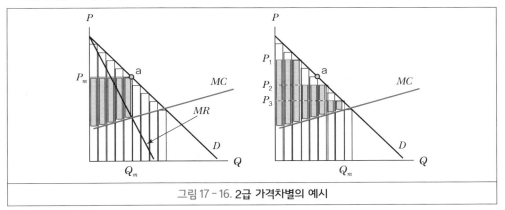

그림 17 - 16. **2급 가격차별의 예시**

위 좌측 그림은 일반적인 독점기업의 이윤극대화 상황으로, 이때 회색 막대그래프 총합은 독점기업의 생산자 잉여를 나타낸다(여기서 수요곡선은 시장 전체의 수요곡선이 아니라 개별수요자의 수요곡선이다). 그런데 독점기업이 소비자에게 구입량에 따라 가격을 차등적으로 할인하여 판매하면 위 우측 그림에서처럼 독점기업의 생산자 잉여가 더욱 늘어나게 된다.

※ 2급 가격차별의 구체적 분석 과정은 본서의 범위를 넘어서므로 생략한다.

⑦ 3급 가격차별(3rd Degree Price Discrimination)은 소비자의 지불용의금액에 따라 소비자 그룹을 나누어 각 그룹마다 차별적인 가격을 부과하는 방식으로 이루어진다. 소비자 그룹을 2개 그룹으로 나누어 가격을 차별하는 예시는 아래와 같다.

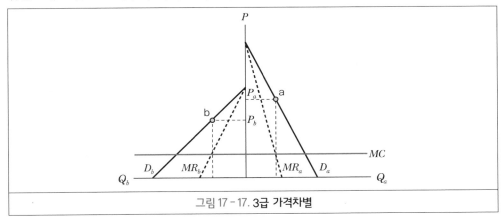

그림 17 - 17. **3급 가격차별**

그림 17－17은 독점기업의 한계비용이 일정한 경우에 해당하는 예시이다. 소비자를 a, b 그룹으로 나누면 소비자 a그룹의 수요함수는 D_a , 소비자 b그룹의 수요함수는 D_b가 된다. 이때 각 소비자 그룹에게 부과하는 시장가격은 $MR_a = MR_b = MC$ 의 조건을 풀어 도출할 수 있다.

예를 들어 $D_a : P_a = 12 - 2Q_a$이고, $D_b : P_b = 8 - Q_b$라고 하자. 그리고 한계비용은 $MC = 2$라고 하자. 이때 $MR_a = 12 - 4Q_a$이고 $MR_a = MC$는 $Q_a = 2.5$에서 달성된다. 따라서 소비자 a그룹은 $P_a = 7$의 가격을 지불한다.

그리고 $MR_b = 8 - 2Q_b$이고 이때 $MR_b = MC$는 $Q_b = 3$에서 달성된다. 따라서 소비자 b그룹은 $P_b = 5$의 가격을 지불한다.

※ 3급 가격차별에서는 가격탄력성이 높은 그룹이 더 낮은 가격을 지불한다. 위 사례에서 소비자 a그룹은 같은 가격 소비량에서 (혹은 같은 가격수준에서) 더 낮은 가격탄력성을 지닌다. 따라서 더 높은 가격을 지불한다.

※ 2, 3급 가격차별에서도 1급 가격차별과 마찬가지로 단순한 독점보다 소비자잉여는 더욱 줄어들고 사회후생손실도 줄어든다.

(6) 묶어팔기

① 독점기업은 가격차별말고도 묶어팔기(Bundling)란 전략으로 단순 독점에서보다 더 많은 소비자의 잉여를 뺏어올 수 있다. 예를 들어 어느 마을에 유일한 햄버거 가게가 있는데, 햄버거와 콜라의 한계비용은 각각 2$, 1$로 일정하다고 하자.

그리고 톰과 제리의 햄버거와 콜라에 대한 지불용의금액이 각각 아래 표와 같다고 하자.

	톰	제리
햄버거	8$	4$
콜라	2$	5$

햄버거 가게 사장이 햄버거와 콜라를 각각 단품으로 판매하려 할 때, 최적가격은?

가게 사장은 햄버거 가격을 8$로 책정할지 4$로 책정할지 고민할 것이다.

햄버거가격	톰 구매 여부	제리 구매 여부	총수입	총비용	이윤
8$	O	X	8$	2$	6$
4$	O	O	8$	4$	4$

위 표에 의하면 햄버거 가격을 $P_H = 8$$로 책정할 경우 이윤이 6$가 되므로 $P_H = 4$$로 책정하는 것보다 유리하다. 가게 사장은 이제 콜라 가격을 5$로 책정할지 2$로 책정할지 고민한다.

콜라가격	톰 구매 여부	제리 구매 여부	총수입	총비용	이윤
5$	X	O	5$	1$	4$
2$	O	O	4$	2$	2$

위 표에서 알 수 있듯 콜라 단품 가격은 $P_C = 5$$로 책정하는 것이 유리하다.

즉, 단품으로 판매 시 최적 가격은 $P_H = 8$$, $P_C = 5$$이고 이 때 가게 사장의 이윤은 총 10$가 된다.

② 그런데 햄버거 가게에서 단품 판매를 포기하고 햄버거＋콜라 세트로만 판매를 한다면, 이 세트에 대한 톰의 지불용의금액은 10$, 제리의 지불용의금액은 9$가 된다. 이때 이 세트 메뉴의 가격은 10$ 또는 9$ 중 얼마로 책정하는 게 좋을까?

세트가격	톰 구매 여부	제리 구매 여부	총수입	총비용	이윤
10$	O	X	10$	3$	7$
9$	O	O	18$	6$	12$

위 표에서 알 수 있듯 세트 판매 시 최적가격은 9$이고 이때 가게 사장의 이윤은 12$가 되어 단품으로 판매하는 경우보다 더 큰 이윤을 얻게 된다. 세트로 판매했을 때 소비자잉여가 더 많이 독점기업에게 귀속되기 때문이다.

(7) 이부가격제

① 독점기업이 소비자잉여를 흡수하는 또 다른 전략은 이부가격제(Two‑Part Tariff)이다. 쉽게 말해 입장료를 내고 사용료를 또 내는 것이다. 이러한 이부가격제의 대표적 사례가 콘도 회원권이다.

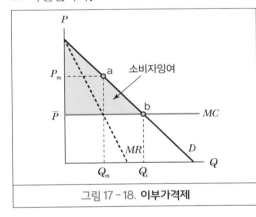

예를 들어 콘도 회원권을 보유한 고객만 입장이 가능하고, 콘도의 사용요금이 한계비용수준인 $\overline{P}$ 라면 소비자의 콘도 사용횟수는 Q_i 이고 이때 순편익인 소비자잉여를 얻어간다. 만일 독점인 콘도회사가 콘도 회원권의 가격을 소비자잉여－1원 으로 책정하면 이 소비자는 해당 회원권을 구매한다(구매하지 않으면 소비자의 순편익은 0원이지만 회원권을 구매하고 Q_i 까지 이용하면 소비자의 순편익은 1원이 되기 때문이다).

그림 17‑18. **이부가격제**

따라서 이부가격제 시행 시 독점기업은 단순히 점 a에서 이윤을 극대화할 때보다 더 많은 생산자잉여를 얻게 된다(이부가격제를 시행하게 되면 비회원의 입장은 차단된다).

(8) 독점적 경쟁시장

① 독점적 경쟁시장(Monopolistic Competiton Market)은 완전경쟁시장과 매우 유사하지만 각 공급자가 상이한 품질의 재화와 서비스를 공급하는 시장이다. 나머지 다수의 수요자와 공급자, 자유로운 진입과 퇴거의 조건은 충족한다(완전한 정보공유의 조건에도 다소 제약이 걸린다). 이러한 독점적 경쟁시장의 대표적 예는 식당, 미용실, 보습학원 등이다.

② 독점적 경쟁기업은 차별화된 제품을 공급하므로 개별기업이 직면한 수요곡선은 완전경쟁에서처럼 시장가격수준에서 수평선이 아니다. 즉, 가격을 소폭 올려도 모든 소비자가 경쟁

기업으로 옮겨가지는 않는다(단골의 형성). 하지만 일부 소비자들은 분명 타 경쟁기업으로 이탈할 것이다.

③ 독점적 경쟁기업은 단기에는 어느 정도의 독점력을 지니고 있으므로 독점적 경쟁시장의 단기 균형 분석은 독점시장과 동일하다. 하지만 독점시장과는 달리 진입장벽과 퇴거장벽이 존재하지 않으므로 독점적 경쟁기업은 장기에 항상 정상이윤을 획득한다.

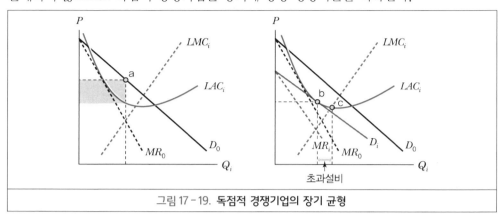

그림 17 – 19. **독점적 경쟁기업의 장기 균형**

독점적 경쟁기업이 상단 좌측 그림처럼 초과이윤을 얻는다면, 타 산업에서 경쟁기업이 진입하여 들어온다. 이에 따라 가격경쟁이 발생하고, 초과이윤이 잔재하는 한 경쟁기업은 끊임없이 유입되어 들어온다. 이에 원조기업은 일부 소비자들을 빼앗기며 점차 수요곡선이 위축된다. 그리고 원조기업이 직면하는 수요곡선이 상단 우측 그림처럼 위치하여 원조기업이 정상이윤을 획득하는 순간 경쟁기업의 진입도 중단된다. 따라서 독점적 경쟁시장에서 개별기업의 장기균형은 항상 수요곡선과 장기 평균비용곡선이 접하는 점 b에서 이루어진다. 개별기업은 P＝LAC가 되어 정상이윤을 획득한다. 하지만 여전히 P＞LMC이므로 자원배분의 효율성은 달성되지 않는다. 이는 초과설비의 보유로도 드러난다.

※ 독점적 경쟁시장에서 가격경쟁 못지 않게 비가격경쟁도 활발하게 이루어진다. 판촉, 광고, 품질 경쟁 등이 치열하다. 이러한 비가격경쟁은 정보 활성화, 소비자 선택의 다양화라는 장점을 유발하지만 너무 과도하게 발생하는 경우 과다광고 등의 낭비 요인이 될 수 있다.

18. 게임이론

전략적 행태분석이론인 게임이론에 대해 학습한다.

- 게임의 구성과 보수행렬표
- 단일게임에서의 내쉬균형
- 순차게임과 신빙성조건
- 반복게임과 구전정리

(1) 게임과 보수행렬표

① 과점시장에서 각 기업은 상황과 처지에 따라 상이한 전략을 선택할 수 있다. 따라서 상황에 따라 각 기업이 취할 수 있는 전략적 행동을 분석하는 이론이 요구된다. 이를 게임이론 (Game Theory)이라 한다.

② 게임이란 각 경기자(게임 참가자)가 전략을 선택하고 이를 실행하여 최종 결과에 도달하면 각자의 보수를 얻는 일련의 과정을 뜻한다. 그러므로 게임의 3대 구성 요소는 경기자 (Player), 전략(Strategy), 보수(Payoff)이다.

③ 게임은 그 반복횟수에 따라 단일게임(One-Shot Game)과 반복게임(Repeated Game)으로 구분될 수 있다. 반복게임은 게임진행횟수가 무한대인 무한반복게임(Infinite Game)과 유한반복게임(Finite Game)으로 나뉜다.

또한 각 경기자가 전략을 동시에 내놓는(더 정확하게는 상대방의 전략을 미리 관측하지 못하는) 동시게임(Simultaneous Game)과 경기자의 선후에 따라 선경기자가 전략을 먼저 취하고 후경기자가 이를 관측한 후 자신에게 알맞은 전략을 선택하는 순차게임(Sequential Game)으로 구분되기도 한다.

※ 무한반복게임의 대표적 예는 부루마블이다.

※ 순차게임의 대표적 예는 오목, 바둑 등이다.

④ 또한 각 경기자가 자신 및 상대방이 보유한 전략패(전략집합)와 각 전략을 선택했을 때 각 경기자가 얻게 되는 보수까지 모두 알 수 있는 게임을 완전정보게임이라 한다, 그렇지 못한 게임을 불완전정보게임이라고 한다.

※ 바둑, 오목은 완전정보게임이다. 하지만 고스톱은 불완전정보게임이다.

⑤ 단일 동시게임의 경우 특히 경기자가 2명이라면 보수행렬표(Pay-off Matrix)를 통해 게임을 표현하는 것이 좋다. 보수행렬표란 각 경기자의 전략패(전략집합)와 전략을 선택하였을 때 각 경기자가 얻게 되는 보수를 표로 나타낸 것이다.

		보행자	
		횡단	대기
운전자	주행	(−1, −5)	(3, 1)
	정지	(0, 3)	(1, 1)
	회피	(1, 2)	(2, 1)

표 18-1. **보수행렬표 예시**

예를 들어 신호등이 없는 어느 외곽 도로에 보행자가 길을 건너려 한다. 그런데 멀리서 자동차가 빠른 속도로 달려온다. 보행자는 이를 보고도 횡단을 할지 말지 고민한다. 운전자 역시 보행자가 길을 건너려는 시도를 포착하고 계속 빠르게 주행할지, 아니면 정지하고 보행자가 건널 때까지 기다릴지 아니면 서행을 하면서 보행자를 피해 갈지 고민한다.

이때 보행자와 운전자를 이 게임의 경기자라고 한다면, 표 18−1과 같은 보수행렬표를 나타낼 수 있다. 운전자가 선택할 수 있는 전략은 {주행, 정지, 회피} 세 가지이다. 그리고 보행자가 선택할 수 있는 전략은 {횡단, 대기}이다. 따라서 각 경기자가 자신의 전략을 선택하였을 때 발생 가능한 결과는 (주행, 횡단), (주행, 대기), (정지, 횡단), (정지, 대기), (회피, 횡단), (회피, 대기) 총 6가지이다. 그리고 각 결과 발생 시 각 경기자가 얻게 되는 보수는 표 18−1과 같다. 여기서 앞에 있는 숫자가 운전자의 보수이고 뒤에 있는 숫자가 보행자의 보수이다.

즉, 운전자가 주행을 선택하고 보행자가 횡단을 선택하면 운전자의 보수는 −1, 보행자의 보수는 −5가 되는 것이다. 만일 운전자가 정지를 선택하고 보행자가 횡단을 선택한다면 운전자의 보수는 0, 보행자의 보수는 3이 된다.

		경기자 2		
		가위	바위	보
경기자 1	가위	0, 0	−1, 1	1, −1
	바위	1, −1	0, 0	−1, 1
	보	−1, 1	1, −1	0, 0

표 18-2. **가위바위보 보수행렬표**

대표적인 동시 단일 게임인 가위, 바위, 보의 보수행렬표는 좌측과 같다.

⑥ 보수행렬표를 이용하여 게임의 균형을 찾는 과정 중 가장 유명한 것이 바로 용의자의 딜레마 혹은 죄수의 딜레마(Prisoner's Dilemma) 게임이다. 톰과 제리가 은행강도를 성공적으로 마쳤다. 완전범죄라 이들을 의심하는 검사는 증거불충분으로 이들을 기소할 수 없었다. 이들을 기소할 수 있는 유일한 방법은 둘 중 누군가의 자백뿐이다. 하지만 영악한 톰과 제리가 범행을 자백할 리 없다. 승리감에 도취된 톰과 제리는 그날 거하게 취했고, 결국 음주운전으로 적발되어 긴급 체포되었다.
이제 검사는 이들의 자백을 받기 위해, 이 둘을 서로 의사소통할 수 없는 각각의 독방에 가두고 각자 취조하며 다음과 같이 회유한다. 먼저 톰에게 "톰, 지난 은행강도 건에 대해 자백하시오. 제리가 끝까지 범행을 부인하는데 당신이 자백하면 정상참작을 해주어, 2년형을 구형하겠소. 하지만 제리가 자백했는데도 당신이 끝까지 범행을 부인하면 당신에겐 20년

형을 구형할 것입니다. 둘 다 자백하면 둘 모두에게 5년 형을 구형할 것이오. 물론 당신과 제리가 끝까지 부인한다면, 은행강도 건은 묻어버리고 이번 음주운전 건에 대해 3년형을 구형하겠소."

검사는 이제 제리에게 같은 방식의 회유를 한다. "제리. 톰이 은행강도 건에 대해 끝까지 부인하는데 만일 당신이 자백하면 2년형을 구형할 것이고, 톰이 자백했는데 당신이 끝까지 부인하면 당신에게 20년형을 구형할 것이오. 물론 둘 다 자백하면 둘 모두에게 5년형을, 둘 다 끝까지 부인하면 둘 모두에게 3년형을 구형할 것이오."

이제 톰과 제리의 보수행렬표는 아래와 같아졌다.

		제리	
		자백	부인
톰	자백	5, 5	2, 20
	부인	20, 2	3, 3

표 18 - 3. 용의자의 딜레마

이때 이 둘에게 최적의 결과는 당연히 끝까지 둘 다 모두 범행을 부인하고 각자 3년형, 도합 6년형을 선고받는 것이다. 하지만 과연 그렇게 될까?

먼저 톰의 머릿속을 들여다 보자. 톰은 이렇게 생각할 것이다. '만일 제리가 자백한다면 난 어떡해야 하지? 제리가 자백했을 때, 나도 따라 자백하면 5년형. 나만 끝까지 범행을 부인하면 나는 20년형. 그럼 제리가 자백한다면 나도 따라 자백하는 것이 나한테 유리하겠군. 그런데 만일 제리가 범행을 부인하면? 그때 내가 제리를 배신하고 범행을 자백하면 나는 2년형, 제리와 의리를 지키기 위해 나도 끝까지 부인하면 나는 3년형. 그럼 제리가 범행을 부인할 경우 나는 제리에겐 미안하지만 범행을 자백하는 게 유리하겠군. 어? 그럼 뭐야. 제리가 자백을 하든 부인을 하든 나는 무조건 자백을 하는 게 유리하네?'

그런데 제리도 톰과 마찬가지의 생각이다. 톰이 자백할 경우, 자신도 자백하는 것이 좋고, 톰이 범행을 부인할 경우, 여전히 제리는 자백하는 것이 유리하다. 결국 제리도 톰의 결정과는 무관하게 자백을 하는 것이 유리한 선택이 되는 것이다. 결국 톰과 제리는 서로 모두 끝까지 범행을 부인하면 이 둘에게는 최적의 결과가 되리란 것을 익히 잘 알고 있지만, 자신에게 가장 유리한 전략은 범행을 자백하는 것이 되어 이 둘은 범행을 자백하고 말 것이다. 이를 용의자의 딜레마 상황이라 한다.

이는 이 둘 모두에게 최적의 결과는 (부인, 부인)이지만 각자에게는 이보다 더 좋은 결과가 바로 상대방을 배신하는 것, 즉 상대방은 부인하는데 자신은 자백하는 것이기 때문이다.

⑦ 이러한 죄수의 딜레마 상황은 과점기업 간 담합이 유지되기 어려운 이유를 보여준다.

기업1		기업 2	
		낮은 가격	높은 가격
	낮은 가격	10, 10	30, 2
	높은 가격	2, 30	20, 20

표 18 - 4. 담합의 어려움

복점 체제에서 경쟁하는 기업 1과 기업 2가 서로 담합을 하여 가격을 인상하기로 했다. 이때 각 기업은 각자 20의 이윤을 얻게 된다. 만일 이 두 기업이 서로 경쟁을 하여 가격을 낮추면 각 기업은 각자 10의 이윤을 얻는다.

반면 서로 담합을 하여 가격을 인상하기로 했는데, 만일 한 기업이 상대방을 배신하고 기습적으로 가격을 인하하면 해당 기업으로 소비자가 몰리게 되어 배신한 기업은 30의 이윤을, 배신 당한 기업은 2의 이윤을 얻게 된다. 그렇다면 이때 기업 1과 기업 2의 최적의 전략은 과연 무엇일까?

기업 1은 이렇게 생각할 것이다. '만일 기업 2가 낮은 가격을 유지하면 나도 낮은 가격을 유지하는 것이 유리하군. 그런데 기업 2가 담합을 유지하기 위해 높은 가격을 유지하면 나는 기업 2를 배신하고 낮은 가격을 선택할 때 무려 30의 이윤을 얻네? 그럼 나는 무조건 낮은 가격을 선택해야지.' 그런데 기업 2의 생각도 이와 같다. 상대방이 어떤 가격을 선택하든 기업 2도 무조건 낮은 가격을 선택하는 것이 자신에게 최적의 전략이 된다. 따라서 이 둘의 담합은 바로 깨어지고 (낮은 가격, 낮은 가격)이 이 게임의 최종균형이 된다.

※ 경제학에서 균형(Equilibrium)의 의미

경제학에서 균형이란 단순히 밸런스가 맞는 상황만을 뜻하지는 않는다. 경제학에서 말하는 균형이란 외부 충격이 없을 경우, 그 상태를 그대로 유지하려는 상황을 의미한다.
예를 들어 아래 좌측 그림과 같은 단면의 그릇이 있다고 하자. 이때 쇠구슬을 a점에서 놓으면 어떻게 될까? 쇠구슬이 그릇을 타고 내려가 진자운동을 하다 그릇의 최저점 한가운데 안착할 것이다. 그리고 외부에서 충격을 가하지 않는 한 쇠구슬을 점 b에서 계속 머무를 것이다. 따라서 점 b는 균형점이다.

그런데 위 우측 그림처럼 그릇을 엎어 놓고 이 그릇의 정중앙 정상 점 c에 쇠구슬을 조심히 올려놓았다. 기가 막히게 정중앙에 쇠구슬을 올려놓았다면 외부의 충격이 없는 한 이 구슬은 점 c에 계속 머물 것이다. 따라서 점 c도 균형점이다.
하지만 점 b는 안정적 균형이며, 점 c는 불안정적 균형이다.
안정적 균형이란 외부충격으로 현재 상태가 균형점에서 이탈하여도 자동적으로 원 균형점으로 복귀 가능한 균형을 의미한다. 점 b에서 있던 구슬에 약간의 충격을 주어 점 b에서 이탈시켜도 구슬은 다시 점 b로 돌아온다. 따라서 점 b는 안정적 균형이다. 하지만 점 c에 위치한 구슬에 아주 미세한 충격을 주면 구슬은 점 c에서 이탈하고 자동적으로 점 c로 돌아오지 못한다. 따라서 점 c는 불안정한 균형이다.
미시경제학에서의 균형은 보통 정태적 균형을 의미한다. 정태적 균형이란 균형에 도달하면 (외부적 충격이 없는 한) 모든 움직임이 정지되는 균형을 말한다. 수요곡선과 공급곡선이 만날 때의 균형은 안정적 균형이며 정태적 균형이다(예외적인 경우도 있다).

그런데 거시경제학에서의 균형은 대개 동태적 균형을 지칭한다. 동태적 균형이란 변화율이 일정한 균형을 말한다. 즉 아예 움직이지 않는 것이 아니라 일정한 변화율로 변화하는 경로를 동태적 균형이라 하는 것이다. 예를 들어 거시경제가 동태적 균형상태에 도달하면 경제성장률이 일정하게 유지될 것이다. 혹은 실업률이나 물가상승률이 일정하게 유지될 것이다. 경제성장률이 일정하다는 것은 GDP가 불변이라는 것이 아니라 GDP의 변화율이 불변이라는 것이다. 이러한 동태적 균형을 흔히 균제상태(Steady-State)라 부른다.

(2) 내쉬균형과 우월전략 균형

① 이제 동시단일게임에서 보수행렬표가 주어졌을 때, 게임의 최종균형, 즉 각 경기자가 선택하는 전략의 조합을 찾는 방법을 알아보자. 아래 제시된 보수행렬표를 보자.

		B	
		b_1	b_2
A	a_1	3, 2	1, 5
	a_2	1, 4	0, 2
	a_3	2, 1	3, 3

표 18 - 5. 게임의 균형

좌측과 같은 보수행렬표가 주어진 경우, 이 게임의 균형은?
먼저 경기자 A의 선택을 살펴본다. 경기자 B가 b_1의 전략을 선택했다고 가정했을 때 A가 a_1을 선택하면 3의 보수, a_2를 선택하면 1의 보수, a_3를 선택하면 2의 보수를 얻는다.

따라서 B가 b_1의 전략을 선택한다면 A는 당연히 a_1을 선택할 것이다. 그리고 B가 b_2의 전략을 선택한다면, 이때 A가 선택하는 전략에 따른 보수는 $(a_1, a_2, a_3) = (1, 0, 3)$이므로 A는 a_3을 선택할 것이다.

반면 B의 선택은 다음과 같다. A가 a_1을 선택할 경우 B는 b_2를, A가 a_2를 선택할 경우 B는 b_1을, A가 a_3를 선택할 경우 B는 b_2를 선택할 것이다. 이를 그림으로 나타내면 아래 표와 같이 그려진다.

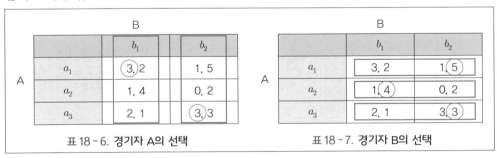

표 18 - 6. 경기자 A의 선택   표 18 - 7. 경기자 B의 선택

위 표에서 동그라미는 상대방이 선택하는 전략에 대응하는 자신의 최적 선택지점을 표시한 것이다. 이제 이 두 동그라미를 함께 그리면 아래와 같다.

A		B	
		b_1	b_2
	a_1	③, 2	1, ⑤
	a_2	1, ④	0, 2
	a_3	2, 1	③③

표 18 - 8. **게임의 최종균형**

좌측 표에서 전략 조합 (a_3, b_2)에서 동그라미가 둘 다 그려진다. 이를 이 게임의 최종균형이자 내쉬균형(Nash Equilibrium)이라고 한다.

② 내쉬균형의 정확한 정의는 "상대방이 전략을 바꾸지 않는 한 자신도 전략을 바꿀 유인(Incentive)이 없는 상태이면서, 자신이 전략을 바꾸지 않는 한 상대방도 전략을 바꿀 유인이 없는 상태"이다. 표 18-8에서 균형 (a_3, b_2)이 내쉬균형임을 증명하는 방법은 간단하다. 먼저 경기자 A는 B가 전략 b_1을 유지한다면 자신도 a_3에서 이탈할 이유가 없다. 그리고 A가 전략 a_3을 유지한다면 경기자 B도 자신의 전략을 b_2에서 b_1로 바꿀 이유가 없다. 따라서 (a_3, b_2)는 내쉬균형이다(앞서 상대방 전략에 따라 자신의 최적보수에 동그라미를 치는 방식으로 찾은 균형이 이미 내쉬균형인 것이다).

③ 여러 가지 게임의 내쉬균형
  －성별게임 (데이트 장소 정하기)

지원		수현	
		야구장	영화관
	야구장	3, 2	1, 1
	영화관	−1, −1	2, 3

표 18 - 9. **성별대결**

영화를 좋아하는 수현과 야구를 좋아하는 지원이 썸을 타는 사이다. 주말에 만날 장소를 고르려 한다. 이때 이 게임의 내쉬 균형은?

지원		수현	
		야구장	영화관
	야구장	③②②	1, 1
	영화관	−1, −1	②③

이 게임의 내쉬균형은 (야구장, 야구장) (영화관, 영화관)으로 총 2개다. 이처럼 내쉬균형은 복수로 존재할 수 있다.

그런데 이들이 동시에 야구장, 영화관 두 군데에 존재할 수는 없다. 즉, 내쉬균형이 2개라는 것은 이들이 최종적으로 선택할 수 있는 전략의 조합이 2가지라는 것이고 결국 지원과 수현은 이 2개의 내쉬균형 중 실제로는 어느 한 가지의 조합을 선택할 것이다. 그럼 실제로 이 둘은 야구장과 영화관 중 어디에서 데이트를 하게 될까? 연인 사이에도 갑을관계가 존재한다면 아마도 갑이 원하는 곳에서 데이트를 하게 될 것이다.

─ 사슴사냥게임(Stag Hunt Game)

A		B	
		사슴	토끼
	사슴	10, 10	0, 1
	토끼	1, 0	1, 1

표 18 - 10. **사슴사냥게임**

사냥꾼 A와 B가 같이 협조해야 사슴을 잡을 수 있다. 하지만 토끼는 혼자서도 잡을 수 있다. 사슴을 잡을 경우 보상이 훨씬 크므로 A와 B는 토끼는 포기하고 같이 사슴을 잡기로 했다.

그런데 사슴을 발견하고 몰이를 시작했는데, 눈앞에 토끼가 지나간다. 이때 사냥꾼은 눈앞의 토끼를 과감히 포기하고 사슴 사냥에 집중할까? 이 게임의 내쉬균형도 2개 존재한다. 상대방이 사슴사냥에서 이탈하지 않으면 자신도 사슴사냥에 집중한다. 하지만 상대방이 토끼를 쫓으면 자신도 사슴사냥을 포기하고 토끼를 쫓는다(이러한 상황은 시위, 집회 상황도 유사하다).

─ 겁쟁이 게임(Chicken Game)

A		B	
		직진	회피
	직진	−10, −10	5, 0
	회피	0, 5	2, 2

표 18 - 11. **겁쟁이 게임**

운전자 A와 B가 각자의 자동차를 타고 서로를 향해 돌진한다. 여기서 먼저 핸들을 돌려 피하는 자가 '겁쟁이'가 되는 것이다.
이 게임의 내쉬균형은(직진, 회피) (회피, 직진) 총 2개이다.

즉, 상대방이 계속 직진할 것 같으면 자신이 핸들을 꺾어 파국을 막는 것이 유리하고, 상대방이 회피할 것 같으면 나는 그냥 직진하는 것이 유리하다. 마치 강대강 국면의 외교대치 상황과 유사하다. 하지만 서로 끝까지 고집을 부려 직진을 고수하면 결과는 참담한 파국이다.

※ 복수의 내쉬균형에서 자신에게 유리한 결과를 강요하는 방법

성별대결이나 겁쟁이 게임 등에서 게임의 내쉬균형은 2개 존재한다. 이 중 하나는 자신에게 더욱 유리한 균형이다. 예를 들어 성별대결에서 지원의 경우는 (영화관, 영화관)보다는 (야구장, 야구장)의 결과가 더 좋은 것이다. 하지만 이 게임에서는 실제 균형이 둘 중 어디가 될지는 모른다. 그렇다면 지원이는 어떻게 해야 두 개의 내쉬균형 중에서 특히 자신에게 더 유리한 결과인 (야구장, 야구장)의 결과를 유도할 수 있을까? 이때 사용가능한 지원의 전략 중 하나는 바로 공약(Commitment)이다. 즉 자신이 먼저 야구장에 갈 것

지원		수현	
		야구장	영화관
	야구장	3, 2	1, 1
	영화관	−1, −1	2, 3

이라고 수현에게 미리 공표하는 것이다. 이러한 공약이 효과를 보인다면 수현도 지원의 공표를 듣고 자신도 야구장에 따라올 것이다. 왜냐하면 지원이가 먼저 야구장에 간다고 했는데, 수현이 자신이 더 좋아하는 영화관에 간다면 수현의 보수는 1이 된다. 하지만 수현이가 지원이의 공약을 듣고 못 이긴 척 야구장에 따라간다면 수현의 보수는 2가 된다.

즉, 지원이가 먼저 야구장에 간다고 공약을 걸면 수현은 마지못한 척 이를 따르는 것이, 자신이 좋아하는 영화관을 고집하는 것보다 유리하다.

하지만 지원의 공약이 항상 효과를 보이지는 않을 수 있다. 지원이 '나 야구장 갈 거야. 그러니 수현이 너도 따라오든지.'라고 공약을 걸었음에도, 수현이가 콧방귀를 뀌며, '난 야구장 안 갈 건데? 나는 무조건 영화 보러 갈 건데?'라고 받아치면?

이때는 지원의 야구장 공약이 안 먹혀드는 것이다. 지원이 내뱉은 말을 지키기 위해 혼자 야구장에 가면 지원의 보수는 1이지만 영화관에 간다고 고집을 부리는 수현의 뜻을 따르면 지원의 보수는 2가 된다. 결국 공약이 먹힐지 먹히지 않을지는 공약의 신빙성에 따라 달라진다. 만약 지원이가 자신이 내뱉은 말은 항상 지키는 대쪽같은 성격의 소유자라면, 그리고 그런 지원의 성격을 수현도 잘 알고 있다면, 지원의 공약은 잘 먹혀들 가능성이 높다. 왜냐면 지원이가 먼저 야구장에 간다고 했으니, 수현이 영화관에 간다고 해도, 지원이는 무조건 야구장에 갈 것이기 때문이다. 따라서 수현은 고집을 부려 영화관에 가기보다 어쩔 수 없이 야구장에 가야할 것이다(물론 이런 것도 한 두 번이지 지원이가 계속 이런 공약을 걸면 아마 이들의 연애는 점차 힘들어질 것이다. 즉 수현의 보수가 달라지게 될 것이다).

이러한 신빙성을 갖춘 공약은 겁쟁이 게임에서도 적용할 수 있다. 겁쟁이 게임에서 운전자 A에게 가장 유리한 균형은 (직진, 회피)이다. 즉 자신은 직진하고 상대방은 핸들을 돌리는 것이다. 따라서 A는 B에게 '난 절대 핸들 안 꺾을 거야. 무조건 직진할 거니까 너 알아서 해.'라고 공약을 건다. 하지만 이 공약이 과연 신빙성이 있는 공약일까?

A는 자신의 공약에 신빙성을 더하기 위해, 서로 마주보고 질주하는 중에 자신의 핸들을 아예 뽑아버린다. 그리고 중요한 것은 이 뽑은 핸들을 창문을 열고 반드시 B에게 보여주어야 한다. 그래야 B는 '아 저 사람이 진짜 핸들을 뽑았구나. 저 사람은 진짜 직진밖에 못 하는구나.'라고 생각하고 자신이 핸들을 돌릴 것이다. 만일 A가 핸들을 뽑고 이를 B에게 보여주려 했지만 마침 B가 딴 짓을 해서 A가 핸들을 뽑았다는 사실을 미처 보지 못했다면? A가 핸들을 뽑은 초강수 공약의 효과가 발휘되지 못하게 된다. 이처럼 배수의 진을 치는 것은 공약의 신빙성을 더하는 좋은 전략이다. 하지만 여기서 중요한 것은 배수의 진을 쳤다는 것, 돌아갈 다리를 끊었다는 것을 상대방에게 반드시 알려야 한다는 것이다. 그래야 공약의 신빙성이 효력을 갖게 된다. 이를 공통지식(Common Knowledge)이라 한다. 즉 자신이 핸들을 뽑았다는 사실을 상대방도 알아야 하고, 상대방도 내가 핸들을 뽑았다는 사실을 알게 되었다는 것을 나도 알아야 한다. 이러한 공통지식의 여부는 게임이론에서 매우 중요하다.

※ 사슴사냥게임에서 공통지식의 중요성

사슴사냥게임에서 사냥꾼 A, B가 함께 사슴사냥을 나갔다. 그런데 A 앞으로 토끼가 지나갔다. 그리고 그 광경을 B가 보았다. 그럼 B는 '어? A 앞에 토끼가 지나갔네? 그럼 A가 사슴사냥을 포기하고 토끼를 쫓는거 아냐? 그럼 나도 사슴사냥을 포기해야 하나?'라고 고민을 하게 될 것이다. 하지만 A는 토끼를 거들떠보지도 않고 사슴사냥에 집중하려 한다. 그렇지만 이미 B는 A가 사슴사냥을 포기할지도 모른다고 의심하고 있다. A 입장에서는 B가 자신을 의심해서 사슴사냥을 포기하면 자신도 사슴사냥을 포기해야 한다. 따라서 A는 어떻게든 자신이 사슴사냥을 포기하지 않을 것이라는 것을 B에게 알려야 한다.

그래서 A는 서둘러 B에게 메시지를 보낸다.

「B야. 나 사슴사냥 계속 할 거야. 그러니까 너도 이탈하지마!」

이렇게 메시지를 보내고 안심한 A는 다시 사슴사냥에 집중한다. 그런데 갑자기 이런 생각이 든다. '만일 B가 내 메시지를 못 보았으면 어쩌지? 메시지를 못 읽고 B가 사슴사냥을 포기하는 거 아냐?' 덜컥 염려가 된 A는 다시 메시지를 보낸다.

「B야. 내 메세지 받았으면 알았다고 답장 보내!」

다행히 B로부터 메시지 잘 받았다는 답장이 왔다. 이제야 안심하고 A는 사슴사냥에 집중하려 한다. 그런데 이제는 B가 덜컥 걱정을 한다. '어? A 메시지 잘 받았다고 A한테 답장을 보냈는데, A가 잘 받았나? A가 내 답장을 못 받았으면 어쩌지? 혹시 A가 내 답장을 못 받고는 내가 사슴사냥에서 이탈한다고 오해하는거 아니?'.

이런 걱정을 하는 B는 다시 A에게 메시지를 보낸다.

「A야. 네가 보낸 메세지 잘 받았다는 내 답장 받았으면 알았다고 메세지 보내!」

다행히 곧 A로부터 잘 받았다는 메세지가 도착했다. 이제야 B도 안심하고 사슴사냥에 집중한다. 그런데 이제 다시 A가 걱정을 한다. '근데 방금 내가 보낸 메세지, B가 잘 받았나? 혹시 못 받았으면 어쩌지?' 그래서 A는 다시 B에게 톡을 보낸다.

「B야. 내가 보낸 메세지를 잘 받았다는 너의 답장을 내가 잘 받았다는 나의 메세지 봤으면 봤다고 답장 좀 보내줘.」

이제 이 둘은 영원히 사슴을 잡지 못하고 서로 방금 보낸 상대의 메시지를 잘 받았다는 답장을 무한히 주고받아야 한다. 내가 알고 있다는 것을 상대방이 알아야 하며 또한 상대방이 알았다는 것을 내가 알아야 한다. 이를 공통지식(Common Knowledge)이라 한다.

이럴 경우에는 메시지로 주고받지 말고 전화통화를 하거나 가장 확실한 것은 서로 눈을 마주보고 대화를 해야 한다.

④ 내쉬균형 중 우월전략균형(Dominant Strategy Equilibrium)이 있다. 우월전략이란 상대방이 어떠한 전략을 선택하든지 항상 나에게 최대의 보수를 보장해주는 유일한 전략을 말한다. 우월전략의 예시는 아래와 같다.

		B		
		b_1	b_2	b_3
A	a_1	3, 2	1, 5	−1, 0
	a_2	1, 4	0, 2	7, 6
	a_3	4, 1	3, 3	9, 5

표 18 - 12. **우월전략의 예시**

좌측 표에서 경기자 A는 경기자 B가 어떤 전략을 선택하든 a_3의 전략을 선택하는 것이 자신의 보수에 가장 유리하다. 따라서 a_3는 경기자 A의 우월전략이다.

반면 경기자 B는 경기자 A의 전략에 따라 최대보수를 가져다 주는 전략이 달라진다.

예를 들어 경기자 A가 a_1을 선택한 경우, B는 b_2를 선택하는 것이 최선이다. 그런데 A가 a_2를 선택하면 B는 b_3를 선택하는 것이 최선의 전략이다. 따라서 A의 전략 변화에 따라 B의 최선의 전략이 바뀐다. 그러므로 B에게는 우월전략이 없다.

만일 경기자 모두 우월전략을 지닌다면 이 게임의 내쉬균형은 오직 1개가 된다. 이 내쉬균형을 우월전략균형이라고 한다.

A		B		
		b_1	b_2	b_3
	a_1	3, 2	1, ⑤	−1, 0
	a_2	1, 1	0, ②	7, 1
	a_3	④, 1	③③	⑨, 2

표 18 – 13. **우월전략균형의 예시**

좌측 표에서 경기자 A의 우월전략은 a_3이고 경기자 B의 우월전략은 b_2이다.
따라서 게임의 내쉬균형은 (a_3, b_2)이 되고 이 균형은 우월전략균형이 된다.

※ 죄수의 딜레마 게임에서의 내쉬균형은 우월전략균형이다.

(3) 순차게임

① 순차게임은 동시게임과 달리 각 경기자가 선후를 정해 순서에 따라 각자 전략을 선택하고 실행하는 형식의 게임이다. 따라서 후 경기자는 선 경기자의 전략을 관찰하고 나서 자신의 최선의 전략을 선택할 수 있다. 그렇다면 후 경기자가 항상 유리할까? 그렇지는 않다. 오히려 선 경기자가 '앞선 자의 이득(First Mover's Gain)'을 누릴 수도 있다.
　이러한 순차게임은 동시게임처럼 보수행렬표를 이용하여 게임의 균형을 분석하지 않는다. 순차게임에서는 게임나무(Game Tree)를 이용하여 게임의 균형을 도출하는 것이 일반적이다.

② 순차게임의 대표적인 예시는 진입게임이다. 기업 1은 기업 2가 이미 선점한 시장에 진입할지 고민 중이다. 기업 1이 진입할 경우, 기업 2는 기업 1을 견제하기 위해 대폭 가격을 인하할 수도, 기업 1과 상생하기 위해 가격을 유지할 수도 있다. 이때 기업 2가 가격을 인하한다면 기업 1은 막대한 출혈경쟁을 해야 해서 적자를 입게 되지만 기업 2도 이윤이 감소한다. 하지만 기업 2가 상생을 위해 가격을 유지하면 각 기업은 3, 5의 이윤을 얻는다.
　그런데 기업 1이 진입을 포기하면 당연히 기업 1의 이윤은 0이다. 이때 기업 2가 할인행사를 하면 기업 2의 이윤은 10, 가격을 유지하면 8의 이윤을 얻는다고 하자. 이 상황에서 기업 1은 과연 어떤 선택을 할까?

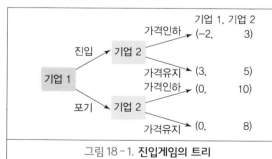

그림 18 – 1. **진입게임의 트리**

기업 1은 먼저 '자신이 진입하면 어떻게 될지 고민한다. 기업 1이 진입할 경우 기업 2가 가격을 인하하면 기업 1은 −2, 기업 2는 3의 이윤을 얻는다. 그리고 기업 2가 가격을 유지하면 기업 1은 3, 기업 2는 5의 이윤을 얻는다. 기업 2가 이윤을 극대화하는 선택을 한다면, 기업 2는 당연히 가격을 유지할 것이다.

따라서 기업 1은 '내가 진입하면 당연히 기업 2는 가격유지를 선택하고 나는 3의 이윤을 얻겠구나'라고 생각할 것이다.

반면 기업 1이 진입을 포기하면 기업 1의 이윤은 0이다(이때 기업 2는 가격인하를 선택하고 기업 2의 이윤은 10이 된다). 따라서 기업 1의 결정은 확실해졌다. 기업 1은 진입을 하고 기업 2는 가격을 유지할 것이다. 따라서 이 순차게임의 균형은 (진입, 가격유지)가 된다. 이러한 방식으로 게임나무의 결과부터 역순으로 각 경기자의 결정을 분석하는 방식을 후방귀납법(Backward Induction)이라 한다.

③ 위 게임에서 기업 2에게 가장 최적의 결과는 (포기, 가격인하)이다. 하지만 기업 2에게는 안타깝게도 기업 1은 진입을 선택할 것이다. 왜냐하면 기업 1이 진입하면 기업 2는 어쩔 수 없이 가격유지를 선택해야 하기 때문이다(욱하는 심정으로 가격인하를 선택하면 자신의 이윤이 줄어든다).

그래서 기업 2는 기업 1이 진입하기 전에 미리 '기업 1이 진입하면 나는 무조건 가격을 인하할 것이다.'라는 공약(엄포)을 내놓는다. 그런데 기업 1이 이 공약에 지레 겁을 먹고 시장 진입을 포기할까? 아마 그렇지 않을 것이다. 즉, 기업 2의 이러한 공약은 신빙성이 없다. 기업 2가 아무리 공약을 걸었다 해도 막상 기업 1이 시장에 진입하면, 못이기는 척 공약을 철회하고 가격을 유지하는 것이 기업 2에게도 유리하기 때문이다. 따라서 기업 1은 공약은 신경 쓰지 말고 안심하고 시장에 진입해도 된다.

하지만 이는 기업 2가 합리적이고 이성적인 판단을 내린다는 전제조건에서의 이야기이다. 만약 기업 2가 이성적이지 않고 욱하는 기질이 다분하다면? 기업1이 진입을 했을 때 가격을 인하할 수도 있다. 이 경우에는 기업 2 입장에서도 바람직하지 않지만 기업 1은 더 큰 손해를 입게 될 것이다. 따라서 기업 1은 기업 2의 성향을 잘 분석해서 기업 2가 내건 공약의 신빙성을 잘 따져봐야 한다.

> 예전 드라마 대사 중
> "나랑 밥 먹을래? (아니면) 같이 죽을래?"라는 대사가 있다.
> 이는 일종의 공약(엄포)이다. 같이 밥을 먹지 않으면 자동차를 뒤집어 엎겠다는 것이다(당시 남자주인공은 여자 주인공을 태우고 운전 중이었다).
> 이때 이 공약(같이 밥을 안 먹어주면 죽어버리겠다는)은 신빙성이 있을까?
> 여자 주인공은 재빨리 남자 주인공의 성향을 파악해서 결정해야 한다.
> '이 사람은 같이 밥을 먹어주지 않으면 정말 차를 뒤집어 엎을 것이다.'라는 판단이 선다면 살기 위해 같이 밥을 먹어줘야 한다. 하지만 허언에 불과하다고 판단될 때에는 차를 세우고 협박죄로 고소하면 된다.[2]

하지만 기업 2는 이성적이기 때문에 자신의 공약이 신빙성이 없음을 스스로 잘 알 것이다. 그럼에도 기업 2가 자신의 공약에 신빙성을 주고자 한다면 배수의 진을 쳐야 한다. 즉 돌아갈 길을 스스로 끊어버려야 한다. 예를 들면 기업 1의 진입 여부와 관계없이 대대적인 가격

---

2) 이는 드라마에서 가능한 상황이다. 현실에서 이런 공약을 걸면 바로 잡혀간다.

인하 예고를 하고, 만일 약속대로 가격인하를 하지 않는다면 소비자에게 1조 원을 배상한다고 공중을 해버리는 방법 등이 있다. 이 정도가 되면 기업 2는 무조건 가격을 인하할 수밖에 없음을 기업 1도 알게 된다.

※ 테러리스트가 인질을 잡고 협상을 요구할 경우 정부가 이에 응한다면 이는 테러리스트의 계획에 넘어간 것이다. 따라서 정부는 인질극이 발생하기 이전부터 '정부는 테러리스트와 협상하지 않는다.'라고 공약을 건다. 하지만 이 공약이 과연 신빙성이 있는 공약일까? 막상 인질극이 발생하면 정부는 공약대로 협상 자체를 원천 봉쇄해버릴까?

※ 순차게임에서의 내쉬균형

게임나무 상황을 보수행렬표로 나타내면 아래와 같다. 이렇게 보수행렬표로 나타낼 경우 이 게임의 내쉬균형은 (진입, 가격유지), (포기, 가격인하) 두 개이다.

		기업 2	
		가격유지	가격인하
기업 1	진입	3, 5	−2, 3
	포기	0, 8	0, 10

하지만 이 게임은 순차게임이다. 그리고 앞서 살펴본 바와 같이 이 게임의 최종균형은 (진입, 가격유지)이다. 그렇다면 또 다른 내쉬균형인 (포기, 가격인하)는 왜 최종균형이 아닐까? (포기, 가격인하)는 신빙성 조건을 충족하지 못하기 때문이다. 기업 2는 공약을 걸고 기업 1의 진입을 막고자 하지만, 이 공약의 신빙성이 없으므로 결국 (포기, 가격인하)는 최종균형이 될 수 없다. 따라서 순차게임에서는 내쉬균형에 신빙성 조건까지 충족하는 균형이 최종균형이 되는 것이다.

19. 경제적 지대

(1) 경제적 지대

① 노동공급곡선은 보통 우상향하는 경향을 보인다.

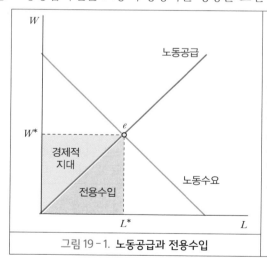

그림 19 - 1. **노동공급과 전용수입**

그리고 경쟁시장에서 노동수요곡선과 노동공급곡선이 만나는 점 e에서 시장균형이 달성된다. 이때 노동자의 총임금(노동소득)은 $w^* L^*$이다. 그런데 이때 노동공급곡선 하방의 면적을 전용수입이라 한다. 전용수입은 해당 생산요소가 다른 용도로 전용되지 않기 위해 요소수요자가 요소공급자에게 최소한으로 지급해야하는 요소비용을 의미한다.

즉 위 그림에서 기업(요소수요자)는 L^*만큼의 노동을 고용하기 위해서는 최소한 회색 삼각형 면적의 봉급은 지불해야 한다는 것이다. 물론 경쟁시장에서는 $w^* L^*$의 임금을 지불하지만 만약 요소수요자가 독점이라고 해도 전용수입보다 낮은 임금을 지급할 수는 없다. 왜 냐면 노동자는 L^*의 노동을 전용수입보다 낮은 임금을 받고는 일을 하려하지 않을 것이다 (노동자는 전용수입보다 낮은 임금으로 일할 바에는 그냥 집에서 쉬는 게 낫다고 여기는 것 이다. 아니면 전용수입보다 낮은 임금을 받을 바에는 과감히 직종을 바꿔 다른 업종에서 일 자리를 구하는 게 낫다고 생각하는 것이다. 따라서 기업은 아무리 독점력을 보유하고 있다 고 하더라도 전용수입 이하로는 해당생산요소를 고용할 수 없다).

다행히 경쟁시장에서는 노동자는 전용수입보다 많은 w^*L^*의 임금을 받으므로 그만큼 요 소공급자의 잉여를 얻어가게 된다. 이를 경제적 지대(Economic Rent)라 한다.

② 예를 들어 어느 연기자가 있다고 하자. 아직은 무명이라 그를 찾는 수요가 많지 않아 그의 총소득은 다음 좌측 그림에서 w_1L_1 정도이다. 그리고 그의 총소득 중에서 전용수입이 차지 하는 비중이 꽤 크다. 여기서 그의 전용수입은 연기자를 관두고 다른 일자리를 찾아 벌 수 있는 소득일 것이다(예를 들어 연기자를 관두고 당장 작은아버지 회사에 낙하산으로 들어 가 매달 L_1만큼 알바를 할 경우 월 100만원을 벌 수 있다면 그의 전용수입은 월 100만원이 라고 할 수 있다). 따라서 그를 고용하려는 영화사는 최소한 그에게 L_1 시간 촬영에 100만 원 이상의 소득은 보장해주어야 한다(물론 영화출연의 기회를 미끼로 열정페이를 요구하지 않을 경우).

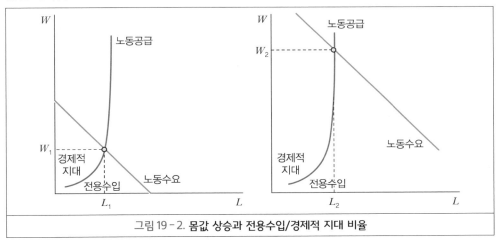

그림 19 - 2. 몸값 상승과 전용수입/경제적 지대 비율

그런데 이 연기자가 S급 한류스타가 된다면, 위 우측그림처럼 그를 찾는 수요가 폭등하고 그의 몸값도 w_2로 치솟는다. 이에 따라 이 연기자의 소득은 w_2L_2로 무명시절에 비해 수십 배 증가하게 된다. 하지만 그의 전용수입은 이전과 큰 차이가 없다(즉 그가 연기자를 은퇴 하고 다시 작은아버지 회사로 들어가도 월 100만원 가량만 벌 수 있다).

이렇듯 슈퍼스타의 경우에는 그의 소득에서 전용수입이 차지하는 비중은 극히 일부이고 소 득의 대부분은 경제적 지대이다.

③ 이렇게 특정 생산요소의 공급곡선을 상당히 가파르게 만들면 요소수요 증가에 따라 추가되는 총소득의 대부분은 경제적 지대가 된다. 경제적 지대는 요소공급자의 잉여를 의미한다. 이렇게 요소공급을 비탄력적으로 만들어 잉여를 더욱 증대시키는 행위를 지대추구행위 (Rental Seeking Behavior)라 한다. 변호사협회 로스쿨 정원 축소 등이 대표적인 지대추구행위이다.

※ 토지와 지대

> 토지는 공급곡선이 수직이다. 즉 완전비탄력적이다. 이때 토지소유주가 얻는 요소소득 지대는 전용수입이 0이다. 다른 생산요소와는 달리 토지는 전용이 불가하기 때문이다. 위 연기자에 사례에서 어떤 감독도 그를 원하지 않으면 그는 작은 아버지의 회사로 자신의 노동을 전용하면 된다. 하지만 토지는 그게 불가능하다. 예를 들어 어느 사거리에 땅과 건물을 소유한 건물주가 막대한 임대소득을 얻고 있다가, 갑작스런 원자력발전소 사고로 해당 지역이 폐쇄되어 아무도 그 지역에서 임대를 하려하지 않으면 이 땅주인은 이 땅과 건물을 뜯어가 안전한 지역으로 옮겨 다시 임대를 줄 수 없다. 즉 토지는 붙박이라서 전용시킬 수 없다.
> 하지만 이와 반대로 토지에 대한 수요가 폭등할 경우, 땅주인은 별다른 노력없이 수요 증가에 대한 지대소득을 얻게 된다. 만일 토지소유주가 토지에 대해 지대추구행위를 시작하면 공급이 한정된 토지에 대한 시장가격이 적정범위를 넘어서 폭등할 우려가 있다. 이러한 위험성에 대한 제도적 제약의 방식으로 헨리조지는 토지단일세를 주장하기도 하였다.

20. 소득분배지표

소득분배지표와 해석에 대해 학습한다.

- 기능적 소득분배와 계층적 소득분배
- 10분위 소득분배율
- 로렌츠 곡선과 지니계수
- 빈곤선

(1) 기능적 소득분배

① 기능적 소득분배란 생산에 참여한 각 생산요소 공급자의 요소소득 분배를 의미한다. 기업은 노동, 자본, 토지를 고용하여 총수입을 얻고 이중 임금, 이자, 지대를 각 요소공급자에게 지급한다. 그리고 남은 차액이 바로 기업의 이윤이 된다. 이렇게 기업의 총수입을 임금, 이자, 지대, 이윤으로 분배되는 과정을 기능적 소득분배라고 하는 것이다.

② 현대경제학의 관점에 다라 토지를 자본의 하위범주로 편입시키면 기업의 총비용은 노동비용과 자본비용의 합으로 이루어진다. 즉 $TC = wL + rK$이다. 여기서 실제 임금과 자본임대료(실질이자율)이 결정되는 과정은 각 시장의 특성에 따라 달라지게 되는데, 생산물 시장과 생산요소를 모두 완전경쟁으로 가정한다면 $MRP_L = w^*$, $MRP_K = r^*$가 될 것이다.

여기서 논의를 편하게 하기 위해 임금과 이자율은 모두 실질변수로 표현하자(즉 $\frac{w}{P}$를 그냥 w로, $\frac{r}{P}$를 그냥 r로 표현하기로 한다).

그렇다면 이윤극대화를 위해 각 기업은 $MP_L = w^*$, $MP_K = r^*$이 되도록 자신의 노동과 자본의 고용을 결정할 것이다(여기서 자본의 감가상각은 고려하지 않는다). 결국 기업의 총비용 $TC = wL + rK$은 $TC = MP_L \cdot L + MP_K \cdot K$가 된다.

이때 만일 기업의 생산함수가 규모에 대해 수익이 체증하는 IRS 함수라면 $TR < TC$가 된다. 예를 들어 $Q = LK$라고 하면 $MP_L \cdot L + MP_K \cdot K = 2LK$가 된다. 그렇다면 IRS 함수를 지닌 기업은 적자를 보는 것인가? 완전경쟁이라면 적자를 보게 된다. 하지만 시장이론에서 학습한 바와 같이 IRS 생산함수를 지닌 기업은 장기의 규모의 경제가 되어 독점기업이 된다. 따라서 IRS 생산함수를 지닌 기업은 $MP_L = w^*$, $MP_K = r^*$에서 고용을 하지 않고 $MP_L > w$, $MP_K > r$에서 고용을 유지한다. 때문에 적자를 입지 않을 가능성이 매우 크다(오히려 초과이윤을 누릴 가능성이 더 크다).

반면 기업의 생산함수가 규모에 대한 수익불변(CRS)라면 $TR = TC$가 되어 이 기업은 정상이윤을 획득한다.

예를 들어 기업의 생산함수가 $Q = L^\alpha K^{1-\alpha}$라면 $MP_L \cdot L + MP_K \cdot K = Q$이 된다.

완전경쟁시장에서 개별기업은 장기평균비용곡선의 최저점에서 정상이윤을 획득함을 시장이론에서 학습하였다. 그런데 장기평균비용의 최저점은 CRS인 지점이다.

(2) 10분위 소득분배율

① 기능적 소득분배와 달리 계층적 소득분배는 계층별 빈부격차를 파악하는 소득분배이다. 계층별 소득분배 상황을 파악하는 지표로는 10분위 소득분배율, 로렌츠곡선, 지니계수 등이 널리 쓰인다.

② 10분위 소득분배율 측정을 위해 우선 전 국민을 소득수준을 기준으로 일렬로 줄 세운 다음 10개 구간으로 나눈다. 이때 상위 0~10%(최상위)에 위치한 구간은 10분위라 한다. 반대로 1분위는 소득 하위 90~100%(최하위)구간을 말한다.

이때 10분위 소득분배율은 $\frac{\text{하위 1~4분위 총소득}}{\text{상위 9, 10분의 총소득}}$이다. 즉 하위 40%의 소득을 상위 20%의 소득으로 나눈 값이다. 따라서 10분위 소득분배율은 최소 0에서 최대 2의 값을 지닌다. 10분위 소득분배율이 0이면 10분위 소득분배율 상으로는 가장 악화된 분배상황이다. 반대로 10분위 소득분배율이 2라면 이는 전 구간의 소득이 균등하다는 것을 의미한다.

③ 5분위 소득분배율도 간혹 사용된다. 5분위 소득분배율은 $\frac{\text{최하위 1분위 소득}}{\text{최상위 5분위 소득}}$이다. 여기서 주의할 것은 5분위 소득분배율은 하위 20% 소득/상위 20% 소득이라는 것이다.

(3) 로렌츠 곡선과 지니계수

① 우선 경제 내 인구를 우측에서부터 소득 순으로 줄 세운다. 그리고 최고소득자부터 소득을 아래 그림의 우상단 A점부터 차례로 채워나간다. 이런 식으로 상위소득자부터 차례로 소득을 아래 방향으로 채워나가면 그림 20 − 1처럼 우하단 B점에 대해 볼록한 곡선이 그려지게 된다. 이 곡선을 로렌츠 곡선이라 한다.

② 상위소득자부터 아래 방향으로 소득을 채워나가므로 로렌츠곡선의 기울기는 왼쪽으로 갈수록 점차 완만해진다. 모든 인구의 소득이 균등하다면 로렌츠곡선은 그림 20 − 2처럼 대각선과 일치할 것이다.

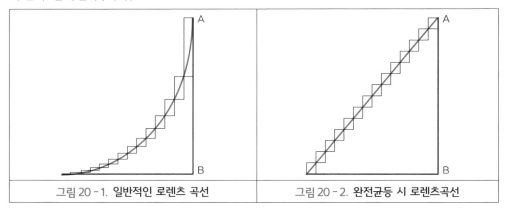

그림 20 − 1. **일반적인 로렌츠 곡선**   그림 20 − 2. **완전균등 시 로렌츠곡선**

③ 반대로 최상위소득자가 경제 전체 소득을 독차지한 경우라면 그림 20 − 3처럼 직각의 형태를 나타낼 것이다. 그러므로 로렌츠곡선이 우하단 B점에 근접할수록 소득의 불균등이 심화되는 것이다. 이때 면적 $\dfrac{C}{C+D}$ 의 비율을 지니계수라 한다. 그림 20 − 3에서의 지니계수는 0이며 그림 20 − 4에서 지니계수는 1이다.

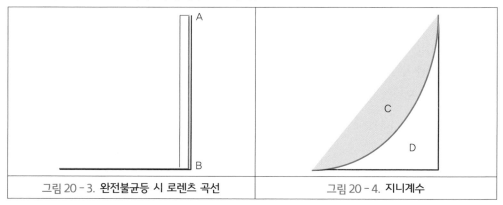

그림 20 − 3. **완전불균등 시 로렌츠 곡선**   그림 20 − 4. **지니계수**

※ 지니계수가 1이면 십분위 소득분배율은 0이다. 하지만 그 역은 성립하지 않는다.
　지니계수가 0이면 십분위 소득분배율은 2이다. 그리고 이 역은 성립한다.

21. 파레토효율과 왈라스 균형

자원배분의 효율성 기준과 사회후생 극대화 원리를 학습한다.

– 파레토개선과 파레토최적
– 에지워스박스
– 소비에서 파레토효율의 달성
– 왈라스 균형
– 후생경제학 1정리

(1) 자원배분의 효율성

① 경제학 선택의 원칙 중 첫 번째 기준은 효율성이다. 이때 효율적이라는 것은 동일성과를 최소한의 비용으로 달성하거나, 같은 비용으로 최대한의 성과를 달성하는 것을 의미한다. 이러한 효율성은 투입 대비 성과의 비율이 높도록 하는 기준으로서 결국 자원배분의 효율성을 말하는 것이다. 다시 말해 주어진 자원을 적절히 투입하여 가장 많은 편익(효용)을 얻고자 함이다.

② 하나의 제품 선택, 하나의 시장에서의 자원배분의 효율성이 달성되었는지 여부는 시장수요와 시장공급이 만나는 균형가격에서 시장가격이 형성되었는지를 보면 된다. 그러나 국가경제 전체적으로 국가 경제 내 수많은 종류의 재화와 서비스에 투입되는 자원이 모두 효율적으로 분배되었는지를 파악하기 위해서는 보다 엄밀한 자원배분 효율성 판단 기준이 필요하다. 이를 파레토 효율이라 한다.

※ 주류경제학에서 자원배분의 효율성을 중시하는 것은 주류경제학자들이 경제를 바라보는 시각이 바로 공리주의적 관점에서 출발하기 때문이다.

(2) 파레토 기준

① 파레토 개선 : 파레토 개선이란 주어진 자원배분 상황에서 자원을 재배분할 경우, A와 B 중 누구도 손해를 입지 않고 한 명이상 효용(만족)이 증가한 경우를 말한다.

② 파레토 최적 : 파레토 최적이란 더 이상 파레토 개선이 불가능한 상태를 말한다. 파레토 최적에 도달한 경우에 한 명이상 효용을 증가시키기 위해서는 반드시 다른 누군가의 손해가 발생할 수밖에 없다. 주류경제학에서는 파레토 최적에 도달하느 상황을 자원배분의 효율성이 달성되었다고 본다.

> ※ 파레토 기준은 자원배분의 효율성을 판단하는 기준이지 자원배분의 형평성을 판단하는 기준이 아니다. 또한 자원배분의 효율성과 형평성은 동시달성이 불가능한 것은 아니다. 다만 동시달성이 될 확률은 상당히 낮아 보인다.

③ 톰과 제리가 빵 10개를 나눠가져야 한다고 하자. (톰, 제리)＝(6, 3)이라면 파레토 개선이 가능한가? 당연히 가능하다. 자원을 재배분하여 (7, 3)으로 가면 아무도 손해를 입지 않고 한 명이상 효용이 증가했다. (7, 3)의 도달한 경우 이는 파레토 최적인가? 그렇다. (7, 3)에서 다시 자원을 재배분하면 둘 중 한 명은 반드시 손해를 입기 때문이다. 즉 (7, 3)은 파레토 기준으로 자원배분의 효율성이 달성된 지점이다.

> ※ (7, 3)이 공평한 분배상황인가? 그렇다고 보긴 어렵다. 파레토 기준은 형평성을 따지는 기준이 아니다. (2, 8)도 파레토 최적인가? 그렇다. 파레토 최적인 지점은 무수히 많이 존재할 수 있다.

(3) 2재화 모형과 파레토 최적

① 이제 빵(X재)과 우유(Y재), 2재화가 존재하는 상황에서 파레토 개선과 파레토 최적을 분석해보자. 현재 톰＝(빵 9, 우유 1), 제리＝(빵 1, 우유 9)를 보유하고 있다고 하자. 이 초기 자원배분 상황을 무차별곡선을 나타내면 아래와 같다.

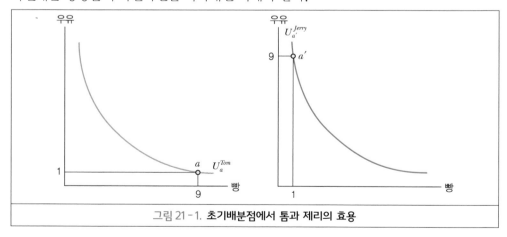

그림 21-1. 초기배분점에서 톰과 제리의 효용

② 위 초기자원배분 상황, 즉 톰(9, 1) 제리(1, 9)는 주어진 자원을 남김없이 모두 분배한 상황이다. 이때 파레토 개선이 가능할까? 가능하다. 톰과 제리가 빵과 우유를 각각 1개씩 맞교환하여 톰(8, 2) 제리(2, 8)로 재배분하였다면 톰과 제리의 무차별곡선은 확장 이동한다.

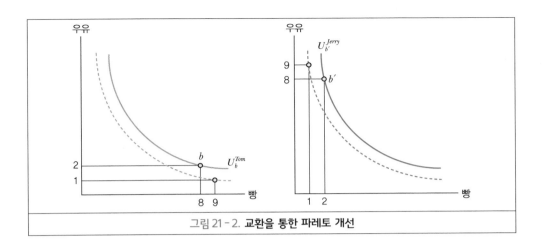

그림 21 - 2. **교환을 통한 파레토 개선**

(4) 에지워스 박스

① 어차피 톰과 제리는 자원을 배분하면 빵 10, 우유 10을 나눠 가질 것이다. 그렇다면 톰과 제리의 무차별곡선 평면을 한 박스 안에 그릴 수 있다. 다만 톰의 원점이 박스의 좌하단 원점이 되지만 제리의 원점은 우상단 꼭지점이 된다. 이를 에지워스 박스라 한다.

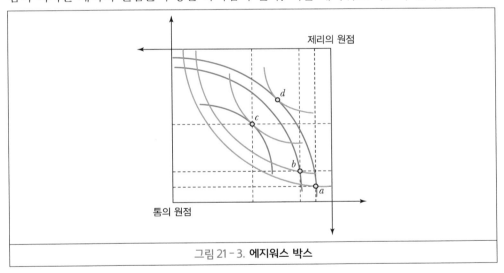

그림 21 - 3. **에지워스 박스**

② 상기 그림에서 최초의 자원부존점은 a였다. 이때 톰과 제리의 무차별곡선이 교차하므로 교차영역 안쪽으로 자원을 재배분하면 톰과 제리 모두 효용이 증가(파레토 개선)한다. 이런식으로 톰과 제리의 무차별곡선이 교차하는 한 파레토 개선은 가능하다. 그러나 톰과 제리의 무차별곡선이 접하는 c에서는 더 이상 파레토 개선이 불가능하다.

결국 $MRS_{XY}^{톰} = MRS_{XY}^{제리}$ 의 조건이 파레토 최적인 자원배분의 조건이다. 물론 파레토 최적인 점은 무수히 많이 존재한다(위 그림에서 점 d도 파레토 최적인 점이다). 이 조건을 만족하는 지점을 연결한 궤적을 계약곡선이라 한다.

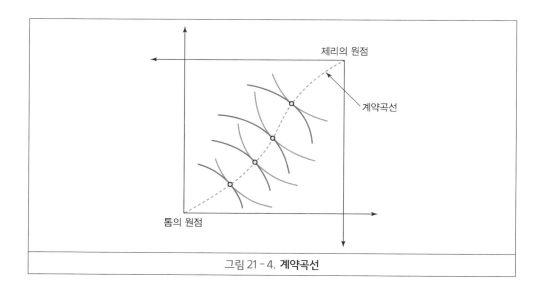

그림 21 - 4. **계약곡선**

22. 사회후생함수

생산가능곡선이 주어진 경우 사회후생 극대화 원리에 대해 학습한다.

- 사회후생함수
- 차선의 원칙

(1) 사회후생함수

① 생산가능가능곡선의 어느 생산 지점을 선택하느냐에 따라 경제 내 효용가능곡선을 선택하게 된다. 이때 경제 체제는 효용가능경계와 사회무차별곡선의 접점에서 어느 생산가능곡선 지점을 선택할지(＝어느 효용가능곡선을 선택할지)를 결정한다.

이때 사회무차별곡선을 도출하는 사회 전체를 대표할 수 있는 효용함수를 사회후생함수라 한다. 사회무차별곡선은 아래와 같은 형태로 표현될 수 있다.

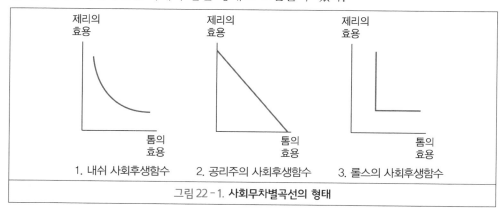

1. 내쉬 사회후생함수 2. 공리주의 사회후생함수 3. 롤스의 사회후생함수

그림 22 - 1. **사회무차별곡선의 형태**

② 사회무차별곡선은 사회후생함수로부터 도출되는데,

　－내쉬 사회후생함수 : $U_S = u_A \times u_B$

　－공리주의 사회후생함수 : $U_S = u_A + u_B$

　－롤스의 사회후생함수 : $U_S = \min [u_A, u_B]$

③ 애로우의 불가능성 정리 : 애로우는 사회후생함수를 도출하는 데 있어 5가지 이상적 조건을 모두 충족시키는 사회후생함수는 불가능함을 증명하였다.

　－개인은 어떠한 선호도 표출할 수 있다.

　－개인 모두 A보다 B를 선호한다면, 사회 전체도 A보다 B를 선호해야 한다(파레토 원칙).

　－A와 B의 선호관계는 C에 대한 선호 변화와 무관하게 결정되어야 한다(독립성).

　－비독재성 선호관계가 보장되어야 한다.

　※ 당연한 기본가정 : 사회후생함수는 이행성과 완전성을 지닌다.

(2) 차선의 이론

① 항상 생산가능곡선 상에서 생산이 이루어지는 것이 바람직할까?

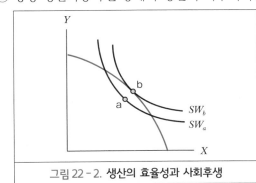

일반적인 경우라면 당연히 생산가능곡선 상에서 생산이 이루어지는 것이 효율적이며 또한 사회후생극대화에도 도움이 된다.

좌측 그림에서 생산가능곡선 내부의 점 a보다 생산가능곡선에 근접할수록 사회후생이 개선된다.

그림 22 – 2. **생산의 효율성과 사회후생**

② 그런데 자연재해나 다른 요인에 의해서 생산에 제약이 발생한다면? 이때에도 생산의 효율성을 위해 생산가능곡선 상에서 생산을 유지하는 것이 바람직할까?

아래 그림에서 생산에 제약이 발생하여 점선 우측영역에서는 생산이 불가해졌다고 하자. 이 경우 점 c에서 생산하는 것이 바람직한가?

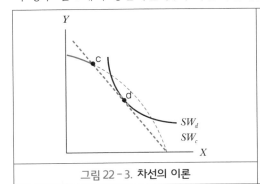

점 c에서 생산할 경우의 사회후생은 SW_c 이지만 생산가능곡선의 내부인 점 d에서 생산할 경우 사회후생은 SW_d 이다. 따라서 생산의 제약이 발생한 경우에는 생산의 효율성을 고집하는 것이 사회후생에는 더 나쁜 영향을 미칠 수 있다. 때문에 이러한 경우에는 효율성을 포기하는 것이 바람직할 수도 있다. 이를 차선의 이론이라 한다.

그림 22 – 3. **차선의 이론**

23. 외부성

외부효과에 대해 학습한다.

– 외부효과의 의의
– 피구세
– 코즈정리
– 오염배출권 거래

(1) 외부효과의 의미

① 외부효과 혹은 외부성(Externality)이란 거래당사자가 아닌 제3자에게 거래로 인한 편익이나 비용이 전가되는 효과를 말한다.

② 외부효과는 제3자의 편익을 증대시키거나 비용을 줄여주는 긍정적 외부효과, 제3자의 편익을 감소시키거나 비용을 증대시키는 부정적 외부효과로 구분한다.

 ※ 긍정적 외부효과의 크기를 외부경제(양의 외부성), 부정적 외부효과의 크기를 외부불경제(음의 외부성)이라고 한다.

 ※ 방향제, 향수, 정원가꾸기 등이 대표적 긍정적 외부효과 유발 행위이다. 또한 예방접종, 교육 등도 긍정적 외부효과를 발생시킨다. 반면 흡연, 매연, 소음 등의 환경공해는 부정적 외부효과를 유발하는 대표적인 행위이다.

 ※ 제3자의 편익을 늘려주는 외부성(양의 외부성)을 소비 측면에서의 외부경제가 발생했다고 표현한다. 반면 제3자의 편익을 감소시키는 외부성(음의 외부성)을 소비 측면에서 외부불경제가 발생했다고 한다.

 ※ 제3자의 비용을 감소시키는 외부성(양의 외부성)을 생산 측면에서 외부경제가 발생했다고 한다. 제3자의 비용을 증가시키는 외부성(음의 외부성)을 생산 측면에서 외부불경제가 발생했다고 한다.

(2) 외부효과와 시장실패

① 자원배분의 효율성을 달성한다는 것은 시장에서 수요과 공급이 만나는 지점에서 생산이 이루어진다는 것이다. 즉 한계편익곡선과 한계비용곡선이 만나는 지점이 효율적이라는 것이다. 사회후생극대화를 계산할 때의 한계편익곡선과 한계비용곡선은 사회 전체 한계편익(Social Marginal Benefit : SMB)과 사회 전체 한계비용(Social Marginal Cost : SMC)을 의미한다.

② 사회한계편익＝개인한계편익＋제3자 한계편익, 즉 SMB＝PMB＋EMB이 성립한다.

사회한계비용＝개인한계비용＋제3자 한계비용, 즉 SMC＝PMC＋EMC이 성립한다.

　※ EMB : External Marginal Benefit, 제3자의 한계편익

　　EMC : External Marginal Cost, 제3자의 한계비용

③ 만일 외부효과가 0이라면 개인한계편익(Private Marginal Benefit : PMB)＝사회한계편익(SMB)이 될 것이고, 개인한계비용(Private Marginal Cost : PMC)＝사회한계비용(SMC)일 것이다.

④ 소비에서 외부경제가 발생한 경우, 즉 제3자의 한계편익(EMB)＞0인 경우. 결국 사회한계편익(SMB)＝개인한계편익(PMB)＋제3자 한계편익(EMB)이므로 SMB＞PMB가 된다. 그리고 생산에서의 외부성은 가정하지 않았으므로 SMC＝PMC이다.

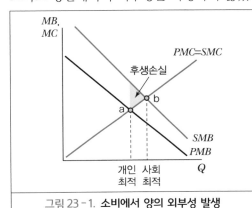

그림 23 - 1. **소비에서 양의 외부성 발생**

좌측 그림에서 개인의 최적 지점은 점 a이고, 사회 최적 지점은 점 b이다. 긍정적 외부효과를 유발하는 거래는 사회 최적보다 그 거래량이 적다. 이때 사회후생손실이 발생한다. 따라서 정부는 보조금을 지급하여 개인의 거래량을 늘리는 지원정책을 고려해볼 수 있다(다만 정부예산이 소요되므로 긍정적 외부효과 유발 거래를 모두 지원해 줄 수는 없다).

위 사례에서 정부가 보조금을 지급하여 시장실패를 교정한다면 소비자, 생산자 둘 중 누구에게 지급하는 것이 바람직할까? 보통은 생산자에게 단위당 보조금을 지급하는 것이 일반적이다(소비자에게 보조금을 지급할 경우 해당 재화 말고 다른 재화를 구입할 가능성이 있기 때문이다).

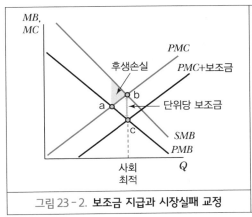

그림 23 - 2. **보조금 지급과 시장실패 교정**

좌측 그림에서 정부가 점 b와 점 c의 수직의 길이만큼 생산량 1단위당 보조금을 기업에게 제공해 준다면 개별기업의 공급곡선은 좌측 그림 점 c를 지나는 검은색 선이 된다. 이때 시장균형은 점 c에서 이루어지므로 개인들의 거래량이 사회 최적 수준에 다다르고 사회후생손실도 제거된다.

⑤ 소비에서 부정적 외부효과가 발생한 경우(PMB > SMB)

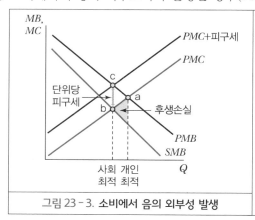

그림 23 - 3. 소비에서 음의 외부성 발생

좌측 그림에서 개인의 최적 지점은 점 a이고, 사회 최적 지점은 점 b이다. 부정적 외부효과를 유발하는 거래는 사회 최적보다 그 거래량이 많아 사회후생손실이 발생한다. 이때 정부는 점 b와 점 c의 수직 길이만큼의 징벌적 세금(피구세)을 부과하여 후생손실을 제거할 수 있다.

⑥ 생산에서 긍정적 외부효과가 발생한 경우(PMC > SMC)

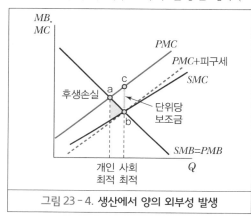

그림 23 - 4. 생산에서 양의 외부성 발생

좌측 그림에서 개인의 최적 지점은 점 a이고, 사회 최적 지점은 점 b이다. 긍정적 외부효과를 유발하는 거래는 사회 최적보다 그 거래량이 적어 사회후생손실이 발생한다. 이때 정부는 점 b와 점 c의 수직 길이만큼의 단위당 보조금을 생산자에게 지급하여 후생손실을 제거할 수 있다.

⑦ 생산에서 부정적 외부효과가 발생한 경우(PMC < SMC)

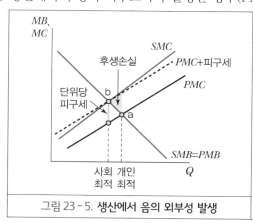

그림 23 - 5. 생산에서 음의 외부성 발생

좌측 그림에서 개인의 최적 지점은 점 a이고, 사회 최적 지점은 점 b이다. 부정적 외부효과를 유발하는 거래는 사회 최적보다 그 거래량이 많아 사회후생손실이 발생한다. 이때 정부는 점 b와 점 c의 수직 길이만큼의 징벌적 세금(피구세)을 부과하여 후생손실을 제거할 수 있다.

(3) 코즈정리

① 외부효과(특히 부정적 외부효과)가 발생한 경우 정부가 개입하여 사회 최적 수준으로 거래량을 규제할 수도 있지만 사소한 외부효과(층간소음 등)를 모두 규제할 수는 없다. 이때 몇 가지 조건이 충족될 경우, 외부효과의 당사자 간 자발적 협상을 통해 외부효과를 내부화할 수 있다. 이를 코즈 정리라 한다.

② 이때 코즈 정리 성립의 요건은
   a. 재산권이 명확히 설정되어야 한다.
   b. 협상 비용이 작아야 한다.
   c. 협상력의 심대한 비대칭이 없어야 한다.

③ 톰이 흡연자이자 집주인, 제리가 세입자이자 비흡연자일 때

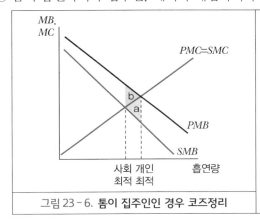

톰의 흡연으로 제리는 사회 최적보다 a+b의 추가 피해를 입는다. 그런데 톰은 사회 최적 수준까지 담배를 줄이면 b만큼 손해를 입는데 제리는 톰이 사회 최적 수준까지 담배를 줄인다면 최대 a+b만큼 톰에게 지불할 용의가 있다. 따라서 톰과 제리는 b와 b+a 사이에서 적절히 협의하여 톰으로 하여금 흡연량을 사회 최적 수준까지 줄이도록 할 수 있다.

그림 23 - 6. **톰이 집주인인 경우 코즈정리**

④ 여기서 재산권만 명확하면 된다. 외부효과를 유발하는 경제 주체의 재산권 귀속여부는 중요치 않다. 예를 들어 흡연자인 톰으로 인하여 비흡연자인 제리가 피해를 입는다고 할 때, 집주인이 톰이고 세입자가 제리여도 협상이 가능하며, 반대로 톰이 세입자이고 제리가 집주인이여도 협상이 가능하다.

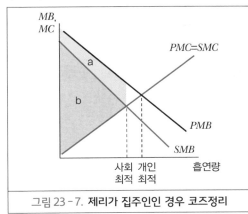

톰이 세입자이므로 담배를 전혀 못 피게 되었다. 그런데 톰이 만일 사회 최적 수준까지 담배를 피울 수 있다면 a+b의 순편익을 얻는다. 이때 제리의 피해는 a이다. 따라서 톰은 제리와 적절히 협상하여 a와 a+b 사이의 가격으로 담배를 사회 최적 수준까지 피울 수 있는 권한을 구매할 수 있다.

그림 23 - 7. **제리가 집주인인 경우 코즈정리**

(4) 오염배출권 거래제도

① 피구세 등 직접적 규제로 부정적 외부효과를 유발하는 거래를 사회 최적 수준으로 강제할 수 있다. 그런데 오염배출권 거래제도를 이용하면 보다 효율적으로 사회 최적 수준으로 규제량을 유도할 수 있다.

② 탄소배출권 거래제도의 예를 들어본다. 아래와 같은 오염배출 저감 비용과 오염 배출량을 가정하자.

기업	탄소배출량	규제량	오염저감비용	총비용
A	8톤	5톤	톤당 2만 원	6만 원
B	7톤	5톤	톤당 3만 원	6만 원

표 23 - 1. **오염저감 비용 예시**

정부가 각 기업에 5톤의 강제 수량 규제를 할 경우 각 기업의 저감비용은 6만 원으로 사회총비용은 12만 원이 소요된다. 그런데 각 기업에 1장당 1톤을 자유롭게 배출할 수 있는 오염배출권을 각각 5장을 배부한다면?

기업 A는 오염배출권이 2만 원 이상이면 판매하고 2만 원 이하면 구매할 것이다. 기업 B는 오염배출권이 3만 원 이상이면 판매하고 3만 원 이하면 구매할 것이다. 따라서 기업 A와 기업 B는 2만 원과 3만 원 사이에서 가격을 흥정하여 오염배출권을 거래할 것이다. 물론 기업 A는 배출권을 판매하고 B가 구입할 것이다. 오염배출권 가격을 2만 5천 원이라고 하자. B는 2장을 구매하여 저감비용은 한 푼도 지불하지 않는다. 대신 배출권 구입비용 5만 원을 지불한다. A는 2장을 판매하여 5만 원의 수익을 얻지만, 오염저감량은 5톤으로 19만 원의 오염저감비용이 발생한다. 따라서 A의 순비용도 5만 원이다. 즉, 오염배출권 거래제도를 활용하는 경우 오염규제량은 직접규제와 동일한 총 10톤으로 맞출 수 있지만 기업의 순비용이 절감된다.

기업	탄소배출량	배출권	오염저감비용	저감비용	배출권수익	순비용
A	8톤	5장	톤당 2만 원	10만 원	5만 원	5만 원
B	7톤	5장	톤당 3만 원	0	−5만 원	5만 원

표 23 - 2. **오염배출권 거래 시 상호 이익**

※ 오염배출권 거래 시 각 기업이 이익을 얻는 원리는 비교우위의 원리와 일치한다.

24. 공공재

공공재와 공유지의 비극에 대해 학습한다.

- 공공재
- 공유지의 비극
- 무임승차 문제
- 린달 모형

(1) 공공재의 정의

공공재(Public Goods)란 비경합성이나 비배제성을 띤 재화(서비스) 중 정부가 공공의 목적을 위해 시장에 제공하는 재화(서비스)를 의미한다. 비경합성과 비배제성을 모두 띠는 재화를 순수공공재라 하고 둘 중 하나의 특성만을 띠는 재화를 비순수공공재라 한다.

(2) 비경합성과 비배제성

① 정해진 양의 재화(서비스)를 동시에 여럿이 나누어 소비할 때, 혼자 소비할 때보다 양이나 질이 저하되는 성질을 소비에서의 경합성(Rivalry)이라고 한다. 반대로 혼자 소비하나 여럿이 동시에 나누어 소비하나 양이나 질의 저하가 없다면 이는 비경합성(Non-Rivalry)을 띤다고 한다. 비경합성을 띠는 재화나 서비스의 예로는 가로등, 에어컨, 케이블 TV, 널리 알려진 과학지식 등이 있다.

② 돈을 지불하지 않는 소비자를 소비에서 배제시킬 수 있는 성질을 배제성(Excludable)이라 한다. 반대로 돈을 내지 않은 소비자도 소비에서 배제시킬 수 없다면 이는 비배제성을 띤다고 한다. 예를 들어 동네 공원 벤치는 비배제성(Non-Excludable)을 띤다.

※ 한산한 도로는 비경합적이다. 그러나 점차 막히기 시작하는 도로는 경합성을 띠게 된다

③ 비경합성과 비배제성을 기준으로 재화(서비스)를 아래의 4가지 범주로 나눌 수 있다.

	경합성	비경합성
배제성	일반 사적 재화 (콜라, 피자, 주택 등)	케이블TV, 한산한 고속도로, 영화관 등
비배제성	공중화장실, 공유자원 등	국방, 치안, 가로등, 등대 등
표 24-1. 공공재 구분		

※ 비경합성과 비배제성을 띠지 않지만 정부가 공공목적으로 시장에 제공하는 재화(서비스)를 가치재(Merit Goods)라 한다. 예를 들면 공교육, 공공의료, 공공주택 등이 있다.

(3) 공유자원

① 공유자원(Common Resource)이란 말 그대로 주인이 없는 공동 소유의 자원을 말한다.

② 공유자원은 경합성을 띠나 배제성은 띠지 않는다. 따라서 먼저 가서 쓰는 사람이 임자이다. 그런데 재산권이 명확하지 않으므로 그 누구도 고갈을 염려하지 않으며 보전하려고 하지 않는다. 따라서 공유자원은 금세 고갈되고 황폐화되기 십상인데 이를 공유지의 비극이라 한다.

③ 공유지의 비극을 막기 위해 재산권을 사유화하거나 정부의 개입이 요구된다. 자연휴식년 제, 금어기의 설정 등이 공유자원의 비극을 막기 위한 정부의 정책이다.

(4) 무임승차 문제

① 무임승차 문제는 순수공공재에서 발생하며 순수공공재의 부족을 야기하는 현상이다.

② 예를 들어 어두운 골목길에 가로등을 설치하고자 한다(설치비＝100만 원, 유지비＝0원). 가로등 설치 시 톰과 제리 모두 125만 원의 편익을 얻는다고 하자. 따라서 톰과 제리 누가 가로등을 설치하든 무방하다. 그러나 톰과 제리는 상대방이 가로등을 설치할 때까지 기다 리며 이를 위해 자신이 가로등을 원하고 있다는 사실을 숨길 것이다.

(5) 린달모형

① 비경합성을 띠는 재화의 사회 적정 수요곡선은 개인 한계편익 곡선을 수직으로 합산하여 도출한다.

② 예를 들어 같은 방을 쉐어하는 룸메이트 톰과 제리의 방향제에 대한 한계편익이 다음과 같 다고 하자. 그리고 이 방향제는 비경합성을 띤다. 즉, 1개만 구입해도 톰과 제리에게 모두 한계편익 8$, 12$를 가져다 준다.
또한 이 방향제의 시장가격은 9$로 일정하다고 하자.

수량	1	2	3	4	5	6	7
톰의 한계편익	8$	7$	6$	5$	4$	3$	2$
제리의 한계편익	12$	10$	8$	6$	4$	2$	0$

표 24 - 2. **톰과 제리의 방향제에 대한 한계편익**

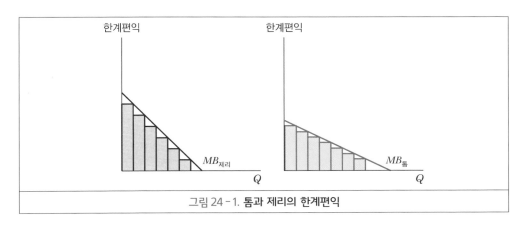

그림 24 - 1. **톰과 제리의 한계편익**

③ 이때 톰과 제리의 순편익을 극대화하는 방향제 구입량은 얼마인가?

수량	1	2	3	4	5	6	7
톰의 한계편익	8$	7$	6$	5$	4$	3$	2$
제리의 한계편익	12$	10$	8$	6$	4$	2$	0$
톰＋제리 한계편익	20$	17$	14$	11$	8$	5$	2$
톰＋제리 총편익	20	37	51	62	70	75	77
총비용	9	18	27	36	45	54	63
톰＋제리 순편익	11	19	24	26	25	21	14

표 24 - 3. **톰과 제리의 방향제에 대한 순편익**

위 표에서 알 수 있듯 톰과 제리의 순편익이 극대화되는 방향제 구입량은 4개이다.

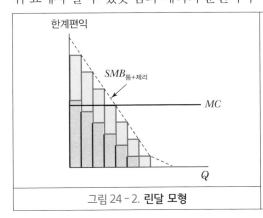

그림 24 - 2. **린달 모형**

좌측 그림은 톰과 제리의 한계편익곡선을 수직으로 합산한 것이다. 소득효과를 무시한다면 한계편익곡선이 수요곡선과 일치하므로 비경합성을 띠는 재화의 경우에는 각자의 수요곡선을 수직으로 합산한 곡선이 시장 전체 수요곡선이 된다.

그리고 해당 재화의 한계비용곡선[3]과 시장 전체 수요곡선이 만나는 지점이 사회후생이 극대화되는 최적 거래량이다.

---

3) 위 사례에서 방향제의 시장가격 9$는 톰과 제리의 입장에서 한계비용이 된다.

25. 조세부담의 귀착

조세의 종류와 물품세 부과 시 후생변화에 대해 학습한다.

- 세금의 종류
- 물품세와 조세귀착
- 탄력성과 조세귀착

(1) 세금의 종류

① 조세는 징수 주체에 따라 국세와 지방세로 나뉜다. 국세는 중앙정부의 재정수입의 원천으로 소득세, 법인세, 부가세 등이 여기에 해당된다. 지방세는 지방소득세, 등록세 등이 있다.

② 또한 조세는 세율에 따라 누진세, 비례세, 정액세 등으로 구분하기도 한다. 누진세는 과세표준이 증가함에 따라 계단식으로 상승하는 세금이다. 소득세와 법인세가 누진세에 해당된다. 비례세는 정률세로서 과세표준에 일정한 세율을 곱하여 책정한다. 부가세가 대표적인 비례세이다. 정액세는 인두세로서 과세표준과 무관하게 정해진 금액을 부과하는 세금을 의미한다. 주민세 등이 여기에 해당된다.

※ 누진세가 강화되면 소득재분배의 효과가 강화된다.

(2) 직접세와 간접세

① 직접세란 납세자와 담세자가 일치하는 세금을 말한다. 소득세와 법인세가 여기에 해당된다. 반면 간접세는 납세자와 담세자가 일치하지 않는 세금을 말한다. 부가세가 여기에 해당된다. 부가세는 소비자의 부담을 야기하지만 소비자가 직접 국세청에 납부하지는 않는다. 따라서 부가세는 간접세이다. 부가세는 조세징수의 행정편의가 크다. 또한 간접세는 조세저항이 크지 않다는 장점을 지닌다.

② 그러나 간접세는 조세형평성을 왜곡하는 문제를 야기한다. 저소득자는 세금을 면제받아야 하는데, 저소득자라도 물품을 구입할 때마다 간접세를 부담해야 하기 때문이다.

(3) 물품세와 후생손실

※ 보통 물품세는 물품가액에 정률세를 곱한 종가세이나 논의를 편하게 하기 위해 물건수량마다 정액세를 부과하는 종량세로 가정하고 논의를 진행한다.

※ 또한 조세징수 편의를 위해 소비자에게 물품세를 부과하지 않고 생산자에게 물품세를 부과한다.

① 조세부과 전 시장의 균형은 아래 그림의 점 A이다. 균형거래량은 Q_1이고, 시장균형가격은 P_1이다.

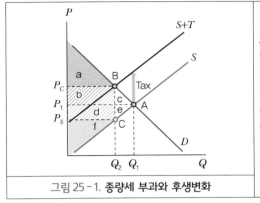

그림 25 - 1. 종량세 부과와 후생변화

그런데 정부가 단위당 종량세 t를 (생산자에게) 부과하면 소비자가 직면하는 공급곡선은 S+T곡선이 된다. 따라서 조세부과 후 소비자는 점 B에서 거래하게 된다. 즉 소비자는 Q_2의 수량을 개당 P_c의 가격을 주고 구입한다. 그리고 생산자는 제품 1개를 팔 때마다 소비자에게 수취한 P_c의 가격에서 종량세를 제외한 P_s의 한계수입을 얻는다. 따라서 생산자는 점 C에 위치하는 것이다.

② 조세부과 전 소비자 잉여는 a+b+c이나 종량세 부과 후 a로 감소한다. 한편 조세부과 이전 생산자 잉여는 d+e+f이나 조세 부과 후 생산자 잉여는 f로 감소한다.

③ 그리고 조세 부과 후 정부의 조세수입은 b+d이며, c+e는 종량세 부과로 인한 사회후생손실이다.

④ 이때 정부의 조세수입 b+d 중 b는 소비자의 후생에서 흡수된 것이며 d는 생산자의 후생에서 흡수된 것이다. 이를 조세귀착이라 한다.

(4) 수요 탄력성, 공급 탄력성과 조세귀착

① 수요가 탄력적일수록 공급이 비탄력적일수록 소비자 귀착이 감소하고 생산자 귀착이 증가한다. 반대로 수요가 비탄력적이고 공급이 탄력적일수록 소비자 귀착이 증가하고 생산자 귀착이 감소한다.

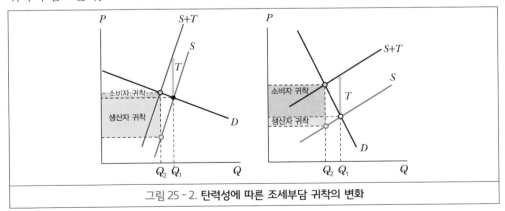

그림 25 - 2. 탄력성에 따른 조세부담 귀착의 변화

② 공급이 완전비탄력인 경우, 소비자의 조세부담은 0가 되고 조세 전액을 공급자가 부담한다. 또한 사회후생손실은 0이다. 반대로 수요가 완전비탄력적인 경우 공급자의 조세부담 0이 되고 소비자가 조세를 전액 부담하게 된다. 또한 이 경우에도 사회후생손실은 0이다.

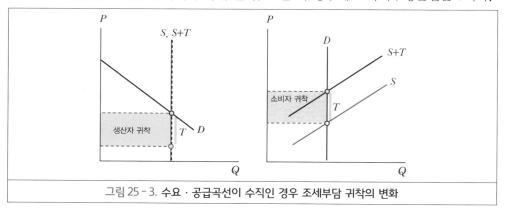

그림 25 – 3. **수요 · 공급곡선이 수직인 경우 조세부담 귀착의 변화**

③ 한편 수요가 완전탄력적이라면 공급자가 조세를 전액 부담한다. 그리고 이 경우에 사회후생손실은 존재한다. 공급이 완전탄력적이라면 소비자가 전액 조세를 부담한다. 또한 사회후생손실은 여전히 존재한다.

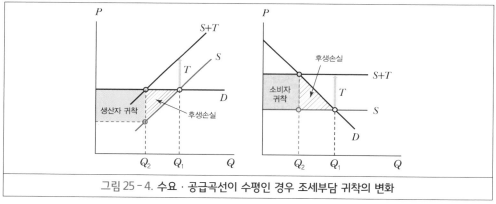

그림 25 – 4. **수요 · 공급곡선이 수평인 경우 조세부담 귀착의 변화**

※ 수요과 공급이 모두 비탄력적일수록 사회후생손실의 크기는 감소한다.

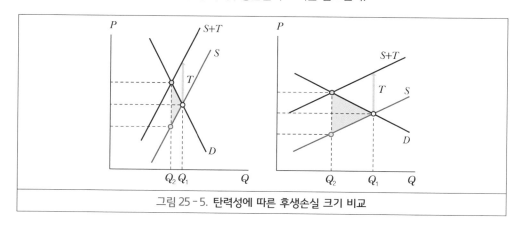

그림 25 – 5. **탄력성에 따른 후생손실 크기 비교**

※ 종가세가 부과될 경우

무게나 개수에 대한 일정 크기의 세금을 매기는 종량세가 아닌 물품가액의 일정비율을 매기는 종가세라면 (현행 부가세가 대표적인 종가세이다)?

종가세가 부과되면 소비자가 직면하는 공급곡선의 기울기가 세율만큼 더 가팔라지게 된다.

더 정확하게는 공급곡선을 $(1-t)$로 나눠 줘야 한다. 예를 들어 종가세 부과 전 시장공급곡선이 $P=kQ+b$ 였는데, 정부가 물품가액의 10%만큼 종가세를 부과한다면 이제 소비자가 직면하는 시장공급함수는 $P^t = \dfrac{k}{0.9}Q + \dfrac{b}{0.9}$ 가 된다.

※ 물품세가 소비자에게 부과될 경우

물품세를 소비자로부터 징수할 경우에도 경제적 효과는 생산자에게 부과한 경우와 동일하다. 만일 개당 t원 의 종량세를 소비자에게 부과한다면 이제 소비자의 실질소득 감소로 소비자의 수요곡선이 t원만큼 하방으로 내려앉는다.

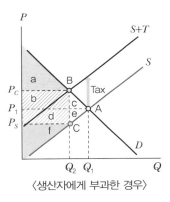
〈생산자에게 부과한 경우〉

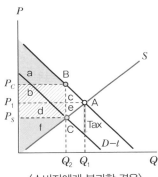
〈소비자에게 부과한 경우〉

위 그림 우측이 소비자에게 종량세 t원을 부과한 경우이다. 이때 소비자의 수요곡선은 점 c를 지나는 D−t 곡선이 되어 이제 생산자는 점 C에서 P_s의 가격으로 Q_2만큼 판매한다. 소비자는 생산자에게 P_s의 가격을 지불하고 집에 가는 길에 세무서에 들러 t원을 따로 납부한다. 즉 소비자는 Q_2의 수량을 개당 P_c의 가격으로 구매한 것이다.

이처럼 물품세를 소비자에게 부과하나 생산자에게 부과하나 모든 경제적 효과는 동일하다. 다만 조세행정 편의 측면에서 생산자에게 부과하는 것이 효율적이다.

26. 정보경제학

정보비대칭으로 인한 시장실패와 완화방안에 대해 학습한다.

- 역선택의 의미
- 신호발송과 선별
- 도덕적 해이
- 본인-대리인 문제
- 유인설계

(1) 정보비대칭

정보비대칭(Asymmetric Information)이란 거래 당사자 간 거래 품목이나 행위에 대한 정보의 양과 질이 비대칭한 상황을 의미한다. 이로 인하여 역선택과 도덕적 해이가 유발된다. 이는 시장실패로 간주된다.

(2) 역선택(Adverse Selection)

① 역선택은 거래 선택이전 제품의 감추어진 특성에 의해 발생하는 정보비대칭 문제이다. 중고차 시장(Lemon Market) 등이 역선택이 발생하는 대표적 사례이다.

② 사례(레몬마켓)

중고차 판매자는 자신이 파는 중고차의 품질을 정확히 파악하고 있다. 반면 구매자는 중고차의 실제 품질을 정확히 파악하지 못하고 있다.

	판매자의 판매의향금액	구매자의 구매의향금액
양질	1,000만 원	1,200만 원
저질	400만 원	600만 원

표 26-1. 중고차 시장에서 판매자와 구매자의 의향

중고차 시장에 양질의 차와 저질의 차가 50 : 50의 비율로 혼재되어 있다고 하자. 그리고 50대 50으로 혼재되어 있다는 사실은 구매자도 파악하고 있다고 하자. 그렇다면 구매자는 겉으로는 양질의 차와 저질의 차를 구분하지 못하므로 자신의 구매의향금액의 확률평균값인 900만 원을 제시할 것이다(왜 확률평균값을 제시하는지는 게임이론을 통해 분석해야 한다. 본서의 범위를 넘어서므로 생략).

그렇다면 정말 양질의 품질의 차를 판매하려는 판매자와는 가격흥정에 실패하게 되고 저질의 차를 판매하는 판매자만 시장에 남게 될 것이다. 나중에 구매자도 이 시장에는 저질의 차만 남았다는 것을 깨닫게 될 것이고 결국 중고차 시장에서는 100% 저질의 차만 거래될 것이다. 이는 '악화가 양화를 구축한다.'라는 그레샴의 법칙으로 표현된다. 이러한 상황을 역선택이라고 한다.

(3) 역선택의 여러 가지 사례들

① 구직시장 : 구직시장에서는 구직자가 제품(자기자신의 노동력)에 대한 정보를 보다 많이 지니고 있다.

	구직자의 유보임금	회사의 제시임금
양질	1억 원	1억 2,000만 원
저질	3,000만 원	4,000만 원
표 26 – 2. 구직시장에서의 역선택		

회사는 8,000만 원의 임금을 제시할 것이고 양질의 인재는 이 제안을 받아들이지 않는다.

② 보험시장 : 보험시장에서는 가입자가 보다 많은 정보를 지니고 있다.

	가입지의 가입의향금액	보험회사의 제시보험료
난폭운전자	100만 원	90만 원
안전운전자	20만 원	10만 원
표 26 – 3. 보험시장에서의 역선택		

보험회사는 50만 원의 보험료를 제시할 것이고 안전운전자는 보험가입을 포기한다.

(4) 역선택 완화방안

① 신호발송(Signaling) : 신호발송이란 정보를 지닌 측이 구매자에게 자신이 양질의 제품을 판매하고 있다는 사실을 증명하는 전략이다. 예를 들면 좋은 차를 파는 판매자가 구매자에게 AS를 보장해주거나, 시승을 제안하거나, 정비기록을 보여주는 등의 전략이다. 광고, 표준화, 평판쌓기(브랜드 가치 구축), 인증마크 획득 등도 신호발송 전략이다.

② 선별(Screening) : 선별은 정보가 부족한 측이 판매자에게 여러 가지 자료나 정보를 요구하는 전략이다. 중고차 구매자가 보험기록, 사고기록을 요구하거나, 회사가 구직자의 성적이나 생활기록부 등을 요구하는 전략이다. 만일 중고차 구매자가 판매자에게 시승을 요구하면 이는 선별전략이다.

  ※ 책임보험, 건강보험의 강제가입제도는 역선택을 완화하는 방안이라고 볼 수 있다. 다만 이러한 강제가입제도 하에서는 안전한 성향의 운전자, 건강한 가입자 등이 상대적으로 손해를 입을 수 있다.

(5) 도덕적 해이(Moral Hazard)

① 도덕적 해이는 선택 이후에 감추어진 행동으로 인하여 발생하는 정보비대칭 문제이다. 계약 체결 이후 성실한 노력을 게을리하는 태만이 가장 대표적 사례이다. 특히 의뢰인과 대리인 사이에 발생하는 도덕적 해이를 본인 – 대리인 문제(Principal – Agent Problem)라고 한다.

② 화재 보험가입 이후 화재예방을 게을리하거나, 정규직 입사 이후 근무태만에 빠지는 등의 여러 가지 현실적 사례가 있다.

(6) 도덕적 해이 완화방안

① 가장 대표적인 방법은 감시(Monitoring)이다. 그러나 비용문제 등 현실에 적용하기에 여러 가지 어려움이 많다.

② 두 번째 방안은 유인설계(Incentive Design)이다. 다시 말해 계약 이후 도덕적 해이에 빠지지 않도록 당근과 채찍을 적절히 설계하는 방식이다. 성과급제도, 공동보험제도, 기초공제제도 등이 대표적 예이다.

③ 스톡옵션제도도 전문경영인 및 임직원에 대한 도덕적 해이 방지를 위한 대표적 유인설계 방식이었다. 그러나 스톡옵션 제안 시 전문경영인이 단기성과에 치중하는 등 또 다른 형태의 도덕적 해이가 발생하여 이에 대한 보완이 요구된다.

④ 유인설계 구상 시 성과 측정의 어려움 팀 성과의 배분 등 현실에 적용하기 어려운 애로사항 등도 있다. 이에 대한 구체적인 해결방안은 현재 미시경제학(계약이론)에서 활발히 연구 중이다.

※ 효율성임금(Efficiency Wage)과 신용할당(Credit Ration)

거시경제학에서도 주요한 개념인 효율성 임금과 신용할당은 대표적인 새케인지안의 가격경직성 이론인데, 여기에는 역선택과 도덕적 해이를 방지하려는 기업과 은행의 전략적 원리가 담겨 있다.

효율성 임금이란 어느 기업이 노동자에게 시장균형임금보다 높은 수준의 임금(효율성 임금)을 지급하는 것이다. 이렇게 되면 해당 기업에 구직자가 몰리게 되는데 이로 인해 기업은 선별이 용이해지는 이점을 얻게 된다. 또한 효율성임금은 노동자의 태업과 이직을 방지하는 효과적인 유인설계 전략이 되기도 한다.

한편 시중 은행(주로 1금융권)은 대출을 원하는 차입자에게 시장균형이자율보다 낮은 이자율로 대출을 해주는데, 때문에 대출시장은 항상 초과수요(차입금)대부금)가 발생한다. 은행이 시장균형이자율보다 낮게 대출을 해줌으로써 얻는 이점은 효율성 임금과 마찬가지로 선별이 용이해지는 것이다. 즉 위험한 투자자보다는 안전성향이 높은 투자자를 고를 수 있는 가능성이 높아지게 된다. 또한 이자율을 낮게 책정함으로써 안전하게 투자하려는 성향의 투자자가 높은 이자부담을 견디지 못해 위험한 투자로 전략을 선회하려는 것을 방지해준다. 즉 차입자로 하여금 안전한 투자를 지속하도록 일종의 유인설계 전략의 효과를 주는 것이다.

효율성 임금은 20세기 초 포드에 의해 시행되었다. 신용할당 역시 이전부터 널리 퍼진 금융기법이다. 1980년대에 조지프 스티글리츠 교수가 이에 대한 원리를 밝혔고 이에 대한 공로로 2001년 노벨경제학상을 수상하였다.

미시경제학 연습문제

01 아래 생산가능곡선과 관련하여 올바른 서술은?

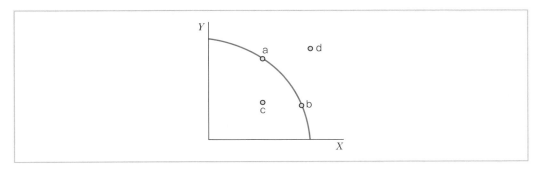

① Y재 생산의 기회비용은 점 a보다 점 b가 더 크다.
② 기회비용은 점차 체증한다.
③ 모든 자원이 생산에 투입된 경우 점 c에 도달할 수 없다.
④ 기술진보로 점 d에 도달하면 X재 생산의 기회비용이 점 b보다 하락한다.
⑤ 규모의 경제가 성립한다.

정답 | ②
해설 | 생산가능곡선이 원점에 대해 오목하므로 기회비용은 체증한다.
　　　① Y재 생산의 기회비용은 점 a에서 더 크다.
　　　③ 모든 자원이 투입되어도 효율적으로 투입되지 못하다면 생산가능곡선 내부에서 생산될 수 있다.
　　　④ 실제 d점을 지나는 생산가능곡선의 기울기를 확인해야 한다.

02 재화 X에 대한 시장수요함수, 시장공급함수가 각각 $Qd = -4P + 1,600$, $Qs = 8P - 800$일 때, 균형가격과 균형거래량은?

① $P = 190$, $Q = 840$
② $P = 195$, $Q = 820$
③ $P = 200$, $Q = 800$
④ $P = 205$, $Q = 780$
⑤ $P = 210$, $Q = 760$

정답 | ③
해설 | 균형에서는 수요량과 공급량이 일치해야 한다.

03 밑줄 친 변화에 따라 각국의 노동시장에서 예상되는 현상으로 옳은 것은?(단, 노동수요곡선은 우하향, 노동공급곡선은 우상향하고, 다른 조건은 일정하다.)

> • 甲국에서는 (A)인구 감소로 노동시장에 참여하고자 하는 사람들이 감소하였다.
> • 乙국의 정부는 (B)규제가 없는 노동시장에 균형임금보다 높은 수준에서 최저임금제를 도입하려고 한다.

① (A) : 노동수요 감소, (B) : 초과수요 발생
② (A) : 노동수요 증가, (B) : 초과공급 발생
③ (A) : 노동공급 감소, (B) : 초과수요 발생
④ (A) : 노동공급 증가, (B) : 초과공급 발생
⑤ (A) : 노동공급 감소, (B) : 초과공급 발생

정답 | ⑤
해설 | A는 노동공급 감소 요인, 최저임금은 노동의 초과공급 발생 요인이다.

04 밑줄 친 변화에 따라 2018년 Y재 시장에서 예상되는 현상으로 옳지 않은 것은?(단, 수요곡선은 우하향, 공급곡선은 우상향하며, 다른 조건은 일정하다.)

> • 2017년 Y재 시장의 균형가격은 70만 원이며, 균형거래량은 500만이다.
> • 2018년에 Y재 생산에 필요한 부품 가격이 상승하였다.

① 공급곡선은 왼쪽으로 이동한다.
② 균형가격은 낮아진다.
③ 균형거래량은 줄어든다.
④ 소비자잉여는 감소한다.
⑤ 사회적 후생은 감소한다.

정답 | ②
해설 | 요소가격의 상승으로 Y재 공급곡선이 좌측으로 이동하며, 이로 인해 균형가격은 상승한다.

05 수요의 가격탄력성에 대한 설명으로 옳은 것은?

① 수요곡선의 기울기가 일정하면 가격탄력성도 일정하다.

② 가격탄력성이 1이면 수요곡선의 기울기도 1이다.

③ 가격탄력성이 1보다 크면 가격이 하락할 경우 지출액은 증가한다.

④ 완전비탄력적인 경우 가격이 하락하여도 지출액은 변하지 않는다.

⑤ 대체재가 많을수록 탄력성은 줄어든다.

정답 | ③

해설 | 지출액의 변화율 = 가격변화율+수요량변화율이며, 가격탄력성이 1보다 큰 경우 '가격변화율의 절댓값 < 수요량변화율의 절댓값'이 되어 가격이 하락할 시 지출액은 증가한다.

06 X재와 Y재는 소비에서 대체관계이고, X재와 Z재는 소비에서 보완관계이다. 이때 X재의 시장가격이 변화한 경우, 아래 설명 중 올바른 것은?

① Y재에 대한 지출액이 증가하였고 X재가 탄력적인 구간에서 소비된다면 X재에 대한 지출액은 감소한다.

② Z재에 대한 지출액이 감소하였고 X재가 비탄력적인 구간에서 소비된다면 X재에 대한 지출액은 감소한다.

③ X재에 대한 공급의 증가는 Y재에 대한 지출액 증가요인이다.

④ Y재와 Z재는 보완관계이다.

⑤ Y재와 Z재는 대체관계이다.

정답 | ①

해설 | Ceteris Paribus 가정에 따라 Y재 가격은 불변이지만, Y재에 대한 지출액이 증가하였다는 것은 Y재에 대한 수요가 증가한 것을 의미한다. X재와 Y재가 대체관계이므로 X재의 가격은 상승한 것이다. 그런데 X재 가격이 상승하였고 X재 소비지점이 수요곡선상 탄력적인 구간에 위치한다면 X재에 대한 지출액은 감소한다.

② Z재 수요는 감소하였으므로 X재 가격이 상승한 것이다. 비탄력적 구간에서 가격의 상승은 지출액 증가요인이다.

③ X재 공급 증가는 X재 수요량의 증가를 야기한다. 따라서 대체관계인 Y재 수요는 감소한다.

④, ⑤ Y재와 Z재의 대체 · 보완 관계여부는 확인할 수 없다.

07 다음 보기를 바탕으로 옳지 않은 서술을 고르면?

> - 갑의 현재 재산은 100이다.
> - 투자안 A는 재산 100을 전부 투자하여 50%의 확률로 재산이 225가 되거나 50%의 확률로 재산이 0이 된다.
> - 투자안 B는 재산 100을 전부 투자하여 50%의 확률로 재산이 144가 되거나 50%의 확률로 재산이 81이 된다.

① 기대소득은 투자안 A와 B가 같다.
② 갑이 위험기피자라면 기대효용은 투자안 B가 투자안 A보다 높다.
③ 갑이 위험중립자라면 아무런 투자도 하지 않을 것이다.
④ 갑이 위험선호자라면 투자안 A를 B보다 더 선호할 것이다.
⑤ 갑의 재산에 대한 한계효용이 체감한다면 갑은 A와 B중에서는 B를 선호한다.

정답 | ③
해설 | 투자안 A와 투자안 B 모두 동일한 기대소득이며 100보다 크기 때문에 갑이 위험중립자라면 A와 B 둘 중 어느 하나를 선택할 것이다.

08 기업의 단기 비용함수와 관련하여 옳은 설명은?(단 고정비용은 0보다 크다)
① 평균비용이 체증할 때 평균 고정비용과 평균가변비용도 체증한다.
② 한계비용이 체증하는 구간에서는 평균비용도 반드시 체증한다.
③ 한계비용이 체증하는 구간에서는 평균가변비용도 반드시 체증한다.
④ 한계비용이 일정하다면 평균가변비용도 일정하다.
⑤ 한계비용이 체감한다면 이는 규모에 대한 수익이 체증하는 것이다.

정답 | ④
해설 | 한계비용이 일정하면 평균가변비용도 동일하게 일정해진다.

09 기업 A의 총비용곡선에 관한 설명으로 옳지 않은 것은?(단, 생산요소는 한 종류이며, 요소가격은 변하지 않는다.)

① 총평균비용곡선은 U자 모양을 가진다.
② 총평균비용이 하락할 때는 한계비용이 총평균비용보다 크다.
③ 평균고정비용곡선은 직각 쌍곡선의 모양을 가진다.
④ 생산량이 증가함에 따라 한계비용곡선은 평균가변비용곡선 최저점의 아래에서 위로 통과한다.
⑤ 생산량이 증가함에 따라 총비용곡선의 기울기가 급해지는 것은 한계생산이 체감하기 때문이다.

정답 | ②
해설 | 평균비용이 우하향하는 구간에서는 평균비용이 한계비용보다 크다.

10 이윤극대화를 추구하는 기업 C의 단기 비용곡선이 아래 그림과 같다. 이와 관련하여 틀린 서술은?

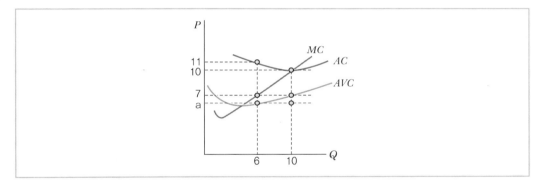

① P=10일 때 총가변비용은 70이다
② P=7일 때 손실총액은 24이다.
③ 고정비용은 30이다.
④ a는 5이다.
⑤ 손익분기점에서의 총수입은 100이다.

정답 | ④
해설 | 고정비용은 30이며, 따라서 a=6이다.

11 독점기업이 직면한 수요곡선이 우하향하는 직선이며, 독점기업이 이윤극대화를 추구할 때 독점기업의 이윤극대화 지점과 관련하여 올바른 설명은?(단, 한계비용은 0보다 크다.)

① 시장가격 = 한계수입 　　　　　　　② 시장가격 = 한계비용
③ 한계수입 > 한계비용 　　　　　　　④ 시장가격 > 한계비용
⑤ 한계수입 < 한계비용

정답 | ④
해설 | 독점기업의 이윤극대화지점에서는 '시장가격 > 한계비용 = 한계수입'의 식이 성립한다.

12 독점기업이 직면한 수요곡선이 우하향하는 직선이며, 독점기업이 이윤극대화를 추구할 때, 독점기업의 이윤극대화 지점과 관련하여 틀린 설명은?(단, 한계비용은 0보다 크다.)

① 수요의 가격탄력성이 탄력적인 구간에서 생산한다.
② 한계수입과 한계비용이 일치한다.
③ 시장가격은 한계비용보다 크다.
④ 정부규제로 인하여 산출량을 늘리면 기업의 판매수입은 줄어든다.
⑤ 자원배분의 효율성이 성립하지 않는다.

정답 | ④
해설 | 독점기업은 현재 탄력적인 구간에서 산출하므로 만일 산출량을 늘리고 시장가격을 낮춘다면 판매수입은 증가한다. 다만, 이윤극대화 지점에서 벗어나므로 이윤은 줄어들게 된다.

13 독점적 경쟁시장의 장기균형에 대한 설명으로 틀린 것은?

① 정상이윤을 획득한다.
② 시장가격과 한계비용은 일치한다.
③ 한계수입과 한계비용은 일치한다.
④ 초과설비를 보유한다.
⑤ 자원배분의 효율성이 성립하지 않는다.

정답 | ②
해설 | 독점적 경쟁의 장기균형에서는 P = AC > MC이다.

14 독점기업 A의 한계비용함수가 MC = Q이고, 기업 A가 직면한 시장전체 수요함수가 P = 90 − Q일 때 독점으로 인한 사회후생손실의 크기를 구하면?

① 150   ② 225

③ 300   ④ 450

⑤ 선지누락

정답 | ②
해설 | 기업 A의 한계수입은 MR = 90 − 2Q이고 한계비용은 MC = Q이므로 독점생산량은 30이다. 또한 독점가격은 60이므로 사회후생손실의 크기는 225가 된다.

15 가격차별의 사례가 아닌 것은?

① 영화관 일반 요금은 1만 원, 심야 요금은 8천 원이다.
② 놀이공원 입장료는 성인 5만 원, 청소년 3만 원이다.
③ 동일한 롱패딩 가격은 겨울에 30만 원, 여름에 20만 원이다.
④ 동일한 승용차 가격은 서울에서 2,000만 원, 제주에서 1,500만 원이다.
⑤ 주간 근무자 수당은 1만 원, 야간 근무자의 수당은 1만5천 원이다.

정답 | ⑤
해설 | ⑤는 서로 다른 노동업무이므로 가격차별의 사례에 해당하지 않는다.

16 기업의 공급함수는 P = 0.5Q이고 한계수입은 100이다. 그런데 이 재화가 생산에서 부정적 외부효과로 외부한계비용을 EMC = xQ만큼 유발하고, 정부는 단위당 50의 피구세를 부과하여 외부효과로 인한 후생손실을 완전히 제거하였다. 이때 x의 크기와 사라진 후생손실의 크기는 얼마인가?

	X	후생손실
①	0.25	2,500
②	0.5	2,500
③	0.25	5,000
④	0.5	5,000
⑤	1	5,000

정답 | ④
해설 | 피구세가 50이므로 외부적 한계비용은 EMC = 0.5Q이며, 피구세 부과 이전 사회후생손실의 면적은 아래 그림에서 푸른색 삼각형의 면적과 같다.

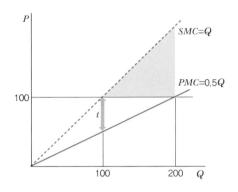

17 다음 (ㄱ)~(ㄹ)에 들어갈 내용으로 옳은 것은?

- 생산의 긍정적 외부효과가 있을 때, (ㄱ)이 (ㄴ)보다 작다.
- 소비의 부정적 외부효과가 있을 때, (ㄷ)이 (ㄹ)보다 크다.

① ㄱ : 사회적 한계비용, ㄴ : 사적 한계비용, ㄷ : 사회적 한계편익, ㄹ : 사적 한계편익
② ㄱ : 사회적 한계비용, ㄴ : 사적 한계비용, ㄷ : 사적 한계편익, ㄹ : 사회적 한계편익
③ ㄱ : 사적 한계비용, ㄴ : 사회적 한계비용, ㄷ : 사회적 한계편익, ㄹ : 사적 한계편익
④ ㄱ : 사적 한계비용, ㄴ : 사회적 한계비용, ㄷ : 사적 한계편익, ㄹ : 사회적 한계편익
⑤ ㄱ : 사회적 한계편익, ㄴ : 사적 한계편익, ㄷ : 사적 한계비용, ㄹ : 사회적 한계비용

정답 | ②
해설 | 생산에서 긍정적 외부효과가 있으면 EMC<0이므로 SMC<PMC이다. 또한 소비에서 부정적 외부효과가 있으면 EMB<0이므로 SMB<PMB이다.

18 A국가의 5명의 소득수준이 1, 2, 3, 4, 5일 때, 이와 관련한 설명으로 올바른 것은?

① 10분위 소득분배율은 0.4이다.
② 로렌츠곡선의 기울기는 45도이다.
③ 중위소득과 평균소득은 동일하다.
④ 지니계수는 0.25이다.
⑤ 완전균등분배상황이다.

정답 | ③
해설 | 10분위 소득분배율은 0.6, 지니계수는 0.50이며 중위소득과 평균소득은 3으로 동일하다.

19 완전경쟁시장에서 개별기업은 U자형의 평균비용곡선과 평균가변비용곡선을 가지며, 시장가격이 350일 때 생산량 50 수준에서 한계비용은 350, 평균비용은 400, 평균가변비용은 200이다. 이와 관련하여 옳은 설명을 모두 고른 것은?

> ㄱ. 평균비용곡선이 우상향하는 구간에 생산량 50이 존재한다.
> ㄴ. 평균가변비용곡선이 우상향하는 구간에 생산량 50이 존재한다.
> ㄷ. 생산량 50에서 음(−)의 이윤을 얻고 있다.
> ㄹ. 개별기업은 단기에 조업을 중단해야 한다.

① ㄱ, ㄴ ② ㄱ, ㄷ
③ ㄱ, ㄹ ④ ㄴ, ㄷ
⑤ ㄴ, ㄹ

정답 | ④

해설 | ㄱ. P=MC의 이윤극대화 산출량은 50이지만, 현재 이윤극대화 지점에서 P<AC이므로 손실이며, 이에 따라 현재 생산량은 평균비용곡선의 최저점 왼쪽이다.
ㄹ. 시장가격은 평균가변비용을 상회하므로 조업중단지점이 아니다.

20 완전경쟁시장에서 공급곡선은 완전 비탄력적이고 수요곡선은 우하향한다. 현재 시장균형가격이 20일 때, 정부가 판매되는 제품 1단위당 4만큼 세금을 부과할 경우 (ㄱ) 판매자가 받는 가격과 (ㄴ) 구입자가 내는 가격은?

① ㄱ : 16, ㄴ : 16 ② ㄱ : 16, ㄴ : 20
③ ㄱ : 18, ㄴ : 22 ④ ㄱ : 20, ㄴ : 20
⑤ ㄱ : 20, ㄴ : 24

정답 | ②

해설 | 공급곡선이 수직이므로 종량세가 부과되면 소비자가는 불변이지만 공급자수취가격은 종량세만큼 하락한다.

MEMO

PART 02
거시경제학

tomato패스

1. GDP와 경기변동

국내총생산의 의미와 거시경제학에서 GDP의 의미를 학습한다.

－총생산과 총지출의 관계
－GDP의 의미와 측정
－명목GDP와 실질GDP
－경기변동에 대한 간략한 소개

(1) 생산과 지출

① 거시경제학의 최대 관심사는 바로 GDP, 국내총생산이다. 생산이 이루어진다는 것은 생산 요소인 고용이 발생한다는 것이며, 이는 요소공급자가 소득을 얻는다는 것이다. 때문에 거시경제학에서 국내총생산은 곧 국내총소득과 일치한다.

② 기업이 생산을 원활히 지속하려면 당연히 판매가 꾸준히 이루어져야 한다. 미시경제 영역에서는 생산＝판매를 의미하지만 거시경제 영역에서는 생산과 판매를 동일시하지는 않는다(거시경제 영역에서는 재고에 대한 의미가 크게 작용한다).

기업이 판매를 한다는 것은 누군가 기업의 제품을 구매한다는 것이다. 다시 말해 거시적 관점에서는 각 경제 주체로부터 적정 수준의 지출이 발생해야 기업의 생산활동이 적정 수준을 유지할 수 있다는 것이다. 여기서 지출은 가계의 소비지출일 수도 있고, 사업 확장을 위한 기업의 투자 목적의 설비구입과 같은 민간투자지출일 수도 있다. 물론 사회간접자본의 확충이나 기타 재정투자 목적의 구매 등의 정부투자지출이 될 수도 있다. 혹은 외국과 교역을 하는 개방경제에서는 수출이 기업의 판매와 생산을 촉진할 수도 있다(반대로 국내 경제 주체가 국산품을 구매하지 않고 대신 외국제품을 구매한다면, 이는 국내 기업의 생산을 위축시킬 수 있다).

③ 이러한 가계, 기업, 정부의 구매(지출) 증가는 각 기업의 생산을 촉진하게 되는데 이로써 고용도 증가하고 각 생산요소의 요소소득도 증가하게 된다. 이러한 관점, 다시 말해 지출의 증가가 생산을 촉진한다는 관점의 이론을 유효수요이론이라 한다.

④ 하지만 각 경제 주체가 지출을 하려면 이를 위한 소득이 있어야 한다. 그러므로 지출 증가는 소득의 증가로부터 비롯된다. 그런데 이 소득은 생산요소의 고용이 늘어날 때 증가한다. 따

라서 생산 증가 → 고용 증가 → 소득 증가 → 지출 증가 → 생산 증가 → … 이런 식의 순환 사이클이 이루어진다. 그렇다면 경제의 선순환구조가 잘 돌아가기 위해서는 제일 먼저 생산을 촉진시켜야 하는가? 고용을 촉진시켜야 하는가? 아니면 소득을 촉진시켜야 하는가? 아니면 지출을 촉진시켜야 하는가? 이는 '닭이 먼저냐, 달걀이 먼저냐'와 유사한 질문이다. 성장하는 경제는 성장하는 어린 아이와 같다. 아이가 건강하게 무럭무럭 잘 자라기 위해서는 잘 먹어야 한다. 잘 먹어야 잘 놀 수 있다(운동 및 야외활동). 잘 놀아야 잘 쌀 수 있다. 잘 싸야 잘 먹을 수 있다. 따라서 이 중 어느 한 과정에서라도 문제가 발생하면 아이의 건강과 체력은 상하게 되고 잘 성장할 수 없다.

아이가 잘 먹는 것이 경제 전체적인 소득이 잘 발생하는 것이다. 잘 노는 것이 소비 및 지출이 잘 유지되는 것이고, 잘 싸는 것이 거시 경제 총생산이 잘 이루어지는 것에 비견될 수 있다. 만일 잘 먹었지만 잘 놀지 않고 집에서만 웅크리고 있는 것은 소비부진에 의한 내수침체라고 할 수 있다. 이는 과잉저축+과소소비의 문제로 경제에 문제를 야기할 수 있다. 잘 놀았지만 잘 싸지 못하는 것은 소비 및 지출이 발생하였음에도 생산이 촉진되지 못하는 상황이다. 이는 생산설비의 낙후나 지속적인 산업투자가 부진한 경우 발생하게 된다. 잘 싸는데 잘 먹지 않는다면 이는 생산의 증가가 요소소득 증가로 이어지지 않는 경우이다. 이때는 소득 분배 시스템을 점검해야 할 필요가 있다.

하지만 가장 큰 문제는 잘 먹지 못해 기운이 없어 잘 못 놀고 신체활동이 없으니 배변활동도 줄어 잘 못 싸고 그러니 잘 먹지를 못하고 다시 기운이 없어 잘 못 노는 식의 악순환이다. 아이가 몸살이 걸리거나 배탈이 나면 이러한 악순환이 시작될 수 있다. 물론 태생적으로 건강한 체질인 아이라면 몸살이나 배탈이 몇 년이고 지속되지는 않고 며칠 푹 쉬면 나을 것이다. 하지만 그 며칠 간의 고생도 아이에게는 고통스럽다. 따라서 몸살, 배탈 등이 나면 바로 병원에 가서 주사 및 약을 처방받아 치유를 받는 게 더 바람직할 수 있다.

⑤ 경제도 마찬가지이다. 생산, 소득, 소비(지출)의 순환이 잘 이루어져야 경제가 잘 돌아가는 것이다. 이러한 순환고리의 어느 한 연결 부분에서 문제가 발생하더라도 사소한 경우라면 자연치유력처럼 경제도 알아서 조정해서 균형을 회복하려는 속성을 보인다. 하지만 이러한 문제가 계속 누적되거나, 혹은 자연치유력을 넘어서는 큰 사고 등이 발생하면 이때는 모든 순환고리로 문제가 파급되고, 경제의 움직임과 순환에 큰 장애가 발생한다. 이를 경제대공황이라 한다. 따라서 경제정책 담당자들은 마치 아이의 건강을 매일 살피듯, 경제의 각 순환고리에 문제 유무를 면밀히 살피고 이상 조짐이 있으면 이에 적절한 대처 방안을 마련해야 한다. 아이가 너무 활동이 왕성해 과도하게 먹고 체중이 적정 수준 이상으로 불어나면 식사량과 운동량에 대한 조절이 필요하듯 경기도 적정 수준을 넘어서 버블이 발생할 수준이 되면 역시 경제정책 담당자들은 경기를 쿨ー다운시켜야 한다. 물론 활동량과 식사량 자체가 매우 줄어들면 이는 경기침체의 조짐이므로 이에 대한 적절한 처방을 준비해야 한다`

※ 지출은 가계의 지출, 기업의 지출, 정부의 지출로 나눌 수 있다. 이를 모두 합쳐 총지출이라고 한다
  추후 유효수요이론 부분에서 자세히 학습한다.

(2) GDP의 의미

① 그렇다면 왜 거시경제학에서는 특히 GDP를 주요지표로 보는가? 흔히들 아이의 건강상태를 볼 때는 배변상태를 관찰한다. 잘 싸면 일단 건강에 큰 이상은 없다고 볼 수 있다. 거시경제도 마찬가지이다. GDP, 즉 거시경제 전반의 생산활동에 큰 이상이 없다면, 고용과 소득발생도 잘 이루어지고 있다는 것이다. 소득이 있으면 (극히 예외적인 경우가 아니라면) 소비 및 지출도 원활히 이루어질 것이다.

② GDP(Gross Domestic Product : 국내총생산)이란, 1년 동안 한 나라의 국경 안에서 발생한 생산활동의 총량을 화폐 단위로 환산한 값이다.

국내총생산 : 1년 동안 국경 안에서 생산된 재화와 서비스의 최종재의 시장가치의 총합
　-여기서 '1년 동안'은 당해 연도 1월 1일부터 12월 31일까지의 기간이며, 이는 곧 GDP는 유량(Flow)의 개념이라는 것을 의미한다.
　-'한 나라의 국경 안에서'의 의미는 GDP는 국적개념이 아닌 장소 개념이라는 것이다. 즉 GDP는 생산활동(경제활동) 주체의 국적이 아니라 어느 장소에서 이루어졌는지가 더 중요하다.
　-'생산된' 재화와 서비스만 GDP에 포함시킨다는 것은 재품의 판매 여부와는 관계없이 생산과정이 종료된(finished) 제품만을 GDP에 포함시킨다는 것이다. 따라서 생산이 완료되었지만 판매되지 않는 재고품들도 재고투자라는 항목으로 GDP 계산에 포함시킨다.
　-'재화와 서비스의 최종재(Final Goods)'를 GDP에 포함시킨다는 것은 다른 생산공정에 부품이나 중간재료로 들어간 중간재(Intermediate Goods)는 GDP 계산에서 제외시킨다는 것이다. 이러한 중간재까지 GDP 계산에 포함시킬 경우, 경제 주체들의 생산활동을 중복계상할 수 있기 때문이다.
　-'시장가치의 총합'은 시장에서 합법적으로 거래되는 품목만 GDP에 포함시킨다는 것이다. 따라서 지하경제나 전업주부의 가사노동 등은 GDP 계산 시 제외된다.

③ 최종재와 중간재의 부가가치 예시
예를 들어 어느 국가의 생산가능인구가 단 3명, 농부, 제분소 주인, 제과점 주인만 있다고 하자. 농부는 맨땅에서 밀을 경작해서 밀 100kg을 생산해 이를 제분소 주인에게 100만 원을 받고 팔았다. 제분소 주인은 이 밀을 밀가루로 만들어 제과점 주인에게 180만 원에 팔았다. 제과점 주인은 이 밀가루로 빵을 만들어 최종소비자에게 300만 원을 받고 팔았다. 이때 각 경제 주체의 경제활동을 표로 나타내면 같다.

	농부	제분소	제과점
품목	밀	밀가루	빵
시장가격	100만 원	180만 원	300만 원
부가가치	+100만 원	+80만 원	+120만 원

표1-1. **생산공정상 부가가치**

표 1-1에서 농부는 맨땅에서 시가 100만 원의 밀을 생산했다. 즉 농부의 생산활동액은 100만 원이다. 제분소 주인은 100만 원짜리 밀을 180만 원짜리 밀가루로 만들었다. 이때 제분소 주인의 생산활동액은 80만 원이다. 그리고 제분소 주인은 100만 원짜리 밀을 180만 원 가치의 밀가루로 만듦으로써 80만 원의 가치를 더해 준 것이다. 이를 생산공정 상의 부가가치(Value Added)라 한다. 즉 각 생산공정 상의 부가가치는 각 생산공정에 참여한 중간재 요소공급자의 요소소득과 일치해야 한다. 마지막으로 제과점 주인은 180만 원 짜리 밀가루를 300만 원 가치의 빵으로 만들었다. 즉 제과점 주인의 생산활동액(이자 부가가치액)은 120만 원이고 이는 곧 제과점 주인의 소득이 된다.

정리하면 농부 부가가치 100만 원+제분소 주인 부가가치 80만 원+제과점 주인 부가가치 120만 원=300만 원이 각 경제 주체의 생산활동총액이다. 이는 최종재인 빵의 시장가치와 동일하다. 만일 각 생산단계에서의 중간재로 쓰인 밀, 밀가루 등의 시장가치까지 모두 합산하면 밀 100만 원+밀가루 180만 원+빵 300만 원=총 580만 원이 된다. 이는 GDP의 진정한 의미인 각 경제 주체의 생산활동 총액을 나타내지 못한다. 따라서 GDP는 최종재의 시장가치만을 반영해야 한다.

※ 혹은 최종재의 시장가치가 아닌, 각 생산단계 상의 중간재 부가가치 총합으로도 GDP를 계산할 수 있다. 오히려 이 방식의 GDP 측정이 더 많은 정보를 가져다 준다.

※ GDP 계산 시 유의할 점

	농부	제분소	제과점
품목	밀	밀가루	빵
생산완료일	2020/12/1	2020/12/15	2021/1/2
시장가격	100만 원	180만 원	300만 원
부가가치	+100만 원	+80만 원	+120만 원

만일 농부의 밀 생산종료일은 2020년 12월 1일, 제분소 주인의 밀가루 생산종료일은 2020년 12월 15일인데, 제과점 주인이 좀 게을러 빵을 해가 넘어가 2021년 1월 2일에 완성했다면 2020년 GDP 상에서는 밀가루가 최종재이다. 따라서 2020년 GDP는 180만 원이 된다.

(3) 명목GDP와 실질GDP

① 최종재가 핫도그와 햄버거뿐인 어느 국가의 2020년 가격과 생산량이 아래 표와 같다.

2020년	핫도그	햄버거
P	10$	15$
Q	10개	10개
표 1 - 2. **2020년도 GDP**		

이때 이 국가의 2020년도 GDP는 250$이다.

그런데 2021년, 이 국가의 핫도그와 햄버거 생산량은 2020년과 동일하지만 물가가 아래 표와 같이 상승했다면?

2021년	핫도그	햄버거
P	12$	18$
Q	10개	10개
표 1 - 3. **2021년도 GDP**		

이때 이 국가의 2021년도 GDP는 300$이다.

② 즉 이 나라의 2020년과 2021년 간 생산활동 총량은 변함이 없다. 그러나 물가의 상승으로 인해 GDP가 증가한 것으로 표현된다. 이는 GDP의 진정한 의미를 훼손시킨다. 이를 보완하기 위해 등장한 지표가 바로 실질GDP(Real GDP)이다.

③ 앞서 당해연도 수량에 당해연도 가격을 곱하여 측정한 GDP를 명목GDP(Nominal GDP) 라 한다(여기서 당해연도란 측정하고자 하는 연도를 말한다. 흔히 비교연도라고도 한다). 반면 물가상승에 의해 실제적 경제활동량이 과대계산되는 것을 보정한 GDP가 앞서 설명한 실질GDP이다.

④ 실질GDP 도출을 위해서는 먼저 기준연도를 설정하여야 한다. 그리고 우리가 측정하고자 하는 연도(비교연도, 또는 당해연도)의 수량과 기준연도에서의 가격을 곱하여 실질GDP를 계산한다. 예를 들어 위 예시에서 2021년도의 실질GDP를 구하려면 먼저 기준연도를 설정 해야 한다. 이때 기준연도를 2020년으로 설정하자. 그러면 2021년의 실질GDP는 핫도그와 햄버거의 2020년 가격에 2021년 생산량을 곱하여 합산한다. 즉 2021년의 실질GDP는 250$가 된다.

결국 실질GDP는 비교연도 생산량에 기준연도 가격을 곱함으로써 기준연도와 비교연도 간 물가의 변동으로 인한 명목GDP의 부풀림을 차단하여 준다.

※ 기준연도의 가격에 비교연도의 수량을 곱하는 방식을 파셰방식이라 한다(즉 파셰지수는 가격을 고정시 킨다).

※ 보통 기준연도는 5년 단위로 갱신한다. 즉 2020년부터 2024년까지는 2020년 가격을 기준으로 한다. 그리고 2025년부터 2029년까지는 2025년 가격을 기준으로 삼는다.

⑤ 그런데 명목GDP = 비교연도 P × 비교연도 Q이고 실질GDP = 기준연도 P × 비교연도 Q이

므로 $\dfrac{명목\,GDP}{실질\,GDP} = \dfrac{비교연도\,P}{기준연도\,P}$ 라는 공식이 성립한다.

즉, 명목GDP/실질GDP는 비교연도와 기준연도 사이의 물가수준의 비율을 의미한다. 이를 이용하여 기준연도와 비교연도 사이 물가의 차이를 하나의 지표로 나타낼 수 있는데 이를 GDP디플레이터라 한다.

$$GDP\,디플레이터 = \frac{명목\,GDP}{실질\,GDP} \times 100$$

위 사례에서 2021년의 GDP디플레이터는 120이다. 이는 이 나라의 2020년 물가를 100이라고 할 때, 2021년의 물가는 120이라는 것이다. 즉 GDP디플레이터는 비교연도의 물가수준을 나타내는 지수라고 볼 수 있다.

※ GDP디플레이터의 변화율은 명목GDP 변화율 − 실질GDP 변화율이 된다. 이때 GDP디플레이터의 변화율은 물가상승률이 된다.

※ 실질GDP의 변화율을 경제성장률이라고 한다.

(4) GDP의 변동(경기변동)

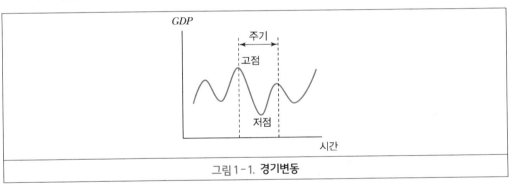

그림 1-1. **경기변동**

① 위 그림처럼 (실질)GDP의 변동을 경기변동이라고 한다(실제로는 실질GDP의 변동이 아니라 실질GDP 변화율, 즉 경제성장률의 변동을 경기변동이라고 한다).

② 거시경제학의 큰 두 가지 주제는 경기변동, 그리고 경제성장이다. 경기변동은 계절의 변화처럼 어느 경제나 일상적으로 겪는 자연스런 현상이다. 하지만 추울 때는 따뜻하게 옷을 입고, 더울 때는 시원하게 옷을 입는 것처럼 경기변동이 발생하면 경기변동의 진폭을 줄이는 것이 바람직하다. 이를 경기안정화라 한다.

2. 국민소득 3면 등가

총생산, 총소득, 총지출 간의 관계에 대해 학습한다.

- 국민소득 3면 등가
- GDP를 변화시키는 요인
- GNI

(1) 총생산과 총소득, 총지출

① 국가 경제 내 총생산이 이루어졌다는 것은 각 경제 주체들이 생산 활동에 참여하였다는 것이다. 당연히 생산활동에 참여한 대가로 요소소득을 얻는다. 기업의 생산량 총액은 기업의 이윤과 총비용으로 나뉜다. 그리고 총비용은 임금+이자+지대로 구성된다. 결국 경제 내 GDP 총액은 임금+이자+지대+이윤의 총합이 된다. 그리고 임금+이자+지대+이윤은 경제활동에 참가한 대가로 받는 경제 주체들의 총소득이다.

따라서 국내총생산은 국내총소득과 일치한다. 보통 거시경제학에서 국내총소득의 이니셜은 Y로 표현한다. 즉 항상 $GDP = Y$가 성립하게 된다.

② 국내 경제주체들이 총소득을 얻으면 먼저 세금을 납부해야 한다. 이때 세금의 크기를 T라고 하면 $Y-T$가 세금을 납부하고 남은 경제 주체들의 처분가능소득(Disposal Income)이 된다. 즉 $Y^d = Y-T$이다(여기서 Y^d는 처분가능소득).

경제 주체들은 처분가능소득의 일부는 저축(S)하고 나머지는 소비지출(C)에 사용한다. 즉 $Y = C+S+T$가 될 것이다.

직관적으로 조세(T)는 정부의 지출(G)이 될 것이다. 그리고 저축(S)은 민간기업의 투자지출(I)이 될 것이다. 즉 총소득 $Y = C+S+T$는 가계, 기업, 정부의 지출인 $C+I+G$와 같은 크기가 된다. 이때 가계, 기업, 정부의 지출의 총합 $C+I+G$를 총지출(Aggregate Expenditure ; AE)이라 한다. 즉 총소득=총지출이 된다.

그러므로 거시경제는 균형에서 총생산=총소득=총지출이 일치하여야 한다. 이를 국민소득 3면 등가의 원칙이라 한다.

③ 위에서 $S = I$가 되고 $T = G$가 된다고 가정하고 국민소득 3면 등가의 원칙을 설명하였다. 하지만 항상 $S = I$, $T = G$가 성립하는 것은 아니다. 만일 정부가 조세수입보다 많은 정부지출을 집행한다면 정부의 재정적자가 발생하여 $T < G$가 된다. 하지만 이 경우에는 정부가 재정적자분만큼 금융시장에서 차입을 하게 된다. 이로 인해 정부의 차입분만큼 민간투자가 위축된다. 따라서 $T < G$가 되면 $S > I$가 된다. 즉 $S+T = G+I$가 항상 성립하게 된다. 정부가 균형재정을 달성하지 않는 경우에도 국민소득 3면 등가는 성립하는 것이다.

(2) 개방경제에서 국민소득 3면 등가

① 국민소득 3면 등가에 따르면 경제는 $GDP = AE$에서 균형을 달성한다. 즉, 균형에서는 $GDP = C + I + G$가 성립한다. 그런데 이는 외국과 교역이 전혀 이루어지지 않는 폐쇄경제에서의 균형이다. 만일 수출과 수입이 자유로운 개방경제에서는 이 균형 조건이 어떻게 변화할까?

② 개방경제에서는 $GDP = C + I + G + (X - M)$이 성립한다. 이를 보다 자세히 설명하면 다음 그림과 같다.

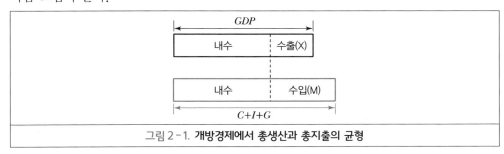

그림 2-1. 개방경제에서 총생산과 총지출의 균형

위 그림에서 GDP는 내수와 수출의 합으로 구성된다. 이 중 내수는 대한민국에서 생산되어 대한민국 내에서 판매된 수량이다. 그리고 대한민국 경제 주체의 총지출은 C+I+G로서 이는 국산품과 수입품에 대한 지출을 모두 합한 것이다. 따라서 내수(국산품에 대한 지출)의 크기는 C+I+G-M이 된다. 따라서 GDP＝내수+수출＝C+I+G+X-M이 되는 것이다.

※ 만일 내수의 위축 없이 단순히 수입(M)이 증가하면 대한민국의 GDP는 어떻게 변화할까? 아무런 변화도 발생하지 않는다. 예를 들어 C+I+G＝300, X＝100, M＝80이라고 하자. 이때 GDP는 320이다. 그런데 여기서 내수의 감소 없이 단순히 수입이 80에서 90으로 증가하였다면 가계, 기업, 정부는 국산품에 대한 지출 감소 없이 외제품에 대한 지출을 10 늘린 것이다. 따라서 M이 80에서 90으로 증가하지만 C+I+G도 300에서 310으로 늘어난 것이다. 따라서 GDP＝C+I+G+X-M은 불변이다.

하지만 가계, 기업, 정부가 국산품에 대한 지출을 10 줄이고 대신 외제품에 대한 지출을 10 늘린다면? 즉 국산품을 외제품으로 대체하며 수입을 증가시킨 것이라면, 이때는 내수가 위축되고 이에 따라 대한민국의 GDP는 10만큼 감소한다.

③ 결국 GDP는 국산품에 대한 생산이 촉진되는 경우 증가하게 된다. 즉 국산품에 대한 가계의 소비 증가, 기업의 투자 증가, 정부의 구매 증가, 수출의 증가는 대한민국의 GDP를 끌어올리는 요인이다. 그리고 단순한 수입의 증가는 우리나라의 GDP에 아무런 영향을 미치지 못하지만 수입 증가로 인해 국산품에 대한 지출이 위축되면 이는 GDP를 감소시키는 요인이 된다.

※ 재정거래와 GDP

단순한 재산의 주인이 바뀌는 이전거래는 GDP를 늘리는 데 아무런 기여를 하지 못한다.

예를 들어 A씨가 올해 생산된 국산 자동차를 구매하는 행위는 당연히 우리나라의 GDP를 늘리는 데 기여한다. 하지만 A씨가 작년에 B씨가 구입한 국산 자동차를 중고로 매입한다면 이는 새로운 자동차의 생산을 촉발시키는 행위가 아니다. 그저 이미 창출된 재산(자동차)의 주인이 B에서 A로 옮겨지는 것뿐이다. 이처럼 이미 생산되어 최초로 거래되었던 자산의 주인이 추후 변경되는 행위는 우리나라 GDP 증가에 아무런 기여를 하지 못한다. 주식거래, 부동산 거래 등이 여기에 포함된다.

하지만 만약 이러한 재산거래가 직접거래가 아닌 중개인에 의해 매개되는 간접거래라면 이때 중개인은 A와 B를 중개해주는 서비스(일)를 한 것이다. 따라서 중개수수료만큼의 생산활동이 이루어진 것이다. 즉 재산거래 자체는 GDP에 포함되지 않지만 중개서비스는 GDP에 포함된다. 마찬가지로 로또구매 자체는 GDP에 포함되지 않지만, 로또용지를 생산하고 판매하는 복권판매점의 수익은 GDP에 포함된다.

GDP는 새로운 일을 통해 새로운 부가가치가 창출될 때 증가하는 것을 기억하자.

※ GDP와 GNI

국가의 총생산 및 경제규모를 측정하는 개념으로는 GDP가 적합하다. 하지만 국내총소득을 측정하는 지표로는 GDP말고도 GNI(국민총소득)를 자주 사용한다. GNI는 과거 GNP와 유사한 개념이다.

명목GNI는 명목GDP에 국외순수취 요소소득을 가감한 값이다. 그런데 물가변동은 교역조건에 따른 실질무역손익을 가져다준다. 이를 반영한 것이 바로 실질국민총소득(실질GNI)이다.

(정리)

명목GNI는 명목GDP에 국외순수취 요소소득을 가감한 값이다.

실질국내총소득(실질GDI)은 실질GDP에 교역조건 변화에 따른 무역손익을 가감한 값이다.

실질국내총소득(실질GDI)에 국외순수취 요소소득을 가감하면 실질GNI가 도출된다.

3. 케인즈의 유효수요이론

케인즈의 시각에 대해 학습한다.

– 세이의 법칙과 고전경제학
– 가격경직성과 가격신축성
– 경제대공황
– 케인즈의 유효수요이론

(1) 세이의 법칙

① 미시적으로 어느 시장에서 수요가 증가하면 균형점은 그림 3-1처럼 점 a에서 점 b로 변화한다. 즉 개별 재화의 가격은 상승하지만 요소가격은 불변이며 공급곡선도 불변이다.

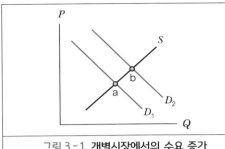

예를 들어 커피에 대한 수요가 증가하면 커피 가격과 수량도 증가하지만, 시중의 이자율과 아르바이트생의 인건비까지 상승하지는 않는다.
즉 개별 재화에 대한 가격이 상승했다고 거시 전체적으로 모든 요소에 대한 고용이 증가하는 것이 아니므로 요소가격은 변하지 않는 것이다(따라서 공급곡선도 불변이다).

그림 3-1. 개별시장에서의 수요 증가

② 하지만 거시 전체적인 관점에서 총수요가 증가하면 이는 모든 시장에서의 수요 증가이다.

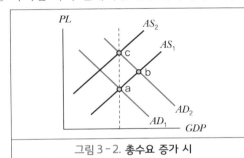

이에 따라 거의 대부분의 요소시장에서 요소수요도 함께 증가한다. 따라서 거시 전체적으로 요소가격이 상승하게 된다. 이에 따라 대부분의 시장에서 한계비용이 상승하게 되고 이는 곧 거시 전체적인 관점에서 총공급곡선의 좌측 이동을 야기하게 된다.
따라서 거시경제적으로 총수요 증가 시 최종균형은 점 c가 된다.

그림 3-2. 총수요 증가 시

③ 거시 전체적인 총수요가 감소한 경우라면? 아래 그림에서 최초의 거시경제 균형은 점 a였다. 여기서 총수요가 감소하면 대부분의 시장에서 수요가 줄어든다.

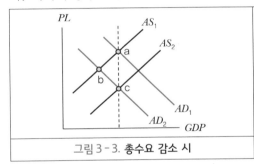

이에 따라 거래량이 줄고 이는 곧 기업의 요소고용의 감소로 이어진다. 따라서 거시 전반적인 요소가격도 하락하고 이에 따라 기업의 한계비용도 낮아진다. 이는 거시 전체적인 총공급곡선의 우측 이동을 야기한다. 결국 이때도 좌측 그림처럼 거시경제의 최종균형은 점 c가 된다.

그림 3-3. 총수요 감소 시

즉 거시 전체적으로는 총수요곡선이 이동하여도 총공급곡선이 이를 상쇄시키는 방향으로 이동하게 되고 결국 총수요의 변동이 발생하여도 경제 전체 실질GDP는 변하지 않게 된다.

④ 결국 경제 전체의 실질GDP는 수요요인이 아니라, 경제 전체의 산출능력, 즉 공급 측 요인에 의해 결정될 수밖에 없다. 이를 경제학자 세이는 '공급은 스스로 자신의 수요를 창출한다.'라는 세이의 법칙으로 표현하였다.

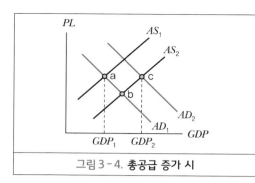

만일 좌측 그림에서 거시 경제의 최초 균형이 점 a였는데, 이때 거시 전반적인 생산성이 증가하여 대부분의 기업의 한계비용이 감소하면 총공급곡선은 우측으로 이동한다. 이에 따라 실질GDP도 증가하고 물가는 하락한다.

소득이 늘고 물가가 하락하면 거시 전체적인 총수요도 증가한다. 따라서 거시 경제의 최종균형은 점 c가 된다.

그림 3 - 4. 총공급 증가 시

(2) 가격신축성과 가격경직성

① 앞서 살펴본 세이의 법칙은 고전경제학의 가장 일반적인 관점이었다. 하지만 이러한 세이의 법칙이 성립하기 위해서는 기본적인 전제조건이 필요하다. 바로 요소수요 변화 시 이에 대한 요소가격이 신축적으로 반응해야 한다는 것이다. 이를 가격의 신축성(Price Flexibility)이라고 한다.

가격의 신축성은 요소수요에 대한 요소가격의 신축적 반응을 의미하기도 하지만 보다 넓게는 생산물 수요에 대한 시장가격의 신축적 반응을 의미하기도 한다.[4]

하지만 현실에서는 수요가 증가하였다 하더라도 거래관습이나 기타 요인들에 의해 단기적으로는 가격이 고정된 경우가 일반적이다. 예를 들어 수요 변동이 발생하여도 커피가격이 1주일마다 변화하지는 않는다. 노동자의 임금도 마찬가지이고 보통의 정규직의 경우 임금은 연 단위로 변화한다. 즉 대부분의 재화가격이나 요소가격은 최소 몇 주에서 몇 달 정도는 경직적인 채로 유지된다. 이를 가격의 경직성(Price Rigidity)이라고 한다.

② 가격이 경직적인 경우에는 총수요 변화 시 총공급곡선이 즉각 반응하지 않는다.

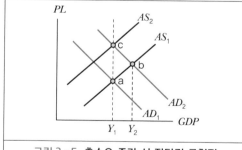

총수요가 AD_1 에서 AD_2 로 증가한 경우 거시 경제 균형은 점 a에서 점 b로 이동한다.

그러다 시간이 지나 요소수요 증가에 의해 요소가격이 상승하고 나면 총공급곡선이 AS_1 에서 AS_2 로 이동하고 거시경제균형은 점 c가 된다.

즉 총수요 증가 시 거시경제의 단기균형은 점 b이고 장기균형은 점 c인 것이다.

그림 3 - 5. 총수요 증가 시 장단기 균형점

이처럼 가격이 경직성이 유지되는 단기에는 총수요의 변화가 실질GDP 변화를 야기할 수 있다.

※ 엄밀하게는 위 그림에서 가로축은 GDP가 아닌 경제성장률이다. 또한 세로축은 물가수준이 아닌 물가상승률이다.

---

4) 기업의 생산물이 중간재인 경우를 포함한다.

(3) 경제대공황

① 1929년 미국 주식시장에서 급락이 발생하며 전세계 경제대공황이 시작되었다. 주가 하락에서부터 시작된 자산가치의 하락은 경제의 총수요를 줄이는 요인이 되었다. 고전경제학에서는 가격이 신축적으로 조정된다고 믿고 있었기에 총수요가 급감하여 거시 경제의 균형이 그림 3-6의 점 a에서 점 b로 일시 후퇴하여도 곧 총공급곡선도 우측 이동하여 경제가 곧 회복될 것이라고 믿었다.

하지만 고전경제학파의 생각과는 달리 20세기부터 본격화된 대량제조업 기반의 사회에서 가격의 경직성은 이전과는 달리 길게 유지되었다. 따라서 총공급곡선은 계속 AS_1에서 유지되었고 경제는 b점에서 생각보다 오래 머물렀다. 따라서 기업들은 노동자를 해고하기 시작했고, 실직한 노동자들은 당연히 씀씀이를 줄였다. 이는 거시 경제 전체의 총수요의 추가적인 감소로 이어졌고, 이에 총수요곡선은 이제 AD_3가 되었다. 이에 따라 기업은 추가로 노동자를 해고하였고, 이는 또다시 총수요의 감소로 이어졌다.

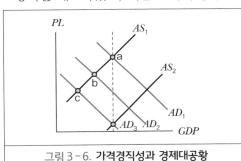

그림 3-6. **가격경직성과 경제대공황**

물론 시간이 오래 경과하면 요소가격이 낮아지며 총공급곡선이 AS_2가 되어 거시경제균형은 최초의 실질GDP 수준으로 회복되지만 그때까지 경기침체로 많은 고통을 받게 된다.
따라서 케인즈는 가격경직성이 유지되는 단기에는 총수요의 감소에 대해 적극적인 정부의 시장개입을 주장하였다.

(4) 케인즈의 유효수요이론

① 이제 가격경직성이 유지되는 단기에 총수요를 통제하면 거시경제의 물가수준과 실질GDP 수준도 통제할 수 있음을 학습하였다. 이처럼 총수요를 조절하여 거시경제를 안정화시키는 정책을 총수요관리정책이라 한다.

② 총수요곡선은 앞서 배운 총지출함수를 통해 도출할 수 있다. $AE = C + I + G + (X - M)$으로 구성된 총지출에서 소비지출 C, 민간투자지출 I, 수출 X는 물가수준에 의해 달라진다.

먼저 물가가 하락하면 경제 주체들의 실질소득이 증가한다. 이에 따라 소비지출이 증가한다. 이를 피구효과(Pigou-Effect) 또는 부의 자산효과(Wealth Effect)라 한다.

또한 물가가 하락하면 실질이자율이 하락한다.[5] 이에 따라 민간투자지출이 증가한다. 그리고 물가가 하락하면 수출도 증가한다. 즉 물가가 하락하면 총지출액은 증가한다. 이를 그림으로 표현하면 다음과 같다.

---

5) 이에 대한 원리는 추후 화폐금융 파트에서 학습한다.

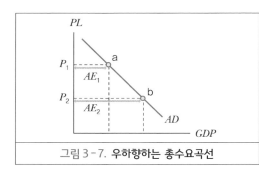

그림 3 - 7. **우하향하는 총수요곡선**

물가수준의 변화는 총수요곡선 자체를 이동시키는 것이 아니라 총수요곡선 상의 이동으로 봐야 한다. 물가 이외의 요인으로 총지출 AE이 변화하면 이는 총수요곡선 자체의 이동이 된다.

즉 물가와 무관하게 $C+I+G+(X-M)$이 변화하면 총수요곡선도 움직인다.

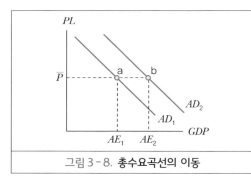

그림 3 - 8. **총수요곡선의 이동**

예를 들어 정부가 세금을 인하하여 가계의 처분가능소득이 증가하였다면 이는 물가와 무관한 총지출의 증가이고 이에 따라 총수요곡선도 우측으로 이동하게 된다.

③ 그렇다면 물가 이외에 총지출 AE에 영향을 주는 요인은 무엇인가. 우선 총지출의 하위 구성항목인 소비지출, 민간투자지출, 정부투자지출, 수출과 수입을 나누어서 살펴보자. 케인즈에 따르면 소비지출은 다음과 같다.

$$C_t = C_0 + c(Y_t - T_t) + \varepsilon_t$$

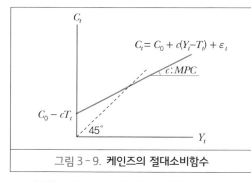

그림 3 - 9. **케인즈의 절대소비함수**

C_t는 t기의 거시경제 전체의 소비지출
C_0는 소득과 무관한 최소한의 기초소비지출(Y_t는 t기의 총소득, T_t는 t기의 조세)
ε_t는 오차항 (평균이 0이라 가정)

※ 여기서 소문자 c는 한계소비성향(MPC)이라 한다. 소비지출곡선의 기울기가 되며 1보다 작은 값이다.

민간투자지출은 $I_t = I_0 - br_t$이다. 여기서 I_t는 t기의 민간투자지출 총액이다. r_t는 t기의 시장이자율이고 b는 기업의 투자가 이자율에 얼마나 민감하게 반응하지를 나타내는 지표로서 투자의 이자율 탄력성은 $\log b$에 정비례한다. 따라서 b를 그냥 투자의 이자율탄력성이라고 표현해도 된다.

정부투자지출은 그냥 $G_t = G_0$이다. 정부투자지출은 정부의 정책의지에 따라 좌우되므로 다른 변수에 영향을 받지 않는다고 가정한다. 또한 수출도 $X_t = X_0$로 국내거시경제변수와 무관하게 결정된다고 가정한다.

t기의 조세총액은 $T_t = T_0 + \tau Y_t$로 여기서 T_0는 정액세를 나타내고 τY_t는 비례세를 나타낸다. 그리고 Y_t 앞에 붙은 계수 τ는 비례세율을 의미한다(누진세까지 고려할 경우 이론이 너무 복잡해지므로 누진세는 고려하지 않는다).

t기의 수입액은 $M_t = M_0 + m Y_t$이다. M_0는 소득과 무관한 수입이며 $m Y_t$는 소득에 따라 증감하는 수입을 의미한다(보통 수입은 총소득과 정의 관계이다). 여기서 m은 한계수입성향이라 부른다.

즉 $AE = C + I + G + (X - M)$이고, 각 세부항목은
$$C = C_0 + c(Y - T)$$
$$I = I_0 - br$$
$$G = G_0$$
$$T = T_0 + \tau Y$$
$$X = X_0$$
$$M = M_0 + m Y$$로 표현된다(편의상 시간을 의미하는 하첨자 t는 생략).

따라서 $AE = (c - c\tau - m) Y + (C_0 - c T_0 + I_0 - br + G_0 + X_0 - M_0)$가 된다.

이를 바탕으로 가로축에 GDP, 세로축의 총지출(AE)로 구성된 좌표평면에 총지출함수를 곡선으로 나타내면 아래 그림과 같다.

이때 총지출곡선의 기울기는 $0 < c - c\tau - m < 1$로 가정한다.

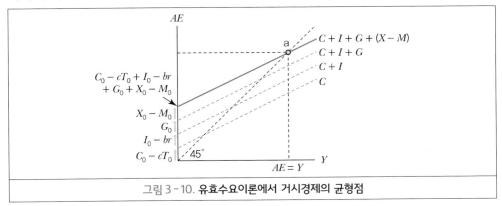

그림 3-10. **유효수요이론에서 거시경제의 균형점**

그리고 국민소득 3면 등가의 원리에 의해 거시경제는 $AE = Y$ 에서 균형을 달성한다.

즉 $(c - c\tau - m)Y + (C_0 - cT_0 + I_0 - br + G_0 + X_0 - M_0) = Y$ 에서 균형이 이루어지므로 거시경제의 (단기) 균형점에서 균형국민소득은

$$Y* = \frac{C_0 - cT_0 + I_0 - br + G_0 + X_0 - M_0}{1 - c + c\tau + m}$$ 이다.

④ 만일 $AE > Y$ 라면? 즉, 현재 총지출이 총생산량을 상회하는 경우라면. 이는 현재 거시 전체적으로 초과수요인 상황이다.

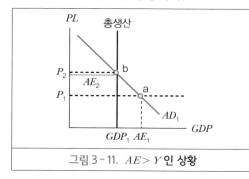

그림 3 - 11. $AE > Y$ 인 상황

$AE > Y$ 라면 현재 거시경제의 위치는 좌측 그림에서 점 a이다.

고전학파의 견해에 따르면 이 경우 가격이 신축적으로 P_2 로 상승하여 총지출이 AE_2 로 감소하고 점 b에서 $AE = Y$ 가 달성될 것이다(세이의 법칙).

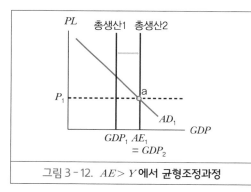

그림 3 - 12. $AE > Y$ 에서 균형조정과정

하지만 단기에 가격이 경직적인 상황에서는 가격이 P_1 을 유지하고 기업들은 경제 주체의 구매에 맞춰 생산을 증가시킨다. 따라서 국내 총생산이 GDP_1 에서 GDP_2 로 증가하여 결국 거시경제 균형은 점 a가 될 것이다.

반대로 $AE < Y$ 라면 거시전반적으로 초과공급인 상황이며 이 경우 (가격이 경직적인 상황에서는) 기업이 생산을 줄여 결국 $AE = Y$ 를 달성할 것이다.

즉 단기에는 거시경제의 균형이 항상 $AE = Y$ 에서 이루어지는데, 이때 거시경제균형국민소득의 크기는 (고전학파의 견해와는 달리) 총지출요인에 의해 결정된다. 이를 유효수요이론이라 한다.

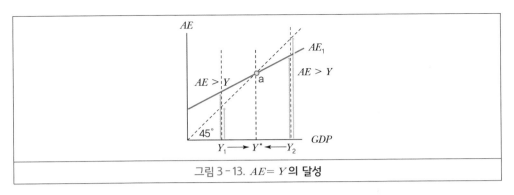

그림 3 - 13. $AE = Y$의 달성

⑤ 유효수요이론에 따르면 아래 그림처럼 균형 a점에서 위치한 상황에서 기업들이 총생산을 늘려 GDP를 200으로 증가시켜도 총지출이 이를 소화해주지 못해 기업은 재고가 쌓이게 되고 결국 다음 기에 생산을 줄여 다시 GDP는 원 균형수준인 100으로 돌아가게 되는 것이다. 그렇다면 이 나라 경제는 단기에는 GDP 100 수준을 벗어나지 못하는 것일까?

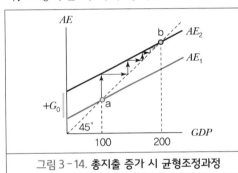

그림 3 - 14. 총지출 증가 시 균형조정과정

아니다. 총지출곡선을 움직이면 거시경제의 단기균형점도 달라진다. 예를 들어 정부가 정부지출 G_0를 증가시켰다고 하자.
그러면 이제 이 경제의 총지출곡선은 기존의 AE_1에서 AE_2로 상승한다. 따라서 거시경제의 단기균형점도 점 b로 이동하게 된다.

4. 투자함수

미시적 관점에서 민간투자에 대한 요인을 학습한다.

– 현재가치법과 내부수익률법
– 토빈의 Q

(1) 투자의 의의

① 투자는 민간투자지출과 정부투자지출로 구분할 수 있다. 이 둘의 경제학적 성격은 유사하나 지출 주체의 차이가 있다. 따라서 민간투자지출과 정부투자지출에 영향을 미치는 요인이 달라진다. 여기서는 우선 민간투자지출에 초점을 맞추어 분석한다.

② 민간투자지출은 기업이 향후 이익획득을 목적으로 공장이나 설비, 기자재, 기술 등을 구입하고 확충하는 행위를 의미한다. 따라서 적정 수준 이상의 민간투자지출이 꾸준히 이루어지면 경제의 장기 생산가능곡선이 확장하며 경제규모 자체가 커지게 된다. 즉 기업의 투자

는 장기 경제성장의 가장 중요한 동력이 된다. 또한 기업의 투자지출은 단기에는 지출(내수)의 성격을 갖는다. 기업이 공장, 설비 등을 확충하기 시작한다면 건설업, 기계산업, 부품산업에 속한 기업과 근로자의 소득이 증대된다. 이러한 투자지출은 단기에는 총지출(내수)확충에 가장 결정적인 요인이 되며 경기변동에 지대한 영향을 미친다.

③ 민간의 투자는 대개 타인의 자본을 차입하여 이루어진다. 따라서 이자부담을 고려할 수밖에 없다. 설령 100% 자기자본을 이용한 투자라고 할지라도 자기자본의 사용의 기회비용을 투자에 따른 비용으로 간주하여야 한다. 이때 투자의 기회비용은 결국 시장의 일반적인 이자율 수준에 의해 결정될 것이다. 따라서 시장의 (실질)이자율이 투자의 지대한 영향을 미칠 것이라는 것은 자명하다. 또한 투자로부터 얻는 미래의 예상수익의 크기도 투자에 영향을 크게 미칠 것이다. 케인즈는 동물적 감각(Animal Spirit)이라 하여 기업가의 직감이 투자에 큰 영향을 미친다고 보았다. 반면 프리드만으로 대표되는 통화주의학파는 불확실한 미래상황에서는 현재의 이자율 수준이 투자에 훨씬 더 민감한 영향을 미친다고 주장하였다.

※ 케인즈는 민간투자는 이자율에 둔감하다고 보았고 통화주의학파는 민간투자가 이자율에 매우 민감하게 움직인다고 주장하였다.

(2) 현재가치법과 내부수익률법

① 현재가치법이란 미래수익을 시장의 이자율로 할인하여 현재 투자원금과 비교하여 투자의 적정성 여부를 판단하는 기법이다. 수식으로 표현하면 다음과 같다.

투자의 현재가치 : $PV = \dfrac{R_1}{(1+r)} + \dfrac{R_2}{(1+r)^2} + \dfrac{R_3}{(1+r)^3} + ... + \dfrac{R_n}{(1+r)^n} = \sum_{i=1}^{n} \dfrac{R_i}{(1+r)^i}$

따라서 $PV > C$ 라면 해당 투자는 매력적이다. 여기서 C는 투자원금의 현재가치이다. 반대로 $PV < C$ 라면 투자는 이루어지지 않는다.

② 시장이자율이 상승하면 PV는 하락하게 되고 이에 따라 투자가 철회될 가능성이 높아진다. 반대로 이자율이 하락하면 PV는 상승하고 투자가 진행될 가능성이 커진다. 그런데 현재가치법에 따르면 미래의 이자율과 미래 수익을 적절히 예측하고 있어야 한다는 전제조건이 필요하다.

③ 반면 케인즈는 현재가치법과는 달리 내부수익률법을 주장하였다. 즉, $\sum_{i=1}^{n} \dfrac{R_i}{(1+m)^i} = C$ 가 되도록 하는 내부수익률 m을 도출하여 시장이자율 r과 비교하여 투자의 적정성 여부를 판단한다는 것이다.

④ $r > m$이면 투자수익의 현재가치보다 은행예금이 매력적이 되어 투자를 철회한다. 반대로 $r < m$이라면 은행예금보다는 투자가 매력적이 되어 투자를 진행한다. 즉 현재가치법과 유사하게 이자율이 상승하면 투자가 감소하고, 이자율이 하락하면 투자가 증가하지만 그 민감도는 현재가치법에 비해 덜하다.

> ※ 투자재원이 오직 한 종류이고 투자대안도 오직 하나라면 현재가치법과 내부수익률법의 분석 결과는 동일하다. 그러나 투자재원을 서로 상이한 투자대안에 분산투자하는 경우에는 현재가치법과 내부수익률법의 결과가 달라질 수 있다.

※ 토빈의 q 이론 : 직관적 설명

현 시점에서 $\dfrac{\text{기업의 시가총액}}{\text{기업의 실물자본}} > 1$이라면 기업에 대한 실물투자가 증가하게 된다.

이때 $\dfrac{\text{기업의 시가총액}}{\text{기업의 실물자본}} =$ 토빈의 q라고 한다. 즉 토빈의 q가 1보다 크면 실물투자가 증가하는 것이다. 이를 직관적으로 서술하면 다음과 같다.

예를 들어 완전경쟁에 직면한 어느 소재부품시장에서 유망한 기업 A가 있다. A의 실물자본의 현 시세는 1,000억 원이라 하자. 이는 A와 똑같은 기업을 하나 세우기 위해서는 1,000억 원의 자금이 소요된다는 것을 의미한다. 어느 자산가가 소재부품 시장이 성장할 것을 예견하고 A와 같은 기업을 하나 설립하길 희망한다. 그런데 A기업의 현재 시가총액이 1,050억 원이다(즉 토빈의 q가 1.05). 그렇다면 이 자산가는 A사의 주식을 전부 인수하는 방식으로 이 소재부품시장에 뛰어들진 않을 것이다. 왜냐하면 1,000억 원으로 A사와 동일한 조건의 새로운 기업을 하나 차리는 것이 비용상 더 유리하기 때문이다. 또한 완전경쟁시장을 가정하면, 이 자산가가 A와 동등한 조건의 새 기업을 설립하여 경쟁이 더 격화된다고 제품의 시장가격이 낮아진다거나 하지 않을 것이다.

즉 완전경쟁의 상황에서 대표기업의 토빈의 q가 1보다 크다면, 이때는 실물투자가 증가하게 된다. 하지만 현재 A기업의 시가총액이 970억 원이라면 (토빈의 $q = 0.97$) 해당 시장에 뛰어들고자 하는 이 자산가는 1,000억 원을 들여 새로운 기업을 설립하기보다는 그냥 A사의 주식을 전부 인수하는 것이 유리하다. 따라서 토빈의 q가 1보다 작다면 이때는 신규투자자는 실물투자에 뛰어들지 않고 주식투자의 방식으로 투자를 진행하게 된다.

5. 재정정책의 승수효과

정부지출과 조세 변화가 단기 균형국민소득이 미치는 영향에 대해 학습한다.

- 재정정책의 의의
- 독립지출의 승수효과
- 조세승수
- 균형재정승수
- 유발투자가 존재하는 경우

(1) 재정정책의 의의

① 앞서 정부의 투자지출 증가 시 균형국민소득이 증가할 수 있음을 학습하였다.

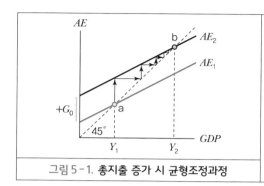

그림 5-1. 총지출 증가 시 균형조정과정

예를 들어 최초의 총지출이 AE_1 이고 균형국민소득이 점 a에서 유지되고 있다고 하자. 그런데 이때 정부가 정부지출 G_0 를 증가시켰다고 하자.

그러면 이제 이 경제의 총지출곡선은 기존의 AE_1 에서 AE_2 로 상승한다. 따라서 거시경제의 단기균형점도 점 b로 이동하게 된다.

다시 말해 총지출곡선의 Y절편인 $(C_0 - cT_0 + I_0 - br + G_0 + X_0 - M_0)$이 변화하면 총지출곡선 자체가 위아래로 움직이게 되고 이에 따라 거시경제의 (단기)균형점도 따라 움직이게 된다. 그런데 총지출곡선의 Y절편인 $(C_0 - cT_0 + I_0 - br + G_0 + X_0 - M_0)$ 중 G_0 와 T_0는 정부의 고유 권한으로 움직일 수 있다.

② 즉 정부는 정부투지지출과 조세의 크기를 조정하여 거시경제의 (단기) 균형국민소득을 컨트롤 할 수 있는 것이다. 이처럼 정부지출과 조세를 조절하여 거시경제의 균형국민소득을 통제하는 정책을 재정정책(Fiscal Policy)라 한다.

이때 G_0 를 증가시키거나 T_0 를 줄이면 총지출곡선이 상방으로 이동하여 균형국민소득이 증가하는데 이와 같은 정책을 확장재정정책(Expansionary Fiscal Policy)라 하고, 반대로 G_0 를 줄이고 T_0 를 늘려 균형국민소득의 크기를 줄이는 정책을 긴축재정정책(Contractionary Fiscal Policy)라고 한다.

※ 유효수요이론에서는 가격의 경직성이 매우 엄격하게 지켜지고 있는 단기(Short-Run), 혹은 극심한 불경기를 가정한다. 즉 G_0 이 증가하여 거시경제의 총지출이 증가하여도 물가 및 요소가격은 전혀 상승하지 않는 상황을 기본전제조건으로 삼는다.[6]

(2) 승수효과

① 이때 정부지출이 만약 +100 증가하면 균형국민소득도 +100만큼 증가할까? 아니다. 보통 정부지출 증가분보다 몇 갑절 이상 증가하게 되는데 이를 승수효과(Multiplier Effect)라 한다.

---

6) 이때 총공급곡선은 수평이 된다.

② 예시를 들어 설명하기 위해 매우 단순한 모형을 상정해보자.

$C = 100 + 0.8(Y - T)$

$I = 80$

$G = 100$

$T = 100$(즉, 비례세율 $\tau = 0$)

수출과 수입은 없다고 가정하자.

이때 최초의 거시경제의 균형소득을 구하면 다음과 같다.

여기서 $AE = C + I + G = 200 + 0.8Y$ 이다. 따라서 $AE = Y$ 를 만족하는 $Y^* = 1,000$ 이다.

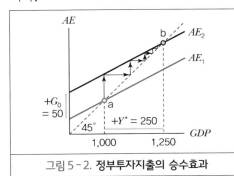

그림 5 - 2. 정부투자지출의 승수효과

그런데 정부가 정부투자지출 G를 최초의 100에서 150으로 증가시켰다고 하자. 그러면 총지출은 $C + I + G = 250 + 0.8Y$이 되고 $AE = Y$ 를 만족하는 $Y^* = 1,250$으로 균형국민소득은 +250 증가한다. 즉 정부지출증가분보다 5배 더 늘어나는 것이다.
이때 정부투자지출 증가분 대비 균형국민소득 증가분의 배수를 정부투자지출 승수라고 한다.
(여기서 정부투자지출 승수 = 5)

③ 이 승수효과를 보다 상세히 설명하면 다음과 같다. 최초의 거시경제 상황은 다음과 같다.

$C = 100 + 0.8(Y - T)$

$I = 80$

$G = 100$

$T = 100$(즉, 비례세율 $\tau = 0$)

최초의 거시경제의 균형소득은 $Y^* = 1,000$이었으므로 이때 소비지출의 크기는 820이었다. 그런데 정부가 +50만큼 정부투자지출을 증가시킨다. 예를 들어 +50의 예산을 들여 댐을 건설한다든가, 공항을 새로 짓는 것이다(신규공항을 짓는다고 하자). 그러면 공항건설에 참여한 여러 건설회사, 중장비회사, 건설근로자 등에게 +50의 소득이 발생하게 된다.

그런데 건설에 참여한 경제 주체들은 증가한 소득 +50 중 40만큼 소비지출을 늘린다(한계소비성향이 0.8). 따라서 이제 소비지출은 820에서 860으로 증가한다. 따라서 이제 내수가 +40만큼 살아난다. 즉 건설참여자가 증가시킨 +40만큼 국내기업들의 매출이 증가하게 된다. 그리고 이 매출 증가분은 결국 경제주체들의 +40의 소득 증가를 야기한다. 따라서 이제 추가로 +32의 소비지출이 늘어나 소비지출은 860에서 892가 된다.

이제 또다시 국내기업들의 매출이 +32 증가하고 이는 곧 국내소득의 +32 증가를 의미한다. 이에 따라 다시 소비지출이 +25.6 증가한다. 이처럼 정부의 투자지출 증액 +50은 지속적인 내수확장의 효과를 가져오는 것이다.

이처럼 정부투자지출 증액분에 따라 (시간이 경과함에 따라) 누적되는 총지출의 증액분을 모두 더하면 아래 수식으로 표현된다.

$$\Delta AE = 50 + 50 \cdot (0.8) + 50 \cdot (0.8)^2 + 50 \cdot (0.8)^3 + \cdots$$

이는 무한등비수열의 합이다. 따라서 $\Delta AE = \dfrac{50}{1 - 0.8} = 250$이 되는 것이다. 그런데 국민소득 3면 등가 원리에 의해 결국 $\Delta AE = \Delta Y^*$이다.

(무한등비수열의 합 S는 $S = \dfrac{a}{1-r}$ 이다. 여기서 a는 초항, r은 공비. 단 $0 < r < 1$)

정리하면 비례세율 = 0, 한계수입성향 = 0인 경우 정부지출증가에 따른 균형국민소득의 증가분의 크기는 $\Delta Y^* = \Delta G \cdot \dfrac{1}{1-c}$ 가 된다. 여기서 c는 한계소비성향의 크기이다.

④ 우리는 이미 27장에서 $Y^* = \dfrac{C_0 - cT_0 + I_0 - br + G_0 + X_0 - M_0}{1 - c + c\tau + m}$ 임을 배웠다. 위 사례에서는 $\tau = 0$, $m = 0$이고 $b = 0$, 수출, 수입도 없으므로 결국 $Y^* = \dfrac{C_0 - cT_0 + I_0 + G_0}{1 - c}$ 이다.

이때 $\dfrac{\Delta Y^*}{\Delta G_0} = \dfrac{1}{1-c}$ 이다. 즉 $\dfrac{\Delta Y^*}{\Delta G_0}$ 가 정부투자지출 승수인 것이다.

⑤ 마찬가지로 독립민간투자 I_0가 증가할 때도 균형국민소득이 따라 변화하는데, 이때 $\dfrac{\Delta Y^*}{\Delta I_0}$ 를 독립투자지출 승수라 한다. 독립투자지출 승수는 정부투자지출 승수와 동일한 크기임을 쉽게 확인할 수 있다.

(3) 조세승수

① 이제 정부가 정액세 T_0를 변화시킨다고 하자. 예를 들어 앞의 사례에서

$C = 100 + 0.8(Y - T)$

$I = 80$

$G = 100$

$T = 100$(즉, 비례세율 $\tau = 0$)이고 최초의 균형국민소득 $Y^* = 1,000$인 상황에서 정부가 $+50$만큼 정부투자지출을 늘려 최초의 내수시장을 $+50$ 확장시켜준 경우, 균형국민소득은 승수효과에 의해 $+250$ 증가하였다.

하지만 정부가 정부투자지출은 원래의 100을 유지하는 대신 T를 100에서 50으로 -50 줄였다면 균형국민소득은 어떻게 변화할까? 먼저 조세가 50만큼 감소하였으므로 경제 주체들의 처분가능소득이 $+50$ 증가하게 될 것이다. 따라서 경제 주체들은 증가한 $+50$의 소득 중 $+40$만큼 소비지출을 늘릴 것이다. 이에 따라 소비지출의 크기가 820에서 860으로 증가한다. 이에 국내기업의 매출과 경제 주체들의 소득도 $+40$ 증가한다. 이에 다시 소비

지출이 +32만큼 증가하고 다시 국내기업의 매출과 경제 주체들의 소득이 +32 증가한다. 이처럼 정부의 조세 감소도 정부투자지출과 마찬가지로 승수효과를 가져온다.

② 그런데 여기서 한 가지 유의할 것이 있다.

앞서 정부투자지출이 +50 증가한 경우, $\Delta G_0 = +50$만큼 먼저 내수를 확장시켰다. 그리고 이에 따라 $\Delta C = +40$이 증가하고 이후 연쇄적으로 소비지출이 +32, +25.6 ⋯ 증가하기 시작했다.

하지만 정부가 정부투자지출을 늘리지 않고 대신 조세를 50 삭감해준 경우에는 정부투자지출 증가에 따른 최초의 +50 만큼의 내수확장효과는 없고, $\Delta C = +40$부터 내수확장이 시작되는 것이다. 결국 조세 −50의 효과에 따른 (시간 경과에 따른) 총지출의 증액 누적합산액은 다음과 같다.

$$\Delta AE = 40 + 40 \cdot (0.8) + 40 \cdot (0.8)^2 + 40 \cdot (0.8)^3 + \cdots = \frac{40}{1-c} = -50\left(\frac{-c}{1-c}\right)$$

즉 정부의 조세변화액 ΔT_0 발생시, 균형국민소득의 변화분 $\Delta Y^* = \Delta T_0 \times \left(\frac{-c}{1-c}\right)$ 가 된다.

이때 조세(정액세) 변화분 대비 균형국민소득 변화분의 배수 $\frac{-c}{1-c}$ 를 조세승수라 한다.

※ $\tau = 0$, $m = 0$이고 $b = 0$, 수출, 수입도 없는 경우 $Y^* = \frac{C_0 - cT_0 + I_0 + G_0}{1-c}$ 이다. 이때 $\frac{\Delta Y^*}{\Delta T_0} = \frac{-c}{1-c}$ 가 됨을 알 수 있다.

(4) 비례세와 한계수입성향이 존재하는 경우

① 이제 비례세가 존재하고 수출과 수입 모두 발생하는 개방경제로 모형을 확장하여 보자.

이때 균형국민소득이 $Y^* = \frac{C_0 - cT_0 + I_0 - br + G_0 + X_0 - M_0}{1 - c + c\tau + m}$ 임은 이미 학습하였다.

따라서 이 경우

정부투자지출 승수 $\frac{\Delta Y^*}{\Delta G_0} = \frac{1}{1 - c + c\tau + m}$

독립투자지출 승수 $\dfrac{\Delta Y^*}{\Delta I_0} = \dfrac{1}{1 - c + c\tau + m}$

조세승수 $\dfrac{\Delta Y^*}{\Delta T_0} = \dfrac{-c}{1 - c + c\tau + m}$ 가 된다.

※ 균형재정승수

정부가 경기확장을 위해 조세 증가 없이 정부투자지출을 증액하면 재정적자가 발생한다. 그렇다면 정부투자지출 증가분만큼 조세를 증액한다면, 경기 확장효과는 발생할까?

답은 '발생한다'이다(하지만 그 효과는 상당히 약화된다).

정부가 만일 +1만큼 정부투자지출을 증가시키면 균형국민소득은 $\dfrac{1}{1 - c + c\tau + m}$ 만큼 늘어난다. 대신 정부가 +1만큼 조세를 늘리면 균형국민소득은 $\dfrac{-c}{1 - c + c\tau + m}$ 만큼 감소한다.

따라서 이 효과를 합산하면 균형국민소득은 $\dfrac{1 - c}{1 - c + c\tau + m}$ 만큼 증가한다.

이때 정부의 재정은 균형상태를 유지하므로 $\dfrac{1 - c}{1 - c + c\tau + m}$ 를 균형재정승수라고 한다.

만일 비례세율 = 0, 한계수입성향 = 0이라면 균형재정승수는 $\dfrac{1 - c}{1 - c} = 1$ 이 된다.

6. 통화량과 화폐공급

> 통화의 의의와 중앙은행의 통화공급에 대해 학습한다.
>
> − 통화지표
> − 지급준비제도
> − 통화승수와 신용창조

(1) 통화지표

① 통화(Currency)란 현재 유통 중인 화폐를 의미한다. 이는 현금과 예금을 통칭한다. 이러한 통화는 유동성 및 환금성을 기준으로 몇 가지 등급으로 구분해 볼 수 있다. 먼저 현금 및 현금등가물을 M1이라는 통화지표로 묶어 표현한다.

$$M1 = 현금 + 요구불예금 + 수시입출식\ 예금$$

요구불예금은 당좌예금, 보통예금 등을 말한다. 수시입출금식 예금은 저축예금, 시장금리부 수시입출식 예금을 포함한다. 흔히 결제성 예금을 통칭한다. M1은 현금으로의 전환이 매우 용이하며 유동성이 높다는 특징을 지닌다.

M2 = M1 + 저축성 예금 + 시장형 금융상품 + 실적배당형 상품, 금융채, 거주자 외환예금 (만기 2년 이상의 장기 금융상품 제외)

M2는 M1에 자산 증식 목적의 저축통화까지 합산한 통화지표이다. M2는 유동성은 다소 떨어지지만 약간의 번거로움을 감수하면 언제든 현금으로 환원할 수 있는 통화지표를 의미한다.

② Lf는 금융기관의 유동성을 의미한다. 만기 2년 이상의 정기예금, 적금, 금융채, 금전신탁, 생명보험회사의 보험계약 준비금, 증권금융회사의 예수금을 포함한다. L은 광의의 유동성으로 기업어음, 회사채, 국공채 등이 포함된다. Lf와 L은 결제성 기능보다는 화폐의 저장기능을 염두에 둔 통화이다.

※ 화폐의 3대 기능 : 교환(결제)기능, 가치저장기능, 가치척도기능

현금	M1	M2	Lf
요구불예금			
수시입출식 예금			
정기예적금			
시장형 상품			
실적배당형 상품			
기타 예금, 금융채			
2년 이상 장기금융상품			
생명보험계약준비금 및 증권금융 예수금			
기타 금융기관 상품			
국채, 지방채			
회사채, CP			

표 6-1. 통화지표

③ 보통 시중의 통화량이 증가하면 (명목)이자율이 하락한다. 통화량의 증대는 유동성이 풍부해진 것을 의미한다. 따라서 대부자금이 많아져 대출이 수월해진다. 이로 인해 대개 이자율이 하락하게 된다. 반대로 통화량이 감소하면 유동성이 감소하여 이자율은 상승하는 경향을 보인다. 이러한 통화량과 이자율의 역의 관계를 설명하는 이론으로는 크게 대부자금 공급설과 유동성 선호설이 있다. 이는 추후 학습한다.

(2) 지급준비제도

① 은행은 예금자로부터 예금을 수취하여 이를 자금이 필요한 이들에게 대출하여 준다. 이때 예금금리보다 대출금리가 높게 형성되는데 이러한 대출금리와 예금금리의 격차, 즉 예대마진이 은행 수익의 원천이다. 따라서 은행은 가능한 한 예금수신액 대부분을 대출하는 것이 이윤창출에 도움이 될 것이다. 하지만 무턱대고 예금수신액을 대부분 대출할 경우 자칫 심각한 문제에 직면할 수도 있다.

먼저 차입자에 대한 신용도에 대한 엄격한 검증 없이 무분별하게 대출해줄 경우, 대출금 회수에 어려움을 겪을 수 있다. 이는 은행의 건전성에 치명적일 수 있다. 또한 예금자는 언제 자신의 예금을 인출할지 모른다. 따라서 은행은 이러한 예금 인출에 대비하여 예금수신액 전부를 대출하지 않고 반드시 일정분은 은행금고에 보유하고 있어야 한다. 이를 지급준비금(Reserve)이라 한다. 물론 은행은 될 수 있는 한 이 지급준비금을 적게 보유하고 싶어 한다. 하지만 상술한 바와 같이 적정 수준의 지급준비금이 없으면 은행의 건전성이 취약해지므로 중앙은행은 각 시중은행에 예금수신액 대비 최소한도의 지급준비금 비율 하한을 강제한다. 이 비율을 법정지급준비율이라고 한다.

② 각 시중은행은 법정지급준비율을 초과하여 지급준비금을 추가로 보유할 수도 있다. 이 초과금을 초과지급준비금이라고 한다.

〈예시〉

자산	부채
대출 85억 원 법정지급준비금 10억 원 초과지급준비금 5억 원	예금 100억 원

표 6-2. 은행의 재무상태표 예시

위 사례에서 법정지급준비율은 10%임을 알 수 있다.

(3) 신용창조

① 법정지급준비율이 100%보다 낮은 경우를 부분지급준비금제도라 한다. 즉 은행은 예금수신액 중 일부를 대출을 해줄 수 있다는 것이다. 그런데 은행이 대출을 해주어 현금이 시중에 풀려나가면, 이 현금은 시중을 돌고 돌다 언젠가는 (다른) 은행의 예금으로 들어가게 될 것이다.

예를 들어 톰이 A은행에서 1억 원을 대출받아 가게 인테리어를 새로 했다. 인테리어업자 제리는 톰으로부터 1억 원을 받고 이 중 4천만 원은 아파트 전세금으로 터피에게 지불하고, 나머지 6천만 원은 B은행에 예금하였다. 그리고 터피는 제리에게 받은 4천만 원을 C은행에 입금하였다. 따라서 B와 C은행은 합산하여 신규예금 1억 원을 받은 셈이다. 이제 B와 C은행은 이 신규예금 중 일부를 대출해줄 수 있다. 만일 법정지급준비율이 10%라면, B은행은 5,400만 원까지, C은행은 3,600만 원까지 대출이 가능하다. 즉, 두 은행을 합산하여 9,000만 원의 신규 대출이 이루어질 수 있다. 이 때 새롭게 시중에 풀린 대출금 9,000만 원은 또 현금의 형태로 시중을 돌다 언젠가는 또 다른 은행에 예금의 형태로 들어갈 것이다. 그러면 그 은행은 다시 8,100만 원까지 대출을 해줄 수 있는 것이다.

② 이렇듯 부분지급준비금 제도 하에서는 신규예금이 들어오면 이 중 지급준비금을 제외한 부분을 대출해주고 이 대출이 다시 누군가의 예금이 되어 은행에 들어가고 다시 대출이 되는 과정이 수없이 반복되는 것이다. 이러한 과정을 신용창조(Credit Creation), 또는 예금창조라 한다.

③ 이러한 신용창조가 발생하면 시중 전체의 통화량은 최초의 예금액보다 수 배 이상 불어나게 된다. 예를 들어 중앙은행이 최초로 시중은행에 100억 원의 현금을 입금하였다고 하자. 이제 시중 총통화량은 100억 원이다(예금주는 중앙은행이다). 그리고 법정지급준비율은 10%라고 가정하자.

은행은 이제 100억 원 중 90억 원을 신규 대출해줄 수 있다. 즉 신규로 90억 원의 현금이 시중에 유통되는 것이다. 이제 총통화량은 190억 원이 된다(중앙은행 명의의 예금 100억 원＋현금유통액 90억 원). 시간이 지나 시중에 유통된 현금 90억 원이 누군가의 명의로 은행에 예금된다(아직 시중 총통화량은 190억 원이다. 중앙은행 명의의 예금 100억 원＋누군가의 예금 90억 원).

이제 은행은 신규예금 90억 원 중 81억 원을 대출할 수 있다. 다시 시중에 추가로 현금이 81억 원 유통된다. 이제 시중 총통화량은 271억 원이 된다(중앙은행 명의의 예금 100억 원＋누군가의 예금 90억 원＋현금 81억 원). 그리고 또 시간이 흘러 81억 원의 현금이 다시 은행에 들어오고 다시 은행은 이 중 72.9억 원을 대출해준다. 다시 현금이 추가로 72.9억 원이 풀리는 것이다.

이렇게 중앙은행이 예금의 형태로 최초로 100억 원을 시중 은행에 맡기면, 신용창조과정을 거치며 시간이 지남에 따라 시중에 풀리는 총통화량(현금＋예금)은 $100 + 90 + 81 + 72.9$ …로 계속 불어나게 된다.

이때 중앙은행이 최초로 푼 화폐량을 본원통화(Reserve Base)라 한다. 그리고 신용창조과정을 거치며 늘어나는 시중의 총통화량의 최대값은, 위 사례의 경우

$\Delta M = 100 + 100 \cdot 0.9 + 100 \cdot 0.9^2 + 100 \cdot 0.9^3 + \cdots$ 가 된다.

무한등비수열의 합에 의해 $\Delta M = \dfrac{100}{0.1} = 1{,}000$ 억 원이 된다.

즉 $\Delta M = \Delta H \times \dfrac{1}{\text{법정지급준비율}}$ 이 된다. 여기서 ΔM은 시중의 총통화량 증가분이며 ΔH는 본원통화증가분이다. 그리고 본원통화 대비 총통화량의 배율인 $\dfrac{1}{\text{지급준비율}}$ 을 통화승수(Money Multiplier)라 한다. (여기서 지준율은 초과지급준비금까지 포함하여 계산한 지급준비율이다)

④ 위 사례에서 통화승수가 $\dfrac{1}{\text{지급준비율}}$ 가 되는 것은 시중에 풀린 현금이 언젠가 반드시 예금으로 입금되는 경우를 가정한 것이다. 만일 시중에 풀린 현금이 장롱 속에 들어가 예금으로 입금되지 않는다면 이는 신용창조에 기여하지 못하게 되므로 통화승수는 다소 낮아지게 된다.

예를 들어 각 경제 주체들이 자신이 보유한 통화 중 일부는 항상 현금으로 보유하여 은행에 예금하지 않는다고 하자. 이때 통화량에서 현금의 비율, 즉, $\dfrac{\text{현금보유분}}{\text{통화량}} = c$ 라고 하자. 예를 들어 $c = 0.2$ 라면 대출을 통해 시중에 1억 원의 현금이 풀리면 이 중 8,000만 원은 은행에 예금으로 들어가지만 2,000만 원은 결코 입금되지 않고 계속 지갑에 현금으로 머물게 되는 것이다. 그러면 신용창조과정이 약해지게 된다.

즉 중앙은행이 H만큼 신규 본원통화를 늘렸다고 하자. 이제 이 중 cH는 현금으로 남지만 $(1-c)H$는 예금이 된다. 그리고 지급준비율을 z라고 하자. 그러면 $(1-c)(1-z)H$ 만큼 대출이 발생하여 시중에 그만큼 현금이 풀린다. 하지만 이 중 다시 은행으로 회수되는 금액은 $(1-c)^2(1-z)H$이고 다시 $(1-c)^2(1-z)^2H$만큼 신규 대출이 발생한다.

따라서 실제 신용창조에 의해 총통화량은 $H+(1-c)(1-z)H+(1-c)^2(1-z)^2H+\cdots$ 만큼 증가한다. 즉 $M = \dfrac{H}{1-(1-c)(1-z)} = H \times \dfrac{1}{c+z-zc}$ 가 된다.

이때 통화승수는 $\dfrac{1}{c+z-zc} = \dfrac{1}{c+z(1-c)}$ 이다.

※ $\dfrac{\text{현금보유분}}{\text{통화량}} = c$ 일 때, 현금 $-$ 예금비율$= \dfrac{\text{현금보유분}}{\text{예금}} = k$ 라고 하자. 여기서 예금 = 통화량 $-$ 현금이 므로 결국 $k = \dfrac{cM}{M-cM} = \dfrac{c}{1-c}$ 가 된다.

이를 $\dfrac{1}{c+z(1-c)}$ 에 대입하면 $\dfrac{1}{c+z(1-c)} = \dfrac{k+1}{k+z}$ 를 얻는다.

풀이 : $\dfrac{k+1}{k+z} = \dfrac{\dfrac{c}{1-c}+1}{\dfrac{c}{1-c}+z} = \dfrac{\dfrac{c}{1-c}+\dfrac{1-c}{1-c}}{\dfrac{c}{1-c}+\dfrac{z-zc}{1-c}} = \dfrac{\dfrac{1}{1-c}}{\dfrac{c+z-zc}{1-c}} = \dfrac{1}{c+z-zc}$

※ 화폐발행액과 본원통화

> 중앙은행이 본원통화를 100억 원 발행하면 실제로 화폐발행액도 100억 원이 되는가? 아니다. 중앙은행이 본원통화를 발행해 시중은행에 예치하면 법정지급준비금만큼 시중은행을 보유금을 남겨두어야 한다. 이때 시중은행은 지급준비금 중 일부는 한국은행에 맡겨야한다. 이를 지준예치금이라고 하며 시중은행은 실제로 지급준비금 중 지준예치금을 제외한 시재금만큼만 금고에 보관한다. 따라서 중앙은행은 본원통화를 발행하여 시중은행에 주었다 이 중 지준예치금을 다시 즉각 회수해야 한다. 이는 매우 번거롭다. 그러므로 처음부터 본원통화를 발행할 때, 지준예치금을 제외하고 화폐를 찍어서 시중은행에 유통시킨다.
> 즉 화폐발행액 = 민간보유 현금총액 + 시재금이 된다.

7. 통화정책 수단

중앙은행의 통화량 조절 수단에 대해 학습한다.

- 채권의 구조
- 공개시장운용 및 전통적 통화정책수단
- 비전통적 통화정책수단 소개

(1) 채권의 구조의 의의

① 채권(Bond)이란 간단히 말해 돈 돌려받을 권리를 뜻한다. 그리고 이러한 권리가 담겨진 증서를 채권증서라고 부른다. 기업은 채권시장을 통해 필요한 자금을 차입하기도 한다. 채권

을 발행(혹은 매각)했다는 것을 자금을 차입했다는 것을 의미한다. 채권을 매수(혹은 매입)했다는 것은 채권발행자에게 돈을 빌려줬다는 것이다.

② 채권은 만기와 이자 지급방식 등에 따라 세부적으로 매우 다양한 종류로 나뉠 수 있는데, 우선은 가장 기본적인 채권인 순수할인채권에 대해 소개한다.

순수할인채권은 채권증서에 기본적으로 1) 액면가, 2) 발행인, 3) 만기일이 적시되어 있다. 예를 들어 A전자회사가 만기일이 1년 후인 액면가 10억 원의 채권을 발행한다고 하자. 채권시장에서 톰이 이 채권을 9억 원에 매입하였다고 하자. A사는 채권을 팔아 9억 원의 현금을 톰으로부터 수취하게 된다. 이 9억 원으로 A사는 필요한 곳에 지출한다.

이제 1년이 지나 만기일이 도래하였다. 톰은 이 채권증서를 들고 A사를 찾아간다(만일 A사가 망하지 않고 계속 영업 중이라면). A사는 액면가인 10억 원을 톰에게 지급해야 한다. 즉 톰은 A사에게 9억 원을 빌려주고 만기일에 원리금 10억 원으로 돌려받는 것이다. 이때 톰의 수익은 1억 원이고 투자원금(9억 원) 대비 수익률은 약 11.1%이다.

순수할인채권의 수익률은 $\dfrac{\text{액면가} - \text{채권가격}}{\text{채권가격}} \times 100\%$ 이다.

③ 그런데 A사가 매우 우량하고 부도의 가능성도 극히 희박하다고 하자. 그렇다면 A사의 채권을 구입하면 1년 후에 어김없이 10억 원을 돌려받을 수 있다. 만일 시중의 안전한 은행의 정기예금 금리가 5%라고 하자. 톰은 9억 원을 정기예금으로 예치할 경우 1년 후 9억 4,500만 원을 돌려받지만 A사의 채권을 구입하여 10억 원을 돌려받게 된 것이다. 따라서 일반적 은행예금보다 월등히 좋은 수익률을 기록하게 된다.

금융시장은 경쟁시장이다. 따라서 이 좋은 채권투자를 톰만 하지 않는다. A사가 액면가 10억 원의 채권을 채권시장에서 매물로 내놓으면 제리도 이를 구입하려 할 것이다. 제리가 톰보다 비싼 응찰가인 9억 2천만 원을 제시하여 A사의 채권을 구입하면 이때 제리의 수익률은 $\dfrac{\text{10억 원} - \text{9.2억 원}}{\text{9.2억 원}} \fallingdotseq 8.7\%$로 여전히 은행금리보다 높은 수익률을 얻는다. 즉, 채권가격이 9억 2천만 원이어도 여전히 은행투자보다 매력적이므로 또 다른 경쟁자가 나타나 더 비싼 가격을 부를 것이다. 이렇듯 우량하고 부도의 위험이 매우 적은 채권은 그 수익률이 은행금리보다 높다면 계속해서 채권가격이 올라갈 것이다.

만일 누군가가 채권응찰가격으로 9억 5,200만 원을 부르면 (이 가격에 낙찰받을 경우) 채권의 수익률은 약 5.04%가 된다. 이제 거의 은행정기예금금리에 근접하게 되고 이보다 더 비싸게 채권을 구입하면 은행예금에 투자하는 것보다 딱히 더 수익이 좋은 것도 아니게 된다. 즉 (안전하고 우량한 기업이 발행하는) 채권수익률이 은행정기예금금리에 필적하는 정도에서 채권가격이 결정될 것이다.

④ 하지만 우량하고 안전한 기업이 아니라 미래가 다소 불투명한 기업이 발행하는 채권의 가격은 어떻게 될까? 아무래도 채권의 회수가능성이 다소 낮아 투자자(채권매수자) 입장에서는 불안하다. 때문에 이 불안을 기꺼이 감수하고 채권을 구입하려면 이에 대한 보상이 필수

적이다. 즉, 높은 수익률이 필요하다. 때문에 우량하지 못한 리스크가 어느 정도 있는 발행자의 채권은 낮은 가격 = 높은 수익률을 기대해 볼 수 있다. 물론 이 높은 수익률은 이 발행인이 부도를 내지 않고 만기일까지 상환여력을 지닌 채 생존한 경우에 한정된다.

⑤ 현행 상법 상 우리나라에서 채권을 발행할 수 있는 기관은 오직 상법 상의 주식회사, 정부 및 산하기관에 국한된다. 즉 개인은 채권을 발행할 수 없다. 이때 민간기업이 발행한 채권을 회사채, 정부가 발행한 채권을 국채, 정부산하기관이 발행한 채권을 공채라 한다.
당연히 국공채의 안정성은 회사채보다 좋다. 따라서 같은 만기조건이라면 국공채가 보다 높은 가격(낮은 수익률)을 보일 것이다.

⑥ 우리나라의 중앙은행인 한국은행 역시 준정부기관으로서 채권을 발행하고 매입할 수 있다. 게다가 매우 대량의 채권을 매입, 매각한다. 한국은행이 채권을 발행하는 것은 자금을 조달하기 위한 것은 아니고, 채권의 수요와 공급을 조절하여 채권의 가격 및 채권 수익률을 통제하고자 하는 목적 때문이다. 이는 추후 공개시장 운영제도에서 자세히 서술한다.

(2) 공개시장운영

① 한국은행은 증권매매, 통화안정증권의 매각 및 환매, 통화안정계정 예수, 이 3가지 방식을 통해 시중의 통화량을 조절하는 이른바 공개시장운영(Open Market Operation)이라는 정책을 시행한다. 이 중 통화안정증권의 매각(발행) 및 환매는 가장 널리 알려진 공개시장 운영방식이다.

② 통화안정증권은 일종의 환매조건부 채권(RP)이다. 즉 한국은행이 채권을 발행하고도 만기 이전에라도 정해진 이자지급 조건에 따라 되사올 수 있는 채권이다. 한국은행은 이런 RP를 이용하여 시중의 통화량과 이자율에 영향을 미친다.

③ 만일 한국은행이 대규모의 통화안정증권을 발행한다고 하자. 한국은행의 리스크는 시중의 그 어떤 은행의 리스크보다도 작다. 따라서 통화안정증권은 매우 매력적인 투자대상이다. 그런데 통안채의 공급이 매우 많다면 당연히 통안채의 거래가격은 낮아진다. 이에 따라 통안채의 수익률이 상승하게 된다. 예를 들어 현재 통안채의 수익률이 1.5%이고 일반 시중은행의 금리가 1.8%였는데, 한국은행이 통안채의 공급을 늘려 (통안채의 가격이 하락하고) 통안채 수익률이 1.9%가 되었다고 하자. 그러면 시중의 투자자들은 당연히 은행 예금을 인출하고 통안채를 구입할 것이다. 은행의 수신이 줄면 은행은 어쩔 수 없이 수신을 끌어오기 위해 자신들의 예금금리를 최소한 1.9%보다는 높게 올려야 한다. 즉 중앙은행의 채권 발행은 시중은행의 이자율을 올리는 요인이 되는 것이다.
그리고 중앙은행이 채권을 발행(매각)한다는 것은 시중의 투자자들에게 채권을 판매하여 현금을 수취한다는 것이다. 중앙은행은 이때 흡수한 현금을 일단 파쇄한다. 시중에서 유통 중인 현금을 줄이는 것이다.
이처럼 중앙은행의 채권 발행(매각)은 시중의 이자율을 올림과 동시에 시중의 (본원)통화량을 줄이는 정책이다. 이는 긴축통화정책(Contractionary Monetary Policy)이다.

④ 반대로 한국은행은 시중에 유통 중인 통안채를 만기 전이라도 재매입할 수 있다. 물론 적절한 이자를 지급하고 매입해야 한다. 시중에 유통 중인 채권을 한국은행이 매입하면 시중의 채권수요가 증가한다. 이는 통안채의 가격 상승요인이다. 자연스레 채권수익률은 하락하고 이제 채권투자자들은 채권을 한국은행에 되팔고 받은 현금을 상대적으로 유리한 은행에 예금할 것이다. 은행은 수신이 증가하고 은행이자율은 낮아진다. 이와 함께 시중의 (본원) 통화량도 증가하게 된다.

즉, 중앙은행의 채권매입은 확장통화정책(Expansionary Monetary Policy)으로 이자율을 낮추고 통화량을 늘리는 정책이다.

※ 금융통화위원회

> 한국은행은 금융통화위원회를 개최하여 공개시장 운영 방향을 결정한다. 위원회는 7인이 위원회로 구성되어 있으며 한은 총재와 부총재는 당연직으로 위원장과 부위원장을 맡는다.
> 나머지 5인은 기재부 장관, 한은 총재, 금융위원장, 대한상공회의소 회장, 전국은행연합회 회장의 추천을 받은 인사를 대통령이 임명한다.

※ 이표채권

> 순수할인채는 만기 때까지 이렇다 할 현금흐름이 없다. 또한 물가상승률이 0보다 크다면 당연히 채권가격은 액면가를 상회할 수 없다.
> 반면 이표채권은 만기 때까지 정해진 기간마다 이표이자를 지급하는 채권이다. 예를 들어 액면가가 10억 원, 이표이자율이 0.1%, 이자 지급주기가 3개월이라면 이 채권을 구입하면 물론 만기 때 10억 원을 일시로 받지만 그 외에도 만기 도래 시까지 3개월마다 이표이자인 100만 원을 지급받는다.
> 때문에 물가상승률이 상당히 낮고, 또한 시중 이자율도 매우 낮은 경우라면 이표채권의 시중 거래가격은 액면가보다 높을 수 있다.

(3) 재할인율 정책

① 중앙은행은 공개시장운영 외에도 재할인율을 조절하여 시중의 이자율과 통화량을 조절할 수 있다.[7] 재할인율은 중앙은행과 시중은행 간 자금 거래 시 적용되는 창구 금리를 의미한다.
② 재할인율이 인상되면 시중 금리가 인상된 것과 동일한 효력이 발생한다. 즉, 중앙은행의 재할인율 인상은 긴축통화정책이며 (본원)통화량을 감소시킨다. 반대로 재할인율의 인하는 확장통화정책으로 시중의 (본원)통화량을 늘리고 이자율을 낮추는 효과를 갖는다.

(4) 법정지급준비율 제도

① 앞서 지급준비율은 통화승수에 영향을 줄 수 있음을 학습하였다. 따라서 중앙은행이 법정지급준비율을 변경하면 본원통화량은 변함이 없어도 통화승수가 변하여 시중의 총통화량은 변한다.

---

7) 한국은행은 현재 재할인율 정책을 폐기하였다.

② 법정지급준비율이 인상되면 통화승수는 하락, 시중 총통화량은 감소하고 이자율은 상승한다. 즉 법정지급준비율의 인상은 긴축통화정책이다. 반면 법정지급준비율의 인하는 확장통화정책이다.

(5) 기타 통화정책 수단

① 신용중시견해에 따르면 통화정책이 이자율에 영향을 주고 다시 소비와 투자에 영향을 주는 전통적인 이자율 경로보다는, 시중 금융기관의 대출행태, 기업의 건전성 등 신용경로가 통화정책의 효과에 더 중요할 수 있다고 본다.

② 이에 따라 한국은행은 전통적인 통화정책 수단 외에도 자금조정대출, 금융중개지원대출, 특별대출, 자금조정예금 등 여수신 제도적 관점에서 통화정책을 병용하기도 한다.

8. 화폐수요

화폐수요에 대해 학습한다.

– 고전학파의 견해(화폐수량설)
– 케인즈학파의 화폐수요함수

(1) 피셔의 교환방정식

① 고전학파 경제학자인 피셔는 경제주체들이 화폐를 보유하고자 하는 목적은 거래를 위한 지불수단으로 보았다. 그의 견해에 의하면 한 개인이 일정기간 동안 보유해야 하는 화폐의 양은 아래와 같은 공식으로 표현된다.

$M \cdot V = P \cdot Q$(여기서 M은 화폐량, V는 거래 횟수, P는 재화의 가격, Q는 구매량)

이를 피셔의 교환방정식(또는 피셔의 항등식)이라고 한다. 이러한 교환방정식을 거시적인 관점으로 확대하면 다음과 같다.

$M \cdot V = P \cdot Y$ (여기서 M은 통화량, V는 유통속도, P는 물가, Y는 실질GDP)

위 공식을 해석하면 다음과 같다. 거시경제 전체적으로 필요한 총통화량은 $M = \dfrac{1}{V}PY$ 가 된다. 즉 거시전체적으로 경제주체들이 필요로 하는 화폐수요는 $M^d = \dfrac{1}{V}PY$라는 것이다.

즉, 고전학파의 화폐수요는 $M^d = \dfrac{1}{V}PY$이다.

※ 교환방정식의 예시적 설명

예를 들어 어느 경제에 톰과 제리만이 있다고 하자. 톰은 햄버거를 연간 12개 생산하고, 제리는 핫도그를 연간 24개 생산한다. 톰은 매달 제리의 핫도그 가게에 들러 핫도그를 2개씩 구매한다. 제리는 매달 톰의 햄버거 가게에 들러 햄버거를 1개씩 구매한다.

톰의 햄버거 가격은 10,000원이고, 제리의 핫도그 가격은 5,000원이다. 그러면 이 경제의 화폐경제가 원활히 돌아가기 위해 필요한 통화량은 얼마일까? 여기서 거래횟수(V)는 총 24회이다(톰12번 + 제리12번). 그리고 명목GDP, 즉 PY는 24만 원이다.

따라서 $M \cdot V = P \cdot Y$ 공식에 의해 이 경제에 필요한 통화량 M은 10,000원이다.

즉, 톰에게 10,000원의 화폐만 있으면 이 경제는 원활하게 모든 거래가 화폐를 매개로 하여 잘 돌아간다는 것이다.

톰이 먼저 10,000원을 들고 제리의 가게에 들러 핫도그 2개를 구매한다. 그리고 다시 제리가 톰의 가게에 들러 (아까 받은) 10,000원으로 톰의 햄버거를 1개 구매한다. 그리고 다음 달에 다시 톰이 제리의 가게에 들러 10,000원을 주고 핫도그 2개를 구매한다. 다시 제리가 톰의 가게에 들러 10,000원을 주고 햄버거를 1개 구매한다. 이렇게 10,000원짜리 지폐 한 장만 있으면 톰과 제리 사이에 연간 12번씩의 거래가 완벽하게 화폐를 매개로 돌아가게 된다.

② 고전학파의 이러한 화폐수요이론을 화폐수량설이라고 한다. 이 견해에 따르면 화폐수요함수는 $M^d = \dfrac{1}{V}PY$이므로 화폐수요는 오직 유통속도(거래횟수), 물가, 실질소득에만 영향을 받는다. 그런데 고전학파 경제학자들은 화폐유통속도 V는 매우 안정적이라고 보았다. 결국 고전학파에 따르면 화폐수요는 물가와 실질소득에만 영향을 받는다.

③ $M \cdot V = P \cdot Y$ 를 변화율 공식으로 환산하면 $\dfrac{\Delta M}{M} + \dfrac{\Delta V}{V} = \dfrac{\Delta P}{P} + \dfrac{\Delta Y}{Y}$ 가 된다.

즉 통화량변화율 + 유통속도변화율 = 물가상승률 + 경제성장률이 된다. 이때 유통속도의 변화율 = 0을 가정한다면[8] 통화량의 변화는 물가상승률와 경제성장률에 영향을 미치게 된다.

※ 추후 총공급이론에서 학습하겠지만, 고전학파는 통화량의 변화가 경제성장률에는 영향을 미치지 않는다고 보았다. 따라서 통화량 변화에도 $\dfrac{\Delta Y}{Y} = 0$이 성립하고 결국 $\dfrac{\Delta M}{M} = \dfrac{\Delta P}{P}$이 성립한다고 보았다. 이를 화폐중립성(Money Neutrality)이라고 한다.

하지만 일반적인 경우 단기에는 통화량의 변화는 물가상승률과 경제성장률에 동시에 영향을 준다. 즉 단기에는 화폐중립성이 성립한다고 보긴 어렵다.

※ 고전학파의 화폐수량설에 의하면 경제 주체들의 화폐수요는 오직 물가와 실질소득에만 영향을 받는다. 하지만 실제로 화폐수요는 이 두 요소 외에도 많은 요인들에 의해 영향을 받는다. 이후 고전학파의 견해를 이어받은 통화주의학파는 고전학파의 화폐수량설을 보다 개량하여 신화폐수량설을 제안하였다. 신화폐수량설에 의하면 $M^d = kPY$의 화폐수요함수를 얻게 되는데, 여기서 k를 마샬케이라고 부른다. 그리고 이 k는 화폐수요에 영향을 미치는 다양한 요인들을 망라한 함수이다.

※ 실질화폐수요함수, 즉 $\dfrac{M^d}{P} = kY$를 고려하면 실질화폐수요는 오직 실질소득에만 반응한다.

---

8) 실제 수험문제에서는 항상 $\dfrac{\Delta V}{V} = 0$을 가정하지는 않는다.

(2) 케인즈의 화폐수요함수

① 고전학파 및 통화주의학파의 견해로는 경제 주체들의 화폐보유 목적이 거래적 목적이 가장 중요하였다. 또한 화폐수량설에 따르면 이자율은 화폐수요에 영향을 주지 못한다(통화주의학파의 신화폐수량설에서는 이자율이 화폐수요량에 다소간 영향을 준다. 하지만 그 효과는 미미하다).

② 반면 케인즈는 경제 주체들이 화폐를 보유하려는 목적은 크게 3가지로 구분하였다.

첫째는 고전학파와 동일한 거래적 목적이다.

둘째는 예비적 목적으로 갑작스럽게 의도치 않은 급전의 지출을 위해 화폐를 보유하고 있으려 한다는 것이다.

여기서 케인즈는 거래적 목적과 예비적 목적의 화폐수요는 고전학파와 동일하게 소득에 비례한다고 보았다. 하지만 고전학파의 화폐수요와 케인즈의 화폐수요의 가장 큰 차이는 바로 세 번째 화폐수요의 목적인 투기적 목적의 유무에서 갈린다.

케인즈에 따르면 경제 주체들은 적당한 투자자산이 오면 바로 이를 구입하여 시세차익을 얻으려 할 텐데, 적당한 투자타이밍이 되었을 때 이 자산을 구매하기 위한 목적으로 보유하는 현금 및 현금성 자산(예금 등의 통화)를 바로 투기적 목적에 의한 화폐수요라고 보았다. 그리고 이러한 투기적 목적의 화폐수요(량)는 이자율에 민감하게 반응할 것이라 보았다.

③ 이를 케인즈의 유동성 선호설이라 한다. 케인즈 먼저 경제주체들이 소득을 얻으면 이 중 일정비율은 거래적, 예비적 목적으로 현금 및 예금, 즉 화폐로 보유하고 나머지 소득은 투기를 위해 일단 현금으로 쟁여두거나 아니면 채권을 구입하여 재산을 불릴 것이라고 보았다.

※ 여기서 케인즈는 재산증식 수단으로 오직 채권투자만을 가정하였는데, 물론 현실에서는 재산증식 수단으로 채권뿐만 아니라 주식, 부동산, 펀드 등 다양한 투자대안이 있다. 하지만 일반적인 자본의 수익률은 보통 연동되기 마련이다. 다시 말해, 주식수익률이 높아지면 자연히 부동산수익률, 펀드수익률 등도 (정확하게 같은 비율은 아니지만) 대개 높아지는 경향을 보인다. 물론 엄밀하게 이야기하면 여러 투자자산들의 수익률과 수익개선 시기 등이 완전히 일치하지는 않지만 그래도 거시적 관점에서 자본수익률이 개선되는 시기에는 대부분의 투자자산의 수익률이 동행하는 양상을 보인다. 따라서 재산증식 수단을 오직 채권 한 종류로 가정한 케인즈의 가정은 비현실적인 가정은 아니다. 오히려 이론을 보다 이해하기 쉽게 단순화한 편의성을 고려한 가정이라고 봐야 할 것이다.

④ 그렇다면 경제 주체들은 매달 소득이 들어오면 거래적 예비적 목적의 화폐 이외에 남은 소득으로 지금 채권을 구입할지 아니면 당분간은 현금으로 보유하고 있다 나중에 채권을 구입할지 투자 타이밍을 결정해야 한다. 이때 채권을 구입하는 목적은 시세차익을 노리기 위한 투기적 목적이다. 따라서 향후 채권가격이 올라갈 것 같으면 바로 채권을 구입하는 것이 좋다. 그런데 향후 채권가격이 떨어질 것 같으면 지금 채권을 구입하지 않고 잠시 현금으로 보유하고 있다가 나중에 채권가격이 떨어지고 나면 그때 채권을 구입하는 것이 좋다. 이때 채권가격이 하락할 때까지 현금으로 보유하는 남은 소득을 투기적 목적의 화폐수요(량)라고 한다.

⑤ 그러면 경제 주체들은 언제 채권가격이 하락하고, 언제 채권가격이 상승할 것이라고 예측할까? 바로 향후 이자율의 등락 예측에 의존한다. 앞서 채권의 수익률은 시중의 이자율에

연동된다고 학습하였다. 그리고 이는 채권의 가격과 시중의 이자율이 반대로 움직인다는 것을 의미한다.

따라서 향후 이자율이 떨어질 것으로 본다면, 이는 향후 채권가격의 상승을 의미할 것이고 향후 이자율이 상승한다면 채권가격은 하락할 것이다.

⑥ 톰은 현재 소득 500만 원이 있다. 이 중 거래적·예비적 목적으로 200만 원은 일단 현금 및 예금으로 보유하고 여유자금 300만 원이 남아 있다. 그리고 톰이 생각하는 우리나라의 적정 이자율 수준은 3%이다. 그런데 만일 현재 이자율이 3%보다 낮다면 톰은 향후 우리나라의 이자율이 3% 수준으로 올라가리라 예상한다. 이는 향후 채권가격의 하락을 예상한다는 것과 같다. 따라서 톰은 지금 당장 채권을 구입하지 않고 이자율이 3%대로 올라갈 때까지 여유자금 300만 원을 홀딩하려 할 것이다. 즉, 톰은 300만 원을 투기적 목적으로 쟁여둘 것이다.

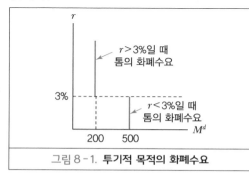

그림 8-1. **투기적 목적의 화폐수요**

하지만 현재 이자율이 3%보다 높다면? 이 경우 톰은 향후 이자율이 떨어질 것이라고 예상한다. 이는 향후 채권가격의 상승을 의미한다. 따라서 이때 톰은 여유자금 300만 원으로 즉시 채권을 구입할 것이다. 이때 톰의 투기적 목적의 화폐수요량은 0이 된다.

이렇듯 투기적 목적의 화폐수요를 고려한다면 각 경제 주체가 생각하는 적정이자율 수준을 기점으로 위 그림처럼 두 개의 수직선의 화폐수요곡선이 그려지게 된다.

⑦ 반면 제리는 우리나라의 적정이자율 수준이 2%라고 본다. 따라서 제리는 현재 이자율이 2%보다 높다면 여유자금을 전부 채권 구입에 사용한다. 반대로 현재 이자율이 2%보다 낮다면 여유자금을 투기적 목적으로 쟁여둘 것이다. 한편 터피는 우리나라의 적정 이자율 수준을 1.5%로 본다. 이때 제리와 터피의 화폐수요곡선은 아래 그림처럼 나타날 것이다.

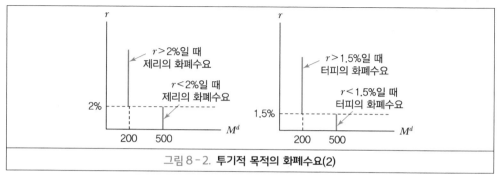

그림 8-2. **투기적 목적의 화폐수요(2)**

⑧ 이제 톰과 제리, 터피의 3인의 화폐수요를 모두 합산하면 아래 그림과 같아진다.

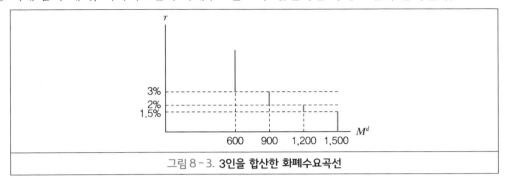

그림 8 - 3. **3인을 합산한 화폐수요곡선**

⑨ 매우 많은 경제주체들이 생각하는 적정이자율 수준이 모두 동일하지는 않을 것이다. 이를
감안하여 시장 전체 화폐수요곡선을 그리면 아래 그림과 같이 우하향하는 곡선의 형태를
띤다.

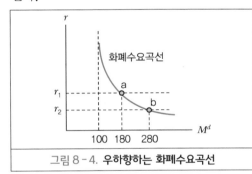

그림 8 - 4. **우하향하는 화폐수요곡선**

좌측 그림에서 이자율이 r_1인 경우, 시장 전체 화폐수
요량은 180이다. 이때 거래적, 예비적 목적의 화폐수
요량은 100이고 투기적 목적의 화폐수요량은 80이
다. 그런데 이자율이 r_2로 하락하면 거래적, 예비적
목적의 화폐수요량은 100에서 불변이지만 투기적 목
적의 화폐수요량이 180으로 증가하여 경제 전체 화폐
수요량은 280이 된다.

⑩ 중앙은행의 화폐공급량(총통화량)은 중앙은행의 정책의지에 의해 결정되므로 이자율과 무
관하다.

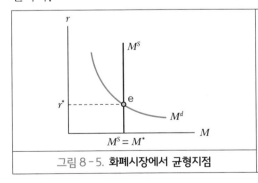

그림 8 - 5. **화폐시장에서 균형지점**

시중의 화폐공급곡선은 수직선으로 나타난다. 그러므
로 화폐시장에서 수요과 공급이 만나는 균형지점은
좌측 그림처럼 나타난다.
화폐공급곡선과 화폐수요곡선이 만나는 점 e에서 화
폐시장균형이 달성되며 이때 균형이자율은 r^* 이다.

⑪ 확장통화정책과 긴축통화정책 시

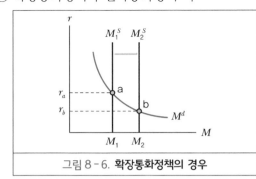

그림 8 - 6. **확장통화정책의 경우**

중앙은행이 확장통화정책을 시행하여 화폐공급곡선이 M_1^s에서 M_2^s로 우측 이동하면 화폐시장균형은 점 a에서 점 b로 이동하며, 이에 따라 균형이자율은 하락한다.

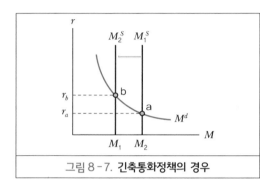

그림 8 - 7. **긴축통화정책의 경우**

반대로 긴축통화정책을 시행하면 화폐공급곡선이 좌측 이동한다. 이에 따른 화폐시장에서의 균형지점의 변화는 좌측 그림과 같다. 긴축통화 정책 시 균형이자율은 상승한다.

⑫ 만일 실질국민소득이 증가하여 (거래적, 예비적 목적의) 화폐수요의 증가한다면, 이는 화폐수요곡선의 우측 이동을 야기한다. 이 경우 화폐시장에서의 균형이자율은 상승한다. 반대로 실질소득의 감소는 균형이자율의 하락을 가져온다.

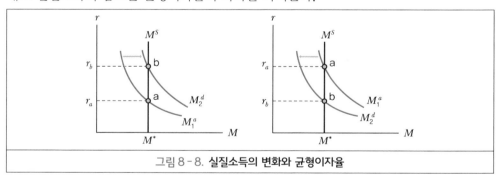

그림 8 - 8. **실질소득의 변화와 균형이자율**

※ 통화공급의 내생성이 존재하는 경우

위 분석에서는 화폐시장에서 화폐공급곡선을 수직선으로 나타내었다. 이는 시중의 통화량과 이자율이 무관하다는 전제 조건을 반영한다. 그런데 중앙은행이 발행하는 본원통화는 이자율에 무관하지만 통화승수는 이자율의 영향을 받을 수 있다.
특히 경제 주체의 현금보유비율이 이자율의 감소함수라면 화폐공급곡선은 수직선이 아닐 수 있다. 이를 통화공급의 내생성이라 한다.
현금을 보유하는 것에 대한 기회비용은 이자소득이다. 즉, 거래의 편의성을 위해 이자소득을 포기하는 것이다. 하지만 이자율이 상승하면 이자소득에 대한 아쉬움 때문에 경제 주체들은 현금보유비율을 줄이려는 경향을 보여 현금보유비율은 이자율과 반대의 움직임을 보일 것이다. 현금보유비율의 감소는 통화승수 증가 요인이다.
따라서 현금보유비율이 이자율의 감소함수인 경우, 이자율 상승 시 통화승수가 높아질 것이고 이는 총통화량의 증가를 의미한다. 이때 화폐공급곡선은 우상향하는 형태를 나타낸다.

(3) 유동성 함정

① 케인즈의 유동성 선호설에 따르면 거시경제의 화폐수요함수는 우하향한다. 이는 이자율이 낮아질수록 채권가격의 하락을 예견하는 경제 주체가 많아져 채권 구입을 보류하고 투기적 동기의 화폐수요량을 늘리기 때문이다.
그런데 경제 주체들은 '이만큼 이자율이 떨어졌으면 더 이상은 떨어지지 않겠지'라고 여기는 이자율의 하한선, 즉 임계이자율 수준까지 이자율이 하락하면 더 이상 추가적인 이자율 하락을 예견하지 않게 된다. 따라서 실제 이자율이 임계이자율 수준까지 하락하면 아무도 채권가격의 상승을 예견하지 않기 때문에 채권을 구입하지 않고 모두 자신의 소득을 전부 화폐로 보유하게 된다.
이때 화폐수요곡선은 수평선이 되는데 이 구간을 유동성 함정(Liquidity Trap) 구간이라고 한다.

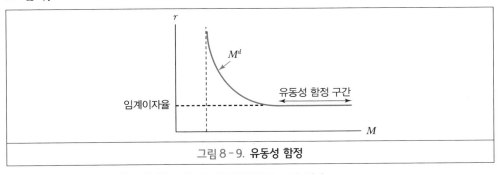

그림 8 - 9. **유동성 함정**

※ 유동성 함정 구간에서는 화폐수요의 이자율 탄력성이 ∞가 된다.

② 이러한 유동성 함정 구간에서는 공개시장운영에 의한 시중 이자율 조절 정책이 효과를 발휘할 수 없다. 아무도 채권을 구매하려 하지 않으므로 채권가격을 통제하여 시중 이자율을 움직이는 정책이 아무런 효과를 보지 못하는 것이다.

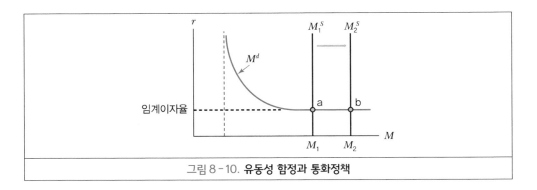

그림 8-10. **유동성 함정과 통화정책**

유동성 함정 구간에 빠진 경우, 중앙은행이 채권을 매입하여 통화공급을 M_1^s 에서 M_2^s 로 늘려도 화폐시장의 균형점은 점 a에서 점 b로 이동하고 시중 이자율은 임계이자율 수준에서 벗어나지 못한다.

※ 양적완화(Quantitative Easing)

> 양적완화는 유동성 함정 등 전통적인 금융통화정책 수단의 효과가 불분명해질 경우 중앙은행이 사용할 수 있는 비전통적 통화정책이다.
> 미국 연준의 경우, 2009년 금융위기로 인해 지속적 확장통화정책을 시행하였고, 이에 따라 시중 금리가 사실상 제로금리 수준에 근접하자 양적완화 조치를 시행하는 방식으로 시중에 유동성을 공급하고 경기 진작의 효과를 이어나갔다.
> 양적완화(QE)의 골자는 전통적인 공개시장운영 방식으로 채권을 매입하는 것이 아니라, 중앙은행의 기업의 대규모 부실채권을 직접 인수하여 기업에 자금을 제공하는 방식으로 이루어진다. 미국 연준은 이러한 방식의 양적완화를 통해 3차에 걸쳐 대규모의 유동성을 시중에 공급하였다.

(4) 케인즈 화폐수요함수의 수리적 표현

① 케인즈의 화폐수요함수의 일반적 표현식은 다음과 같다.

$$\frac{M^d}{P} = kY - hr$$

여기서 k 는 마샬케이, P 는 물가[9], Y 는 실질소득, r 은 이자율, h 는 화폐수요의 이자율 탄력성을 나타낸다.

② 고전학파의 경우 화폐수요의 이자율탄력성은 $h = 0$ 이다. 즉 $M^d = kPY$ 이 고전학파의 화폐수요함수이다. 반면 통화주의학파는 $h > 0$ 인 것은 인정하였으나 그 크기는 매우 낮은 값이라고 보았다. 반면 케인즈학파는 화폐수요의 이자율탄력성 h 가 비교적 큰 값이라고 보았다(유동성함정에서는 $h = \infty$ 이다).
   h의 크기에 의해 화폐수요곡선의 기울기가 달라진다.

---

9) 케인즈의 경우 물가는 단기 고정인 것으로 간주하였다.

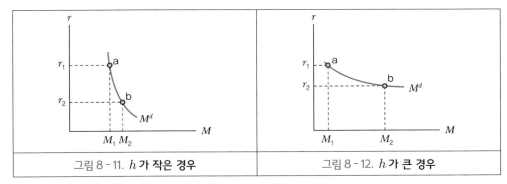

그림 8 - 11. h 가 작은 경우	그림 8 - 12. h 가 큰 경우

※ 고전학파 및 통화주의학파는 화폐수요가 상당히 안정적이라고 보았으며, 반대로 케인즈학파는 화폐수요가 불안정하다고 보았다.

※ k 와 화폐수요의 이자율탄력성 h 는 추후 학습할 LM곡선 기울기에 영향을 준다.

9. IS곡선

생산물시장에서의 균형조건을 나타내는 IS곡선에 대해 학습한다.

－이자율과 균형국민소득
－IS곡선의 도출
－IS곡선의 이동

(1) IS곡선의 도출과 의미

① 앞서 유효수요이론에 따르면 총지출곡선이 움직일 경우 단기 균형국민소득도 변화함을 학습하였다.

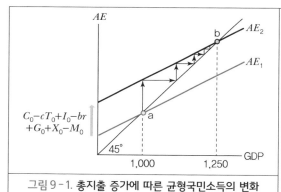

$$C_0-cT_0+I_0-br+G_0+X_0-M_0$$

그림 9 - 1. **총지출 증가에 따른 균형국민소득의 변화**

예를 들어 최초의 총지출이 AE_1 이고 균형국민소득이 점 a에서 유지되고 있다고 하자. 그런데 총지출곡선이 AE_1 에서 AE_2 로 상승하면 거시경제의 단기 균형점도 점 b로 이동하게 된다. 다시 말해 총지출곡선의 Y절편인 $(C_0-cT_0+I_0-br+G_0+X_0-M_0)$ 이 변화하면 거시경제의 (단기)균형점도 따라 움직이게 된다. 그러므로 시중의 이자율 r 이 변화하면 단기 균형국민소득도 변화하게 된다.

② 즉 시중의 이자율 r 이 상승하면, 민간투자지출이 위축되고 이에 따라 균형국민소득도 감소한다. 반대로 이자율 r 이 하락하면 민간투자지출이 증가하고 이에 따라 균형국민소득도 증가한다. 이러한 r 과 Y^* 간의 인과관계를 나타낸 곡선(함수)을 IS곡선[10]이라고 한다.

IS곡선은 생산물시장에서의 균형, 즉 총생산과 총지출 간의 균형조건을 나타내는 곡선이므로 IS곡선의 구체적인 형태는 $AE = Y$ 를 정리하여 도출할 수 있다. 여기서 $AE = C + I + G + (X - M)$ 이다.

---

10) IS는 Invest－Saving의 머릿글자이다.

※ (복습 : 단기 균형국민소득의 도출)

$AE = C + I + G + (X - M)$ 이고 각 세부항목은

$C = C_0 + c(Y - T)$ $I = I_0 - br$

$G = G_0$ $T = T_0 + \tau Y$

$X = X_0$ $M = M_0 + mY$

로 표현된다.

따라서 $AE = (c - c\tau - m)Y + (C_0 - cT_0 + I_0 - br + G_0 + X_0 - M_0)$가 된다. 그리고 국민소득 3면 등가의 원리에 의해 거시경제는 $AE = Y$에서 균형을 달성한다.

즉 $(c - c\tau - m)Y + (C_0 - cT_0 + I_0 - br + G_0 + X_0 - M_0) = Y$에서 균형이 이루어지므로 거시경제의 (단기)

균형점에서 균형국민소득은 $Y^* = \dfrac{C_0 - cT_0 + I_0 - br + G_0 + X_0 - M_0}{1 - c + c\tau + m}$ 이다.

위 박스의 결과인 $Y^* = \dfrac{C_0 - cT_0 + I_0 - br + G_0 + X_0 - M_0}{1 - c + c\tau + m}$ 는 $AE = Y$ 를 정리한 것이

다. 즉 $Y^* = \dfrac{C_0 - cT_0 + I_0 - br + G_0 + X_0 - M_0}{1 - c + c\tau + m}$ 이 바로 IS곡선인 것이다. 그런데 IS곡

선은 보통 X축에 균형국민소득 Y^*, Y축에 이자율 r 을 표시하므로 위 식을 r 에 대해서 다

시 정리하는 것이 좋다.

$r = -\dfrac{(1 - c + c\tau + m)}{b} Y + \dfrac{(C_0 - cT_0 + I_0 + G_0 + X_0 - M_0)}{b}$ 가 IS곡선이다.

※ 유발투자를 고려한 경우의 IS 곡선은

$r = -\dfrac{(1 - c + c\tau + m - i)}{b} Y + \dfrac{(C_0 - cT_0 + I_0 + G_0 + X_0 - M_0)}{b}$

여기서 i 는 유발투자계수 ($I = I_0 - br + iY$)

③ 따라서 IS 곡선의 기울기는 $-\dfrac{1 - c + c\tau + m - i}{b}$ 이다. 그러므로 한계소비성향이 클수록,

비례세율이 작을수록, 한계수입성향이 작을수록, 유발투자계수가 클수록 완만해진다.

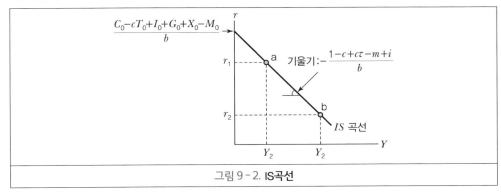

그림 9 - 2. IS곡선

위 그림에서 이자율이 r_1 인 경우 균형국민소득은 Y_1 이다. 그런데 이자율이 r_2 로 하락하면

민간투자지출이 증가하고 이에 따라 균형국민소득이 Y_2 로 증가하게 된다.

④ IS곡선의 Y절편은 $\dfrac{C_0 - cT_0 + I_0 + G_0 + X_0 - M_0}{b}$ 이다. 따라서 T_0와 M_0가 감소하거나,

I_0, G_0, X_0가 증가하면 IS곡선은 우측으로 이동한다. 반대의 경우에는 IS곡선은 좌측으로 이동한다.

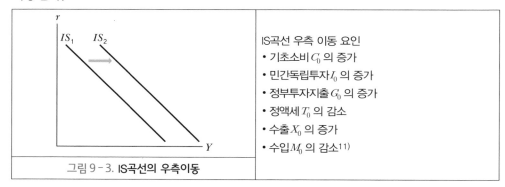

IS곡선 우측 이동 요인
- 기초소비 C_0의 증가
- 민간독립투자 I_0의 증가
- 정부투자지출 G_0의 증가
- 정액세 T_0의 감소
- 수출 X_0의 증가
- 수입 M_0의 감소[11]

그림 9 - 3. IS곡선의 우측이동

※ 비례세율의 증가는 IS곡선의 기울기의 변화 요인이다. 곡선의 평행 이동을 야기하지 않는다.
※ 이자율의 변화는 IS곡선 선상의 이동 요인이다. 곡선 자체의 이동 요인이 아니다.

(2) 생산물시장에서의 조정 과정

① IS곡선상의 지점은 생산물시장에서의 균형, 즉 $AE = Y$가 성립하는 지점이다. 다시 말해, IS곡선상에서 이탈한 지점은 $AE \neq Y$인 지점인 것이다. 그러므로 IS곡선에서 이탈하면 생산물시장에서 조정 과정을 거치며 다시 IS곡선상으로 돌아가게 된다.

② IS곡선의 좌하방에 위치한 지점은 생산물시장에서 초과수요인 지점이다. 즉 $AE > Y$인 상황이다.

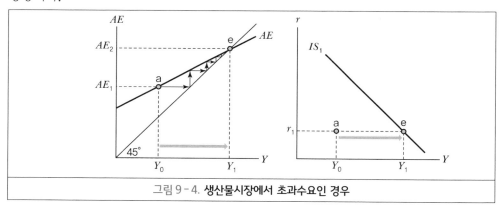

그림 9 - 4. 생산물시장에서 초과수요인 경우

위 그림에서 현재 경제가 점 a에 위치하고 있다고 하자. 위 우측 그림에서 점 a에서는 $AE_0 > Y_0$이다. 즉 초과수요이다. 따라서 점 e를 향해 경제가 조정되어 가는데 이때 균형국민소득이 증가하여 최종적으로는 점 e에서 균형을 달성하고 이때 $AE_1 = Y_1$이 이루어진다.

---

11) 여기서 수입의 감소는 내수에 대한 지출 증가를 수반하는 것으로 받아들인다.

생산물시장에서의 불균형은 화폐시장과는 무관하므로 화폐시장에서 결정되는 이자율은 여기에서는 변할 이유가 없다. 따라서 균형으로의 조정 시 이자율은 r_1 수준에서 불변이다. 다시 말해 IS곡선 좌하방 영역은 $AE > Y$인 초과수요 상황을 의미하며 이때 IS곡선으로의 조정은 수평 방향으로 이루어진다.

③ 반대로 현재 경제가 IS곡선 우상방에 위치한다면 이는 생산물시장에서의 초과공급인 상황, 즉 $AE < Y$를 의미하며 이때 균형으로의 조정은 역시 수평 방향으로 이루어진다. 예를 들어 현재 경제 상황이 아래 그림 점 b라면 재고 증가로 인해 경제 주체들은 차기에 고용과 생산을 줄이며 결국 최종균형인 점 e에서 균형을 달성하게 된다.

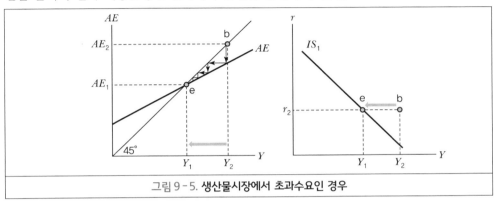

그림 9 - 5. 생산물시장에서 초과수요인 경우

(3) 승수효과와 IS곡선의 이동

① 앞서 정부투자지출, 조세지출, 민간독립투자지출 등이 변화하면 승수효과에 의해 균형국민소득이 훨씬 많이 변화하는 것을 학습하였다. 이때 승수효과의 크기는 IS곡선의 수평 이동 거리와 일치한다.

② 예를 들어 한계소비성향이 0.8, 비례세율 0.25, 한계수입성향이 0.1인 경우 유발투자는 없는 것으로 가정하면 정부투자지출승수는 $\dfrac{1}{1 - c + c\tau + m} = 2$이다. 이때 정부투자지출을 $+100$ 만큼 증가시키면 균형국민소득은 $+200$ 증가한다. 이 거리가 바로 IS곡선의 수평의 이동거리와 일치한다.

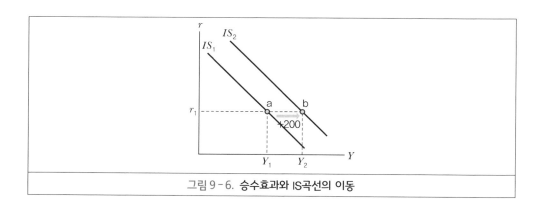

그림 9-6. **승수효과와 IS곡선의 이동**

10. LM곡선과 통화정책

화폐시장에서의 균형조건을 나타내는 LM곡선에 대해 학습한다.

– LM곡선의 의의와 도출
– LM곡선의 이동

(1) LM곡선의 의의와 도출

① 앞에서 이자율과 균형국민소득 간의 긴밀한 관계에 대해 학습하였다. 이는 이자율이 독립변수(원인)일 때 이에 따라 변화하는 종속변수(결과)로서의 균형국민소득의 관계를 지칭한다.

② 그런데 현실경제에서는 이자율이 균형국민소득에도 영향을 주지만 반대로 균형국민소득도 이자율에 영향을 준다. 즉 이제 국민소득이 독립변수(원인)일 때 이에 따라 변화하는 종속변수로서의 균형이자율의 관계를 살펴본다. 즉 화폐시장에서의 균형조건에 대해 학습한다.

③ 앞서 유동성 선호설에 따르면 실질소득의 변화는 거래적·예비적 화폐수요에 영향을 미치고 이에 따라 화폐수요곡선이 변화한다. 화폐공급이 불변일 때, 화폐수요의 변화는 균형이자율의 변화를 가져온다. 즉 실질소득의 변화가 이자율의 변화를 야기하는 것이다. 이때 실질소득 Y의 증가 → 화폐수요 증가 → 균형이자율의 상승을 야기하며, 반대로 실질소득의 감소 → 화폐수요 감소 → 균형이자율의 하락을 야기한다.

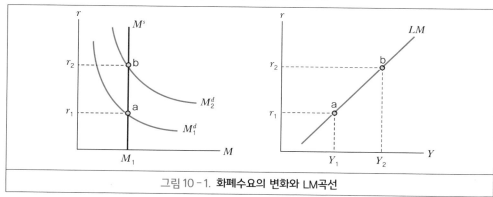

그림 10-1. **화폐수요의 변화와 LM곡선**

위 그림에서 균형국민소득이 Y_1 일 때, 화폐수요곡선은 M_1^d 이고 이때 이자율은 r_1 이다. 따라서 균형국민소득이 Y_1 일 때 거시경제균형은 점 a이다. 그런데 균형국민소득이 Y_2 로 증가하였다. 따라서 (거래적 · 예비적 목적의) 화폐수요가 증가하여 화폐수요곡선은 M_2^d 가된다. 따라서 균형이자율은 r_2 로 상승한다. 그러므로 결국 균형국민소득 Y_2 인 경우 화폐시장에서 균형이 이루어지는 이자율은 r_2 이다. 이를 소득－이자율 평면에 나타내면 위 우측 그림에서 점 b가 된다. 즉 점 a와 점 b는 균형국민소득 증가에 따라 화폐시장균형을 달성토록 하는 이자율의 관계를 나타낸 곡선이다. 이를 LM곡선[12]이라고 한다.

④ LM곡선의 수리적 도출

케인즈의 화폐수요함수는 $\dfrac{M^d}{P} = kY - hr$ 이었다. 그리고 화폐공급은 외생변수로서 M^s 이다. 화폐시장의 균형은 당연히 $M^d = M^s$ 에서 이루어지므로 LM곡선은 $\dfrac{M^s}{P} = kY - hr$ 를 정리하여 도출한다. 즉 $r = \dfrac{k}{h}Y - \dfrac{M^s}{hP}$ 가 LM곡선이 된다. 여기서 $\dfrac{k}{h}$ 는 LM곡선의 기울기이며 양(＋)의 기울기이다. 그리고 $-\dfrac{M^s}{hP}$ 는 LM곡선의 Y절편이다.

⑤ 화폐수요의 이자율탄력성 h 가 큰 경우라면 화폐수요곡선이 완만하다. 이 경우 균형국민소득이 다음 그림의 Y_1 에서 Y_2 로 매우 많이 증가하여도, 화폐수요곡선이 많이 우측 이동하여도 균형이자율은 많이 상승하지 않는다. 즉 완만한 LM곡선을 지니게 된다.

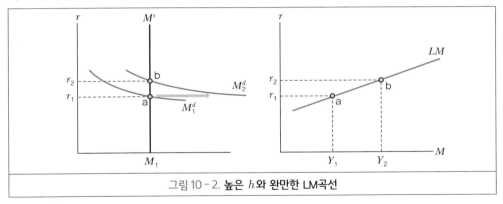

그림 10－2. 높은 h와 완만한 LM곡선

---

12) LM은 Liquidity preference－Monetary supply의 머릿글자이다.

⑥ 또는 k가 작은 값이어도 LM곡선은 완만해진다. 즉 소득이 많이 증가해도 화폐수요곡선 자체가 조금 이동하면 균형이자율도 조금 상승하게 되므로 LM곡선이 완만해진다.

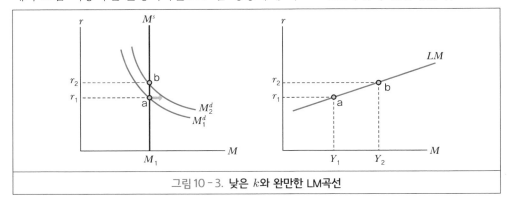

그림 10 - 3. **낮은 k와 완만한 LM곡선**

⑦ 반대로 화폐수요의 이자율탄력성 h가 낮거나 k가 큰 경우 LM곡선은 비교적 가팔라지게 된다.

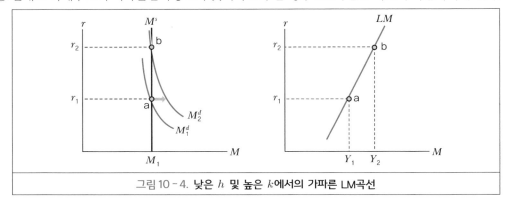

그림 10 - 4. **낮은 h 및 높은 k에서의 가파른 LM곡선**

(2) LM곡선의 이동

① LM곡선의 Y절편은 $-\dfrac{M^s}{hP}$ 이다. 따라서 외생변수인 (총)통화량에 의해 LM곡선은 좌우로 이동한다. 통화량이 증가하면 LM곡선의 Y절편은 하락한다. 이는 LM곡선의 하방 이동을 야기한다. 그런데 경제학에서는 곡선이 위아래로 움직인다는 표현은 지양한다. 따라서 이 경우 LM곡선은 우측 이동한다고 표현한다. 반대로 통화량이 감소하면 LM곡선은 좌측으로 이동한다.

② 물가가 변화하여도 LM곡선은 좌우 이동한다. 물가가 상승하면 LM곡선의 Y절편은 증가한다. 즉 물가 상승은 LM곡선의 좌측 이동 요인이다. 반대로 물가가 하락하면 LM곡선은 우측으로 이동한다. 여기서 물가의 상승은 실질통화량의 감소를 의미하며 물가의 하락은 실질통화량의 증가를 의미한다.

현금보유비율이 이자율의 감소함수이면 통화공급의 내생성이 발생하고 이때 화폐공급곡선은 우상향하게 된다. 이때 LM곡선은 화폐공급곡선이 수직인 경우에 비해 보다 완만해지게 된다.

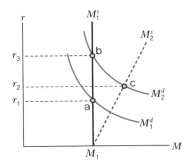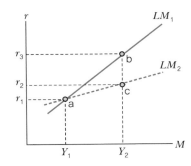

국민소득이 Y_1 에서 Y_2 로 증가하여 화폐수요도 M_1^d 에서 M_2^d 로 증가하였다. 만일 화폐공급곡선이 M_1^s 에서 수직이면 균형이자율은 r_1 에서 r_3 까지 상승하지만 화폐공급곡선이 내생성에 의해 우상향하면 균형이자율은 r_2 까지만 상승한다. 따라서 이때 LM곡선은 화폐공급곡선이 수직일 때보다 완만해진다.

(3) 화폐시장에서의 조정 과정

① LM곡선상의 지점은 화폐수요와 화폐공급이 일치하는 화폐시장에서의 균형을 의미하는 점이다. 따라서 LM곡선상에서 이탈한 지점은 화폐시장에서의 불균형 상황을 의미한다. 이때 LM곡선의 우하방은 화폐시장에서의 초과수요, 즉 $M^d > M^s$ 인 상황이며, 반대로 LM곡선의 좌상방은 화폐시장에서의 초과공급, 즉 $M^d < M^s$ 인 상황이다.

② 화폐시장에서의 불균형이 발생하면 생산물시장과는 달리 수직 방향으로 조정 움직임이 발생한다. 예를 들어 다음 그림에서 현재 경제가 점 a에 있다면 화폐시장에서 초과수요 상황이다. 따라서 이자율이 상승하면 균형을 회복한다. 최종균형은 점 b가 된다.

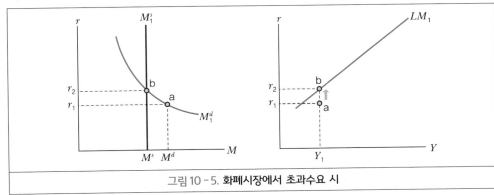

그림 10 - 5. 화폐시장에서 초과수요 시

③ 반대로 화폐시장에서 초과공급인 경우 아래 점 c에서 균형 상태인 점 d로 조정된다.

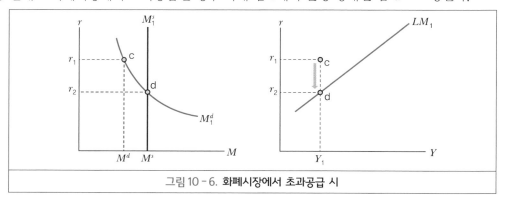

그림 10 - 6. 화폐시장에서 초과공급 시

11. IS - LM과 재정정책, 통화정책

재정정책과 통화정책의 효과에 대해 학습한다.

– 재정정책과 통화정책
– 구축효과와 학파별 견해

(1) 생산물시장과 화폐시장의 동시 균형

① IS곡선은 생산물시장에서의 균형, $AE = Y$ 조건을 만족하는 점들이며 LM곡선은 화폐시장에서의 균형, $M^d = M^s$ 를 만족하는 점들이다. 따라서 IS곡선과 LM곡선의 교점이 생산물시장과 화폐시장에서의 동시 균형을 만족하는 점으로, 단기 거시경제의 균형점이 된다.

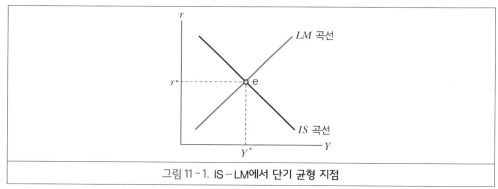

그림 11 - 1. IS - LM에서 단기 균형 지점

② 여기서 물가는 고정된 것으로 간주한다. 즉 극심한 불경기로 물가 상승 압력이 없거나 아니면 상당히 짧은 단기에 물가가 경직적인 경우를 가정한다. 즉 IS - LM 모형을 통한 분석은 물가변수를 고려하지 않는 단기 분석이론이다.

③ IS곡선의 하방은 생산물시장에서의 초과수요, $AE > Y$인 상황이며 이 경우 수평 우측으로 조정이 이루어지고, IS곡선의 상방은 생산물시장에서의 초과공급, $AE < Y$인 상황으로 이 경우 수평 좌측으로 조정이 이루어진다.

LM곡선의 하방은 화폐시장에서의 초과수요, $M^d > M^s$인 상황으로 이 경우 수직 상방으로 조정이 이루어지고, LM곡선의 상방은 화폐시장에서의 초과공급, $M^d < M^s$인 상황으로 이 경우 수직 하방으로 조정이 이루어진다.

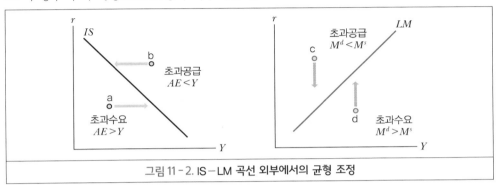

그림 11 - 2. IS－LM 곡선 외부에서의 균형 조정

④ 따라서 IS－LM곡선을 모두 고려할 경우 거시경제의 균형 조정 방향은 다음 그림과 같다.

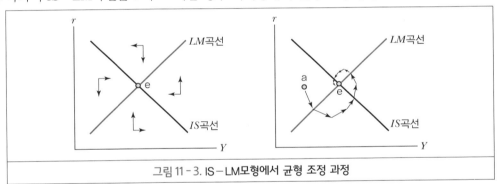

그림 11 - 3. IS－LM모형에서 균형 조정 과정

※ 현실에서는 생산량의 조정보다 이자율의 조정 속도가 빨라 수평 조정보다 수직의 조정이 빨리 이루어진다.

(2) 재정정책과 구축효과

① 확장재정이 시행될 경우, IS곡선이 우측 이동한다. 이때 거시경제의 단기균형은 점 a에서 점 b로 이동한다. 이때 승수효과는 점 c까지의 이동거리이다. 그런데 LM곡선이 우상향하므로 확장재정 시 이자율이 상승하고 이로 인해 민간투자가 위축되어 실제 경기확장 효과는 점 b에 그친다. 이때 점 c와 b사이의 거리를 구축효과(Crowding Out Effect)라 한다. 반대로 긴축재정정책의 경우 아래 그림 점 d에서 IS곡선이 좌측으로 후퇴하여 점 e로 이동한다(긴축재정의 경우 구축효과는 이자율 하락에 의해 민간투자가 확장하는 방향으로 나타난다).

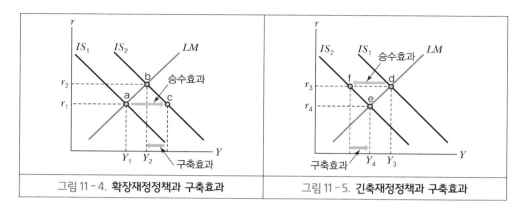

| 그림 11 - 4. 확장재정정책과 구축효과 | 그림 11 - 5. 긴축재정정책과 구축효과 |

② IS곡선이 수평선이 아니고, LM곡선이 수직선이 아니라면 구축효과는 승수효과를 초과하지 못한다. 이때 확장재정 시 균형국민소득은 증가하고 균형이자율은 상승한다. 긴축재정 시 균형국민소득은 감소하고 균형이자율은 하락한다.

(3) 통화정책의 효과

확장통화정책 시 LM곡선이 우측 이동하여 거시경제의 균형이 아래 좌측 그림 점 a에서 점 b로 이동한다(통화정책의 경우 구축효과는 발생하지 않는다). 반면 긴축통화정책의 경우 거시경제 균형이 아래 우측 그림 점 c에서 점 d로 이동한다.

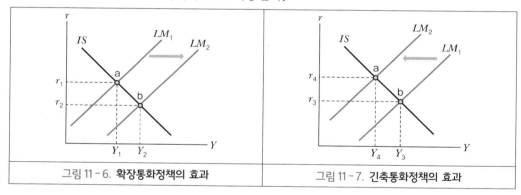

| 그림 11 - 6. 확장통화정책의 효과 | 그림 11 - 7. 긴축통화정책의 효과 |

(4) 케인즈학파의 견해

① 케인즈의 견해에 따르면 투자는 이자율에 무관하다. 즉 $I = I_0 - br$ 에서 $b = 0$ 이다. 따라서 IS곡선은 수직선이다. 반면 화폐수요는 이자율에 민감하므로 LM곡선은 완만하다. 물론 극단적인 경우 유동성함정에 빠진다면 LM곡선은 수평선이다. 하지만 이는 너무 극단적인 경우이며, 일반적인 케인즈학파의 견해는 투자의 이자율 탄력성 b 는 매우 작아 IS곡선은 매우 가파르며, 화폐수요의 이자율 탄력성 h 는 상대적으로 큰 값으로 LM곡선은 매우 완만하다고 주장하였다. 따라서 확장재정 시 승수효과에 비해 구축효과는 매우 작은 값이라고 주장하였다. 즉 케인즈학파에 의하면 확장재정정책은 경기확장에 매우 효과적이다.

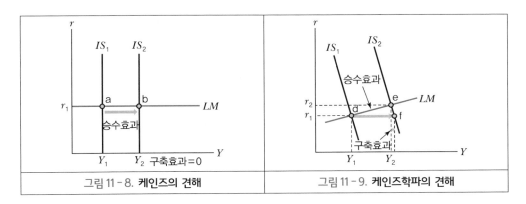

그림 11 - 8. 케인즈의 견해 | 그림 11 - 9. 케인즈학파의 견해

② 긴축재정정책의 경우 경기 수축 효과가 매우 크게 나타난다.

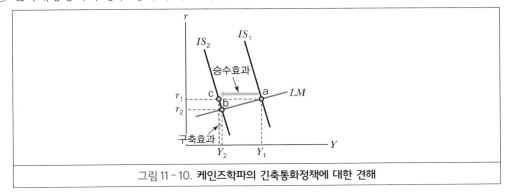

그림 11 - 10. 케인즈학파의 긴축통화정책에 대한 견해

③ 케인즈학파는 통화정책의 효과는 그리 크지 않을 것이라 주장하였다. 확장통화정책 시 거시경제 균형은 아래 좌측 그림의 최초 점 a에서 점 b로, 균형국민소득은 Y_1 에서 Y_2 로 소폭 증가에 그친다. 긴축통화정책 시에는 거시경제 균형이 아래 우측 그림의 점 c에서 점 d로 이동한다. 역시 균형국민소득은 매우 소폭 감소한다.

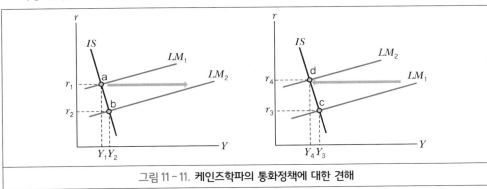

그림 11 - 11. 케인즈학파의 통화정책에 대한 견해

(5) 통화주의학파의 견해

① 케인즈학파와는 달리 통화주의학파는 투자는 이자율에 매우 민감하며 반대로 화폐수요는 매우 안정적이라고 보았다. 이는 완만한 IS곡선과 가파른 LM곡선을 의미한다. 따라서 통화주의학파에 따르면 재정정책은 구축효과가 승수효과의 대부분을 잡아먹으므로 재정정책은 별 효과가 없다.

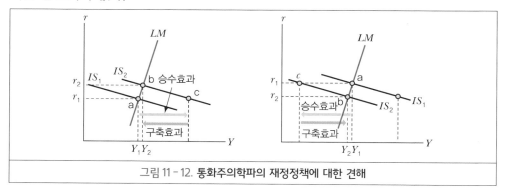

그림 11 – 12. **통화주의학파의 재정정책에 대한 견해**

② 반면 통화정책은 매우 강력한 효과를 지닌다고 보았다.

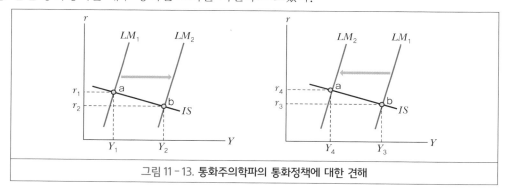

그림 11 – 13. **통화주의학파의 통화정책에 대한 견해**

※ 통화정책에서의 준칙과 재량 논쟁

케인즈학파의 경우 통화정책의 효과는 미약하므로 재량적 통화정책이 가능하다는 입장을 견지하였다. 이러한 재량적 통화정책은 미세조정(Fine Tuning)이 가능하다는 것과 동일하다. 미세조정이란 약간의 통화량 변동이 약간의 경기변동 효과를 지니므로 그때그때 상황에 맞춰 조금씩 통화량을 조절하며 경기안정을 꾀하는 것이 가능하다는 것이다.

하지만 통화주의학파는 통화정책이 경기에 미치는 영향이 매우 강력하므로 재량적 통화정책에 반대하고 준칙적 통화정책을 강조하였다. 통화주의학파에 따르면 미세한 통화량의 변화도 매우 큰 폭의 경기변동을 가져오므로 미세조정은 하지 않는 것이 바람직하고 사전에 약정된 통화공급량을 장기적 관점에서 꾸준히 유지하는 준칙(k%룰)적 통화정책을 유지하는 것이 경기안정화를 달성하는 길이라고 보았다. 이러한 통화주의학파의 관점은 추후 테일러준칙으로 확장된다.

12. 총수요곡선

총수요곡선의 의의와 도출과정에 대해 학습한다.

– 총수요의 구성요인
– 물가와 총지출
– 총수요곡선의 도출

(1) 총수요곡선과 총지출 간의 관계

① 총지출은 $AE = C + I + G + (X - M)$으로 구성되어 있다. 그런데 여기서 C, I, X은 물가에도 영향을 받는다. 먼저 물가가 하락할 경우, 경제주체의 실질잔고가 증가한다(화폐의 구매력이 증가). 이에 따라 소비지출이 증가하는데 이를 부의 자산효과, 또는 피구효과라고 부른다.

② 또한 물가가 하락하면 실질화폐량도 증가한다. 유동성 선호설에서 $\dfrac{M^d}{P} = kY - hr$이다.

화폐시장의 균형은 $M^d = M^s$ 에서 성립하므로 균형에서는 $r^* = \dfrac{k}{h}Y - \dfrac{M^s}{hP}$이다. 따라서 (명목)통화량이 불변일 때, 물가가 하락하면 실질이자율은 하락한다. 즉 물가 하락 시 (다른 조건이 불변이면) 실질이자율 하락으로 민간투자지출은 증가한다.

③ 그리고 물가가 하락하면 수출이 증가한다. 따라서 물가가 하락하면 총지출은 증가한다. 이를 물가를 Y축으로, 총지출AE을 X축으로 나타낸 평면에 곡선으로 그리면 다음과 같다.

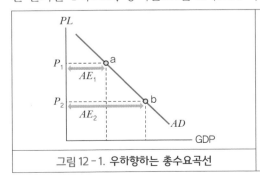

그림 12 - 1. 우하향하는 총수요곡선

좌측 그림에서 물가와 총지출 간의 관계를 나타낸 곡선을 총수요곡선(AD : Aggregate Demand Curve)라 한다. 그리고 물가와 무관하게 총지출인 $C + I + G + G + (X - M)$이 변화하면 총수요곡선도 움직인다.

(2) 총수요곡선의 이동

① 물가요인과 무관한 요인으로 총지출이 증가하면 총수요곡선은 우측으로 이동한다.

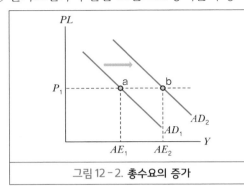

그림 12 - 2. **총수요의 증가**

총수요곡선의 우측 이동 요인으로는 확장정책, 독립투자의 증가, 소비지출의 증가, 수출의 증가, 수입 감소로 인한 내수의 확장 등이 있다.

② 반대로 물가와 무관한 요인으로 총지출이 감소하면 총수요곡선은 좌측으로 이동한다. 총수요곡선의 좌측 이동 요인으로는 긴축정책, 독립투자의 감소, 소비지출의 감소, 수출 감소, 수입증가로 인한 내수의 위축 등이 있다.

※ 총수요곡선의 수평 이동 거리는 IS−LM 모형 상의 균형점의 수평 이동 거리와 동일하다.

예를 들어 확장재정정책으로 아래 좌측 그림의 IS곡선이 IS_1 에서 IS_2 로 이동하여 거시경제의 균형이 점 a에서 점 b로 이동하면, 실제 총수요곡선도 아래 우측 그림과 같이 AD_1 에서 AD_2 로 이동한다. 이때 LM곡선이 수평이 아니라 우상향하므로 구축효과가 발생한다. 따라서 이 경우 IS곡선의 우측 이동 거리보다 AD곡선의 우측 이동 거리가 짧다.

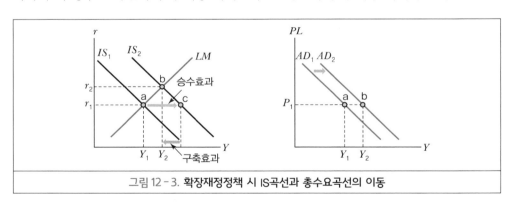

그림 12 - 3. **확장재정정책 시 IS곡선과 총수요곡선의 이동**

※ **피구효과와 실질잔고효과**

피구효과란 물가 하락에 따른 실질 부(Real Wealth)의 증가가 소비지출을 증대시키는 효과를 말한다. 그리고 실질잔고효과는 물가 하락에 따라 화폐자산의 실질가치가 증가하여 소비지출이 증대되는 효과를 말한다. 따라서 피구효과와 실질잔고효과는 거의 유사한 개념이다(다만 피구효과가 보다 광의의 개념이다).

13. 가격신축성과 고전학파의 총공급곡선

고전학파의 총공급곡선에 대해 학습한다.

– 완전예견과 가격신축성
– 세이의 법칙

(1) 완전예견과 가격신축성

① 미시적 관점에서 개별 제품에 대한 수요 증가 시 해당 산업 종사자에 대한 고용량과 시장임금은 상승한다. 예를 들어 A제품을 생산하는 산업에 종사하는 노동자들이 있다. 거시경제 전반적으로 총수요는 불변인데, A제품에 대한 수요만 증가하였다고 하자. 즉 물가는 거의 상승하지 않고 A제품의 시장가격 P_A 만 상승하였다. 그러면 A산업에 종사하는 노동자에 대한 노동수요가 증가하고 노동고용량은 아래 우측 그림 점 c에서 점 d로 변화한다.[13]

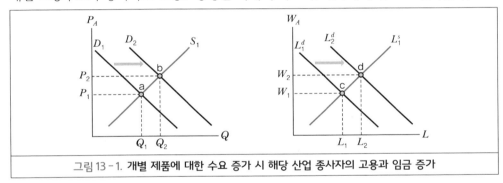

그림 13 – 1. 개별 제품에 대한 수요 증가 시 해당 산업 종사자의 고용과 임금 증가

② 하지만 거시 전반적으로 총수요가 증가하여 대부분의 제화와 서비스에 대한 수요가 동반 증가한다면 어떠한 일이 발생하는가? 대부분의 산업에 종사하는 노동자에 대한 고용과 임금이 상승할까?

③ 19세기 경제학자들은 기본적으로 경제주체들이 향후 물가에 대한 예견이 완벽하며, 또한 자신들이 책정하는 요소가격, 재화 및 서비스 가격도 시장 물가에 즉각적으로 연동되어 변한다고 생각하였다. 따라서 물가가 상승하면 이에 따라 명목임금과 명목이자율도 신축적으로 변하고 결국 물가가 변화하여도 실질임금 및 실질 이자율은 불변이라고 생각하였다.

④ 실질임금과 실질이자율이 불변이라면 각 경제주체들은 노동과 자본의 공급량도 불변인 채로 유지하여야 할 것이다. 즉 총수요가 증가하여 대부분의 재화와 서비스에 대한 수요가 증가하였다. 따라서 대부분의 재화와 서비스의 가격도 상승하고 이에 따라 물가도 상승한다. 이때 경제주체들이 상승한 물가에 따라 자신들의 요소가격을 물가상승률만큼 증가시킨다면 요소실질소득과 요소고용량은 이전과 동일한 수준에서 불변일 것이다.

---

13) 여기서 임금 W 는 명목임금을 나타낸다.

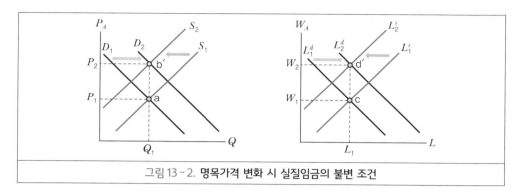

그림 13 - 2. **명목가격 변화 시 실질임금의 불변 조건**

즉 거시 전체적으로 총수요가 증가하여 각 재화, 서비스에 대한 수요 증가 시에는 개별경제
주체들도 물가 상승에 따라 자신들의 요소가격을 물가상승률만큼 올리고 노동시장에서의
균형점은 최초 점 c에서 점 d′로 변한다. 결국 요소고용량은 이전과 동일한 수준을 유지하
게 된다.

⑤ 만일 물가가 상승하였는데 개별요소공급자가 자신의 요소가격을 물가상승률만큼 상승시
키지 않는다면(이 경우를 '요소가격이 경직적'이라고 표현한다)?

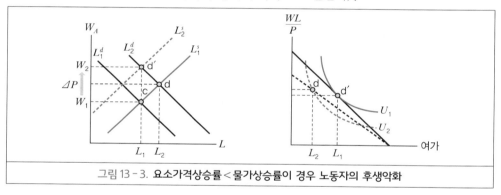

그림 13 - 3. **요소가격상승률 < 물가상승률이 경우 노동자의 후생악화**

위 그림에서 물가상승률만큼 요소가격이 오르면 임금수준은 W_1에서 W_2로 올라야 한다
고 하자. 따라서 명목노동공급곡선도 L_1^s에서 L_2^s로 이동시켜 요소시장의 균형점을 점 c에
서 점 d로 바꿔야 한다. 그래도 노동자들의 시간당 실질임금이 이전 수준과 동일한 수준을
유지할 수 있다. 그런데 명목노동공급곡선을 그대로 불변인 채로 유지하면 요소시장균형은
점 d에 머물게 되는데 이는 노동자들의 시간당 실질임금이 하락한 것이다.

이 경우 노동자의 효용은 위 우측 그림처럼 감소하게 된다. 미시 파트에서 학습한 소득과
여가에 대한 노동자의 효용은 무차별곡선과 예산선의 접점에서 극대화된다. 이때 예산선의
기울기는 시간당 실질임금이다. 따라서 물가 상승 시 노동자의 명목임금이 W_1에서 W_2로
상승하면 노동자의 예산선은 불변이다. 따라서 노동량도 이전과 동일한 수준인 L_1을 유지
할 때 물가 상승 이전과 동일한 효용을 지킬 수 있다.

그런데 물가가 상승하였는데도 노동자들의 명목임금이 물가상승률만큼 상승하지 않으면 노동자들이 직면하는 예산선의 기울기가 감소한다(상기 우측 그림에서 검은색 점선). 이때 노동자들의 노동량이 L_2로 증가하고 이에 따라 이전에 비해 소득수준 자체가 증가하였어도 물가 상승 이전에 비해서는 효용이 감소하게 된다.

즉 물가 상승 시 노동자들의 최적 대응은 물가상승률만큼 요소가격을 올리고 이전과 동일한 수준의 노동량을 유지하는 것이다. 이때 개별 기업 역시 노동고용량을 이전과 동일한 수준을 유지하면 기업의 실질이윤도 불변이다.

※ 물가 상승 시 노동자(요소공급자)들이 물가상승률보다 낮은 수준으로 요소가격을 올리면 노동자들의 효용은 감소하지만 기업의 이윤은 증가한다.

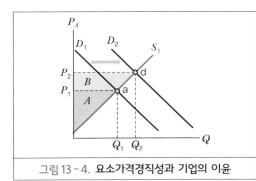

그림 13 - 4. **요소가격경직성과 기업의 이윤**	총수요 증가로 개별시장의 수요가 증가하였는데 요소가격은 경직적이어서 한계비용곡선(공급곡선)이 불변이라면 기업의 생산자잉여는 좌측 그림 A영역에서 B영역만큼 추가로 증가한다. 이때 기업의 생산량은 Q_1에서 Q_2로 증가한다. 이는 기업의 노동고용량의 증가를 의미한다.

※ 물가 상승 시 물가상승률보다 요소가격이 더 크게 상승하면 노동자들의 실질임금은 상승하지만 기업의 실질이윤이 감소하게 된다. 따라서 노동자들은 물가상승률보다 더 높은 수준으로 명목임금인상을 요구할 수 없다.

(2) 세이의 법칙

① 지금까지의 논의는 기본적으로 경제주체들이 향후 물가의 변동을 정확히 예견하고 있으며 이에 따라 매기 요소가격을 물가상승분만큼 정확하게 조정할 수 있다는, 이른바 완전예견과 가격신축성의 가정을 전제로 한다.

② 19세기 후반까지의 경제는 이러한 완전예견과 가격신축성에 대한 가정이 잘 맞아떨어지는 경제구조를 지니고 있었다. 따라서 그 당시 총수요가 증가하고 대부분의 재화와 서비스에 대한 수요가 증가하여 물가가 상승하여도 명목요소가격의 변화율은 물가상승률과 일치하였고 이에 따라 각 기업의 요소고용량은 불변이며 이는 결국 경제 전체 실질GDP는 불변을 유지하고 있음을 시사한다. 즉 당시 주류 경제학자들은 거시경제적으로 총수요의 변동이 발생하여도 실질GDP에 아무런 영향을 미치지 못한다고 보았다.[14]

이러한 당시 경제학자들을 (추후 등장하게 될 케인즈경제학파와 대비하기 위해) 고전학파라고 부른다.

---

14) 엄밀하게는 실질GDP의 불변이 아니라 실질GDP의 증가율, 즉 경제성장률의 불변을 의미한다.

※ 물론 총수요의 변동이 아닌 생산성, 기술변화, 총수요와 무관한 요소가격의 변화 등은 기업의 공급에 영향을 주고 이에 따라 경제 전체의 실질GDP는 변화할 수 있다.

③ 총수요는 실질GDP에 영향을 주지 못한다는 이러한 고전학파 경제학자들의 견해는 '세이의 법칙'(Say's Law)으로 극명하게 드러난다.

세이의 법칙 : 공급은 그 스스로 자신의 수요를 창출한다.

세이의 법칙은 가격신축성을 의미하는 원리이기도 하다. 만일 거시경제 전체적으로 총수요에 비하여 GDP가 매우 많아졌다고 하자. 이는 초과공급을 의미하며 기업들은 장사가 안 되고 재고가 쌓여 갈 것이다. 이때 세이의 법칙에 의하면, 기업들은 제품의 시장가격을 인하하고 이에 따라 물가는 하락하게 된다. 물가의 하락은 경제주체들의 실질소득의 증대를 야기한다. 각 경제주체의 실질소득 증가에 의해 총수요가 점차 증가하여 초과공급이 해소된다. 반대로 거시경제 전체적으로 GDP가 매우 낮아 초과수요가 발생하였다면, 재화와 서비스 가격이 상승하고 물가가 상승하여 실질소득이 감소하면서 총수요도 위축된다. 결국 총수요는 총생산과 같은 수준으로 수렴하게 될 것이다.

이러한 세이의 법칙의 따르면 거시경제 전체적으로 일단 GDP가 창출되면 (물가와 가격의 신축인 조절을 통해) 이에 딱 알맞은 총수요가 자동적으로 형성된다. 그러니 경제는 총수요에 대해 신경 쓸 필요가 없는 것이다. 오직 총생산을 잘 이루는 데에만 초점을 맞추는 것이 바람직하다는 결론을 얻는다.

④ 고전학파의 총공급곡선은 수직이다. 고전학파의 견해에 따르면 총수요가 증가하여도 각 기업과 경제주체들의 요소고용량은 불변이다. 이는 총수요가 변화하여도 실질GDP는 불변이라는 것이다. 예를 들어 아래 좌측 그림에서 총수요 AD_1 인 상황에서 실질GDP는 Y_1 수준이고 이때 거시 경제의 균형은 점 a이다. 이때 총수요가 AD_2 로 증가하여도 세이의 법칙에 의해 실질GDP는 Y_1 에서 불변이고 물가만 P_1 에서 P_2 로 상승한다. 즉 거시경제의 균형은 점 a에서 점 b로 이동한다. 이때 총수요 변동에 따른 거시경제의 균형지점의 변화궤적, 즉 점 a와 b를 연결한 곡선을 총공급곡선이라 한다. 따라서 고전학파의 견해를 따르면 거시경제의 총공급곡선은 최초의 실질GDP 수준에서 수직선이다.

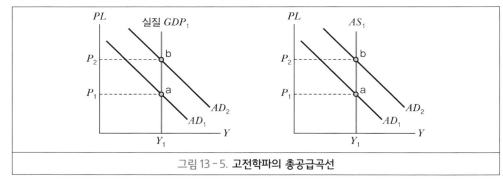

그림 13 - 5. **고전학파의 총공급곡선**

⑤ 고전학파의 견해에 따르면 총공급곡선은 총수요에 의해 좌우되지 않는다. 총공급은 거시경제의 산출 수준, 즉 생산가능곡선의 크기에 의해 좌우된다. 따라서 생산성 향상, 기술 진보, 효율성의 증대, 원자재 가격의 하락 등에 의해 총공급곡선은 우측으로 이동한다.

※ 물가와 요소가격의 조정

현실적으로 요소가격은 매일매일 재조정되지는 않는다. 한번 요소공급계약이 체결되면 못해도 몇 주 내지 몇 달은 이미 계약한 명목가격으로 거래가 이루어진다. 즉 초단기에는 가격신축성이 성립하지 않는다. 이를 고려하여 총수요 변화에 대한 거시경제 균형 조정 과정을 보다 자세히 서술하면 다음과 같다.

예를 들어 어느 국가의 거시경제의 최초 균형점이 점 a라고 하자. 그리고 총수요가 증가하여 물가가 5%가량 상승하였다고 하자. 하지만 요소공급자들은 당장 자신들의 요소가격을 올리지 못한다. 따라서 A산업의 한계비용곡선은 이전과 동일한 MC_1 수준을 유지한다. 하지만 재화가격은 5% 상승하였으므로 이제 A산업의 제품가격은 P_1 에서 P_2 가 된다. 즉 A산업의 고용과 산출은 증가한다. 이러한 현상은 A산업뿐만 아니라 거시경제 전 영역에서 발생한다. 따라서 총수요의 증가 시 매우 짧은 기간 동안은 거시경제 전반적으로 고용과 산출이 증가한다. 이에 따라 거시경제의 실질GDP는 다소 증가하고 이제 일시적으로 거시경제의 균형지점은 점 b가 된다.

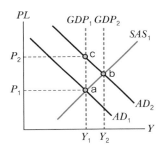 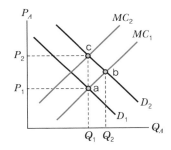

하지만 총수요 증가에 기인한 물가의 상승으로 몇 달 후에는 요소가격도 이에 맞추어 상승하게 된다. 따라서 이제 A산업이 직면한 한계비용곡선은 MC_2 가 되어 이제 A산업의 균형산출량은 이전 수준으로 돌아가게 된다. 마찬가지로 이 경제의 전 영역의 산출량이 이전 수준으로 돌아가고, 이는 이 경제의 실질GDP도 이전 수준인 Y_1 으로 회귀함을 뜻한다. 따라서 거시경제의 최종 균형은 점 c에서 달성된다. 즉 가격신축성이 성립하지 않는 매우 짧은 단기에는 총수요의 증가가 실질GDP를 증대시킬 수 있으며 이때의 단기 총공급곡선은 점 a와 b를 연결한 우상향하는 형태로 그려진다. 반면 장기에는 거시경제 균형이 점 a에서 c로 이동하고 이 두 점을 연결한 수직의 직선을 장기총공급곡선(LAS)이라 한다.

14. 가격경직성과 케인즈학파의 총공급곡선

가격경직성과 총공급곡선에 대해 학습한다.

– 경제대공황의 발생
– 가격경직성
– 케인즈학파의 총공급곡선

(1) 경제대공황

① 1929년 10월 24일 목요일 미국 주가가 폭락하자 금융시장이 패닉에 휩싸였다. 자산가치가 폭락하며 기업의 장부상 가치가 떨어지자 기업들은 자금 조달에 어려움을 겪게 되었고 무엇보다 기업들의 신규 투자가 급감하였다. 이는 내구재 및 자본재에 대한 수요를 떨어뜨리고 이로 인하여 미국의 여러 주력 산업의 매출이 감소하기 시작하였다. 결국 미국 경제 전체적으로 실업이 증가하기 시작하였다.

② 실업 증가로 인해 민간 경제주체들의 처분가능소득이 줄어들며 내수(총수요)의 위축이 점차 가시화되었다. 하지만 고전학파 경제학자들은 여전히 세이의 법칙을 신봉하며, '총수요의 감소로 경제의 초과공급이 발생하면 물가와 요소가격이 하락하고 이는 민간 경제주체들의 실질소득을 원상복귀시킬 것'이라고 보았다. 경제주체들의 실질소득이 원상복귀하면 다시 이전의 균형수준을 회복할 것이므로 당시의 경제학자들은 주가 폭락과 내수 위축에 대해 별다른 정책적 필요성을 느끼지 못했었다.

③ 하지만 1929년은 고전학파 경제학자들이 맹신했던 세이의 법칙이 적용되던 19세기와는 다른 경제구조로 전환이 거의 완료된 사회였다. 즉 다양한 산업이 전후방으로 매우 복잡하게 얽힌 산업구조이며 이는 세이의 법칙이 성립하기 위한 두 가지 전제조건인 완전예견과 가격신축성이 단기에는 성립하지 않는 사회가 도래하였음을 의미한다. 물론 완전예견과 가격신축성은 초단기에는 성립하지 않음을 당시 고전학파 경제학들도 잘 알고 있었다 하지만 초단기를 벗어나 몇 달 정도의 시간만 지나면 가격신축적 조정기능의 의해 경제는 이전 수준의 실질GDP를 회복할 것으로 보았다. 하지만 몇 달이 지나도, 해가 바뀌어도 침체된 내수와 줄어든 실질GDP는 회복 조짐을 보이지 않았다. 오히려 지속적으로 실업이 증가하고 이에 따라 실질GDP가 감소하는 악순환이 더욱 심화되었다. 이는 가격경직성이 유지되는 기간에 대한 오판 때문이었다.

④ 경제대공황 당시 고전학파 경제학들의 생각은 다음과 같았다.

"최초의 거시경제의 균형이 점 a였다. 그런데 자산가치 하락과 일시적 경기 후퇴로 총수요가 AD_2로 감소하여 거시경제 균형이 일시적으로 점 b로 후퇴하였다."

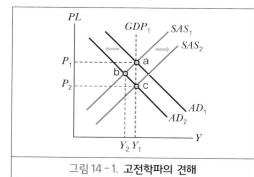

그림 14 - 1. **고전학파의 견해**

하지만 몇달 이후 물가 하락에 반응하여 거시경제 대부분의 요소가격이 하락하고 이는 각 산업의 한계비용의 인하, 그리고 그에 따라 단기 총공급곡선의 우측 이동(하락)을 야기할 것이다. 이에 거시 경제의 균형은 몇달 후 점 c에서 달성될 것이라고 보았다. 따라서 경제의 실질GDP는 이전과 동일한 수준인 Y_1을 회복할 것이라고 판단하였다.

⑤ 하지만 고전학파 경제학자들의 예측과는 달리 경기 침체에도 요소가격은 계속 경직성을 유지하였고 이에 단기 총공급곡선도 하락(우측 이동)하지 않고 계속 이전 수준을 유지하였다. 즉 거시경제의 균형이 침체 수준인 점 b에서 당분간 머물렀다. 즉 실업이 계속 발생하고 이는 가계소득의 꾸준한 감소를 야기했다. 이로 인하여 총수요곡선이 재차 AD_3로 위축되어 이제 거시경제의 균형이 점 d가 되었다.

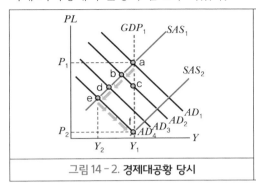

그림 14 - 2. **경제대공황 당시**

즉 가격경직성이 생각보다 오래 지속됨에 따라 불경기로 인해 총수요가 위축될 경우, '실업 증가 → 가계소득 감소 → 소비지출 감소 → 총수요 감소 → 실업 증가'의 악순환이 지속되는 것이다. 물론 불경기가 계속 지속되다가도 시간이 많이 경과하면 요소가격이 인하하면서 단기총공급곡선이 SAS_2로 인하(우측 이동)하면서 장기의 거시경제 균형은 점 f로 복귀하고 거시경제의 실질GDP는 불경기 이전 수준을 회복한다.

하지만 불경기가 발생하고 가격신축성이 재차 달성될 때까지의 기간 동안 경제는 계속 Y_2 수준의 경기침체를 감내해야만 한다. 이에 케인즈는 경기침체가 심화된 경우, 가격신축성이 회복될 때까지 기다리지 말고 즉각적으로 총수요를 진작시켜 빠른 경기 회복을 달성하는 것이 바람직하다고 주장하였다. 그렇다면 가격의 신축성이 회복될 때까지의 소요 시간은 어느 정도이겠는가? 이를 파악하기 위해서는 먼저 가격경직성에 대해 학습하여야 한다.

(2) 케인즈의 가격경직성

① 케인즈는 총수요가 변동하여도 단기에는 사회적 관습, 물가 예견에 대한 제약 등에 의해 요소가격이 경직적이라고 주장하였으며 이는 매우 현실적인 견해이다. 따라서 총수요 충격에 따른 물가 변동에도 개별 기업이 직면하는 한계비용곡선은 불변이거나 매우 소폭으로 움직인다. 이는 단기에는 총공급곡선이 우상향하는 형태를 유지한 채 움직이지 않는다는 것을 의미한다. 따라서 총수요곡선이 좌우로 움직이면 거시경제의 균형점은 단기에는 고정된 단기 총공급곡선을 따라서 움직이게 된다.

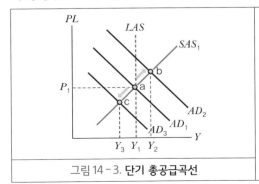

그림 14 - 3. **단기 총공급곡선**

최초의 거시경제 균형이 점 a이다. 만일 확장정책을 시행하여 총수요가 AD_2가 되면 거시경제의 단기 균형은 점 b가 되어 실질GDP는 증가한다(물가도 상승).

반대로 긴축정책을 시행하면 총수요는 AD_3가 되고 거시경제의 단기 균형은 점 c가 된다.

따라서 케인즈학파의 견해의 따르면 가격경직성이 성립하는 단기에는 총수요의 변화가 실질GDP의 변화를 야기할 수 있다. 그러므로 단기에는 총수요를 움직여 거시경제의 실질GDP를 통제할 수 있는데 이를 총수요관리정책이라 한다.

② 하지만 장기가 되면 단기총공급곡선이 총수요곡선의 이동을 상쇄하는 방향으로 움직여 거시경제의 실질GDP는 최초 수준으로 돌아가게 된다.

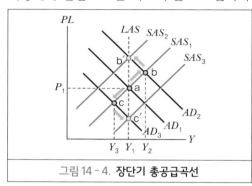

그림 14 - 4. **장단기 총공급곡선**

즉 장기에는 총수요관리정책의 효력이 사라지게 된다. 이를 두고 고전학파는 케인즈학파의 총수요관리정책을 장기 효과가 없는 하나마나한 정책이라고 비판하였다. 하지만 케인즈는 이러한 비판에 대해 '장기에는 우리 모두 죽는다'라고 응수했다. 즉 경기불황이 자연적으로 회복할 때까지 마냥 기다리며 그 긴 기간 동안의 고통을 감내하는 것이 어리석다 지적한 것이다

※ 케인즈는 경제대공황 당시 매우 극단적인 가격경직성을 주장하였다. 매우 극심한 불경기라 총수요가 증가하여도 요소가격뿐만 아니라 최종재의 시장가격마저도 상승하지 않는 경우를 상정하였다. 이 경우에는 단기총공급곡선이 수평선으로 나타난다. 이때는 총수요의 변화폭이 바로 실질GDP의 변화로 전환된다.

※ 총수요 – 총공급 모형에서 X축은 실질GDP 수준을 의미하는데, 엄밀하게는 실질GDP의 증가율, 즉 경제성장률을 의미한다. 또한 세로축인 Y축은 물가 수준을 의미하지만 엄밀하게는 물가상승률을 의미한다. 하지만 X축과 Y축을 성장률로 나타내면 계산문제를 풀 때 로그 단위로 표시해야 하는 번거로움이 발생한다. 그래서 학부 수준의 문제에서는 계산의 단순화를 위해 X축과 Y축을 실질GDP와 물가 수준으로 표기한다.

(3) 케인즈학파의 총공급곡선

① 상기 논의를 종합하면 케인즈학파의 총공급곡선은 단기에 우상향하는 형태이며 장기에는 수직인 형태를 띤다. 고전학파의 경우에는 장단기 총공급곡선이 모두 수직이다.

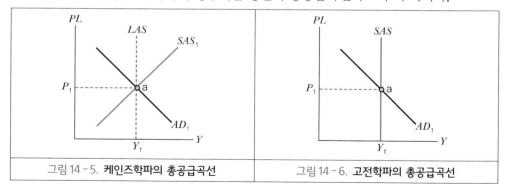

| 그림 14 - 5. **케인즈학파의 총공급곡선** | 그림 14 - 6. **고전학파의 총공급곡선** |

② 양 학파의 총공급곡선의 차이는 단기의 가격신축성과 가격경직성 유무에 기인한다.

15. (보론) 합리적 기대와 새고전학파와 총공급곡선

합리적 기대가설과 새고전학파의 총공급곡선에 대해 학습한다.

– 합리적 기대
– 루카스 섬모형
– 루카스 총공급곡선

(1) 합리적 기대

① 앞서 적응적 기대를 다시 상기하여 보자. 이제는 아침 단골 빵집에서 마약 토스트를 사먹는 제리의 상황을 고려하자. 제리는 매일 아침 9시 정각에 빵집에 도착해 갓 나온 따뜻한 첫 빵을 구입한다.

② 월요일 아침. 늘 그렇듯 제리는 9시에 빵집에 나갔는데 아직 빵이 나오지 않았다 그래서 제리는 우두커니 앉아 40분을 기다리니 그제야 빵이 나왔다.

이제 다음날, 화요일 아침이 되었다. 제리는 빵집에 9시에 나가야 할지 9시 40분에 나가야 할지를 고민한다. 어제만 빵이 늦게 나온 것인지, 아니면 아예 빵 나오는 시간 자체가 40분 늦춰져서 앞으로 계속 9시 30분에 나올 것인지 알 수 없기 때문이다(물론 안전하게 9시에 나가 40분 우두커니 기다리면 되지만 경제학적 관점에서는 이는 손해이다. 제리는 가장 효율적인 선택을 하고 싶어한다. 그리고 전지적 관점에서 말하자면 빵집의 사정으로 앞으로 계속 9시 40분에 첫 빵이 나올 것이다. 물론 제리는 이 상황을 아직 모른다).

③ 적응적 기대에 따른다면 (조정계수는 0.5 가정) 제리는 화요일 아침 9시 20분에 빵집에 나올 것이다. 그리고 수요일에는 9시 30분에 빵집에 방문할 것이다. 목요일에는 9시 35분, 금요일에는 9시 37분 30초에 …

그런데 이러한 제리의 예측과 행동이 과연 합리적인 것일까? 아니다. 그냥 빵집 주인에게 내일은 첫 빵이 언제 나오는지 물어보면 된다.

④ 적응적 기대는 인간의 예측을 벗어난 자연과 신의 의지에서 기인하는 변화에 대한 예측에 적용할 수 있는 방법이다. 하지만 물가 및 경제 변수에 대한 움직임은 인간의 행동으로부터 기인한다. 따라서 총수요에 의해 변동하는 물가를 적응적 기대방식으로 예측하는 것은 이치에 합당하다고 볼 수 없다.

⑤ 이러한 적응적 기대방식에 따른 물가예측에 대해 반론을 제시하며 등장한 새로운 기대형성 이론이 바로 합리적 기대(Rational Expectation)이다.

(2) 합리적 기대의 형성

① 합리적 기대가설이란 경제 주체가 매 시점에서 가용 가능한 최대한 정보를 바탕으로 추론한 변수의 예측치의 평균이 실측치와 동일하다는 가설이다.

② 합리적 기대가설을 수식으로 표현하면 다음의 조건부 확률식과 같다.

$\pi_t^e = E(\pi_t | \Omega_{t-1})$(여기서 Ω_{t-1}는 $t-1$기의 주어진 정보집합)

즉, 경제 주체들의 예상인플레이션율 π_t^e은 직전까지 축적된 정보의 한도에서의 추정된 인플레이션의 기댓값이 된다. 그리고 이 기댓값은 확률분포의 형태를 띤다. 위 식을 다른 식으로 풀어내면 다음과 같아진다.

$\pi_t^e = \pi_t + \varepsilon_t$혹은 $P_t^e = P_t + \varepsilon_t$, 여기서 ε_t는 평균이 0이고 분산이 일정한 백색잡음이다.

③ 이러한 합리적 기대에 따른 물가의 예측은 적응적 기대에서처럼 체계적 오차(Systematic Error)를 발생시키지 않는다. 하지만 합리적 기대라도 오차가 아예 0이 되는 것은 아니다. 오차의 거시적 전체 평균이 0이 되는 것이며 개별 경제 주체의 오차는 0의 값이 아닐 수 있다.

④ 물론 직전기까지 주어진 정보의 왜곡이나 오류, 정보의 제약 등 불완전 정보요인이 발생하면 $\pi_t^e \neq \pi_t$이 성립한다. 따라서 합리적 기대가 정확히 형성되기 위해서는 대칭정보, 혹은 완전정보가 성립하여야 한다. 여기서 정보의 왜곡의 대표적 사례는 예측 불가능한 정부의 기습적인 정책변화, 혹은 정책의 혼선이나 의도적 거짓정책, 기만정책 등이 있다.

⑤ 합리적 기대에 의해 총수요의 변화와 향후 물가 수준을 예측할 경우, 정보의 제약이나 비대칭이 발생하지 않는다면 거시 전체적으로 $\pi_t^e = \pi_t$이 성립하고 이 경우 단기 총공급곡선은 수직이다. 하지만 정보제약 및 불완전정보가 발생하면 $\pi_t^e \neq \pi_t$이 성립하게 되어 단기 총공급곡선은 우상향하는 형태를 지닌다.

⑥ 그런데 정보의 제약 및 불완전정보는 장기에는 해소되기 마련이다. 따라서 합리적 기대에 의한 경우에도 장기의 총공급곡선은 언제나 수직이다.

(3) 루카스 총공급곡선

① 로버트 루카스는 일반적인 총공급곡선의 수리적 형태를 다음과 같이 제안하였다.

$Y_t = \overline{Y} + \beta(P_t - P_t^e) + \varepsilon_t$ (여기서 Y_t는 t기의 실질GDP, $\overline{Y}$는 완전고용산출량 혹은 잠재GDP, P_t는 t기의 실제 물가, P_t^e는 t기의 경제 주체들의 예상물가수준을 의미하고 $\beta > 0$이다)

※ 가로축과 세로축인 변화율인 경우에는 $y_t = \overline{y} + \beta(\pi_t - \pi_t^e) + \varepsilon_t$로 표현된다.

여기서 y_t는 t기의 경재성장률, $\overline{y}$는 잠재성장률, π_t는 t기의 실제 물가상승률, π_t^e는 t기의 경제 주체들의 예상물가상승률을 의미한다.

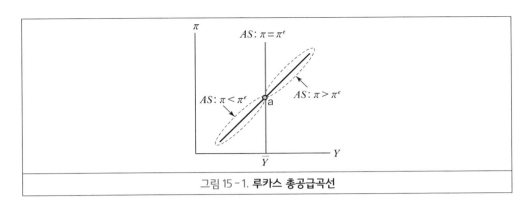

그림 15 - 1. **루카스 총공급곡선**

② 적응적 기대에서 총수요 변화 시 단기에는 $\pi_t \neq \pi_t^e$, 그리고 장기에는 $\pi_t = \pi_t^e$이다.

기대이론	총수요 변화	단기	장기
적응적 기대	AD 증가	$\pi_t > \pi_t^e$	$\pi_t = \pi_t^e$
	AD 감소	$\pi_t < \pi_t^e$	$\pi_t = \pi_t^e$

③ 합리적 기대에서 총수요 변화 시 불완전정보에서 $\pi_t \neq \pi_t^e$, 완전정보에서 $\pi_t = \pi_t^e$이다.

기대이론	총수요 변화	불완전정보	완전정보
합리적 기대	AD 증가	$\pi_t > \pi_t^e$	$\pi_t = \pi_t^e$
	AD 감소	$\pi_t < \pi_t^e$	$\pi_t = \pi_t^e$

(4) 합리적 기대 하에서 정부정책의 효과

① 만일 합리적 기대가 형성되어 있고 완전정보 상황이라고 하자. 그렇다면 단기에도 $\pi_t = \pi_t^e$ 가 형성되고 이는 단기 총공급곡선이 자연산출량 수준에서 수직이라는 것이다. 이때 정부 가 총수요곡선을 움직이는 총수요관리정책을 실시한다면 어떻게 될까?

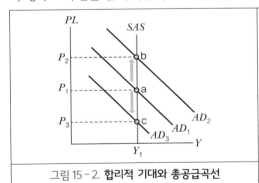

그림 15 - 2. **합리적 기대와 총공급곡선**

좌측 그림처럼, 초기 균형이 점 a인 상황에서 총수요를 AD_2로 늘리면 거시 경제 균형은 점 b가 되고, 총수요 를 AD_3으로 줄이면 거시 경제 균형은 점 c가 된다. 즉 합리적 기대＋완전정보 상황에서 총수요의 변화 는 단기에도 실질GDP에 아무런 영향을 주지 못한다. 이를 '정책무력성 정리'라고 한다.

② 따라서 합리적 기대 하에서 총수요의 변화가 실질GDP의 변화를 야기하는 경우는 불완전정
보에서만 가능하다. 예를 들어 중앙은행이 일시적으로 실질GDP를 증대시키기 위해서는
총수요를 변화시키지 않을 것처럼 경제 주체들을 안심시킨 다음 기습적으로 확장통화정책
을 실시해야 한다. 이는 일종의 기만정책이다.

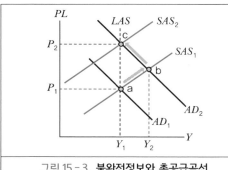

그림 15 - 3. **불완전정보와 총공급곡선**

좌측 그림처럼. 초기 균형이 점 a인 상황에서 기습적
으로 총수요를 AD_2로 늘리면 거시경제 균형은 점 b
가 된다. 즉 예상치 못한 기습적 확장정책은 일시적
경기확장 효과를 가져 온다.
하지만 바로 다음 기에 총수요의 확장을 알아차린 경
제 주체들은 즉각 산출량을 이전 수준으로 회복시키
고 거시경제의 균형은 점 c지점으로 움직인다.

③ 합리적 기대가설을 받아들인 새고전학파 경제학자들은 이러한 예상치 못한 경제정책은 단
기의 일시적 효과에 그치며 장기에는 물가에 큰 변동만을 야기한다고 비판하였다.

※ 루카스의 섬모형

루카스(1973)는 불완전정보 하에서 합리적 기대형성에 대한 모형을 발표하였다.
불완전정보를 가정하기 위해 여러 섬으로 이루어진 군도 경제를 상정한다. 중앙의 큰 섬에는 시장이 형성되어
각종 재화와 서비스, 그리고 정보를 교류한다. 그리고 중앙섬을 둘러싸고 있는 각 섬은 나름의 특산물을 생산한
다. 예를 들어 A섬의 특산물은 고등어이다. A섬의 어부인 톰은 고등어 시세와 물가를 보고 매일 매일의 고등어
어획량을 결정한다.

만일 물가는 불변인데 고등어 시세만 오른 경우라면, 이는 총수요는 불변이고 고등어에 대한 수요가 증가한 것이
다. 그러면 톰은 당연히 고등어 어획량을 늘릴 것이다.
하지만 고등어 시세도 올랐지만 물가도 같은 비율만큼 오른 것이라면 이는 총수요의 증가이므로 합리적 기대 하
에서는 톰은 당연히 어획량을 이전 수준과 동일하게 유지하는 것이 유리하다.
그런데 문제는 고등어의 시세는 매일 확인이 가능하지만 경제 전체의 물가에 대한 정보는 제약되어 있다. 즉 한
달에 한 번씩 방문하는 중앙 섬에 가야지만 물가 정보를 확인할 수 있는 것이다.
어느 날 톰은 고등어 시세가 10% 상승한 것을 알게 되었다. 하지만 물가는 이전과 동일한 수준인지, 아니면 물가
도 동반 상승한 것인지 확인할 길이 없다. 하지만 톰은 오늘 고등어를 얼마만큼 잡을지 결정해야 한다. 이러한
불완전 정보 하에서 톰은 과연 어떻게 결정을 내려야 할까?

톰은 과거의 기억을 되살려본다. 과거에 고등어 가격이 상승한 사례가 100번 있었다. 그리고 고등어 가격이 상
승한 달에 중앙 섬에 가서 물가의 동반 상승 여부를 확인해보니, 고등어 가격과 물가가 동반 상승한 경우가 97번,
물가는 불변이었고 고등어 가격만 단독으로 상승한 경우는 고작 3번이었다. 따라서 톰은 이번의 고등어 가격 상
승도 97%의 확률도 물가와 동반 상승한 것이라고 판단하여 고등어 어획량을 늘리지 않을 것이다. 그런데 만일
과거 고등어 가격 상승 사례 100번 중 물가와 동반 상승한 경우가 고작 7번 정도였고 나머지 93번은 물가가 불
변이고 고등어 가격의 단독 상승이었다면, 톰은 이번에도 고등어 가격의 단독 상승일 확률이 크다고 볼 것이고
고등어 어획량을 늘릴 것이다.

이러한 루카스의 섬모형은 정부정책의 신뢰성에 대한 함의를 내포한다. 예를 들어 과거 빈번하게 확장통화정책을 남발한 국가가 있다고 하자. 이 국가는 과거에 빈번히 확장통화정책을 실시하여 총수요를 확장시켰으므로 만일 고등어 가격이 올랐다면 이 국가의 어부들은 이번에도 확장통화정책 때문에 오른 것이라 여기고 어획을 늘리지 않을 것이다.

반면 확장통화정책을 거의 실시하지 않고 준칙적 통화정책을 고수해 온 국가라면 어떨까?

이 국가가 과거에는 거의 재량적 통화정책을 시행하지 않았는데, 이번에만 특별히 확장통화정책을 실시하였다고 하자. 그리고 이로 인해 고등어 가격이 올랐지만, 어부들은 확장통화정책 때문에 고등어 가격이 올랐다고 생각치는 않을 것이다. 따라서 이때 어부들의 어획량은 증가한다.

정리하면 과거에 빈번하게 통화정책을 남발한 국가에서 이번에도 기습적인 확장통화정책을 실시하면 이 나라의 경제 주체들은 물가수준을 확인하지 않고 한정된 고등어 가격정보만으로도 확장통화정책이 시행되었다는 것을 눈치챌 것이다. 이 국가의 단기총공급곡선은 매우 가파른 형태가 된다.

하지만 과거의 기습적인 확장통화정책을 거의 실시하지 않고 예상 가능한 준칙적 통화정책만을 실시해오던 국가가 이번에만 기습적인 확장통화정책을 실시하면 이 충격은 예상치 못한 충격이므로 이 국가의 단기 총공급곡선은 우상향하는 형태가 될 것이다.

실제로 루카스는 남미와 북미 및 서유럽 국가들의 자료를 이용하여 빈번한 재량적 통화정책의 횟수와 총공급곡선의 기울기가 양(+)의 상관관계가 있음을 밝혀내었다.

16. 새케인즈학파의 가격경직성이론

합리적 기대에서도 가격경직성이 유지될 수 있는 조건에 대해 학습한다.

– 메뉴비용, 신용할당
– 효율성 임금
– 기타 새케인즈학파의 가격경직성이론

(1) 메뉴비용이론

① 맨큐(1985)는 독점적 경쟁시장에서 매우 작은 수준의 메뉴비용도 재화가격의 경직성을 유발할 수 있음을 보였다.

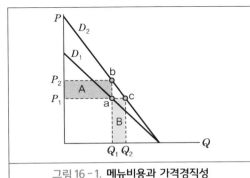

그림 16 – 1. **메뉴비용과 가격경직성**

독점적 경쟁에 직면한 어느 기업의 개별수요곡선이 D_1 이다(편의상 한계비용=0으로 가정). 이때 이 기업의 이윤극대화지점은 점 a이다. 그런데 총수요 증가로 물가와 개별수요가 함께 상승하여 이제 이 기업의 수요곡선이 D_2 가 되었다. 이때 기업의 이윤극대화 지점은 점 b가 된다. 따라서 이 기업은 자신의 제품가격을 P_1 에서 P_2 로 인상해야 한다.

그런데 제품가격의 인상은 메뉴판 교체, 카달로그 교체 등 메뉴비용을 수반한다. 그래서 이 기업은 그냥 자신의 제품가격을 P_1로 유지키로 했다. 이때 이 기업의 균형지점은 점 c가 된다. 즉 A면적을 포기하고 대신 B면적을 얻어온 것이다. 물론 A > B이므로 점 c가 이윤극대화 지점은 아니다. 하지만 대신 메뉴비용을 아낀 것이므로 A − B < 메뉴비용이라면 굳이 자신의 제품가격을 P_2로 올리지 않고 그냥 P_1을 유지하는 것이 유리하다. 물론 이때 이 기업의 산출량은 Q_1에서 Q_2로 증가한다(위 그림 상 A − B의 크기가 그리 크지 않으므로 작은 메뉴비용에도 그냥 가격을 유지하는 것이 유리할 수 있다).

② 맨큐의 메뉴비용 모형은 독점적 경쟁시장에서 개별 기업은 물가의 상승에도 자신의 재화가격은 그대로 유지하는 것이 더 유리할 수 있다는 것을 보여준다. 하지만 장기에 걸쳐 물가가 매우 상승하게 되면 그때는 이 기업도 어쩔 수 없이 자신의 재화 가격을 같이 상승시켜야 한다. 따라서 메뉴비용에 따른 재화 가격의 경직성은 장기에는 사라지게 된다.

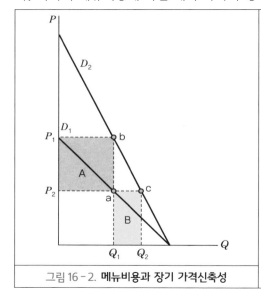

장기에 지속적으로 물가의 상승이 누적되면 명목수요곡선이 D_2로 크게 늘어나고, 이에 따라 개별기업이 인상해야 하는 재화의 가격도 P_2로 크게 늘어난다. 그럼에도 재화가격을 P_1을 고수한다면 이때 이 기업이 입는 손실액은 A + B의 면적이 되고 이는 제법 큰 면적이다. 따라서 장기에는 메뉴비용을 아끼기 위해 가격경직성을 유지하는 것은 바람직하지 못하다.

그림 16 - 2. 메뉴비용과 장기 가격신축성

(2) 효율성 임금 이론

① 효율성 임금(Efficiency Wage)은 20세기 초 자동차 산업의 아버지 헨리 포드에 의해 제시된 바 있다. 포드는 당시 일반 육체노동자의 일당의 두 배 가량의 임금을 지급하고 노동자들을 고용하였다. 균형임금보다 높은 임금을 지급하자 포드 회사의 노동생산성은 오히려 증가하여 기업 전체적으로도 이득이 되었다고 평가받는다.

② 효율성 임금에 의한 생산성 증대효과는 우선 업무태만 방지에서 기인한다. 일종의 도덕적 해이의 방지이다. 만일 나태하게 근무하다 발각되어 해고당하게 되면 다시는 이 높은 수준의 임금을 받지 못한다. 따라서 자동적으로 태업이 방지된다.

③ 또한 구직자의 역선택을 방지하는 데에도 도움이 된다. 이전에 균형임금 수준을 제시하였던 경우에는 입사지원을 하지 않다 임금 수준을 높인 후 입사지원을 한 구직자라면, 높은 생산성을 지니는 구직자라고 볼 수도 있다. 즉 높은 임금 수준에서만 반응한다는 것이 높은 생산성을 지닌 구직자의 신호발송이 되는 것이다. 이는 기업 입장에서는 효과적인 선별 수단이 되기도 한다.

④ 또한 높은 수준의 임금은 이직을 방지하고 이에 따라 이직비용(Turn-Over Cost)을 줄이는 데에도 효과적이다.

⑤ 현재의 경제구조와는 큰 관련이 없지만 20세기 초반에는 노동자들에게 높은 임금을 지급하자 노동자들이 풍부한 영양소의 음식을 섭취하여 신체적 생산성이 증가한 효과가 발생하였다고 한다.

※ 상기 열거한 효율성 임금에 대한 이론적 논의는 솔로우, 고든, 애컬로프, 스티글리츠 등에 의해 이루어졌다.

⑥ 효율성 임금이 시행되면 총수요 증가에 대해 단기에는 실질임금의 경직성이 발생한다.

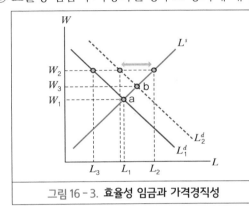

좌측 그림에서 노동시장의 균형은 점 a이다. 이때 기업은 균형임금 W_1 보다 높은 W_2 수준의 효율성 임금을 제시한다. 이때 노동시장의 초과공급이 발생하고 이로 인해 도덕적 해이와 역선택이 방지되는 등의 효과를 얻는다.

그런데 총수요 증가로 인해 노동수요곡선이 L_2^d 로 이동하여도 기업이 제시하는 효율성 임금은 W_2 을 유지해도 된다.

그림 16-3. **효율성 임금과 가격경직성**

왜냐하면 효율성 임금이 W_2 를 유지하여도 여전히 노동의 초과공급이 발생하므로 효율성 임금의 효과는 유지되기 때문이다. 따라서 효율성 임금의 존재는 단기의 실질임금의 경직성을 설명하여 준다.

(3) 신용할당

① 신용할당(Credit Ration)이란 금융시장(대부시장)에서 대부자가 균형이자율보다 낮은 수준으로 자금을 대출해주는 상황이다. 2003년도 노벨경제학상 수상자인 스티글리츠의 대표적 이론인 신용할당은 효율성 임금과 그 이론적 구조가 매우 유사하다. 효율성 임금이 균형임금보다 높은 수준의 임금을 제시하여 자신의 회사에 대한 구직자들의 초과공급을 유발하는 것임과 마찬가지로 신용할당은 금융시장에서 균형이자율보다 낮은 수준의 이자율로 자금을 대출함으로써 자신(은행)에 대한 차입자들의 초과수요를 유발하는 것이다.

② 신용할당이 시행되면 은행 입장에서는 안전하고 우량한 기업만 선별하여 대출을 진행할 수 있어 역선택 방지에 용이하다.

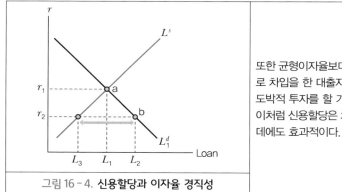

또한 균형이자율보다 낮은 이자율로 대출을 진행하므로 차입을 한 대출자들이 이자부담을 못 이겨 위험한 도박적 투자를 할 가능성이 줄어든다.
이처럼 신용할당은 차입자의 도덕적 해이를 방지하는 데에도 효과적이다.

그림 16 - 4. **신용할당과 이자율 경직성**

③ 금융시장에서의 의도적인 초과수요를 유발하므로 효율성 임금과 마찬가지로 단기에는 실질이자율의 경직성이 발생할 수 있다.

(4) 기타 새케인즈학파의 가격경직성 이론

① 실질임금의 경직성을 설명하는 이론은 크게 효율성 임금이론, 암묵적 노동계약이론, 내부자 − 외부자 모형이 있다. 이 중 암묵적 노동계약이론에 의하면 경기변동에 따라 실질임금도 변동하기 마련인데, 위험기피자인 노동자는 호황과 불황과 무관하게 장기평균임금보다 약간 낮은 수준으로 경직적인 임금(암묵적 임금)을 꾸준히 받는 것을 더욱 선호한다. 또한 위험중립자인 기업은 노동자에게 이러한 암묵적 임금을 지급함으로써 장기에 장기평균임금과 암묵적 임금의 차액만큼을 획득한다.

② 내부자 − 외부자 모형에 따르면 불경기에 실업이 발생할 경우 실직자(외부자)들은 자신들이 받고자 하는 임금을 낮춰 부를 것이다. 하지만 이렇게 되면 생존자(내부자)들의 일감이 줄어들게 된다. 따라서 내부자들은 다양한 방식으로 외부자들이 낮은 임금을 무기로 자신들의 일감 및 일자리를 위협하는 것을 방어한다. 따라서 기업은 불경기에도 낮은 임금을 주고 고용할 수 있는 실직자들을 기존 내부자들과 대체하기 어렵게 된다. 혹은 이직비용, 신규 교육비용, 채용과정에서의 수반 비용 등을 고려한다면 외부자들을 고용하는 것이 그리 매력적이지 않을 수 있기에 기업들이 알아서 외부자들을 고용하지 않을 수 있다.

③ 돈부쉬의 오버슈팅 모형은 환율 시장에서의 가격경직성을 설명하는 근거가 된다.

CHAPTER 05

실업과 인플레이션

Test of Economic Sense And Thinking

17. 실업

실업의 의미와 측정에 대해 학습한다.

- 실업의 측정
- 실업의 발생 원인
- 자연실업률과 이력현상

(1) 실업

① 실업(Unemployment)이란 일할 능력과 일할 의사가 있음에도 현재 일자리가 없는 상태를 의미한다. 여기서 일할 능력은 만 15세 이상이면 충족된 것으로 본다. 또한 일할 의사는 현재 일하고 있거나 적극적으로 구직 중인 상태를 말한다.

② 통계청은 매달 15일 경제활동인구조사에 의거하여 실업자와 실업률 통계를 공표한다. 여기서 실업자는 조사기간 직전 주에 소득을 목적으로 1시간도 일을 하지 못한 자를 말한다.

(2) 실업률의 측정

① 통계청이 실시하는 경제활동인구조사에 따른 각 인구의 구성 분류는 다음과 같다.

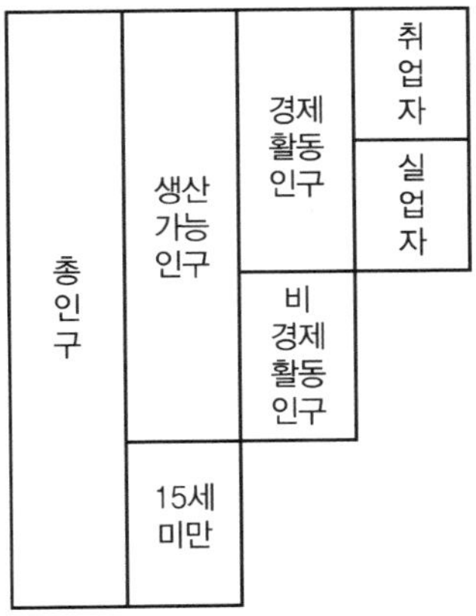

그림 17-1. **경제활동인구의 구성**

- 대한민국 총인구를 우선 만 15세를 기준으로 나눈다. 이중 만 15세 이상인구 = 생산가능인구
- 생산가능인구 중 일할 의사가 있는 인구를 경제동인구로 분류하고 일할 의사가 없는 인구를 비경제활동인구로 분류한다.
- 경제활동인구를 일자리가 있는 취업자와 일자리가 없어 현재 구직 중인 실업자로 분류한다.

② 각 명칭에 대한 상세한 정의는 다음 표와 같다.

(출처 : 통계청 통계설명자료)

구분	설명
15세 이상 인구	대한민국에 상주하는 만 15세(매월 15일 현재) 이상인 자 – 단, 군인(직업군인, 상근예비역 포함), 사회복무요원, 의무경찰, 형이 확정된 교도소 수감자 등은 제외
경제활동	상품이나 서비스를 생산하기 위해 수입이 있는 일을 행함을 뜻함 – 수입이 있더라도 다음의 활동은 경제활동으로 보지 않음 ① 법률에 위배되는 비생산적인 활동(예 도박, 매춘 등) ② 법률에 의한 강제노역 및 봉사활동 ③ 경마, 경륜, 증권, 선물 등 투자활동
경제활동인구	만 15세 이상 인구 중 취업자와 실업자를 말한다
취업자	① 조사 대상 주간 중 수입을 목적으로 1시간 이상 일한 자 ② 자기에게 직접적으로는 이득이나 수입이 오지 않더라도 자기 가구에서 경영하는 농장이나 사업체의 수입을 높이는 데 기여한 가족종사자로서 주당 18시간 이상 일한 자(무급가족종사자) ③ 직장 또는 사업체를 가지고 있으나 조사 대상 주간 중 일시적인 병, 일기불순, 휴가 또는 연가, 노동쟁의 등의 이유로 일하지 못한 일시 휴직자
실업자	조사 대상 주간에 수입 있는 일을 하지 않았고, 지난 4주간 일자리를 찾아 적극적으로 구직활동을 하였던 사람으로서 일자리가 주어지면 즉시 취업이 가능한 사람
비경제활동인구	조사대상 주간 중 취업자도 실업자도 아닌 만 15세 이상인 자, 즉 집안에서 가사와 육아를 전담하는 가정주부, 학교에 다니는 학생, 일을 할 수 없는 연로자와 심신장애자, 자발적으로 자선사업이나 종교단체에 관여하는 자 등을 말한다.

표 17 – 1. **경제활동인구조사 용어 설명**

③ 각종 지표 공식은 다음과 같다.

구분	설명
실업률	(실업자/경제활동인구)×100%
고용률	(취업자/15세 이상 인구)×100%
경제활동참가율	(경제활동인구/15세 이상 인구)×100%

표 17 – 2. **고용지표 산출 공식**

※ 구직포기자(구직단념자)의 실업률의 착시 현상

구직단념자의 정의는 다음과 같다.

비경제활동인구 중 취업희망과 취업가능성이 있으나 아래의 사유(노동시장적 사유)로 지난 4주간에 구직활동을 하지 않은 자 중 지난 1년 내 구직경험이 있었던 자
① 전공이나 경력에 맞는 일거리가 없을 것 같아서
② 원하는 임금 수준이나 근로조건에 맞는 일거리가 없을 것 같아서
③ 근처(주변)에 일거리가 없을 것 같아서
④ 교육, 기술, 경험이 부족해서
⑤ 나이가 너무 어리거나 많다고 고용주가 생각할 것 같아서
⑥ 이전에 찾아 보았지만 일거리가 없었기 때문에

출처 : 통계청 통계조사자료

생산가능인구가 불변인 상황에서 구직단념자가 증가하면 실업률이 감소한다. 예를 들어 비경제활동인구가 100만 명, 취업자가 90만 명, 실업자가 10만 명인 경우 실업률은 10%이다. 그런데 실업자 중 3만 명이 상기 이유로 구직을 단념하게 되면 이들은 비경제활동인구로 편입된다. 따라서 비경제활동인구 103만 명, 취업자 90만 명, 실업자 7만 명이 되어 경제활동인구가 97만 명이 되고 이때 실업률은 약 7.2%가 되어 실업률이 하락한다. 구직단념자의 증가는 오히려 고용상황이 악화된 것이지만 실제 실업률은 하락하는 것으로 나타난다. 따라서 고용상황의 개선 여부를 정확히 파악하기 위해서는 실업률과 고용률을 함께 살펴야 한다.

(3) 실업의 종류와 발생 원인

① 실업의 종류는 그 발생 원인에 따라 크게 마찰적 실업(혹은 탐색적 실업), 구조적 실업, 경기적 실업으로 구분한다.

② 먼저 마찰적 실업(Frictional Unemployment)이란 노동시장의 마찰적 요인으로 인해 발생하는 실업이다. 여기서 마찰적 요인이란 노동의 이동을 저해하는 정보의 제약, 물리적 제약, 문화적 장벽, 제도적 제약 등을 총칭한다. 예를 들어 컴퓨터과학을 전공한 톰이 A국 회사에 취업을 하고 싶지만 거리가 너무 멀다거나, 아니면 A국의 언어와 문화를 익히지 못했거나, 혹은 취업 비자를 취득할 수 없는 이유로 A국 회사에 취업하지 못해 발생하는 실업을 마찰적 실업이라 하는 것이다.

③ 특히 정보의 제약, 즉 톰이 A국의 회사에 자신에게 알맞은 일자리가 있음을 몰라서 취업하지 못하는 마찰적 실업을 탐색적 실업이라 한다(보통 거시경제학에서의 마찰적 실업은 탐색적 실업을 지칭하는 경우가 대부분이다).

④ 탐색적 실업의 발생 원인은 대부분 이직활동이다. 즉 이직 과정에서 발생하는 일시적 실업상태는 탐색적 실업이라고 볼 수 있다. 즉, 탐색적 실업은 자발적 실업이다. 때문에 탐색적 실업은 단기적으로 경제에 미치는 비효율성이 그다지 크지는 않지만 탐색적 실업이 장기화되면 구직자 입장에서도 고통스럽고 경제 전체적으로도 유휴자원이 증가하는 것이므로 나름대로의 해결방안이 요구된다. 이러한 탐색적 실업을 해결하기 위해서는 구직자와 구인자간 정보 격차의 해소, 정보교류의 활성화 등의 정책을 고려할 수 있다.

※ 경기가 아무리 좋아도 탐색적 실업은 0이 되지 않는다. 따라서 경제가 아무리 이상적인 상황이라도 실업률은 0%가 될 수 없으며 또한 0%의 실업률이 바람직하지도 않다.

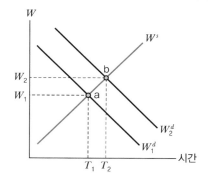

탐색적 실업기간은 어떻게 결정될까? 먼저 구직가의 경우 (탐색적) 실업 기간이 늘어날수록 자신이 요구하는 유보임금 수준이 점차 낮아질 것이다. 반대로 새롭게 사람을 뽑아야 하는 회사는 공석이 길어질수록 입사자에게 제공하려는 임금 수준이 늘어날 것이다.

좌측 그림에서 W_1^d 는 구직자의 유보임금 곡선이며 W^s 는 회사의 제공의향임금을 나타낸 곡선이다. 이 둘의 교점은 점 a이며 이때 탐색기간은 T_1 이다.

그런데 만일 실업급여가 증가한다면?
이때 구직자의 유보임금 곡선은 W_2^d 로 증가하고 이에 따라 탐색기간도 T_2 로 증가한다.

⑤ 구조적 실업(Structural Unemployment)이란 산업구조의 변화로 인해 발생하는 실업이다. 즉 사양산업에서 발생하는 실업이다. 예를 들어 채산성 악화에 따라 폐광된 탄광의 광부, 무인데스크 설치로 인해 일자리를 잃은 점원 등이 구조적 실업에 해당된다. 구조적 실업의 (원론적인) 해결방안은 재교육, 평생교육 정책 등이다.

⑥ 경기적 실업(Cyclical Unemployment)이란 불경기로 인해 발생하는 실업이다. 단기에 가장 큰 영향을 미치는 실업이다. 경기적 실업은 실질GDP와 완벽히 반대로 움직인다. 때문에 경제성장률이 상승하면 경기적 실업이 감소하고 실업률은 낮아지게 된다. 반대로 경제성장률이 둔화되면 경기적 실업이 증가하고 실업률도 상승한다. 경기적 실업의 해결 방안은 확장적 정책이다.

(4) 자연실업률

① 실업률은 경기에 따라 등락을 반복하는 것이 일반적이다. 이때 장기적 관점에서의 장기 평균 실업률을 자연실업률(Natural Rate of Unemployment)이라고 한다.

   ※ 자연실업률의 정식 명칭은 물가안정실업률(Non-Accelating Inflation Rate of Unemployment : NAIRU)이다. 즉 물가상승률이 안정적으로 유지될 때의 실업률, 다시 말해 의도적인 재량적 통화정책이 시행되지 않을 때의 장기실업률을 말한다. 통화주의학파에 의해 창설된 개념으로 준칙적 통화정책을 꾸준히 시행할 때 얻어지는 안정적 균형 상태에서의 실업률이 바로 자연실업률의 원개념이다.

② 따라서 실제 실업률이 자연실업률에 다다랐다면 경제는 굳이 확장통화정책을 시행할 필요가 없는 고용상태라는 것이다. 그러므로 이 상황을 완전고용에 이르렀다고 볼 수 있다. 즉 거시경제에서 완전고용이란 실업률이 0%인 상황을 의미하는 것이 아니라 실제 실업률이 자연실업률에 다다른 상황이다. 그리고 이때의 실질GDP는 잠재GDP(Potential GDP) 혹은 완전고용산출량(Full Emplyment GDP)이라고 하며 이때의 경제성장률을 잠재성장률이라고 한다.

③ 자연실업률이란 거시경제 지표를 이용하여 측정 가능한 개념이 아니라 거시경제 상황에 비춰 이상적인 상황을 상정하는 일종의 목표개념이다. 예를 들어 이번 올림픽에서 대한민국이 금메달 10~12개가량을 획득하는 것이 대한민국의 스포츠 수준에 걸맞은 것이라고 느낀다면 바로 이 목표 금메달 10~12개가 대한민국의 자연금메달이 되는 것과 같다(대한민국이 목표수준의 금메달 10~12개 가량을 획득하였을 때 올림픽 순위가 7~9위를 기록한다면 바로 이 올림픽 순위 7~9위가 바로 대한민국의 잠재순위가 되는 것이다).

※ 즉 자연실업률은 장기의 총공급곡선에 영향을 받는 실업률로서 단기의 총수요 변동과는 무관하다.

④ 따라서 현재 실업률이 자연실업률보다 낮다면 이는 목표의 초과달성이다. 이때를 호황국면에 접어들었다고 볼 수 있다. 물론 이때 실제 경제성장률은 잠재성장률을 상회한다. 하지만 이는 필요 이상의 총수요를 유발하므로 장기적으로 경제의 버블을 발생시킨다. 따라서 이때 정부는 긴축기조를 설정해야 한다.

⑤ 반대로 현재 실업률이 자연실업률을 상회한다면 이는 불황이다. 당연히 경제성장률은 잠재성장률에 미치지 못하므로 이때 정부는 확장정책을 시행한다.

※ 이력현상(Hysteresis)

이력현상이란 물리학에서 등장하는 용어로 '어떤 물리량이 그때의 물리조건만으로는 일의적으로 결정되지 않고, 그 이전에 그 물질이 경과해 온 상태의 변화 과정에 의존하는 현상(출처 : 두산백과)'이라고 한다.

경제학에서의 이력현상이란 불경기가 오래 지속되어 실제 실업률이 오랫동안 고공행진을 하면 자연실업률 자체가 상승하는 현상을 말한다.

실제 실업률은 경제성장률과 역(−)의 관계에 있다. 따라서 불황 시에 경제성장률이 낮아지면 실제 실업률은 상승하고, 이후 경기가 회복되면 실업률도 이전 수준(자연실업률)으로 복귀한다. 그런데 불황이 지속되어 실제 실업률이 장기간 높은 상태를 유지하다가 다시 경제가 회복되어 성장률은 잠재성장률 수준으로 회복되었지만 실업률은 원 수준으로 회복되지 않아 자연실업률 자체가 상승하게 되는 현상을 이력현상이라 한다.

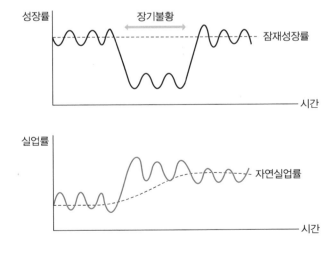

이러한 이력현상의 원인으로는 노동조합, 최저임금, 실업보상보험 등 제도적 요건에 의해 발생한다는 견해가 존재하는 한편, 낙인효과 등에 의해 발생한 것으로 보는 견해도 있다(참고로 이력현상은 80~90년대 서유럽에서 관측된 현상이며 미국에서는 관측되지 않았다).

이외에도 내부자−외부자 모형에서도 이력현상의 발생 가능성을 추정한다. 또는 장기 실업이 오래되어 실직자들이 자신의 숙련도를 상실하기 때문에 경기가 회복되어도 재취업하기 어렵다는 이른바 '지속이론'의 견해도 있다.

※ 자연실업률의 측정

자연실업률은 목표치 개념으로 실측을 하기 애매하다. 하지만 거시경제가 자연실업률에 다다렀다면 이 경제의 고용시장은 장기의 동태적 균형 상태를 유지할 것이다. 이는 매기 신규 취업자의 수와 신규 실직자의 수가 동일해서 실업률이 변하지 않고 안정적으로 유지된다는 것이다. 따라서 매기의 취업률과 실직률을 알 수 있다면 이를 바탕으로 자연실업률을 측정해 볼 수 있다.

예를 들어 매기 취업자 E 중 5%가 실직한다고 하자. 또한 매기 실업자(구직자) U 중 15%가 취업에 성공한다고 하자. 이 경제가 자연실업률 상태라면 $0.05 \times E = 0.15 \times U$가 성립해야 한다. 따라서 $\dfrac{E}{U} = 3$이다. 그런데 실업률은 $\dfrac{U}{U+E} = \dfrac{1}{1+\dfrac{E}{U}}$ 이다. 따라서 이때 실업률은 25%이며 이 실업률이 바로 자연실업률이 된다.

(정리하면) 매기 실직률을 x, 매기 취업률을 y라 하면 자연실업률은 $u^N = \dfrac{y}{x+y}$가 된다.

18. 인플레이션

인플레이션의 대해 학습한다.

− 인플레이션의 의미
− 인플레이션과 사회적 비용
− 피셔가설

(1) 인플레이션

① 인플레이션(inflation)이란 지속적인 물가상승을 의미한다. 그리고 물가상승률을 인플레이션율이라고 한다. 인플레이션율은 보통 GDP디플레이터의 변화율 혹은 소비자물가지수 변화율을 사용한다.

② 디플레이션(Deflation)이란 물가수준 자체의 하락을 의미하며 이는 곧 음(−)의 물가상승률을 말한다. 반면 디스인플레이션은 인플레이션의 억제, 즉 물가상승률이 하락하는 것을 의미한다.

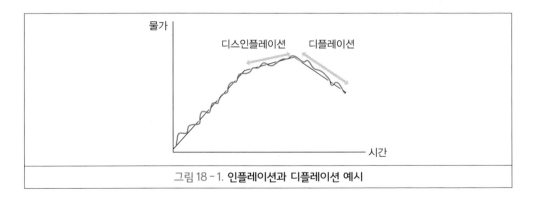

그림 18 - 1. **인플레이션과 디플레이션 예시**

③ 인플레이션의 발생 원인은 크게 두 가지, 총수요의 증가 혹은 (단기) 총공급의 감소로 나뉜
다. 총수요 증가에 기인한 인플레이션을 수요견인(Demand Pull) 인플레이션, 총공급 감
소로 인한 인플레이션을 비용상승(Cost Push) 인플레이션이라 한다.

수요견인 인플레이션 시에는 물가 상승과 함께 GDP가 증가하고 실업은 감소한다. 반면 비
용상승 인플레이션이 발생하면 물가 상승과 함께 경기는 위축된다. 따라서 비용상승 인플
레이션은 스태그플레이션(Stagflation)을 유발한다. 여기서 스태그플레이션은 경기침체
(Stagnation)과 인플레이션(Inflation)의 합성어이다.

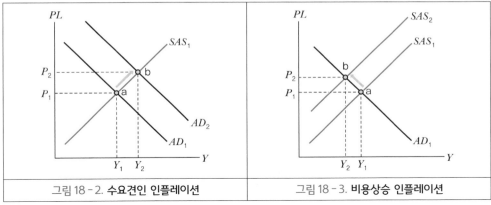

| 그림 18 - 2. **수요견인 인플레이션** | 그림 18 - 3. **비용상승 인플레이션** |

(2) 소비자물가지수의 측정

① GDP디플레이터의 측정은 앞서 이미 학습하였다. 기준연도의 가격을 고정하고 비교연도의
수량을 가중치로 활용하는 방식의 파셰지수인 GDP디플레이터와는 달리 소비자물가지수
(Consumer Price Index : CPI)는 기준연도의 수량을 고정하고 비교연도의 가격을 가중
치로 활용하는 방식의 라스파이레스 지수이다.

② 소비자물가지수는 통계청이 매달 측정한다. 1인 이상의 전국 가구의 월평균 소비지출액 중
1만분의 1(0.01%) 이상의 비중을 차지하는 460개 품목의 가격을 기준으로 측정한다. 또한
가계소비지출 조사를 통해 얻은 기초 자료를 바탕으로 대한민국의 (가상의) 대표적 가구를

상정한다. 이 대표가구의 소비지출을 소비바스켓이라 한다. 이 소비바스켓에 따라 각 품목의 가중치를 결정한다.

③ 소비자물가지수 측정 예시

품목	수량(바스켓)	2020년 1월 가격	2020년 2월 가격
쌀	10kg	1만 원/kg	9,000원/kg
휘발유	20리터	2,000원/리터	2,500원/리터
한우	1kg	3만 원/kg	4만 원/kg
맥주	10병	3,000원/병	3,000원/병
총지출액	-	20만 원	21만 원
CPI		100	105

표 18 - 1. **소비자물가지수 측정 예**

위 표에서 2020년 1월을 기준연도(월)로 잡고 소비바스켓을 구입하기 위한 총지출액을 구하면 20만 원이다. 그런데 2020년 2월 각 재화 가격의 변화로 인해 동일한 소비바스켓을 구입하기 위한 지출액이 21만 원으로 증가하였다. 이때 기준연도(월)의 지출액을 100으로 환산하면 2020년 2월의 지출액은 지수로는 105가 된다. 즉 2020년 1월 CPI＝100이고 2월의 CPI＝105가 되는 것이다.

④ 소비자물가지수 역시 5년마다 기준연도를 갱신한다. 이때 소비지출액 비중이 0.01% 이상인 품목에도 변화가 발생하기 마련이다. 때문에 5년을 주기로 소비자물가지수 산정에 포함되는 품목이 새로 진입하기도 하고 이제 더 이상 소비자들이 사용하지 않게 된 품목은 지수 산정에서 제외되기도 한다.

⑤ 소비자물가지수의 산정방식의 한계로 인해 CPI는 소비자들이 체감하는 실제 물가의 상승보다 과대평가될 가능성이 있다. 이에 대한 사유는 다음과 같다.

• 먼저 소비에서의 대체재의 존재를 고려하지 못하기 때문이다. 예를 들어 한우 가격이 상승하면 소비자들은 한우 구입량을 대폭 줄이고 상대적으로 저렴해진 호주산 소고기를 구입할 수 있다. 때문에 한우 가격 상승으로 인해 물가가 많이 올랐다고는 느끼지 않을 수 있다. 하지만 라스파이레스 방식에 의해 수량이 고정된 CPI는 이를 반영하지 못한다.

• 둘째로, CPI는 기술 진보나 제품의 성능 향상을 반영하지 못한다. 예를 들어 데이터 사용료가 증가하였지만 대신 데이터 속도가 획기적으로 개선되었다면 소비자들은 데이터 사용 요금의 인상을 물가 인상으로 여기지 않을 것이다. 하지만 CPI상으론 분명하게 물가 상승이다. 또한 새로운 신제품의 등장 역시 CPI는 반영하지 못한다.

※ 이 외에도 라스파이레스 방식으로 측정되는 생산자물가지수(PPI)가 있다. PPI는 한국은행에서 조사 · 작성한다. 참고로 우리나라의 경우에는 생산자물가지수가 상승하면 시차를 두고 소비자물가지수가 상승하는 것이 일반적이다.

(3) 피셔가설

① 피셔가설(Fischer Hypothesis) : 명목이자율 i = 실질이자율 r + 인플레이션 π

② 예를 들어, 제리가 톰에게 100만 원을 차입하려고 한다. 톰은 제리에게 연간 3%의 이자를 받는 조건으로 100만 원을 빌려주었다. 그런데 제리가 돈을 빌리자마자 갑작스레 물가가 급등하기 시작했다. 덩달아 금가격도 폭등하자 제리는 톰한테 빌린 100만 원으로 금을 구입하였다. 1년간 물가상승률은 무려 20%였고, 금 가격도 120만 원으로 상승하였다. 제리는 이제 금을 팔아 120만 원을 획득하였고, 이중 103만 원을 톰에게 상환하고 남은 17만 원을 챙겼다. 즉 제리는 17만 원의 시세차익을 자신의 돈을 한 푼도 안 들이고 얻은 셈이다. 반면 톰은 금 가격 인상에 다른 시세차익을 얻지 못하고 겨우 (명목)이자 3만 원만 챙긴 것이다.

③ 다시 제리가 톰에게 또 100만 원을 빌리려고 한다. 그러자 이제 톰은 제리와 이자율을 협상할 때, 지난번처럼 갑작스런 물가상승에 대한 기회비용까지 얹어 이자율을 정한다. 톰과 제리는 앞으로 1년 동안 물가가 6% 상승할 것으로 예상한다. 따라서 톰은 제리에게 명목이자율을 9% 요구하였고 제리는 이에 동의하였다. 이처럼 돈거래를 시작할 때 거래당사자 간의 (합의된) 예상인플레이션을 적용하는 방식의 이자율 결정 방식을 사전적 피셔가설이라 한다.

$$\text{명목이자율 } i = \text{실질이자율 } r + \text{예상인플레이션율 } \pi^e$$

따라서 위 거래에서 (사전적) 실질이자율은 3%로 약정된 것이다. 그러므로 실제로도 물가가 1년 동안 6% 상승하였다면 톰이 제리에게 돈을 빌려주지 않고 그 돈으로 금을 구입하면 톰의 재산은 106만 원이 된다. 그런데 톰이 제리에게 돈을 빌려주고 얻게 된 재산의 크기는 109만 원이므로 톰의 얻는 실질이자소득은 3만 원, 실질이자율은 3%가 되는 것이다(마찬가지로 제리가 부담하는 실질이자율도 3%이다).

④ 하지만 실제 물가상승률이 톰과 제리가 예상한 수치와 항상 일치하지 않을 수 있다. 만일 예상치 못한 인플레이션이 발생하여 실제 물가상승률이 8%가 되었다고 하자($\pi > \pi^e$). 즉 톰은 1년 후 109만 원의 돈을 돌려 받는데, 처음부터 100만 원을 제리에게 빌려주지 않고 금을 구입하였더라면 톰의 재산은 108만 원이 된다. 즉 100만 원을 제리에게 빌려주고 얻게 된 실질이자소득은 1만 원인 셈이다. 즉 톰의 (사후적)실질이자율은 1%이다. (실질이자율＝명목이자율－실제 인플레이션율)의 공식을 사후적 피셔가설이라 한다.

⑤ 따라서 예상치 못한 인플레이션 ($\pi > \pi^e$)이 발생하면 사후적 실질이자율은 사전적 실질이자율보다 낮아진다. 이는 채권자가 애초에 받아가기로 한 실질이자소득이 줄어들게 된 것이고, 역으로 채무자가 부담해야 하는 실질이자부담이 감소한 것으로 불공정한 부의 재분배가 발생한 것이다. 반대로 예상치 못한 디플레이션 ($\pi < \pi^e$)이 발생하면 채무자로부터 채권자로 (불공정한) 부의 이전이 발생한다.

(4) 인플레이션의 사회적 비용

① 인플레이션은 성장하는 경제가 겪는 자연스러운 현상이다. 하지만 적정 범위를 벗어난 인플레이션은 사회적으로 많은 문제와 비효율을 야기한다.

② 인플레이션으로 인한 사회적 비용은 크게 예상치 못한 인플레이션과 예상된 인플레이션으로 나누어 분석한다. 예상치 못한 인플레이션의 경우에는 앞서 피셔가설 부분에서 설명한 바와 같이 불공정한 부의 재분배가 발생할 수 있다는 것이다.

③ 반면 예상 가능한 인플레이션도 여러 가지 사회적 비효율을 야기할 수 있다. 우선은 메뉴비용이 발생한다는 점이다. 또한 구두창 비용(Shoe-Leather Cost)도 발생한다. 인플레이션이 발생하면 현금의 화폐구매력이 감소한다. 즉 화폐의 실질가치가 하락한다. 하지만 현금은 거래적 목적으로 어느 정도는 보유해야 한다. 하지만 급격한 인플레이션이 발생하면 너무 과도하게 현금을 보유하는 것이 손해이다. 따라서 이 경우에는 최소한의 (거래적목적의) 현금을 보유하는 것이 유리하다. 때문에 자주 은행에 들락날락거리며 수시로 현금을 인출해야 한다. 이로 인해 구두가 빨리 닳아 구두창을 자주 교체해서 발생하는 비용이구두창 비용이다.[15]

19. 필립스 곡선

실업과 물가의 상충관계에 대해 학습한다.

- 필립스 곡선의 도출
- 기대부가필립스 곡선

(1) 필립스 곡선

① 영국[16] 출신의 경제학자 윌리엄 필립스는 19세기~20세기 초 영국의 명목임금상승률과 실업률 간의 상충관계(반비례 관계 : Trade-off)를 발견하였다. 이후 명목임금상승률 대신 물가상승률과 실업률 간의 상충관계로 널리 확장된 이론이 바로 필립스 곡선이다.

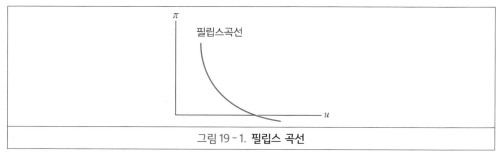

그림 19-1. **필립스 곡선**

---

15) 물론 이는 상징적인 비유로 수시로 현금을 인출하기 위해 소요되는 노력과 시간 등에 대한 기회비용을 의미한다.
16) 더 정확하게는 당시 대영제국 영연방의 뉴질랜드

② 실업률과 물가상승률 간의 상충관계가 빈번하게 드러난다는 것은 단기에 총공급곡선은 우상향하며 총수요의 잦은 변동이 발생하는 것을 반영한다.

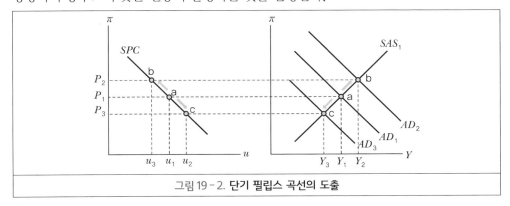

그림 19 - 2. 단기 필립스 곡선의 도출

위 그림에서 최초 거시경제 균형이 우측 a점이라고 하자. 이때 물가(상승률)은 P_1 이고 경제성장률은 Y_1 이라고 하자. 이때 실업률이 u_1 이고 실업률 – 인플레이션율 평면을 나타내는 좌측 그림에서 점 a에 대응된다. 이때 총수요가 증가하여 거시경제 균형이 우측 그림 점 b가 되면 물가는 상승하고 실질GDP도 증가하여 실업률이 감소한다. 따라서 실업률과 인플레이션율은 좌측 그림에서 점 b에 위치한다. 반대로 총수요가 감소하면 실업률과 인플레이션율은 좌측 그림에서 점 c에 위치한다.

③ 따라서 단기의 필립스 곡선은 단기 총공급곡선의 좌우 대칭 형태로 그려진다.

④ 하지만 장기에는 총수요가 변동하여도 경제성장률은 불변이다. 따라서 장기에는 총수요 변동에도 실업률은 자연실업률 수준으로 수렴한다. 이는 장기필립스 곡선은 자연실업률 수준에서 수직임을 의미한다.

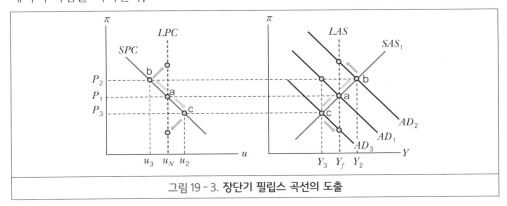

그림 19 - 3. 장단기 필립스 곡선의 도출

(2) 기대부가 필립스 곡선

① 앞에서 살펴본 바와 같이 단기 필립스 곡선은 단기 총공급곡선의 좌우 대칭형이다. 따라서 단기 총공급곡선이 우측으로 이동하면 단기 필립스 곡선은 좌측으로 이동하고, 단기 총공급곡선이 좌측으로 이동하면 단기 필립스 곡선은 우측으로 이동한다.

더 간단하게 표현하면, 단기 총공급곡선이 상방으로 이동하면 단기 필립스 곡선도 위로 움직이고 단기 총공급곡선이 아래로 움직이면 단기 필립스 곡선도 아래로 움직인다.

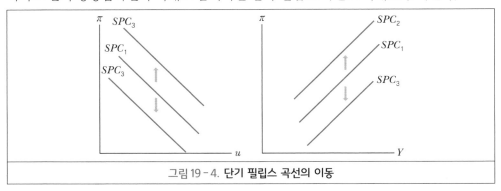

그림 19-4. **단기 필립스 곡선의 이동**

② 그런데 단기 총공급곡선에 영향을 미치는 요인 중 하나가 바로 경제주체들의 예상인플레이션율이다. 경제주체들의 예상인플레이션율이 상승하면 경제주체들은 바로 다음기의 요소가격을 올리고 이는 단기 필립스 곡선의 좌측 이동(상방 이동)을 가져온다. 따라서 예상인플레이션율(기대인플레이션율)이 상승하면 단기 필립스 곡선도 상방 이동(우측 이동)한다. 이를 기대부가 필립스 곡선이라 한다.

CHAPTER 06 경기안정화정책의 효과

Test of Economic Sense And Thinking

20. 화폐중립성

장단기 통화량과 물가, 실질GDP 간의 관계에 대해 학습한다.

- 피셔 교환방정식
- 화폐중립성

(1) 피셔의 교환방정식

① 앞서 화폐수요 파트, 화폐수량설에서 피셔의 교환방정식에 대해 학습하였다.

$M \cdot V = P \cdot Y$(여기서 M은 통화량, V는 유통속도, P는 물가, Y는 실질GDP)

② $M \cdot V = P \cdot Y$을 변화율 공식으로 환산하면 $\dfrac{\Delta M}{M} + \dfrac{\Delta V}{V} = \dfrac{\Delta P}{P} + \dfrac{\Delta Y}{Y}$가 된다.

여기서 화폐유통속도 V는 매우 안정적인 값을 지니므로 $\dfrac{\Delta V}{V} \simeq 0$에 근접한다.

따라서 현실적으로는 $\dfrac{\Delta M}{M} = \dfrac{\Delta P}{P} + \dfrac{\Delta Y}{Y}$가 성립하게 된다.

③ 먼저 단기에 $\pi \neq \pi^e$가 성립하여 단기총공급곡선이 우상향하는 경우. 중앙은행이 확장통화 정책을 실시하여 통화량 증가율이 $(+)$가 되는 경우를 살펴보자.

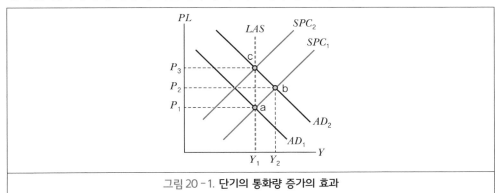

그림 20 - 1. **단기의 통화량 증가의 효과**

상기 그림에서 최초의 거시경제 균형이 점 a였는데 중앙은행이 확장통화정책을 실시하여 통화량 증가율이 (+)가 되었다. 단기에는 거시경제의 균형이 점 b가 되었다. 즉 물가상승률도 (+)이지만 경제성장률도 (+)이다. $\frac{\Delta M}{M} = \frac{\Delta P}{P} + \frac{\Delta Y}{Y}$ 의 공식에 따라 이때 물가상승률은 통화량 증가율에는 미치지 못한다.

④ 하지만 장기에 $\pi = \pi^e$가 성립하여 거시경제 균형이 점c로 옮겨지면 경제성장률은 원점으로 돌아간다. 따라서 장기에는 통화량 증가율이 경제성장률에 미치는 영향이 사라진다. 즉 장기에, 혹은 $\pi = \pi^e$이 총공급곡선이 수직이 되는 경우에는 $\frac{\Delta M}{M} = \frac{\Delta P}{P}$ 가 된다.

따라서 장기에는 통화량의 변화가 실질GDP에 아무런 영향을 주지 못한다. 이를 화폐중립성(Money Neutrality)이라고 한다.

※ 화폐중립성의 엄밀한 정의는 다음과 같다. '통화량은 (장기에) 명목변수에만 영향을 줄 뿐, 실질임금, 실질이자율, 실질소득 등 실질변수에는 아무런 영향을 주지 못한다.'
※ 총공급곡선이 우상향하는 경우에는 통화량의 증대가 실질GDP에 영향을 미친다. 즉 단기총공급곡선이 우상향하는 경우에는 화폐중립성이 성립하지 않는다.

⑤ 장기에는 항상 $\pi = \pi^e$이 성립하므로 장기에는 화폐중립성이 성립한다. 결국 장기의 과도한 물가 상승은 과도한 통화량의 증대에서 비롯된다. 이를 두고 프리드만은 '인플레이션이란 언제 어디서나 화폐적인 현상이다.'라고 하였다.

(2) 세뇨리지와 인플레이션 조세

① 세뇨리지(seigniorage)란 화폐주조차익을 말한다. 현재 5만 원권 1장을 제조하는 데 들어가는 원가는 대략 100~200원가량으로 추정된다.[17] 즉 한국은행이 오만 원권 1장을 발행하면 화폐주조차익은 최고 4만 9천 원 이상 획득하는 것이다.

② 현재는 법정통화의 발행 권한이 각국의 중앙은행에 의해 엄정하게 통제되지만 과거의 상업혁명 이전 시대에는 각 지영의 영주가 영지 내에서 통용되는 화폐의 발행 권한을 지니고 있었다. 예를 들어 어느 소국의 군주 톰이 자국 내에서 유통되는 명목화폐(Fiat Money)를 발행할 수 있는 권한을 지니고 있다고 하자. 그리고 이 화폐의 이름을 제리라고 하자. 현재 이 나라에서 유통되는 화폐총량은 100만 제리이다. 그리고 1제리와 쌀 1kg가 교환되고 있다(즉 쌀 1kg의 가격은 1제리이다).

③ 그런데 사치스러운 톰이 외국에서 명품을 많이 구입하느라 재정이 바닥나는 바람에 이번 달 왕실에서 사용할 쌀을 살 돈이 떨어졌다. 하지만 톰은 걱정이 없다. 왜? 톰은 제리를 100장 더 찍어내면 되기 때문이다. 즉 예산이 고갈된 톰은 자기 마음대로 제리를 추가로 100장 더 발행하여 시장에서 쌀을 100kg 사 오면 되는 것이다.

---

17) 자세한 비용구조는 대외비라고 한다.

④ 이렇게 사치스러운 톰은 왕실 예산이 바닥날 때마다 조세저항을 염려하여 세금을 더 걷지는 않고 맘대로 제리를 발행하여 시장에서 닥치는 대로 물건을 사며 사치스러운 생활을 영위한다. 그런데 톰은 아무런 생산활동도 없이 그냥 종이쪼가리에 자신의 서명을 적은 제리를 발행하고 시장의 물건을 구입한다. 따라서 서민들에게 돌아가야 할 시장의 재화와 서비스가 자꾸 왕실로 들어간다. 결국 서민들은 가만히 앉아서 재화와 서비스를 강탈당하는 것이다. 즉 서민들은 추가로 세금을 더 내는 꼴이다. 이를 인플레이션 조세라 한다.

⑤ 위 과정을 조금 더 경제학적으로 설명하면 톰이 제리를 자꾸 발행하여 국가 내 화폐량이 점차 증가하자 물가가 상승하게 된다. 그런데 신규 발행한 화폐는 톰이 독점적으로 사용한다. 즉 서민들이 지닌 명목화폐량은 이전과 동일한데 물가는 오른다. 결국 서민들은 전보다 재화와 서비스의 구입 및 소비가 줄고 그만큼 톰이 더 소비할 수 있는 것이다.

※ 결국 (독재)정부의 과도한 통화량 증대는 국민들에게 추가적인 조세 증가를 지우는 셈이다. 굳이 세금 추가 징수가 아닌 통화량 증대로 인플레이션 조세를 거둬들이는 것은 이쪽이 조세저항이 작기 때문이다. 하지만 이런 식의 과도한 통화량 증대는 결국 초인플레이션을 야기하고 그 결과는 참담한 비극으로 이어진다.

21. 준칙과 재량 논쟁

통화주의학파와 케인즈학파의 통화정책 논쟁에 대해 학습한다.

- 준칙적 통화정책
- 미세조정과 재량적 통화정책

(1) 통화주의학파의 준칙적 통화정책

① 1950년~1960년대 활동한 통화주의학파는 기본적은 완만한 IS곡선, 가파른 LM곡선을 주장한다. 따라서 이자율 변화에 민간 투자가 매우 민감하게 반응하므로 이자율을 안정적으로 유지하는 것이 경기안정화에 중요하다고 보았다. 그런데 이자율에 영향을 미치는 화폐수요는 안정적인데 가파른 형태이므로 결국 통화량을 안정적으로 유지하는 것이 경기안정화의 키포인트라고 주장하였다.

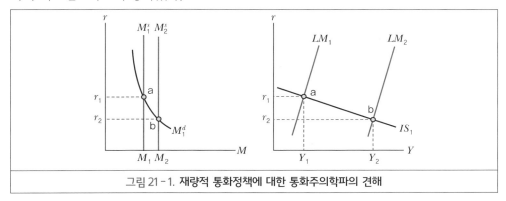

그림 21 - 1. 재량적 통화정책에 대한 통화주의학파의 견해

② 상기 그림에서 통화량이 약간만 증가해도 거시경제 균형은 점 a에서 점 b로 이동한다. 즉 미세한 통화량의 변화가 매우 큰 폭의 경기변동을 야기한다. 따라서 통화주의학파는 경기 안정화의 측면에서 통화량의 미세조정(Fine Tuning), 즉 재량적 통화정책에 반대하였다.

※ 샤워실의 바보(A Fool in the Shower Room)

통화주의학파는 재량적 통화정책이 오히려 경기 변동을 심화시킬 수 있다는 비판을 '샤워실의 바보'라는 우화를 통해 표현하였다.

추운 겨울날 샤워를 하러 보일러를 켜고 샤워부스에 들어가 샤워기 수도꼭지를 딱 가운데 방향에 맞추어 틀면 처음에는 당연히 찬물이 나온다. 하지만 잠시만 기다리면 물의 온도가 최적의 온도로 맞춰지고 편안히 샤워를 할 수 있게 된다.

하지만 샤워실의 바보는 그 잠시의 시간을 기다리지 못하고 처음 찬물이 나오자마자 수도꼭지를 뜨거운 물 방향으로 놓는다. 그럼 매우 빠르게 물의 온도가 상승하지만 적정 온도를 넘어 이제는 엄청 뜨거운 물이 나오게 된다. 그러자 다시 샤워기 수도꼭지를 찬물 방향으로 놓는다. 이제 다시 물은 금세 차가워진다. 그러자 다시 수도꼭지를 뜨거운 물 방향으로 놓고 다시 온도가 높아지면 찬물 방향으로 놓고...이를 무한 반복한다.

통화주의학파는 샤워기 수도꼭지(수도손잡이)를 미세하게 바꿔도 물의 온도는 매우 크게 변한다고 본다. 따라서 다년간의 경험을 통해 얻는 가장 최적의 수도꼭지 각도에 맞추어 수도꼭지를 딱 고정시켜 두면 샤워 초기 처음 몇 초만 좀 참으면 바로 최상의 온도로 샤워를 할 수 있다고 보는 것이다.

즉 통화주의학파는 준칙적 통화정책을 주장하였으며 여기서 최적의 수도꼭지 손잡이의 각도를 k% 룰이라고 한다.

(2) 테일러 준칙

① 통화주의학파의 준칙적 통화정책은 매년 누구나 예측 가능한 정도로 사전에 정해진 룰에 따라 통화량 증가율을 일정하게 유지시켜야 한다는 것이다. 물론 현실적으로 영원히 통화량 증가율을 고정시키는 것은 아니고, 잠재성장률과 자연실업률, 그리고 현재 물가상승률과 목표 물가상승률, 그리고 물가상승률 목표치에 따라 잠재성장률과 현재 성장률이 비교적 일치되도록, 현재 실업률과 자연실업률도 비교적 일치되도록, 마지막으로 현재 물가상승률과 목표 물가상승률도 비교적 일치되도록 통화량의 증가율을 맞추는 것을 통화정책의 목적으로 두었다. 이러한 통화주의학파의 견해는 테일러 룰로 대표될 수 있다.

② 이러한 테일러 준칙은 기본적으로 필립스 곡선의 함수 형태를 변형하여 도출한다.

$$\text{테일러 룰} : i_t = r_t + \pi^* + \alpha(\pi_t - \pi^*) + \beta(u_t - u_N)$$

※ 여기서 i_t 는 명목이자율, r_t는 목표실질이자율, π_t는 현재 인플레이션율, π^*는 목표인플레이션율, u_t 는 현재 실업률, u_N은 자연실업률

예를 들어 거시경제당국이 설정한 이상적인 경제상황에서의 실질이자율은 $r_t = 2\%$, 물가상승률은 $\pi^* = 2\%$, 그리고 자연실업률은 $u_N = 1.5\%$ 라고 하자. 따라서 현재 경제상황이 이상적인 상황이라면 $\pi_t = 2\%$, $u_t = 2\%$ 이어야 하고 이때 목표이자율 i_t는 4%가 된다.

그런데 현재 인플레이션이 $\pi_t = 3\%$이고, $u_t = 1.5\%$라고 하자. 즉 고용은 완전고용 상태인데 현재 물가상승률이 목표 물가상승률보다 높다. 따라서 중앙은행은 물가 안정을 위해 긴축통화정책을 실시해야 한다. 이는 목표(명목)이자율 i_t를 올려야 하는 상황이다. 따라서 $\alpha > 0$이다. 반대로 $\pi_t = \pi^*$인데 불경기로 고용이 악화되어 $u_t > u_N$이라고 하자. 그러면 중앙은행은 확장정책을 실시해야 한다. 즉 i_t는 낮아져야 한다. 이는 $\beta < 0$임을 시사한다.

※ 혹은 $i_t = r_t + \pi^* + \alpha(\pi_t - \pi^*) + \gamma(y_t - y^*)$로 변형된 공식[18]도 있다. 여기서 y_t는 현재 경제성장률, y^*는 잠재성장률이며 여기서 $\gamma > 0$이다. 테일러 교수는 1993년 자신의 논문에서 $\alpha, \gamma = 0.5$로 상정하였다. 이는 잠재성장률과 목표 인플레이션율에 대한 과거의 경험적 데이터에 기반한 것이다.

※ 테일러 공식에 따르면 불경기가 발생하거나 과도한 물가 상승이 발생하면 중앙은행은 테일러 룰에 맞추어 통화량과 이자율을 조절해야 한다. 그리고 이는 재량적 정책이 아니다. 사전에 정해진 룰에 따라 통화변수가 조정되는 것이므로 이는 명백히 준칙적 통화정책에 해당된다.

※ 오쿤의 법칙과 희생률

거시경제에서 (단기에는) 경제성장률과 실업률은 반비례 관계를 지닌다. 즉 경제성장률이 개선되면 실업률은 하락하고 반대로 경기가 악화되면 실업률은 상승한다. 즉 $y_t - y^* > 0$이면 $u_t - u_N < 0$이 되는 것이다. 이때 $y_t - y^*$를 GDP갭이라고 한다. 보다 엄밀하게는 $GDP\ gap = \dfrac{Y_t - Y_p}{Y_p} \times 100$이다. 따라서 GDP갭 < 0이면 현재 GDP가 잠재GDP 수준을 하회하는 것으로, 실제 실업률은 자연실업률을 상회하게 된다.

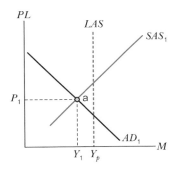

GDP갭이 < 0인 상황은 현재 거시 경제가 좌측 그림 점 a에 위치한 상황이다. 실제 GDP는 Y_1으로 완전고용산출량에 미치지 못하며 따라서 실업률은 자연실업률을 상회하는 불경기 상황이다.

이처럼 GDP갭이 커지면 실제 실업률과 자연실업률 간의 격차도 더 벌어지게 되는데 이에 대한 경험적 비율을 나타낸 것을 오쿤의 법칙(Okun's Law)이라 한다.

1962년 미국의 경제학자 오쿤은 과거의 경제성장률과 실업률 간의 데이터를 바탕으로 경제성장률이 2.5%p 하락하면 실업률은 보통 1%p 상승한다는 것을 발견하였다. 이를 수식으로 표현하면 다음과 같다.

$\dfrac{Y_t - Y_p}{Y_p} = \delta(u_t - u_N)$, 오쿤에 따르면 여기서 $\delta = -2.5$(물론 이 수치는 시대가 변함에 따라 달라질 수 있다)

※ 희생비율(Sacrifice Ratio)

희생비율이란 인플레이션율 1%p 하락을 위해 감수해야 하는 경제성장률의 감소분을 의미한다. 예를 들어 인플레이션율을 현행 3%에서 2%대로 낮추기 위해 경제성장률은 현행 4.5%에서 4.0%로 낮춰야 한다면 이때의 희생비율은 0.5가 된다.

---

18) 오히려 이 수식이 테일러 교수의 1993년 논문에서 제시한 원형에 더 가깝다.

(3) 케인즈학파의 재량적 통화정책

① 철저한 준칙적 통화정책을 주장한 통화주의학파와는 달리 케인즈학파는 미세조정에 따른 재량적 통화정책을 주장하였다. 즉 경기 상황에 맞추어 이자율을 안정적으로 유지할 수 있도록 그때그때마다 통화량을 빈번하게 조정하는 것이 좋다고 보았다.

② 먼저 케인즈학파는 화폐 수요가 매우 불안정하다고 보았다. 즉 아래 그림에서와 같이 화폐 수요가 M_1^d에서 M_3^d까지 빈번하게 움직이므로 통화공급량을 M_1^s에서 일정하게 유지하면 이자율이 $r_1 \sim r_3$에서 빈번하게 움직인다고 보았다. 따라서 이자율을 r_1에서 일정하게 유지시키기 위해서는 화폐수요곡선이 움직일 때마다 통화 공급도 M_1^s에서 M_3^s로 기민하게 움직여 줘야 한다는 것이다.

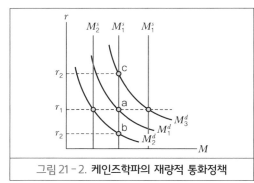

그림 21 - 2. 케인즈학파의 재량적 통화정책

따라서 통화량 목표제를 우선적으로 고려한 통화주의학파와 달리 케인즈학파는 이자율을 일정하게 유지하는 이자율 목표제를 옹호하였고 이는 필연적으로 재량적 통화정책으로 이어진다.

(4) 정책의 시차 논쟁

① 이와 함께 케인즈학파는 통화정책보다는 재정정책 자체를 경기안정화 정책에서 보다 중요하게 여겼다. 이는 가파른 IS곡선과 완만한 LM곡선에서 기인하는 것이기도 하지만, 재정정책은 정책의 외부시차가 비교적 짧은 반면, 통화정책은 정책의 외부시차가 재정정책에 비해 길기 때문이다.

② 하지만 통화주의학파는 재정정책의 경우 정책의 내부시차가 길고 대신 통화정책이 정책의 내부시차가 짧아 정책의 타이밍상 통화정책이 재정정책보다 유리하다고 주장하였다. 여기서 정책의 내부시차란 정책의 필요성을 인식하고 정책을 마련해서 실제 시행할 때까지의 시간을 의미한다. 반면 정책의 외부시차란 정책이 시행되고 나서부터 실제로 정책의 효과가 발현되기까지의 기간을 발한다.

22. 합리적 기대와 총수요 관리정책

새고전학파의 거시정책에 대한 견해를 학습한다.

– 정책무력성 명제
– 루카스 비판
– 리카디안 등가정리
– 시간불일치 문제

(1) 정책무력성과 루카스 비판

① 합리적 시대 가설을 도입한 새고전학파에 따르면 정부의 예상치 못한 정책 변화만 없다면 단기에도 $\pi = \pi^e$가 성립하고 이는 단기 총공급곡선이 완전고용산출량 수준에서 수직이라는 의미이다(보다 엄밀하게는 우상향하는 단기총공급곡선이 매우 짧은 기간에도 총수요 변동을 상쇄시키는 방향으로 움직여 언제나 완전고용산출량을 달성할 수 있다는 것이다). 따라서 정부가 재정정책이나 통화정책을 통해 총수요를 변동시켜도 실질GDP는 불변이다.

② 그러므로 새고전학파의 견해에 따르면 정부 요인이 아닌 외부 요인으로 총수요가 변동하여도 굳이 정부가 나서서 총수요를 이전 수준으로 되돌려 놓을 필요가 없다. 단기총공급곡선이 알아서 움직여 총수요 변화를 상쇄시켜줄 것이기 때문이다. 이를 정책무력성이라 한다.

③ 한편 새고전학파의 대표적 경제학자 루카스는 자신의 논문을 통해 과거 신고전학파의 종합적 견해(구 케인즈학파와 통화주의학파의 이론적 통합)를 정면으로 반박하였다. 이를 루카스 비판(Lucas Critique)이라 한다.

④ 과거 케인즈학파 및 통화주의학파는 IS – LM 모형을 통해 각 경제주체의 소비함수, 투자함수 등을 고려하였는데, 이때 한계소비성향, 투자의 이자율 탄력성, 한계수입성향 등을 고정된 상수라고 여기고 과거의 데이터를 바탕으로 해당 상수(파라미터)들을 계량경제학적 방법으로 추정하여 경제모형을 완성하였다[이러한 방식의 연구방법론을 주로 사용하였던 1950년 당시의 경제학적 조류를 신고전학파(Neo Classical)라 한다. 새고전학파와는 다른 용어이다].

⑤ 따라서 정부의 정책 효과를 예견할 때는 각 경제주체들의 고정된 파라미터들로부터 추출한 모형을 기반으로 하는데, 합리적 기대를 가정하면 이는 무용지물이 되는 것이다. 정부가 정책을 사전에 공표한 대로 정직하게 시행하면, 각 경제주체들은 예상 가능한 정부의 정책에 따라 향후 거시경제 균형지점의 이동을 예견한다. 그리고 이에 따라 다시금 자신의 최적화 행동을 변화시킬 것인데, 이때 각 경제주체들의 파라미터도 변화한다는 것이다. 따라서 과거에 누적된 데이터로부터 추정한 경제주체의 파라미터들은 별 의미가 없어진다.[19]

---

19) 루카스 비판을 다소 과격하게 표현하면 '이제 계량경제학은 쓰레기통에 넣어라!'이다.

(2) 리카디안 등가정리

① 새고전학파 경제학자인 배로(Barro)는 합리적 기대하에서 정부의 지출이 일정하다면, 정부 예산을 조세를 통해 충당하든 국채를 발행하여 충당하든 정책의 효과는 동일하다는 공채중립성 정리, 일명 리키디안 등가정리를 주장하였다.

② 전통적인 케인즈적 시각에서는 조세를 증가하여 정부지출에 사용하는 것은 균형재정을 유지하므로 국채를 발행하여 정부지출에 사용하는 것보다 승수효과가 작다. 하지만 합리적 기대 상황에서는 조세를 통한 정부 예산의 충당이나 국채를 발행한 정부예산의 충당 모두 동일한 효과를 지닐 것이다.

③ 1기의 조세를 증가시킬 경우, 이는 1기 처분가능소득의 감소를 야기한다. 하지만 소비의 평활화 원칙에 의해 경제주체들은 조세인상분만큼 소비를 줄이지 않고 조세인상분을 남은 잔여수명기간으로 나누어 매 기간 소비를 줄일 것이다. 예를 들어 잔여수명이 10기간인 경제주체에게 1기 500만 원의 조세를 인상하였다. 이에 경제주체는 당장 처분가능소득이 500만 원 줄었지만 소비는 당장 500만 원만큼 줄이지 않고 1기의 소비를 50만 원만 줄인다. 대신 은행에서 450만 원을 대출받아 당장의 세금을 납부한다. 그리고 앞으로 10기간 동안 매기 50만 원씩 소비를 줄여 은행 대출을 상환할 것이다. 이를 통해 소비의 평활화를 유지하는 것이다.[20]

④ 그런데 정부가 조세를 500만 원 인상하지 않고, 국공채를 발행하여 500만 원의 예산을 충당하여 정부지출에 사용하였다. 그런데 합리적 기대를 통해 경제주체는 미래의 조세인상을 예견하게 된다. 따라서 경제주체는 (살아생전) 미래 어느 시점에서인가 조세 500만 원이 인상될 것에 대비하여 소비의 평활화를 위해 현재부터 50만 원씩 소비를 줄이고 이를 매기 꼬박꼬박 저축할 것이다. 즉 500만 원의 정부지출 추가 시 이를 조세로 충당하든 국공채로 충당하든 경제주체들은 현재부터 매기 소비를 50만 원씩 줄이는 선택에는 변함이 없다.

⑤ 하지만 이러한 리카디안 등가정리가 성립하기 위해서는 기본적인 조건이 충족되어야 한다. 먼저 당연히 경제주체들의 합리적 기대가 가정되어야 하며, 유동성제약(차입제약)이 없어야 한다. 또한 경제주체들은 자신의 살아생전 조세가 인상되지 않더라도 후손들이 갚아야 할 미래 조세부담에 대해서도 염려하여야 한다. 당연히 근시안적 소비를 하지 않아야 한다. 또한 정부의 국공채 발행으로 인한 정부의 빚이 늘어나는 속도보다 인구증가율 + 경제성장률이 더 높다면 리카디안 등가정리는 성립하지 않을 수 있다.

---

20) 여기서는 논의를 쉽게 하기 위해 이자율은 고려하지 않았다.

Test of Economic Sense And Thinking

23. 경기변동론

경기변동의 의미와 경기변동 요인에 대해 학습한다.

- 경기변동의 정의와 경기순환지표
- 화폐적 경기변동이론
- 실물경기변동이론

(1) 경기변동 개요

① 경기변동(Business Fluctuation)이란 경제성장률의 등락을 의미한다고 볼 수 있다. 이러한 경기변동은 보통 주기적 특성을 지니는데 이를 경기순환(Business cycle)이라고 한다.

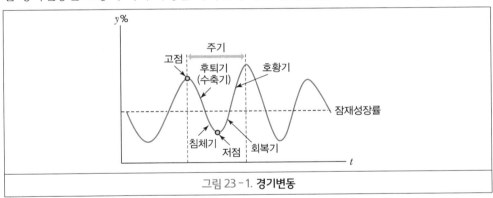

그림 23 - 1. **경기변동**

② 경기순환은 그 주기를 기준으로 크게 4개의 파동으로 구분된다. 각가의 파동의 명칭과 원인은 다음 표와 같다.

종류	주기	원인
키친파동	2~3년	재고순환
쥬글러파동	약 10년	신조류(트렌드)의 등장, 설비투자의 변환
쿠츠네츠파동	약 20년	인구구조 변화에 따른 경제구조 변화
콘트라티에프파동	약 50년	산업혁명 등과 같은 거시경제 구조의 격변

표 23 - 1. **경기순환의 종류**

③ 경기순환은 경제성장률의 변화로 감지하는데 경제성장률의 변화와 함께 다양한 거시경제 지표가 함께 연동되어 움직인다. 이때 실질GDP 변화에 앞서 미리 움직이는 변수를 선행지표, 실질GDP와 거의 동 시간에 변화하는 지표는 동행지표, 실질GDP 변화 이후 움직이는 지표를 후행지표라고 한다. 대표적 경기선행지표들을 모아 향후 경제성장률 추이를 예측할 수 있도록 지수를 작성할 수 있는데 이를 경기선행지수라고 한다. 마찬가지로 경기동행지수와 경기후행지수로 구성할 수 있다.

현재 통계청은 종합경기지수(Composite Index : C.I.)를 작성 공표하는데, 각 지수의 구성지표들의 목록은 다음 표와 같다.

선행종합지수	동행종합지수	후행종합지수
1. 제조업입직자비율 2. 기업경기실사지수(실적) 3. 순상품교역조건 4. 건축허가면적 5. 자본재수입액 6. 설비투자추계지수 7. 재고순환지표 8. 총유동성 9. 월평균종합주가지수	1. 광공업생산지수 2. 서비스업생산지수 (도소매업 제외) 3. 소매판매액지수 4. 내수출하지수 5. 건설기성액(불변) 6. 수입액(실질) 7. 비농림어업취업자수	1. 생산자제품재고지수 2. 도시가계소비지출 3. 소비재수입액(실질) 4. 상용근로자수 5. 회사채유통수익률

표 23 - 2. **경기종합지수의 구성**

※ 이외에도 기업경기 실사지수(BSI)와 소비자동향지수(CSI) 등도 경지지표로서 활용된다. 기업경기실사지수와 소비자동향지수는 모두 향후 경기 예측에 대한 설문조사 방식으로 이루어지며 0과 200 사이의 값을 지닌다. 지수가 100이면 향후 경기가 좋아질 것이라고 예측한 응답자와 나빠질 것이라고 예측한 응답자가 동수인 것이고, 지수가 100 미만이면 나빠질 것이라고 예측한 응답자의 비율이 더 많은 것이다.

④ 과거부터 지속돼 온 경기변동은 여러 가지 특징적 사실들을 지속하여 오고 있다. 이를 경기변동의 전형적 사실들(Stylized Facts)이라 한다.
  ⅰ. 경기순환은 지속되나 경기변동폭은 감소하고 있다.
  ⅱ. 소비지출은 경기순행적이나 진폭은 산출량보다 적다.
  ⅲ. 투자지출은 경기순행적이며 산출량보다 더 크게 변동한다.
  ⅳ. 실질임금은 경기순행적이다.
  ⅴ. 실질이자율은 경기순행적이다.[21]
  ⅵ. 고용량은 경기순행적이다.
  ⅶ. 실업률은 경기역행적이다.

따라서 설득력 있는 경기변동이론은 위 7가지 사실들을 논리정연하게 설명할 수 있는 이론이어야 한다. 그런데 케인즈학파의 경기변동이론은 ⅳ 사실을 설명하지 못한다.[22]

---

21) 벤과 버냉키(2001)에 따르면 명목이자율은 경기순행적이나 실질이자율은 경기과 무관하다고 한다.
22) 이에 대해서는 본서의 범위를 넘어서므로 추가적 설명은 생략한다.

(2) 전통적 경기변동이론

① 1970년대까지 경기변동의 주요 원인은 총수요의 변동이라고 보았다. 즉 총수요의 4가지 구성항목인 소비지출, 민간투자지출, 정부투자지출, 순수출의 변동이 총수요와 실질GDP에 영향을 주는 것이라고 파악하였다. 따라서 경기변동의 진폭을 줄이고 경기를 안정화시키기 위해서는 케인즈적 관점에 따라 총수요를 안정적으로 유지시키는 것이 주효하다고 여겨왔다.

② 이러한 견해는 현재 성장률이 잠재성장률에서 이탈한 것을 균형에서 이탈한 것으로 엮는 불균형경기변동론의 시각을 따르는 것이다. 따라서 경제성장률이 잠재성장률에서 벗어나면 정부는 적극적으로 총수요를 관리하여 잠재성장률에 복귀시키는 것이 바람직하다는 케인즈학파의 시장개입론이 등장하는 근거이다.

③ 반면 통화주의학파는 정부의 근시안적인 총수요가 관리가 오히려 총수요 변동을 더욱 심화시키므로 준칙에 따라 정책을 시행하여 총수요를 안정시키는 것이 바람직하다는 정부의 비개입주의를 주장하였다.

④ 1970년 합리적 기대혁명이 등장함에 따라 새고전학파는 균형경기변동론의 견해를 주장하였다. 새고전학파에 따르면 경제성장률의 변동은 균형지점에서 이탈한 것이 아니라 외부충격에 따라 경제주체들이 (알아서) 효용극대화를 위해 재조정하는 과정에서 이루어지는 것으로 변동하는 경제성장률 자체가 균형지점이라는 것이다. 이러한 견해는 새고전학파의 대표적 경기변동이론인 실물경기변동이론(Real Business Cycle : RBC)에서 명확하게 드러난다.

⑤ 루카스 화폐적 경기변동이론(Monetary Business Cycle : MBC)은 중앙은행의 예측치 못한 통화충격으로 인하여 총수요와 함께 실질GDP의 변화가 야기된다는 견해이다. 이에 대해서는 앞서 섬모형에서 다룬 바 있다.

(3) 실물경기변동이론

① 프레스캇과 쉬들란에 의해 제시된 실물경기변동(Real Business Cycle : RBC)이론은 기본적은 일반경쟁균형분석의 기법을 이용하여 경기변동을 설명한다. 실물경기변동의 주요인은 바로 생산성의 충격이다. 생산성의 충격이 총공급에 영향을 미침과 동시에 실질이자율과 실질임금에 영향을 미치고, 이에 따라 자본과 노동고용이 변화하여 실질소득이 변하고 이에 따라 총수요가 따라 변동하게 된다.

② 실물경기변동이론은 기본적으로 일반경쟁균형분석을 사용하므로 경기의 모든 지점이 균형지점이 된다. 따라서 전통적인 케인즈적 경기변동이론에서 잠재성장률에서 이탈한 지점을 불균형지점으로 파악한 것과는 상이한 견해를 보인다.

③ 실물경기변동이론의 함의
- 일반균형분석과정을 사용하였다.
- 생산성 충격이 총공급에 영향을 주며 경기변동의 촉발요인이 된다.
- 노동공급의 기간 간 대체가 발생한다.
- Time to Build. 즉 1회성의 생산성 충격이 지속적인 경기변동 효과를 유지시킨다.

24. 신고전학파 경제성장론

솔로우 성장모형에 대해 학습한다.

- 양적성장과 질적성장
- 신고전학파 성장모형
- 균제상태와 수렴현상
- 성장회계방정식
- 황금저축률

(1) 경제성장의 의의

① 경제성장이란 경제의 실질GDP의 장기적 성장을 의미한다. 여기서는 단기적 경기변동은 고려하지 않는다. 즉 완전고용산출량의 지속적 성장을 경제성장이라고 할 수 있다. 이는 미시적 관점에서 생산가능곡선의 지속적 확장과 같은 개념이다.

② 장기총공급곡선의 우측이동은 생산가능곡선의 확장을 의미한다. 생산가능곡선을 확장시키는 요인은 생산요소투입의 증가(양적 성장)과 기술진보 혹은 생산성의 증대(질적 성장)의 두 가지이다.

③ 그런데 양적 성장 요인 중 노동과 토지의 투입 증가는 정책적으로 변화시키기 매우 어려운 요소이다. 따라서 경제성장론에서 양적성장은 보통 자본투입의 증대. 즉 자본축적을 의미한다. 그리고 자본축적의 원천은 바로 저축이다. 이를 수식으로 표현하면 다음과 같다.

$\Delta K_t = K_{t+1} - K_t = I_t - \delta K_t$

K_{t+1} : 다음 기의 국가전체 총자본량

K_t : 이번 기의 국가전체 총자본량

ΔK_t : 이번 기의 국가전체 총자본량의 변화분

I_t : 이번 기 동안 총투자액

δK_t : 이번 기 동안의 감가상각총액 (여기서 δ는 감가상각률)

그리고 금융시장이 완전경쟁이고 정부부분이 따로 존재하지 않는다면 $S_t = I_t$, 즉 총저축 =총투자와 일치할 것이다. 결국 국가전체적으로 $\Delta K_t = S_t - \delta K_t$가 성립하게 된다. 앞서

양적성장의 가장 큰 동력은 국가전체 (실물)자본의 증대라고 하였다. 고로 저축이 양적성장의 큰 동력이 되는 셈이다.

  ※ 때문에 개발도상국은 고도성장을 위해 소비를 억제하고 저축을 늘리는 정책을 늘 강조하였다. 또한 감가상각률을 낮추는 것도 빠른 양적성장을 위해 큰 도움이 된다. 아껴쓰기 운동, 재활용 운동 등이 여기에 해당된다.

④ 반면 질적 성장은 생산성의 증대에 의해 이루어지는 성장인데, 여기서 생산성은 기술수준의 증대뿐만 아니라 법과 제도의 정비, 사회규범과 정의, 신뢰, 기후 등 경제활동의 효율 등에 영향을 미치는 모든 추상적, 비물질적 요인들을 통칭한다. 물론 생산성에 가장 직접적으로 영향을 미치는 요인은 기술진보이다.

  ※ 경제성장의 정형화된 사실들

  > 경제학자 칼도(1961)은 실증데이터를 분석하여 20세기 경제성장을 경험하는 국가들이 겪은 대표적 사실들을 6가지 추렸다.
  > ① 노동자 1인당 생산량을 지속적으로 상승하여 왔으며. 장기적으로 생산성의 증가율은 하락하지 않았다.
  > ② 자본 – 노동 비율 $\left(\dfrac{K}{L}\right)$ 은 지속적으로 증가하여 왔다.
  > ③ 자본에 대한 수익률이 안정적이다.
  > ④ 자본 – 산출 비율 $\left(\dfrac{K}{Y}\right)$ 는 안정적이다.
  > ⑤ 국내 총생산에서 노동소득비율과 자본소득비율은 안정적이다.
  > ⑥ 국가간 생산성 증가율에는 상당한 격차가 있다.

(2) 신고전학파 성장모형(Solow – Swan 성장이론)

① 솔로우 교수는 1차 동차 생산함수를 지니는 국가의 양적성장경로를 분석하였다.

  $Y = AK^{\alpha}L^{1-\alpha}$ 의 생산함수를 지닌 어느 국가를 가정하자. 또한 폐쇄경제를 가정하고, 정부부문도 없다고 가정하자(즉 조세와 정부투자, 수출, 수입 모두 존재하지 않는다).

  그리고 편의상 총생산성지표(총요소생산성) A 는 일단 1의 값을 지니고 당분간은 불변인 수치라고 가정한다.

② 솔로우 교수의 관심은 국가전체 실질GDP가 아닌 1인당 국민소득이었다. 따라서 Y 를 총인구 L 로 나누어 1인당 소득을 구하면 $\dfrac{Y}{L} = A\left(\dfrac{K}{L}\right)^{\alpha}$ 이 된다.

  ※ 여기서 L 은 총인구가 아니라 생산가능인구이지만 편의상 총인구라고 여긴다.

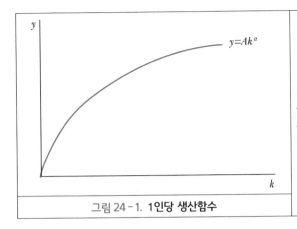

$y = Y/L$, $k = K/L$이라 하면 $y = Ak^\alpha$가 된다. 그리고 자본소득분배율은 $\alpha < 1$이므로 1인당 소득 $y = Ak^\alpha$ 는 좌측과 같은 그래프의 형태를 나타낸다.

그림 24 - 1. **1인당 생산함수**

그렇다면 지속적인 저축을 통해 1인당 자본, k 를 꾸준히 늘려나가면 1인당 소득 y 도 꾸준히 늘어날까?

③ 앞서 양적성장의 동력은 저축이라고 하였다. 여기서 $Y_t - C_t = S_t$이다. 그리고 국가경제 전체의 총저축은 개별경제주체들의 개인저축의 총합이다. 따라서 국가경제 전체의 총저축의 크기를 구하기 위해서는 각 경제주체들의 개별적 저축에 대해 파악하여야 하는데, 이를 위해서는 각 개인들의 효용함수를 파악하고 있어야 한다. 또한 이를 바탕으로 최적의 저축량을 도출해야 하는데, 미시파트 피셔의 시점 간 자원배분모형에서 학습한 바와 같이, 다기간의 최적 소비와 저축량을 계산하는 것은 수리적으로 매우 어려운 과정이 수반된다.

이에 솔로우 교수는 모형의 단순화를 위해 각 개인의 저축성향이 외생적으로 결정된다고 보았다. 즉 솔로우 교수에 따르면 개인의 저축은 개인의 소득 y_t에 외생적으로 결정되는 저축률 (s)를 곱한 값이라고 가정하였다.

즉 개인의 저축액은 sy_t이고 이때 국가경제전체 총저축액은 sY_t 라고 가정한 것이다.

$y_t = Ak_t^\alpha$ 이므로 개인의 저축은 sAk_t^α이고, 국가경제전체 총저축은 $sAK_t^\alpha L_t^{1-\alpha}$가 된다.

그리고 가정에 의해 $S_t = I_t = sAK_t^\alpha L_t^{1-\alpha}$가 된다.

앞서 $\Delta K_t = S_t - \delta K_t$라고 하였다. 따라서 이제 $\Delta K_t = sAK_t^\alpha L_t^{1-\alpha} - \delta K_t$이다.

그런데 $K_t = k_t L_t$이다. 그러므로 $\Delta K_t = \Delta(k_t L_t) = (\Delta k_t) \cdot L_t + k_t \cdot (\Delta L_t)$이다.

정리하면 $(\Delta k_t) \cdot L_t + k_t \cdot (\Delta L_t) = sAk_t^\alpha L_t - \delta k_t L_t$이다. 다시 정리하면

$(\Delta k_t) \cdot L_t = sAk_t^a L_t - \delta k_t L_t - k_t(\Delta L_t)$이다. 양변을 총인구 L_t 로 나누면

$\Delta k_t = sAk_t^\alpha - (n+\delta)k_t$를 얻는다(여기서 $\dfrac{\Delta L_t}{L_t} = n$. 인구증가율).

이를 1인당 자본축적방정식이라고 한다.

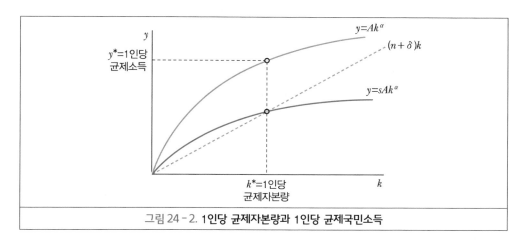

그림 24 - 2. 1인당 균제자본량과 1인당 균제국민소득

그런데 여기서 인구증가율 n 과 감가상각률 δ 는 외생변수로서 1인당 자본량 k 와 무관한 상수이다. 따라서 $(n+\delta)k$ 를 그림으로 나타내면 위와 같이 원점을 통과하는 일정한 기울기의 직선이 된다. 만면 1인당 저축함수인 $sy_t = sAk_t^\alpha$ 는 아래 그림처럼 오목한 곡선의 형태가 되며 1인당 자본량 k 가 증가함에 따라 그 기울기는 점차 완만해진다. 따라서 1인당 저축함수 sAk_t^α 와 $(n+\delta)k$ 곡선은 반드시 교점이 형성된다. 그리고 sAk_t^α 와 $(n+\delta)k$ 두 곡선이 만나는 교점에서의 1인당 자본량 k 를 '1인당 균제자본량'이라고 한다.

④ 만일 $sAk_t^\alpha > (n+\delta)k_t$ 라면? $\Delta k_t > 0$ 가 되어 내년도의 1인당 자본량은 올해보다 증가하게 된다. 위 그림에서 현재 1인당 자본량인 k_1 이라고 하자. 그러면 현재 1인당 국민소득은 점 a에서 형성된다. 이때 1인당 국민소득은 y_1 이다. 그리고 이때 총저축은 점 b의 높이이다. 그런데 자본소모분(감가상각분 + 인구증가에 따라 감소한 1인당 자본량)은 점 c의 높이만큼이다. 따라서 점 b와 점 c의 수직의 격차(붉은색 화살표)만큼 1인당 자본량은 증가하고, 결국 다음기의 1인당 자본량 k_2 이 된다.

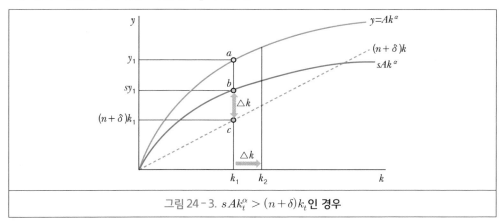

그림 24 - 3. $sAk_t^\alpha > (n+\delta)k_t$ 인 경우

⑤ 반대로 $sAk_t^\alpha < (n+\delta)k_t$라면? $\Delta k_t < 0$이 되어 내년의 1인당 자본량은 올해보다 감소하게 된다. 이처럼 현재 1인당 자본량이 균제자본량에서 이탈한 상태라고 해도 시간이 경과함에 따라 1인당 자본량은 늘 균제자본량을 향해 수렴하여 간다. 즉 균제자본량은 안정적인 균형상태이다. 이처럼 1인당 자본량이 안정 상태인 균제자본량에 도달한 것을 균제상태(Steady$-$State, 혹은 정상상태)라 한다.

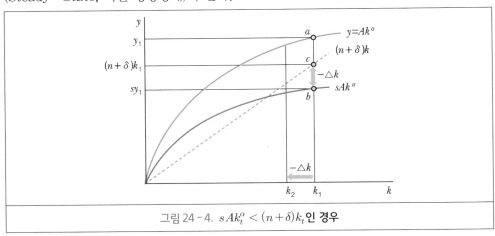

그림 24 - 4. $sAk_t^\alpha < (n+\delta)k_t$인 경우

※ 1인당 생산함수가 $y = Ak^\alpha$인 경우, 1인당 균제자본량은 $sy = (n+\delta)k$

즉 $sAk^\alpha = (n+\delta)k$에서 성립하므로 1인당 균제자본량 $k^* = \left(\dfrac{sA}{n+\delta}\right)^{\frac{1}{1-\alpha}}$ 가 된다.

(3) 성장회계방정식

① 시간에 따라 변화하는 변수 X의 변화율은 $\dfrac{\dot{X}}{X}$이다. 여기서 $\dot{X} = \Delta X / \Delta t$이다(관례적으로 $\Delta t = 1$ 이라고 한다면 $\dfrac{\dot{X}}{X} = \dfrac{\Delta X}{X}$라고 해도 무방하다).

② 그런데 $\dfrac{\dot{X}}{X}$는 $\ln X$를 시간 t로 미분한 것과 같다. 즉 $\dfrac{\dot{X}}{X} = \dfrac{\Delta \ln X}{\Delta t}$이다, 왜냐하면 $\dfrac{\Delta \ln X}{\Delta t}$ $= \dfrac{\Delta \ln X}{\Delta X} \cdot \dfrac{\Delta X}{\Delta t}$인데 여기서 $\dfrac{\Delta \ln X}{\Delta X} = \dfrac{1}{X}$이기 때문이다.

따라서 시간에 따라 변화하는 변수에 로그를 씌운 후 시간으로 미분하면 해당 변수의 변화율이 도출되는 것이다.

③ 솔로우 성장모형에서 거시경제 전체의 생산함수를 $Y_t = A_t K_t^\alpha L_t^{1-\alpha}$라고 한다면, 양변에 로그를 씌우고 시간으로 미분하면 성장률을 구할 수 있다.

즉 $\ln Y_t = \ln A_t + \alpha \ln K_t + (1-\alpha)\ln L_t$ 를 시간 t로 미분하면 성장률을 도출하는 공식이 된다.

정리하면 $\dfrac{\dot{Y}}{Y} = \dfrac{\dot{A}}{A} + \alpha\dfrac{\dot{K}}{K} + (1-\alpha)\dfrac{\dot{L}}{L}$ 이 성립하는 것이다. 이를 성장회계방정식이라고

한다(위 식에서 $\dfrac{\dot{Y}}{Y}$ 는 경제성장률, $\dfrac{\dot{A}}{A}$ 는 총요소생산성증가율 혹은 기술진보율, $\dfrac{\dot{K}}{K}$ 는 총

자본증가율, $\dfrac{\dot{L}}{L}$ 은 인구증가율, α 는 자본소득분배율, $1-\alpha$ 는 노동소득분배율을 의미).

〈예제〉
A국의 경제성장률은 10%이다. 총요소생산성이 6%, 인구증가율이 3%이다.
생산함수가 $Y = AK^{1/3}L^{2/3}$ 일 때, 1인당 자본증가율은?
정답 : 3%

---

④ 마찬가지로 1인당 생산함수는 $y_t = A_t k_t^{\alpha}$ 이므로 이를 성장률 공식으로 나타내면 $\dfrac{\dot{y}}{y} = \dfrac{\dot{A}}{A}$

$+ \alpha\dfrac{\dot{k}}{k}$ 가 된다. 즉 1인당 소득증가율은 기술진보율 $+\alpha \times$ 1인당 자본증가율이 되는 것이다.

⑤ 만일 이 국가가 균제상태에 도달하였다고 하자. 그렇다면 $\dot{k} = 0$ 이 된다.

따라서 1인당 소득증가율은 기술진보율과 일치한다. $\dfrac{\dot{y}}{y} = \dfrac{\dot{A}}{A}$. 따라서 솔로우의 성장모형에

따르면 장기의 지속적인 1인당 소득의 증가는 외생적인 기술진보에 달려있는 것이다.

하지만 아직 1인당 자본량이 균제상태에 도달하지 못한 국가라면 $\dot{k} > 0$ 이므로 1인당 소득증

가율은 기술진보율을 상회한다. 하지만 균제상태에 점차 도달해감에 따라 $\dfrac{\dot{k}}{k}$ 는 점차 0에 접

근하게 되고 이에 따라 1인당 소득증가율은 기술진보율에 점진적으로 수렴해나가게 된다.

⑥ 균제상태에 도달한 국가의 거시경제 전체의 경제성장률은?

$\dfrac{\dot{Y}}{Y} = \dfrac{\dot{A}}{A} + \alpha\dfrac{\dot{K}}{K} + (1-\alpha)\dfrac{\dot{L}}{L}$ 를 이용하여 풀이할 수 있다. 여기서 $K = kL$ 이므로 $\dfrac{\dot{K}}{K} = \dfrac{\dot{k}}{k}$

$+ \dfrac{\dot{L}}{L}$ 이다. 그런데 균제상태에서는 $\dfrac{\dot{k}}{k} = 0$ 이므로 곧 $\dfrac{\dot{K}}{K} = \dfrac{\dot{L}}{L}$ 가 된다. 따라서 균제상태에

서는 $\dfrac{\dot{Y}}{Y} = \dfrac{\dot{A}}{A} + \dfrac{\dot{L}}{L}$ 이 성립한다. 즉 경제성장률은 기술진보율 + 인구증가율이 된다(이는

$Y = y \cdot L$ 을 통해서도 도출 가능하다. 즉 $\dfrac{\dot{Y}}{Y} = \dfrac{\dot{y}}{y} + \dfrac{\dot{L}}{L}$ 인데 앞서 균제상태에서는 $\dfrac{\dot{y}}{y} = \dfrac{\dot{A}}{A}$

임을 학습하였다. 따라서 균제상태에서는 $\dfrac{\dot{Y}}{Y} = \dfrac{\dot{A}}{A} + \dfrac{\dot{L}}{L}$ 가 성립한다).

※ 솔로우 잔차항 (Solow Residual)

총요소생산성(Total Factors Productivity)은 거시경제 전반의 생산성, 즉 기술수준, 제도의 효율성, 법과 규범, 신뢰 등 무형의 추상적 요인 등이 복합적으로 작용하여 이루어진다. 따라서 총요소생산성을 직접 관측하여 그 증가율을 구한다는 것은 거의 불가능의 가깝다. 하지만 성장회계방정식을 사용하여 간접적으로 추론할 수는 있다. 예를 들어 어느 국가의 생산함수가 $Y = AK^{1/3}L^{2/3}$ 라고 하자. 그런데 이 국가의 경제성장률은 5%인데, 총자본 증가율은 6%, 인구증가율은 3%라고 하자. 그러면 성장회계방정식을 사용하여 기술진보율은 1%가 됨을 추론할 수 있다.

이렇게 측정가능한 경제성장률에서 자본증가율과 노동증가율에 각 요소분배율을 곱한 값을 차감하여 추상적이고 측정불가능한 총요소생산성 증가율을 얻을 수 있는데 이렇게 얻어진 총요소생산성 증가율을 별칭으로 솔로우 잔차항이라고 부른다.

※ 성장기여도

성장회계방정식을 통하면 각 생산요소의 성장기여도도 측정할 수 있다.

예를 들어 어느 국가의 생산함수가 $Y = AK^{1/3}L^{2/3}$ 라고 하자. 그런데 이 국가의 경제성장률은 5%인데, 총자본 증가율은 6%, 인구증가율은 3%라고 하자. 그러면 성장회계방정식을 사용하여 기술진보율은 1%가 됨을 추론할 수 있다. 이를 성장회계방정식으로 나타내면

$$\frac{\dot{Y}}{Y} = \frac{\dot{A}}{A} + \alpha\frac{\dot{K}}{K} + (1-\alpha)\frac{\dot{L}}{L}. \Rightarrow 5\% = 1\% + \frac{1}{3}\cdot 6\% + \frac{2}{3}\cdot 3\% \text{이다.}$$

즉 5%의 경제성장률에서 생산성이 1%, 자본이 2%, 노동이 2%씩 기여했음을 알 수 있다. 이때 자본의 성장기여도는 2/5, 즉 40%. 노동의 성장기여도도 40%가 된다. 그리고 생산성의 성장기여도는 20%이다.

※ 노동소득분배율과 자본소득분배율

한계생산력설에 따르면 완전경쟁에서 노동의 한계생산성과 노동임금은 정비례한다. 따라서 솔로우 모형에서 $w = (1-\alpha)A\left(\frac{K}{L}\right)^{\alpha}$ 이다. 그러면 총노동소득 $wL = (1-\alpha)AK^{\alpha}L^{1-\alpha}$ 이고 $Y = AK^{\alpha}L^{1-\alpha}$ 이므로 $\frac{wL}{Y} = 1-\alpha$ 가 된다. 마찬가지로 $r = \alpha A\left(\frac{L}{K}\right)^{\alpha}$ 이고 $\frac{rK}{Y} = \alpha$ 가 된다.

(4) 수준효과와 성장효과

① 저축률이 변화할 경우, 균제자본량도 변화한다. 하지만 새로운 균제상태에 도달하면 (기술진보가 없을 경우) 다시 성장은 정체된다. 마찬가지로 감가상각률, 인구증가율이 변화하여도 영구적인 성장은 이루어지지 않는다. 이를 수준효과(Level effect)라 한다.

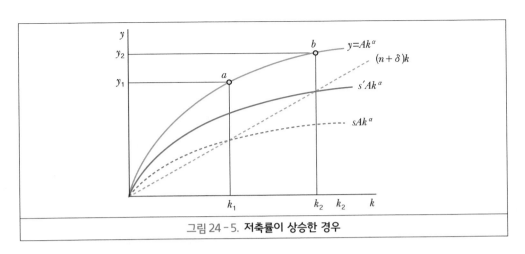

그림 24 - 5. **저축률이 상승한 경우**

즉 저축률이 s 인 경우 이 국가의 1인당 저축함수는 sAk^α 이고 이때 균제자본량은 위 그림에서 k_1 이다. 그리고 이때 균제소득은 y_1 이다. 물론 현재 1인당 자본량이 k_1 에 미치지 못한다면 이 국가는 열심히 1인당 자본이 축적하며 경제성장을 기록할 것이다. 그리고 시간이 경과하여 드디어 1인당 자본량이 k_1 에 도달하게 되면 이 국가는 균제상태를 달성하게 되고 이제 (기술진보)가 발생하지 않는다면 이 국가의 1인당 국민소득은 점 a, 즉 y_1 에서 벗어나지 않을 것이다(균제상태에서는 $\dfrac{\dot{y}}{y} = \dfrac{\dot{A}}{A}$ 이다. 따라서 균제상태에서기술진보가 발생하지 않는다면 이 국가의 1인당 소득은 정체된다).

그런데 이제 이 국가의 저축률이 s 에서 s' 로 상승하였다고 하자. 그러면 이제 새로운 균제자본량은 k_2 가 되어 다시 1인당 자본이 성장하고 다시금 경제성장이 시작된다. 하지만 다시 시간이 지나 새로운 균제상태 점 b에 도달하게 되면 이 나라의 1인당 국민소득은 y_2 수준에서 정체될 것이다.

이처럼 저축률의 변화는 1인당 소득 변화율에 일시적인 증감을 가져올 수 있지만 균제상태 도달시 항구적인 1인당 소득의 변화를 야기하지 못한다. 즉 저축률의 변화는 수준효과(Level Effect)에 그칠 뿐 성장효과(Growth Effect)는 발생시키지 못한다.

② 감가상각률과 인구증가율의 변화도 마찬가지로 수준효과에 그칠 뿐, 성장효과를 가져오지 못한다.

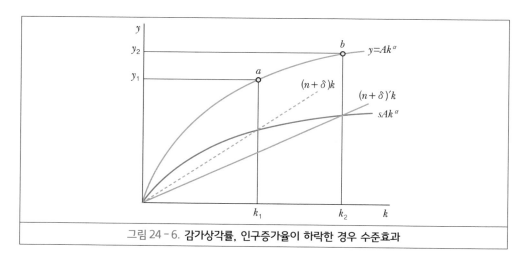

그림 24 - 6. **감가상각률, 인구증가율이 하락한 경우 수준효과**

③ 저축률, 감가상각률, 인구증가율의 변화는 수준효과에 그치는데 반하여, 기술진보율의 변화는 지속적인 성장의 효과를 지닌다. 이를 성장효과(Growth Effect)라 한다. 성장효과는 균제상태에 도달하여도 1인당 소득 증가율에 영구적인 변화를 가져오는 효과를 말한다.

④ 성장회계 방정식에 따르면 1인당 소득 증가율은 $\dfrac{\dot{y}}{y} = \dfrac{\dot{A}}{A} + \alpha \dfrac{\dot{k}}{k}$ 이다. 균제상태 도달 시 $\dot{k} = 0$이므로 균제상태에서 1인당 소득증가율＝기술진보율이다. 따라서 기술진보율의 영구적 변화는 1인당 소득 증가율의 영구적 변화를 가져온다.

(5) 황금저축률

① 펠프스는 저축률이 통제가능한 경우, 균제상태에서 소비의 극대화를 얻을 수 있도록 하는 저축률을 제안하였다. 이를 황금저축률(Golden Rule)이라 한다.

② 아래 그림에서와 같이 소득함수의 기울기가 자본소모선의 기울기와 같아지도록 하는 균제상태에 도달하면 황금률이 달성된다.

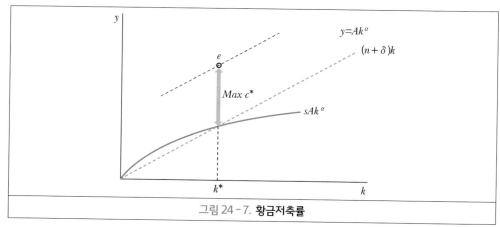

그림 24 - 7. **황금저축률**

③ 소득함수의 기울기는 $\dfrac{\Delta y}{\Delta k} = \alpha A k^{\alpha-1}$ 이고, 자본소모선의 기울기는 $n+\delta$이다.

따라서 이 둘은 $k = \left(\dfrac{\alpha A}{n+\delta}\right)^{\frac{1}{1-\alpha}}$ 에서 일치한다.

그리고 균제자본량은 $k^* = \left(\dfrac{sA}{n+\delta}\right)^{\frac{1}{1-\alpha}}$. 따라서 황금저축률은 $s^* = \alpha$이다.

※ 황금률 상황에서는 실질이자율＝인구증가율이 된다.

$$MP_k - \delta = r$$

또한 자본소득은 모두 저축하고, 노동소득은 전부 소비한다.

$$rK = S \ , \ wL = C$$

※ 절대적 수렴과 상대적 수렴가설

솔로우 성장모형에 따르면 산업혁명을 먼저 겪은 국가거나 뒤늦게 산업발전을 시작한 국가거나 모두 균제상태에서 만나므로 결국 전세계 모든 국가들의 1인당 국민소득은 매우 유사한 수준에 수렴하게 될 것이다. 이를 절대적 수렴현상이라 한다. 실제로 북미와 서구 선진국들은 산업혁명 시작 시기가 모두 상이하였지만 20세기 중후반에는 1인당 국민 소득이 거의 유사한 수준을 보였다. 하지만 서구 선진국 외 아시아, 남미 국가 간에는 여전히 1인당 소득 격차가 크게 나타나고 있다.

〈1989년 주요선진국 1인당 자본량과 1인당 GDP : 단위 US$〉

국가	1인당 자본량	1인당GDP
캐나다	40,731	17,524
미국	33,567	18,095
일본	34,314	13,706
오스트리아	33,698	12,321
벨기에	35,276	12,804
덴마크	32,589	13,664
핀란드	43,667	14,227
프랑스	34,447	13,642
독일	49,539	13,837
이탈리아	30,680	12,247
네덜란드	31,498	12,591
노르웨이	47,408	14,630
스웨덴	37,593	14,681
스위스	71,061	16,304
영국	20,073	13,241

출처 : Penn World

즉 서구 선진국은 생산함수, 저축률, 감가상각률, 인구증가율 등이 유사하지만 기 외 국가간에는 이러한 기본 경제구조의 차이가 존재한다. 즉 생산함수, 저축률, 인구증가율, 감가상각률이 엇비슷한 국가 간에만 시간이 지남에 다라 1인당 국민소득이 비슷한 수준으로 수렴하는 것이다. 이를 상대적 수렴가설이라 한다.

25. 신성장모형

인적자본과 내생적 기술진보에 의한 경제성장이론을 학습한다.

- 솔로우 성장모형의 한계
- 인적자본과 Ak모형
- 연구개발과 경제성장

(1) 솔로우 성장모형의 한계와 신성장모형의 등장

① 솔로우 성장모형에 따르면 저축(자본축적)을 통해서는 지속적 소득 증가를 꾀할 수 없으며 결국 외생적으로 결정되는 기술진보에 의해 지속적 성장이 가능하다. 하지만 솔로우 교수는 기술의 진보가 경제내에서 어떻게 이루어지는지는 설명하지 않았다.

② 1980년대 들어서 자본축적으로도 지속적 경제성장이 가능하다는 AK모형이 등장하였고, 또 한편 기술진보가 경제 내에서 이루어지는 과정을 분석한 연구개발 성장모형이 등장하였다. 이들을 통칭하여 신성장모형, 또는 내생적 성장모형이라고 한다.

(2) AK모형

① 솔로우 성장모형이 자본축적을 통한 지속성장이 불가한 이유는 결국 자본의 한계생산의 체감 때문이다. y곡선의 기울기가 완만해지므로 저축함수 sy도 완만해지고 결국 자본소모선 $(n+\delta)k$와 만나는 지점에서 균제상태에 직면하게 되기 때문이다.

② 자본의 한계생산이 체감하는 이유는 노동력의 증가율(인구증가율)이 자본증가율보다 낮기 때문이다. $MP_K = \alpha A \left(\dfrac{L}{K} \right)^{1-\alpha}$ 이므로 L보다 K가 빨리 증가하면 자본의 한계생산은 체감한다.

③ 그런데 솔로우 교수는 노동력을 단순한 육체적 물리적 노동, 머릿수로만 보았다. 그러나 현대 고도지식산업사회에서는 근로자를 단순 육체노동자로만 보지 않고 물리적 신체에 지식, 숙련도, 훈련 등에 의해 업그레이드 되는 인적자본이 가미된다고 보아야 한다. 즉 같은 신체조건의 근로자라고 하더라도 보다 높은 교육, 훈련, 경험 등의 인적자본을 축적한 근로자라면 더 높은 산출량을 기록할 수 있다. 따라서 현대 사회에서는 생산함수를 $Y = AK^\alpha H^{1-\alpha}$로 바꾸어야 한다. 여기서 H는 인적자본으로 교육 훈련 등의 투자를 통해 증대시킬 수 있다.

④ 한계생산물 균등의 원칙에 의해 물적자본과 인적자본의 증가율은 균형을 이루게 될 것이고 결국 물적자본의 한계생산성 체감이 방지된다. 즉 AK모형에서는 1인당 생산함수를 나타내는 y곡선이 원점을 통과하는 직선이 된다.

※ 기업의 사장님은 이윤을 회사내 재투자할때 $MP_K = MP_H$가 되도록 물적자본과 인적자본에 고루 투자한다. 즉 $\alpha A\left(\dfrac{H}{K}\right)^{1-\alpha} = (1-\alpha)A\left(\dfrac{K}{H}\right)^{\alpha}$에서 균형을 이룬다. 이를 H에 대해 정리하면 $H = \dfrac{1-\alpha}{\alpha}K$가 된다. 이를 생산함수 $Y = AK^{\alpha}H^{1-\alpha}$에 대입하면 $Y = \left(\dfrac{1-\alpha}{\alpha}\right)^{1-\alpha}AK$가 된다. $\widetilde{A} = \left(\dfrac{1-\alpha}{\alpha}\right)^{1-\alpha}A$라고 하면 $Y = \widetilde{A}K$이다.

⑤ 위 함수를 1인당 함수로 바꾸면 $y = \widetilde{A}k$가 되고 저축함수는 $s\widetilde{A}k$가 된다. 따라서 $s\widetilde{A}k > (n+\delta)k$가 되면 저축만으로도 지속적인 경제성장이 가능하다.

※ 애로우의 학습효과 모형(Learning by Doing)

> 애로우(1962)는 경험에 의한 생산성의 증대효과에 주목하였다. 비행기날개를 제작하는 경험이 축적될수록 비행기날개 제작비용이 감소하는 사례를 들기도 하였다.
> 이와 비슷한 사례로 룬드버그(1951)는 스웨덴의 혼달 철강소에서 별다른 투자가 진행되지 않았음에도 생산경험이 쌓여감에 따라 노동자들의 생산성이 증가했다는 사례를 소개하기도 하였다. 이러한 사례는 자본축적의 긍정적 외부효과를 나타내는 사례라고 볼 수 있다.

(3) 다중부품 투입모형

① 로머(1990)는 다중부품의 개발 및 투입에 의한 경제성장효과를 분석하였다. 로머의 견해에 따르면 기업은 3단계에 걸쳐 최종재를 산출해낸다. 1단계는 새로운 디자인 개발단계, 즉 연구개발단계이다. 이 단계는 이전에 비해 보다 개량된 성능을 갖춘 제품을 연구하는 단계로서 특히 향상된 제품의 성능은 새롭게 개발된 부품의 장착에서 기인한다는 견해이다. 이 견해에 따르면 투입되는 부품의 종류가 많아질수록 제품의 성능이 개선된다는 것이다.

　※ 과거 구형 계산기에 들어있는 부품의 종류와 최신의 스마트폰의 부품의 개수를 생각해보자.

② 생산의 2단계는 1단계에서 고안된 새로운 부품 및 중간재를 생산하는 단계이고 3단계는 부품을 조립하여 최종재를 생산하는 단계이다. 노동자는 연구 및 디자인을 수행하는 인적자본을 갖춘 노동자(H)와 3단계의 최종재를 단순 가공 조립하는 단순 노동자(L) 2부류로 구분된다. 이를 고려한 기업의 최종재에 대한 생산함수는 $Y = H^{\alpha}L^{\beta}\displaystyle\int_{0}^{A}x(i)^{1-\alpha-\beta}di$이다. 여기서 A는 최종재에 투입되는 부품의 개수이다. 또한 이 생산함수는 1차동차 생산함수이다.

③ 또한 부품가격에 대한 가격탄력성은 $\dfrac{1}{\alpha+\beta}$로 유한한 값이다. 개별기업이 부품에 대한 유한한 가격탄력성을 지닌다는 것은 개별기업이 직면한 수요곡선이 수평선이 아니라는 것이다. 즉 부품공급자는 자신이 개발한 부품에 대한 가격설정권한(어느 정도의 독점력)을 지닌다. 여기서 중요한 포인트. 로머의 모형은 완전경쟁이 아닌 불완전경쟁을 전제로 하고 있다는 것이다. 또한 자신이 개발한 부품에 대한 독점이윤이 바로 부품 개발에 대한 동기(인센티브)가 되는 것이다.

④ 연구개발에 의해 증가하는 새로운 부품의 수 A는 다음과 같은 공식에 의해 증가한다고 가정한다. $\frac{\dot{A}}{A} = aH$. 즉 연구개발자들의 수에 의해 매기 꾸준한 속도로 부품의 수가 증가한다고 가정한다. 위 식을 다시 풀어쓰면 $\Delta A = aH \times A$가 된다. 즉 매기 새롭게 등장하는 부품의 수는 기존의 부품의 수에 비례하는 것이다. 이는 기술진보의 스필오버효과를 의미한다. 또한 균제상태에서의 경제성장률은 부품수의 증가율 $\frac{\dot{A}}{A} = aH$과 동일하다(여기에서는 연구개발에 대한 한계수확 체감이 발생하지 않는 것을 가정한다).

⑤ 즉 연구개발에 참여하는 개발자의 수 H가 많아질수록 경제의 내생적 성장률도 증가하게 된다. 이때 기업은 자신의 이윤을 극대화하기 위한 연구개발고용인력 H^*를 결정하고 이에 따라 경제의 성장률도 결정된다. 또한 인적자본 수준이 증가할수록 경제성장률도 증가하고 시장의 이자율도 상승하게 된다.

⑥ 로머의 모형에 따르면 경제성장률을 결정하는 인적자본의 고용 수는 시장의 이자율에도 영향을 받는다. 왜냐하면 기업의 이윤극대화를 위한 연구개발투자인력을 결정하는데 이자율(시간할인율과 소비자의 한계효용의 체감률)이 영향을 주기 때문이다. 따라서 금융시장의 성숙도가 경제성장률에 긍정적인 영향을 주게 된다.

※ 품질 – 사다리꼴 모형 (Quality – Ladder Growth Model)

로머의 다중 부품 모형은 중간재 부품 수의 증가에 의한 기술진보 효과를 고려하였다. 반면 그로스만 – 헬프만(1991)은 최종소비재의 품질 향상에 의해 경제 전체적인 기술진보 효과에 초점을 맞추었다. 이를 품질 – 사다리꼴 모형이라 한다.
품질 – 사라리꼴 모형에서도 새로운 연구개발 성과에 대한 독점적 이윤 획득이 중요 개발동기가 된다. 따라서 이 경우에도 특허권 및 지적재산권 등, 제도적 뒷받침이 필수적이다.
또한 품질 사다리꼴 모형은 한 산업에서의 품질 향상이 인접산업으로의 연구개발결과가 전파된다. 즉 여기에서도 기술진보의 스필오버 효과가 발생하는 것이다.

26. 비교우위이론

국제무역의 발생원인인 비교우위에 대해 학습한다.

– 절대우위이론
– 비교우위이론
– 비교우위와 교환가능 조건의 도출

(1) 절대우위론

① 아담 스미스는 서로 다른 국가가 무역을 하는 원리는 절대우위(Absolute Advantage)에서 기인한다고 보았다. 여기서 절대우위란 어느 한 품목을 한 국가가 다른 국가에 비해 절대적으로 저렴한 비용으로 생산함을 말한다. 예를 들어 양을 생산하는데 (정해진 기간 동안) 영국에서는 노동자 1명이 양을 4마리 생산할 수 있고, 프랑스에서는 노동자 1명이 하루 10시간 동안 양을 3마리 생산할 수 있다면, 영국이 프랑스보다(동일자원 투입 시) 양을 더 잘 만드는 것이다. 따라서 영국은 양에 대해서 프랑스보다 절대우위에 있다고 표현한다. 반대로 프랑스는 양에 대해서 영국보다 절대열위(Absolute Disadvatage)에 있다고 표현한다. 그런데 영국에서 양 4마리를 생산하는데 노동자 1명이 소요된다는 것은 달리 말하면 영국에서 양 1마리를 생산하는데 노동자가 0.25명 필요하다는 것이다. 반면 프랑스에서는 양 1마리를 생산하는데 노동자가 0.33명 필요한 셈이다. 이렇게 1개 생산 시 필요한 노동량을 단위당 생산비라고 하는데 당연히 단위당 생산비가 낮을수록 보다 더 잘 만드는 것이다.
※ 물론 노동자를 4등분하는 것이 아니라 노동시간이 4분의 1로 단축된다는 것을 의미한다.

② 따라서 아담 스미스는 영국이 프랑스보다 양을 더 잘 만드니까 양은 영국이 생산하고 프랑스는 이를 수입한다고 보았다. 반면 프랑스는 밀을 생산하여 영국에 수출하는데, 아담 스미는 밀은 프랑스가 영국보다 더 잘 만드니까 밀은 프랑스가 생산한다고 보았다.

구분	영국	프랑스
양	4	3
밀	2	5

(단위 : 노동자 1명당 생산량)

표 26 - 1. 절대우위 예시

예를 들어 영국에서 노동자 1명이 밀을 2단위 생산가능한데, 프랑스에서는 노동자 1명이 5단위 생산가능하다는 것이다.
따라서 양은 영국이 절대우위를, 밀은 프랑스가 절대우위를 지니고 있으며 양국은 절대우위를 지닌 품목에 특화한다는 것이다.

※ 여기서는 생산요소를 노동만 가정하였다. 또한 노동의 한계생산성 MP_L 은 일정하다고 가정한다. 추후 서술하겠지만 노동의 한계생산성이 일정하면 생산가능곡선이 우하향하는 직선이 되고 이 경우 (양국의 경제규모가 비슷한 경우) 완전특화가 이루어진다.

※ 만일 영국과 프랑스의 노동력이 모두 동일하게 100명이라고 가정하면 영국의 생산가능곡선은 우측 그림 붉은색선, 프랑스의 생산가능곡선은 검은색 선이 된다. 이처럼 양국의 생산가능곡선이 교차하는 경우, 양국의 절대우위 품목은 보다 바깥쪽에 위치한 절편이 된다.

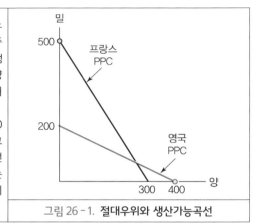

그림 26 - 1. 절대우위와 생산가능곡선

(2) 비교우위론

① 그런데 아담 스미스가 영국과 프랑스의 목장과 농장을 견학하여 조사한 결과, 실제로는 프랑스가 양과 밀 두 품목 모두에서 절대우위를 지니고 있었다.

구분	영국	프랑스
양	4	5
밀	2	5

(단위 : 노동자 1명당 생산량)

표 26 - 2. 실제 생산조건

즉 실제 조사결과 영국에서 노동자 1명이 양과 밀을 각각 4단위, 2단위 생산가능한데, 프랑스에서는 노동자 1명이 양과 밀을 각각 5단위씩 생산가능하다는 것이다.
따라서 양과 밀 두 품목 모두 프랑스가 절대우위를 지니고 있었다.

② 이는 절대우위 품목을 지닌 재화에 특화하여 이를 수출하고 절대열위에 있는 품목은 생산을 포기하거나 대폭 줄이고 대신 외국으로부터 수입한다는 아담 스미스의 가설, 절대우위론에 정면으로 배치되는 결과였다. 일종의 퍼즐같은 이러한 문제를 깔끔하게 해결한 가설이 바로 데이비드 리카도의 비교우위론(Comparative Advantage)이다.

③ 리카도는 양과 밀 두 품목 모두 프랑스가 절대우위를 지니지만 그렇다고 프랑스가 양과 밀을 모두 생산하면 그만큼 자원이 분산되는데, 이는 생산에서의 기회비용 대비 비효율적이라는 것이다. 즉 리카도에 따르면 두 품목 모두 프랑스가 더 잘 만들지만 기왕이면 두 품목 중 보다 더 잘 만드는 재화에 자원을 올인하는 것이 보다 더 효율적이라는 것이다. 이대 상대적으로 더 잘 만드는 재화를 비교우위에 있다고 표현한다.

(단위 : 노동자 1명당 생산량)	영국	프랑스
양	4	5
밀	2	5

표 26 - 3. **실제 생산조건**

표의 생산조건에 따르면 프랑스는 양을 영국보다 1.25배 더 잘 만든다. 반면 밀은 영국보다 약 2.5배 더 잘 만든다. 따라서 프랑스는 (둘 다 영국보다 잘 만들지만) 기왕이면 보다 더 잘 만드는 밀에 자원을 올인하고 영국에게는 그나마 격차가 적은 양을 생산하도록 하는 것이 더 효과적이다.

이때 프랑스는 밀에 대해 비교우위를 지니며, 영국은 양에 대해 비교우위를 지닌다고 표현한다(또한 프랑스는 양에 대해 비교열위에 있다고 표현한다).

만일 여전히 노동의 한계생산성은 일정하고, 양국의 노동부존량도 100명으로 동일하다고 하면 양국의 생산가능곡선은 우측 그림과 같다. 이때 프랑스의 생산가능곡선의 X, Y절편 모두 영국보다 크다. 즉 두 품목 모두 프랑스가 절대우위를 지닌다.

하지만 밀의 경우 양국의 격차가 더 벌어진 반면 양의 경우 양국의 격차가 그나마 좁다. 따라서 격차가 벌어진 쪽에서는 더 바깥에 위치한 프랑스의 밀이 비교우위를, 격차가 좁은 쪽에서는 안쪽에 위치한 영국의 양이 비교우위 품목이 된다.

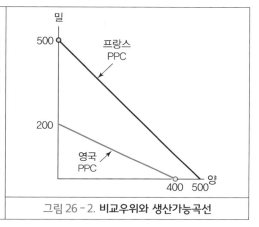

그림 26 - 2. **비교우위와 생산가능곡선**

④ 따라서 프랑스는 밀을 500단위 생산하고, 영국은 양을 400단위 생산한 다음, 둘은 적절한 교환조건으로 이를 교환, 즉 무역을 실시할 것이다. 이때 영국과 프랑스 모두 만족할 수 있는 교환조건은?

먼저 프랑스의 경우, 자급자족을 한다면 밀 1단위와 양 1단위가 동등한 가치이다. 이는 생산의 기회비용, 다시 말해 생산가능곡선의 기울기를 통해 유추된 결과이다. 자급자족 시 프랑스에서 양1마리 생산을 위해 포기해야 하는 밀의 수량(양 생산의 기회비용)은 1단위이다. 즉 밀 1단위 생산의 기회비용도 양 1단위이다. 그러므로 프랑스는 밀 1단위를 내주면 최소한 양1단위를 얻어야 한다. 만약 밀 1단위를 내주고 양을 0.99단위만 받아오면 이는 명백한 손해이다. 그럴 바에는 차라리 교역을 하지 않고 자국 내에서 밀을 1단위 줄이고 양을 1단위 늘리는게 나은 선택이다. 따라서 프랑스 입장에서는 양과 밀의 교환비율이 $\frac{양}{밀} \geq \frac{1}{1}$ 이어야 한다(만약 밀1단위＝양0.99단위라면 $\frac{양}{밀} = \frac{0.99}{1}$ 이 되고 이는 프랑스에겐 손해가 되는 교환조건이다).

반대로 영국의 경우 양1단위 생산의 기회비용은 밀 0.5단위이다. 따라서 영국은 양 1단위를 내주고 밀을 0.5단위 이상은 받아와야 손해를 면하고 이득을 본다. 반대로 양 1단위를 내주고 밀을 0.49단위 받아오면 영국은 자급자족 시보다 손해다. 즉 영국이 요구하는 교환조건은 $\dfrac{4}{2} \geq \dfrac{양}{밀}$ 이다. 예를 들어 양을 1단위 내주고 밀을 0.8단위 받아오면, 이때 교환조건은 $\dfrac{1}{0.8} = \dfrac{양}{밀}$ 이 되어 영국은 자급자족시보다 이득을 얻는다. 즉 양국이 교환에 참여하는 교환비율은 $\dfrac{4}{2} \geq \dfrac{양}{밀} \geq \dfrac{1}{1}$ 이다. 이는 다음 생산조건 표를 통해 쉽게 얻을 수 있다.

(단위 : 노동자 1명당 생산량)

구분	영국	프랑스
양	4	5
밀	2	5

양국이 교환에 참여할 수 있는 수량교환비율

$$\dfrac{4}{2} \geq \dfrac{양}{밀} \geq \dfrac{5}{5}$$

⑤ 예를 들어 양 3단위를 밀 2단위로 교환하면 $\dfrac{양}{밀} = \dfrac{3}{2}$ 이 되어 $\dfrac{4}{2} \geq \dfrac{양}{밀} \geq \dfrac{5}{5}$ 의 조건을 만족하고 양국 모두 자급자족 시보다 이득을 얻는다. 예를 들어 양 300단위와 밀 200단위를 교환한다고 하자. 그러면 프랑스는 전 재산 밀 500단위에서 양을 300얻고 대신 밀은 300으로 줄어든다. 이때 프랑스의 소비지점은 아래 그림 점 a가 된다. 이는 프랑스의 생산가능곡선 바깥에 위치한다. 즉 자급자족시 보다 더 많은 소비를 할 수 있게 된다.

한편 영국은 전 재산 양 400단위 중 100단위가 남지만 대신 밀을 200단위 얻어와 이제 영국의 소비지점은 점가 된다. 역시 영국은 생산가능곡선 바깥쪽에서 소비를 할 수 있게 되었다.

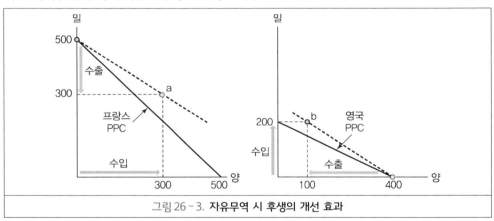

그림 26 - 3. **자유무역 시 후생의 개선 효과**

※ 비교우위론에서는 교환가능한 교역조건까지만 파악할 수 있으며 실제 교역 규모의 크기는 정확히 알수 없다. 이를 알기 위해서는 각 재화에 대한 양국의 수요함수 내지는 무차별곡선을 알아야 한다. 이에 대한 개념은 오퍼곡선(Offer Curve)로 표현되나 이는 수험의 범위를 넘어서므로 생략한다.

양국의 경제규모가 엇비슷하고 양국의 생산가능곡선이 우하향하는 직선이라면 비교우위 발생 시 양국 비교우위를 지닌 재화에 완전특화한다. 만일 양국의 생산가능곡선이 직선인데 불완전특화를 하면 이는 최대효용을 달성하지 못하게 된다.

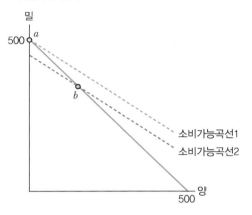

예를 들어 프랑스가 $\dfrac{양}{밀} = \dfrac{3}{2}$의 조건으로 교환을 할 수 있다고 하자. 이때 밀에 완전특화하여 프랑스의 생산지점이 좌측 그림 점 a에 위치하면 프랑스는 검은색 점선인 소비가능곡선 1을 얻게 된다. 하지만 불완전특화하여 양의 생산을 조금이라도 하면 프랑스의 생산지점은 점 b로 이동한다. 그리고 이때 프랑스는 붉은색 점선이 소비가능곡선 2에 직면한다.

즉 완전특화를 하고 교역을 할 경우보다 소비는 줄어들게 된다. 따라서 생산가능곡선이 직선인 경우에는 비교우위 품목에 올인하여 생산하는 것이 유리하다.

하지만 양국의 경제규모가 현격히 차이가 난다면 대국의 경우에는 어쩔 수 없이 불완전 특화를 해야한다. 예를 들어 A국이 Y재에 비교우위를 지녀 아래 그림 점 e에서 완전특화하였다고 하자. 이제 A국은 Y재를 500개 생산하고 교환조건 $\dfrac{X}{Y} = \dfrac{3}{2}$의 조건에 직면한다고 하자. 이때 A국의 소비가능곡선은 아래 좌측그림의 붉은색 점선이 된다. 그리고 이 소비가능곡선과 A국의 사회무차별곡선이 점 a에서 접한다면, 이제 A국은 점 a에서 효용이 극대화되므로 Y재를 200단위 수출하고 X재를 300단위 수입하면 된다.

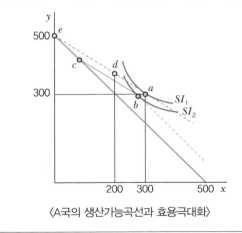

〈A국의 생산가능곡선과 효용극대화〉

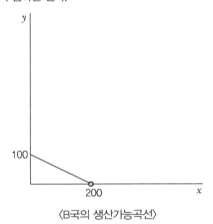

〈B국의 생산가능곡선〉

그런데 문제가 있다. 교역 상대국인 B국의 생산규모가 작아 B국이 모든 자원을 X재 생산에 투입하여도 A국이 원하는 수입량 300개를 생산해내지 못한다. 즉 A국은 점 a에 도달할 수 없다. 따라서 A국은 아쉬운 대로 생산지점을 점 c로 옮긴다. 그리고 생산지점 c를 지나는 소비가능곡선 상에서 가장 바깥쪽에 위치한 사회무차별곡선과의 접점인 점 b에서 그나마 사회총효용을 극대화한다. 즉 A국이 원하는 수입량을 충족하지 못하는 B국의 영세한 생산규모로 인하여 A국은 직선의 생산가능곡선임에도 불구하고 비교열위에 있는 X재의 일부분을 생산하는 불완전특화에 직면하게 된다.

한편 생산가능곡선이 원점에 대해 오목한 경우에도 불완전 특화가 발생가능하다.

만일 우측그림과 같은 생산가능곡선을 지는 국가가 Y재의 비교우위를 지니고 있다고 하자. 이때 Y에 완전특화하면 이 국가의 생산지점은 점 a가 된다. 이때 교역조건, 즉 X재와 Y재의 교환비율이 점선의 기울기라고 하면, 완전특화 시 이 국가의 소비가능곡선은 검은색 점선 1이 된다.

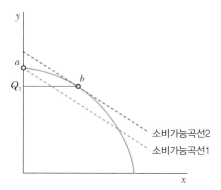

하지만 불완전특화를 하여 생산지점이 점 b로 옮기면 이때 이 국가의 소비가능곡선은 붉은색 점선 2가 되어 완전특화시보다 더 바깥쪽의 소비가능곡선을 얻게 된다.

생산가능곡선이 원점에 대해 오목한 것은 기회비용의 체증을 나타내면 이는 장기한계비용(시장공급곡선)의 우상향을 의미한다. 따라서 아무리 타 국가에 비해 비교우위를 지닌 제품이라고 생산량이 매우 많다면 그 비교우위의 이점이 사라지게 되는 것이다.

예를 들어 A국이 Y재에 대해 B국보다 비교우위를 지니고 있다는 것은 Y재 생산의 한계비용이 B국보다 낮다는 것이다. 즉 우측 그림과 같다. 하지만 한계비용곡선이 우상향하므로 A국의 Y재 생산량이 Q_1을 초과하면 그때는 B국이 아주 조금 Y재를 생산한다면 B국의 한계비용이 더 낮다. 예를 들어 A국의 생산이 Q_{A2}이고 B국의 생산이 Q_{B0} 수준이라면 이때는 B국이 A국보다 더 효율적으로 Y재를 생산하는 것이다.

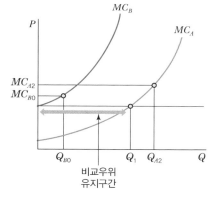

따라서 A국은 Y재를 Q_1 까지만 생산하고 나머지의 생산여력은 X재에 투입하게 된다.

27. 관세 정책

관세정책의 효과에 대해 학습한다.

- 자유무역과 사회후생
- 관세부과시 후생손실
- 수입 쿼터제의 효과

(1) 자유무역의 부분균형 분석

① 앞서 학습한 무역이론에 따르면 비교우위에 입각한 자유무역은 사회후생을 증가시킨다. 하지만 산업구조 조정에 따라 소비자와 생산자 간에는 후생 변화의 방향이 달라질 수 있다.

② 만일 우리나라가 국제 쌀시장에서 쌀 생산에 비교열위를 지닌다고 하자.

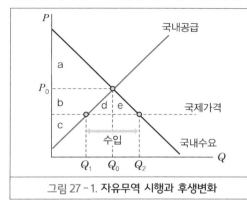

그림 27 - 1. 자유무역 시행과 후생변화

자유 무역 시행 이전에는 국내 쌀가격이 P_0 이며 이때 국내 쌀 거래량은 Q_0 이다. 그리고 이때 소비자잉여는 a의 면적, 생산자잉여는 b + c의 면적이다. 사회후생은 a + b + c이다.

그런데 자유무역이 시행되면 이제 국제가격 수준과 국내 쌀시장가격이 일치한다(여기서 국제쌀가격이 수평선인 것은 대한민국은 국제 쌀시장에서 가격수용자임을 의미한다).

③ 이때 국내수요량은 Q_2 가 되지만 국내쌀 공급량은 Q_1 으로 감소한다. 그리고 수입량은 $Q_2 - Q_1$ 이다.

④ 자유무역 시행이후 소비자 잉여는 a + b + d + e로 증가하는 반면, 생산자잉여는 c로 감소한다. 사회후생은 자유무역 시행이전보다 d + e만큼 증가하였다. 즉 자유무역이 시행되면 비교열위를 지닌 산업의 생산자잉여는 감소한다(반대로 비교우위에 있는 산업에 경우 국내 생산자 잉여는 증가한다. 물론 사회후생도 증가한다).

(2) 관세부과의 효과

① 유치산업, 혹은 보호무역이 필요하다고 판단되는 경우, 정부는 국제무역질서에 반하지 않는 수준에서 해당 수입제품에 대한 관세(Tariff)를 부과할 수 있다. 아래 그림처럼 쌀수입에 대해 일정 수준의 관세를 부과하였다고 하자.

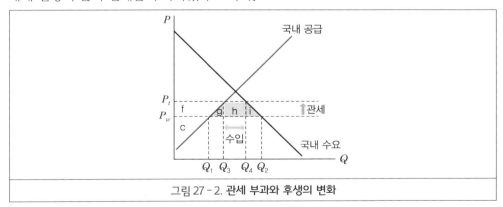

그림 27 - 2. 관세 부과와 후생의 변화

② 관세 부과 후 국내거래가격은 P_t가 되고 이로 인해 국내 수요량은 Q_4로 감소하고, 국내쌀 공급량은 Q_3으로 증가한다. 쌀 수입량은 $Q_4 - Q_3$으로 감소한다.

③ 국내소비자잉여는 관세 부과이전보다 f+g+h+i 만큼 감소한다. 이중 f는 생산자 잉여로 전환되고 h는 정부의 관세수입이다. 그리고 흑색 삼각형 g+i는 관세 부과로 인한 사회후생 손실의 크기이다.

(3) 수입쿼터제

① 직접적 관세부과 외에도 정부는 수입면허를 발행하여 허가받은 수입업자에게 수입물량을 할당하는 방식으로 보호무역을 시행할 수 있다. 이를 수입 쿼터제라 한다.

② 폐쇄경제하에서 국내균형 지점은 아래 그림 점 e이다. 그런데 정부가 x만큼의 수입쿼터를 허가하여 이를 A기업에게 수입할 수 있는 권한을 부여하였다고 하자. 이제 A기업이 x만큼 수입을 하면 수입까지 합산한 국내공급곡선은 점선의 S_2가 된다. 따라서 국내 균형지점은 점 f가 된다.

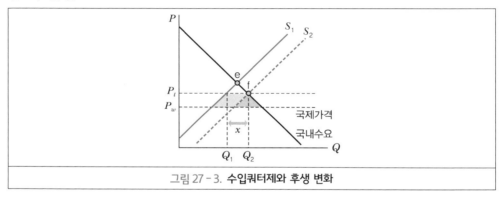

그림 27 – 3. **수입쿼터제와 후생 변화**

③ 이때 완전자유무역과 비교하였을 때, 수입업자의 수익은 붉은색 평행사변형의 면적이고 사회후생손실은 흑색 삼각형 면적이다.

※ 만일 과세부과시의 수입량과 동일한 물량의 수입쿼터 물량을 설정하면 사회후생의 변화는 관세부과의 경우와 정확히 일치한다. 다만 정부의 관세수입이 수입업자의 소득이 된다.

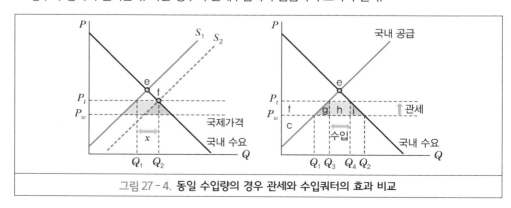

그림 27 – 4. **동일 수입량의 경우 관세와 수입쿼터의 효과 비교**

관세를 부과하면 수입량이 감소한다. 그런데 대국개방경제의 수입량 감소는 국제시장가격의 하락을 야기한다 (이는 대국개방경제의 교역조건을 개선시킨다).

따라서 대국개방경제의 관세부과효과는 국제시장가격의 하락을 반영하여 아래와 같은 그래프로 확장해서 해석 해야 한다.

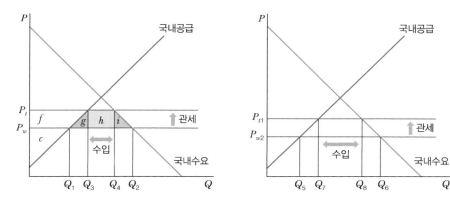

위 좌측 그림은 소국개방경제의 관세부과 효과이다. 그런데 대국개방경제는 관세부과로 국제가격이 P_w 에서 P_{w2} 로 인하하게 된다. 이는 위 우측 그림이다. 따라서 소국개방경제에 비해서 수입량이 오히려 더 늘어나고 관세수입도 더 증가하고 소비자 잉여도 더 증가한다. 따라서 관세부과로 인하여 발생하는 후생손실보다 사회잉여 가 더 커질 가능성이 있다.

28. 환율결정이론

환율의 의미와 환율결정원리에 대해 학습한다.

– 실질환율과 명목환율
– 구매력평가설
– 이자율 평가설
– 마샬러너조건과 J커브 효과

(1) 환율과 외환시장

① 환율(Exchange rate)은 자국화폐와 외국화폐의 교환비율을 말한다. 우리나라의 경우 미국 달러를 기준통화로 설정하여 1$당 교환되는 원화의 가치를 환율로 표시하고 이를 원/달러 환율이라고 한다.

예를 들어 1$＝1,150원이라는 것은 현재 우리나라의 외환시장에서 1$를 구매하려면 1,150원을 지불해야 한다는 것이다. 반대로 1$를 원화로 환전하면 1,150원을 얻는다는 것이다(물론 달러매입가격과 매도가격에는 약간의 갭이 존재하지만 여기서는 이를 무시하기로 한다).

만일 1$＝1,150원에서 1$＝1,185원으로 거래가격이 변경되었다면 이는 달러가 비싸진 것이다. 이를 환율이 상승했다고 표현한다(과거 고정환율제도 시절의 용어로는 달러가 평가절상되었다고 표현한다). 반대로 환율의 하락은 달러가치의 하락을 의미한다.

② 환율이 상승하면 어떤 일이 발생하는가? 일단 우리나라의 관점에서 달러화의 가격이 비싸진 것이다. 따라서 예전과 동일한 원화로 구매할 수 있는 달러의 양이 줄어든 것이다. 이는 달러를 주고 구매할 수 있는 재화와 서비스의 양이 줄어든 것이다. 다시 말해 달러로 판매하는 제품이 비싸진 셈이다. 예를 들어 예전의 환율이 1$＝1,000원인 경우, 우리나라돈 5만원으로 2.5$에 판매되는 미국제품을 20개 살 수 있었다. 그런데 환율이 1$＝2,000원으로 상승하면 이제 5만원으로 2.5$짜리 미국제품을 겨우 10만 구매가능하다. 때문에 보통 환율이 상승하면 수입이 줄어들게 된다.

반대로 미국사람 입장에서는 원화가치가 하락한 것이다. 즉 환율의 상승은 달러가치의 상승과 원화가치의 하락이 동시에 발생하는 것이다. 이는 미국사람 입장에서 원화로 구매할 수 있는 재화와 서비스가 싸진 것이다. 예를 들어 예전의 환율이 1$=1,000원인 경우, 100$를 들고 한국에 놀러오면 10만원을 환전해 25,000원짜리 모듬회 세트를 4인분 먹을 수 있지만 환율이 1$=2,000원으로 상승하면 이제 똑같은 100$로 25,000원 짜리 모듬회 세트를 무려 8인분을 먹을 수 있다. 따라서 원화가치가 하락하면 보통 외국으로의 수출이 증가한다. 즉 환율의 상승(=원화가치의 하락)은 보통 순수출을 개선하는데 도움을 준다.

③ 변동환율제도를 채택한 나라에서 환율은 자국화폐와 외국화폐의 수요와 공급에 의해 시시각각 초단위로 변동한다. 예를 들어 우리나라 외환시장에서 달러의 공급증가, 원화의 수요증가는 환율을 하락(=달러가치 하락＝원화가치 상승)시키는 요인이며, 반대로 달러의 수요증가, 원화의 공급증가는 환율을 상승시키는 요인이다. 우리나라 외환시장에서 달러의 수요와 공급, 원화의 수요 공급에 영향을 미치는 요인들의 예는 무수히 많지만 시험에 자주 출제되는 사례는 다음과 같다.

• 달러 공급 증가 : 우리나라 기업의 수출 증가, 외국인이 한국으로의 투자증가 등
• 달러 수요 증가 : 외국제품에 대한 선호도 증가, 외국으로의 여행 및 유학 증가 등
• 원화 공급 증가 : 한국은행의 확장통화정책
• 원화 수요 증가 : 외국인이 한국으로의 투자증가, 외국인 관광객의 국내 여행 증가 등
※ 보통 외환시장에 달러공급증가요인은 원화수요증가요인과 일치한다.

④ 환율의 변동에는 많은 요인들이 얽혀 있어 그 방향을 예측하는 것은 매우 어렵다. 이때 환율이 상승하면 이득을 보는 주체는 당연히 곧 달러화(외화) 수입이 발생할 주체들이며, 반대로 환율이 상승하면 손해를 보는 경제주체는 곧 달러화 지출이 예정된 주체들이다.

(2) 실질환율과 명목환율

① 명목환율이란 실제 외환시장에서 거래될 때의 환율을 지칭한다. 예를 들어 현재 서울 외환시장에서 1$＝1,200원에 거래될 때 이를 명목환율이라 한다.

② 실질환율이란 양국의 명목환율을 물가수준으로 나눈 값이다. 즉 양국의 물가차이를 반영한 환율을 의미한다. 예를 들어 현재 명목환율이 1$＝1,200이라고 하자. 그런데 미국에서는 사과 1개가 1$에 거래되는데, 우리나라에서는 사과 1개가 600원이라고 하자. 그럼 1,200원으로 우리나라에서는 사과를 2개 살 수 있는데, 미국에서는 사과를 1개 밖에 못산다. 즉 양국의 물가격차가 2배인 셈이다(사과만이 존재하는 1재화 모형을 가정한 경우).

따라서 이를 반영하면, 즉 양국의 명목환율을 양국의 물가(여기서는 각 제화의 가격)으로 나누면 양국의 실질환율은 $\dfrac{1\$}{1\$} = \dfrac{1,200\text{₩}}{600\text{₩}}$, 즉 1 : 2가 된다. 이때 실질환율은 2라고 표현한다. 공식으로 표현하면 다음과 같다.

$$e = E \cdot \frac{P^*}{P}$$

(여기서 e 는 실질환율, E 는 명목환율. P^* 는 외국의 물가, P 는 자국의 물가)

따라서 명목환율이 1$＝1,200이고, $P* = 1\$$, $P = 600\text{₩}$ 이라면

$$e = E \cdot \frac{P^*}{P} = \frac{1,200\text{₩}}{1\$} \cdot \frac{1\$}{600\text{₩}} = 2\text{가 된다.}$$

③ 만약 양국의 물가가 동일하다면 양국의 실질환율은 1이 된다. 명목환율이 1$＝1,200이고 미국의 사과의 가격이 1$이고, 우리나라에서 사과의 가격이 1,200원이라면 실질환율도 1 : 1. 즉 1이 된다. 그런데 여기서 미국의 물가가 2배 급등하여 미국에서의 사과가격이 0.5$가 된다면? 이제 실질환율은 $\dfrac{1\$}{0.5\$} = \dfrac{1,200\text{₩}}{1,200\text{₩}} = 2$ 가 된다(이는 ②의 사례와 같다. 즉 미국의 물가가 한국의 2배로 상승하면 우리나라 입장에서 실질환율이 상승하게 된다.).

정리하면 다음과 같다.

• 실질환율은 양국의 명목환율을 양국의 물가로 나누어 도출한다.
• 명목환율이 불변인 상태에서 한국의 물가가 하락하거나 미국의 물가가 상승하면, 혹은 한국의 물가상승률＜미국의 물가상승률이라면 실질환율은 상승한다. 이는 수출에 유리하다.
• 반대로 명목환율이 불변인 상태에서 미국의 물가가 하락하거나 한국의 물가가 상승하면, 혹은 한국의 물가상승률＞미국의 물가상승률이라면 실질환율은 하락하고 이는 수출에 불리하다.

※ 우리나라 물가가 상승하면 당연히 외국이 입장에서 한국제품이 비싸진 것이므로 우리나라의 수출이 줄어든다. 이는 실질환율에 반영되는 것이다.

※ 즉 실질환율의 변화는 양국의 교역조건에 영향을 준다. 실질GNI는 바로 이러한 교역조건의 변화까지 고려하여 실질적 국내소득을 계산한다.

(3) 구매력 평가설

① 앞서 양국의 물가 변화는 (명목환율이 불변인 경우) 실질 환율에 영향을 준다고 하였다. 하지만 실제적으로는 양국의 물가변화가 명목환율과 실질환율에 동시에 영향을 준다. 하지만 물가의 변화가 명목환율과 실질환율에 각각 얼마씩 나누어 영향을 줄지는 모른다(그때 그때 다르다). 따라서 이제 양국의 실질환율이 1로 고정된 경우에 양국의 물가변화가 양국에 명목환율에 어떠한 영향을 주는지를 이론적으로 분석해보자.

② 이는 실질변수는 불변이고 물가의 변화가 명목변수에만 영향을 주는 '장기' 관점에서의 환율분석과정이라고 볼 수 있다. 이를 구매력 평가설이라고 부른다.

구매력 평가설은 앞서 언급한 바와 같이 양국의 실질환율은 불변이라고 가정한다. 즉 1물1가의 원칙이 적용됨을 가정한다. 1물1가의 원칙이란 동일한 재화의 실질적 가치는 어디에서라도 동일해야 한다는 것이다(이는 특정 재화에 대한 양국의 선호도 일치한다는 것을 말한다. 예를 들어 한국에서 빅맥에 대한 가치, 즉 사람들의 선호가 미국에서의 선호와 일치함을 의미한다).

③ 또한 구매력 평가설은 양국 간 관세장벽, 무역장벽, 수송비, 운송비 및 수수료 기타 마진등 마찰적 요인이 모두 없다고 가정한다. 상기 가정이 성립하는 경우, 양국의 명목환율은 양국의 물가수준 격차에 의해 조절된다는 것이 구매력 평가설의 기본 원리이다.

④ 예를 들어 국내 외환시장에서 (명목)환율이 1$=1,000원이라고 하자. 그런데 서울에서 빅맥세트의 가격은 5,000원, 뉴욕에서 빅맥세트의 가격은 10$라고 하자. 그러면 명목환율 대비 양국의 물가를 비교하면 뉴욕에서의 빅맥이 서울보다 2배 비싼 셈이다. 따라서 구매력 평가설에 따르면 향후 명목환율이 1$=500원이 되어야 한다(이는 매우 간단한 공식이다. 양국의 명목환율이 양국의 동일제품, 여기서는 빅맥의 가격비율에 맞춰져야 한다. 양국의 빅맥 가격비율은 10$=5,000원, 즉 1$=500원이다).

실제 명목환율의 조절과정은 무위험차익거래(Arbitrage)를 통해 이루어진다. 예를 들어 톰은 한국의 은행에서 5,000만원을 대출하여 빅맥을 1만 개 구입한다. 이를 뉴욕을 가져다가 판매하여 10만$를 번다. 이를 다시 한국으로 가지고와서 한국 외환시장에서 원화로 환전하여 10억을 얻는다. 이 과정에서 한국 외환시장에서는 달러의 공급증가 및 원화에 대한 수요증가가 발생한다(즉 명목환율이 하락한다).

이제 톰은 은행에서 차입한 대출 5,000만원에 약간의 이자를 더해 상환하고 남은 돈은 차익으로 얻는다. 이러한 과정은 양국의 명목환율이 양국의 물가비율에 맞춰질 때까지 지속된다. 즉 명목환율이 1$=500원에 도달하여 더 이상 무위험차익이 발생하지 않을 때까지 환율이 계속 하락하게 된다(실제로는 운송비 및 이자, 관세 등에 의해 명목환율이 정확하게 1$=500원 수준까지는 하락하지 않지만 그 언저리까지는 내려갈 것이다).

※ 앞서 설명한 실질환율 개념으로 다시 설명하면 다음과 같다. 구매력 평가설은 실질환율을 1로 가정한다. 즉 양국의 명목환율이 1$ = x₩ 이라고 하자. 그러면 $\dfrac{1\$}{10\$} = \dfrac{x\text{₩}}{5,000\text{₩}}$ 이 되어야 실질환율이 1이

된다. 따라서 실질환율이 1이 되려면 $x = 500$₩이 되어야 한다. 즉 구매력평가설이 성립하는 명목환율은 1$ = 500$₩이다.

⑤ 구매력 평가설에 의하면 결국 물가가 상대적으로 높은 국가의 화폐가치는 절하될 것을 예측한다. 이는 너무나 당연하다. 물가의 상승은 화폐의 구매력 하락을 의미한다. 즉 높은 물가는 그 나라의 화폐가치를 떨어뜨린다. 따라서 상대적으로 높은 물가를 지닌 국가의 화폐가치는 하락하는 것이 당연하다. 이를 공식으로 표현하면 다음과 같다.

$e = E \cdot \dfrac{P^*}{P}$ 로부터 $E = e \cdot \dfrac{P}{P^*}$ 를 얻는다. 그런데 여기서 $e = 1$로 가정한다. 즉 구매력 평가설에 따르면 $E = \dfrac{P}{P^*}$ 이다. 이를 변화율 공식으로 나타내면 $\dfrac{\Delta E}{E} = \dfrac{\Delta P}{P} - \dfrac{\Delta P^*}{P^*}$ 이 된다. 즉 '명목환율의 변화율 = 자국물가상승률 – 외국물가상승률'이다.

※ 구매력 평가설이 보다 정확히 성립하기 위해서는 양국 간 비교역재(Non – Traded Goods)이 없거나 매우 적어야 한다. 비교역재가 존재하면 1물1가의 원칙이 성립하기 어려워진다.

(4) 이자율 평가설

① 구매력 평가설이 비교적 장기에서의 환율 결정과정을 분석하는데 비해, 이자율 평가설, 혹은 이자율 평형설은 양국 간의 이자율(자본수익률)의 격차에 의해 발생하는 자본시장의 불균형 조정과정에서의 환율결정분석을 다룬다.

② 예를 들어 한국의 이자율(혹은 평균적 자본수익률)이 연 3%라고 하자. 그리고 미국의 이자율(혹은 평균적 자본수익률)이 3%라고 하자. 즉 한국과 미국의 자본수익률이 동일하다. 따라서 국제투자자들은 지니고 있는 투자자산 중 절반은 한국에, 나머지 절반은 미국에 투자하기로 결정하여 실제 투자를 진행하였고 이제 한국 외환시장과 국제수지는 균형을 이루었다고 하자(실제로는 국가 간 리스크의 차이를 고려해야하지만 여기서는 무시하기로 하자). 그런데 한국은행의 이자율이 인하되어 2.5%가 되었다. 이제는 누가 봐도 미국에 투자하는 것이 수익률과 안전성 측면에서 유리해졌다. 따라서 국제투자자들은 한국에 투자한 자본을 달러로 바꾸어 나갈 것이다. 이에 따라 한국 외환시장에서는 달러에 대한 수요가 급등하여 환율도 상승하고 한국이 다시 이자율을 3% 수준으로 올리지 않는 한, 지속적인 자본유출을 피할 수 없다. 하지만 의외로 한국은 2.5%의 이자율을 계속 유지하고 외환시장도 균형을 유지하고 있다. 왜일까?

바로 한국과 미국의 이자율 격차로 인해 국제 투자자들이 한구에서 투자가 손해를 입게되는 것을 상쇄해줄 환율의 변동이 예견되기 때문이다. 즉 한국의 원화가치가 1년 동안 0.5% 상승하게 되어 얻게되는 환차익이 이자율 격차를 상쇄해줄 것이란 기대가 형성된다면, 이러한 이자율 격차에도 불구하고 한국의 외환시장 및 자본시장을 균형을 유지할 수 있을 것이다.

③ 정리하면 한국의 이자율(자본수익률)이 동등한 수준의 리스크를 지니는 국가의 이자율(이를 국제평형이자율이라고 부른다)과 괴리가 발생하여도 한국 외환시장이 균형을 유지한다면 이러한 평형이자율과의 격차를 상쇄시키는 환차익이 발생할 것을 국제 투자자들이 예견한다는 것이다. 이를 이자율 평가설, 혹은 이자율 평형설이라고 한다.

④ 이자율 평가설에 근거하여 향후 한국에서의 환율의 변화를 예측하는 원리는 간단하다. 즉 현재 환율로 환산한 자산을 한국에 투자하여 얻게 되는 1년 후의 원리금과 상대국에 투자하여 1년 후에 얻게 되는 원리금의 가치가 동등해지도록 환율이 변화할 것이다.

예를 들어 한국의 이자율이 5%이고 미국의 이자율이 3%라고 하자 그리고 현재 (명목)환율이 1$=1,000원이라고 하자. 이자율 평가설이 성립하도록 하는 1년 후의 환율은?
1,000원을 한국의 투자하면 1년 후 1,050원을 얻는다. 그리고 1,000원을 현재 환율로 환전하여 미국에 투자하면 1년 후 1.03$를 얻는다. 이자율 평가설에 의해 1,050원=1.03$가 된다. 양변을 1.03으로 나누면, 1$=1,019원(근사치)를 얻는다.

즉 한국의 수익률이 높아 한국으로 자본이 유입과 동시에 환율이 하락하게 될테고, 이자율 격차가 해소되지 않는 한 자본의 지속적 유입은 멈추지 않을 것이고 이는 자본시장에서의 불균형이 해소되지 않음을 의미한다. 그럼에도 불구하고 한국이 1년 동안 이자율을 계속 5%로 유지할 수 있다면 이는 국제투자자들이 한국에서의 투자수익이 미국보다 2%가량 유리함에도 불구하고 한국으로의 자본유입을 멈춘다는 것이며 이는 원화가치의 2% 하락을 국제투자자들이 예견하고 있다는 것이다.

⑤ 그리고 이자율 평가설이 성립할 때 (명목)환율의 변화율은 $\frac{\Delta E}{E} = r - r^*$이다. 여기서 r 은 자국이자율, r^* 는 외국이자율이다.

이 공식은 엄밀하게는 $1 + r = \frac{E^e}{E}(1 + r^*)$에서 도출한 것이다. 여기서 $1 + r$은 한국에 투자했을 때의 1년 후 원리금의 가치, $\frac{E^e}{E}(1 + r^*)$는 현재 환율로 환전한 금액을 미국에 투자했을 때의 1년 후 원리금의 가치를 의미한다(E 는 현재 환율, E^e 는 1년 후의 예상환율을 의미한다).

$\Delta E = E^e - E$이므로 $\frac{\Delta E}{E} = \frac{E^e - E}{E} = \frac{E^e}{E} - 1$이다. 그런데 $1 + r = \frac{E^e}{E}(1 + r^*)$에서 $\frac{E^e}{E} = \frac{1 + r}{1 + r^*}$ 이다. 따라서 $\frac{\Delta E}{E} = \frac{1 + r}{1 + r^*} - 1 = \frac{r - r^*}{1 + r^*} \fallingdotseq r - r^*$이다.

⑥ 따라서 이자율 평가설에 따르면 양국의 이자율 격차가 발생하여도 추가적인 자본유입이나 유출이 없다면, 이는 국제투자자들이 양국의 이자율 격차를 상쇄하는 방향으로 환율의 변화를 예측한다는 것이다. 하지만 이 예측이 틀리면 당연히 투자자들은 손해를 입게 된다.

따라서 $1 + r = \dfrac{E^e}{E}(1 + r^*)$, 그리고 이로부터 파생된 $\dfrac{\Delta E}{E} = r - r^*$은 유위험이자율평가설이라고 한다.

하지만 외환선물을 이용하면 향후 환율변화에 따른 환차익을 완벽히 헷징할 수 있다. 이처럼 선물환율을 이용하여 위험을 제거한 상태에서의 이자율평가설을 무위험이자율 평가설이라 한다. 무위험이자율 평가설의 공식은 $r = r^* + \dfrac{F - E}{E}$가 된다. 여기서 F는 선물환율을 의미한다.

(5) 환율과 순수출

① 일반적인 경우 (물가가 경직된 단기에) 환율이 상승하면 수출이 유리해지고 수입이 줄어든다. 환율의 상승은 달러가치 상승이므로 달러를 주고 구입하는 대부분의 수입제품이 비싸진 것이므로 당연히 수입을 줄어든다. 또한 환율이 상승하면 외국입장에서 한국물건이 싸진 것이므로 수출이 증가하게 된다. 하지만 환율의 상승이 실제로 경상수지를 개선하기 위해서는 수출제품의 가격탄력성과 수입제품의 가격탄력성의 합이 1보다 커야한다. 이를 마샬-러너 조건이라 한다.

② 예를 들어 미국인들이 한국산 제품에 대한 수요의 가격탄력성이 0.1이라고 하자. 현재 한국산 펜이 미국 현지가격 1\$이고 판매량은 100이다. 그리고 현재 환율은 1\$ = 1,000원이다. 즉 수출액은 원화기준 10만원이다. 그런데 환율이 1\$ = 1,200원으로 인상되어 미국현지가격을 0.9\$로 인하하였다(이렇게 달러표시 가격을 인하하여도 0.9\$ = 1,080원이므로 이전 환율이 1\$ = 1,000원일 때보다 개당 수익은 개선된다). 그런데 미국 현지가격의 10% 인하에 수출물량은 고작 1% 증가한다. (가격탄력성이 0.1) 따라서 수출량은 101개가 되고 결국 수출액은 원화 기준으로 10만 9,800원이 된다.

반면 한국인들의 석유에 대한 수요의 가격탄력성은 0.2이다. 석유 1리터의 국제가격은 2\$이고 환율은 1\$ = 1,000원이던 시절 국내석유가격은 2,000원이다. 이때 석유구입량은 50리터이다. 즉 수입액은 원화기준 10만원이다. 즉 경상수지는 균형이었다. 그런데 환율이 1\$ = 1,200원으로 인상되어 국내석유가격도 리터당 2,400원으로 20% 인상되었다. 이에 석유 수요량이 4% 감소하여 48리터가 되었다. 이제 석유수입액은 원화기준 11만 5,200원이 되어 경상수지는 5,400원 적자를 보게 된다.

즉 환율이 상승하여 수출제품의 가격경쟁력이 좋아져도 한국제품의 대한 수요가 비탄력적이라면 가격경쟁력의 상승으로 인한 수출물량 증대효과가 작아지고 반대로 환율상승으로 수입물가가 인상되어도 수입제품에 대한 수요도 비탄력적이라면 수입량 감소효과가 작아 결국엔 환율 상승으로 오히려 경상수지가 악화될 수 있다.

③ 하지만 마샬－러너 조건이 충족되면 이야기는 달라진다. 만일 한국제품에 대한 미국인의 가격탄력성이 0.6, 또한 수입품인 석유에 대한 국내 소비자의 가격탄력성도 0.6이라고 하자. 둘 다 비탄력적이지만 $e_{PX} + e_{PM} > 1$ 이므로 환율상승으로 인해 경상수지는 개선될 것이다(일반적인 자유무역국가라면 마샬－러너 조건은 충족하기 마련이다).

구체적으로 위와 동일하게 환율이 1\$＝1,000원에서 1\$＝1,200원으로 인상되어 미국현지가격을 0.9\$로 인하하였다고 하자. 이제 수출량이 100에서 106으로 증가한다. 그리고 수출액은 11만 4,480원이 된다. 그리고 국내 석유가격이 리터당 2,400원이 되자, 석유수입량도 50리터에서 44리터로 감소하여 수입액은 10만 5,600원이 되었다. 즉 8,880원 흑자를 기록하게 된다.

④ 그런데 마샬－러너 조건이 성립하여도 환율 상승 시 경상수지가 즉각 개선되지는 않고 일시적으로 경상수지가 악화되었다가 천천히 개선효과가 발휘된다. 왜냐하면 환율이 상승하여도 거래관습이나 계약, 혹은 아직 소진되지 않은 수입량과 수출량 등의 의해 환율 상승 시 수출이 즉각 늘어나지 않고 다소 시간이 지난 이후에 늘어난다. 수입도 마찬가지로 환율이 상승하였다고 즉각 수입이 감소하는 것이 아니라 이미 계약된 물량이 소진되고 나면 천천히 수입량이 줄어든다.

예를 들어 올해 7월 환율이 1\$＝1,000원에서 1,200원으로 상승하였다. 이에 미국으로의 펜의 수출이 매달 100개였는데 일단 7월까지는 100개 수출량이 고정이고 8월부터 수출량이 106으로 증가한다. 그리고 석유의 수입량도 7월까지는 일단 50리터이고 8월부터 44리터로 감소한다. 즉 8월에는 경상수지가 흑자로 전환되지만 당장 7월에는 수출액이 원화기준 10만 8,000원, 수입액은 12만원으로 경상수지가 적자를 기록하게 된다.

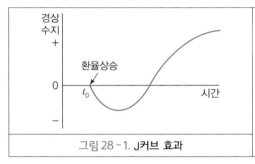

그림 28-1. J커브 효과

이처럼 마샬－러너 조건이 충족되어도 환율 상승 시 경상수지의 방향은 좌측 그림처럼 J자 형태 곡선으로 나타나는데, 이를 J커브 효과(J－Curve Effect)라고 부른다.

29. 국제수지의 구성

국제수지의 구성과 변화요인에 대해 학습한다.

- 국제수지의 구성
- 국제수지의 균형
- 균형국민소득 항등식

(1) 국제수지의 구성

① 국제수지표란 일정기간 동안 발생한 외화의 유출입을 거래활동별로 기입한 장부를 말한다. 이때 국경 밖으로 외화가 반출되면 적자, 국경 안으로 외화가 유입되면 흑자라고 기입한다. 국제수지는 크게 경상수지와 자본수지 및 금융 계정 두 가지로 나누어 작성한다. 또한 복식 부기의 원칙에 따라 작성된다.

② 경상수지의 하위 구성항목은 다음 표와 같다.

항목	내용
상품수지	상품의 수출액과 수입액의 차액을 기입
서비스수지	외국과의 서비스 거래로 수취한 돈과 지급한 돈의 차액을 기입
본원소득수지	(1년 미만의 단기거주자의)급료 및 임금 수지, 투자소득 수지
이전소득수지	국내거주자와 외국거주자간 아무런 반대급부 없이 주고받은 거래를 기입

표 29 - 1. **경상수지의 구성**

③ 자본수지 및 금융계정의 구성항목은 다음 표와 같다.

항목	하위항목	내용
자본수지	자본이전	자산 소유권의 무상이전, 채권자의 의한 채무면제
	비생산, 비금융자산	상표권, 영업권 등 무형자산의 취득과 처분
금융계정	직접투자	직접투자관계에 있는 투자자와 투자대상기업 간에 일어나는 대외거래
	증권투자	거주자와 비거주 간에 이루어진 주식, 채권 투자
	파생금융상품	파생금융상품거래로 실현된 손익
	기타투자	이외 금융거래
	준비자산	외환보유액 변동분 (환율변동 등 비거래적 요인은 제외)

표 29 - 2. **자본수지 및 금융계정 구성**

※ 국제수지표의 구성(한국은행 간행물에서 발췌)

국제수지표는 크게 경상수지, 자본수지, 금융계정, 오차 및 누락 등 4개의 계정으로 구성되어있다. 경상수지는 다시 상품수지, 서비스수지, 본원소득수지, 이전소득수지로 구성된다.

상품수지는 상품의 수출액과 수입액의 차이를 기록하고, 서비스수지는 외국과의 서비스거래로 수취한 돈과 지급한 돈의 차이를 기록한다.

본원소득수지는 i)거주자가 외국에 단기간 머물면서 일한 대가로 받은 대금과 국내에 단기로 고용된 비거주자에게 지급한 대금의 차이를 나타내는 급료 및 임금수지와 ii)거주자가 외국에 투자하여 수취한 배당금, 이자와 비거주자의 국내 투자대가로 지급한 배당금, 이자의 차이인 투자소득수지를 기록한다.

그리고 이전소득수지는 거주자와 비거주자 사이에 대가없이 이루어진 무상원조, 증여성 송금 등 이전거래내역을 기록한다.

자본수지는 자산소유권의 무상이전, 채권자에 의한 채무면제 등을 기록하는 자본이전과 브랜드네임, 상표등 마케팅자산과 기타 양도가능한 무형자산의 취득과 처분을 기록하는 비생산 · 비금융자산으로 구분된다.

금융계정은 거주자가 외국기업에 대해 혹은 비거주자가 국내기업에 대해 경영참여 등을 목적으로 하는 직접투자, 주식과 채권거래를 나타내는 증권투자, 파생금융상품거래를 계상하는 파생금융상품, 기타투자 및 준비자산으로 구분된다.

기타투자에는 직접투자, 증권투자, 파생금융상품 및 준비자산에 해당되지 않는 거주자와 비거주자 간의 모든 금융거래를 기록하는데 여기에는 대출 및 차입, 수출입과 관련하여 발생하는 채권#채무를 기록하는 무역신용, 현금 및 예금 등의 금융거래를 포함한다.

준비자산은 통화당국이 보유하고 있는 외환보유액의 변동분 중 거래적 요인에 의한 변동만을 계상한다.

오차 및 누락은 국제수지표를 작성하는데 이용하는 기초통계 간의 계상시점 및 평가방법상의 차이, 기초통계자체의 오류, 통계작성 과정상의 보고 잘못이나 누락 등으로 인해 경상수지 및 자본수지의 합계와 금융계정금액이 같지 않을 경우 이를 조정하기 위한 항목이다.

(2) 국제수지 균형

① 국제수지표에 작성된 모든 대외 거래는 적자와 흑자의 총합이 0이 되어야 한다. 이를 국제수지 균형(Balance of Payment)라 한다.

② 예를 들어 경상수지에서 +20억 달러 흑자가 발생하였다면 자본 및 금융계정에서는 반드시 −20억 달러의 적자가 발생해야 하는 것이다. 경상수지의 흑자는 무역을 통해 외화를 많이 벌었음을 말한다. 남은 외화는 금융투자나 대부를 통해 외국에 투자를 하는 것이 유리하다. 이는 자본수지 및 금융계정의 적자를 유발한다. 만일 무역을 통해 벌어들인 외화를 군이 외국에 투자하지 않는다면 이는 준비자산 증감에 적자로 기입된다. 즉 외환보유고의 증가는 금융계정 상 적자를 유발시킨다.

   ※ 준비자산 증가를 명시적으로 금융계정 상 적자라고 표현하는 것은 아니다. 실제로는 국제수지표상 차변에 기입하고 이는 (−)의 부호가 붙는 것이다.

③ 개방경제하에서 $Y = C + S + T$가 성립한다. 여기서 C는 소비지출, S는 민간저축, T는 조세이다. 그리고 총지출은 $AE = C + I + G + (X - M)$이다. 따라서 다음 식이 성립한다.

$$Y = C + S + T$$
$$-)\ AE = C + I + G + (X - M)$$
$$0 = (S - I) + (T - G) + (M - X)$$

이를 국제균형소득 항등식이라 한다.

④ 만일 민간저축과 민간투자가 균형상태여서 $S = I$ 라면, $(T - G) + (M - X) = 0$이 성립한다. 그런데 만일 이 상황에서 정부의 재정적자가 발생하면 $T < G$, $M > X$가 되어야만 한다. 즉 $S = I$ 상황에서는 재정적자는 무역적자를 야기한다. 혹은 반대로 무역적자가 재정적자를 유발하게 된다. 이를 쌍둥이 적자라 한다.

⑤ $S + T$ 를 국내총저축이라고도 한다. 그리고 $I + G$를 국내총투자라고도 한다.

거시경제학 연습문제

01 다음 중 GDP 증가요인을 모두 고른 것은?

> ㄱ. 주택 신축
> ㄴ. 정부의 이전지출
> ㄷ. 외국산 자동차 수입

① ㄱ
② ㄴ
③ ㄱ, ㄷ
④ ㄴ, ㄷ
⑤ ㄱ, ㄴ, ㄷ

정답 | ①
해설 | ㄴ, ㄷ. 정부의 이전지출과 수입은 GDP에 아무런 영향을 미치지 못한다.

02 A국의 2021년 GDP디플레이터는 105이고, 2020년 A국의 실질GDP는 100이다. 기준연도를 2020년이라고 할 때 다음 중 반드시 참인 것은?

① 2021년 소비자물가지수도 100보다 크다.
② 2021년 실질GDP는 105이다.
③ 2020년 명목GDP는 2021년 명목GDP보다 작다.
④ 2021년 명목GDP는 2021년 실질GDP보다 크다.
⑤ 2020년 경제성장률은 −5%이다.

정답 | ④
해설 | GDP디플레이터는 당해연도 명목GDP/당해연도 실질GDP이다.

03 다음의 표는 어느 국가의 생산표이다. 기준연도를 2020년이라고 할 때, 2021년의 소비자물가지수는 110이었다. 이때 2021년의 GDP디플레이터의 크기는 얼마인가?

구분	X재		Y재	
	P	Q	P	Q
2020년	6	10	8	5
2021년	7	12	㉠	6

① 100   ② 110

③ 121   ④ 132

⑤ 144

정답 | ②
해설 | 기준연도 지출액이 100이고 소비자물가지수가 110이므로 ㉠은 8이다. 2021년 명목GDP는 132이고 2021년 실질 GDP는 120이므로 GDP디플레이터는 110이다.

04 다음 중 물가지수에 관한 설명으로 옳은 것은?

① GDP 디플레이터에는 국내산 최종 소비재만이 포함된다.

② GDP 디플레이터 작성 시 재화와 서비스의 가격에 적용되는 가중치가 매년 달라진다.

③ 소비자물가지수 산정에는 국내에서 생산되는 재화만 포함된다.

④ 소비자물가지수에는 국민이 구매한 모든 재화와 서비스가 포함된다.

⑤ 생산자물가지수에는 기업이 구매하는 품목 중 원자재를 제외한 품목이 포함된다.

정답 | ②
해설 | 파셰방식인 gdp디플레이터는 매년 수량이 변화하므로 2번이 옳다.

05 토빈의 q에 대한 서술로 잘못된 것은?

① 주가의 변화가 실물투자에 영향을 줄 수 있다.

② 생산함수가 1차동차이고 주식시장이 완전경쟁이라면 한계q > 평균q가 성립한다.

③ 토빈의 q가 1보다 크면 실물 투자가 발생한다.

④ 토빈의 q는 기업의 주가총액과 실물자산 대체비용의 비율을 의미한다.

⑤ 케인지안 투자모형에 속한다.

정답 | ②
해설 | 생산함수가 1차동차이고 주식시장이 완전경쟁이라면 한계q = 평균q가 성립한다.

06 어느 폐쇄경제의 비례세율이 0.2이며, 정부는 조세의 증가 없이 정부지출을 100 증가시켰다. 이때 승수효과로 국민소득이 250 증가하였다면 이 나라의 한계소비성향의 크기는 얼마인가? (단, 유발 투자는 고려하지 않는다.)

① 0.6
② 0.75
③ 0.8
④ 0.9
⑤ 1

정답 | ②
해설 | 비례세 모형에서 정부투자지출승수는 $\dfrac{1}{1-c(1-t)}$ 이고 이 값은 2.5이다. 따라서 한계소비성향은 0.75이다.

07 유동성 함정에 대한 설명으로 옳은 것은?

① 화폐수요의 이자율 탄력성이 0일 때 발생한다.
② 더 이상 채권구입이 발생하지 않는다.
③ 모든 화폐를 거래적, 예비적 목적으로 보유한다.
④ 재정정책이 무력해진다.
⑤ 투자의 이자율탄력성이 무한대이다.

정답 | ②
해설 | 시장이자율이 임계이자율에 근접해 더 이상 이자율의 하락을 예견하지 않게 된다. 따라서 누구도 채권가격의 상승을 예상하지 않게 되어 아무도 채권을 구입하지 않고 거래적, 예비적 동기를 제외한 모든 화폐를 투기적 동기로 보유하게 된다.

08 케인즈의 화폐수요함수에 대한 설명으로 옳지 않은 것은?

① 화폐수요가 이자율에 민감하게 반응할수록 화폐수요곡선은 완만해진다.
② 화폐수요가 소득에 민감하게 반응할수록 화폐수요곡선은 가팔라진다.
③ 시중이자율의 상승은 투기적 목적의 화폐수요량을 감소시킨다.
④ 소득의 증가는 거래적 목적의 화폐수요를 증가시킨다.
⑤ 유동성함정에서는 수평선이다.

정답 | ②
해설 | 화폐수요가 소득에 민감하게 반응하면 LM곡선이 가팔라진다.

09 중앙은행의 통화·금융정책 중 올바른 설명은?

① 중앙은행의 채권매각은 확장통화정책에 해당된다.

② 법정지급준비율을 인상하면 본원통화가 감소하여 시중 총통화량이 줄어든다.

③ 유동성 함정에서는 통화정책의 효과가 매우 약화된다.

④ LM곡선이 완만할수록 통화정책의 효과가 증대된다.

⑤ 통화정책은 재정정책에 비해 외부시차가 짧다.

정답 | ③

해설 | 유동성함정에서는 화폐수요가 완전탄력적이므로 통화정책의 효과가 사라진다. 중앙은행의 채권발행(매각)은 긴축통화
정책에 해당하며 법정지급준비율의 변화와 본원통화와는 아무런 관련이 없다.

10 현재 A은행의 재무상태표가 아래와 같고, A은행의 예금자 갑이 5,000만원을 인출하였다면 이와
관련하여 아래 서술 중 올바른 것은?

자산	부채
• 현금 1억 원 　－법정지급준비금 5천만 원 　－초과지급준비금 5천만 원 • 대출 9억 원	예금 10억 원

① A은행은 갑의 인출 요구에 대응한 이후 신규 예금이 들어와도 더 이상 대출을 해줄 수 없다.

② A은행은 갑의 인출 요구에 대응한 이후라도 추가 대출은 가능하다.

③ 갑의 예금 인출 즉시 시중 총통화량은 감소한다.

④ 현재 법정지급준비율은 10%이다.

⑤ 현재 시재금은 1억 원이다.

정답 | ②

해설 | 갑의 대출 이후 A은행의 예금총액은 9억 5천만 원으로 감소한다. 법정지급준비율이 5%이므로 이제 법정지급준비금은
4,750만원이 되고, 초과지급준비금이 250만원이 되어 250만원을 추가로 대출해 줄 수 있다.

11 다음 중 IS곡선의 기울기를 가파르게 하는 것을 모두 고른 것은?

ㄱ. 한계소비성향의 증가 ㄴ. 비례세율의 증가
ㄷ. 한계수입성향의 증가 ㄹ. 유발투자계수의 증가

① ㄱ, ㄴ ② ㄱ, ㄷ
③ ㄴ, ㄷ ④ ㄷ, ㄹ
⑤ ㄱ, ㄹ

정답 | ③
해설 | IS곡선의 기울기 증가요인으로는 투자의 이자율탄력성 감소, 한계소비성향의 감소, 비례세율의 증가, 한계수입성향의 증가, 유발투자계수의 감소 등이 있다.

12 경기안정화 정책에 관한 설명으로 옳은 것은?

① 재정지출 증가로 이자율이 상승하지 않으면 구축효과는 크게 나타난다.
② 투자가 이자율에 비탄력적일수록 구축효과는 크게 나타난다.
③ 한계소비성향이 클수록 정부지출의 국민소득 증대효과는 작게 나타난다.
④ 소득이 증가할 때 수입재 수요가 크게 증가할수록 정부지출의 국민소득 증대효과는 크게 나타난다.
⑤ 소득세가 비례세보다는 정액세일 경우에 정부지출의 국민소득 증대효과는 크게 나타난다.

정답 | ⑤
해설 | 비례세의 경우 정부지출승수가 줄어들어 경기확장효과가 줄어든다.

13 총수요곡선이 오른쪽으로 이동하는 이유로 옳은 것을 모두 고른 것은?

ㄱ. 자율주행 자동차 개발지원 정책으로 투자지출이 증가한다.
ㄴ. 환율이 하락하여 국내 제품의 순수출이 감소한다.
ㄷ. 주식가격이 상승하여 실질자산가치와 소비지출이 증가한다.
ㄹ. 물가가 하락하여 실질통화량이 늘어나 투자지출이 증가한다.

① ㄱ, ㄴ ② ㄱ, ㄷ
③ ㄴ, ㄷ ④ ㄴ, ㄹ
⑤ ㄷ, ㄹ

정답 | ②
해설 | ㄴ은 총수요 좌측이동요인, ㄹ은 총수요곡선 자체 이동이 아닌 총수요곡선상의 움직임이다.

14 총수요 – 총공급 모형에서 일시적인 음(–)의 총공급 충격이 발생한 경우를 분석한 설명으로 옳지 않은 것은? (단, 총수요곡선은 우하향, 총공급곡선은 우상향한다.)

① 확장적 통화정책은 국민소득을 감소시킨다.

② 스태그플레이션을 발생시킨다.

③ 단기 총공급곡선을 왼쪽으로 이동시킨다.

④ 통화정책으로 물가 하락과 국민소득 증가를 동시에 달성할 수 없다.

⑤ 재정정책으로 물가 하락과 국민소득 증가를 동시에 달성할 수 없다.

정답 | ①
해설 | 스태그플레이션 상태에서도 확장정책은 국민소득을 증가시킨다(다만 물가를 더욱 상승시킨다).

15 甲국의 실업률은 5%, 경제활동참가율은 70%, 비경제활동인구는 600만 명이다. 이 나라의 실업자 수는?

① 30만 명 ② 50만 명

③ 70만 명 ④ 100만 명

⑤ 120만 명

정답 | ③
해설 | 경제활동참가율이 70%로 비경제활동인구는 생산가능인구의 30%이다. 따라서 생산가능인구는 2000만 명, 경제활동인구는 1400만 명이다. 이 중 5%가 실업자가 된다.

16 실업에 관한 설명으로 옳지 않은 것은?

① 균형임금을 초과한 법정 최저임금의 인상은 비자발적 실업을 증가시킨다.

② 실업급여 인상과 기간 연장은 자발적 실업 기간을 증가시킨다.

③ 정부의 확장적 재정정책은 경기적 실업을 감소시킨다.

④ 인공지능 로봇의 도입은 경기적 실업을 증가시킨다.

⑤ 구직자와 구인자의 연결을 촉진하는 정책은 마찰적 실업을 감소시킨다.

정답 | ④
해설 | 인공지능 로봇의 도입은 구조적 실업을 야기한다.

17 수량방정식(MV = PY)과 피셔효과가 성립하는 폐쇄경제에서 화폐유통속도(V)가 일정하고 인플레이션율이 2%, 통화증가율이 5%, 명목이자율이 6%라고 할 때, 다음 중 옳은 것을 모두 고른 것은?

> ㄱ. 실질이자율은 4%이다.
> ㄴ. 실질경제성장률은 4%이다.
> ㄷ. 명목경제성장률은 5%이다.

① ㄱ ② ㄴ
③ ㄱ, ㄷ ④ ㄴ, ㄷ
⑤ ㄱ, ㄴ, ㄷ

정답 | ③
해설 | 실질이자율 = 명목이자율 − 인플레이션율이며, 통화량증가율 = 인플레이션율 + 실질경제성장률이므로 실질경제성장률은 3%이다. 명목경제성장률은 통화량증가율과 일치한다.

18 경제성장이론에 관한 설명으로 옳은 것은?
① 내생적 성장이론(endogenous growth theory)에 따르면 저소득국가는 고소득국가보다 빨리 성장하여 수렴현상이 발생한다.
② 내생적 성장이론에 따르면 균제상태의 경제성장률은 외생적 기술진보 증가율이다.
③ 솔로우 경제성장 모형에서 황금률은 경제성장률을 극대화하는 조건이다.
④ 솔로우 경제성장 모형에서 인구 증가율이 감소하면, 균제상태에서의 1인당 소득은 감소한다.
⑤ 솔로우 경제성장 모형에서 균제상태에 있으면, 총자본스톡 증가율과 인구 증가율이 같다.

정답 | ⑤
해설 | 균제상태에서 1인당 자본증가율은 '0'이며, 총자본증가율은 1인당 자본증가율 + 인구증가율이다.

19. 제수지표의 금융계정(financial account)에 포함되는 거래가 아닌 것은?
① 한국 기업이 외국인 투자자에게 배당금을 지불한다.
② 한국 기업이 베트남 기업에 대해 50% 이상의 주식지분을 매입한다.
③ 외국 금융기관이 한국 국채를 매입한다.
④ 한국 금융기관이 외화자금을 차입한다.
⑤ 한국은행이 미국 재무성 채권을 매입한다.

정답 | ①
해설 | 배당금은 소득수지에 포함시킨다.

20 2015년과 2020년 빅맥 가격이 아래와 같다. 일물일가의 법칙이 성립할 때, 옳지 않은 것은? (단, 환율은 빅맥 가격을 기준으로 표시한다.)

2015년		2020년	
원화 가격	달러 가격	원화 가격	달러 가격
5,000원	5달러	5,400원	6달러

① 빅맥의 원화 가격은 두 기간 사이에 8% 상승했다.

② 빅맥의 1달러 당 원화 가격은 두 기간 사이에 10% 하락했다.

③ 달러 대비 원화의 가치는 두 기간 사이에 10% 상승했다.

④ 달러 대비 원화의 실질환율은 두 기간 사이에 변하지 않았다.

⑤ 2020년 원화의 명목환율은 구매력평가 환율보다 낮다.

정답 | ⑤
해설 | 1물 1가의 법칙이 성립하면 2020년 명목환율은 구매력평가환율과 일치한다.

MEMO

HIDDEN CARD
실전모의고사

실전모의고사

실전모의고사 정답 및 해설

tomato패스

01 아래 그림은 경기자 갑과 을이 진행하는 순차게임의 게임나무이다. 이에 대한 분석으로 잘못된 것은?

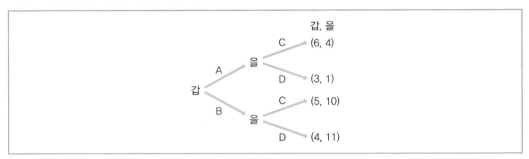

① 이 게임의 내쉬균형은 2개이다.
② 을이 전략 D를 고수하는 것은 신빙성조건을 충족하지 않는다.
③ 내쉬균형과 신빙성조건을 모두 충족하는 것은 (갑 : A, 을 : C) 조합이다.
④ 이 게임의 최종균형은 파레토 최적이 아니다.
⑤ 역진법 귀납법에 의해 해를 도출할 수 있다.

02 독점적 경쟁시장에 직면한 기업의 장기균형에 대한 서술로 올바른 것은?
① 한계비용과 시장가격이 일치한다.
② 초과이윤은 0이다.
③ 최소효율규모에서 산출량을 유지한다.
④ 시장가격과 한계수입이 일치한다.
⑤ 사회후생이 극대화된다.

03 어느 순차게임의 게임트리가 다음과 같을 때, 이 게임의 최종균형에서 갑과 을의 보수의 합은?

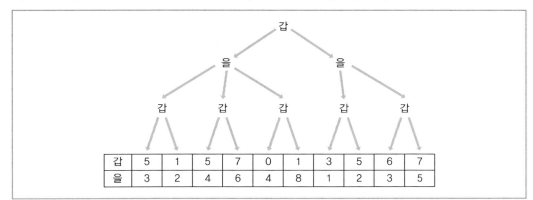

갑	5	1	5	7	0	1	3	5	6	7
을	3	2	4	6	4	8	1	2	3	5

① 8 ② 12
③ 9 ④ 7
⑤ 4

04 독점적 경쟁시장의 장기균형에서 A개별기업이 직면한 수요함수가 $P = 100 - Q$이다. 한계비용함수가 $MC = 2Q$일 때 이윤극대화를 추구하는 A기업의 현재 평균비용은 얼마인가?

① 25 ② 50
③ 75 ④ 80
⑤ 90

05 현재와 미래 두 기간에 걸쳐 소비하는 甲의 현재소득은 1,000, 미래소득은 300, 현재 부(wealth)는 200이다. 이자율이 2%로 일정할 때, 甲의 현재소비가 800이라면 최대 가능 미래소비는?

① 504 ② 700
③ 704 ④ 708
⑤ 916

06 리카디언 등가(Ricardian equivalence) 정리에 관한 설명으로 옳지 않은 것은?

① 민간 경제주체는 합리적 기대를 한다.

② 소비자가 차입 제약에 직면하면 이 정리는 성립되지 않는다.

③ 소비자가 근시안적 견해를 가지면 이 정리는 성립되지 않는다.

④ 현재의 감세가 현재의 민간소비를 증가시킨다는 주장과는 상반된 것이다.

⑤ 정부가 미래의 정부지출을 축소한다는 조건에서 현재 조세를 줄이는 경우에 현재의 민간소비는 변하지 않는다.

07 다음은 어느 노동시장의 수요와 공급 곡선을 나타낸다. 최저임금제를 실시할 경우 최저임금제를 실시하지 않을 경우에 비하여 노동자가 받는 총임금(total wage)은 얼마나 변화하는가?

- 노동 공급 곡선 : Ls＝100＋w
- 노동 수요 곡선 : Ld＝500－w
- 최저임금 : 300

① 10,000 증가   ② 10,000 감소

③ 변화 없음   ④ 20,000 증가

⑤ 20,000 감소

08 다음 X재 수요에 대한 분석 결과를 토대로 X재 수요를 가장 크게 증가시키는 경우를 구하면? (단, Y재 가격 변화 시 Z재 가격은 불변이고, Z재 가격 변화 시 Y재 가격은 불변이다.)

- Y재 가격 변화에 대한 수요의 교차가격 탄력성 : －0.5
- Z재 가격 변화에 대한 수요의 교차가격 탄력성 : 0.6
- 수요의 소득 탄력성 : －0.5

① Y재 가격 1% 인상, 소득 1% 증가

② Y재 가격 1% 인상, 소득 1% 감소

③ Y재 가격 1% 인하, 소득 1% 증가

④ Z재 가격 1% 인상, 소득 1% 감소

⑤ Z재 가격 1% 인하, 소득 1% 감소

09 두 재화 X, Y를 통해 효용을 극대화하고 있는 소비자 A가 있다. 소비자 A의 소득은 50이고 X재의 가격은 2이다. 현재 X재의 한계효용이 2이고, Y재의 한계효용은 4일 때, 만약 이 소비자가 X재를 3단위 소비하고 있다면, Y재의 소비량은? (단, 현재 소비점에서 무차별곡선과 예산선이 접한다.)

① 7.4   ② 11
③ 12   ④ 22
⑤ 44

10 100의 재산을 가지고 있는 A가 2/5의 확률로 주차위반에 적발되면 75의 범칙금을 내야 한다. 정부는 예산절감을 위해 단속인력을 줄이고자 하나, 이 경우 적발확률은 1/3로 낮아진다. A의 재산 w에 대한 기대효용함수가 $\sqrt{w}$일 때, 만약 정부가 A의 주차위반 행위를 이전과 같은 수준으로 유지하려면 책정해야 할 주차위반 범칙금은?

① 64   ② 75
③ 84   ④ 91
⑤ 96

11 A국의 생산가능곡선은 Y = 10 − X이고 B국의 생산가능곡선은 Y = 20 − 1.25X이다. 양국이 비교우위에 의해 교역을 한다고 할 때 다음 서술 중 틀린 것은?

① A국은 X재에 특화할 것이다.
② X재 생산의 기회비용은 A국이 더 낮다.
③ Y재 생산의 기회비용은 B국이 더 낮다.
④ B국은 X : Y = 1 : 1의 교환조건에는 응하지 않을 것이다.
⑤ B국은 Y재에 비교우위를 지닌다.

12 현재 원/달러 환율은 1$ = 1,000원이고, 한국의 금리는 5%, 미국의 금리는 3%이다. 이자율평형설에 의해 양국의 환율이 결정된다면 1년 후 원/달러 예상환율은 얼마인가?

① 1$ = 980   ② 1$ = 1,002

③ 1$ = 1,020   ④ 1$ = 1,048

⑤ 1$ = 1,060

13 X재와 Y재는 정상재이며 소비에서 대체재이다. 아래 설명 중 옳은 것은?

① 소득이 증가한다면 X재 소비를 늘리고 Y재 소비량은 감소한다.

② 소득이 증가한다면 X재 소비를 줄이고 Y재 소비를 늘린다.

③ X재 가격이 상승한다면 Y재 소비지출액은 감소한다.

④ X재 가격이 상승한다면 Y재 소비량은 증가한다.

⑤ X재와 Y재의 교차탄력성은 0보다 작다.

14 갑의 X재에 대한 수요함수는 P = 100 - Q이며, 갑의 현재 소비지점에서 수요의 가격탄력성은 0.25이다. 이때 갑의 X재에 대한 지출액은 얼마인가?

① 1,000   ② 1,600

③ 2,000   ④ 2,500

⑤ 3,000

15 X재와 Y재만을 소비하는 갑이 소득 증가에 의해 X재 수요량을 5에서 6으로 증가시켰다면, 이와 관련한 아래 서술 중 잘못된 것은?

① Y재 수요량이 5에서 6으로 증가했다면 Y재의 소득탄력성은 1이다.

② Y재 수요량이 5에서 불변이라면 X는 사치재이다.

③ Y재 수요량이 10에서 12로 증가했다면 X재의 소득탄력성은 1이다.

④ Y재 수요량이 10에서 11로 증가했다면 Y재는 사치재이다.

⑤ Y재 수요량이 불변이라면 소득소비곡선은 수평선이다.

16 기업 A의 생산함수가 $Q = LK$이고(여기서 L은 노동량, K는 자본량이며 단기에 자본량은 일정하다) 기업 A는 현재 완전경쟁요소시장에 직면한다. 이와 관련한 아래 서술 중 틀린 것은?

① 노동의 한계생산성은 일정하다.
② 총비용곡선의 기울기는 일정하다.
③ 평균비용곡선은 수평선이다.
④ 한계비용은 일정하다.
⑤ 평균가변비용곡선은 수평선이다.

17 독점기업이 직면한 수요곡선이 우하향하는 직선이며, 이 독점기업은 이윤극대화를 추구한다. 독점기업의 이윤극대화 지점과 관련하여 올바른 설명은?(단, 한계비용은 0보다 크다.)

① 시장가격 = 한계수입
② 시장가격 = 한계비용
③ 한계수입 > 한계비용
④ 시장가격 > 한계비용
⑤ 한계수입 < 한계비용

18 독점기업이 직면한 수요곡선이 우하향하는 직선이며, 이 독점기업은 이윤극대화를 추구한다. 독점기업의 이윤극대화 지점과 관련하여 틀린 설명은?(단, 한계비용은 0보다 크다.)

① 수요의 가격탄력성이 탄력적인 구간에서 생산한다.
② 한계수입과 한계비용이 일치한다.
③ 시장가격은 한계비용보다 크다.
④ 정부규제로 인하여 산출량을 늘려야 한다면 기업의 판매수입은 줄어들 것이다.
⑤ 자원배분의 효율성이 성립하지 않는다.

19 독점적 경쟁시장의 장기균형에 대한 설명으로 틀린 것은?

① 정상이윤을 획득한다.
② 시장가격과 한계비용은 일치한다.
③ 한계수입과 한계비용은 일치한다.
④ 초과설비를 보유한다.
⑤ 자원배분의 효율성이 성립하지 않는다.

20 비경합성을 지니는 X재화에 대한 갑의 수요함수는 $P = 10 - Q$, 을의 수요함수는 $P = 20 - Q$이다. 이 재화의 한계비용이 5로 일정할 때, 사회후생을 극대화하는 공공재의 적정공급량은 얼마인가? (단, 소득효과는 없다고 가정한다.)

① 5   ② 10
③ 15   ④ 20
⑤ 25

21 수요곡선은 $P = 500 - Q$이고 공급곡선은 원점을 통과하는 직선이다. 정부가 단위당 100원의 물품세를 부과하자 물품세 부과 후 소비자의 지불가격이 80원 상승하였다. 물품세 부과 전 균형지점에서의 수요의 가격탄력성은 얼마인가?

① 1   ② 0.8
③ 0.25   ④ 0.2
⑤ 0

22 맥주와 피자만을 생산하는 A국의 생산활동이 아래의 표와 같을 때, 2021년도 경제성장률과 물가상승률을 구하면?(2020년이 기준연도이며 물가상승률은 GDP디플레이터로 측정한다.)

구분		맥주	피자
2020년	시장가격	10원	5원
	산출량	10개	20개
2021년	시장가격	12원	6원
	산출량	15개	18개

	경제성장률	물가상승률
①	10%	10%
②	10%	20%
③	15%	10%
④	15%	15%
⑤	20%	20%

23 A국의 2021년 GDP디플레이터는 105이고, 2020년 A국의 실질GDP는 100이다. 기준연도를 2020년이라고 할 때 아래 서술 중 반드시 참인 것은?

① 2021년 소비자물가지수도 100보다 크다.

② 2021년 실질GDP는 105이다.

③ 2020년 명목GDP는 2021년 명목GDP보다 작다.

④ 2021년 명목GDP는 2021년 실질GDP보다 크다.

⑤ 2020년 경제성장률은 −5%이다.

24 아래의 표는 어느 국가의 생산표이다. 기준연도를 2020년이라고 할 때, 2021년의 소비자물가지수는 110이었다. 이때 2021년의 GDP디플레이터의 크기를 구하면?

구분	X재		Y재	
	P	Q	P	Q
2020년	6	10	8	5
2021년	7	12	㉠	6

① 100
② 110
③ 121
④ 132
⑤ 144

25 맥주와 피자만을 생산하는 A국의 생산활동이 아래의 표와 같을 때, 이와 관련한 아래 서술 중 옳은 것은? (단, 2020년이 기준연도이고 맥주와 피자 모두 소비재이다.)

구분		맥주	피자
2020년	시장가격	10	5
	산출량	10	10
2021년	시장가격	11	4
	산출량	12	12

① 2020년부터 2021년까지 GDP디플레이터로 측정한 물가는 상승하였다.
② 2020년부터 2021년까지 경제성장률은 20%이다.
③ 2020년부터 2021년까지 명목GDP의 증가율은 0%이다.
④ 소비자물가지수는 2021년이 2020년보다 높다.
⑤ 소비자물가지수로 측정한 물가는 상승하였다.

26 유효수요이론에서 승수효과에 관한 설명 중 틀린 것은?
① 한계소비성향이 커질수록 정부지출 승수도 커진다.
② 비례세가 존재한다면 균형재정승수는 1보다 작아진다.
③ 유발투자가 존재한다면 IS곡선이 가팔라지며 승수효과가 감소한다.
④ 구축효과가 없다면 재정정책의 효과가 더욱 커질 것이다.
⑤ 한계수입성향이 커질수록 승수효과는 작아진다.

27 통화승수에 대한 서술로 올바른 것은?

① 법정지급준비율이 높아질수록 통화승수도 커진다.

② 현금보유비율이 높아질수록 통화승수도 커진다.

③ 통화공급의 내생성은 이자율과 통화승수의 정(+)의 관계를 반영한다.

④ 통화승수가 커질수록 본원통화의 크기도 증가한다.

⑤ 전액지급준비제도에서 통화승수는 1이다.

28 LM곡선에 대한 서술로 잘못된 것은?

① 유동성함정구간에서는 LM곡선은 수평선이다.

② 화폐수요가 이자율에 탄력적일수록 LM곡선은 완만해진다.

③ 화폐수요가 소득에 탄력적일수록 LM곡선은 완만해진다.

④ 화폐공급의 내생성이 발생하면 LM곡선은 보다 완만해진다.

⑤ 물가가 상승하면 LM곡선은 좌측으로 이동한다.

29 중앙은행의 통화·금융정책 중 올바른 설명은?

① 중앙은행의 채권매각은 확장통화정책에 해당된다.

② 법정지급준비율을 인상하면 본원통화가 감소하여 시중 총통화량이 줄어든다.

③ 유동성 함정에서는 통화정책의 효과가 매우 약화된다.

④ LM곡선이 완만할수록 통화정책의 효과가 증대된다.

⑤ 통화정책은 재정정책에 비해 외부시차가 짧다.

30 총수요관리정책에 대한 설명 중 올바른 것을 고르시오.

① 케인즈학파는 투자가 이자율에 민감하므로 IS곡선이 가파르며 구축효과가 작다고 주장한다.

② 통화주의자들은 LM곡선은 완만하므로 준칙에 입각한 통화정책을 주장한다.

③ 새고전학파는 적응적 기대가설에 따라 장기에 정책은 무력하다고 주장한다.

④ 새케인즈학파는 합리적 기대를 따르더라도 가격의 경직성으로 단기에 총수요관리정책이 효과가 발생한다고 주장한다.

⑤ 적절한 총수요관리를 통해 단기에도 자연실업률에 영향을 미칠 수 있다.

31 실물경기변동이론과 가장 거리가 먼 것은?

① 노동의 평균생산성은 경기순응적이다.
② 일반균형분석에 의거하여 경기변동을 분석한다.
③ 생산성의 충격이 노동의 기간 간 대체를 야기한다.
④ 가격이 경직성이 경기변동을 야기한다.
⑤ Time to Build 개념이 적용된다.

32 다음은 실물경기변동이론에 관한 설명이다. 이 중 올바르지 않은 주장들을 모두 고른 것은?

> ㄱ. 총수요충격이 경기변동의 주 요인이다.
> ㄴ. 실물경기변동이론에 따르면 긍정적인 생산성 충격으로 실질 GDP 및 실질변수가 변화한다.
> ㄷ. 물가가 경직적인 경우에 잘 들어 맞는다.
> ㄹ. 일반균형분석을 이용하여 경기변동을 설명한다

① ㄱ, ㄴ   ② ㄱ, ㄷ
③ ㄱ, ㄹ   ④ ㄴ, ㄷ
⑤ ㄱ, ㄴ, ㄷ

33 내생적 성장모형에 관한 설명 중 틀린 것은?

① AK모형에서는 인적자본의 축적이 자본의 한계생산체감을 방지하여 준다.
② AK모형에서는 저축률이 비교적 높은 경우 자본축적만으로도 지속적 경제성장이 가능하다.
③ 로머의 R&D모형에서는 완전경쟁에 직면한 기업의 연구개발이 경제성장효과를 지닌다.
④ R&D 모형에 따르면 기술진보의 긍정적 외부효과(Spillover Effect)가 경제성장의 동력이 된다.
⑤ 금융시장이 성숙할수록 연구개발투자의 효율이 증대된다.

34 미국의 이자율이 3%, 현재 환율은 1$ = 1,000원, 1년 후 예상환율이 1$ = 1,020원일 때 다음 중 올바른 투자전략은?

① 한국의 이자율이 4%라면 한국 시중은행에 예금하는 것이 유리한다.
② 한국의 이자율이 6%라면 미국 시중은행에 예금하는 것이 유리하다.
③ 한국의 이자율이 2%라면 미국 시중은행에 예금하는 것이 유리하다.
④ 한국의 이자율이 3%라면 한국 시중은행에 예금하는 것이 유리하다.
⑤ 한국의 이자율이 1%라면 미국, 한국 중 어느 은행에 예금해도 무방하다.

35 자본집약재인 Y재를 수입하는 A국이 Y재 수입에 관세를 부과하자 A국 내의 자본계층의 실질소득이 증가하였다. 이는 다음 중 어떤 이론의 함의가 반영된 것인가?

① 마샬 – 러너 조건   ② 스톨퍼 – 사무엘슨 정리
③ 립진스키 정리   ④ 레온티에프 역설
⑤ 오버슈팅 이론

36 구매력 평가설이 성립하는 두 경제 A국과 B국이 있다. 현재 A국의 물가상승률은 5%이고 향후 A국와 B국의 환율(B국 통화 1단위당 교환되는 A국의 통화)은 2% 상승할 것으로 예상된다. 이와 관련한 아래 서술 중 틀린 것은?

① A국의 화폐가치는 B국의 화폐가치보다 2% 하락할 것이다.
② B의 물가상승률은 3%일 것이다.
③ 양국의 실질환율에는 변화가 없을 것이다.
④ 양국 사이에 교역재는 A국에서 B국으로 수출될 것이다.
⑤ A국의 화폐로 얻을 수 있는 B국의 재화의 수량은 줄어들 것이다.

37 다음 보기를 바탕으로 옳지 않은 서술을 고르면?

- A국은 주어진 노동력을 활용하여 X재를 최대 100단위 생산 가능하고 Y재는 최대 150단위 생산 가능하다.
- B국은 X재를 최대 80단위 생산 가능하고 Y재를 최대 100단위 생산 가능하다.
- 양국의 자원은 노동뿐이며 노동의 한계생산성과 노동력의 크기는 일정하다.

① A국은 X재 생산에 비교우위를 지닌다.

② 자유무역이 시행된다면 B국이 요구하는 수량교환조건은 $\dfrac{X}{Y} < \dfrac{4}{5}$ 이다.

③ 자유무역으로 A국이 $(X, Y) = (60, 70)$에서 소비를 한다면 이때 교환조건은 $\dfrac{X}{Y} = \dfrac{3}{4}$ 이다.

④ 자유무역으로 양국 모두 상호이익을 얻을 수 있다.

⑤ 폐쇄경제에서 A국의 X재 생산의 기회비용은 Y재 1.5개이다.

38 현재 원/달러 환율은 1\$ = 1,000원이고, 한국의 금리는 5%, 미국의 금리는 3%이다. 이자율평형설에 의해 양국의 환율이 결정된다면 1년 후 원/달러 예상환율은 얼마인가?

① 1\$ = 980 　　　　　　　　　　② 1\$ = 1,002

③ 1\$ = 1,020 　　　　　　　　　 ④ 1\$ = 1,048

⑤ 1\$ = 1,100

39 현재 단기 완전경쟁에 직면한 A기업의 산출량은 10, 제품의 시장가격은 10, 현재 산출량 수준에서 평균비용은 12이다. 이때 현재 A기업의 평균고정비용과 평균가변비용으로 가능한 조합은?

	AFC	AVC
①	1	12
②	3	10
③	1	9
④	3	9
⑤	1	12

아래의 보수행렬표와 관련하여 올바른 서술을 고르시오.

경기자 B

경기자 A		b1	b2	b3
	a1	5,3	2,2	7,0
	a2	1,6	5,5	1,1
	a3	4,6	8,1	0,0

① 경기자 A는 우월전략을 지니고 있다.

② 경기자 B는 우월전략을 지니고 있다.

③ 이 게임의 내쉬균형은 파레토 최적이다.

④ 이 게임의 내쉬균형은 총 2개이다.

⑤ 죄수의 딜레마 상황이다.

실전모의고사 정답 및 해설

01	02	03	04	05	06	07	08	09	10
④	②	②	③	④	⑤	③	④	②	③
11	12	13	14	15	16	17	18	19	20
④	③	④	②	④	③	④	④	②	③
21	22	23	24	25	26	27	28	29	30
③	⑤	④	②	②	③	③	③	③	④
31	32	33	34	35	36	37	38	39	40
④	②	③	③	②	②	①	③	④	②

01 이 게임의 최종균형은 내쉬균형과 신빙성 조건을 모두 만족하는 (갑 : A, 을 : C)이다. 또한 이 균형은 파레토 최적이다.

02 독점적 경쟁시장의 장기균형에서는 P = LMC = LAC가 성립한다.

03

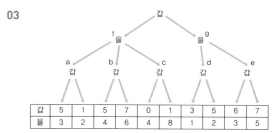

- 을이 f에 있을 때 을이 a를 선택하면 갑 a에서 (5,3)을 선택한다. 즉 을이 a를 선택하면 을의 보수는 3이 된다. 반면이 을이 b을 선택하면 갑은 (7,6)을 선택하여 을의 보수는 6이 된다.
- 을이 c를 선택하면 갑은 (1,8)을 선택하여 을의 보수는 8이 된다. 따라서 을은 f에서 c을 선택하고 이때 갑, 을의 보수는 (1,8)이 된다. 그러므로 최초의 갑이 f를 선택하면 갑의 최종보수는 1이 된다. 결과적으로 최초의 갑은 g를 선택하고 이에 을은 e을 선택, 그리고 마지막으로 갑이 (7,5)를 선택하게 된다.
- 을이 g에 있을 때 d를 선택하면 갑은 (5,2)을 선택하여 을의 보수는 2가 된다. 을이 e를 선택하면 갑은 (7,5)를 선택하여 을의 보수는 5가 된다. 따라서 g에서 을은 e를 선택하고 이 때 갑, 을의 보수는 (7,5)가 된다. 그러므로 최초의 갑이 g을 선택하면 갑의 최종보수는 7이 된다.

04 독점적 경쟁시장의 장기균형에서는 P = AC가 성립한다. 이 기업의 이윤극대화 산출량은 MR = MC 조건에 의해 25가 되고 이때 해당 기업의 가격은 75이다.

05 현재 저축 200, 현재 부(wealth) 200이므로 미래원리금의 합계는 408이다. 미래소득이 300이므로 미래가능소비는 708이다.

06 리카디안 등가 정리의 기본전제 중 하나는 기간 간 정부의 예산금액이 불변이라는 것이다.

07 최저임금제 시행 전 균형임금은 200, 균형고용량은 300으로 총임금은 60,000이다. 최저임금이 300이면 실제 고용량은 200이 되어 총임금도 60,000으로 불변이다.

08 Z재 가격은 1% 인상하고, 소득 1% 감소 시 X재 수요량은 1.1% 증가한다.
① X재 수요량이 1% 감소한다.
②, ③ X재 수요량은 불변이다.
⑤ X재 수요량이 0.1% 감소한다.

09 한계효용균등의 법칙에 의해 $\dfrac{MU_X}{P_X} = \dfrac{MU_Y}{P_Y}$ 이며, 즉 Y재의 가격은 4가 되어야 한다. X재 지출액이 6이므로 Y재 지출액은 44이다. 따라서 Y재 소비량은 11이다.

10 예산절감 이전 A의 기대효용은 $0.6\sqrt{100}+0.4\sqrt{25}=8$ 이며, 예산절감 이후 A의 기대효용은 $\frac{2}{3}\sqrt{100}+\frac{1}{3}\sqrt{100-x}$ 이다. 여기서 x는 새로운 범칙금 이므로 예산절감 이후의 A의 효용이 8이 되로록 하는 범칙금은 84이다.

11 교환가능 수량조건은 $\frac{10}{10}>\frac{X}{Y}\frac{16}{20}$ 이고, 이 중 $\frac{X}{Y}\frac{16}{20}$ 은 B국의 요구조건이다.

12 이자율 평형설에 따르면 환율 %＝자국이자율－외국이자율이다. 따라서 향후 환율이 2% 상승할 것으로 예측된다.

13 X재 가격 상승 시 X재 구입량은 감소하고 반면 Y재 구매량이 증가한다.

14 X재의 시장가격은 20이다. 따라서 갑의 구매량은 80개이다.

15 소득증가에 의해 소비지점이 (5, 10)에서 (6, 11)이 되었다면 소득소비곡선은 X축 방향으로 휘어진다. 이때 X재가 사치재, Y재가 필수재이다.

16 TC－wL＋rK이며, 여기서 L＝(Q/K)이다. 따라서 총비용함수는 TC＝$\frac{wQ}{K}$＋rK이며 평균비용곡선은 체감하는 형태이다.

17 독점기업의 이윤극대화지점에서는 시장가격＞한계비용＝한계수입이 성립한다.

18 독점기업은 현재 탄력적인 구간에서 산출하므로 만일 산출량을 늘리고 시장가격을 낮춘다면 판매수입은 증가할 것이다. 다만 이윤극대화 지점에서 벗어나므로 이윤은 줄어들게 된다.

19 독점적 경쟁의 장기균형에서는 P＝AC＞MC이다.

20 비경합성을 띠므로 이 재화에 대한 사회전체수요곡선은 개인수요곡선을 수직으로 합산해야 한다.

21 공급곡선이 원점통과 직선이므로 공급탄력성은 항상 1이다. 그런데 소비자 귀착분 : 생산자 귀착분＝4 : 1이므로 수요탄력성은 공급탄력성의 1/4이다.

22 2021년 실질GDP는 240원, 2021년 명목 GDP는 288원, 2020년도 실질GDP는 200원이므로, 경제성장률은 20%이며 물가상승률도 20%이다.

23 GDP디플레이터는 $\frac{당해\ 연도\ 명목CDP}{당해\ 연도\ 실질CDP}$ 이다.

24 기준연도 지출액이 100이고 소비자물가지수가 110이므로 ㉠은 8이다. 2021년 명목GDP는 132, 2021년 실질GDP는 120이므로 GDP디플레이터는 110이다.

25 2021년 실질GDP는 180원, 2021년 명목 GDP도 180원, 소비자물가지수도 불변이다. 2020년도 실질GDP는 150원이므로 경제성장률은 20%이고 물가상승률은 0%이다.

26 유발투자가 존재하면 IS곡선은 완만해지게 된다.

27 이자율이 증가할 때 현금보유비율이 감소한다면 이는 통화승수를 증가시키는 요인이다. 이에 따라 통화공급의 내생성이 발생할 수 있다.

28 화폐수요가 소득에 민감하게 반응할수록 LM 곡선은 가팔라진다.

29 유동성함정에서는 화폐수요가 완전탄력적이므로 통화정책의 효과가 사라진다. 중앙은행의 채권발행(매각)은 긴축통화정책에 해당하며 법정지급준비율의 변화와 본원통화와는 아무런 관련이 없다.

30 ① 케인즈는 투자가 이자율에 둔감하여 IS곡선이 가파르다고 주장하였다.
② 통화주의자 견해에 따르면 LM곡선이 가파르다.
③ 새고전학파는 합리적 기대가설을 주장한다.
⑤ 승수－가속도원리는 케인즈학파의 투자이론이다.

31 실물경기변동이론에서 가격변수는 신축적이다.

32 실물경기변동이론은 일반균형분석을 사용하여 기술충격이나 생산성충격이 경기변동을 야기함을 설명하는 이론이다.

33 로머의 모형에서는 기술개발의 성과는 비경합성과 비배제성을 지니므로 이에 대한 특허권을 보장해주어야 R&D투자가 발생하게 된다. 즉 불완전경쟁시장을 고려한 모형이다.

34 1000원을 한국 시중은행에 예금하면 1년 후 원리금 합계는 $1,000 \times (1+r)$이다. 반면 1000원을 환전하여 (1$) 미국 시중은행에 맡기면 1년 후 원리금 합계는 $1.03$$이고, 이는 대략 1,050원의 가치이다. 따라서 한국의 이자율이 5% 이상(정확하게는 5.06%)이면 한국에, 5% 이하면 미국에 예금하는 것이 적절하다.

35 A국은 자본집약재를 수출하는 국가이므로 노동집약재에 비교우위를 지니고 있다. 그런데 Y재에 대한 관세부과로 A국에서의 Y재 거래가격이 상승하고 이로 인하여 A국 내 자본집약재 생산이 어느 정도 증가한다. 이에 따라 A국 내에서 자본재에 대한 수요가 증가하고, 자본가격의 상승으로 이어지게 된다. 이처럼 자본집약재의 가격 상승이 자본계층의 실질소득을 증가시킬 수 있음을 설명하는 이론은 스톨퍼 – 사무엘슨 정리이다.

36 구매력평가설에 의해 A국의 환율이 상승한다면 이는 A국에서 B국 화폐에 대한 수요가 증가한 것이며, 이는 곧 B국의 제품이 A국으로 수출된 상황을 의미한다.

37 A국은 Y재 생산에 비교우위를 지닌다.

38 이자율 평형설에 따르면 환율% = 자국이자율 – 외국이자율이다. 따라서 향후 환율이 2% 상승할 것으로 예측된다.

39 손실을 입을 시에도 조업을 지속하는 경우는 총고정비용이 손실액보다 큰 경우이다. 따라서 현재 평균고정비용은 2보다 커야 하며, 조업을 지속하므로 $P = MC > AVC$이다.

40 b1은 경기자 B의 우월전략이다.
　① 경기자 A는 우월전략을 갖고 있지 않다.
　③ 이 게임의 내쉬균형은 (a1, b1)이나 (a2, b2)로 옮길 경우 A의 효용감소 없이 B의 효용 증대가 가능하다. 따라서 이 게임의 내쉬균형은 파레토 최적이 아니다.
　④ 이 게임의 내쉬균형은 (a1, b1)으로 유일하다.

MEMO

01 증권경제전문 토마토TV가 만든 교육브랜드

토마토패스는 24시간 증권경제 방송 토마토TV · 인터넷 종합언론사 뉴스토마토 등을 계열사로
보유한 토마토그룹에서 출발한 금융전문 교육브랜드 입니다.
경제 ·금융· 증권 분야에서 쌓은 경험과 전략을 바탕으로 최고의 금융교육 서비스를 제공하고 있으며
현재 무역 · 회계 · 부동산 자격증 분야로 영역을 확장하여 괄목할만한 성과를 내고 있습니다.

뉴스토마토
www.newstomato.com
싱싱한 정보, 건강한 뉴스

Tomato tv
tv.etomato.com
24시간 증권경제 전문방송

토마토 증권통
stocktong.io
가장 쉽고 빠른 증권투자!

e Tomato
www.etomato.com
맛있는 증권정보

02 차별화된 고품질 방송강의

토마토 TV의 방송제작 장비 및 인력을 활용하여 다른 업체와는 차별화된 고품질 방송강의를 선보입니다.
터치스크린을 이용한 전자칠판, 핵심내용을 알기 쉽게 정리한 강의 PPT,
선명한 강의 화질 등 으로 수험생들의 학습능력 향상과 수강 편의를 제공해 드립니다.

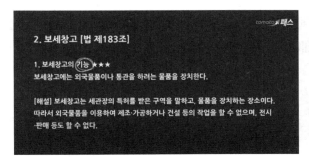

03 최신 출제경향을 반영한 효율적 학습구성

토마토패스에서는 해당 자격증의 특징에 맞는 커리큘럼을 구성합니다.
기본서의 자세한 해설을 통해 꼼꼼한 이해를 돕는 정규이론반(기본서 해설강의) · 핵심이론을 배우고
실전문제에 바로 적용해보는 이론 + 문제풀이 종합형 핵심종합반 · 실전감각을 익히는
출제 예상 문제풀이반 · 시험 직전 휘발성 강한 핵심 항목만 훑어주는 마무리특강까지!
여러분의 합격을 위해 최대한의 효율을 추구하겠습니다.

정규이론반   핵심종합반   문제풀이반   마무리특강

04 가장 빠른 1:1 수강생 학습 지원

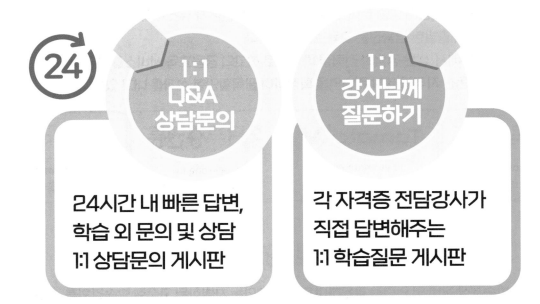

24시간 내 빠른 답변,
학습 외 문의 및 상담
1:1 상담문의 게시판

각 자격증 전담강사가
직접 답변해주는
1:1 학습질문 게시판

토마토패스에서는 가장 빠른 학습지원 및 피드백을 위해 다음과 같이 1:1 게시판을 운영하고 있습니다.
· Q&A 상담문의 (1:1) ㅣ 학습 외 문의 및 상담 게시판, 24시간 이내 조치 후 답변을 원칙으로 함 (영업일 기준)
· 강사님께 질문하기(1:1) ㅣ 학습 질문이 생기면 즉시 활용 가능, 각 자격증 전담강사가 직접 답변하는 시스템
이 외 자격증 별 강사님과 함께하는 오픈카톡 스터디, 네이버 카페 운영 등 수강생 편리에 최적화된
수강 환경 제공을 위해 최선을 다하고 있습니다.

05 100% 리얼 후기로 인증하는 수강생 만족도

2020 하반기 수강후기 별점 기준 (100으로 환산)

토마토패스는 결제한 과목에 대해서만 수강후기를 작성할 수 있으며,
합격후기의 경우 합격증 첨부 방식을 통해 100% 실제 구매자 및 합격자의 후기를 받고 있습니다.
합격선배들의 생생한 수강후기와 만족도를 토마토패스 홈페이지 수강후기 게시판에서 만나보세요!
또한 푸짐한 상품이 준비된 합격후기 작성 이벤트가 상시로 진행되고 있으니,
지금 이 교재로 공부하고 계신 예비합격자분들의 합격 스토리도 들려주시기 바랍니다.

강의 수강 방법
PC

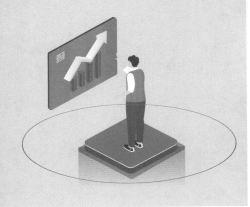

02 회원가입 후 자격증 선택
· 회원가입시 본인명의 휴대폰 번호와 비밀번호 등록
· 자격증은 홈페이지 중앙 카테고리 별로 분류되어 있음

03 원하는 과정 선택 후 '자세히 보기' 클릭

04 상세안내 확인 후 '수강신청' 클릭하여 결제
· 결제방식 [무통장입금(가상계좌) / 실시간 계좌이체 / 카드 결제] 선택 가능

05 결제 후 '나의 강의실' 입장

06 '학습하기' 클릭

07 강좌 '재생' 클릭
· IMG Tech 사의 Zone player 설치 필수
· 재생 버튼 클릭시 설치 창 자동 팝업

강의 수강 방법
모바일

탭 · 아이패드 · 아이폰 · 안드로이드 가능

01 토마토패스 모바일 페이지 접속

WEB · 안드로이드 인터넷, ios safari에서 www.tomatopass.com 으로 접속하거나

 Samsung Internet (삼성 인터넷)

 Safari (사파리)

APP · 구글 플레이 스토어 혹은 App store에서 합격통 혹은 토마토패스 검색 후 설치

 Google Play Store

 앱스토어   **tomato 패스** 합격통

02 존플레이어 설치 (버전 1.0)

· 구글 플레이 스토어 혹은 App store에서 '존플레이어' 검색 후 버전 1.0 으로 설치
(***2.0 다운로드시 호환 불가)

03 토마토패스로 접속 후 로그인

04 좌측 👤아이콘 클릭 후 '나의 강의실' 클릭

05 강좌 '재생' 버튼 클릭

· **기능소개**
과정공지사항 : 해당 과정 공지사항 확인
강사님께 질문하기 : 1:1 학습질문 게시판
Q&A 상담문의 : 1:1 학습외 질문 게시판
재생 : 스트리밍, 데이터 소요량 높음, 수강 최적화
다운로드 : 기기 내 저장, 강좌 수강 시 데이터 소요량 적음
PDF : 강의 PPT 다운로드 가능

🔲 토마토패스 ≡

| 금융투자자격증 | 은행/보험자격증 | FPSB/국제자격증 | 회계/세무 |

나의 강의실

| 과정공지사항 | 강사님께 질문하기 |
| 학습자료실 | Q&A 상담문의 |

과정명	증권투자권유대행인 핵심종합반	
수강기간	2021-08-23 ~ 2022-08-23	
최초 수강일	2021-08-23	최근 수강일	2021-09-09
진도율	77.0%	

강의명	재생	다운로드	진도율	PDF
1강 금융투자상품01	▶	⬇	0%	⬆
2강 금융투자상품02	▶	⬇	100%	⬆
3강 금융투자상품03	▶	⬇	100%	⬆
4강 유가증권시장, 코스닥시장01	▶	⬇	94%	⬆
5강 유가증권시장, 코스닥시장02	▶	⬇	71%	⬆
6강 유가증권시장, 코스닥시장03	▶	⬇	0%	⬆
7강 채권시장01	▶	⬇	96%	⬆
8강 채권시장02	▶	⬇	0%	⬆
9강 기타 증권시장	▶	⬇	93%	⬆